U0617570

中华传世藏书

图文珍藏版

国学经典文库

邹博⊙主编

线装书局

图书在版编目（CIP）数据

兵学经典／邹博主编 .-- 北京：线装书局，2011.7 (2022.3)

（国学经典文库）

ISBN 978-7-5120-0378-1

Ⅰ. ①兵… Ⅱ . ①邹… Ⅲ . ①兵法－中国－古代 Ⅳ. ① E892.2

中国版本图书馆CIP数据核字（2011）第122923号

国学经典文库

主　　编：邹　博
责任编辑：崔建伟　高晓彬
出版发行：线装书局
地　址：北京市丰台区方庄日月天地大厦 B 座 17 层(100078)
电　话：010-58077126(发行部)010-58076938(总编室)
网　址：www.zgxzsj.com
经　　销：新华书店
印　　制：北京彩虹伟业印刷有限公司
开　　本：787×1092 毫米　1/16
印　　张：336
字　　数：3800 千字
版　　次：2022 年 3 月第 1 版第 2 次印刷
印　　数：3001-9000 套

线装书局官方微信

定　　价：4680.00 元(全十二卷)

兵学经典

国学经典文库 图文珍藏版

传世藏书

邹博◎主编

线装书局

卷首语

如果说,中华传统文化是一棵茂密参天的大树,那么,中华兵学文化便是这棵大树上的一枝奇葩,在世界军事史上闪耀出灼灼光芒。

前人把中华文化概括为“兵、医、农、艺”,兵列其榜首,这至少可以说明一点:在堪称世界四大文明古国之一的中国,兵学典籍即兵书在中华传统文化中占有重要的一席之地。中国古代的兵书号称4000部,存世者也近500部。不仅内容博大,而且“著述罕闻,古今卓绝”,包含的文化底蕴也相当深厚。

中国的兵书,特别其中有代表性的几种兵书,也同其余的重要学术著作一样,表现了中华文化的特有品质。无论是专门的兵书,或有兵学内容的哲学、历史和文学著作,大多谈今论古、气势磅礴,笔不涉同,辞有异彩。因而,人们只需浏览其中几本,便会感觉到其有一种“独抵华屋之下,一览群小”的气度。虽说言兵,但不限于军旅之事,而是拓宽视野,将经济、政治、人文意识、宗教心理、艺术以及其他相关的各种要素,统摄于一体,使人获得一种整体印象。常常通过形象而生动的例证,给人以哲学与文化的教益。

目 录

孙子兵法

【导语】

春秋时期著名的军事家孙子撰写了一部《孙子兵法》,被誉为天下第一军事奇书,自问世以来即被奉为“兵经”,对我国的军事理论和实践产生了深远的影响,在世界军事史上也占据着非常重要的地位。在兵学史上,《孙子兵法》是我国古代最著名的兵书,也是世界上最古老的军事理论著作。作为一部军事圣典,它一直被历代政治家、军事家、商人、学者奉为至宝。这部百家兵法之始祖,曾造就了一批批伟大的军事家和政治家。无论是三国时的曹操、诸葛亮,还是近代指点江山的风云人物,他们在军事、政治、外交等诸多方面,都无一例外地受到了孙子谋略思想的启发。在短短6000字里,《孙子兵法》把人类的智慧淋漓尽致地展现于我们的面前。

孙子像

正是由于《孙子兵法》揭示了战争的普遍规律,因此,二次大战以来,国内外许多军政要员都把《孙子兵法》视为克敌制胜的法宝。孙子在两千多年前提出之“兵者诡道”“上兵伐谋”“攻其无备,出其不意”“知彼知己者,百战不殆”等凝聚着深刻谋略思想的名言粹语,至今仍具有十分重要的指导意义。

让人惊奇的是,2022年5月18日,俄罗斯红星电视台记者探访马里乌波尔的亚速钢铁厂地下室,在乌军遗留物品中发现了中文封面的《孙子兵法》。日本许多商界巨子的案头,放在显著位置的也是《孙子兵法》,而不是MBA的教程。《孙子兵法》已然成了众商家克敌制胜的不传之秘。

今天,当我们受变化多端的世界所迷惑的时候,聆听孙子的教诲,也许我们会发觉,世界原来如此简单。

第一章　始计篇

兵者,国之大事

【原文】　兵者①,国之大事②,死生之地,存亡之道,不可不察③也。

【注释】　①兵:本义为兵械。《说文》:“兵,械也。”后逐渐引申为士、军队、战争等。这里作战争解。②国之大事:国家的重大事务。③不可不察:察,考察、研究。不可不察,意指不可不仔细审察,谨慎对待。

【译文】 战争是国家的大事，是军民生死安危的主宰，是国家兴衰存亡的关键，是不可以不认真考察研究的。

经之以五事

【原文】 故经之以五事，校之以计，而索其情[①]：一曰道，二曰天，三曰地，四曰将，五曰法。道[②]者，令民与上同意，可以与之死，可以与之生，而不畏危也。天者，阴阳、寒暑、时制[③]也。地者，远近、险易、广狭、死生[④]也。将者，智、信、仁、勇、严也。法者，曲制、官道、主用也[⑤]。

【注释】 ①故经之以五事，校之以计，而索其情：经，量度，即分析。校，比较。句意为需从五个方面来分析、比较双方的谋划，以探索战争的情势。②道：道路。此处指政治开明。③时制：季节更替。④死生：死，不可攻守进退之地。生，可以攻守进退之地。⑤法者，曲制、官道、主用也：曲，军队编制。制，指挥号令。官道，各级官吏之职责与管理。主用，军需配备与使用。

【译文】 因此必须审度敌我五个方面的情况，比较双方的谋划，以探求对战争情势的认识。这五个方面，一是政治，二是天时，三是地利，四是将才，五是法制。所谓政治，就是要让人民认同、拥护国君，使人民愿为国君不顾危险，出生入死；所谓天时，是指昼夜、晴雨、寒冷、酷热、四季更替；所谓地利，就是指征战路途的远近，地势的险要与平坦，作战区域的宽广与狭窄，地形对于攻守的益处和弊端；所谓将领，就是要求将帅足智多谋、赏罚分明、爱护部属、勇敢果断、军纪严明，以树立良好的威信；所谓法制，就是指军队之组织编制的设立、各级将吏的统辖管理和职责分工、军需物质的供应和掌管。

主孰有道

【原文】 主孰有道[①]？将孰有能[②]？天地孰得[③]？法令孰行？兵众孰强[④]？士卒孰练[⑤]？赏罚孰明？吾以此知胜负矣[⑥]。

【注释】 ①主孰有道：指哪一方的国君施政清明。②将孰有能：哪一方的将领更有才能。③天地孰得：哪一方拥有天时、地利。④兵众孰强：哪一方的兵械锋利，士卒众多。兵，此处指的是兵械。⑤士卒孰练：哪一方的军队训练有素。练，娴熟。⑥吾以此知胜负矣：我根据这些情况来分析，即可预知胜负的归属了。

【译文】 哪一方的国君施政清明，哪一方的将领更有才能，哪一方能占据较有利的天时、地利，哪一方的法令能有效地贯彻执行，哪一方的武器装备更为精良，哪一方的士卒训练有素，哪一方的赏罚更为公正严明，根据这些情况就可以判断胜负的归属了。

计利以听，乃为之势，以佐其外

【原文】 计利以听[①]，乃为之势[②]，以佐其外[③]。势者，因利而制权[④]也。

【注释】 ①计利以听:计利,计谋有利。听,听从,采纳。②乃为之势:乃,于是、就的意思。为,创造、造就。之,虚词。势,态势。此句意谓造成一种积极的军事态势。③以佐其外:用来辅佐他对外的军事活动。佐,辅佐、辅助。④因利而制权:因,根据、凭依。制,决定、采取之意。权,权变,灵活处置之意。意谓根据利害关系采取灵活的对策。

【译文】 除了采纳有利的作战策略,还要设法造"势",形成一种积极的军事态势,以辅佐战争的进行。所谓"势",是指根据有利于自己的条件,灵活机动,采取相应的对策。

兵者,诡道也

【原文】 **兵者,诡道也[1]。故能而示之不能[2],用而示之不用,近而示之远,远而示之近。**

【注释】 ①诡道也:诡诈之术。诡,欺诈,诡作。道,学说。②能而示之不能:能,有能力。示,显示。即言能战却装作不能战的样子。

【译文】 用兵打仗是一种诡诈之术。因此需要做到:能战却装作不能战,想攻却装作不想攻,想进攻近处,却装作要进攻远处,要进攻远处,却装作要进攻近处。

利而诱之,乱而取之

【原文】 **利而诱之[1],乱而取之[2],实而备之[3],强而避之[4],怒而挠之[5],卑而骄之[6],佚而劳之[7],亲而离之[8]。**

【注释】 ①利而诱之:利,此处作动词用,指贪利的意思。诱,引诱。意谓敌人贪利,则以利来引诱,伺机打击它。②乱而取之:乱,混乱。意谓对处于混乱状态的敌人,要抓住时机予以进攻。③实而备之:实,实力雄厚。指对待实力雄厚的敌人需严加防备。④强而避之:面对强大的敌人,当避其锋芒,不可硬拼。⑤怒而挠之:怒,易怒而脾气暴躁。挠,挑逗、扰乱。意谓如果敌人易怒,就设法激怒之,使之丧失理智,临阵做出错误的决策,导致失败。⑥卑而骄之:卑,小、怯。意谓敌人卑怯谨慎,应设法使其骄傲自大,然后伺机破之。也有另一种解释,是说己方主动卑辞示弱,给人造成错觉令其骄矜。⑦佚而劳之:佚,同"逸",安逸、自在。劳,作动词,使之疲劳。意谓敌方安逸,就设法使它疲劳。⑧亲而离之:亲,亲近、团结;离,离间、分化。此句意谓如果敌人内部团结,则设计离间、分化他们。

【译文】 敌人贪利,就用小利来引诱它,伺机攻击它;对于处在混乱状态的敌人,要抓住时机攻击它;对于实力雄厚的敌人,则需严加防备;对于兵强气锐的敌人,当避其锋芒;对于易怒的敌人,就透过挑逗的方式设法去激怒他,使他丧失理智;对于轻视我方的敌人,应设法使其更加骄傲自大;对于经过充分休整的敌人,要设法使之疲劳;对于内部团结的敌人,则要设计离间、分化他们。

攻其无备，出其不意

【原文】 攻其无备[1]，出其不意[2]，此兵家之胜[3]，不可先传也[4]。

【注释】 ①备：防备，准备。②意：考虑，预料。③胜：奥妙。④不可先传也：先，预先、事先。传，传授、规定。

【译文】 要在敌人没有防备的状态下实施攻击，在敌人意想不到时采取行动，这是军事家指挥作战的奥妙所在，是要依据具体情况临机做出决断，不能事先予以规定的。

夫未战而庙算胜者，得算多也

【原文】 夫未战而庙算[1]胜者，得算多也[2]；未战而庙算不胜者，得算少也。多算胜[3]，少算不胜，而况于无算乎？

【注释】 ①庙算：古代兴师开战之前，通常要在庙堂里商议谋划，分析战争的利害得失，制定作战方略。此一做准备的程序，就叫作"庙算"。②得算多也：意谓取得胜利的条件充分、居多。算，计数用的筹码。此处引申为取得胜利的条件。③多算胜，少算不胜，而况于无算乎：胜利条件具备多者可以获胜，反之，则无法取胜，更何况未曾具备任何取胜条件！而况，何况。于，至于。

【译文】 开战之前就预测能够取胜的，是因为筹划周密，胜利条件充分；开战之前就预计不能取胜的，是因为筹划不周，胜利条件缺乏。筹划周密、条件具备就能取胜，筹划不周、条件缺乏就不能取胜，更何况不做筹划，且毫无条件呢？

第二章　作战篇

其用战也胜，久则钝兵挫锐

【原文】 其用战也胜，久则钝兵挫锐[1]，攻城则力屈[2]，久暴师则国用不足[3]。夫钝兵挫锐，屈力殚货[4]，则诸侯乘其弊而起[5]，虽有智者[6]，不能善其后矣！故兵闻拙速，未睹巧之久也[7]。夫兵久而国利者，未之有也[8]。故不尽知[9]用兵之害者，则不能尽知用兵之利也。

【注释】 ①久则钝兵挫锐：意谓用兵旷日持久就会造成军队疲惫，锐气挫伤。钝，意为不锋利，疲惫、困乏的意思。挫，挫伤。②力屈：力量耗尽。③久暴师则国用不足：长久陈师于外就会给国家经济造成困难。暴：同"曝"，露在日光下，文中指在外作战。国用，国家的开支。④屈力殚货：殚，枯竭。货，财货，此处指经济。此为力量耗尽，经济枯竭。⑤诸侯乘其弊而起：其他诸侯国便会利用这种危机前来进攻。弊，疲困，此处作危机解。⑥虽有智者，不能善其后矣：意谓即使有智慧超群的人，也将无法挽回既成的败局。后，后事，此处指败局。⑦兵闻拙速，未睹巧之久也：拙，笨拙。巧，工巧、巧妙。此句意谓用

兵打仗只听过宁可指挥笨拙而求速胜,而没见过为求指挥巧妙而使战争长期拖延的。⑧夫兵久而国利者,未之有也:长期用兵而有利于国家的情况,从未曾有过。⑨不尽知:不完全了解。

【译文】 用这样大规模的军队打仗,就要求速胜。旷日持久会使军队疲惫,锐气受挫。攻打城池,会使得兵力耗尽。军队长期在外作战,会使国家财力不继。如果军队疲惫、锐气挫伤、实力耗尽、国家经济枯竭,那么诸侯列国就会乘此危机发兵进攻,那时候即使有足智多谋的人,也无法挽回颓势了。因此,在军事上,只听说过指挥虽拙但求速胜的情况,而没有见过为讲究指挥技巧而追求旷日持久的现象。战事久拖不决而对国家有利的情形,从来不曾有过。因此不完全了解用兵弊端的人,也就无法真正理解用兵的益处。

取用于国,因粮于敌

【原文】 善用兵者,役不再籍[①],粮不三载[②],取用于国[③],因粮于敌[④],故军食可足也。国之贫于师者远输[⑤],远输则百姓贫。近于师者贵卖[⑥],贵卖则百姓财竭,财竭则急于丘役[⑦]。力屈、财殚中原,内虚于家[⑧]。

【注释】 ①役不再籍:役,兵役。籍,本义为名册,此处作动词用,即登记、征集。再,二次。意即不二次从国内征集兵员。②粮不三载:三,多次,载,运送。即不多次从本国运送军粮。③取用于国:指武器装备等从国内取用。④因粮于敌:因,依靠、凭借。粮草给养优先在敌国就地解决。⑤国之贫于师者远输:之,虚词,无实义。师,指军队。远输,远道运输。此句意谓国家之所以因用兵而导致贫困,是由于军粮的远道运输。⑥近于师者贵卖:近,临。贵卖,指物价飞涨,意谓临军队驻扎点地区的物价会飞涨。⑦急于丘役:急,在这里有加重之意。丘役,军赋,古代按丘为单位征集军赋。⑧力屈、财殚中原,内虚于家:中原,此处指原野。句意为国内百姓之家因远道运输而变得贫困、国家空虚。

【译文】 擅长用兵作战的人,兵员不再次征集,粮草不多次运送。武器装备由国内提供,粮食给养在敌国补充,如此,军队的粮草供给就充足了。国家之所以因用兵而导致贫困,就是由于远道运输,远道运输会使百姓陷于贫困。临近驻军的地区物价必定飞涨,物价飞涨,就会使得百姓之财富枯竭。公家财富枯竭,国家就急于增加赋役。这样一来,国内便家家空虚。

智将务食于敌

【原文】 故智将务食于敌[①],食敌一盅[②],当吾二十盅;萁杆一石[③],当吾二十石。

【注释】 ①智将务食于敌:智将,明智的将领。务,务求、力图。意为明智的将帅总是务求就食于敌国。②盅:古代的容量单位,每盅为 6 斛 4 斗。③萁杆一石:萁杆,泛指马及其他中等牲畜的饲料。石,古代的容量单位,30 斤为钧,4 钧为 1 石。

【译文】 所以,明智的将帅总是务求在敌国解决粮草的供给问题。因为消耗敌国的 1 盅粮草,等同于从本国运送 20 盅,耗费敌国的 1 石草料,相当于从本国运送 20 石。

故杀敌者，怒也

【原文】 **故杀敌者，怒也[①]；取敌之利者，货也[②]。故车战，得车十乘已上[③]，赏其先得者，而更其旌旗[④]，车杂而乘之[⑤]，卒善而养之[⑥]，是谓胜敌而益强[⑦]。**

【注释】 ①杀敌者，怒也：怒，动词用法，这里指激励士气。意谓军队英勇杀敌，关键在于激励部队的士气。②取敌之利者，货也：利，财物。货，财货，此处指用财货奖赏的意思。句意为若要使军队勇于夺取敌人的财物，就要先依靠财货奖赏。③已上：已，同"以"，"已上"即"以上"。④更其旌旗：更，更换。此句意谓在掳获的敌方车辆上更换上我军的旗帜。⑤车杂而乘之：杂，掺杂、混合。乘，驾、使用。意谓将缴获的敌方战车和我方车辆掺杂在一起，用于作战。⑥卒善而养之：卒，俘虏、降卒。意谓善待被俘的敌军士兵，使之为己所用。⑦是谓胜敌而益强：这就是说在战胜敌人的同时使自己更加强大。

【译文】 要让军队英勇杀敌，就应鼓舞士兵同仇敌忾的士气；要想夺取敌人的军需物资，就必须借助物质奖励。因此，在车战中，凡是缴获战车十辆以上的，就奖赏最先夺得战车的人，并且换上我军的旗帜，混合编入自己的战车行列。对于敌俘，要善待和保证供给。这就是说愈是战胜敌人，自己也就愈加强大。

兵贵胜，不贵久

【原文】 **故兵贵[①]胜，不贵久。**

【注释】 ①贵：重在、贵在。

【译文】 因此，用兵打仗贵在速战速决，而不宜旷日持久。

故知兵之将，民之司命

【原文】 **故知兵之将[①]，民之司命[②]，国家安危之主[③]也。**

【注释】 ①知兵之将：知，认识、了解。指深刻理解用兵之法的优秀将帅。②民之司命：民，泛指一般人民。司命，传说主宰生死之神，此处引申为命运的主宰。③国家安危之主：国家安危存亡的主宰者。主，主宰之意。

【译文】 懂得用兵之道的将领，是人民生死的掌握者，是国家安危存亡的主宰。

第三章　谋攻篇

不战而屈人之兵

【原文】 **孙子曰：凡用兵之法，全国为上，破国次之[①]；全军为上，破军次之；全旅为上，破旅次之；全卒为上，破卒次之；全伍为上，破伍次之[②]。是故百战百胜，非善之善者也[③]；不战而屈人之兵[④]，善之善者也。**

【注释】 ①全国为上，破国次之：全，完整。国，春秋时主要指都城，或指包括外城及周围的地区。意谓以实力为后盾，迫使敌方城邑完整地降服为上策，而通过战争交锋，攻破敌方城邑则稍差一些。②军、旅、卒、伍：春秋时军队编制单位。1.25 万人为军，500 人为旅，100 人为卒，5 人为伍。③非善之善者也：不是好中最好的。④不战而屈人之兵，善之善者也：屈，屈服、降服。此句意为不动用武力便使敌人屈服，这是高明中最高明的。

【译文】 孙子说：一般的战争指导法则是，使敌人举国降服为上策，而击破敌国就略逊一等；使敌人全军完整地降服为上策，而击溃敌人的军队就略逊一筹；使敌人全旅完整地降服为上策，而用武力击垮它就逊一筹；使敌人全卒完整地降服是上策，用武力打垮它就次一等；使敌人全伍降服是上策，用武力击溃它就次一等。因此，百战百胜，并不是高明中最高明的；不经交战而能使敌人屈服，这才算是最高明的。

上兵伐谋，其次伐交

【原文】 **故上兵伐谋[①]，其次伐交[②]，其次伐兵[③]，其下攻城。攻城之法[④]，为不得已[⑤]。**

【注释】 ①上兵伐谋：上兵，上乘用兵之法。伐谋，以谋略克敌制胜。此句意为：用兵的最高境界是用谋略战胜敌人。②其次伐交：交，交合，此处指外交。伐交，即进行外交斗争以争取主动。当时的外交斗争，主要表现为运用外交手段瓦解敌国的联盟，扩大、巩固自己的盟国，孤立敌人，迫使其屈服。③伐兵：通过军队间交锋一决胜负。兵，军队。④攻城之法：法，办法、做法。⑤为不得已：指出于无奈而为之。

【译文】 因此，用兵的上策是用谋略战胜敌人，其次是挫败敌人的外交联盟，再次就是直接与敌人交战，击败敌人的军队，下策就是攻打敌人的城池。选择攻城的做法出于不得已。

善用兵者，屈人之兵而非战

【原文】 **故善用兵者，屈人之兵而非战也[①]，拔人之城而非攻也[②]，毁人之国而非久也[③]。必以全争于天下[④]，故兵不顿而利可全[⑤]，此谋攻之法也[⑥]。**

【注释】 ①屈人之兵而非战也：屈，使人屈服。②拔人之城而非攻也：拔，攻取。③毁人之国而非久也：非久，不是旷日持久。指灭亡敌人之国毋需旷日持久。④必以全争于天下：全，即上言“全国”“全军”，“全旅”“全卒”“全伍”之“全”。此句意为一定要根据全胜的战略战胜于天下。⑤故兵不顿而利可全：顿，整顿、召集。⑥此谋攻之法也：这就是以谋略胜敌的最高标准。法，标准、准则。

【译文】 因此，擅长用兵的人，使敌人屈服不是靠交战，攻占敌人的城池也不是靠强攻，毁灭敌人的国家更不是靠久战。一定要用全胜的战略争胜天下，这样才不使自己的军队疲惫受挫，又能取得圆满、全面的胜利，这就是以谋略胜敌的标准。

用兵之法，十则围之

【原文】 **故用兵之法，十则围之①，五则攻之，倍则分之②，敌则能战之③，少则能逃之④，不若则能避之⑤。故小敌之坚⑥，大敌之擒也。**

【注释】 ①十则围之：兵力十倍于敌就包围敌人。②倍则分之：有一倍于敌人的兵力，就设法分散敌人，造成局部上的更大优势。③敌则能战之：意谓如果敌我力量相当，则当敢于抗击、对峙。④少则能逃之：少，兵力少。逃、逃跑躲避。⑤不若则能避之：不若，不如，指实际力量不如敌人，就要设法避其锋芒。⑥小敌之坚，大敌之擒也：小敌，弱小的军队。坚，坚定、强硬，此处指固守硬拼。此句意谓弱小的部队如果坚持硬拼，就会被强大的敌人所俘虏。

【译文】 所以用兵的原则是，拥有10倍于敌的兵力就包围敌人，拥有5倍于敌的兵力就进攻敌人，拥有2倍于敌的兵力就设法分散敌人，兵力相等就要努力抗击敌人，兵力少于敌人就要退却，兵力弱于敌人就要避免决战。因此，弱小的军队如果一味坚持硬拼，就势必成为强大敌人的俘虏。

夫将者，国之辅也

【原文】 **夫将者，国之辅也①，辅周则国必强②，辅隙则国必弱③。**

【注释】 ①国之辅也：国，指国君。辅，原意谓辅木，这里引申为辅助、助手。②辅周则国必强：周，周密。意谓辅助周密、相依无间，国家就强盛。③辅隙则国必弱：隙，缝隙，此处指有缺陷、不周全。此句意谓辅助有缺陷则国家必弱。

【译文】 将帅是国君的助手，辅助周密，国家就一定强盛；辅助有缺陷，国家就一定衰弱。

故君之所以患于军者三

【原文】 **故君之所以患于军者三①：不知军之不可以进而谓之进②，不知军之不可以退而谓之退，是谓縻军③；不知三军之事而同三军之政④，则军士惑矣⑤；不知三军之权而同三军之任⑥，则军士疑矣。三军既惑且疑，则诸侯之难至矣，是谓乱军引胜⑦。**

【注释】 ①君之所以患于军者三：君，国君。患，危害。意为国君危害军队行动的情况有三个方面。②谓之进：谓，使的意思，即"使(命令)之进。"③是谓縻军：这叫作束缚军队。④不知三军之事而同三军之政：不了解军事而干预军队的政令。三军：泛指军队。春秋时一些大的诸侯国普遍设有三军，有的为上、中、下三军，有的为左、中、右三军。同，此处是参与、干预的意思。政，政务，这里专指军队的行政事务。⑤军士惑矣：军士，指军队的吏卒。惑，迷惑、困惑。⑥不知三军之权而同三军之任：不知军队行动的权变灵活性质，而直接干预军队的指挥。⑦是谓乱军引胜：乱军，扰乱军队。此谓自乱军队，失去了胜机。

【译文】 国君危害军事行动的情况有三种：不了解军队不能前进而硬让军队前进，不了解军队不能后退而硬让军队后退，这叫作束缚军队；不了解军队的内部事务，而去干预军队的行政，就会使将士迷惑；不懂得军事上的权宜机变，而去干涉军队的指挥，就会使得将士产生疑虑。军队既迷惑又心存疑虑，那为诸侯列国乘机进犯的灾难也就随之降临了，这叫作自乱其军。

此五者，知胜之道也

【原文】 **故知胜有五：知可以战与不可以战者胜，识众寡之用者胜[1]，上下同欲者胜[2]，以虞待不虞者胜[3]，将能而君不御者胜[4]。此五者，知胜之道也[5]。**

【注释】 ①识众寡之用者胜：能根据双方兵力对比情况而采取正确战法，就能取胜。②上下同欲者胜：上下同心协力的能够获胜。③以虞待不虞者胜：以充足的准备对付没有准备者则能得胜。④将能而君不御者胜：将帅有才能而国君不加掣肘的能够获胜。御，原意驾驭，这里指牵制、制约。⑤知胜之道也：认识、把握胜利的规律。

【译文】 预知胜利的情况有五种：知道可不可战的，能够胜利；了解兵多和兵少不同用法的，能够胜利；全军上下意愿一致的，能够胜利，自己准备充足对付没有准备的能得胜。将帅有才能而国君不加掣肘的，能够胜。凡此五条，就是预知胜利的方法。

知彼知己，百战不殆

【原文】 **故曰：知彼知己，百战不殆[1]。不知彼而知己，一胜一负[2]。不知彼不知己，每战必殆。**

【注释】 ①殆：危险、失败。②一胜一负：即胜负各半.指没有必胜的把握。

【译文】 所以说：既了解敌人，又了解自己，百战都不会有任何危险；虽不了解敌人，但了解自己，便有时能胜利，有时会失败；既不了解敌人，又不了解自己，则每次用兵都会有危险。

第四章　军形篇

善战者，先为不可胜

【原文】 **孙子曰：昔之善战者，先为不可胜[1]，以待敌之可胜[2]。不可胜在己，可胜在敌[3]。故善战者，能为不可胜，不能使敌之可胜[4]。故曰：胜可知，而不可为[5]。**

【注释】 ①先为不可胜：为，造成、创造。不可胜，使敌人不可能战胜自己。此句意为先创造条件，使敌人不能战胜自己。②以待敌之可胜：待，等待、寻找、捕捉的意思。敌之可胜，指敌人可以被我战胜的时机。③不可胜在己，可胜在敌：指创造不被敌人战胜的条件，在于自己主观的努力，而敌方是否能被取胜，取决于敌方自己的失误，而非我方主观所能决定。④能为不可胜，不能使敌之可胜：能够创造自己不为敌所胜的条件，而不能强令敌人一定具有可以被我战胜的时机。⑤胜可知，而不可为：知，预知、预见。意为胜利可以预测，却不能强求。

【译文】 孙子说：以前擅长用兵打仗的人，先要做到不会被敌方战胜，然后捕捉时机战胜敌人。不会被敌人战胜的主动权操在自己手中，能否战胜敌人则取决于敌人是否有隙可乘。因此，擅长打仗的人，能创造不被敌人战胜的条件，但却不可能做到使敌人一定被我战胜。

不可胜者，守也

【原文】 **不可胜者，守也[①]。可胜者，攻也。守则不足，攻则有余[②]。善守者，藏于九地之下；善攻者，动于九天之上[③]，故能自保而全胜[④]也。**

【注释】 ①不可胜者，守也。可胜者，攻也：意为使敌人不能胜我，在于我方防守得当；而战胜敌人，则取决于我方进攻得当。②守则不足，攻则有余：采取防守的办法，是因为自己的力量处于劣势。采取进攻的办法，是因为自己的力量处于优势。③“九地、九天”句：九，虚数，泛指多，古人常用“九”来表示数的极点。九地，形容地深不可知；九天，形容天高不可测。此句谓善于防守的人，能够隐蔽军队的活动，如藏物于极深之地下，令敌方莫测虚实；善于进攻的人，进攻时能做到行动神速、突然，如同从九霄飞降，出其不意，迅猛异常。④自保而全胜：保全自己而战胜敌人。

【译文】 要想不被敌人战胜，在于防守严密；想要战胜敌人，在于进攻得当。实行防御，是由于兵力不足，采取进攻，是因为兵力有余。善于防守的人，隐蔽自己的兵力如同深藏于地下；善于进攻的人，展开自己的兵力就像自九霄而降。所以，既能保全自己，又能夺取胜利。

故善战者之胜也，无智名，无勇功。

【原文】 **故善战者之胜也，无智名，无勇功。故其战胜不忒[①]。不忒者，其所措必胜，胜已败者也[②]。**

【注释】 ①忒：差错，失误；不忒：不出差错。②胜已败者也：战胜败局已成的敌人。

【译文】 所以，擅长打仗的人打了胜仗，既不显露出指挥的名声，也不表现为勇武的战功。他们取得的胜利，是不会有差错的。其之所以不会有差错，是因为它们的作战措施建立在必胜的基础上，能战胜那些已经处于失败地位的敌人。

故善战者，立于不败之地，而不失敌之败也

【原文】 **故善战者，立于不败之地，而不失敌之败也[①]。是故胜兵先胜而后求战[②]，败兵先战而后求胜[③]。**

【注释】 ①不失敌之败也：不放过使敌人失败的机会。②胜兵先胜而后求战：胜兵，

胜利的军队。先胜,先创造不可被敌战胜的条件。意为能取胜的军队,总是先创造取胜的条件,然后才和敌人决战。③败兵先战而后求胜:指失败的军队总是贸然开战,然后企求侥幸取胜。

【译文】 擅长作战的人,总是确保自己立于不败之地,同时不放过任何击败敌人的机会。所以,胜利的军队总是先创造获胜的条件,而后才寻机与敌决战。而失败的军队,却总是先和敌人交战,而后企望侥幸取胜。

善用兵者,修道而保法

【原文】 善用兵者,修道而保法①,故能为胜败之政②。

【注释】 ①修道而保法:道,政治,政治条件。法,法度,法制。意为修明政治,确保各项法制的贯彻落实。②故能为胜败之政:政,同"正",引申为主宰的意思。为胜败之政,即成为胜败的主宰。

【译文】 擅长指挥军队作战的人,必须修明政治,确保法制,如此才能掌握战争胜负的决定权。

兵法:一曰度,二曰量,三曰数

【原文】 兵法:一曰度①,二曰量②,三曰数③,四曰称④,五曰胜。地生度⑤,度生量⑥,量生数⑦,数生称⑧,称生胜⑨。

【注释】 ①度:指土地幅员的大小。②量:容量、数量,指物质资源的数量。③数:数量、数目,指兵员的多寡。④称:衡量轻重,指敌对方实力状况的衡量对比。⑤地生度:生,产生。意谓因所处地域的不同,产生土地幅员大小的差异。⑥度牛量:指因土地幅员的大小差异,产生物质资源的多少不同。⑦量生数:指因物质资源的多少不同,产生兵员多寡的差异。⑧数生称:指因兵员多寡的不同,产生军事实力的强弱不同。⑨称生胜:指因军事实力对比的不同,决定了战争胜负的不同。

【译文】 兵法的基本原则有五条:一是"度",二是"量",三是"数",四是"称",五是"胜"。敌我所处的地域不同,产生双方幅员大小不同的"度",敌我地幅大小——"度"的不同产生了双方物质资源丰瘠不同的"量";敌我物质资源丰瘠——"量"的不同,产生了双方军事实力强弱不同的"称";敌我军事实力强弱——"称"的不同,最终决定了战争的胜负成败。

决积水于千仞之溪者,形也

【原文】 故胜兵若以镒称铢①,败兵若以铢称镒。胜者之战民②也,若决积水于千仞③之溪者,形也。

【注释】 ①以镒称铢:镒,古代重量单位,合24两或20两,意谓其重;铢,古代重量单位,24铢为一两,意谓其轻。此处指实力悬殊。②战民:士兵。③仞:古代长度单位,8

尺为一仞;此句指犹如8000尺上之水,决堵而下,势不可挡。

【译文】 胜利的军队较之于失败的军队,犹如以"铢"比"镒"那样,占有绝对的优势。而失败的军队较之胜利的军队,就像用"镒"比"铢"那样,处于绝对的劣势。胜利者指挥军队与敌作战,就像在万丈悬崖掘开山涧的积水,所向披靡,这就是"形"的军事实力。

第五章 兵势篇

凡治众如治寡,分数是也

【原文】 孙子曰:凡治众如治寡[①],分数是也[②];斗众[③]如斗寡,形名[④]是也;三军之众,可使必受敌而无败[⑤]者,奇正[⑥]是也;兵之所加,如以碫投卵[⑦]者,虚实[⑧]是也。

【注释】 ①治众如治寡:治,治理、管理,意为管理人数众多的部队如同管理人数很少的部队一样。②分数是也:分数,此处指军队的编制。把整体分为若干部分,就叫分数,这里是指分级分层管理之意。③斗众:指挥人数众多的部队作战。斗,动词,为使……战斗之意。④形名:形,指旌旗;名,指金鼓。在战场上,投入兵力众多,分布面积也很宽广,主帅下达的命令难以传达,所以设置旗帜,高举于手中,让将士知道前进或后退等命令,而用金鼓来节制将士或进行战斗或终止战斗。⑤必受敌而无败:必,"毕"的同意假借,意为完全、全部。⑥奇正:常规与奇兵并用。奇正,古兵法常用术语,指军队作战的特殊战法和常用战法。就兵力部署而言,以正面受敌者为正,以机动突击为奇;就作战方式言,正面进攻为正,侧翼包抄偷袭为奇,以实力围歼为正,以诱骗欺诈为奇等。⑦以碫投卵:比喻以坚击脆,以实击虚。⑧虚实:古兵法常用术语,指军事实力上的强弱、优劣。有实力为"实",反之为"虚"。有备为"实",无备为"虚",休整良好为"实",疲敝松懈为"虚"。此处含有以强击弱、以实击虚的意思。

【译文】 孙子说:一般而言,管理大部队如同管理小部队一样,这属于军队的组织编制问题;指挥大部队作战如同指挥小部队作战一样,这属于指挥号令的问题;整个部队遭到敌人攻击而没有溃败,这属于"奇正"战术的变化问题;对敌军所实施的打击,如同以石击卵一样,这属于"避实就虚"原则的正确运用问题。

凡战者,以正合,以奇胜

【原文】 凡战者,以正合[①],以奇胜。故善出奇者,无穷如天地,不竭如江河[②]。终而复始,日月是也;死而复生,四时是也[③]。

【注释】 ①以正合,以奇胜:合,交战、合战。此句意即以正兵合战,奇兵制胜。②无穷如天地,不竭如江河:喻正奇之变化有如宇宙万物之变化无穷,江河水流之不竭尽。③死而复生,四时是也:去而复来,如春、夏、秋、冬四季更替。

【译文】 一般的作战,总是以"正兵"合战,用"奇兵"取胜。所以,善于出奇制胜的人,其战法的变化如天地运行那样变化无穷,像江河那样奔流不息。终而复始,就像日月的运行;去而复来,如同四季的更替。

奇正之变,不可胜穷也

【原文】 **战势[①],不过奇正,奇正之变,不可胜穷也。奇正相生[②],如环之无端[③],孰能穷之[④]?**

【注释】 ①战势:指具体的兵力部署和作战方式。②奇正相生:意为奇正之间相互依存、转化。③如环之无端:端,无始无终。言奇正之变化无始无终,永无尽头。④孰能穷之:孰,谁。穷,穷尽。之,指奇正相生变化。

【译文】 作战的方式不过"奇""正"两种,可是"奇""正"的变化,却永远未可穷尽。"奇""正"之间的相互转化,就像顺着圆环旋绕似的,无始无终,又有谁能够穷尽它呢?

是故善战者,其势险,其节短

【原文】 **激水之疾,至于漂石者,势也。鸷鸟[①]之疾,至于毁折者,节[②]也。是故善战者,其势险,其节短。势如彍弩[③],节如发机[④]。**

【注释】 ①鸷鸟:一种凶猛的鹰隼。②节:节奏。指动作爆发得既快捷、猛烈,又恰到好处。③势如彍弩:彍,弩弓张满的意思。彍弩,即弓满待发之弩。④发机:即引发弩机的机纽。

【译文】 湍急的河水迅速地奔流,以致能够把巨石冲走,这是因为它飞快地流速所形成的"势"使然,鸷鸟高飞猛击,以致能捕杀鸟雀,这就是短促迅捷的"节"使然。因此,善于指挥作战的人,他所造成的态势险峻逼人,他进攻的节奏短促有力,险峻的势就像张满的弓弩,迅疾的节奏犹似击发弩机把箭突然射出。

乱生于治,怯生于勇

【原文】 **乱生于治[①],怯生于勇,弱生于强[②]。治乱,数也[③]。勇怯,势也。强弱,形也。**

【注释】 ①乱生于治:示敌混乱,是由于有严整的组织。②弱生于强:示敌弱小,是由于本身拥有强大的兵力。③治乱,数也:数,即前言之"分数"。指军队的组织编制。意为军队的治或乱决定于编制是否有序。

【译文】 向敌显示混乱,是由于己方组织编制的严整。向敌显示怯懦,是由于己方具备了勇敢的素质。向敌诈示弱小,是由于己方拥有强大的兵力。严整或者混乱,是由组织编制的好坏而定的。勇敢或怯懦,是由作战态势的优劣所造成的,强大或者弱小,是双方实力大小的外在显示。

形之，敌必从之

【原文】 **故善动敌[①]者，形之[②]，敌必从之。予之，敌必取之。以利动之，以卒待之[③]。**

【注释】 ①动敌：调动敌人。②形之：形，动词，即示形，示敌以形。指用假象迷惑敌人，使其判断失误。③以卒待之：用重兵伺机破敌。

【译文】 因此擅长调动敌人的将帅，会伪装假象迷惑敌人，敌人因此会听从调动；用小利引诱敌人，敌人就会前来争夺。用这样的办法积极调唆敌人，再预备重兵伺机攻击它。

择人而任势

【原文】 **故善战者，求之于势，不责于人[①]，故能择人而任势[②]。**

【注释】 ①求之于势，不责于人：责，求、苛求。此句意谓当追求有利的作战态势，而不是苛求下属。②择人而任势：择，选择。任，任用、利用、掌握、驾驭的意思。

【译文】 善于用兵打仗的人，总是努力创造有利的态势，而不对部属责备求全，所以他能够选择人才去利用和创造有利的态势。

故善战人之势，如转圆石于千仞之山者

【原文】 **任势者，其战人也，如转木石。木石之性[①]，安[②]则静，危[③]则动，方则止，圆则行。故善战人之势，如转圆石于千仞之山者，势[④]也。**

【注释】 ①木石之性：木石的特性。性、性质、特性。②安：安稳，这里指平坦的地势。③危：局峻、危险，此处指地势高峻陡峭。④势：是指在“形”（军事实力）的基础上，发挥将帅的主观作用，因而造成有利的作战态势。

【译文】 擅长利用态势的人指挥军队作战，就如同滚动木头、石头一般。木头和石头的特性是：置放在平坦之处就静止不动，置放在险峻陡峭之处就滚动，方的容易静止，圆的滚动灵活。因此，擅长指挥作战的人所造成的有利态势，就像将圆石从万丈高山上推滚下来那样，这就是所谓的“势”。

第六章　虚实篇

故善战者，致人而不致于人

【原文】 **孙子曰：凡先处战地而待敌者佚[①]，后处战地而趋战者劳[②]。故善战者，致人而不致于人[③]。**

【注释】 ①凡先处战地而待敌者佚：处，占据。佚，即“逸”，指安逸、从容。此句意谓在作战中，若能率先占据战地，就能使自己处于以逸待劳的主动地位。②后处战地而

趋战者劳：趋，奔赶，此处为仓促之意，趋战，仓促应战。此句意谓后处战地，仓促应战则疲劳被动。③致人而不致于人：致，招致、引来。致人，牵制敌人。致于人，为敌人所牵制。

【译文】 孙子说：凡是占据战场，等待敌人的就主动安逸，而后到达战场仓促应战的就疲惫被动。因此善于指挥作战的人，总是能够调动敌人而不被敌人所牵制。

能使敌人自至者，利之也

【原文】 能使敌人自至者，利之也[①]；能使敌人不得至者，害之也[②]。故敌佚能劳之[③]饱能饥之，安能动之[④]。

【注释】 ①能使敌人自至者，利之也：利之，以利引诱。意谓能使敌人自来，乃是以利引诱的缘故。②能使敌人不得至者，害之也：害，妨害、牵制。此意谓能使敌人不得到达战地，乃是牵制敌人的结果。③劳之：劳，使之疲劳。④安能动之：意谓敌若固守，我就设法牵动它。

【译文】 能够使敌人自动进到我预定的地域，是因为用小利引诱的缘故；能够使敌人不能抵达其预定领域的，则是设置重重困难阻挠的缘故。敌人休整得好，就设法使它疲劳；敌人粮食充足，就设法使它饥饿；敌人驻扎安稳，就设法使它移动。

故善攻者，敌不知其所守

【原文】 故善攻者，敌不知其所守[①]。善守者，敌不知其所攻。微乎微乎，至于无形[②]。神乎神乎，至于无声[③]，故能为敌之司命[④]。

【注释】 ①故善攻者，敌不知其所守。善守者，敌不知其所攻：此句谓善于进攻的军队，使敌人不知该守何处，善于防守的军队，使敌人不知该进攻何处。②微乎微乎，至于无形：微，微妙。此句谓虚实运用微妙之极，则无形可睹。③神乎神乎，至于无声：神，神奇、高妙。意为虚实运用神奇之至，则无声息可闻。④司命：命运之主宰。

【译文】 所以擅长进攻的，能使敌人不知道该如何防守；擅长防御的，能使敌人不知道该怎样进攻。微妙啊，微妙到看不出任何形貌！神奇啊，神奇到听不见丝毫声音！因此，这能够成为敌人命运的主宰。

攻其所必救

【原文】 进而不可御者，冲其虚也[①]；退而不可追者，速而不可及也[②]。故我欲战，敌虽高垒深沟，不得不与我战者，攻其所必救也[③]；我不欲战，画地而守之[④]，敌不得与我战者，乖其所之也[⑤]。

【注释】 ①进而不可御者，冲其虚也：御，抵御。冲，攻击、袭击。虚，防备空虚之处。此谓我军进击而敌无法抵御，是由于攻击点正是敌之虚懈处。②退而不可追者，速而不可及也：速，迅速。及，赶上、追上。此句意为我军后撤而敌不能追击，是由于我后撤迅

速，敌追赶不及。因此，撤退的主动权也操于我手。③我欲战……攻其所必救也：必救，必定救援之处，喻利害攸关之地。此句意为由于我已把握了战争的主动权，故当我欲与敌进行决战时，敌不得不从命。所以如此是因为我所选择的攻击点，正是敌之要害处。④画地而守之：画地而守，即据地而守，喻防守颇易。⑤乖其所之也：乖，违、相反，此处有改变、调动的意思。之，往、去。句意谓牵动敌人，将其引往他处。

【译文】 进击而使敌人无法抵御，是由于击中敌军懈怠空虚的地方；撤退而使敌人不来追击，是因为行动迅速而使敌人追赶不及。所以我军求战时，敌人即使高垒深沟也不得不出来与我交锋，这是因为我们攻击了敌人所必救的地方；我军不想作战时，驻扎一个地方防守，敌人也无法同我作战，这是因为诱使敌人改变进攻方向。

故形人而我无形，则我专而敌分

【原文】 故形人而我无形[①]，则我专而敌分[②]；我专为一，敌分为十，是以十攻其一也[③]，则我众而敌寡；能以众击寡者，则吾之所与战者，约矣[④]。

【注释】 ①故形人而我无形：形人，使敌人现形。形，此处作动词，显露的意思。无形，即不显露形态（隐蔽真形）。②我专而敌分：我专一（集中）而敌分散。③是以十攻其一也：指我在局部上对敌拥有以十击一的绝对优势。④吾之所与战者，约矣：约，少、寡。此句意谓能以众击寡，则我欲进击之敌必定弱小有限。

【译文】 要使敌人暴露而我军隐蔽，这样，我军兵力就可以集中而敌人兵力却不得不分散。我们的兵力集中在一处，敌人的兵力如散在十处，这样，我们就能以十倍于敌的兵力去进攻敌人了，因而造成我多而敌寡的有利态势。如果能做到集中优势兵力攻击劣势的敌人，那么同我军正面交战的敌人也就有限了。

无所不备，则无所不寡

【原文】 故备前则后寡，备后则前寡，备左则右寡，备右则左寡，无所不备，则无所不寡[①]。寡者，备人者也[②]；众者，使人备己者也[③]。

【注释】 ①无所不备，则无所不寡：即言如果处处设防，必然是处处兵寡力弱，陷入被动。②寡者，备人者也：言兵力之所以相对薄弱，在于分兵备敌。③众者，使人备己者也：意谓兵力之所以占有相对优势，是因为迫使对方分兵备战。

【译文】 防备了前面，后面的兵力就薄弱，防备了后面，前面的兵力就薄弱。防备了左边，右边的兵力就薄弱，防备了右边，左边的兵力就薄弱。处处加以防备，就处处兵力薄弱。兵力之所以薄弱，是因为处处分兵防备；兵力之所以充足，是因为迫使对方处处分兵防备。

故知战之地，知战之日，则可千里而会战

【原文】 故知战之地，知战之日[①]，则可千里而会战。不知战地，不知战日，则左不能

救右，右不能救左，前不能救后，后不能救前，而况速者数十里，近者数里乎[②]？……故曰：胜可为也。敌虽众，可使无斗[③]。

【注释】 ①故知战之地，知战之日，则可千里而会战：如能预先了解掌握战场的地形条件与交战时间，则可以赴千里与敌交战。②不知战地……近者数里乎：言若不能预先知道战场的条件与作战之时，则前、后、左、右无暇相顾，不及相救，何况作战行动往往是在绵延数里甚至数十里方圆范围内展开的。③无斗：无法与我战斗。

【译文】 因此，如能预知交战的地点和时间，即使跋涉千里也可以去和敌人会战。而若不能预知在什么地方、时间交战，则会导致左翼救不了右翼，右翼救不了左翼，前不能救后，后不能救前的情况，何况想要在远达数十里，近在数里的范围内做到应付自如？所以说，胜利是可以造就的。敌兵虽多，还是可以使它失去战斗力。

策之而知得失之计

【原文】 **故策之而知得失之计[①]，作之而知动静之理[②]，形之而知死生之地[③]，角之而知有余不足之处[④]。**

【注释】 ①策之而知得失之计：策，策度、筹算。意谓我当仔细筹算，以了解判断敌人作战计划之优劣。②作之而知动静之理：作，兴起，此处指挑动。动静之理，指敌人的活动规律。意为挑动敌人，借以了解其活动的一般规律。③形之而知死生之地：形之，示形于敌。死生之地，指敌之优势或薄弱环节、致命环节的所在。地，同下“处”，非实指战地。句意为以示形于敌的手段，来了解敌方的优劣环节。④角之而知有余不足之处：角，量、较量。有余，指实、强之处。不足，指虚、弱之处。意谓要通过对敌作试探性地较量，以掌握敌人的虚实强弱情况。

【译文】 因此要通过认真的筹算，来分析敌人作战计划的优劣得失；要通过挑逗敌人，来了解敌人的活动规律；要通过佯动示形，来试探敌人生死命脉的所在；要通过小型交锋，来了解敌人兵力的虚实强弱。

其战胜不复，而应形于无穷

【原文】 **故形兵之极，至于无形[①]。无形，则深间不能窥，智者不能谋[②]。因形而措胜于众，众不能知；人皆知我所以胜之形，而莫知吾所以制胜之形。故其战胜不复，而应形于无穷[③]。**

【注释】 ①故形兵之极，至于无形：形兵，指军队部署过程中的伪装佯动。书示形于敌的最高境界是没有形态，使敌人无法捉摸。②深间不能窥，智者不能谋：间，间谍。深间，指隐藏极深的间谍。窥，刺探、窥视。表示佯装达到至高境界，则敌之深间也无从推测底细，聪明的敌人也束手无策。③应形于无穷：应，适应。形，形状、形态，此处指敌情。

【译文】 因此当佯动示形进入最高的境界，就再也看不出什么迹象和形态了。那么，即使是深藏的间谍也窥察不了底细，老谋深算的敌人也想不出对策。人们只能知道

我用来战胜敌人的办法，却无从知道我是怎样运用这些办法出奇制胜的。因此每一次胜利，都不是简单的重复，而是根据不同的情况变化无穷。

兵之形，避实而击虚

【原文】 **夫兵形象水[①]，水之形，避高而趋下。兵之形，避实而击虚[②]。水因地而制流，兵因敌而制胜[③]。故兵无常势，水无常形[④]；能因敌变化而取胜者，谓之神[⑤]。**

【注释】 ①兵形象水：此言用兵的法则就如同水的运动规律一样。兵形，用兵打仗的方式，亦可理解为用兵的法则。②兵之形，避实而击虚：即用兵的原则是避开敌人坚实之地，攻击其空虚薄弱的地方。③水因地而制流，兵因敌而制胜：制，制约、决定。制胜，制服敌人以取胜。此句为水之流向受到地形高低不同的制约，作战中的取胜方法则依据敌情不同来决定。④兵无常势，水无常形：即用兵打仗无固定刻板的态势，似流水并无一成不变的形态。势，态势。常势，固定永恒的态势。常形，一成不变的形态。⑤能因敌变化而取胜者，谓之神：意谓若能依据敌情变化而灵活处置以取胜，则可视之为用兵如神。

【译文】 用兵的法则就像流水的属性，是避开高处而流向低处；行军打仗的原则是避开敌人坚实之处而攻击其弱点。水因地形的高低而制约其流向，作战则根据不同的敌情而制定取胜的策略。因此，用兵作战没有固定刻板的态势，正如水的流动不会有一成不变的形态一样，倘若能够根据敌情变化而灵活机动取胜，就可以叫作用兵如神。

第七章　军争篇

后人发，先人至

【原文】 **军争之难者，以迂为直[①]，以患为利。故迂其途[②]而诱之以利，后人发，先人至[③]，此知迂直之计者也[④]。**

【注释】 ①以迂为直，以患为利：迂，曲折、迂回。直，近便的直路。意为将迂回的道路变成直达的道路，把不利的（害处）变为有利的。②故迂其途而诱之以利：“其”、“之”均指敌人。迂，此处当作动词。前句就我军而言，此句就敌军而言。军争时既要使自己“以迂为直，以患为利”，也要善于使敌方以直为迂，以利为患。而要达到此一目的，在于以利引诱敌人，使其行迂趋患，陷入困境。③后人发，先人至：比敌人后出动，却先抵达将要争夺的要地。④此知迂直之计者也：知，这里是掌握的意思。计，方法、手段。

【译文】 争求制胜条件最困难的地方，在于要把迂回的弯路变为直路。要把不利的条件转化为有利的。同时，要让敌人的近直之利变为迂远之患，并用小利引诱敌人，这样就能比敌人后出动而先抵达必争的战略要地，这就是掌握了以迂为直的方法。

军争为利，军争为危

【原文】 **故军争为利，军争为危。举军而争利则不及[①]，委军而争利[②]则辎重捐。**

【注释】 ①举军而争利则不及:举,全、皆。率领装备辎重的军队前去争取先机则不能按时到达。不及,不能按时到达预定地点。②委军而争利则辎重捐:委,丢弃、舍弃。辎重,军用物资的装载,包括军用器械、营具、粮秣、服装等。捐,弃、损失。此句意谓如果扔掉一部分军队去争利,则装载之军用物资将会受到损失。

【译文】 军争不但有不顺利的一面,同时也有危险的一面。假如全军携带满载的军用物资去争利,就无法按时抵达预定地域,倘若丢下部分军队前去争利,则装载的军用物资将会受到损失。

是故军无辎重则亡,无粮食则亡,无委积则亡

【原文】 **是故军无辎重则亡[1],无粮食则亡,无委积则亡[2]。**

【注释】 ①军无辎重则亡:军队没有随行的兵器、器械则不能生存。②无委积则亡:委积,指物资储备。军队没有物资储备作补充,亦不能生存。

【译文】 须知军队没有辎重就会失败,没有粮食就不能生存,没有物资储备就难以为继。

故兵以诈立,以利动

【原文】 **故兵以诈立[1],以利动[2],以分合为变者也。**

【注释】 ①兵以诈立:立,成立,此处指成功。②以利动:利,好处、利益。

【译文】 因此用兵作战必须依靠多变的计谋以争取成功,根据是否有利来决定自己的行动,而按照分散或集中兵力的方式来变换战术。

先知迂直之计者胜

【原文】 **故其疾如风,其徐如林,侵掠如火,不动如山,难知如阴[1],动如雷震。掠乡分众[2],廓地分利[3],悬权[4]而动。先知迂直之计者胜,此军争之法也。**

【注释】 ①难知如阴:荫蔽难测。②掠乡分众:分兵掠夺城邑。③廓地分利:开拓疆土,分守利害。④悬权:秤锤悬秤杆上,在此指衡量。

【译文】 因此,军队行动迅速时就像疾风骤起,行动舒缓时就像林木森然不乱,攻击敌人时像烈火,实施防御时像山岳,隐蔽时如同浓云蔽日,冲锋时如迅雷不及掩耳。要分兵掳掠敌方的乡邑,要分兵扼守要地,以扩展自己的领土,并权衡利害关系,然后伺机而动。懂得以迂为直方法的将帅就能取得胜利,这是争夺制胜的原则。

三军可夺气,将军可夺心

【原文】 **故三军可夺气[1],将军可夺心[2]。**

【注释】 ①夺气:挫败锐气。②将军可夺心:动摇敌将之心。

【译文】 对于敌人的军队,可以使其士气低落;对于敌军的将帅,可以使其决心

动摇。

善用兵者，避其锐气，击其惰归，此治气者也

【原文】 是故朝气锐，昼气惰，暮气归。故善用兵者，避其锐气，击其惰归[1]，此治气者也[2]。

【注释】 ①避其锐气，击其惰归：避开士气旺盛之敌，打击疲劳沮丧、士气衰竭之敌。②此治气者也：治，此处作掌握解。意谓这是掌握运用士气变化的通常规律。

【译文】 因此善于用兵的人，总是先避开敌人初来时的锐气，而等到敌人士气懈怠衰竭时再去攻击它，这是掌握运用军队士气的方法。用自己的严整来对付敌人的混乱，用自己的镇静来对付敌人的轻躁，这是把握将帅心理的手段。

以治待乱，以静待哗

【原文】 以治待乱[1]，以静待哗[2]，此治心者也[3]。以近待远，以逸待劳，以饱待饥，此治力者也[4]。无邀正正之旗，无击堂堂之陈，此治变者也[5]。

【注释】 ①以治待乱：以严整有序的军队对付混乱不整之敌。②以静待哗：以自己的沉着冷静对付敌人的轻躁喧哗。③此治心者也：这是掌握利用将帅心理的一般方法。④此治力者也：这是掌握利用军队战斗力的基本方法。⑤此治变者也：这是掌握机动应变的一般方法。

【译文】 用自己的严整来对付敌人的混乱，用自己的镇静来对付敌人的轻躁，这是掌握将帅心理的手段。用自己部队接近的战场来对付远道而来的敌人，用自己供应充足的部队来对付饥饿不堪的敌人，这是掌握军队战斗力的秘诀。不要去打击旗帜整齐的敌人，不要去进攻阵容雄壮的敌人，这是掌握灵活机变的原则。

故用兵之法，穷寇勿迫

【原文】 故用兵之法，高陵勿向[1]，背丘勿逆[2]，佯北勿从[3]，锐卒勿攻[4]，饵兵勿食[5]，归师勿遏[6]，围师必阙[7]，穷寇勿迫[8]，此用兵之法也。

【注释】 ①高陵勿向：高陵，高山地带。向，仰攻。即对已占领高地的敌人，不要去进攻。②背丘勿逆：背，倚仗之意。敌人如果背倚丘陵险阻，我军不要去正面进攻。③佯北勿从：佯，假装。从，跟随。言敌人如果是假装败退，我军不要去追击。④锐卒勿攻：意谓如果敌军的士气旺盛，我军不要去进攻。⑤饵兵勿食：此谓敌人若以小利作饵引诱我军，则不要去理睬它。⑥归师勿遏：遏，阻击。对于正在向本国归返的敌师，不要去正面阻击它。⑦围师必阙：阙，同“缺”。在包围敌军作战时，当留有缺口以避免使敌人做困兽之斗。⑧穷寇勿迫：指对陷入绝境的敌人，不要加以逼迫，以免其抵死挣扎。

【译文】 用兵的法则是：假如敌人占领山地就不要去仰攻，若敌人背靠高地也不要正面去攻击，敌人假装败退时不要跟踪追击，同时也不要去攻击士气旺盛的敌军，不要去

理睬敌人的诱兵，对正在退回本国途中的敌军不要正面遭遇，包围敌人时要留出缺口，而对陷入绝境的敌人不要过分逼迫，这些都是用兵的法则。

第八章　九变篇

地有所不争，君命有所不受

【原文】　孙子曰：凡用兵之法，将受命于君，合军聚众。圮地无舍①，衢地交合②，绝地无留③，围地则谋④，死地⑤则战，涂有所不由⑥，军有所不击⑦，城有所不攻⑧，地有所不争⑨，君命有所不受⑩。

【注释】　①圮地无舍：圮地，指难于通行之地。舍，止也，此处指宿营驻扎。②衢地交合：衢，四通八达，衢地即四通八达之地。交合，指结交邻国以为援。③绝地无留：绝地，难以生存之地。意为遭逢绝地，不要停留。④围地则谋：围地，指进退困难易被包围之地，谋，即设定奇妙之计谋。在易被围困之地要设奇计摆脱困难。⑤死地：进则无路，退亦不能，指非经死战则难以生存之地。⑥涂有所不由：由，从、通过。这里指有的道路不要过。⑦军有所不击：指有的军队不宜攻击。⑧城有所不攻：有的城邑不应攻打。⑨地有所不争：有些地方可以不去争夺。⑩君命有所不受：有时君主的命令也可以不接受。

【译文】　孙子说，大凡用兵的法则是：将帅接受国君的命令，征集民众、组织军队。出征时在沼泽延绵的“圮地”上不可驻扎，在多国交界的“衢地”上应结交邻国，在“绝地”上不要停留，退上“围地”时要巧设奇谋，陷入“死地”后要殊死战斗。有的道路不要通行，有的敌军不要攻打，有的城池不要攻取，有的地方不要争夺，国君的部分命令不要遵行。

通于九变之利者，知用兵矣

【原文】　故将通于九变之利者，知用兵矣①。将不通九变之利者，虽知地形，不能得地之利矣②。治兵不知九变之术③，虽知五利④，不能得人之用矣⑤。

【注释】　①故将通于九变之利者，知用兵矣：将帅如果能通晓九变之利，就懂得如何用兵作战了。通，通晓、精通。②将不通九变之利者，虽知地形，不能得地之利矣：将帅如果不通晓九变的利弊，即使了解地形，也不能从中获得帮助。③九变之术：九变的具体手段和方法。④五利：指“途有所不由”至“君命有所不受”等五事之利。⑤不得人之用矣：指不能够充分发挥军队的战斗力。

【译文】　将帅如果能精通各种机变的利弊，就是懂得用兵了。将帅如果不能精通各种机变的利弊，那么即使了解地形，也不能够得到充分利用地理的优势，以达到战胜敌人的目的。指挥军队如果不知道九变的方法，那么虽然知道“五利”，也不能充分发挥军队

的战斗力。

智者之虑，必杂于利害

【原文】 **是故智者之虑①，必杂于利害②。杂于利而务可信也，杂于害而患可解也。**

【注释】 ①智者之虑：聪明的将帅思考问题。虑，思考。②必杂于利害：必然充分考虑和兼顾到利弊两方面的因素。

【译文】 因此，明智的将帅考虑问题，必须兼顾利与害两个方面。在有利的情况下考虑到不利的方面，大事便可以顺利进行；在困难的情况下考虑到有利的方面，那么祸患就可以消除了。

屈诸侯者以害，役诸侯者以业

【原文】 **是故屈诸侯者以害，役诸侯者以业，趋诸侯者以利①。**

【注释】 ①趋诸侯者以利：趋，奔赴、奔走，此处作动词用。句意指用利引诱调动敌人，使之奔走无暇。

【译文】 所以，要用诸侯害怕的事情使其屈服，要用危险的事情去役使诸侯，要用小利去使诸侯归附。

用兵之法，无恃其不来

【原文】 **故用兵之法，无恃其不来，恃吾有以待也①；无恃其不攻，恃吾有所不可攻也②。**

【注释】 ①无恃其不来，恃吾有以待也：意为不要寄望于敌人不来，而要依靠自己做好充分的准备。②无恃其不攻，恃吾有所不可攻也：不要寄望于敌人不来进攻，而依靠自己具备强大实力，使得敌人不敢来进攻。

【译文】 因此，用兵的法则是：不要寄希望于敌人不会来，而要依赖自己有充分的准备，严阵以待；不要寄望于敌人不会进攻，而要依靠自己有充足的力量，使敌人无法进攻。

将有五危

【原文】 **故将有五危：必死，可杀也①。必生，可虏也②。忿速，可侮也③。廉洁，可辱也④。爱民，可烦也⑤。凡此五者，将之过也，用兵之灾也。覆军杀将⑥，必以五危⑦，不可不察也。**

【注释】 ①必死，可杀也：必，坚持、固执之意。此句言坚持死拼，则有被杀的危险。②必生，可虏也：言将帅若一味贪生，则不免沦为战俘。③忿速，可侮也：忿、愤怒、愤懑。速，快捷、迅速，这里指急躁、偏激。意谓将帅急躁易怒，就有容易中敌人轻侮之计的危险。④廉洁，可辱也：将帅如果过于洁身清廉，自矜名节，就有受辱的危险。⑤爱民，可烦也：将帅如果溺于爱民，不知从全局把握问题，就易为敌所乘，有被烦扰的危险。⑥覆军

杀将:使军队覆灭,将帅被杀。覆,覆灭、倾覆。⑦必以五危:必,一定、肯定。以,由、因的意思。五危,指上述“必死”“必生”等五事。言“覆军杀将”都是由此五危所引起的,故不可不充分注意。

【译文】 因此,当将帅的有五种致命的毛病:只知死拼蛮干,就可能被敌人诱杀;只顾贪生活命,就可能被敌人俘虏;急躁易怒,就可能中敌人的凌辱之计;廉洁好名,就可能中敌人侮辱的圈套;只顾“爱民”,就可能导致烦扰而不得安宁。以上五点,是将帅最容易出现的过错,也是用兵的祸害。军队覆没,将领被杀,大部是由于这五种过失造成的,这是不得不慎重考虑的。

第九章　行军篇

半济而击之,利

【原文】 绝水必远水①,客②绝水而来,勿迎之于水内,令半济而击之③,利。

【注释】 ①绝水必远水:意谓横渡江河,一定要远离江河之处驻扎。②客:指敌军,下同。③勿迎之于水内,令半济而击之:迎,迎击。济,渡。半济,渡过一半。此句谓不要在敌军刚到水边时迎击,而要在敌军渡河渡到一半时再发动攻击,因为此时敌军首尾不接,行伍混乱,攻之容易取胜。

【译文】 横渡江河,必须在远离水流之处驻扎。敌人渡河来战,不要在江河中迎击,要等它渡过一半时再出击,这样较为有利。

凡军好高而恶下,贵阳而贱阴

【原文】 凡军好高而恶下①,贵阳而贱阴②,养生处实③,军无百疾,是谓必胜。丘陵堤防,必处其阳而右背之④,此兵之利,地之助⑤也。

【注释】 ①好高而恶下:即喜欢高处而讨厌低处。②贵阳而贱阴:贵,重视。贱,轻视。句意为看重向阳之处而轻视阴湿地带。③养生而处实:指军队要选择水草和粮食充足、物资供给方便的地域驻扎。养生,指水草丰盛、粮食充足,能使人马得以休养生息。④必处其阳而右背之:指置军向阳之地并使其主要侧翼背靠高地。⑤地之助:意谓得自地形的辅助。

【译文】 大凡驻军总是喜好高地,厌恶低洼之地;看重向阳的地方,轻视阴湿的地方;靠近水草,军需充实,将士百病不生,这是军队必胜的条件。在丘陵堤防行军,必须占领它向阳的一面,而主要侧翼要背靠它,这对军队有利,算是得到了地形的辅助。

谨覆索之

【原文】 凡地有绝涧①、天井②、天牢③、天罗④、天陷⑤、天隙⑥,必亟去之,勿近也。吾

远之，敌近之；吾迎之，敌背之⑦。军旁有险阻⑧、潢井⑨、葭苇⑩、山林翳荟者，必谨覆索之⑪，此伏奸之所处也⑫。

【注释】 ①绝涧：指两岸峻峭、水流其间的险恶地形。②天井：指四周高峻、中间低洼的地形。③天牢：牢，牢狱。天牢即是对山险环绕，易进难出之地形的描述。④天罗：罗，罗网。指荆棘丛生，使军队进入后如陷罗网而无法摆脱的地形。⑤天陷：陷，陷阱。指地势低洼、泥泞易陷的地带。⑥天隙，隙，狭隙。指两山之间狭窄难行的谷地。⑦吾远之，敌近之；吾迎之，敌背之：意谓对于上述"绝涧"等"六害"地形，我们要远离它，正对它，而让敌军接近它，背靠它。⑧军旁有险阻：险阻，险山大川阻绝之地。⑨潢井：潢，积水池；井，指出水之穴地。⑩葭苇：芦草，此处泛指水草丛聚之地。⑪必谨覆索之：一定要仔细、反复地进行搜索。谨，谨慎。覆，反复。索，搜索、寻找。⑫此伏奸之所处也：指"险阻""潢井"等处往往是敌人伏兵或奸细的藏身之处。

【译文】 大凡遇到"绝涧""天井""牢""天罗""天陷"、"天隙"等地形，务必迅速避开它、远离它，让敌人接近它。而行军路上遇到险山大川、洼陷、水草丛聚之地，一定要仔细、反复地进行搜索，因为这里往往是敌人伏兵或奸细的藏身之处。

辞卑而益备者，进也

【原文】 **辞卑而益备者，进也①；辞强而进驱者，退也②；轻车先出居其侧者，陈也③；无约而请和者，谋也④；奔走而陈兵车者，期也⑤；半进半退者，诱也⑥。**

【注释】 ①辞卑而益备者，进也：敌人措辞谦卑恭顺，同时又加强战略，这表明敌人准备进犯。卑，卑谦、恭敬。益，增加、更加之意。②辞强而进驱者，退也：敌人措辞强硬，在行动上又示以进攻的姿态，这是表示其准备后撤。③轻车先出居其侧者：陈，同"阵"，即布阵。句意为战车先出而摆在侧翼，是在布列阵势。④无约而请和者，谋也：敌人还没有陷入困境，却主动前来请和，其中必有阴谋。⑤奔走而陈兵车者，期也：敌人急速奔走、摆开兵车阵势，这是想与我进行作战。⑥半进半退者，诱也：似退非退，是为了引诱我进入圈套。

【译文】 敌人措辞谦卑恭顺，同时又加强战备，这表明敌人准备进犯；敌人措辞强硬，在行动上又表示出进攻的姿态，这是其准备后撤；战车先出而摆在侧翼，是在布列阵势。敌人还没有陷入困境，却主动前来请和，其中必有阴谋；敌人急速奔走、摆开兵车阵势，是想与我作战。敌人似进不进，似退不退，是为了引诱我进入圈套。

兵非益多也

【原文】 **兵非益多①也，惟无武进②，足以并力、料敌③、取人而已。无惟无虑而易敌④者，必擒于人。**

【注释】 ①兵非益多：兵不以多为有利。②惟无武进：不能恃武轻进。③并力、料敌：集中兵力，察明敌情。④无虑而易敌：无谋而轻敌。

【译文】 作战不在于兵愈多愈好，只要不盲目贸进，能够集中兵力、判断敌情、取胜于地就足够了；那种既无深谋远虑而又轻敌的，必定会被敌人所俘虏。

令之以文，齐之以武

【原文】 **卒已亲附[①]而罚不行[②]，则不可用。故令之以文，齐之以武[③]，是谓必取。**

【注释】 ①亲附：施恩德使士兵亲近归服。②而罚不行：有刑罚而不严格执行。③令之以文，齐之以武：文，仁恩；武，威刑。

【译文】 士卒已经亲近依附，倘若仍不执行军纪军法，也是不能用他们来打仗的。因此，要用政治道义教育他们齐心协力，用军纪军法来统一他们的行动，这样的军队才是必胜的军队。

令素行以教其民，则民服

【原文】 **令素行[①]以教其民，则民服；令不素行以教其民，则民不服。令素行者，与众相得也[②]。**

【注释】 ①令素行：一贯严行法纪。②与众相得也：得，这里指相处很和谐。

【译文】 平时认真执行法令、教育士卒，士卒就会服从。向来不注重执行法令、教育士卒，士卒就不会服从。平时法令能够认真执行的，这表明将帅与士卒之间关系相处得很好。

第十章　地形篇

通形者，先居高阳，利粮道，以战则利

【原文】 **我可以往，彼可以来，曰通。通形者，先居高阳[①]，利粮道[②]，以战则利[③]。**

【注释】 ①先居高阳：意为抢先占据地势高且向阳之处，以争取主动。②利粮道：指保持粮道畅通。利，此处作动词。③以战则利：以，凭借。此句承上"先居高阳，利粮道"而言，意谓若能先敌抵达，占据高阳地带，并保持粮道畅通，如此进行战斗则大为有利。

【译文】 大凡我们可以去，敌人也可以来的地域，叫作"通"；在"通"形地区，应抢先占领开阔向阳的高地，并积极保持粮草补给线的畅通，这样有利于对敌作战。

挂形者，敌无备，出而胜之

【原文】 **可以往，难以返，曰挂；挂形者，敌无备，出而胜之，敌若有备，出而不胜，难以返，不利[①]。**

【注释】 ①挂形者……难以返，不利：往，前往、开往。返，返回。出，出兵。

【译文】 大凡可以前进、难以返回的地区，称作"挂"；在挂形的地域上，假如敌人有

防备，我们出击就不能取胜，而且难以回师，对我军就不利了。

支形者，令敌半出而击之

【原文】 我出而不利，彼出而不利[1]，曰支。支形者，敌虽利我[2]，我无出也，引而去之[3]，令敌半出而击之[4]，利。

【注释】 ①彼出而不利：敌人出击也同样不会得到多大好处。②敌虽利我：敌虽以利相诱。③引而去之：引，带领。引而去之，指率领部队伪装退去。④令敌半出而击之：令，使。击，反击、攻打。

【译文】 大凡会使敌我两军出击均不利的地段叫作"支"。在"支形"的地域上，敌人虽然以利相诱，我们也不要出击，而应该率军假装退却，诱使敌人出击一半时再回师反击，这样就有利了。

此六者，败之道也

【原文】 夫势均，以一击十，曰走[1]。卒强吏弱，曰弛[2]。吏强卒弱，曰陷[3]。大吏怒而不服[4]，遇敌怼而自战[5]，将不知其能，曰崩[6]。将弱不严[7]，教道不明[8]，吏卒无常[9]，陈兵纵横[10]，曰乱。将不能料敌[11]，以少合[12]众，以弱击强，兵无选锋[13]，曰北。凡此六者，败之道也，将之至任，不可不察也。

【注释】 ①走：跑、奔，这里指军队败逃。②弛：涣散难约制。③陷：陷没。此言将吏虽勇强，但士卒没有战斗力，将吏不得不孤身奋战，力不能支，最终陷于失败。④大吏怒而不服：大吏，指小将。句意为副将愤怒，不肯服从主将的命令。⑤遇敌怼而自战：意为心怀不满的"大吏"遇敌时，擅自出阵作战。⑥崩：比喻溃败。⑦将弱不严：指将帅懦弱无能，毫无威严以服下。⑧教道不明：指治军缺乏法度、军队管理不善。⑨吏卒无常：无常，指没有法纪、常规，军中上下关系处于失常状态。⑩陈兵纵横：指布兵列阵杂乱无章。⑪料敌：指分析、研究敌情。⑫合：指两军交战。⑬选锋：由精选的士兵所组成的精锐部队。

【译文】 在势均力敌的情况下，以一击十而招致失败的，叫作"走"。士卒强悍，却因将帅怯懦而造成败北的，叫作"弛"。将帅强悍，却因士卒怯懦而招致溃败的，叫作"陷"。偏将恚怒不服从指挥，遇到敌人愤然擅自出战，主将又不了解他们的能力，因而导致失败的，叫作"崩"。将帅懦弱缺乏威严，训练教育没有章法，官兵关系混乱紧张，列兵布阵杂乱无章，因此而致败的，叫作"乱"。将帅不能正确的判断敌情，以少击多，以弱击强，作战又没有精锐先锋部队，因而落败的，叫作"北"。以上六种情况，均是导致失败的原因。这是将帅责任之所在，是不可不认真考察研究的。

地形者，兵之助也

【原文】 夫地形者[1]，兵之助也。料敌制胜，计险厄远近[2]，上将[3]之道也。知此而用战者，必胜[4]；不知此而用战者，必败。

【注释】 ①夫地形者，兵之助也：地形是用兵作战的重要辅助条件。②计险厄远近：指考察地形的险要，计算道路的远近。③上将：贤能、高明之将。④知此而用战者，必胜：知此，言知道并懂得上述道理。

【译文】 地形是用兵打仗的辅助条件，正确判断敌情、积极掌握主动权、考察地形险恶、计算道路远近，这些都是贤能的将领必须掌握的要点。懂得这些道理去指挥作战的，必定能够胜利，不了解这些道理去指挥作战的，必定失败。

进不求名，退不避罪

【原文】 故进不求名，退不避罪，唯民是保[①]，而利合于主[②]，国之宝也[③]。

【注释】 ①唯民是保：民，百姓、民众。保，保全。此句谓进退处置只求保全民众。②利合于主：指符合、满足国君的利益。③国之宝也：即国家的宝贵财富。

【译文】 进不谋求战胜的名声，退不回避违命的罪责，只是想着保全百姓，举指符合国君利益，这样的将帅，是国家的宝贵财富。

视卒如婴儿，故可与之赴深谿

【原文】 视[①]卒如婴儿，故可与之赴深溪[②]。视卒如爱子，故可与之俱死。厚而不能使，爱而不能令[③]，乱而不能治[④]，譬如骄子，不可用也[⑤]。

【注释】 ①视：看待、对待的意思。②深溪：很深的溪涧，这里喻危险地带。③厚而不能使，爱而不能令：只知厚待而不能使用，只知溺爱而不重教育。④乱而不能治：指士卒行为乖张不羁而不能加以约束惩治。⑤譬如骄子，不可用也：此句言为将者，仅施“仁爱”而不济威严，只会使士卒成为骄子而不能使用。

【译文】 对待士卒就像对待婴儿一样，那样士卒就可以同他共患难；对待士卒就像对待爱子一样，那么士卒就可以跟他同生共死。如果厚待士卒而不能使用，溺爱而不能教育，违法而不能惩治，那就如同娇惯了的子女一样，是不可以用来和敌人打仗的。

不知敌之不可击，胜之半也

【原文】 知吾卒之可以击，而不知敌之不可击，胜之半也[①]；知敌之可击，而不知吾卒之不可以击，胜之半也；知敌之可击，知吾卒之可以击，而不知地形之不可以战，胜之半也[②]。

【注释】 ①胜之半也：胜利或失败的可能性各占一半。指没有必胜的把握。②不知地形之不可以战，胜之半也：如果不知道地形不适宜作战，得不到地形之助，取胜同样也只有一半的把握。

【译文】 只了解自己的部队可以作战，而不了解敌人不可与之作战，取胜的可能性只有一半，只了解敌人可以打，而不了解自己的部队不可以进攻，取胜的可能性也只有一半。既知道敌人可以打，也知道自己的部队能够出击，但是不了解地形不利于作战，取胜

的可能性仍只有一半。

知地知天,胜乃可全

【原文】 故知兵者[①],动而不迷[②],举而不穷[③]。故曰:知彼知己,胜乃不殆;知地知天,胜乃不穷[④]。

【注释】 ①知兵者:通晓用兵打仗之道的人。②动而不迷:迷,迷惑、困惑。③举而不穷:举,行动。穷,困窘、困厄的意思。句意为行动自由不为所困。④胜乃不穷:指胜利不会有穷尽。

【译文】 因此,懂得用兵的人,行动起来不会迷惑,他的作战措施变化无穷,而不困窘。所以说,了解对方,了解自己,争取胜利也就不会有危险;懂得天时,懂得地利,胜利也就永无穷尽了。

第十一章 九地篇

衢地则合交

【原文】 是故散地则无战[①],轻地则无止[②],争地则无攻[③],交地则无绝[④],衢地则合交[⑤],重地则掠[⑥],圮地则行[⑦],围地则谋,死地则战[⑧]。

【注释】 ①散地则无战:在散地上不宜作战。②无止:止,停留、逗留。无止,即不宜停留。③争地则无攻:遇到争地,我方应该先行占据;如果敌方已先行占领,则不要去与强敌争夺。④交地则无绝:绝,隔断、断绝。⑤衢地则合交:合交,结交。⑥重地则掠:掠,掠取、抢掠。⑦行:迅速通过。⑧死地则战:军队如进入"死地"就必须奋勇作战,死里逃生。

【译文】 所以,处于散地就不宜作战,处于轻地就不宜停留,遇上争地就不要勉强进攻,遇上交地就不要断绝联络,进入衢地就应该结交诸侯,深入重地就要抢掠粮草,碰到圮地就必须迅速通过,陷入围地就要设谋脱险,处于死地就要力战求生。

合于利而动,不合于利而止

【原文】 所谓古之善用兵者,能使敌人前后不相及[①],众寡不相恃[②],贵贱不相救[③],上下不相收[④],卒离而不集[⑤],兵合而不齐[⑥]。合于利而动,不合于利而止[⑦]。

【注释】 ①前后不相及:前军、后军不能相互策应配合。及,策应。②众寡不相恃:众,指大部队。寡,指小分队。恃,依靠。③贵贱不相救:贵,军官。贱,士卒。④上下不相收:收,聚集、联系。⑤卒离而不集:离,分、散。集,集中。言士卒分散难以集中。⑥兵合而不齐:虽能使士卒集合在一起,但无法让军队整齐统一。⑦合于利而动,不合于利而止:合,符合。动,作战。止,不战。

【译文】 以前善于用兵作战的人,能够使敌人前后部队不能相互策应,主力部队和小部队之间无法相互依靠,官兵之间不能相互救援,上下隔断无法聚集。至于我军,则是见对我有利就打,对我无利就停止行动。

兵之情主速,乘人之不及

【原文】 兵之情主速[①],乘人之不及,由不虞之道[②],攻其所不戒也。

【注释】 ①兵之情主速:情,情理。主,重在、要在。速,迅速、疾速。②由不虞之道:由,经过、通过。不虞,不曾料想、意料到。

【译文】 用兵之理贵在神速,乘敌人措手不及的时候,走敌人意料不到的道路,攻击敌人没有戒备的地方。

深入则专

【原文】 凡为客之道[①],深入则专[②],主人不克[③];掠于饶野[④],三军足食。

【注释】 ①为客之道:客,客军,指离开本国进入敌国的军队。②深入则专:专,齐心、专心。③主人不克:即在本国作战的军队,无法战胜客军。主,在本地作战。克,战胜。④掠于饶野:掠取敌方富饶田野上的庄稼。

【译文】 在敌国丰饶的田野上掠取粮食,全军上下的给养就有了足够的保障。在敌国境内进行作战的一般规则是:深入敌国的腹地,我军的军心就会坚固,敌人就不易战胜我们。

连兵计谋,为不可测

【原文】 谨养而勿劳[①],并气积力[②],运兵计谋,为不可测[③]。

【注释】 ①谨养而勿劳:谨,注意。养,休整。②并气积力:并,合,引申为集中、保持。积,积蓄。意谓保持士气,积蓄战斗力。③为不可测:测,推测、判断。

【译文】 要注意休整部队,不要使其过于疲劳。保持士气,积蓄力量,部署兵力,巧设计谋,使敌人无法判断出我军的意图。

兵士甚陷则不惧,无所往则固

【原文】 兵士甚陷则不惧[①],无所往则固[②],深入则拘[③],不得已则斗[④]。是故其兵不修而戒[⑤],不求而得,不约而亲[⑥],不令而信[⑦]。禁祥去疑[⑧],至死无所之[⑨]。

【注释】 ①兵士甚陷则不惧:甚,很、非常的意思。②无所往则固:无路可走的情况下军心就会稳固。③深入则拘:拘,拘束、束缚,这里指凝聚。④不得已则斗:迫不得已就会殊死战斗。⑤是故其兵不修而戒:修,修治、修明法令。戒,戒备、警戒。指士卒不待督促,就知道加强戒备。⑥不约而亲:约,约束。亲,团结。⑦不令而信:不待三令五申就能做到信任服从。信,服从、信从。⑧禁祥去疑:祥,吉凶的预兆。这里指占卜之类的迷信

活动。⑨至死无所之:即使到死也不会逃避。

【译文】 将部队置于无路可走的绝境,士卒就会宁死不退。士卒既能宁死不退,又怎么会不殊死作战呢?士卒深陷危险的境地,心里就不再存有恐惧,无路可走,军心自会巩固。深入敌境,军队就不会离散。遇到迫不得已的情况,军队就会殊死奋战,因此,这样的军队不须整饬就能注意戒备,不用强求就能完成任务,无须约束就能亲密团结,不待申令就会遵守纪律。禁止占卜迷信,消除士卒的疑虑,他们就至死也不会逃避。

齐勇若一,政之道也

【原文】 是故方马埋轮,未足恃也[①];齐勇若一,政之道也[②];刚柔皆得,地之理也,故善用兵者,携手若使一人,不得已也。

【注释】 ①方马埋轮,未足恃也:言将马并排地系缚在一起,将车轮埋起来,想用此来稳定部队,以示坚守的决心,是靠不住的。②齐勇若一,政之道也;齐,齐心协力。政,治理、管理的意思。

【译文】 因此,想用把马并缚在一起、深埋车轮这种显示死战决心的办法来稳定部队,那是靠不住的,要使部队能够齐心协力奋勇作战,关键在于部队管理教育有方;要使优劣条件不同的士卒都能发挥作用,根本在于恰当地利用战区地形。所以,擅长用兵的人,能使全军将士携起手来像一个人一样,这是因为他能造成一种形势,使部队不得不这样做的缘故。

将军主事,静以幽,正以治

【原文】 将军主事[①],静以幽[②],正以治[③];能愚士卒之耳目,使之无知[④]。易其事,革其谋,使人无识[⑤];易其居,迂其途,使人不得虑[⑥]。

【注释】 ①将军主事:将,动词,主持、指挥的意思。此句意为指挥军队打仗的事。②静以幽:静,沉着冷静。幽,高深莫测。③正以治:谓严肃公正而治理得宜。正,严正、公正。④能愚士卒之耳目,使之无知:愚,蒙蔽、蒙骗。句意为能够蒙蔽士卒,使他们不能知觉。⑤易其事,革其谋,使人无识:变更正在做的事情,改变计谋,使他人无法识破。易,变更。⑥易其居,迂其途,使人不得虑:更换驻防的地点,行军迂回,使敌人无法图谋。

【译文】 在统率军队这件事情上,要做到考虑谋略沉着冷静而幽深莫测,管理部队公正严明而又有条不紊。要能蒙蔽士卒的视听,使他们对于军事行动毫无所知;变更作战部署,改变原订计划,使人无法识破真相;并不时变换驻地,故意迂回前进,使人不能揣测其行动的意图。

登高而去其梯

【原文】 帅与之期,如登高而去其梯[①]。帅与之深入诸侯之地而发其机[②],若驱群羊,驱而往,驱而来,莫知所之。

【注释】 ①帅与之期，如登高而去其梯：句意为主帅赋予军队作战任务，要断其退路，犹如登高而去梯，使之勇往直前。②帅与之深入诸侯之地而发其机：统帅与军队深入敌国，就如击发弩机射出的箭一般，笔直向前而不可复回。

【译文】 将帅向部队分配作战任务后，要使其像登上高楼而去掉梯子一样，有进无退。将帅率领士卒深入诸侯国土，要像弩机发出的箭一样勇往直前。要烧掉舟船，打碎煮饭的器皿，以示死战的决心。对待士卒要能如驱赶羊群一样，使他们只知服从命令往前走，却不知道要到哪里去。

夫王霸之兵，伐大国，则其众不得聚

【原文】 **夫霸王之兵，伐大国，则其众不得聚[①]；威加于敌，则其交不得合[②]。**

【注释】 ①其众不得聚：指敌国军民来不及动员和集中。②威加于敌，则其交不得合：国家强大的威力施加在敌人头上，使它在外交上无法联合诸国。

【译文】 大凡称霸的军队，进攻敌国，能使敌国的军民来不及动员集中；兵威加在敌国头上，能够使敌方的盟国无法配合策应。

投之亡地然后存，陷之死地然后生

【原文】 **投之亡地然后存，陷之死地然后生。夫众陷于害，然后能为胜败[①]。**

【注释】 ①夫众陷于害，然后能为胜败：只有把军队投置于险恶的境地，才能取胜。害，害处，指恶劣的环境。

【译文】 将士卒投置于危亡境地，才能转危为安。使士卒陷身于死地，才能起死回生。军队深陷绝境，然后才能反客为主，赢得胜利。

并敌一向，千里杀将

【原文】 **故为兵之势，在于顺详敌之意[①]，并敌一向，千里杀将[②]，此谓巧能成事者也。**

【注释】 ①在于顺详敌之意：顺，假借为"慎"，谨慎的意思。句意为用兵作战要审慎地考察敌人的意图。②并敌一向，千里杀将：并敌一向，集中主要兵力，选定恰当的主攻方向。

【译文】 因此，指导战争这种事，在于慎重地观察敌人的战略意图，集中兵力攻击敌人的一个部分，这样就可以千里奔袭，擒杀敌将。这就是所谓巧妙用兵，实现克敌制胜的目标。

践墨随敌，以决战事

【原文】 **践墨随敌[①]，以决战事[②]。是故始如处女，敌人开户；后如脱兔，敌不及拒[③]。**

【注释】 ①践墨随敌：践，是遵守、遵循的意思；墨，即为原则。②以决战事：以决定

战争胜负问题，即求得战争的胜利。③始如处女，敌人开户；后如脱兔，敌不及拒：刚开始时如处女一样柔弱沉静，使敌人放松戒备；随后如脱逃的兔子般行动迅捷，使敌人来不及抗拒。

【译文】 所以，战斗展开之前要像处女那样显得深静柔弱，以诱使敌人放松戒备。战斗展开之后，则要像脱逃的野兔一样行动迅速，使敌人措手不及，无从抵抗。

第十二章 火攻篇

凡火攻，必因五火之变而应之

【原文】 行火必有因[①]，烟火必素具[②]，发火有时[③]，起火有日。时者，天之燥[④]也；日者，月在箕、壁、翼、轸[⑤]也。凡此四宿者，风起之日也[⑥]。凡火攻，必因五火之变而应之[⑦]。

【注释】 ①因：依据、条件。②烟火必素具：烟火，指火攻的器具燃料等物。具，准备妥当。③发火有时：意谓发起火攻要选择有利的时机。④燥：指气候干燥。⑤箕、壁、翼、轸：中国古代星宿之名称，是二十八宿中的四个。⑥凡此四宿者，风起之日也：四宿，指箕、壁、翼、珍四个星宿。古人认为月亮行经这四个星宿位置时，便是起风的日子。⑦必因五火之变而应之：因，根据、利用。应，策应、对策。句意为根据五种火攻所引起的敌情变化，适时地运用军队进行策应。

【译文】 实行火攻必须具备条件，火攻器材必须平素即有准备。放火要看准天时，起火要选好日子。所谓天时是指气候干燥，所谓日子是指在月亮行经"箕""壁""算""轸"四个星宿位置的时候。凡是月亮经过这四个星宿的时候，就是起风的日子。用火攻，必须根据五种火攻所引起的不同变化，灵活机动部署兵力进行配合策应。

五火之变，以数守之

【原文】 火发于内，则早应之于外[①]。火发而其兵静者，待而勿攻。极其火力[②]，可从[③]而从之，不可从而止。火可发于外，无待于内[④]，以时发之[⑤]，火发上风，无攻下风[⑥]，昼风久，夜风止。凡军必知五火之变，以数守之[⑦]。

【注释】 ①早应之于外：早用兵在外面策应，使内外齐攻，一举袭击敌人。②极其火力：让火势烧至最旺之时。极，尽。③从：跟从，这里指用兵进攻。④无待于内：不必等待内应。⑤以时发之：根据气候、月象的情况实施火攻。以，根据、依据。⑥火发上风，无攻下风：上风，风向的上方；下风，风向的下方。⑦以数守之：数，星宿运行度数，此指气象变化的时间，即前所述之"发火有时，起火有日"等条件。句意为等候火攻的条件。

【译文】 假如从敌人营内放火，就要及时用兵在外面策应。火已经烧起来，敌人仍然保持镇静的，就应略做等待，不要马上发动攻击。在火势很旺时，还应看情况，可以进攻就进攻，不可以进攻就停止。火可以从外面放，这时就不必等待内应，按时放火就行

了。从上风时,不要在下风进攻,白天风刮久了,晚上风就容易停止。军队必须懂得这五种火攻方法的变化运用,而等待时机到来时实施火攻。

不修其攻者,凶

【原文】 夫战胜攻取而不修其攻者,凶①,命曰费留②。故曰:明主虑③之,良将修④之。

【注释】 ①不修其攻者,凶:言如不能及时论功行赏,巩固胜利成果,则有祸患。②命曰费留:指若不及时赏赐,将士不用命,致使战事迟延或失败,军费将如流水般逝去。③虑:谋虑、思考。④修:治,治理之意。

【译文】 凡是打了胜仗,攻取了土地城邑,而不能及时论功行赏,巩固其胜利成果,就必定会有危险,这种情况叫作"费留"。因此说,明智的国君要谨慎地考虑这个问题,贤良的将帅也应当要认真地处理好这个问题。

主不可以怒而兴师,将不可以愠而致战

【原文】 非利不动,非得不用,非危不战。主不可以怒而兴①师,将不可以愠②而致战。

【注释】 ①兴:发动,兴起,挑起。②愠:生气,发怒。

【译文】 没有利益就不行动,不能取得胜利就不用兵,不是危及国家存亡就不可轻易开战。国君不可因一时愤怒而发动战争,将帅不可因一时的怨愤而出阵求战。符合国家利益才用兵,不符合国家利益即应停止作战。

第十三章　用间篇

先知者,不可取于鬼神,不可象于事

【原文】 凡兴师十万,出征千里,百姓之费,公家之奉①,日费千金,内外骚动②,怠于道路③,不得操事④者,七十万家⑤。相守数年⑥,以争一日之胜,而爱爵禄百金⑦,不知敌之情者,不仁之至也,非人之将⑧也,非主之佐也,非胜之主⑨也。故明君贤将所以动而胜人⑩,成功出于众者,先知⑪也。先知者,不可取于鬼神⑫,不可象于事⑬,不可验于度⑭,必取于人,知敌之情者也。

【注释】 ①奉:同"俸",指军费开支。②内外骚动:指举国上下混乱不安。内外,前方、后方的通称。③怠于道路:怠,疲惫、疲劳。此言百姓因辗转运输而疲于道路。④操事:指操作农事。⑤七十万家:比喻兵事对正常农事的影响之大。⑥相守数年:相守,指相持、对峙。相守数年即相持多年。⑦而爱爵禄百金:而,如果;爱,吝啬。⑧非人之将:非人,不懂得用人(间谍)。⑨非胜之主:不是取胜的主宰者。⑩动而胜人:动,行动、举动,这里指出兵。句意为一出兵就能战胜敌人。⑪先知:指事先侦知敌情。⑫不可取于鬼神:指不可以通过用祈祷、祭鬼神和占卜等方法去求知敌情。⑬不可象于事:象,类此、比拟。意谓不可用与其他类似事情作类比的

方法去求知敌情。⑭不可验于度:指不能用分析日月星辰运行位置的办法去求知敌情。验,应验、验证。

《孙子兵法》书影

【译文】 孙子指出,凡兴兵10万,征战千里,百姓的耗费,国家的开支,每天都要花费千金,前方后方动乱不安,民夫戍卒疲惫地在路上奔波,不能从事正常耕作生活的多达几十万家。这样相持数年,就是为了决胜于一旦。如果吝惜爵禄和金钱,不肯重用间谍,以致因不能掌握敌情而导致失败,那就是不仁到了极点,这种人不配做军队的统帅,称不上是国家的辅佐,也不是胜利的主宰者。所以,英明的君主和贤良的将帅,他们之所以一出兵就能战胜敌人,功业超越常人,就在于他们能够预先掌握敌情。要事先了解敌情,但不可用求神问鬼的方式来获取,不可拿相似的事做类比推测来得到,也不可用日月星辰运行的位置去做验证,一定要取之于人,从那些熟悉敌情者的口中去了解。

用间有五

【原文】 故用间有五:有因间①,有内间,有反间,有死间,有生间。五间俱起,莫知其道②,是谓神纪③,人君之宝④也。

【注释】 ①因间:间谍的一种,即本篇下文所说的"乡间",其依赖与敌人的乡亲关系获取情报,或利用与敌军官兵的同乡关系,打入敌营从事间谍活动,获取情报。②五间俱起,莫知其道:此言若能同时使用这五种用间之法,便可使敌人无法摸清我军的行动规律。道,规律、途径。③神纪:神妙莫测之道。纪,道、办法。④人君之宝:宝,法宝。句意为"神纪"是国君制胜的法宝。

【译文】 间谍的运用方式有五种,即因间、内间、反间、死间、生间。要同时使用这五种用间方法,使敌人无从捉摸我用间的规律,这就是使用间谍的神妙莫测,也是国君克敌制胜的法宝。

三军之事,莫亲于间

【原文】 故三军之亲,莫亲于间①,赏莫厚于间②,事莫密于间③。非圣智④不能用间,非仁义不能使间⑤,非微妙不能得间之实⑥。

【注释】 ①三军之亲,莫亲于间:三军中最亲信的人,无过于委派的间谍。②赏莫厚于间:没有比施赏给间谍更优厚的赏赐。③事莫密于间:军机事务,没有比间谍之事更为机密的。④圣智:才智过人的人。⑤非仁义不能使间:指如果吝啬爵禄和金钱,不能做到以诚相待,就无法用好间谍。⑥非微妙不能得间之实:微妙,精细机敏。这里指用心精

细、手段巧妙。实,指实情。意谓不是用心精细、手段巧妙的将领,不能分析间谍取得之情报的真实与否。

【译文】 因此在军队中,没有比间谍更亲近的人;在奖赏中,没有比赏赐给间谍更为优厚的;也没有什为事情比间谍更为机密的了。不是才智超群的人不能使用间谍;不是仁慈慷慨的人不能指使间谍;不是谋虑精细的人不能分辨间谍提供的情报。微妙啊,微妙!真是无时无处不可以使用间谍!

反间可得而用也

【原文】 **必索敌人之间来间我者①,因而利之②,导而舍之③,故反间可得而用也。因定而知之,故乡间、内间可得而使也④;因是而知之⑤,故死间为诳事,可使告敌。因是而知之,故生间可使如期⑥。五间之事,主必知之,知之必在于反间,故反间不可不厚也⑦。**

【注释】 ①必索敌人之间来间我者:索,搜索。②因而利之:趁机收买、利用敌间。因,由,这里有趁机、顺势之意。③导而舍之:设法诱导他,并交付一定的任务,然后放他回去以利已用。④乡间、内间可得而使也:意谓通过“反间”了解敌情,乡间和内间就能有效地加以使用了。⑤因是而知之:指从反间那里获悉敌人内情。⑥可使如期:可使如期回报。⑦故反间不可不厚也:厚、厚待,有重视之意。间之中,以反间为关键,因此必须给予反问十分优厚的待遇。

【译文】 一定要搜查出敌方派来侦察我方军情的间谍,并用重金收买他、引诱利用他,然后再放他回去。这样,反间就可以为我所用了。通过反间了解敌情,这样,乡间、内间也就可以使用了。通过反间了解敌情,这样,就能使死间传播假情报给敌人了。通过反间了解敌情,这样就能使生间按预定时间回报敌情了。五种间谍的使用,国君都必须了解掌握。而了解情况的关键在于使用反间,所以对于反间不可不给予最优厚的待遇。

吴子兵法

【导语】

《吴子兵书》中国古代一部非常重要的兵书,与《孙子兵书》齐名。

根据记载,《吴子兵书》在战国末年和汉初曾广泛流传,尤为治军领兵者所称道,乃兵家必读之书,影响极大。

北宋时期,这部兵书被定为《武经七书》之一,更表明它在中国军事理论史上的地位。目前英国、日本、法国、俄国都有此书的译本,足见其影响深远。

吴子像

相传《吴子兵书》的作者是战国时的军事家吴起(公元前440~前381年),吴起是卫(今山东曹县一带)人。

据《汉书·艺文志》著录,《吴起》共48篇,但1992年在山东临沂银雀山汉墓出土大量竹简,其中有很多兵书,却没有发现该书。而根据有关学者考证,《吴起兵书》原书已经亡佚,现今所存《吴子》大约是西汉中叶时人所伪托。

有人认为,今本《吴子兵书》不一定是吴起的原著,但其内容基本上反映了吴起的政治军事思想。而吴起曾授业于曾子,因此书中之主导思想较偏向于儒家,比如说吴子对兼顾"名治武备"与"内修文德",以及推崇"礼义"等等的主张。正是由于这些特点,使此书异于《孙子兵书》,而有其自身的独特价值。

第一章　图国篇

内修文德,外治武备

【原文】　吴起儒服[1]以兵机见魏文侯[2]。

文侯曰:"寡人不好军旅[3]之事。"

起曰:"臣以见[4]占隐,以往察来,主君何言与心违。今君四时,使斩离皮革[5],掩以朱漆,画以丹青,烁以犀象[6]。冬日衣之则不温,夏日衣之则不凉。为长戟[7]二丈四尺,短戟一丈二尺。革车奄户[8],缦轮笼毂[9],观之于目则不丽,乘之以田[10]则不轻,不识主君安用此也?若以备进战退守,而不求能用者,譬犹伏鸡之搏狸,乳犬之犯虎,虽有斗心,随之死矣。昔承桑氏[11]之君,修德废武,以灭其国。有扈氏[12]之君,恃众好勇,以丧其社稷[13]。明主鉴兹,必内修文德[14],外治武备。故当敌而不进,无逮于义矣;僵尸而哀之,无逮于

仁矣。”

于是文侯身自布席，夫人捧觞，醮[15]吴起于庙，立为大将，守西河[16]。与诸侯大战七十六，全胜六十四，余则钧解[17]。辟土四面，拓地千里，皆起之功也。

【注释】 ①儒服：穿戴儒家学者的衣帽。儒，指儒家学者，后来泛指古代知识分子。②魏文侯：战国时建立魏国的君主，姓姬，名斯，公元前446年~前397年在位。③军旅：周制以1.25万人为军，500人为旅。在此泛指治军打仗。④见：同现。⑤皮革：古代制造甲、胄、盾以及革车等战争器具的重要材料。⑥烁以犀象：在人的盔、甲、车身上画上犀牛、大象等图形，以壮军威。烁，光彩耀眼。⑦戟：古代一种长柄兵器，形状如戈与矛的结合体。长戟长二丈四尺，用于车战；短戟长一丈二尺，用于步战。⑧革车奄户：车，辎车，装运物资的兵车。战时可用作掩护物，宿营时可供卧息，又叫重车，也泛指战车。奄，通“掩”，覆盖；户，通“护”。革车奄户：即用皮革掩护覆盖重车之意。⑨缦轮笼毂：缦，没有花纹的丝织品；笼，笼罩。毂，车轮上装轴的孔。本句意谓将战车用铁皮和没有花纹的布幔等物覆盖遮掩。⑩田：同畋，打猎。⑪承桑氏：相传是神农氏时东夷族部落之一，又叫穷桑氏。⑫有扈氏：夏禹时的部落之一，禹传位于子夏启，有扈不服，兴兵讨伐，为启所灭。⑬社稷：社，土地神；稷，谷神。古代以社稷代指国家。⑭文德：指仁义礼乐等文教之功，常相对于武功而言。⑮醮：古代敬神或主人向客人敬酒的仪式。⑯西河：黄河西岸地区，今陕西东部。⑰钧解：钧，同均，指胜负不分，打了平局。解，和也，即打和局之意。

【译文】 吴起穿戴儒生的衣冠，带着治军打仗的谋略去谒见魏文侯。

魏文侯说：“我对治军打仗方面的事情不感兴趣。”

吴起说：“臣根据外显的来观察隐藏的，根据过去来推断未来，君王为什么言不由衷呢？现在君王一年四季派人杀兽剥皮以制革，并在革上涂红漆、画色彩，烙上犀牛和大象的图形，这些东西，冬天穿着不暖和，夏天穿着不凉快。君王又派人打造二丈四尺的长戟和一丈二尺的短戟；还用皮布覆盖战车，这样的车看起来并不华丽，用它去打猎也不轻便，不知君王要拿它们做什么？如果是用来准备作战，却又不寻求会使用它们的人，这就好比孵雏的母鸡去和狸猫搏斗，也好比哺乳的母狗去挑衅老虎一样，虽然有拼命地决心，却必然丧生。从前，承桑氏的国君因只讲文德、废弃武备而丧国。有扈氏的国君因仗恃兵多、凶狠好斗、不修文德，也亡了国。英明的君主有鉴于此，必然对内修明文治，对外加强武备。所以，当敌人来战而不敢进击，这说不上是义；看着死伤的将士才哀伤，这也算不上是仁。”

于是魏文侯亲自安排席位，夫人捧着酒杯，在祖庙宴请吴起，任命吴起为大将，防守西河。后来，吴起与各诸侯国大战76次，大获全胜64次，其余12次未分胜负。魏国因此向四面扩张领土达千里之广，这都是吴起的功绩！

教化百姓，亲和万民

【原文】 吴子曰：“昔之图国家者，必先教百姓[1]而亲万民[2]。有四不和：不和于国，

不可以出军;不和于军,不可以出陈[3];不和于陈,不可以进战;不和于战,不可以决胜。是以有道之主,将用其民,必先和而造大事[4]。不敢信其私谋,必告于祖庙,启于元龟[5],参之天时,吉乃后举。民知君之爱其命,惜其死,若此之至,而与之临难,则士以进死为荣,退生为辱矣。"

【注释】 ①百姓:本意为百官族姓,先秦时百姓是贵族的通称。②万民:亦称黎民、庶民。从春秋后期起,百姓与万民为通用词。③陈:同阵。④大事:指战争。⑤龟:大龟,古人认为龟有神灵,可用来占卜吉凶。

【译文】 吴起说:"从前想治理好国家的君主,首先必定教育贵族百官亲近民众,关心人民疾苦。有四种不和的因素需加以注意:国内人心不统一,不可以出兵;军队内部不团结,不可以上阵;临阵部伍不一致,不可以进攻;战斗动作不协调,不可能取胜。所以英明的君主,要征召百姓前,务求内部团结一致才兴师出兵。凡有所谋,还不敢偏信个人的谋划,一定要到祖庙祭告,用大龟占卜吉凶,并观测天时,是吉兆才敢行动。民众知道君主爱护他们的生命,不忍心看他们死亡,竟然周到至此,而且愿同他们共赴急难。所以,他们就会以拼死效命为荣,而以退却偷生为耻。"

顺乎天理,合乎人情

【原文】 吴子曰:"夫道[1]者,所以反本复始[2]。义者,所以行事立功。谋者,所以违害就利。要[3]者,所以保业守成。若行不合道,举不合义,而处大居贵,患必及之。是以圣人绥之以道,理之以义,动之以礼[4],抚之以仁[5]。此四德者,修之则兴,废之则衰,故成汤讨桀而夏民喜悦,周武伐纣而殷人不非。举顺天人,故能然矣。"

【注释】 ①道:一般指规律、法则、真理。《老子》用以指宇宙万物的本源。②反本复始:复归本始、本性,即道家所谓复归于自然。孟子则认为人性本善,恢复人的善良本性就是道。③要:纲要、信条,这里指政治上的主要课题。④礼:礼节、礼貌。指当时的社会规范和道德标准。⑤仁:仁爱。

【译文】 吴起说:"'道'是用来恢复人们自然本性的;'义'是用来建立功业的。'谋'是用来避害就利的;'要'是用来巩固和保护成果的。如果行为不符于'道',举动不合乎'义',即使掌握大权,身居要职,祸患也必将临头。所以圣人用'道'来安定天下,用'义'来治理国家,用'礼'来动员民众,用'仁'来抚慰百姓。这四项美德,发扬它国家就兴旺,废弃它国家就衰败。所以商汤讨伐夏桀而夏民喜悦,周武王讨伐商纣而殷人不怪罪。这是由于他们的行动顺乎天理、合乎人情,所以才有这样的结果。"

教之从礼,励之以义

【原文】 吴子曰:"凡制国治军,必教之以礼,励之以义,使有耻也[1]。夫人有耻,在大足以战,在小足以守矣。然战胜易,守胜难。故曰:'天下战国,五胜者祸,四胜者弊,三胜者霸,二胜者王[2],一胜者帝。'是以数胜得天下者稀,以亡者众。"

【注释】 ①使有耻也:使人知道羞耻之意。古人认为“知耻近乎勇”,亦即知道羞耻,就能鼓起勇气。②王:动词,读作“旺”,是称王、成就王业的意思。

【译文】 吴起说:“凡治理国家和管理军队,必须用礼来教育,用义来鼓励,使他们有羞耻之心。人们有了羞耻之心,力量强大者可以出战,力量较小者可以防守。然而战胜敌人容易,但要守住胜利的成果却很困难。因此说,从来进行战争的国家,得胜 5 次会招致祸患,得胜 4 次会导致疲惫,得胜 3 次可以称霸,得胜两次可以称王,而得胜 1 次能成就帝业。所以靠频频打胜仗而取得天下的少,但由此而亡国的却很多。”

义以礼服,强以谦服

【原文】 吴子曰:“凡兵之所起者有五:一曰争名,二曰争利,三曰积恶[①],四曰内乱,五曰因饥。其名又有五:一曰义兵,二曰强兵,三曰刚兵,四曰暴兵,五曰逆兵。禁暴救乱曰义,恃众以伐曰强,因怒兴师曰刚,弃礼贪利曰暴,国乱人疲、举事动众曰逆。五者之数[②],各有其道,义必以礼服,强必以谦服,刚必以辞服,暴必以诈服,逆必以权服。”

【注释】 ①积恶:两国交恶的意思。②数:方法、办法。

【译文】 吴起在这里指出:“战争有五种起因:一是争名位,二是争利益,三是积怨仇,四是起内乱,五是遭饥荒。因用兵的性质不同,军队的名称又有五种:一是义兵,二是强兵,三是刚兵,四是暴兵,五是逆兵。消除暴政平定叛乱的叫义兵,仗恃兵多讨伐别国的叫强兵,因愤怒起兵的叫刚兵,背弃礼义、贪图利益的叫暴兵;不顾国乱民疲,仍兴师动众的叫逆兵。对这五种不同性质的军队,各有其应付之道:对义兵要以礼法折服它,对强兵以谦让折服它,对刚兵用婉言折服它,对暴兵用计谋折服它,对逆兵则用权势来折服它。”

简募良才,以备不虞

【原文】 武侯[①]问曰:“愿闻治兵、料人[②]、固国之道。”

起对曰:“古之明王,必谨君臣之礼,饰上下之仪,安集吏民,顺俗而教,简募良才,以备不虞。昔齐桓[③]募士五万,以霸诸侯,晋文[④]召为前行四万,以获其志。秦缪[⑤]置陷阵三万,以服邻国。故强国之君,必料其民。民有胆勇气力者,聚为一卒[⑥]。乐以进战效力,以显其忠勇者,聚为一卒。能踰高超远、轻足善走者,聚为一卒。王臣失位而欲见功于上者,聚为一卒。弃城去守、欲除其丑者,聚为一卒。此五者,军之练锐也。有此三千人,内出可以决围,外入可以屠城矣。”

【注释】 ①武侯:魏文侯之子,姓姬,名击。文侯死,其子击继位,公元前 397 年~前 381 年在位。②料人:即料民,指登记户籍、调查人口。③齐桓:齐桓公,齐国的国君,为春秋五霸的第一位霸主,姓姜,名小白,公元前 685 年~前 643 年在位。④晋文:晋文公,晋国的君主,春秋五霸之一。姓姬名重耳,公元前 636 年~前 628 年在位。⑤秦缪:缪通穆,即秦穆公,春秋时秦国的国君,姓嬴,名任好,公元前 659 年~前 621 年,使秦成为西方的

强国。⑥卒，古代军队编制的单位。周制百人为卒。在此泛指部队。

【译文】 武侯对吴起说："请您谈谈治理军队、统计人口，以及巩固国家的方法。"吴起说："古代贤明的君主，总是谨守君臣之礼，讲究上下等级的法度，并安抚聚集百官和民众。同时按习俗进行教育，精选有才能的人，以防不测。从前齐桓公招募5万壮士，赖以称霸诸侯。晋文公招集4万勇士作为前锋，因而实现了自己的志愿。秦穆公征集3万勇士作为冲锋陷阵的部队，借以制服邻国。所以欲谋求富国强兵的君王，一定要能正确地认识其民众，将群众中有胆识而强健的人，集中编为一队；把乐于进攻效命、显示忠勇的人，集中编为一队；把能攀高跳远、敏捷善跑的人，集中编为一队；把因罪罢官，想重建功勋的人，集中编为一队；把曾经弃城逃跑，想洗刷耻辱的人，集中编为一队。这5种编队，就是军中拣选的精锐部队。有了这3000精锐的部队，从内部出击能够突破敌人的包围，从外部进攻则可以摧毁敌人的城邑。"

贤者居上，不肖者处下

【原文】 武侯问曰："愿闻陈必定、守必固、战必胜之道。"

起对曰："立见且可，岂直闻乎！君能使贤者居上，不肖者处下，则陈已定矣。民安其田宅，亲其有司，则守已固矣。百姓皆是吾君而非邻国，则战已胜矣。"

【译文】 武侯说："我想知道怎样才能使阵势必定安稳、防守必定牢固，作战必定取胜的方法。"

吴起说："马上就可以让您看到，岂止知道而已！如果您能对贤才加以重用，对没有才德的人不予重视，那么阵势就已经稳定了。能使民众安居乐业，亲近官吏，那么防守就已经牢固了。能使百姓都拥护自己的国君而不满敌国，那么战争就已经胜利了。"

世不绝圣，国不乏贤

【原文】 武侯尝谋事，群臣莫能及，罢朝而有喜色。起进曰："昔楚庄王①尝谋事，群臣莫能及，罢朝而有忧色。申公②问曰：'君有忧色，何也？'曰：'寡人闻之，世不绝圣，国不乏贤，能得其师者王，能得其友者霸。今寡人不才，而群臣莫及者，楚国其殆矣！'此楚庄王之所忧，而君说之，臣窃惧矣。"于是武侯有惭色。

【注释】 ①楚庄王：春秋五霸之一。公元前613年~前591年在位。曾整顿内政，兴修水利。公元前611年攻灭庸国（今湖北竹山西南），自此国势大盛。继又进攻陆浑之戎，陈兵周郊，派人询问象征天子权威的九鼎的轻重。后在邲（今河南荥阳北）大败晋军，陆续使鲁、宋、郑、陈等国归服，成为霸主。②申公：即申叔时，楚国的大夫。

【译文】 武侯有一次与大臣商议国事，群臣的见解都不如他，退朝之后他颇有自得之色。吴起见了就规谏他，说："从前楚庄王曾经与群臣商议国事，群臣都不及他高明，他退朝以后面露忧色。申公见状，问他：'君王面带忧色，是为了什么？'庄王说：'我听说世上不会没有圣人，国家不会缺少贤才，能够得到他们做老师的就有资格称王，能得到他们

做朋友的就能称霸。现在我没有才能，而群臣还不如我，楚国真是危险了。'楚庄王所担忧的事，您却感到高兴，我私下真为此而忧惧。"于是武侯的脸上露出了惭愧之色。

第二章　料敌篇

安国之道，先戒为宝

【原文】　武侯谓吴起曰："今秦①胁吾西，楚②带吾南，赵③冲吾北，齐④临吾东，燕⑤绝吾后，韩⑥据吾前，六国兵四守，势甚不便，忧此奈何？"

起对曰："夫安国家之道，先戒为宝。今君已戒，祸其远矣。臣请论六国之俗，夫齐陈重而不坚，秦陈散而自斗，楚陈整而不久，燕陈守而不走⑦，三晋⑧陈治而不用。"

【注释】　①秦：秦国，战国时七强之一，在今陕西中部、甘肃东南一带地区，建都于咸阳（在今陕西咸阳东）公元前221年由秦王嬴政（即秦始皇）灭掉六国，建立统一的秦帝国。②楚：楚国，战国时七强之一，在今湖北全部、湖南、河南、山东、安徽、江西、广西部分地区，建都于郢（今湖北江北）。公元前223年为秦所灭。③赵：赵国，战国七强之一，在今河北西南部、山西中部、陕西北部等地区，建都于邯郸（在今河北邯郸西南）。公元前222年为秦所灭。④齐：齐国，战国七强之一，在今山东泰山以北，河北东南等地，建都临淄（今山东淄博东）。公元前221年为秦所灭。⑤燕：燕国，战国七强之一，在今河北北部，山西北部及辽宁，建都于蓟（今北京西）。公元前222年为秦所灭。⑥韩：韩国，战国七强之一，在今山西东南部，河南中部，建都于宜阳（今河南宜阳）。公元前230年为秦所灭。⑦走：跑、机动。⑧三晋：公元前369年晋分为韩、赵、魏三个诸侯国，史称三晋。这里指韩、赵两国。魏国建都于安邑（今山西运城东北安邑），至惠王，迁都大梁（今河南开封），故魏惠王又称梁惠王。

【译文】　武侯问吴起道："现在秦国正威胁着我国西部，楚国环绕着我国南部，赵国紧盯着我国北部，齐国逼临着我国东部，燕国阻绝在我国后方，韩国据守在我国前方，六国的军队四面包围，形势对我极为不利，对此我很忧虑，该怎么办呢？"

吴起回答："保障国家安全的法则，预先做好戒备最为重要。现在您已经有了戒备，离祸患就远了。请允许我分析一下六国的情况：齐国拥有重兵但阵势很不坚固；秦国阵势分散而且惯于各自为战；楚国阵势严整但不能持久；燕国阵势长于防守但不善于机动；韩、赵阵势整齐但缺乏战斗力。"

知己知彼，百战不殆

【原文】　"夫齐性刚，其国富，君臣骄奢而简于细民，其政宽而禄不均，一陈两心，前重后轻，故重而不坚。击此之道，必三分之，猎其左右，胁而从之，其陈可坏。秦性强，其地险，其政严，其赏罚信，其人不让，皆有斗心，故散而自战。击此之道，必先示之以利而

引去之，士贪于得而离其将，乘乖猎散，设伏投机，其将可取。楚性弱，其地广，其政骚，其民疲，故整而不久。击此之道，袭乱其屯，先夺其气，轻进速退，弊而劳之，勿与争战，其军可败。燕性慤[①]，其民慎，好勇义，寡诈谋，故守而不走。击此之道，触而迫之，凌[②]而远之，驰而后之，则上疑而下惧，谨我车骑，必避之路[③]，其将可虏。三晋者，中国也，其性和，其政平，其民疲于战，习于兵，轻其将，薄其禄，士无死志，故治而不用。击此之道，阻陈而压之[④]，众来则拒之，去则追之，以倦其师。此其势也。"

【注释】 ①慤：诚实、谨慎、忠厚。②凌：侵犯、欺侮。③谨我车骑，必避之路：谨，谨慎、秘密。意思是秘密地将我军车骑埋伏在敌人败退必须经过的道路上。④阻陈而压之：阻陈，能阻止敌人的阵势。

【译文】 "齐国人性情刚烈，它的国家富足，但君臣骄奢，忽视民众利益，政治比较松弛，分配也不平均，而一阵之中人心不齐，兵力部署前重后轻，所以阵势虽然庞大但不坚实。打击它的方法是，宜将我军分为三路，两路夹击它的左右翼，另一路乘势追击，它的阵势就可以攻破了。秦国人性情强悍，它的地势险要，政令严明，赏罚分明，士卒临阵勇猛而斗志高昂，所以能在分散的阵势中各自奋战。打击它的方法是，先施以小利引诱它的士兵脱离主将的指挥，此时我军先打击其分散的队伍，并设置伏兵伺机取胜，就可以擒获它的将领了。楚人性情柔弱，它的领土广大，政令混乱，民力疲惫，所以阵势虽然严整但不能持久。打击它的方法是，要袭扰其驻地，先动摇它的士气，然后突然进击再突然撤退，使其疲于应付，而不要急于和它决战，这样就可以打败它的军队。燕国人性情诚朴，行动谨慎，好勇尚义，但缺乏诈谋，所以它的阵势长于防守而不善于灵活出击。打击它的方法是，一交战就压迫它，打一下又迅速撤走，同时还要袭击它的后方，这样会使它的将帅疑惑而士卒恐惧，此时我军若将车骑埋伏在敌人撤退的必经之路上，就可以俘获它的将领。韩赵是中原国家，其民性情温顺，它的政治平和，百姓不好战事，而且轻视他们的将帅，不满意自己的待遇，士卒没有决死效命的斗志，所以阵势虽然整齐但不中用。打击它的方法是，可用强大的兵力压制它，如果敌人众兵来犯就与它对阵，如果它退却就追击，这样一来它的军队便会疲惫不堪。以上就是六国方面的大概形势。"

搴旗取将，必有能者

【原文】 **"然则一军中，必有虎贲[①]之士；力轻扛鼎，足轻戎马，搴旗取将，必有能者。若此之等，选而别之，爱而贵之，是谓军命。其有工用五兵[②]、材力健疾，志在吞敌者，必加其爵列，可以决胜。厚其父母妻子，劝赏畏罚，此坚陈之士，可与持久，能审料此，可以击倍。"武侯曰："善！"**

【注释】 ①虎贲：勇猛如虎的战车甲士。殷周时战车上才有甲士，春秋时也有车下甲士，他们都是军官身份。至战国士与卒连称，又有"虎贲之卒"的说法。②五兵：泛指各种兵器。古代常用的五种兵器为戈、殳、戟、酋矛、弓矛；步兵的五兵是：弓、矢、矛、戈、戟。

【译文】 "但是，我方全军之中，一定有像猛虎一样勇敢的人；其力量可以轻易地举

起大鼎，腿力矫健地可以追赶上战马，在战斗中，夺取敌旗，斩杀敌将，一定会有具备这种能力的人。像这样的人才，必须加以选拔，区别对待，爱惜并看重他们，这是军队的精英。凡有善于使用五种兵器、体格强壮、行动敏捷、有志于杀敌立功者，一定要予以加官晋爵，用他们来与敌人决战。同时还要厚待他们的父母妻子，以奖赏鼓励他们，并用刑罚警戒他们。他们是部队的中坚力量，能持久地进行战斗。能够正确地遣用他们，就可以击败两倍于自己的敌人。"

武侯说："好啊！"

见可而进，知难而退

【原文】 **吴子曰："凡料敌，有不卜而与之战者八。一曰疾风大寒，早兴寤迁[①]，剖冰济水，不惮艰难。二曰盛夏炎热，晏兴无间，行驱饥渴，务于取远。三曰师既淹久，粮食无有，百姓怨怒，妖祥数起，上不能止。四曰军资既竭，薪刍既寡，天多阴雨，欲掠无所。五曰徒众不多，水地不利，人马疾疫，四邻不至。六曰道远日暮，士众劳惧，倦而未食，解甲而息。七曰将薄吏轻，士卒不固，三军[②]数惊，师徒无助。八曰陈而未定，舍而未毕，行阪[③]涉险，半隐半出。诸如此者，击之勿疑。"**

"有不占而避之者六。一曰土地广大，人民富众。二曰上爱其下，惠施流布。三曰赏信刑察，发必得时；四曰陈[④]功居列，任贤使能。五曰师徒之众，兵甲之精。六曰四邻之助，大国之援。凡此不如敌人，避之勿疑。所谓见可而进，知难而退也。"

【注释】 ①寤：睡醒。寤迁，指夜间行动。②三军：周朝的编制，天子六军，大国三军，每军1.25万人。春秋时，晋国有中、上、下三军，以中军之主将为三军统帅。楚国则称中、左、右三军。这里是军队的统称。③阪：山坡。④陈：宣扬、表彰的意思。

【译文】 吴起说："不必透过占卜判断敌情就能够与之交战的有八种情况：一是在大风严寒中昼夜行军，破冰渡河，不顾部众艰苦的；二是盛夏炎热，出发迟缓，中途又不休息，快速行军又饥又渴，只顾赶往远地的；三是部队长期在外，粮食用尽，百姓怨恨愤怒，不祥之兆屡屡出现，而将帅制止不住的；四是军需物资耗尽，柴火饲料所剩无几，天气阴雨连绵，无处可以掠取补充的；五是兵员不足，水土不服，人马患病，邻国不来相助的；六是路程遥远，时已黄昏，士兵疲劳恐惧，既困倦又饥饿，解甲正在休息的；七是将吏能力薄弱，士众军心不稳，全军一夕数惊，三军孤立无援的；八是部署未妥，宿营未毕，或翻山越险只过了一半的，遇到这类情况，都应当迅速进击，不要迟疑。"

"不必占卜预测就应该避免和敌人作战的情况有六种：一是土地广大，人民众多而且富裕的；二是君主爱护百姓，恩惠普及全国的；三是赏必有信，罚必明察，行动及时的；四是论功授位，任用贤能的；五是军队众多，装备精良的；六是有邻国协助，大国支援的。凡在这些方面不如敌人，就应避免和它作战而不必迟疑。这就是要求视敌情可进则进，知道难以取胜便迅速退走。"

观敌之外，以知其内

【原文】 **武侯问曰："吾欲观敌之外[①]以知其内[②]，察其进以知其止[③]，以定胜负，可得闻乎？"**

起对曰："敌人之来，荡荡无虑，旌旗烦乱，人马数顾，一可击十，必使无措。诸侯未会[④]，君臣未和，沟垒未成，禁令未施，三军匈匈[⑤]，欲前不能，欲去不敢，以半击倍，百战不殆。"

【注释】 ①外：现象、征候。②内：指实际情况。③止：终止，引申为目的、意图。④诸侯未会：诸侯，西周、春秋时分封的各国君主，在其封疆内，世代掌握统治大权。规定要服从王命，定期朝贡述职。同时有出军赋予服役的义务，周天子可以征调诸侯的军队随他出征。诸侯未会，即各路军队尚未到齐的意思。⑤匈匈：同汹汹，扰攘不安之意。

【译文】 武侯问道："我想从敌人的外部现象观察其内部情况，从敌人的行动来推断它的真实意图，从而判定胜负，有什么方式可以说来听听吗？"

吴起回答说："敌人来时如果行动散漫而全无警惕，旗帜零乱，人马东张西望，在这种情况下，我军可以以一击十，必然使敌人惊慌失措。敌人各路军队尚未会师，君臣之间意见不合，防御的沟垒还没有筑成，禁令也未能实施，而三军喧哗不安，想进不能进，想退不敢退，这时，我军可以一半的兵力攻击成倍的敌人，必然百战不败。"

审敌虚实，而趋其危

【原文】 **武侯问敌必可击之道。**

起对曰："用兵必审敌虚实而趋其危。敌人远来新至，行列未定，可击。既食未设备，可击。奔走，可击。勤劳，可击。未得地利，可击。失时不从，可击。旌旗乱动[①]，可击。涉长道，后行未息，可击。涉水半渡，可击。险道狭路，可击。陈数移动，可击。将离士卒，可击。心怖，可击。若凡此者，选锐冲之，分兵继之，急击勿疑。"

【注释】 ①旌旗乱动：表示部队混乱。

【译文】 武侯又问一定能战胜敌人的时机。

吴起回答说："用兵打仗首先必须察明敌人的虚实，攻击它的弱点所在。敌人远来乍到部署未定，可以攻击。敌人刚吃完饭，还未进入战备状态，可以攻击。敌人在惊慌奔跑中，可以攻击。敌人疲劳时，可以攻击。敌人没有占据有利地形时，可以攻击。季节天气对敌人不利时，可以攻击。敌人部队混乱时，可以攻击。敌军长远跋涉，行动迟缓未能休息时，可以攻击；渡河只渡过一半时，可以攻击；通过险关隘路时，可以攻击。敌人阵势屡次移动，可以攻击；将帅与士兵分离，可以攻击；敌人军心恐惧动摇，可以攻击。凡是遇到上述情况，就应当先派精锐的部队冲向敌人，并且不断派遣兵力接应它，行动要迅速，不可迟疑。"

第三章 治兵篇

明知险易，则地轻马

【原文】 武侯问曰：“用兵之道何先？”

起对曰：“先明四轻[①]、二重、一信。”

曰：“何谓也？”

对曰：“使地轻马，马轻车，车轻人，人轻战。明知险易，则地轻马。刍秣[②]以时，则马轻车。膏锏有余[③]，则车轻人。锋锐甲坚，则人轻战。进有重赏，退有重刑，行之以信。审能达此，胜之主也。”

【注释】 ①轻：轻便、轻捷。②刍秣：刍，牲口吃的草；秣，喂马的饲料。刍秣，泛指喂养战马的粮草。③膏锏有余：膏，油脂。锏，车轴上的铁杆。膏锏有余，意为使车轴经常上油，以保持润滑。

【译文】 武侯问道：“用兵打仗，首先要注意哪些问题？”

吴起回答说：“首先要懂得四轻、二重、一信。”

武侯又问：“这话怎么讲呢？”

吴起回答说：“所谓‘四轻’，就是：地形便于跑马，马便于驾车，车便于载人，人便于战斗。熟悉地形的险易，就便于纵马奔驰；饲养得时、战马健壮就便于驾车；车轴常保润滑，就便于载人；武器锋利，铠甲坚固，就便于士兵战斗。所谓‘二重’，就是：勇敢前进就有重赏，怕死后退就要重罚。所谓‘一信’，就是：施行赏罚必讲信用。如能认真做到以上几项，那就能主宰胜利了。”

进有重赏，退有重刑

【原文】 武侯问曰：“兵以何为胜？”

起对曰：“以治为胜。”

又问曰：“不在众寡？”

对曰：“若法令不明，赏罚不信，金[①]之不止，鼓[②]之不进，虽有百万，何益于用？所谓治者，居则有礼，动则有威，进不可当，退不可追，前却有节，左右应麾[③]，虽绝成陈，虽散成行。与之安，与之危，其众可合而不可离，可用而不可疲，投之所往，天下莫当，名曰父子之兵。”

【注释】 ①金：钲，军乐器，古代作战用鸣金表示收兵的信号。②鼓：军乐器，古代作战以击鼓为进军的信号。③麾：同挥，令旗也。

【译文】 武侯又问道：“军队怎样才能打胜仗呢？”

吴起回答说：“管理好军队就能打胜仗。”

武侯进一步问:“不在于兵力多少吗?”

吴起回答说:“如果法令不严明,赏罚无信用,鸣金不停止,擂鼓不前进,虽有百万之众,又有什么用处呢?所谓管理好,就是平时守礼法,战时有威势,前进时锐不可当,后退时不可追击,前进后退整齐不乱,左右移动服从指挥,即使被截断联系仍能阵脚不乱,即使被冲散仍能恢复行列。官与兵之间,同安乐,共患难,团结一致而不可离散,连续作战而不觉疲惫,无论将它投向任何地方,谁都不能抵挡。这样的军队叫作父子兵。”

进止有度,饮食有适

【原文】 吴子曰:“凡行军[①]之道,无犯进止之节,无失饮食之适,无绝人马之力。此三者,所以任其上令[②]。任其上令,则治之所由生也。若进止不度,饮食不适,马疲人倦而不解舍[③],所以不任其上令,上令既废,以居则乱,以战则败。”

【注释】 ①行军:用兵作战的意思,同现代军事用语的“行军”有区别。②任其上令:能胜任上级交付的使命。③解舍:解甲休息。

【译文】 吴起说:“用兵打仗的原则是,不要违背前进和停止的节奏,不要耽误适时的供食,不要耗尽人马的体力。这三点做到了,才能保证完成上级授予的任务。完成了上级授予的任务,就达到了治军的要求。如果前进和停止不能节制,饮食不能适时供给,人马疲乏而不能休息,就不能完成上级授予的任务。上级授予的任务不能完成的军队,驻守之地必然混乱,开赴战场必定打败仗。”

必死则生,幸生则死

【原文】 吴子曰:“凡兵战之场,立尸之地,必死则生,幸生则死。其善将者,如坐漏船之中,伏烧屋之下,使智者不及谋,勇者不及怒[①],受敌可也[②]。故曰,用兵之害,犹豫最大,三军之灾,生于狐疑。”

【注释】 ①怒:军威,奋发。②受敌可也:即当机立断、迎敌奋战、奋勇拼搏,才能保全自己的意思。

【译文】 吴起说:“战场是打仗流血的地方,只要抱着必死的决心就会闯出生路,若想侥幸偷生反而容易遭遇死亡。善于指挥作战的将领,就像坐在漏船上,又像伏在燃烧的房屋下,即使平素机智过人的人,也来不及谋划;即使勇敢的人,也来不及镇定威怒,唯一能做的就是迎敌奋战。所以说,用兵打仗,最坏事的是犹豫不决。全军失败的灾难,多半源于行动迟缓。”

用兵之法,教戒为先

【原文】 吴子曰:“夫人常死其所不能,败其所不便[①]。故用兵之法,教戒为先。一人学战,教成十人。十人学战,教成百人。百人学战,教成千人。千人学战,教成万人。万人学战,教成三军。以近待远,以佚[②]待劳,以饱待饥。圆而方之,坐而起之,行而止之,

左而右之，前而后之，分而合之，结而解之。每变皆习，乃授其兵。是谓将事。”

【注释】 ①不便：这里指不擅长之事。②佚：同逸。指得到充分的休息。

【译文】 吴子说：“士卒在战争中往往死于没有本领，败于不熟悉战法。所以，用兵的法则总以训练为先。一人学会了战斗本领，可以教会十人；十人学会了，可以教会百人；百人学会了，可以教会千人；千人学会了，可以教会万人；万人学会了，可以教会全军。我以就近待敌远来，以安逸待敌疲劳，以饱食待敌饥饿。既学圆阵又学方阵，既练坐下又练起立；如何前进，如何停止；如何向左，如何向右，如何向前，如何向后；如何使分散变集中，如何使集中变分散。各种变化都训练熟悉了，才发给兵器。这些都是将领应该做的事情。”

因材施教，知人善任

【原文】 吴子曰：“教战之令，短者持矛戟，长者持弓弩，强者持旌旗，勇者持金鼓，弱者给厮养①，智者为谋主。乡里相比②，什伍③相保。一鼓整兵，二鼓习陈，三鼓趋食，四鼓严辨④，五鼓就行。闻鼓声合，然后举旗。”

【注释】 ①厮养：厮、养都是指从事炊事等杂役的役卒，泛指勤务兵。②比：并排、挨着。这里指编在一起。③什伍：古代军队编制，5 人为伍，10 人为什，是军队里最小的战斗编组。④严辨：辨同办，指严整装束。

【译文】 吴起说：“教练士卒学习作战的规则是：身材矮的用矛戟，身材高的操弓弩，强壮的举军旗，勇敢的鸣金击鼓，体质弱的从事杂役，聪明有智慧的出谋策划。此外，同乡的编在一起，什伍各相联保。指挥信号是：打一通鼓，整理兵器，打二通鼓，练习伫列；打三通鼓，迅速早餐；打四通鼓，整顿装束；打五通鼓，站队入列。而听到鼓声齐响就举旗出发。”

无当天灶，无当龙头

【原文】 武侯问曰：“三军进止，岂有道乎？”

起对曰：“无当①天灶，无当龙头。天灶者，大谷之口。龙头者，大山之端。必左青龙②，右白虎③，前朱雀④，后玄武⑤，招摇⑥在上，从事于下。将战之时，审候风所从来，风顺致呼而从之，风逆坚陈以待之。”

【注释】 ①无当：不要在……②青龙：为天上星座二十八宿中东方七宿的总称，在方位上代表“东”，又称苍龙。这里指军旗名，青色，上绘龙，一般为左军的旗帜。③白虎：为二十八宿中西方七宿的总称，在方位上代表“西”。这里指军旗名，白色，上绘熊虎，一般为右军的旗帜。④朱雀：为二十八宿中南方七宿的总称，在方位上代表“南”。这里指军旗名，红色，上绘鸟像，一般为前军的旗帜。⑤玄武：为二十八宿中北方七宿的总称，在方位上代表“北”。这里指军旗名，黑色，上绘龟蛇，一般为后军的旗帜。⑥招摇：北斗七星勺端的星宿，在方位上代表“中央”，有指挥的意思。这里指军旗名，黄色，上绘北斗七星，

一般为中军的旗帜。

【译文】 武侯问道:"军队前进、停止,有一定的原则吗?"

吴起回答说:"不要在'天灶'扎营,不要在'龙头'驻兵。所谓'天灶',就是大山谷的谷口;所谓'龙头',就是大山的顶端。指挥军队,左军必用青龙旗,右军必用白虎旗,前军用朱雀旗,后军用玄武旗,而中军用招摇旗在上方指挥,部队在下面跟着信号行动。临战前,还要观测风向,顺风时乘势鼓噪而进,逆风时就坚守阵地,待机破敌。"

欲善其事,先利其器

【原文】 武侯问曰:"凡蓄卒骑,岂有方乎?"

起对曰:"夫马,必安其处所,适其水草,节其饥饱。冬则温厩[1],夏则凉庑。刻剔毛鬣[2],谨落四下[3],戢[4]其耳目,无令惊骇。习其驰逐,闲[5]其进止,人马相亲,然后可使。车骑之具,鞍、勒、衔、辔,必令完坚。凡马不伤于末,必伤于始;不伤于饥,必伤于饱。日暮道远,必数上下[6]。宁劳于人,慎无劳马。常令有余,备敌覆我。能明此者,横行天下。"

【注释】 ①厩:马房、马圈。②鬣:马的鬃毛。③落四下:指为马铲蹄钉掌。落,削去。四下,四蹄。④戢:训练。⑤闲:通娴,熟悉。⑥上下:指上马和下马,交替而行,使马得以休息。

【译文】 武侯问:"驯养马,有什么要领吗?"

吴起回答说:"一定要使马匹处所舒适,喝水吃草要合适,饥饱要有节制。冬天要保持马房的温暖,夏天要使它凉爽通风。随时剪刷马鬃,细心为他铲蹄钉掌,并训练他熟悉各种声音和颜色,使其不致惊骇,还要让他练习奔驰追逐和熟悉前进和停止的动作。须做到人马互相熟悉,然后才能使唤他。驾车和骑马的工具,如马鞍、笼头、嚼子、缰绳等物,一定要完好坚牢。一般来说,马匹不是伤于使用之后,就是伤于使用之初;不是伤于饥饿,就是伤于吃得过饱。当天色已晚而路途尚远时,就应当骑马与步行交替进行。宁可让人疲劳一些,千万不要使马过度疲劳。要让马儿常保余力,以防备敌人的袭击。能够懂得这些道理的,就能让自己横行天下。"

第四章 论将篇

文武兼备,刚柔并用

【原文】 吴子曰:"夫总[1]文武者,军之将也。兼刚柔[2]者,兵[3]之事也。凡人论将,常观于勇,勇之于将,乃数分之一尔。夫勇者,必轻合,轻合[4]而不知利,未可也。故将之所慎者五:一曰理,二曰备,三曰果,四曰戒,五曰约。理者,治众如治寡。备者,出门如见敌。果者,临敌不怀生。戒者,虽克[5]如始战。约者,法令省而不烦。受命而不辞,敌破而后言返,将之礼也。故出师之日,有死之荣,无生之辱。"

【注释】 ①总:总领,总管,统帅。②刚柔:有勇有谋。③兵:这里指军队。④轻合:轻易与敌交战。⑤克:胜利、完成。

【译文】 吴起说:“文武兼备的人,才能胜任军队的将领。能刚柔并用的人,才可以统兵作战。一般人评论将领,往往只看他的勇敢,其实勇敢对于一个将领来说,不过是应该具备的若干条件之一。只有勇敢的人,必定轻率应战,轻易与敌交战而不顾及利害,是不可取的。所以,将领应当谨慎的有五件事:一是理,二是备,三是果,四是戒,五是约。所谓理,是指治理众多的军队如同治理少数军队一样有条理;所谓备,是指军队出动就像会遇见敌人一样保持戒备;所谓果,是指临敌交战时不考虑个人的死生;所谓戒,是指即使打了胜仗还是如同初战那样谨慎;所谓约,是指法令简明而不烦琐。此外,接受任命决不推辞,击败敌人后才说班师回朝的话,这是将领应该遵守的准则。所以,将领从率军出征那一天起,就抱定了只有光荣牺牲,绝无忍辱偷生的决心。”

知此四机,乃可为将

【原文】 **吴子曰:“凡兵有四机[①]:一曰气机,二曰地机,三曰事机,四曰力机。三军之众,百万之师,张设[②]轻重在于一人,是谓气机。路狭道险,名山大塞,十夫所守,千夫不过,是谓地机。善行间谍,轻兵往来,分散其众,使其君臣相怨,上下相咎,是谓事机。车坚管辖[③],舟利橹揖,士习战阵,马闲[④]驰逐,是谓力机。知此四者,乃可为将。然其威、德、仁、勇,必足以率下安众,怖敌决疑。施令而下不犯,所在寇不敢敌。得之国强,去之国亡。是谓良将。”**

【注释】 ①机:古代弩箭的发射机关,引申为一切机关的通称,也指事物的枢要、关键。这里是要善于掌握士气、利用地形、运用计谋、充实力量的意思。②张设:安排、布置的意思。③管辖:车辆两边的铁插销,用来闩住车轮不使脱落,是战车的重要零件。④闲:通娴,熟练的意思。

【译文】 吴起说:“大凡用兵打仗,有四个应当注意的关键:一是掌握士气,二是利用地形,三是善于谋事,四是发挥兵力。三军之众,百万之师,掌握轻重缓急,在于将帅一人,这就是掌握士气的关键;狭险道路,名山要塞,十人防守,千人不能通过,这就是利用地形的关键;善于使用间谍,用轻骑不断骚扰敌人,以分散其兵,使敌人君臣不和,上下互相责怪,这就是善于谋事的关键;战车及其零件十分牢固,战船及其橹桨极为结实,士卒熟悉战阵,战马善于驰骋,这是发挥兵力的关键。懂得这四个关键,才可以担任将领。而且他的威信、品德、仁爱、勇敢,都必须足以为全军之表率,且能安抚士众,威慑敌人,决断疑难。他发布命令,部下不敢违背,所到之处,敌人不敢抵抗。得到这样的将才,国家就强盛,失去他国家就要灭亡。这就叫作良将。”

禁令刑罚,所以威心

【原文】 **吴子曰:“夫鼙鼓金铎[①],所以威[②]耳。旌旗麾帜[③],所以威目。禁令刑罚,所**

以威心。耳威于声，不可不清。目威于色，不可不明。心威于刑，不可不严。三者不立，虽有其国，必败于敌。故曰，将之所麾，莫不从移。将之所指，莫不前死。”

【注释】 ①鼙鼓金铎：鼙、鼓、金、铎都是古代指挥军队作战的工具。②威：通畏，震惊，引申有听从命令和受约束的意思。③旌旗麾帜：古代指挥军队的四种旗帜。麾，通“挥”，指挥的意思。

【译文】 吴起说：“鼙鼓金铎是用来威慑耳朵的；旌旗麾帜是用来威慑眼睛的；禁令刑罚是用来威慑军心的。耳朵听命于声音，声音不可不响亮；眼睛听命于颜色，颜色不可不鲜明；军心受制于刑罚，刑罚不可不威严。三者如果不确立，虽有国家，必定被敌人打败。所以，将领指挥的部队，没有不依令而行的；将领指向的地方，没有不拼死前进的。”

先占其将，而察其才

【原文】 **吴子曰：“凡战之要：必先占其将而察其才。因形用权，则不劳而功举。其将愚而信人，可诈而诱。贪而忽名，可货而赂。轻变无谋，可劳而困。上富而骄，下贫而怨，可离而间。进退多疑，其众无依，可震而走。士轻其将而有归志，塞易开险，可邀而取。进道易，退道难，可来而前[①]。进道险，退道易，可薄而击。居军下湿，水无所通，霖雨数至，可灌而沉。居军荒泽，草楚幽秽[②]，风飙[③]数至，可焚而灭。停久不移，将士懈怠，其军不备，可潜而袭。”**

【注释】 ①前：通剪，消灭的意思。②秽：繁茂，多草的意思。③飙：狂风、疾风。

【译文】 吴起说：“一般说来作战最重要的是，一定要预先探知敌人的将领是谁，观察其才能。根据情况，运用计谋，不费力气而大功告成。敌将愚昧而轻信于人的，可以用欺骗的手段诱惑他。敌将贪婪而不顾名誉的，可以用金钱收买他。敌将轻率而无谋略的，可以用疲劳战术使他困顿。敌人上级军官富裕而骄横，下级吏卒贫困而怨愤的，可以用离间的手段分化他。敌人进退犹疑不定，部队无所适从的，可以用震撼的方式吓跑他。士卒藐视其将领而思归恋家的，可以阻断平坦大道而开放险阻之路，引而截击消灭他。敌人进路平易而退路艰难的，可以让他前来并消灭他。敌人进路艰险而退路平易的，可以逼近猛击他。敌人驻扎在低洼潮湿的地方，水道不通、大雨连日的，可以放水淹没他。敌人驻扎荒郊野泽、杂草丛生、环境污秽而常起狂风的，可以用火攻烧死他。敌人久住一地而没有移动，官兵懈怠、戒备疏忽的，而以乘机偷袭他。”

看人说法，轻锐尝敌

【原文】 **武侯问曰：“两军相望，不知其将，我欲相[①]之，其术如何？”**

起对曰：“令贱而勇者，将轻锐以尝之。务于北，无务于得，观敌之来，一坐一起[②]，其政[③]以理，其追北[④]佯为不及，其见利佯为不知，如此将者，名为智将。勿与战矣。若其众讙哗[⑤]，旌旗烦乱，其卒自行自止，其兵或纵或横，其追北恐不及，见利恐不得，此为愚将，虽众可获。”

【注释】 ①相:看,观察。②一坐一起:坐,即坐阵,用于停止。起,由坐阵变为立阵,以便前进。一坐一起,这里指每次前进和停止。③政:这里有指挥的意思。④北:败。⑤讙哗:大声喧哗。

【译文】 武侯问道:"两国对峙,不知敌将的才能,我想调查清楚,用什么办法呢?"

吴起回答说:"让地位低而勇敢的战士,率领轻装精锐的小部队去试攻敌人,务必要败退,不要求胜,然后观察敌人出战的行动。如果敌人的进退行止都有条不紊,追击假装追不上,见到战利品装作没看见,这样的将领是有智谋的,不要和他交战。如果敌人喧哗吵嚷,旌旗混乱,士卒缺乏统一的行动,兵器横七竖八,追我唯恐不及,见利唯恐不得,这样的将领是愚昧的,敌军虽多也可以俘获他。"

有功进飨,无功励之

【原文】 武侯问曰:"严刑明赏,足以胜乎?"

起对曰:"严明之事,臣不能悉[①]。虽然,非所恃[②]也。夫[③]发号布令而人乐闻,兴师动众而人乐战,交兵[④]接刃而人乐死。此三者,人主之所恃也。"

武侯问曰:"致之奈何?"

对曰:"君举有功而进飨[⑤]之,无功而励之。"

于是武侯设坐庙廷[⑥],为三行[⑦]飨士大夫[⑧],上功坐前行,肴席兼重器[⑨]上牢[⑩];次功坐中行,肴席器差减[⑪];无功坐后行,肴席无重器。飨毕而出,又颁赐[⑫]有功者父母妻子于庙门外,亦以功为差。有死事[⑬]之家,岁使使[⑭]者劳赐其父母,著[⑮]不忘于心。行之三年,秦人兴师,临于西河,魏士闻之,不待吏令,介胄[⑯]而奋击之者以万数。

武侯召吴起而谓曰:"子前日之教行矣。"

起对曰:"臣闻人有短长,气有盛衰。君试发无功者五万人,臣请率以当之。脱[⑰]其不胜,取笑于诸侯,失权于天下矣。今使一死贼伏于旷野,千人追之,莫不枭视狼顾[⑱],何者?恐其暴起而害己也。是以一人投命[⑲],足惧千夫。今臣以五万之众,而为一死贼,率以讨之,固难敌矣。"

于是武侯从之,兼车五百乘,骑三千匹,而破秦五十万众,此励士之功也。

先战一日,吴起令三军曰:"诸吏士当从受敌车、骑与徒[⑳],若车不得车,骑不得骑,徒不得徒,虽破车,皆无功。"故战之日,其令不烦[㉑]而威震天下。

【注释】 ①悉:知道,此指说明白的意思。②恃:依靠、凭借。③夫:发语词,无义。④兵:武器。⑤飨:送饭,这里是宴请的意思。⑥庙廷:祖庙的大庭。⑦三行:指座席分为三个等次。⑧士大夫:有爵位的将佐。⑨肴席兼重器:荤菜加宝器。肴,荤菜;兼,并,加。重器,国家的宝物,一般指鼎,古代的一种祭器,也是一种贵重的食具。⑩上牢:古时祭祀用的三牲,牛、羊、猪。⑪差减:按等级高低而相应减少。⑫颁赐:颁发赏赐。⑬死事:为国家战死之事。⑭使使:前一个"使"为派遣意,后一个"使"为使者。⑮著:表明。⑯介胄:穿戴盔甲的意思,介,甲。胄,头盔。⑰脱:倘若,或许。⑱枭视狼顾:枭,猫头鹰。枭

视，像枭寻找猎物那样目光专注。狼顾，像狼那样警惕，行走时常回头看。⑲投命：舍命，拼命。⑳徒：步兵。㉑烦：多。

【译文】 武侯问道："刑罚和奖赏都很严明，是否就足以打胜仗了？"

吴起回答："关于赏罚严明的问题，臣不能尽道其详。但是，我认为不能完全依靠刑赏严明就可以打胜仗。只有发号施令，人人都乐意听从；兴师动众，人人都乐意出战；与敌交战，人人都乐意效死，这三项才是君主能够打胜仗的依靠。"

武侯又问："如何才能做到乐闻、乐战、乐死这三点呢？"

吴起回答说："君王可以选拔有功的将士设宴慰劳，让未曾建功的人也来参加，并给予鼓励。"

于是武侯在宗庙的大殿上设置了席位，分前、中、后三排宴请士大夫。建立上等功绩的人员坐前排，宴席加上贵重的礼器；次等功绩的人员坐中排，席上的食品和礼器依次减等；未曾立过功绩的人员坐后排，席上无礼器。宴会结束以后从宗庙出来，又在庙门之外赏赐有功人员的父母妻室，也以功绩大小分别等级。凡是为国捐躯的将士家庭，朝廷每年派遣使者去慰问、赏赐他们的父母，表明朝廷永远不忘烈士的功勋。此法实行了3年，碰上秦国兴兵来犯，兵临西河国境，魏国的将士知道了这个消息，不等朝廷发出号令，数万人便纷纷自戴盔甲投军上阵，奋勇杀敌。

武侯于是召见吴起，对他说道："你以前所说的'励士之道'，今日见到成效了。"

吴起回答："臣听说一个人的才能各有所短，也各有所长；士气有时旺盛，有时衰微。君王不妨试着派出毫无功绩的5万人，请允许我率领他们去抵御秦同军队。倘若战而不胜，那就会被诸侯所取笑，并且对时局失去举足轻重的地位。这就好比假使有一个犯了死罪的贼寇，潜伏在荒野之中，派1000人去追捕，但这1000人都瞻前怕后，原因何在呢？这是因为大家都怕这个贼寇突然出其不意地伤害自己。所以一个人舍命拼死，足以威慑千人。现在我把5万大军集合成像那个犯了死罪的贼寇一样，率领他们去讨伐敌军，威力自然难以抵抗了。"

于是武侯听从了吴起的建议，另拨战车500百辆，骑兵3000人，一战而击败了秦国50万大军，这都是励士之道的功效啊！

作战开始的前一天，吴起对三军发布命令说："各级士吏要听从号令，与敌人的车兵、骑兵、步兵作战，如果我方的车兵不能俘获敌人的车兵，骑兵不能俘获敌人的骑兵，步兵不能俘获敌人的步兵，全军虽然最终打了胜仗，也无功绩可言。"所以开战那一天，下达的命令虽极简略，却威震于天下。

第五章　应变篇

三军服威，士卒用命

【原文】 武侯问曰："车坚马良，将勇兵强，卒[①]遇敌人，乱而失行，则如之何？"

吴起对曰:“凡战之法,昼以旌旗幡麾[②]为节,夜以金鼓笳笛[③]为节[④]。麾左而左,麾右而右。鼓之则进,金之则止。一吹而行,再吹而聚,不从令者诛[⑤]。三军服威,士卒用命,则战无强敌,攻无坚陈[⑥]矣。”

【注释】 ①卒:同猝,突然,出乎意料。②旌旗幡麾:都是古代指挥军队用的旗帜。幡,直幅下垂的旗子。麾,同挥,乃为指挥的意思。③金鼓笳笛:笳,古代指挥军队用的一种吹奏乐器。古代用笳、笛吹奏出的声音以及金、鼓等击打出的声音来指挥军队。④节:节制,文中指“号令”。⑤诛:诛杀。⑥陈:同阵。

【译文】 武侯问道:“战车坚牢,马匹精良,将领勇猛,士卒强悍,突然遭遇敌军,队伍顿时混乱,应该怎么办?”

吴起回答:“一般指挥军队作战的方法是,白天用旌旗幡帜,夜里用金鼓笳笛。旗帜指挥向左则左,指挥向右则右,擂鼓即前进,鸣金就停止。第一次吹响笛笳就前进,第二次吹响笛笳就集合。如有不服从命令的,就依法斩首。这样,三军就会听从指挥,畏服威严,士卒不敢违法,打起仗来就没有不能战胜的强敌,也没有不能攻破的坚阵。”

用众者务易,用少者务隘

【原文】 武侯问曰:“若敌众我寡,为之奈何?”

起对曰:“避之于易[①],邀之于厄[②]。故曰,以一击十,莫善于厄;以十击百,莫善于险;以千击万,莫善于阻[③]。今有少卒卒起[④],击金鸣鼓于厄路,虽有大众,莫不惊动。故曰,用众者务易,用少者务隘。”

【注释】 ①易:垣途。②厄:同隘,险要的地势,这里指隘路。③阻:阻挡,这里指隘路。④少卒卒起:少卒,少量的兵力,第二个卒为“促”的通假字,突然也。卒起,突然发起攻击。

【译文】 武侯又问吴起:“如果敌众我寡,怎么办呢?”

吴起回答说:“避免与它在平坦的地形上作战,要尽量在险要的地方拦击他们。所以,以一击十,没有比利用狭隘地形更好的;以十击百,没有比利用险要地形更好的;以千击万,没有比利用阻绝地形更好的。如果用少量的兵力,突然出击,在狭隘的道路上击鼓鸣金,敌人即便有众多的兵力,莫有不惊慌混乱的。因此,要指挥众多兵力作战,务必选择平坦的地形;要运用少数兵力打仗,务必选择险要的地形。”

五军交至,必有其力

【原文】 武侯问曰:“有师甚众,既武且勇,背大险阻[①],右山左水,深沟高垒,守以强弩,退如山移,进如风雨,粮食又多,难与长守,则如之何?”

起对曰:“大哉问乎!此非车骑之力,圣人[②]之谋也,能备千乘万骑,兼之徒步[③],分为五军,各军一衢[④]。夫五军五衢,敌人必惑,莫知所加。敌人若坚守以固其兵,急行间谍[⑤]以观其虑。彼听吾说,解之而去,不听吾说,斩使焚书,分为五战。战胜勿追,不胜疾

归。如是佯北，安行疾斗，一结[⑥]其前，一绝其后，两军衔枚[⑦]，或左或右，而袭其处。五军交至，必有其力，此击强之道也。"

【注释】 ①阻：倚仗。②圣人：指深谋远虑的人。③兼之徒步：兼之，加之，并同。徒步，步兵。兼之徒步，同时加用步兵。④衢：道路。这里指方向。⑤间谍：潜入敌处刺探情况，伺机回报的人，这里指古代各国派出的使者，兼负间谍任务。⑥结：牵制的意思。⑦衔枚：古代军队夜袭敌人时，令士兵将枚衔在口中，以保持肃静。枚，形如筷子，两端有带，可系在颈上。

【译文】 武侯又问："假使敌军的人马众多、训练有素而且十分勇敢，背后依附着险要的高地，右面有山，左面临水，深沟高垒，又以劲弩固守其阵地，后退时像山一样移动，前进时像风雨一样急速，粮食又充足，难以和它长期对抗，该怎么办呢？"

吴起回答："这是一个重大的问题啊！不是仅靠车骑的武力就能够解决，而是需要高明的智慧来谋取。如果能装备战车千辆、骑兵万人，加上一定数量的步兵，分为5支军队。而5支军队各成一路，形成5路纵队，向5个方向前进，敌人必然因此产生疑惑，不知我方意图。敌人如果坚守阵地以稳定其军心，便立刻派出军使去观察其动向。如果敌人听我劝说撤兵离去，我也撤兵而去；如果敌人不听劝说，反而杀我军使，烧我军书，我军则分5路进攻。打胜了不要穷追，打不胜就急速撤回。如果要假装败退引诱敌人，则以一军稳妥地行动，与之激战，一军从正面牵制敌人，一军断其后路，另外两军衔枚而进，悄悄地从左右两侧，袭击敌人据守的地方。这样5军合击，必然形成有力的形势，这就是攻击强敌的办法。"

我众彼寡，分而乘之

【原文】 武侯问曰："敌近而薄[①]我，欲去无路，我众甚惧，为之奈何？"

起对曰："为此之术，若我众彼寡，分而乘之[②]，彼众我寡，以方从之[③]。从之无息[④]，虽众可服。"

【注释】 ①薄：靠近、迫近。②分而乘之：即分兵包围的意思。③以方从之：即集中兵力袭击它的意思。方，并也，此处引申为集合、靠拢。④无息：不止。

【译文】 武侯问道："当敌人逐渐向我逼近，我军想摆脱它而没有去路，士卒都很恐慌，这怎么办呢？"

吴起回答："应付此种情况的方法，如果是我众敌寡，可以分兵包围它；如果是敌众我寡，可以集中兵力袭击它，不断地袭击它，如此一来，敌人虽多也可以制服。"

审察其政，乱则击之

【原文】 武侯问曰："若遇敌于溪谷[①]之间，傍多险阻，彼众我寡，为之奈何？"

起对曰："遇诸丘陵、林谷、深山、大泽[②]，疾行亟[③]去，勿得从容[④]。若高山深谷，卒然[⑤]相遇，必先鼓噪[⑥]而乘之，进弓与弩，且射且虏[⑦]，审察其政[⑧]，乱则击之勿疑。"

【注释】 ①溪谷：两山之间有小水道的谷地。②大泽：大的沼泽地。③亟：急、迅速。④从容：延缓、缓慢。⑤卒然：突然。⑥鼓噪：擂鼓和呐喊，古代军队出战时所造的声势。⑦且射且虏：即一面杀射，一面掳掠：《通典》作“且备且虑”，即一面戒备，一面考虑计谋的意思。⑧审察其政：即观察敌人阵势的部署。

【译文】 武侯又问：“如果在溪谷之间与敌军相遇，旁边都是险阻的地形，敌众我寡，这怎么办呢？”

吴起回答说：“遇到丘陵、森林、谷地、深山、大泽等地形，要迅速通过，不得迟缓。如果在高山深谷地带与敌突然相遇，一定要先击鼓呐喊并乘势攻击敌人，再使用弓箭向前挺进，一面杀射，一面掳掠，同时仔细观察敌人的阵势，一旦发现敌军混乱，就要毫不迟疑地发动攻击。”

车骑挑之，勿令得休

【原文】 武侯问曰：“左右高山，地甚狭迫，卒[①]遇敌人，击之不敢，去之不得，为之奈何？”

起对曰：“此谓谷战，虽众不用，募吾材士[②]与敌相当，轻足利兵以为前行，分车列骑隐于四旁，相去数里，无见[③]其兵，敌必坚陈，进退不敢。于是出旌列旆[④]，行出山外营[⑤]之，敌人必惧，车骑挑之，勿令得休。此谷战之法也。”

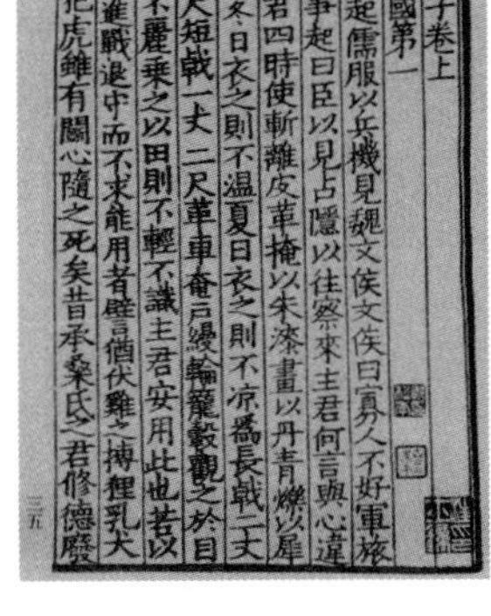

吴子卷上
圖國第一
吴起儒服以兵機見魏文侯文侯曰寡人不好軍旅
之事起曰臣以見占隱以往察來主君何言與心違
今君四時使斬離皮革掩以朱漆畫以丹青爍以犀
象冬日衣之則不溫夏日衣之則不涼爲長戟二丈
四尺短戟一丈二尺革車奄戶縵輪籠轂觀之於目
則不麗乘之以田則不輕不識主君安用此也若以
備進戰退守而不求能用者譬猶伏雞之搏貍乳犬
之犯虎雖有鬬心隨之死矣昔承桑氏之君修德廢
三五

《吴子兵法》书影

【注释】 ①卒：猝也，突然。②材士：有才能的人。此处指精锐士卒。③见：同现。④旆：古代指挥军队用的一种大旗。⑤营：同荧，迷惑、扰乱。

【译文】 武侯又问：“如果左右都是高山，地形很狭窄，突然与敌相遇，既不敢前进，又不能后退，该怎么办呢？”

吴起回答说：“这叫谷地战。兵力虽多也用不上，应该挑选精锐的士卒与敌对抗，用轻捷善走的步兵手持锐利的武器作为先锋，把战车和骑兵分别埋伏在四周，与前锋相距约几里路，而不要暴露出部队、兵卒，若让敌人知道有伏兵，必然坚守阵地，不敢轻易进退。此时，我军张旗列旆，指挥部队走出山外扰乱敌人。这样敌人必生畏惧之心，我则再用车骑袭敌，使其不得休息。这就是谷地战的原则。”

敌若绝水，半渡薄之

【原文】 武侯问曰：“吾与敌相遇大水之泽，倾轮没辕[①]，水薄车骑，舟楫不设[②]，进退不得，为之奈何？”

起对曰：“此谓水战，无用车骑，且留其旁。登高四望，必得水情，知其广狭，尽其浅深，乃可为奇以胜之。敌若绝水[③]，半渡而薄之[④]。”

【注释】 ①辕：车前驾牲口的直木。②不设：没有准备。③绝水：横渡水。④薄之：迫近它，指打击它。

【译文】 武侯又问："假如我军在大水沼泽地带与敌相遇，战车都淹没了，车骑也有被大水吞没的危险，同时又没有舟楫的设备，进退两难，这怎么办呢？"

吴起回答说："这叫作水战。水战用不上战车和骑兵，只好把战车和骑兵暂留一边，一定要登上高处四面眺望，观察水势，一定要得知水势的大小、深浅、宽窄，然后才能想办法出奇制胜。敌人如果渡水而来，就要趁其渡到一半的时候，迫近迎击它。"

阴湿则停，阳燥则起

【原文】 武侯问曰："天久连雨，马陷车止，四面受敌，三军惊骇，为之奈何？"

起对曰："凡用车者，阴湿则停①，阳燥则起②，贵高贱下。驰其强车③；若进若止，必从其道。敌人若起，必逐其迹④。"

【注释】 ①停：驻扎不动。②起：驾车出战。③强车：坚固的战车。④迹：车辙马迹。

【译文】 武侯又问："如果遇上阴雨连绵的日子，到处是积水、泥泞，车马举足艰难，而且四面又受到敌人的包围，全军非常惊慌恐惧，这怎么办呢？"

吴起回答说："凡用兵车作战，一般在阴雨天气和泥泞的地面上就要停止行动，等到天晴而地面干燥时就行动。兵车利于高地行动，不利于低洼之地。作战的时候，迅速奔驰要用坚固的兵车，不论前进或停止，都要依从上述原则。如果敌人起而应战，要沿着它的车迹追逐。"

暴寇之来，善守勿应

【原文】 武侯问曰："暴寇卒来，掠吾田野，取吾牛羊，则如之何？"

起对曰："暴寇之来，必虑其强，善①守勿应，彼将暮去，其装必重，其心必恐，还退务速，必有不属②。追而击之，其兵可覆。"

【注释】 ①善：好好地。②属：接连，接续的意思。不属，不相连接。

【译文】 武侯又问道："如果残暴的敌寇突然来袭，掠夺我的庄稼，抢走我的牛羊，我应该怎么办呢？"

吴起回答："敌寇突然袭来，一定要考虑它实力的强弱，应先避其锐气进行防守，不要急于应战。待它傍晚撤退时，其装备必然变得沉重不便，心里必有所恐，为求急于退还，必有不相接连的地方。这时我军如果乘机追击，就可以歼灭它了。"

其有请降，许而安之

【原文】 吴子曰："凡攻敌围城之道，城邑既破，各入其宫①，御②其禄秩③，收其器物。军之所至，无刊④其木、发⑤其屋、取其粟、杀其六畜、燔⑥其积聚，示民无残心。其有请降，许而安之。"

【注释】 ①宫：上古房屋的通称，这里指官府。②御：驾驭、控制。③禄秩：俸禄和爵位，这里泛指官吏。④刊：砍、削。⑤发：打开，拆毁的意思。⑥燔：烧。

【译文】 吴起说："一般围攻敌人的城邑有一套基本原则，就是城邑已为我军攻破之

后,应当分别进驻它的官府,控制和使用其原来的官吏,接管它的器材物资。军队所到之处,不要砍伐树木,不要毁坏房屋建筑,也不要夺取老百姓的粮食和宰杀他们的牲口,乃至焚烧积聚的财物,向百姓表明我军不残害无辜之意。如果有请求投降归顺的,应允许他们并加以优抚。”

三十六计

原序

用兵如孙子,策谋三十六。

六六三十六,数中有术,术中有数。阴阳燮理,机在其中。机不可设,设则不中。

按:解语重数不重理。盖理,术语自明;而数,则在言外。若徒知术之为术,而不知术中有数,则术多不应。且诡谋权术,原在事理之中,人情之内。倘事出不经,则诡异立见,诧世惑俗,而机谋泄矣。或曰:三十六计中,每六计成为一套。第一套为胜战计;第二套为敌战计;第三套为攻战计;第四套为混战计;第五套为并战计;第六套为败战计。

《三十六计》书影

第一套　胜战计

第一计　瞒天过海

【原文】　备周则意怠[①],常见则不疑。阴在阳之内,不在阳之对[②]。太[③]阳,太阴。

【注释】　①备周则意怠:防备十分周密,往往容易让人斗志松懈,削弱战斗力。②阴在阳之内,不在阳之对:阴阳是我国古代传统哲学和文化思想的基点,其思想涉及大千宇宙,细尘末埃,并影响到意识形态的一切领域。阴阳学说是把宇宙万物作为对立的统一体来看待,表现出朴素的辩证思想。"阴""阳"二字早在甲骨文、金文中就出现过,但作为阴气、阳气的阴阳学说,最早是由道家始祖楚国人老子所倡导,并非《易经》提出。此计中所讲的阴,指机密、隐蔽;阳,指公开,暴露。阴在阳之内,不在阳之对,在兵法上是说秘计往往隐藏于公开的事物里,而不在公开事物的对立面上,就是说非常公开的东西常常蕴藏着非常机密的事物。③太:极,极大。此句意同②。

【译文】　当防备十分周密的时候,就容易麻痹大意;平时看惯的,往往就不再怀疑了。把秘密诡计隐藏在公开的行动中,而不是和公开的形式排斥,非常公开的东西往往蕴藏着非常机密的事。

第二计　围魏救赵

【原文】　共敌不如分敌①，敌阳不如敌阴②。

【注释】　①共敌不如分敌：共，集中的。分，分散，使分散。句意为打集中的敌人，不如设法分散对方而后再打。②敌阳不如敌阴：敌，动词，攻打。句意为打击气势旺盛的敌人，不如打击气势衰落的敌人。

【译文】　打击正强大的敌人，应当诱使对方分散兵力；正面进攻，不如向对方空虚的后方作迂回出击。

第三计　借刀杀人

【原文】　敌已明，友未定①，引友杀敌，不自出力，以《损》②推演。

【注释】　①友未定："友"指军事上的盟者，也即除敌、我两方之外的第三者，可以暂时结盟而借力的人、集团或国家。②《损》：出自《易经·损》卦："损：有孚，元吉，无咎，可贞，利有攸往。"孚，信用。元，大。贞，正。意即取抑省之道去行事，只要有诚心，就会有大的吉利，没有错失，合于正道，这样行事就可一切如意。又卦有《彖》曰："损，损下益上，其道上行。"意指"损"与"益"的转化关系，借用盟友的力量去打击敌人，势必要使盟友受到损失，但盟友的损失正可换得自己的利益。

【译文】　在敌方的情况已经明朗，而盟友的态度还不确定时，要诱导盟友去消灭敌人，以保存自己的实力。这一计是按照《易经·损》卦中关于"损下益上"的道理推演出来的。

第四计　以逸待劳

【原文】　困敌之势①，不以战；损刚益柔②。

【注释】　①困敌之势：迫使敌人处于困顿的境地。②损刚益柔：语出《易经·损》卦。"刚""柔"是两个相对的事物现象，在一定条件下对立的双方又可相互转化。"损"，卦名。本卦为异卦相叠（兑下艮上）。上卦为艮，艮为山；下卦为兑，兑为泽。上山下泽，意为大泽浸蚀山根之象，也就是说水浸润着山，也损着山，故卦名叫"损"。"损刚益柔"是根据此卦象讲述"刚柔相推，而生变化"的普遍道理和法则。

【译文】　要迫使敌人处于困难的局面，不一定急于采取进攻的手段，而是根据强弱相互转化的原理，先消耗、疲惫敌人，使他由强变弱，陷于被动，再发动攻击，一举歼灭。此计正是根据《损》卦的道理，以"刚"喻敌，以"柔"喻己，意谓困敌可用积极防御、逐渐消耗敌人有生力量的方法，使之由强变弱，而我因势利导又可使自己变被动为主动，不一定要用直接进攻的方法，同样可获胜。

第五计　趁火打劫

【原文】　敌之害大①，就势取利，刚决柔也②。

【注释】 ①敌之害大：害，指敌人所遭遇到的困难、危厄的处境。②刚决柔也：语出《易经·夬》卦。夬，卦名。本卦为异卦相叠（乾下兑上）。上卦为兑，兑为泽；下卦为乾，乾为天。兑上乾下，意为有洪水涨上天之象。《夬》卦的《象》辞说："夬，决也。刚决柔也。"决，冲决、冲开、去掉的意思。因《乾》卦为六十四卦的第一卦，乾为天，是大吉大利的贞卜，所以此卦的本义是力争上游，刚健不屈。所谓"刚决柔"，就是下乾这个阳刚之卦，在冲决上兑这个阴柔的卦。此计是以"刚"喻已，以"柔"喻敌，言乘敌之危，就势而取胜的意思。

【译文】 这一计的原意是：当敌方遇到困难、危机时，就要乘机出兵夺取利益。这是一个果敢决断、乘人之危、制服对手的谋略。

第六计 声东击西

【原文】 **敌志乱萃[①]，不虞[②]，坤下兑上之象[③]，利其不自主而取之。**

【注释】 ①敌志乱萃：援引《易经·萃》卦中《象》辞"乃乱乃萃，其志乱也"之意。萃，悴，即憔悴。是说敌人神志混乱而且疲惫。②不虞：未意料，未预料。③坤下兑上：萃卦为异卦相叠（坤下兑上）。上卦为兑，兑为泽；下卦为坤，坤为地。有泽水淹及大地，洪水横流之象。

【译文】 这里没有讲声东击西的用法，只是强调用计的条件。就是说：当敌指挥官思维混乱、失去清醒的判断时，运用计谋，才容易成功。

此计是运用"坤下兑上"之卦象的象理，使"敌志乱萃"，使其陷于错乱丛杂、危机四伏的处境，而我则要抓住敌人不能自控的混乱之势，机动灵活地运用时东时西、似打似离、不攻而示之以攻、欲攻而又示之以不攻等战术，进一步造成敌人的错觉，出其不意地一举夺胜。

第二套 敌战计

第七计 无中生有

【原文】 **诳[①]也，非诳也，实[②]其所诳也。少阴[③]，太阴，太阳[④]。**

【注释】 ①诳：欺诈、诳骗。②实：实在，真实，此处作意动词。③阴：指假象。④阳：指真相。

【译文】 通俗地讲，就是用假情况去蒙骗敌人，但不是弄假到底，而是要巧妙地由假变真。在连续采用假攻击造成敌人的错觉之后，就要果敢地转为实际的攻击。其基本的逻辑程序是：假——假——真。

第八计 暗度陈仓

【原文】 **示[①]之以动[②]，利其静而有主[③]，益动而巽[④]。**

【注释】 ①示：给人看。②动：此指军事上的正面佯攻、佯动等迷惑敌方的军事行

动。③主:专心,专一。言敌方静下心来专注(我方的佯动)则于我方有利。④益动而巽:语出《易经·益》卦。益:卦名。此卦为异卦相叠(震下巽上)。上卦为巽,巽为风;下卦为震,震为雷。意即风雷激荡,其势愈增,故卦名为益。与损卦之义,互相对立,构成一个统一的组卦。《益》卦的《彖》辞说:"益动而巽,日进无疆。"这是说益卦下震为雷为动,上巽为风为顺,那么,动而合理,是天生地长,好处无穷。

此计是利用敌人被我"示之以动"的迷惑手段所蒙蔽,而我即乘虚而入,以达到军事上的出奇制胜。

【译文】 以佯动显示我准备沿此路线进攻,吸引敌方在这里固守,我却悄悄迂回到彼处去,乘虚而入。这样,利用人们一般的思维判断习惯去行动,就如同顺水行船一样容易成功。

第九计　隔岸观火

【原文】 **阳乖序乱①,阴以待逆②。暴戾③恣睢④,其势自毙。顺以动豫,豫顺以动⑤。**

【注释】 ①阳乖序乱:阳:指公开的。乖:违背,不协调。此指敌方内部矛盾激化,以致公开地表现出多方面的秩序混乱,相互倾轧。②阴以待逆:阴:暗暗地。逆:叛逆。此指我暗中静观敌变,坐待敌方出现更进一步的恶化局面。③戾:凶暴,猛烈。④睢:任意胡为。⑤顺以动豫,豫顺以动:语出《易经·豫》卦。豫:卦名。本卦为异卦相叠(坤下震上)。本卦的下卦为坤为地,上卦为震为雷。是雷生于地,雷从地底而出,突破地面,在空中自在飞腾。《豫》卦的《彖》辞说:"豫,刚应而志行,顺以动。"意即豫卦的意思是顺时而动,正因为豫卦之意是顺时而动,所以天地就能随其意,做事就顺其自然。此计正是运用本卦顺时以动的哲理,说坐观敌人的内部恶变,我不急于采取攻逼手段而顺其变,"坐山观虎斗",最后让敌人自相残杀,时机一到而我即坐收其利,一举成功。

【译文】 这段话的意思是:敌方内部矛盾趋于激化,秩序混乱,我便静待它发生暴乱。敌方反目成仇,自相残杀,势必自取灭亡。这就是以柔顺的手段,坐等有利结局的策略。

第十计　笑里藏刀

【原文】 **信①而安②之,阴③以图之;备而后动,勿使有变。刚中柔外④也。**

【注释】 ①信:使相信。②安:使安,安然,此指不生疑心。③阴:暗地里。④刚中柔外:表面柔顺,实质强硬。

【译文】 用现在的话说就是:表现出十分友好、充满诚意的样子,使对手信以为真,放松警惕;实际上暗中策划、积极准备,一有机会,立即行动,使对手来不及应变。这是外示友好、内藏杀机的谋略。

第十一计　李代桃僵

【原文】 **势必有损,损阴①以益阳②。**

【注释】 ①阴:此指某些细微的、局部的事物。②阳:此指整体意义上的、全局性的事物。这是说在军事谋略上，如果暂时要以某种损失、失利为代价才能最终取胜，指挥者应当机立断，以某些局部或暂时的牺牲，去保全或者争取全局的、整体性的胜利。这是运用我国古代阴阳学说的阴阳相生相克、相互转化的道理而制定的军事谋略。

【译文】 当战局发展必然会有所损失时，就要以局部利益的损失来保全大局的利益。这和人们所说的丢卒保车、丢车保帅的道理很相似。

第十二计 顺手牵羊

【原文】 微隙[1]在所必乘，微利在所必得。少阴，少阳[2]。

【注释】 ①微隙：微小的空隙，指敌方的某些漏洞、疏忽。②少阴，少阳：少阴：此指敌方小的疏漏。少阳：指我方小的得利。此句意为我方要善于捕捉时机，伺隙捣虚，将敌方小的疏漏转化为我方小的胜利。

【译文】 这段话的意思是说："当敌方出现了微小差错，要及时利用；战场上出现了取得微小胜利的机会，要力争获取。要随时注意敌方小的疏忽，转化为我方小的胜利。"简而言之，就是要抓住一切有利的机会来扩大战果，发展胜利。

第三套 攻战计

第十三计 打草惊蛇

【原文】 疑以叩[1]实，察而后动；复者[2]，阴之媒也[3]。

【注释】 ①叩：问，查究。意为发现了疑点就应当考实查究清楚。②复者：反复去做，即反复去叩实而后动。③阴之媒也：阴，此指某些隐藏着的、暂时尚不明显或未暴露的事物、情况。媒，媒介。"复者，阴之媒也"，意即反复叩实查究，而后采取相应的行动，实际是发现隐藏之敌的重要手段。

【译文】 用现在的话说就是：有怀疑就要侦察核实，待情况了解清楚后再行动，用一个试探性的佯动，可以引诱敌人暴露出隐蔽很深的阴谋。有经验的军人都知道，在战场上，有在炮声隆隆中面对面的厮杀，也有看不到的敌人在寂静之处隐藏着杀机。所以兵家得出先知虚实，使其中我埋伏，而后聚而歼之。

第十四计 借尸还魂

【原文】 有用者，不可借[1]；不能用者，求借[2]。借不能用者而用之，匪我求童蒙，童蒙求我。[3]

【注释】 ①有用者，不可借：意为世间许多看上去很有用处的东西，往往不容易去驾驭为己所用。②不能用者，求借：此句意与上句相对言之。即有些看上去无甚用途的东西，往往有时还可以借助它使其为己发挥作用。犹如我欲"还魂"还必得借助看似无用的

"尸体"的道理。此言兵法,是说兵家要善于抓住一切机会,甚至是看上去无甚用处的东西,努力争取主动,壮大自己,及时采取行动,变不利为有利,乃至转败为胜。③匪我求童蒙,童蒙求我:语出《易经·蒙》卦。蒙,卦名。本卦是异卦相叠(下坎上艮)。本卦上卦为艮为山,下卦为坎为水为险。山下有险,草木丛生,故说"蒙"。这是蒙卦卦象。这里"童蒙"是指幼稚无知、求师教诲的儿童。此句意为不是我求助于愚昧之人,而是愚昧之人有求于我了。

【译文】 这段话听起来很玄妙精深,通俗地讲,它的意思是说:在战场上,对双方都有用的难以驾驭和控制,不可加以利用;凡没有作为的,往往要依附求助于他人。利用那些没有作为的并顺势控制它,从而达到不是我受别人支配,而是我指使支配别人的目的。

第十五计　调虎离山

【原文】 待天以困之①,用人以诱之②,往蹇来反③。

【注释】 ①待天以困之:天:指自然的各种条件或情况。此句意为战场上我方等到客观的条件或情况对敌方不利时,再去围困他。②用人以诱之:用人为的假象去诱惑他(指敌人),使他就范。③往蹇来反:语出《易经·蹇》卦。蹇:卦名。本卦为异卦相叠(艮下坎上)。上卦为坎为水,下卦为艮为山。山上有水流,山石多险,水流曲折,言行道之不容易,这是本卦的卦象。蹇,困难。这句意为:前进会遇到危险;使对方来于我有利。

【译文】 等待客观条件对敌方不利时再去围困他,用人为的因素去诱惑调动他,让他丧失优势,由主动变为被动。向前进攻有危险时,就想办法让敌人反过来攻我。这一计核心正是调虎离山,把"虎"调开,使敌人部署出现空当,乘虚攻占他的要地。此计运用这个道理,是说战场上若遇强敌,要用假象使敌人离开驻地,诱他就范,使他丧失优势,使他处处皆难,寸步难行,由主动变为被动,而我则出其不意获取胜利。

第十六计　欲擒故纵

【原文】 逼则反兵,走①则减势。紧随勿迫,累其气力,消其斗志,散而后擒,兵不血刃②。需,有孚,光③。

【注释】 ①走:跑。逼迫敌人太紧,他可能因此拼死反扑,若让他逃跑则可减削他的气势。②血刃:血染刀刃。此句意为兵器上不沾血。③需,有孚,光:语出《易经·需》卦。需:卦名。本卦为异卦相叠(乾下坎上)。需的下卦为乾为天,上卦为坎为水,是降雨在即之象。此卦也象征着一种危险存在着(因为"坎"有险义),必得去突破它,但突破危险又要善于等待。"需",等待。《易经·需卦》卦辞:"需,有孚,光亨。"孚,诚心。光,通"广"。句意为:要善于等待,要有诚心(包括耐心),就会大吉大利。

【译文】 逼得敌人无路可走,他就会竭力反扑;故意放他一条后路,反而会削弱敌人的气势。追击时,跟踪敌人不要过于逼迫,以消耗他的体力、瓦解他的斗志,待敌人士气沮丧、溃不成军,再去围捕,可以避免流血。按照《易经·需》卦的原理,待敌人心理完全失败而信服我时，就能赢得光明的战争结局。

第十七计　抛砖引玉

【原文】 **类以诱之[1]，击蒙也[2]。**

【注释】 ①类以诱之：出示某种类似的东西去诱惑他。②击蒙也：语出《易经·蒙》卦。击，撞击，打击。句意为：诱惑敌人，便可打击这种受我诱惑的愚蒙之人了。

【译文】 用极类似的东西去迷惑敌人，从而达到打击敌人的目的。

第十八计　擒贼擒王

【原文】 **摧其坚，夺其魁，以解其体。龙战于野，其道穷也[1]。**

【注释】 ①龙战于野，其道穷也：语出《易经.坤》卦。坤，卦名。本卦是同卦相叠（坤下坤上），为纯阴之卦。

【译文】 “摧其坚”，是指打敌军主力；“夺其魁”，是指抓住或消灭首领、指挥部。这样一来，就可以“解其体”，瓦解敌军的整体力量，敌人一旦失去指挥，就好比龙出大海到陆地上作战，面临绝境一样。

引本卦上六《象》辞：“龙战于野，其道穷也。”是说即使强龙争斗在田野大地之上，也是走入了困顿的绝境。比喻战斗中擒贼先擒王谋略的威力。

第四套　混战计

第十九计　釜底抽薪

【原文】 **不敌[1]其力[2]，而消其势[3]，兑下乾上之象[4]。**

【注释】 ①敌：动词，攻打。②力：最坚强的部位。③势：气势。④兑下乾上之象：《易经》六十四卦中，《履》卦为“兑下乾上”，上卦为乾为天，下卦为兑为泽。又，兑为阴卦，为柔；乾为阳卦，为刚。兑在下，从循环关系和规律上说，下必冲上，于是出现“柔克刚”之象。

【译文】 “不敌其力，而消其势”的意思是：两军对垒，一方不直接针对敌人的锋芒与敌抗衡，而是另想办法，以求得从根本上削弱他的气势，扼制他的战斗力。这里的“兑下乾上”，兑为底下，沼泽之意；乾为高上，上天之意。意思是低下反而能克上。这就如同遭遇老虎，一定要避开老虎的强头，迂回到老虎的后方，骚扰老虎的屁股。这样，不仅不会被老虎咬伤，反会消耗老虎的体力，减杀老虎的气势。

此计正是运用此象理推衍之，喻我用此计可胜强敌。

第二十计　混水摸鱼

【原文】 **乘其阴[1]乱，利其弱而无主。随，以向晦入宴息[2]。**

【注释】 ①阴：内部。意为乘敌人内部发生混乱。②随，以向晦入宴息：语出《易经·随》卦。随，卦名。本卦为异卦相叠（震下兑上）。本卦上卦为兑为泽，下卦为震为雷。言雷入泽中，大地寒凝，万物蛰伏，故卦象名“随”。随，顺从之意。《随》卦的《象》辞说：“泽中有雷，随。君子以向晦入宴息。”意为人要随应天时去作息，向晚就当入室休息。

此计运用此象理，是说打仗时要善于抓住敌方的可乘之隙，而我借机行事，使敌军的混乱顺我之意，我便乱中取利。

【译文】 乘敌人内部发生混乱，利用他力量虚弱而没有主见的弱点，使他顺从我，这就像人们随着天时的变化，到了夜晚就要入房休息一样自然。

第二十一计 金蝉脱壳

【原文】 **存其形，完其势[①]；友不疑，敌不动。巽而止蛊[②]。**

【注释】 ①存其形，完其势：保存阵地已有的战斗形貌，进一步完备继续战斗的各种态势。②巽而止蛊：语出《易经·蛊》卦。蛊，卦名。本卦为异卦相叠（巽下艮上）。本卦上卦为艮为山为刚，为阳卦；下卦巽为风为柔，为阴卦。故“蛊”的卦象是“刚上柔下”，意即高山沉静，风行于山下，事可顺当。又，艮在上卦，为静；巽为下卦，为谦逊，故说“谦虚沉静”“弘大通泰”，是天下大治之象。此计引本卦《彖》辞：“巽而止，蛊。”其意是我暗中谨慎地实行主力转移，稳住敌人，我则乘敌不惊疑之际脱离险境，就可安然躲过战乱之危，所以，这是顺事。

【译文】 保存阵地的原形，不改变作战态势，使得友军不怀疑，敌人也不敢突然行动，这里的“巽而止蛊”是引自《易经·蛊》卦。在这里的意思说：乘敌人迷惑不解的时候，秘密而迅速地转移主力。

第二十二计 关门捉贼

【原文】 **小敌困之[①]。剥，不利有攸往[②]。**

【注释】 ①小敌困之：对弱小或者数量较少的敌人，要设法去围困（或者说歼灭）他。②剥，不利有攸往：语出《易经·剥》卦。剥，卦名。本卦异卦相叠（坤下艮上），上卦为艮为山，下卦为坤为地。意即广阔无边的大地在吞没山，故卦名曰“剥”。剥，落的意思。卦辞：“剥，不利有攸往。”意为剥卦说，有所往则不利。

【译文】 这解语里的“小敌困之”意思是说：对弱小的敌人，要包围起来歼灭。“剥，不利有攸往”是引自《易经·剥》卦，在这里的意思是指：零散小股敌人，虽然势单力薄，但出没无常，诡诈难防，因而不利于急迫远赶，而应该断其退路，聚而歼灭。

此计引此卦辞，是说对小股敌人要即时围困消灭，而不利于去急追或者远袭。

第二十三计 远交近攻

【原文】 **形禁[①]势格[②]，利从近取，害以远隔[③]。上火下泽[④]。**

【注释】 ①禁:禁止。②格:阻碍。受到地势的限制和阻碍。③利从近取,害以远隔:句意为,先攻取就近的敌人有利,越过近敌先去攻取远隔之敌是有害的。④上火下泽:语出《易经·睽》卦。睽,卦名。本卦为异卦相叠(兑下离上)。上卦为离为火,下卦为兑为泽。上离下泽,是水火相克,水火相克则又可相生,循环无穷。又,"睽",乖违,即矛盾。本卦《象》辞:"上火下泽,睽。"意为上火下泽,两相离违、矛盾。

【译文】 当实现军事目标的企图受到地理条件的限制时,那么,利于先攻取就近的敌人,而不利于越过近敌去攻取远隔的敌国。解语中的"上火下泽"引自《易经·睽》卦,原意是说:火焰往上冒,池水往下淌,志趣不同,但可取得暂时的联合。这时的意思是:远隔的敌人,虽然和我们是相对立的,但可以同他取得暂时的联合,以利我攻取近敌后再攻破他。

此计运用"上火下泽"相互离违的道理,说明采取"远交近攻"的不同做法,使敌相互矛盾、离违,而我正好各个击破。

第二十四计 假道伐虢

【原文】 两大之间,敌胁以从,我假[1]以势。困,有言不信[2]。

【注释】 ①假:借。②困,有言不信:语出《易经·困》卦。困,卦名。本卦为异卦相叠(坎下兑上),上卦为兑为泽,为阴;下卦为坎为水,为阳。卦象表明,本该处于下方的泽,现在悬于上方而向下渗透,以致泽无水而受困,水离泽流散无归也自困,故卦名为"困"。困,困乏。卦辞:"困,有言不信。"意为,处在困乏境地,难道不相信这些吗?

【译文】 对于处在敌我两个强国中间的弱国,当敌方逼迫他屈服时,我方要立刻出兵援救,也就可以借机把军事力量渗透进去。解语中的"困,有言不信",引自《易经·困》卦,这里的意思是说:对于这种面临困境的弱国,只有口头许诺而没有实际行动,是不能赢得他的信任的。

此计运用此卦理,是说处在两个大国中间的小国,面临着受人胁迫的境地时,我若说援救他,他在困顿中会不相信吗?

第五套 并战计

第二十五计 偷梁换柱

【原文】 频更其阵,抽其劲旅,待其[1]自败,而后乘之,曳其轮也[2]。

【注释】 ①其:句中的几个"其"字,均指盟友、盟军而言。②曳其轮也:语出《易经·既济》卦。既济,卦名。本卦为异卦相叠(离下坎上)。上卦为坎为水,下卦为离为火。水处火上,水势压倒火势,救火之事,大功告成,故卦名"既济"。既,已经;济,成功。本卦初九《象》辞:"曳其轮,义无咎也。"意为拖住了车轮,车子就不能运行了。此计运用此象理，是说拖住了车轮，车子就不能运行了。也可以说，己方抽取友方劲旅，如同抽出梁木房屋就会坍塌，于是己方便可控制他了。

【译文】 多次变动他的阵容，暗中抽换他的主力，等待他自趋失败，然后乘机控制或吞并他。这就像拖住了大车的轮子，也就控制了大车的运行一样。

第二十六计 指桑骂槐

【原文】 **大凌小者，警以诱之①。刚中而应，行险而顺②。**

【注释】 ①大凌小者，警以诱之：强大者要控制弱小者，要用警诫的办法去诱导他。②刚中而应，行险而顺：语出《易经·师》卦。师，卦名。本卦为异卦相叠（坎下坤上）。本卦下卦为坎为水，上卦为坤为地，水流地下，随势而行。这正如军旅之象，故名为"师"。本卦《彖》辞说："刚中而应，行险而顺，以此毒天下，而民从之。""刚中而应"是说九二以阳爻居于下坎的中位，叫"刚中"，又上应上坤的六五，此为互应。下卦为坎，坎表示险，上卦为坤，坤表示顺，故又有"行险而顺"之象。以此卦象的道理督治天下，百姓就会服从。这是吉祥之象。"毒"，治的意思。

【译文】 强大的慑服弱小的，可以用警告的办法来诱导他，适当的强硬，可以得到响应；果敢的手段，可以使人敬服。此计运用此象理，是说治军，有时采取适当的强硬手段便会得到应和，行险则遇顺。

第二十七计 假痴不癫

【原文】 **宁伪作不知不为，不伪作假知妄为①。静不露机，云雷屯也②。**

【注释】 ①宁伪作不知不为，不伪作假知妄为：宁可假装着无知而不行动，不可以假装假知而去轻举妄动。②静不露机，云雷屯也：语出《易经·屯》卦。屯，卦名。本卦为异。卦相叠（震下坎上），震为雷，坎为雨。此卦象为雷雨并作，环境险恶，为事困难。"屯，难也。"《屯》卦的《彖》辞又说："云雷，屯。"坎为雨，又为云，震为雷。这是说，云行于上，雷动于下，云在上有压抑雷之象征，这是屯卦之卦象。

【译文】 宁可装作糊涂而不行动，也不可冒充聪明而轻举妄动。暗中筹划而不露声色，要像《易经·屯》卦里所说的，如同冬天里的雷电蓄而待发一样。说具体一点就是：在战机还未到时，不能操之过急，而要装作什么也不知道，若无其事，实际上心里是清楚的，正如《孙子兵法》所讲的："能而示之不能，用而示之不用。"

此计运用此象理，是说在军事上，有时为了以退求进，只得假痴不癫，积蓄力量，以期后发制人。这就如同云势压住雷动，且不露机巧一样，最后一旦爆发攻击，便出其不意而获胜。

第二十八计 上屋抽梯

【原文】 **假之以便，唆之使前，断其援应，陷之死地①。遇毒，位不当也②。**

【注释】 ①假之以便,唆之使前,断其援应,陷之死地:假,借。句意是借给敌人一些方便(即我故意暴露出一些破绽),以诱导敌人深入我方,乘机切断他的后援和前应,最终陷他于死地。②遇毒,位不当也:语出《易经·噬嗑》卦。噬嗑,卦名。本卦为异卦相叠(震下离上)。上卦为离为火,下卦为震为雷,是既打雷,又闪电,威严得很。又离为阴卦,震为阳卦,是阴阳相济,刚柔相交,以喻人要恩威并用,宽严结合,故卦名为“噬嗑”,意为咀嚼。本卦六三《象》辞:“遇毒,位不当也。”本是说,抢吃腊肉中了毒(古人认为腊肉不新鲜,含有毒素,吃了可能中毒),因为六三阴兑爻居于阳位,是位不当。

【译文】 故意暴露破绽或放出诱饵,造成有便宜可占的假象,引诱敌人深入我方,然后再切断它的前应和后援,使它陷入我预设的“口袋”之中。解语的“遇毒,位不当也”,是引自《易经·噬嗑》卦。它的意思是说:敌人贪得无厌,必定要招致后患。

此计运用此理,是说敌人受我之唆,犹如贪食抢吃,只怪自己见利而受骗,才陷于死地。

第二十九计 树上开花

【原文】 借局布势,力小势大[①]。鸿渐于陆,其羽可用为仪也[②]。

【注释】 ①借局布势,力小势大:借助某种局面布成阵势,兵力弱小但可使阵势强大。②鸿渐于陆,其羽可用为仪也:语出《易经·渐》卦。渐,卦名。本卦为异卦相叠(艮下巽上)。上卦为巽为木,下卦为艮为山。卦象为木植于山上不断生长。渐,即渐进。本卦上九说鸿雁飞到陆地上,它的羽毛可用来编织舞具。

【译文】 借其他局面布成有利的阵势,虽然实际兵力弱小,但外部阵容显得很强大。解语中的“鸿渐于陆,其羽可用为仪也”,是引自《易经·渐》卦。它的意思是说:大雁虽小,但在天空飞翔,横空列阵,凭着它们羽毛丰满的双翼,却很有威势。这里是用它来比喻兵力虽然弱小,但借助外部条件,虚布强大阵势,可以以此慑服敌人。

第三十计 反客为主

【原文】 乘隙插足,扼其主机[①],渐之进也[②]。

【注释】 ①乘隙插足,扼其主机:找准时机插足进去,掌握他的要害关节之处。②渐之进也:语出《易经·渐》卦(渐卦解释见前计②)。本卦《象》辞:“渐之进也。”意为渐就是渐进的意思。此计运用此理,是说乘隙插足,扼其主机。《易经·渐》卦上说的就是这个意思,要循序渐进。

【译文】 这个解语除了“主机”二字外,其他并不难懂,什么是“主机”呢?“主机”是指出谋划策,发号施令,掌握大权的统帅机关,但也可以理解为要害部位。整句解语的意思是说,钻空子插进脚去,控制它的首脑机关或要害部门,要循序渐进。也就是说,要想取而代之,就不能操之过急,必须有计划地逐渐实现。

第六套　败战计

第三十一计　美人计

【原文】　**兵强者，攻其将；将智者，伐其情。将弱兵颓，其势自萎。利用御寇，顺相保也**[①]。

【注释】　①利用御寇，顺相保也：语出《易经·渐》卦。本卦九三，《象》辞："利御寇，顺相保也。"说利于抵御敌人，顺利地保卫自己。

【译文】　对兵力强大的敌人，要设法制服他的将帅；对足智多谋的将帅，要设法腐蚀他的意志。将帅的斗志衰退、兵卒的士气消沉，那么军队的战斗力也就丧失殆尽了。因此，针对敌人的弱点进行渗透瓦解，就可以顺势保存自己的实力。

此计运用此象理，是说利用敌人自身的严重缺点，己方顺势以对，可使其自颓自损，己方一举得之。

第三十二计　空城计

【原文】　**虚者虚之，疑中生疑**[①]**；刚柔之际，奇而复奇**[②]。

【注释】　①虚者虚之，疑中生疑：第一个"虚"为名词，意为空虚的，第二个"虚"为动词，使动用法，意为让它空虚。全句的意思是，空虚的就让它空虚，使它在疑惑中更加令人疑惑。②刚柔之际：语出《易经·解》卦。解，卦名。本卦为异卦相叠（坎下震上）。上卦为震为雷，下卦为坎为雨。雷雨交加，荡涤宇内，万象更新，万物萌生，故卦名为解。解，险难解除，物情舒缓。本卦初六《象》辞："刚柔之际，义无咎也。"意为使刚与柔相互交会没有灾难。

【译文】　这解语里的"刚柔之际"，是引自《易经·解》卦，意思是指"敌众我寡"的危急关头。整段解语的意思是说：兵力空虚，但是如果再故意显示出不加防守的样子，那就会使敌人难揣摩，在敌众我寡的危急关头，这种用兵之法显得格外奇妙。

此计运用此象理，是说敌我交会相战，运用此计可产生奇妙的功效。

第三十三计　反间计

【原文】　**疑中之疑**[①]**。比之自内，不自失也**[②]。

【注释】　①疑中之疑：句意为在疑阵之中再设疑阵。②比之自内，不自失也：语出《易经·比》卦。比，卦名，本卦为异卦相叠（坤下坎上）。本卦上卦为坎为水，下卦为坤为地，水附托于大地，大地容纳着水，此为相依相赖，故名"比"。比，亲比，亲密相依。本卦六二，《象》辞："比之自内，不自失也。"

【译文】　其中"比之自内，不自失也"，是引自《易经·比》卦，这段解语的意思说：在

疑局中再布设一层“迷雾”，顺势利用隐蔽在自己内部的敌人间谍去误传假情报，这样就不会因有内奸而遭受损失。

此计运用此象理，是说在布下一重重的疑阵之后，能使来自敌人内部的间谍归顺于我，我则可有效地保全自己。

第三十四计　苦肉计

【原文】　**人不自害，受害必真；假真真假，间以得行。童蒙之吉，顺以巽也①。**

【注释】　①童蒙之吉，顺以巽也：语出《易经·蒙》卦（卦名解释见“借尸还魂”注③）。本卦六五《象》辞：“童蒙之吉，顺以巽也。”本意是说幼稚蒙昧之人所以吉利，是因为柔顺服从。

【译文】　人在一般情况是不会自己伤害自己的，若遭受伤害必定是真的受人之害了；我以假作真，用真的取代假的，离间的目的就可以实现了。按照这一思维规律行事，就如同逗小孩一样容易了。

第三十五计　连环计

【原文】　**将多兵众，不可以敌，使其自累，以杀其势。在师中吉，承天宠也①。**

【注释】　①在师中吉，承天宠也：语出《易经·师》卦。本卦九二，《象》辞：“在师中吉，承天宠也。”是说主帅身在军中指挥，吉利，因为得到上天的宠爱。此计运用此象理，是说将帅巧妙地运用此计，克敌制胜，就如同有上天护佑一样。

【译文】　敌军兵力强大，不能同它硬拼，应当运用计谋使他自相牵制，借以削弱他的战斗能力。解语中的“在师中吉，承天宠也”，是引自《易经·师》卦，意思是指：将帅能巧妙运用计谋，达成克敌制胜目的，就像有天神在相助一样。

第三十六计　走为上计

【原文】　**全师避敌①。左次无咎，未失常也②。**

【注释】　①全师避敌：全军退却，避开强敌。②左次无咎，未失常也：语出《易经·师》卦。本卦六四，《象》辞：“左次无咎，未失常也。”是说军队在左边扎营，没有危险（因为扎营或左边或右边，是依情形而定的），这并没有违背行军常道。

【译文】　这“左次无咎，未失常也”是引自《易经·师》卦。这段解语的意思是说：在不利的形势下，全军要主动退却，避强待机。这种以退求进的做法，并没有违背正常的用兵法则。

此计运用此理，是说这种以退为进的指挥方法，是符合正常的用兵法则的。

鬼谷子兵法

【导语】

在中国辉煌灿烂的五千年文明长河中，无数的谋臣策士呕心研究，沥血践行，写下了一部部彪炳史册的智谋典籍，创立了一个个完整而具鲜明个性的智谋理论体系，共同创造了独步世界的中国智谋文化。

而追溯这一文化的源头，我们的目光就会聚集在诸侯林立、战争频仍的战国时代。当时，由于儒学思想还没有占据意识形态的统治地位，社会政治环境相对宽松、活跃、自由、开放，诸子蜂起，百家争鸣，圣贤和英雄辈出，雄辩和华章毕呈，使这一时期成为中国历史上绝无仅有的璀璨瑰丽的文明黄金时期。诸子百家中，以鬼谷子、苏秦、张仪等为代表的纵横家们凭借其超人的智谋和善辩的口舌，合纵连横，不仅操纵社会政局数百年，而且为后人的为官经商、处世为人提供了最有力的指导。

鬼谷子像

而成书于战国中期的《鬼谷子》是战国纵横学派的独传子书，集中反映了纵横家的处世哲学和智谋思想。该书不仅文字古奥艰涩，立论奇诡幽玄，而且由于受长期占意识形态统治地位的儒学思想的排斥，《鬼谷子》的研究和传播经历了一个长期的低迷时期，只有那些满口仁义道德的伪君子私下里遮遮掩掩地把它视为至宝，因而在它久远的年轮上覆盖着一层层神秘的面纱。对于它的作者，有两汉时期的“纵横家说”、南北朝时期的“神仙说”、魏晋时期的“隐士说”、明清时期的“孙膑庞涓说”，还有苏秦假托说；对于作者的隐居地，有“颍川阳城说”“雒县城北说”“扶风池阳说”“淇县云梦山说”“清水谷说”“临沮青溪山说”，等等；该书流传的版本更是让人眼花缭乱，明代该书的刻本、抄本就有十几种，而清代至近代的抄本、刻本又有十多种，而年代更为久远的就属南北朝时期南齐的世外高人陶弘景的注本，明清时代的刻本大多也是以它为蓝本的。同时，历来人们对其评价也是褒贬不一，毁誉参半，时而人们把它尊为“神明”“人表”，时而又把它看作洪水猛兽。

无论如何，《鬼谷子》的以自己为中心，为谋取富贵荣华而崇尚奇诡变诈、阴密隐匿之权术的思想，在今天看来有它张扬个性、充分发挥自身主观能动性的一面，对处于复杂而竞争激烈的当今社会中的人们，无论是从政经商，还是立身处世，都有积极的指导意义。

对于它的作者和价值的探究，显然这区区几万字的小册子不会有太大的说服力，而把它艰涩的文字加以解释，再以现代人的口味和眼光配以通俗的点评，进而利用从古到今的大量鲜活的实例进行再论证，起到抛砖引玉之效，指导世人在从政经商、处世为人中

始终立于不败之地，才是本书写作的初衷。

《鬼谷子》涵盖内容丰富、庞杂，理论系统完整，不仅是一部纵横家之书，同时也是一部对当今很有借鉴意义的外交书、兵书、商书。它不仅阐述了人们要利用阴阳互生而充分发挥主观能动性改造世界的理论主张，开创了战国时期重人轻神的人文思潮，而且通过具体的游说过程和游说策略的精到描述，教出了一代又一代滔滔雄辩、叱咤风云的名臣谋士，再配以交友术、御臣术、取宠术娓娓道来，使上至人君、下至黎民无不把它视为至宝。

历史在不断发展和变化。但过去的历史不是布满灰尘的老皇历，也不是令人生厌的垃圾场，这些纵横家们留下的智谋典籍和他们经过毕生践行和思考的这些处世策略仍然有它存在的深厚土壤和广泛的应用之地。在物竞天择、适者生存、人人追求成功的当今社会，不仅需要这鲜活的历史，更需要有利用历史的人，要求人们会用今日的眼光，取其精华，弃其糟粕，将历史变为自身的智慧和才能。只有这样，我们才不会愧对先人，才能将中华五千年的文化传承并发扬光大。

捭阖[1]第一

【原文】 粤[2]若[3]稽[4]古，圣人之在天地间也，为众生之先。观阴阳[5]之开阖以命[6]物，知存亡之门户[7]；筹策[8]万类之始终，达人心之理；见变化之朕[9]焉，而守司[10]其门户。故圣人之在天下也，自古及今，其道一也。

【注释】 ①捭：开的意思。如打开心扉、积极行动、采纳良言、任用贤才皆可谓之捭。阖：闭的意思。如封闭心扉、采取守势、拒绝外物、排斥人才皆可谓之阖。②粤：句首语助词。③若：顺。④稽：考察。⑤阴阳：指宇宙万物相反相成的两个方面，如昼夜、明暗、君臣、男女、积极和消极、开放和封闭等。⑥命：辨别。⑦门户：这里是途径、关键的意思。⑧筹策：推算和预测。⑨朕：事物发展变化的征兆。⑩司：《四部丛刊》本陶弘景注（以下简称"陶注"）："司，主守也。"可以解释为把握。

【译文】 考察远古的历史可知，圣人之所以生存在世界上，就是要成为芸芸众生的先导。通过观察阴阳、分合等现象的变化来对事物进行辨别，并进一步了解和掌握事物存亡的途径；推算和预测事物的发展过程，通晓人们心理变化的规律；及时发现事物发展变化的征兆，从而把握和利用事物发展变化的关键。所以圣人生存在世界上，自古至今，其立身处世之道是始终如一的。

【原文】 变化无穷，各有所归。或阴或阳，或柔或刚，或开或闭，或弛或张。是故圣人一守司其门户。审察其所先后；度权量能[1]，校[2]其伎巧[3]短长。夫贤不肖、智愚、勇怯、仁义有差，乃可捭，乃可阖；乃可进，乃可退；乃可贱，乃可贵，无为以牧[4]之。审定有无与其虚实，随其嗜欲以见其志意。微排其所言而捭反之，以求其实。实得其指[5]，阖而捭之，以求其利[6]。或开而示之，或阖而闭之。开而示之者，同其情也；阖而闭之者，异其诚也。可与不可，明审其计谋，以原[7]其同异。离合[8]有守[9]，先从其志。

【注释】 ①度权量能：度和量都是动词，测度、比较的意思。权，指智谋。度权量能即测度和比较其智谋和能力的优劣。②校：考校。③伎巧：即技巧。④牧：控制，掌握。⑤指：同“旨”，旨意，意图。⑥求其利：意思是了解对方所说的是否于己有利。⑦原：追源，考察。⑧离合：指彼此计谋的乖离或契合。⑨守：执守。

【译文】 万事万物的发展变化是无穷无尽的，然而最终都有其各自的归属：有的属阴，有的属阳；有的柔弱，有的刚强；有的开放，有的封闭；有的松弛，有的紧张。因此，圣人要始终把握事物发展变化的关键，审慎地考察何事当先，何事当后。任用人才要度量其智谋和能力的优劣，考校其技巧才艺的短长。至于人们的贤良与不肖，聪明与愚蠢，勇敢与怯懦以及仁义诸方面，都是有差别的，因而对待各色人等的态度和方法也就彼此不同，可以迎为上宾，也可以拒之门外；可以引进重用，也可以废黜斥退；可以使其卑贱，也可以使其尊贵；遵循无为而治的原则加以控驭和掌握。鉴别和选择贤才的方法，必须考察其才能的有无大小，性格品行的虚实优劣；放任其随个人嗜好和欲望行事，以发现其意趣和志向。适当地贬抑或置疑对方的言论，以便刺激他敞开议论；然后再反驳和诘难，从而求得事情的原委，摸清其真实意图。随后，自己闭口不言以挑动对方畅所欲言，以便了解对方所说是否于己有利。全面把握了真实情况后，或者向对方敞开心扉，或者封闭心扉，不露心迹。敞开心扉，是因为双方的意愿相同；不露心迹，是因为双方的意愿相悖。确定计谋的可行与否，应该审慎地对计谋的不同方案进行仔细研究，从而搞清彼此的异同优劣。彼此的计谋或相背离，或相契合，如果都有其合理性和可行性，应该首先采纳对方的计谋。

【原文】 即欲捭之贵周，即欲阖之贵密。周密之贵微，而与道相追[1]。捭之者，料其情[2]也；阖之者，结其诚[3]也。皆见其权衡轻重，乃为之度数[4]，圣人因而为之虑。其不中权衡度数[5]，圣人因而自为之虑。故捭者，或捭而出之，或捭而内[6]之；阖者，或阖而取之，或阖而去之。捭阖者，天地之道。捭阖者，以变动阴阳，四时开闭[7]，以化[8]万物。纵横[9]、反出、反覆、反忤必由此矣。捭阖者，道之大化。说之变也，必豫[10]审其变化。

【注释】 ①追：追随，这里指与道相合。②料其情：意思是了解和考察真实的情况。料，考察，了解。③结其诚：即坚定和约束对方的诚心。结，陶注：“结为系束。”系束，即约束。④为之度数：测量重量和长度的数值，即做出测度和分析。⑤不中权衡度数：即有失轻重之理，不合度量之数。中，动词，符合，适合。⑥内：同“纳”，收纳，这里指把别人的建议纳入脑中而深藏起来。⑦四时开闭：开，即开始；闭，即结束。四时开闭即四季更替。⑧化：化育。这里是使动用法，使万物化育、社会进步。⑨纵横：指事物的自然变化。⑩豫：事先，预先。

【译文】 如果想要畅所欲言，阐明自己的见解，贵在严密周详；如果想要不露心迹，隐藏自己的观点，贵在深藏不露、严守机密，这样方可谨慎地遵循客观规律的要求。之所以要畅所欲言，是为了全面了解和考察真实的情况；之所以闭口不谈，是为了坚定和约束对方的诚心。所有这些做法，都是为了权衡得失利害、轻重缓急，从而做出测度和分析，

圣人根据这些分析，进一步谋划行动的方略。如果这些分析建议有失轻重之理、不合度量之数，那么圣人也只好舍弃不用，自筹良策了。因此，所谓开放，或者是把自己的建议推出而实施，或者是把别人的建议纳入脑中而深藏起来；所谓封闭，或者是采纳别人的建议并付诸实施，或者是拒绝采纳而弃置不用。开放和封闭是天地间万事万物发展变化的基本形式。开放和封闭导致了阴阳对立统一运动、春夏秋冬四季交替，从而使得万物化育、社会进步。事物的自然变化，或离开，或返回，或翻覆，或忤逆，都是由开放和封闭这种基本的运动形式所决定的。开放和封闭的矛盾运动，是大自然的造化、万事万物运行的规律。而就言语应对而言，也存在这样的变化，所以必须事先审慎地考察其间的不同变化。

【原文】 口者，心之门户也；心者，神之主[①]也。志意、喜欲、思虑、智谋，此皆由门户出入，故关之以捭阖，制之以出入。捭之者，开也，言也，阳也；阖之者，闭也，默也，阴也。阴阳其和，始终其义。故言长生、安乐、富贵、尊荣、显名、爱好、财利、得意、喜欲为阳，为始。故言死亡、忧患、贫贱、苦辱、弃损、亡利、失意、有害、刑戮、诛罚为阴，为终。诸言法[②]阳之类者，皆曰始，言善以始其事；诸言法阴之类者，皆曰终，言恶以终其谋。

【注释】 ①主：主宰。②法：效法，这里是遵循的意思。

【译文】 口是人们心灵的门户，而心灵则是人们精神的主宰。一个人的意志、喜好、思虑、智谋都要通过这个门户出入，加以表现。因此，要通过开放和封闭来把守关口，控制出入。所谓“捭之”，就是开放、言语、阳气（公开）；所谓“阖之”，就是封闭、沉默、阴气（隐匿）。阴阳二气相中和、相协调，那么开放和封闭就有节度，有始有终，各得其宜。所以说长生、安乐、富贵、尊荣、显名、爱好、财利、得意、喜欲等，都属于阳，叫作开始；而死亡、忧患、贫贱、羞辱、弃损、亡利、失意、灾害、刑戮、诛罚等，都属于阴，叫作终结。凡是遵循阳道进行游说的人，其谈论的均属于“开始”的内容，也就是通过论证有利的方面以使自己的建议得到采纳，进而付诸实践；凡是遵循阴道进行游说的人，其谈论的都属于“终结”的内容，也就是通过论证有害的方面来终止某种计谋方略的实施。

【原文】 捭阖之道，以阴阳试[①]之，故与阳言者依崇高，与阴言者依卑小[②]。以下求小，以高求大[③]。由此言之，无所不出，无所不入，无所不可。可以说人，可以说家，可以说国，可以说天下。为小无内，为大无外[④]。益损、去就、倍反[⑤]，皆以阴阳御其事。阳动而行，阴止而藏；阳动而出，阴隐而入。阳还终阴，阴极反阳。以阳动者，德相生也；以阴静者，形相成也。以阳求阴，苞以德也；以阴结阳，施以力也；阴阳相求，由捭阖也。此天地阴阳之道，而说人之法也，为万事之先，是谓圆方[⑥]之门户。

【注释】 ①试：这里指实验，实施。②与阳言者依崇高，与阴言者依卑小：陶注：“与情阳者，言高以引之；与情阴者，言卑以引之。”意思是说，同富有阳刚之气的人谈论，适合用崇高的语言来引导他；与富有阴柔之气的人谈论，适合用卑下的语言引导他。③以下求小，以高求大：陶注：“阴言卑小，故曰以下求小；阳言崇高，故曰以高求大。”这句话的意思是，以低下求取卑小，以崇高求取博大。④为小无内，为大无外：意思是，表现小，可以

小到不能再小;表现大,可以大到不可再大。⑤倍反:倍,同“背”,背叛。反,复归。⑥圆方:古人认为天圆地方,因此圆方在这里指天地。

【译文】 运用开放和封闭的方法,需要从阴阳两方面来实验和实施。因此,同富有阳刚之气的人谈论,适合用崇高的语言来引导他;与富有阴柔之气的人谈论,适合用卑下的语言引导他。这样以低下求取卑小,以崇高求取博大。由此看来,就可以随心所欲,出入由己,没有办不成的事情。用这样的方法去游说,可以说服一个人,可以说服一个家族,可以说服一个封国,可以说服整个天下。表现小,可以小到不能再小;表现大,可以大到不可再大。损害和裨益、离去和接近、背叛和复归,这些复杂的情形,都需要运用阴阳两种手段加以驾驭和控制。面对阳势(有利的形势),就要积极运动前进;面对阴势(不利的形势),就要停止行动而隐藏。面对阳势,就要主动出击;面对阴势,就要退避隐藏。阳势运动发展的终点是阴势,阴势运动发展的极致则是阳势。乘阳势而动的人,上下左右道德意志相生相长;乘阴势而静的人,上下左右形势相辅相成。以阳势而求助于阴势,需要用恩德相感召;以阴势而求助于阳势,则需要竭力尽智,以诚感人。阴势和阳势相互求助,遵循的正是开放与封闭的法则。这是天地万物阴阳变化的规律,同时也是游说所应遵循的基本法则。开放与封闭是万事万物生长变化的基本前提,也就是所谓的天地之门户。

反应第二

【原文】 古之大化者①,乃与无形②俱生。反以观往,复以验来③;反以知④古,复以知今;反以知彼,复以知己。动静虚实之理,不合于今,反古而求之⑤。事有反而得复者⑥,圣人之意也,不可不察。

【注释】 ①大化者:指能以大道化育万物的人。化,化育。②无形:陶注:“无形者道也。”无形指无形的自然之道,即自然规律。③反以观往,复以验来:意思是回首以观察既往的历史,然后再据以向前去验证未来。④知:了解的意思。⑤反古而求之:意思是追溯既往的历史以寻求答案。⑥事有反而得复者:意思是事情往往有反求于远古而得到成功的启示的。反,指反求于远古。

【译文】 古代能以大道化育万物的圣人,是与无形的自然之道(自然规律)共生的。回首以观察既往的历史,然后再据以向前去验证未来;回首以了解历史,然后再据以了解当今;回首以认识他人,然后再据以认识自己。动静、虚实的道理,如果与今天的现实不符,就追溯到既往的历史中去寻找答案。事情往往有反求于远古而得到成功的启示的,这便是圣人的方法,不可不认真地加以考察。

【原文】 人言者,动也;己默者,静也。因①其言,听其辞。言有不合者,反而求之,其应②必出。言有象③,事有比④,其有象比,以观其次⑤。象者象其事,比者比其辞也。以无形求有声。其钓语⑥合事,得人实也。其张置⑦网而取兽也,多张其会⑧而司⑨之。道合其事,彼自出之,此钓人之网也。常持其网驱之。其言无比,乃为之变,以象动之,以报其

心，见其情，随而牧[⑩]之。已反往，彼复来[⑪]，言有象比，因而定基。重之袭[⑫]之，反之复之，万事不失其辞[⑬]。圣人所诱愚智，事皆不疑。

【注释】 ①因：介词，依靠，根据。②应：指对应之词。③象：形象。这里指语言可以模拟的形象。④比：类比。这里指事物类比的规范。⑤次：这里指对方下一步的言行。⑥钓语：指在诱导下说出的言辞。⑦罝：捕兽的网。《尔雅·释器》："兔罟谓之罝。"⑧会：会合，这里指汇集。⑨司：同"伺"，等待的意思。⑩牧：控制，控驭。⑪已反往，彼复来：意思是我们向对方的言辞提出反诘，对方做出相应的回复。⑫袭：重复。⑬不失其辞：意思是不会因语言失实而招致失败。

【译文】 别人说话，是动态；自己沉默，是静态。要根据别人的言谈，来听和分析出其辞意。如果其言辞有矛盾和不合事理之处，可以反过来诘难他，那么对方必定会有对应之辞。语言有其可以模拟的形象，事物有其可以类比的规范；既然语言有可以模拟的形象，事物有可以类比的规范，就可以从中预见其下一步的言行。所谓"象"，就是模拟事物；所谓"比"，就是类比言辞。要把无形的道理用有声的语言表达出来。诱导别人说出的言辞，如果与事实相一致，也就可以得知对方的实情。这就如同张开网诱捕野兽一样，要多张几张网，汇集在一起，等待野兽落入。如果方法得当，对方就会自投罗网，这就是钓人的网。经常张开钓人的网去追逐对方，如果对方言辞不再有平常的规范，这时就需要改变钓人的方法，要以形象的事物去激发、打动他的感情，这样就可能使对方披露实情，从而根据对方的实际情况控驭他。我们向对方的言辞提出反诘，对方做出相应的回复，这样就有了模拟和类比，据此便有了一定的基础。再经过反复详审，抛弃妄谬的成分，那么任何事物就不会因语言失实而招致失败。圣人以此诱导智愚众人，诸事遂顺，无可置疑。

【原文】 故善反听[①]者，乃变鬼神[②]以得其情。其变当也，而牧之审也。牧之不审，得情不明；得情不明，定基不审。变象比，必有反辞[③]，以还听之[④]。欲闻其声反默，欲张反敛，欲高反下，欲取反与。欲开情[⑤]者，象而比之，以牧其辞，同声相呼，实理同归。或因此，或因彼，或以事[⑥]上，或以牧下。此听真伪、知同异，得其情诈也。动作言默，与此出入[⑦]，喜怒由此以见其式，皆以先定[⑧]为之法则。以反求复，观其所托[⑨]。故用此者，己欲平静，以听其辞，察其事，论万物，别雌雄。虽非其事，见微知类[⑩]。若探入而居其内，量其能射[⑪]其意也。符应不失[⑫]，如螣蛇之所指[⑬]，若羿之引矢[⑭]。

【注释】 ①反听：指从反面听取他人的言论。②变鬼神：这里指用鬼神般变幻莫测的方法。③反辞：指问难的言辞。④以还听之：陶注："令其先说，我乃还静以听之。"意思是平静地听取对方讲下去，以观察其真实情况和意图。⑤开情：意思是让对方敞开情怀，吐露真言。⑥事：侍奉的意思。⑦与此出入：意思是要根据所掌握的情况做出反应。⑧先定：事先掌握的情况。⑨托：寄托，指对方心理情感的寄托。⑩虽非其事，见微知类：意思是即使所谈的内容不切实际，但是仍可以从微小的征兆中探知同类的大事。虽，即使。微，微小，这里指细微的征兆。类，种类，这里指同类的大事。⑪射：猜度。⑫符应不

失：意思是用这种方法所得到的情况，就会像符契一样切合不误。⑬如螣蛇之所指：意思是像螣蛇所指一样祸福不爽。螣蛇，传说中的一种神蛇，能兴云作雾，六朝术士用青龙、白虎、朱雀、玄武、螣蛇、勾陈六神以占算，谓螣蛇所指，福祸不差。⑭若羿之引矢：意思是像后羿射箭一样准确不差。羿，即后羿，古代传说中夏代有穷国的君主，善于射箭。

【译文】 所以善于从反面听取他人言论的人，能用鬼神般变幻莫测的方法诱得他人的实情。谈话的方式随机应变而且得当，就可以周详而有效地控驭对方，从而明察其言语。如果控驭不周详，不能明察其言语，那么得到的情况就不明确；得到的情况不明确，据以制定决策的基础也就不坚实、不周密。如果我们改变了事物的模拟和事理的类比，那么对方必定随之有问难的言辞，这样我们就平静地听取对方讲下去，以观察其真实情况和意图。所以要想倾听别人的言论，自己就得先沉默；要想敞开和伸张，反而需要先收敛；要想居高，反而需要先居下；要想获取，反而需要先给予。如果想让对方敞开情怀，吐露真言，就要先用形象的模拟和比喻去诱导他，以便把握对方的言辞，这样同声相应，真情实理就会归我掌握。对方所谈的事情，有的因此而发端，有的因彼而产生，有的宜于侍奉君上，有的适宜统御臣下。根据这些不同的情况，就可辨别真伪，比较异同，得到真实或者伪诈的情形。我方的行动、运作、言语、沉默，都要根据所掌握的情况做出反应，欢喜与愤怒的方式和程度应据此做出决定。总之，行动、运作、言语、沉默、欢喜、愤怒都应该根据事先掌握的情况来确定法度。用主动试探的方法求得对方的反应或答复，借以观察对方心理情感的寄托。知人的关键在于了解其内心的情感，所以要选用这样的方法。听取他人讲话的法则是，自己先要平静，才能听进他人的言辞，据以分析事情的原委，论说万物的道理，辨别动物的雌雄。即使所谈的内容不切实际，但是仍可以从微小的征兆中探知同类的大事。这就好比探知他人的情况而深入其内部一样，通过分析他的能力，进一步探测其行动意图。用这种方法所得到的情况，就会像符契一样切合不误，像螣蛇所指一样祸福不爽，像后羿射箭一样准确不差。

【原文】 故知之始己，自知而后知人也。其相知也，若比目之鱼①。其伺②言也，若声之与响；其见形也，若光之与影也。其察言也不失，若磁石之取针，如舌之取燔骨③。其与人也微，其见情也疾④。如阴与阳，如阳与阴；如圆与方，如方与圆。未见形圆以道之⑤，既见形方以事之⑥。进退左右，以是司之⑦。己不先定，牧人不正。事用不巧⑧，是谓忘情失道⑨。己审先定以牧人，策而无形容⑩，莫见其门，是谓天神。

【注释】 ①其相知也，若比目之鱼：意思是对人的相互了解，如同比目鱼的两目一般，彼此明晰可见。按：古人谓比目鱼相并而行。②伺：探察。③燔骨：煮熟的骨汁。④见情也疾：意思是洞悉对方的情况非常迅速。疾，迅速。⑤圆以道之：意思是用圆融的道理诱导对方。道，通“导”，引导，诱导。⑥方以事之：意思是用方正的道理去控驭对方。⑦进退左右，以是司之：意思是用人之道，不论升迁、黜退、贬左、崇右都应该用圆与方的道理进行操作。进，升迁。退，黜退。左，贬左。右，崇右。是，这，代词，这里指代圆与方的道理。司，掌握。⑧事用不巧：意思是如果做事不掌握法则技巧。巧，技巧。⑨忘情失

道：意思是丧失人伦真情和成功之道。⑩策而无形容：意思是于无形之中驱策众人达于成功。策，驱策。

【译文】 所以认识别人要从认识自己开始，只有先认识自己，然后才能认识他人。对人的相互了解，如同比目鱼的两目一般，彼此明晰可见；掌握对方的言辞，就如同声音和回响一样相符；观察对方的外形，就好比光和影子一样不走样；分析对方的言论，就如同磁石吸针一样没有差失，如同舌头吸取骨汁一样得心应手。自己暴露给对方的微乎其微，而洞悉对方却非常迅速，就如同阴与阳、阳与阴、方与圆、圆与方一样，运用自如，相辅相成。在对方的基本情况尚未暴露之前，就应该用圆融的道理诱导他；基本情况明朗之后，就应该用方正的道理去控驭他。用人之道，不论升迁、黜退、贬左、崇右都应该用圆与方的道理进行操作。如果不首先确定方圆进退的策略，那么统帅下属也就无法公正有序。如果做事不掌握法则技巧，这就叫作"忘情失道"（丧失人伦真情和成功之道）。自己首先确定周密的行动方略，据此以控驭自己的下属，就能于无形之中驱策众人达于成功，而下属尚不知其门道所在，这才可以称为"天神"。

内揵①第三

【原文】 君臣上下之事，有远而亲，近而疏，就之不用②，去之反求③。日进前而不御④，遥闻声而相思⑤。事皆有内揵，素结本始⑥。或结以道德，或结以党友⑦，或结以财货，或结以采色⑧。用其意⑨，欲入⑩则入，欲出⑪则出，欲亲则亲，欲疏则疏，欲就则就，欲去则去，欲求则求，欲思则思。若蚨⑫母之从其子也，出无间，入无朕⑬，独往独来，莫之能止。

【注释】 ①内揵：内，就是向君王进谏说辞，从而结交君王取得信任；揵，就是向君王进献计策，以辅佐君王，成就事业。②就之不用：意思是主动谋求职位的却不被任用。就，靠近，这里指接近以谋求职位。③去之反求：意思是想要离去（即无所求）反而被召请受到重用。去，离开。求，这里是被动用法，被求，即被重用。④御：有侍奉君主的意思。不御，即不能侍奉君主，也就是得不到君主的赏识。⑤思：思念，这里指引起君王的思念。⑥素结本始：意思是平时就建立了感情基础。素，平素，平时。结，结交。本，本源，在这里和始都是一开始、起初的意思。⑦党友：同道的朋友。⑧采色：这里指声色娱乐。⑨用其意：君王采用其意，即得到君王的信任。⑩入：意思是在朝为官。⑪出：意思是出镇外邑。⑫蚨：即青蚨，传说中的虫名。古代巫术以为青蚨之母与子的血可以相互吸引，用母血和子血涂在铜钱上，两铜钱也可以互相吸引。⑬朕：痕迹。

【译文】 君臣上下之间的关系，有的貌似疏远而实际上却非常亲密，有的貌似亲近而实际上却彼此疏远，主动谋求职位的却不被任用，而那些离去而无所求的反而被召请受到重用。每天晋见的人得不到君王的赏识，距离遥远的人反而能引起君王的思念。这些事情，都是由于性情投合，平素就建立了感情基础的缘故。有的是以道德相结于君王，有的是以同道朋友相结于君王，有的是以钱财货利相结于君王，有的则是以声色娱乐相

结于君王。做臣下的一旦得到君王的信任，那么无论是想在朝为官，或者是出镇外邑，无论是想表现出亲近或者是疏远，或有所去，或有所就，或有所求，或有所思，都可以随心所欲。就如同土蜘蛛这种动物的母亲完全依从其子那样，出去时不留间隙，进来时不留痕迹，独自出来，独自返回，谁也无法阻止它。

【原文】 **内者进说辞，揵者揵所谋也。欲说者务隐度[①]，计事者[②]务循顺[③]。阴虑[④]可否，明言得失，以御其志[⑤]。方来应时[⑥]，以合其谋。详思来揵，往应事当也[⑦]。夫内[⑧]有不合者，不可施行也。乃揣切时宜，从便所为，以求其变。以变求内者，若管取揵[⑨]。言往者，先顺辞[⑩]也；说来者，以变言[⑪]也。善变者审知地势，乃通于天，以化四时，使鬼神，合于阴阳，而牧人民。见其谋事，知其志意。事有不合者，有所未知也。合而不结者，阳亲而阴疏[⑫]。事有不合者，圣人不为谋也。故远而亲者，有阴德[⑬]也；近而疏者，志不合也；就而不用者，策不得也；去而反求者，事中来也；日进前而不御者，施不合也；遥闻声而相思者，合于谋待决事也。故曰：不见其类而为之者，见逆[⑭]；不得其情而说之者，见非[⑮]。得其情，乃制其术[⑯]。此用可出可入，可揵可开。**

【注释】 ①隐度：意思是暗中揣度君王的心理。隐，暗中。度，揣摩。②计事者：指向君王进献策略的人。③循顺：意思是因势利导，顺其自然。④阴虑：私下考虑。⑤御其志：意思是掌握君王的思想与意志。御，控制。⑥方来应时：意思是计谋方略要顺应时宜。方，方略。⑦详思来揵，往应事当也：意思是首先审慎考虑建立同君王的稳固关系，然后再考虑拟献的方略计谋是否顺应时宜、合乎君王的心愿。⑧内：通“纳”，采纳。⑨若管取揵：意思是像一把钥匙开一把锁那样顺利。管，钥匙。揵，通“键”，锁。⑩顺辞：顺乎君王之心的言辞。⑪变言：指留有余地、随机应变的言辞。⑫阳亲而阴疏：君王的赏识亲近是表面上的，实际上其内心并不以为然。阳，指表面上。阴，指内心里。⑬阴德：指双方的情感心愿暗合。⑭不见其类而为之者，见逆：意思是不明了总体形势而贸然行动的人，其结果肯定是与自己的意愿背道而驰。类，这里指总体的形势。为，做。逆，相反。⑮见非：意思是遭到非议和拒绝。⑯制其术：意思是施展自己驾驭形势的计谋。

【译文】 所谓内，就是向君王进谏说辞，从而结交君王取得信任；所谓揵，就是向君王进献计策，以辅佐君王，成就事业。想要游说君王的，务必事先揣度君王的心理；向君王进献策略的，务必因势利导，顺其自然。首先私下深思熟虑其优劣可否、成败利钝，然后向君王阐明其利弊得失，从而掌握君王的思想与意志。计谋方略需要顺应时宜，以合乎君王的心愿。但首先要审慎考虑建立同君王的稳固关系，然后再考虑拟献的方略计谋是否顺应时宜、合乎君王的心愿。如果进献的计谋不合君王的心愿，就不可能被采纳并付诸实践。这就需要反复揣度，适应时势的要求，提出新的方案，以求其变通。这样以变通的方法求得君王的采纳，就会像一把钥匙开一把锁那样顺利。与君王谈论以往的事情，贵在顺应君王的心理加以合理解释；谈论未来的趋势，贵在留有余地，随机应变。善于应变的人能够审时度势，通于天地自然，以化合四时；役使鬼神，契合于阴阳变化的规律，从而得心应手地控驭天下百姓。看到君王谋划大事，就可洞悉君王的心理、志趣。如

果提出的方略计谋不符合君王的心愿，那就是因为对君王的心愿还不够全面了解。如果提出的方略计谋合乎君王的心愿，但仍未得到重用，从而建立稳固的关系，那么就可以推断，君王的赏识亲近是表面的，实际上其内心并不以为然。如果进献的计谋不符合君王的心愿，即使圣贤之人也不愿再为谋划，无所作为了。因此，与君王表面疏远而实际上关系非常亲密的人，是因为双方的情感心愿暗合；表面亲近而实际上关系疏远的人，是因为双方的志向不相符合；主动谋求职位而得不到君王的重用的人，是因为其计谋不当，没有功效；所言不合君王心理而离去、后来又被召用的人，是因为当初所献计策被后来的事实证明是正确可行的；每天晋见却不被赏识的人，是因为他的作为不合时宜；相距遥远反而能引起君王思念的人，是因为其言行合于君王的谋划，君王亟待与他共决大事。所以说不明了总体形势而贸然行动的人，其结果肯定是南辕北辙；不了解君王的心愿便贸然进献说辞的人，必然遭到非议和拒绝。只有充分了解情况，才可以施展自己驾驭形势的计谋。这样才可能出入自由，随心所欲。

【原文】 **故圣人立事，以此先知[①]而揵万物。由[②]夫道德、仁义、礼乐、忠信、计谋，先取《诗》《书》[③]，混说损益[④]，议论去就。欲合者，用内[⑤]；欲去者，用外[⑥]。外内者[⑦]，必明道数[⑧]，揣策[⑨]来事，见疑决之，策无失计，立功建德。治民入产业[⑩]，曰揵而内合[⑪]。上暗不治，下乱不悟，揵而反之[⑫]。内自得而外不留说[⑬]，而飞之[⑭]。若命自来[⑮]，己迎而御[⑯]之。若欲去之，因[⑰]危与[⑱]之。环转因化[⑲]，莫知所为，退为大仪[⑳]。**

【注释】 ①先知：指预先知晓全面情况。②由：意思是来源于。③《诗》：即《诗经》。《书》：即《尚书》。④混说损益：意思是综合分析其利弊得失。⑤欲合者，用内：意思是想要取得君王的信任与合作，就要在掌握君王心理方面下功夫。合，指合于君王的心意。内，内心。⑥欲去者，用外：意思是如果无意取得君王的信任和宠幸，就不必向君王苟合取宠。⑦外内者：指善于运用内外之术与君王周旋的人。⑧道数：指事物发展变化的规律。⑨策：通“测”，揣测。⑩治民入产业：陶注：“理君臣之名，使上下有序；如赋税之业，是远近无差。”意思是使朝廷君臣有序，人民安居乐业。⑪曰揵而内合：这就叫作自己制定的计策符合君王之意。⑫上暗不治，下乱不悟，揵而反之：意思是君王昏暗不能治理朝政，臣下混乱不能明白各自的职责，如果君王仍执迷不悟，那么就可能被臣下所控制。⑬内自得而外不留说：意思是那些自以为圣贤、自鸣得意的君王，不能接受贤哲的谏言。得，自鸣得意。说，说辞。⑭而飞之：陶注：“如此者，则为作声誉而飞扬之，以钓观其心也。”意思是陶醉于一片歌功颂德的欢呼声中。⑮若命自来：意思是如果朝廷发出起用的诏令。⑯御：指施展自己的才智。⑰因：趁着。⑱与：指将职权还给君王。⑲环转因化：意思是在去就之际，要反复权衡，转圜周严，因情制变。⑳退为大仪：陶注：“如是而退，可谓全身大仪。仪者，法也。”意思是这样退居才算是掌握了真正的秘诀。

【译文】 因此，圣人立身行事，都是预先知晓全面情况从而控制和驾驭万事万物。而这些都来源于道德、仁义、礼乐、忠信、计谋，首先要研究《诗经》《尚书》的立论，再综合分析其利弊得失，并进一步议论选择去就。如果想要取得君王的信任与宠幸，就要在掌握君王心理方面下功夫;如果无意取得君王的信任和宠幸,自然就不必研究君王的心理,也就会被拒绝而离去。善于运用内外之术与君王周旋的人,必须通晓事物发展变化的规律,预测其未来趋势,遇到疑端能够做出决断,使策略的运用不会出现失误,从而建功立业、积累德行,使朝廷君臣有序,人民安居乐业。这就叫作自己制定的计策符合君王之意。君王昏暗不能治理朝政,臣下混乱不能明白各自的职责,如果君王仍执迷不悟,就可能被臣下所控制。那些自以为圣贤、自鸣得意的君王,不能接受贤哲的谏言,而陶醉于一片歌功颂德的欢呼声中。这样,如果朝廷有起用的诏令,就应该欣然受命,以施智展才;如果另有所慕,不愿合作,就要利用社稷大厦将倾之机,将职权还给君王。去就之际,要反复权衡,转圜周严,因情制变,使人搞不清自己的真实意图。这才算是掌握了去就进退的真正秘诀。

抵巇第四

【原文】　物有自然,事有合离[①]。有近而不可见[②],有远而可知[③]。近而不可见者,不察其辞也;远而可知者,反往以验来[④]也。

【注释】　①物有自然,事有合离:意思是自然界的万物都有自己运动的规律,人世间的事物也同样依照自然离合的法则发展变化。②见:看见,这里引申为察知。③知:了解。④反往以验来:意思是反观以往而验证未来。

【译文】　自然界的万物都有自己运动的规律,人世间的事物也同样依照自然离合的法则发展变化。有的虽然彼此很近,却互不了解;有的虽然相距很远,反而了解得很清楚。彼此很近却不相互了解,是因为没有考察其言辞;相距遥远反而了解得很清楚,是因为反观以往而验证未来。

【原文】　巇者,罅[①]也。罅者,涧[②]也。涧者,成大隙也。巇始有朕[③],可抵而塞,可抵而却,可抵而息,可抵而匿,可抵而得[④],此谓抵巇之理也。

【注释】　①罅:缝隙。②涧:在这里指中缝。③朕:征兆。④可抵而塞,可抵而却,可抵而息,可抵而匿,可抵而得:陶注:"自中成者,可抵而塞;自外来者,可抵而却;自下生者,可抵而息;其萌微者,可抵而匿;都不可知者,可抵而得。"意思是当这种征兆从内部出现时,可以堵塞它;从外部出现时,可以击退它;从下层出现时,可以平息它;当这种征兆处于萌芽状态时,可以泯灭它;而当其危机深重、不可救药时,可以通过适当的途径取而代之。

【译文】　所谓巇,就是罅,罅也就是涧,涧天长日久就变成大隙。巇刚刚开始时会出现征兆。当这种征兆从内部出现时,可以堵塞它;从外部出现时,可以击退它;从下层出现时,可以平息它;当这种征兆处于萌芽状态时,可以泯灭它;而当其危机深重、不可救药时,可以通过适当的途径取而代之。这就是抵巇的道理。

【原文】　事之危也,圣人知之,独保其用[①]。因[②]化说事,通达计谋,以识细微[③]。经[④]起秋毫[⑤]之末,挥[⑥]之于太山[⑦]之本。其施外[⑧],兆萌牙蘖之谋[⑨],皆由抵巇。抵巇隙,

为道术。

【注释】 ①独保其用:意思是发挥自己独特的作用。②因:根据。③细微:这里指危机的征兆。④经:陶注:“经,始也。”即开端。⑤秋毫:鸟兽在秋天新长的细毛,比喻微小的事物。⑥挥:陶注:“挥,动也。”指事物的发展变化。⑦太山:即大山。⑧施外:意思是圣人向外推行教化。施,施行,推行。⑨兆萌牙蘖之谋:意思是防范和消除危机萌芽和征兆的计谋。牙,即芽。蘖,被砍去或倒下的树木再生的根芽。

【译文】 当事情出现危机之初,只有圣人才能知道,从而发挥自己独特的作用,进而根据事情的发展变化分析利弊,制定适当的策略,以识别这种危机的征兆。万事开始之初,都如秋毫之末那样微小,一旦任其发展,就会动摇大山的根基。当圣人教化向外推行之时,防范和消除危机萌芽和征兆的计谋,都是运用抵巇的道理进行创制的。由此可见,堵塞裂痕、漏洞的方法,也是一种道术。

【原文】 天下纷错[①],上无明主,公侯无道德,则小人谗贼[②],贤人不用,圣人窜[③]匿[④],贪利诈伪者作,君臣相惑[⑤],土崩瓦解,而相伐射[⑥]。父子离散,乖[⑦]乱反目,是谓萌芽巇罅。圣人见萌芽巇罅,则抵之以法[⑧],世可以治则抵而塞之,不可治则抵而得之[⑨]。或抵如此,或抵如彼;或抵反之,或抵复之。五帝[⑩]之政,抵而塞之;三王[⑪]之事,抵而得之。诸侯相抵[⑫],不可胜数,当此之时,能抵为右[⑬]。

【注释】 ①错:乱的意思。②谗:谗害。贼:害,危害。③窜:逃跑。④匿:隐匿,这里是隐遁、隐居的意思。⑤惑:迷惑,这里引申为猜疑。⑥射:射箭,这里引申为战斗。⑦乖:违反,背离。⑧抵之以法:意思是运用抵巇的方法予以堵塞。⑨抵而得之:意思是用抵巇的方法取而代之。⑩五帝:古代传说中的帝王,说法不一,通常指黄帝、颛顼、帝喾、唐尧、虞舜。⑪三王:中国古代三位帝王,即夏禹王、商汤王、周文王。⑫诸侯相抵:指春秋时代,诸侯之间相互攻伐兼并。⑬能抵为右:意思是善于运用抵巇之法的就是强者。右,古代吉礼尚右,右为上位。

【译文】 天下纷乱不止,上无明君,公侯将相丧失道德,于是奸邪小人就会谗害忠良、危害社会,以至于贤明之人不被重用,圣人也隐遁起来。贪图利禄、虚伪奸诈之徒胡作非为,导致君臣上下相互猜疑,天下土崩瓦解,相互攻伐,父子离散,反目成仇,这就是裂痕萌发的表现。圣人看到了这些裂痕,就要运用抵巇的方法予以堵塞。世道尚可治理时,就用抵巇的方法加以堵塞;一旦世道不可挽救时,就用抵巇的方法取而代之。或者堵塞它,或者得到它,或者恢复治理,取而代之。五帝之时,世道尚可治理,所以就用抵巇的方法加以堵塞;夏、商、周三王更代之时,世事已无可挽救,于是就用抵巇的方法取而代之。春秋时代,诸侯攻伐兼并不可胜数,这个时候,善于运用抵巇之法的就是强者。

【原文】 自天地之合离终始,必有巇隙,不可不察也。察之以捭阖,能用此道,圣人也。圣人者,天地之使也。世无可抵[①],则深隐而待时,时有可抵[②],则为之谋。可以上合[③],可以检下[④]。能因[⑤]能循,为天地守神。

【注释】 ①世无可抵:意思是世道太平,没有出现裂痕不需要堵塞的时候。②时有

可抵:意思是当世事发生了裂痕需要加以堵塞时。③上合:陶注:“上合,谓抵而塞之,助时为治。”意思是协助君王恢复治道。④检下:陶注:“检下,谓抵而得之,束手归己也。”意思是通过堵塞的方法取而代之。⑤因:和下面的“循”都是遵循的意思。

【译文】 自从天地间有了离合、始终的运动变化,万事万物也必然出现裂痕漏洞,这是不可不详加考察的问题。能够巧妙地运用捭阖之术加以考察研究的,就是圣人。所谓圣人,就是天地的使者。世道太平,没有出现裂痕不需要堵塞的时候,就深隐以待时;世事发生了裂痕需要加以堵塞时,就要应时而出,谋划堵塞的策略。这种策略可以是协助君王恢复治道,也可以是通过堵塞取而代之。能够遵循抵巇之法,就可以立于不败之地,成为天地的守护神。

飞箝[①]第五

【原文】 凡度权量能,所以征远来近[②]。立势而制事[③],必先察同异之党,别是非之语,见内外之辞[④],知有无之数[⑤],决安危之计,定亲疏之事[⑥],然后乃权量[⑦]之。其有隐括[⑧],乃可征,乃可求,乃可用。引[⑨]钩箝飞箝之辞[⑩],飞而箝之。

【注释】 ①飞箝:陶注:“飞,谓作声誉以飞扬之。箝飞箝,谓牵持缄束令不得脱也。言取人之道,先作声誉以飞扬之,彼必露情竭志而无隐,然后因其所好,牵持缄束令不得转移。”意思是运用诱导对方说话的辞令,获知对方内心的真实感情,再用褒扬的方法控制对方。②征远来近:意思是感召和吸引或远或近的人才。征,征召。来,使动用法,使……来。③立势而制事:意思是确立相应的制度,以便考察和甄别人才的优劣。④见内外之辞:意思是分析对内对外言辞的真伪。⑤知有无之数:意思是了解有无之智数。⑥亲疏之事:指用人时哪些人可以亲近任用,哪些人必须疏远排斥。⑦权量:权衡和裁量。⑧隐括:把物的屈曲注入模型中加以矫正。⑨引:用的意思。⑩钩箝之辞:指诱导他们说话的辞令,目的是获知对方的心理。

【译文】 大凡揣度人的权谋、衡量人的才能,就是为了感召和吸引或远或近的人才。确立相应的制度,以便考察和甄别人才的优劣,必须首先考察彼此之间的同与异,辨别言论的是与非,分析对内对外言辞的真伪,了解有无之智数,决断安危之大计,确定亲疏之大事,然后权衡彼此的轻重,裁量彼此的长短。一旦时势需要时,就可以征召他们,可以依靠他们、任用他们。要运用诱导他们说话的辞令,获知他们内心的真实感情,再用褒扬的方法控制对方。

【原文】 钩箝之语,其说辞也,乍同乍异[①]。其不可善者[②]:或先征之,而后重累[③];或先重以累,而后毁之;或以重累为毁;或以毁为重累。其用,或称财货、琦玮[④]、珠玉、璧帛、采色[⑤]以事之;或量能立势[⑥]以钩[⑦]之;或伺候见涧而箝之[⑧]。其事用抵巇。

【注释】 ①乍同乍异:意思是时而赞同对方,时而不赞同对方。②其不可善者:指那些不为游说辞令所动的人。③重累:意思是历数其才能,反复试探和感化。④琦玮:琦和玮都是美玉的一种。⑤采色:采邑声色。⑥量能立势:陶注:“量其能之优劣,然后立去就

之势。”意思是衡量对方的实力，然后确立相应的制度，立赏罚去就之势。⑦钩：钩取，意思是了解其内心真实感情和才能之高下。⑧或伺候见涧而箝之：陶注：“谓伺彼行事，见其涧而箝持之，以知其勇怯也。”意思是等待其遇到艰难困苦之时进行控制，以了解其智愚勇怯。

【译文】 诱导对方说话进而控制对方的语言，作为一种游说辞令，时而赞同对方，时而不赞同对方。对于那些不为游说辞令所动的人，或者先征召他们，然后历数其才能，反复试探和感化；或者先历数其才能，进而进行试探和感化，然后再对其才术之短进行诋毁；或者借历数其才能之名行诋毁其不足之实；或者借诋毁其不足之名行褒扬其才能之实。如果被他们感化，行将重用，或者用财货、琦玮、珠玉、璧帛、采邑、声色打动和引诱他们，以观察其贪廉；或者确立相应的制度，立赏罚去就之势，以了解其内心真实感情和才能之高下；或者等待其遇到艰难困苦之时进行控制，以了解其智愚勇怯。这些都要运用抵巇的方法。

【原文】 **将欲用之于天下[①]，必度权量能。见天时之盛衰，制[②]地形之广狭，岨险之难易，人民货财之多少，诸侯之交孰亲孰疏、孰爱孰憎；心意之虑怀，审其意[③]，知其所好恶，乃就说其所重[④]，以飞箝之辞钩其所好，以箝求之。用之于人，则量智能，权[⑤]材[⑥]力，料[⑦]气势，为之枢机[⑧]，以迎之随之，以箝和之，以意宜之。此飞箝之缀[⑨]也。用之于人，则空往而实来[⑩]，缀而不失，以究其辞。可箝而从[⑪]，可箝而横[⑫]；可引而东，可引而西；可引而南，可引而北；可引而反，可引而覆。虽覆，能复，不失其度[⑬]。**

【注释】 ①用之于天下：陶注：“用之于天下，谓用飞箝之术辅于帝王。”意思是用飞箝之术辅佐君王治理天下。②制：控制，掌握。③审其意：意思是了解其人的心意、情怀、志向。④就说其所重：陶注：“就其所最重者而说之。”意思是投其所重与所好而进说辞。⑤权：权衡。⑥材：同“才”，才能，才干。⑦料：估计。⑧枢机：事物的机关和枢纽。⑨缀：连结，这里指结交诸侯。⑩空往而实来：陶注：“但以声誉扬之，故曰‘空往’，彼则开心露情，归附于己，故曰‘实来’。”意思是用好听的空话，褒扬对方，从而使其敞开心扉，讲出真实的情况。⑪从：同“纵”，合纵的意思。⑫横：连横。⑬虽覆，能复，不失其度：陶注：“虽有覆败，必能复振，不失其节度，此箝之终也。”意思是运用飞箝之术，虽然也可能覆败，但一定能转败为胜，不致丧失其度。

【译文】 如果想用飞箝之术辅佐君王治理天下，就必须揣度人的权谋，衡量人的才能，观察天时的盛衰，考察地形的广狭，山川险阻的难易，人民财货的多少，以及与各方诸侯的亲疏、爱憎关系，还要了解其人的心意、情怀、志向，知晓其好恶，然后投其所重与所好，用具有诱惑性的说辞，求得采纳和重用，进而控制对方。如果要把飞箝之术用于诸侯，就要裁量其智能，权衡其权力，估计其气势，这就如同控制了事物的机关和枢纽一样，以此迎合他、追随他，以此控制并亲和他，以此达成和议，促成合作。这就是运用飞箝之术，联结诸侯的办法。如果把飞箝之术用于他人，就要用好听的空话褒扬对方，从而使其敞开心扉，讲出真实的情况，以此结交他而不失欢，以进一步探究其言辞的真伪。这样，

就可以实现合纵，也可以实现连横；可以引而向东，也可以引而向西；可以引而向南，也可以引而向北；可以引而返还，也可以引而复去。运用飞箝之术，虽然也可能覆败，但大多能转败为胜，不致丧失其度。

忤合[①]第六

【原文】 **凡趋合倍反[②]，计有适合。化转环属[③]，各有形势。反复相求，因事为制[④]。是以圣人居天地之间，立身御世，施教扬声明名[⑤]也，必因[⑥]事物之会[⑦]，观天时之宜，因之所多所少[⑧]，以此先知之，与之转化[⑨]。**

【注释】 ①忤合：忤，忤逆，反忤。合，趋合。②趋合倍反：指有关联合或对抗的行动。趋，小步快走。合，联合。“趋”和“合”指有关联合的行动。倍，通“背”，背叛。反，这里指与对方之意相反。“倍”和“反”指有关对抗的行动。③化转环属：陶注：“言倍反之理，随化而转，如连环之属。”意思是分合的变化就如同连环之物，根据情况的变化而转换。④反复相求，因事为制：陶注：“或反或复，理自相求，莫不因彼事情为之立制。”意思是彼此循环往复，互相依赖，需要根据实际情况的变化进行定夺。⑤明名：显名。明，这里是使动用法，使……明。⑥因：根据。⑦会：时机，机缘。⑧所多所少：陶注：“所多所少，谓政教所宜多，所宜少也。”指行政教化应该多、应该少的地方。⑨转化：陶注：“转化，谓转变以从化也。”意思是根据情况的不同及其变化做出相应的调整和增减。

【译文】 大凡有关联合或对抗的行动，都会有适宜的计谋。分合的变化就如同连环之物，根据情况的变化而转换，各有不同的形势。彼此循环往复，互相依赖，需要根据实际情况的变化进行定夺。所以，圣人在天地之间立身行事，施行教化，扩大和宣扬自己的名誉和声望，都必须根据事物发展的机缘，观察天时变化的合宜与否，从而了解行政教化应该多、应该少的地方。因为预先了解了这些情况，所以才能根据情况的不同及其变化做出相应的调整和增减。

【原文】 **世无常[①]贵，世无常师。圣人常无为无不为，无所听无不听，成于事而合于计谋，与之为主[②]。合于彼而离于此，计谋不两忠[③]，必有反忤[④]。反于是，忤于彼；忤于此，反于彼。**

【注释】 ①常：永恒的，永远的。②成于事而合于计谋，与之为主：陶注：“于事必成，于谋必合，如此者，与众立之，推以为主也。”意思是如果料定事情必然会成功，计谋也合乎实际，正确可行，那么就与众人一起推举他作为君主。③计谋不两忠：意思是任何计谋都不可能忠实于彼此双方。④必有反忤：意思是这其中一定有顺应和合、背反忤逆的情况。

【译文】 世界上没有永恒的尊贵，做事也没有令人永远师法的榜样。圣人无所作为而无所不为，无所兼听而无所不听。如果料定事情必然会成功，计谋也合乎实际，正确可行，那么就与众人一起推举他作为君主。与这一方顺合，就必然与另一方背离，任何计谋都不可能忠实于彼此双方，这其中一定有顺应和合、背反忤逆的情况。要顺合此方，就要

背逆彼方；要背逆此方，就要顺合彼方。

【原文】 其术也，用之于天下，必量[①]天下而与[②]之；用之于国，必量国而与之；用之于家，必量家而与之；用之于身[③]，必量身材能[④]气势而与之。大小进退，其用一也[⑤]。必先谋虑，计定而后行之以飞箝之术[⑥]。

【注释】 ①量：度量，衡量。②与：这里是实施、施行的意思。③身：自身，自己。④材能：即才能。材，通"才"。⑤大小进退，其用一也：陶注："所行之术，虽有大小进退之异，然而至于称事扬亲则一，故曰：'其用一也'。"意思是反忤之术的运用，虽然有大小进退的区别，但其或顺合或反逆，其道理是一贯的。⑥行之以飞箝之术：这里指施用飞箝之术作为辅助手段。

【译文】 这种反忤之术，如果要运用到经营天下上，就必须度量天下的实际情况，决定顺合或者反逆；如果要把这种反忤之术运用到经营封国上，就必须度量封国的实际情况，以决定顺合或者反逆；如果要把这种反忤之术运用到治理家族事业上，就必须度量家族事业的实际情况，以决定顺合或者反逆；如果要把这种反忤之术运用到个人的事业上，就必须度量个人的才能气势，以决定顺合或者反逆。反忤之术的运用，虽然有大小进退的区别，但其或顺合或反逆，其道理是一贯的。一定要首先思谋考虑，确定计谋策略之后，再施用飞箝之术作为辅助手段。

【原文】 古之善背向者[①]，乃协[②]四海[③]、包[④]诸侯，忤合之地而化转之[⑤]，然后以之求合[⑥]。故伊尹[⑦]五就[⑧]汤[⑨]，五就桀[⑩]，然后合于汤。吕尚[⑪]三就文王[⑫]，三入[⑬]殷[⑭]，而不能有所明，然后合于文王。此知天命之箝，故归之不疑也[⑮]。

【注释】 ①善背向者：指善于运用背向之理、反忤之术的人。②协：协和。③四海：古人认为我国疆土四面濒海，因此称全国、国内为"四海"。④包：包举，联合。⑤忤合之地而化转之：陶注："驱置忤合之地，然后设法变化而转移之。"意思是驱置于忤合之地，然后再设法感化人心、转换形势。⑥以之求合：陶注："众心既从，乃求其真主，而与之合也。"意思是使天下归心，求得英雄之主，开创新朝。⑦伊尹：商初名相，名挚。⑧就：靠近，这里是臣服的意思。⑨汤：商朝开国之君，他重用伊尹消灭了夏桀，开创了商王朝，推行善政。⑩桀：夏末暴君，被商汤王所灭。⑪吕尚：即姜尚，钓于渭水，遇文王，相语，文王大悦，拜为军师。封太公望。⑫文王：姓姬名昌，周武王父，为武王灭商奠定了基础。⑬入：进入，这里是入事的意思。⑭殷：即商，商朝曾定都于殷，故称。这里指殷纣王，纣是商末暴君。⑮此知天命之箝，故归之不疑也：陶注："以天命系于殷汤、文王，故二臣归二主不疑也。"意思是他们二人都知晓天命的归宿，所以最终义无反顾，归顺了明主。天命之箝，即天命所归。古人认为朝代兴衰乃天命所系。归，这里是归顺的意思。

【译文】 古代善于运用背向之理、反忤之术的人，能够协和天下四方、联合诸侯各国，驱置于忤合之地，然后再设法感化人心、转换形势，使天下归心，求得英雄之主，开创新朝。所以，伊尹五次臣服商汤，五次臣服夏桀，最后顺合于商汤。吕尚三次臣服周文王，三次入事殷纣王，无法施展自己的抱负，最后终于顺合了周文王。他们二人都知晓天

命的归宿，所以最终义无反顾，归顺了明主。

【原文】 非至圣①达奥②，不能御世；非劳心苦思，不能原事③；不悉心见情④，不能成名；材质⑤不惠⑥，不能用兵⑦；忠实无真⑧，不能知人。故忤合之道，己必自度材能、知睿⑨，量长短、远近⑩、孰不如，乃可以进，乃可以退，乃可以纵，乃可以横。

【注释】 ①至圣：指非凡的圣人。②达奥：指达到了深奥的境界。③原事：指了解事物的本来面目。原，追究根源。④悉心见情：意思是尽心努力洞见世情。悉，全，尽。情，这里指世情。⑤材质：才能和素质。材，同“才”，才能。⑥惠：聪慧。⑦用兵：这里指进行军事运筹。兵，指军事。⑧忠实无真：意思是如果不能诚心忠实。⑨知睿：聪明睿智。知，同“智”，聪明。⑩量长短、远近：意思是度量自己技能的长短和见识的远近。

【译文】 假如不是非凡的圣人、达到了深奥的境界，就不能治理世事；如果不费心苦思，就不能了解事物的本来面目；如果不尽心努力洞见世情，就不可能成就声名；如果没有聪慧的素质才能，就不能进行军事运筹；如果不能诚心忠实，就不能知人善任。所以忤合之术的法则，一定要估量自己的才干能力、聪明睿智，度量自己技能的长短和见识的远近，哪一方面不如别人。这样才可以知己知彼，可以前进，可以后退，既可以纵，亦可以横，达到随心所欲、运用自如的境界。

揣①篇第七

【原文】 古之善用天下②者，必量③天下之权④，而揣诸侯之情⑤。量权不审，不知强弱轻重之称⑥；揣情不审，不知隐匿变化之动静⑦。何谓量权？曰：度⑧于大小，谋于众寡。称⑨货财之有无，料人民之多少、饶乏⑩、有余不足几何，辨地形之险易孰利、孰害⑪，谋虑孰长、孰短⑫，揆君臣之亲疏孰贤、孰不肖⑬，与宾客之知睿⑭孰少、孰多，观天时之祸福孰吉、孰凶，诸侯之亲⑮孰用、孰不用，百姓之心去就⑯变化，孰安、孰危、孰好、孰憎，反侧⑰孰便，能知如此者，是谓权量。

【注释】 ①揣：揣度，揣摩。②用天下：这里指统治天下，治理天下。③量：度量，衡量。④天下之权：这里指天下的形势。⑤情：这里指实情。⑥强弱轻重之称：这里指天下诸侯强弱轻重的形势。⑦隐匿变化之动静：这里指天下诸侯隐蔽变化的动静。⑧度：度量。⑨称：这里是衡量的意思。⑩饶：富足。乏：贫乏。⑪孰利、孰害：意思是对谁有利，对谁有害。⑫孰长、孰短：意思是哪一方高明，哪一方拙劣。⑬不肖：即不贤，没有才能。⑭知睿：聪明睿智。知，同“智”，聪明。⑮诸侯之亲：这里指与诸侯之间关系的亲疏远近。⑯去就：离开和靠近，这里指人心向背。⑰反侧：反叛的意思。

【译文】 上古时代，善于治理天下的人，必定要权衡天下的形势，揣度诸侯的实情。如果权衡天下形势不够准确，就不能准确掌握天下诸侯强弱轻重的形势；如果揣度诸侯实情不细致周密，就不可能知道天下诸侯隐蔽变化的动静。什么叫作权衡天下形势？回答是：度量大小，谋划多少。衡量物质财富的有无与数量的多少；估料民众的多少及其富足还是贫乏、有余还是不足的程度如何；辨别地形的险要与平易，以及对谁有利，对谁有害；谋略运筹方面，哪一方高明，哪一方拙劣；考察君臣之间的亲疏关系如何，以及谁更贤能，谁个不肖；还有宾客幕僚的智慧，哪一方少，哪一方多；观察天时的祸福，何时吉利，何时凶险；与诸侯之间的关系亲疏远近，哪些诸侯可以效力，哪些诸侯不能利用；天下百姓的人心向背变化，哪些地方平静，哪些地方有危机，哪些人拥戴，哪些人憎恶，如果发生反叛，如何察知。掌握了以上这些情况，就可以称得上是权衡天下的形势。

【原文】 揣情者，必以其甚喜之时，往而极[①]其欲也，其有欲也，不能隐其情；必以其甚惧之时，往而极其恶也，其有恶也，不能隐其情。情欲必出其变[②]。感动[③]而不知其变者，乃且错[④]其人勿与语，而更问其所亲，知其所安[⑤]。夫情变于内者，形见[⑥]于外。故常必以其见者，而知其隐者。此所谓测深揣情[⑦]。

【注释】 ①极：极点，尽头，这里是使动用法，使……达到极点。②情欲必出其变：意思是人的情欲必定能在其甚喜、甚惧之时表露出来。③感动：情感受到触动。④错：通“厝”，安置，安放。⑤更问其所亲，知其所安：陶注：“徐徐更问斯人之所亲，则其情欲所安可知也。”意思是了解其所亲近的人，从而从侧面了解其外表不为所动、处之泰然之时的内心真实情感。⑥见：通“现”，表现。⑦测深揣情：意思是探测人们内心深处的真实情感。深，这里指内心深处。

【译文】 揣度诸侯的实情，一定要在他们最高兴的时候去刺激他们的欲望，使其达到极点，这样他们有了强烈的欲望，就不容易隐瞒其真实的情感；还要在他们最恐惧的时候去刺激他们厌恶的心理，使其达到极点，这样他们内心有着强烈的厌恶情绪，就难以隐瞒其真实的情感。这是因为，人的情欲必定能在其甚喜、甚惧之时表露出来。如果遇到其情感受到触动却不能体现其内心善恶、好恶变化的人，就暂且搁置起来，不与他交谈，而应该去了解其所亲近的人，从而从侧面了解其外表不为所动、处之泰然之时的内心真实情感。一般来说，内心的情感发生变化，必然会在外在形态上表现出来。所以人们必须常常根据其外在的表现，来察知他们内心的隐情。这就是所谓的探测人们内心深处真实情感的方法。

【原文】 故计[①]国事者，则当审权量；说人主，则当审揣情；谋虑情欲必出于此[②]。乃可贵，乃可贱，乃可重，乃可轻，乃可利，乃可害，乃可成，乃可败，其数一也[③]。故虽有先王之道、圣智之谋，非揣情，隐匿[④]无所索[⑤]之。此谋之大本[⑥]也，而说之法[⑦]也。常有事于人，人莫先事而至，此最难为。故曰揣情最难守司[⑧]，言必时有谋虑[⑨]。故观蜎飞蠕动[⑩]，无不有利害，可以生事美[⑪]。生事者，几之势也[⑫]。此揣情饰言成文章[⑬]，而后论之也。

【注释】 ①计：谋划。②谋虑情欲必出于此：意思是要探测人们内心的谋划思虑、情感欲望，都必须采用这种方法。③其数一也：意思是其规律都是一样的，也就是说以上所言均由自己决定和控制，其奥妙就在于揣度之术的运用。数，规律。④隐匿：这里指对方内心隐藏的真实情感。⑤索：求。⑥谋之大本：谋略的根本原则。⑦说之法：游说君主的基本方法。⑧守司：掌管、把握的意思。守，掌管。司，主管，掌管。⑨言必时有谋虑：意思是向人进言必须把握好对方谋虑的时机。⑩蜎飞蠕动：这里泛指小飞虫的运动。蜎，

即孑孓,蚊子的幼虫。蠕,这里作名词,指蠕形动物。⑪生事美:意思是根据利害顺逆的道理成就事业。⑫生事者,几之势也:意思是事业的成就,往往在最初表现出一种微弱的趋势。几,隐微,不明显。⑬揣情饰言成文章:意思是这些揣测实情的说辞要修饰成华丽的文章。饰,修饰。

【译文】 因此,谋划国家大事的人,就应当缜密地权衡天下的形势;向君主游说陈情献策时,就应当仔细地揣度君主的内心情感。要探测人们内心的谋划思虑、情感欲望,都必须采用这种方法。揣度之术,可以富贵,也可以贫贱;可以权倾一时,也可以微不足道;可以获取利益,也可以招致祸害;可以成事,也可以坏事,均由自己决定和控制,其奥妙就在于揣度之术的运用。所以,虽然有古圣先王的法则,圣哲智士的谋略,如果不通过揣测实情的权术,就无法探知对方内心隐藏的真实情感。这是谋略的根本原则,是游说君主的基本方法。常常有新的事情不断发生在人们的面前,而人们都不能在事先预料到,这是很难做得到的。所以说,揣测实情最难把握,向人进言,必须把握好对方谋虑的时机。所以我们观察小飞虫的运动,可以想见世间没有不具备利害之心的东西,以此观之,可以根据利害顺逆的道理成就事业。事业的成就,往往在最初表现出一种微弱的趋势。这些揣测实情的说辞要修饰成华丽的文章,然后进行论述。

摩篇第八

【原文】 摩者,揣[①]之术也。内符[②]者,揣之主也。用之有道[③],其道必隐。微摩之以其所欲[④],测而探之,内符必应;其应也,必有为之[⑤]。故微而去之[⑥],是谓塞窌[⑦]、匿端[⑧]、隐貌、逃情[⑨],而人不知。故成其事而无患。摩之在此,符应在彼。从而应之,事无不可。

【注释】 ①揣:揣摩,揣度,这里指揣摩内心情感。②内符:内心情感与其外在表现。符,符验,这里指内心情感的外在表现。③道:一定的法则。④微摩之以其所欲:根据其情感欲望稍微进行揣度。以,根据。⑤其应也,必有为之:陶注:"内符既应,必欲为其所为也。"意思是内外既然相呼应,就会在行动上有所作为。⑥微而去之:意思是稍加揣度,便排除其外在表现。去,这里是排除的意思。⑦塞窌:堵塞漏洞。窌,地窖,这里指漏洞。⑧匿端:隐匿头绪。端,端绪,头绪。⑨隐貌、逃情:均指隐蔽实情。

【译文】 摩,是揣摩内心情感的一种权术;内心情感与其外在表现,是揣情之术的主体。运用揣情之术有一定的法则,而且这一法则要以隐秘的方法来进行。根据其情感欲望稍微进行揣度,再进一步探测其中的奥妙,这样其内心情感与外在表现就必然会相呼应。内外既然相呼应,就会在行动上有所作为。所以稍加揣度,便排除其外在表现,就称作堵塞漏洞、隐匿头绪、隐蔽实情,他人就无从知晓。这样,事业得以成功而又不会留下后患。隐秘的揣情之术在此处运用,而显著的表现却应在彼处,如此互相呼应,就没有什么事情不会成功。

【原文】 古之善摩者,如操钩而临深渊,饵而投之[①],必得鱼焉。故曰:主事日成[②]而人不知,主兵[③]日胜而人不畏也。圣人谋之于阴[④],故曰神;成之于阳[⑤],故曰明。所谓主

事日成者，积德也，而民安之，不知其所以[⑥]利；积善也，而民道之[⑦]，不知其所以然，而天下比之神明矣。主兵日胜者，常战于不争、不费[⑧]，而民不知所以服，不知所以畏，而天下比之神明矣。

【注释】 ①饵而投之：即投下鱼饵。②主事日成：意思是所做的事情每每取得成功。日，每天，这里是常常的意思。③主兵：用兵打仗。④谋之于阴：意思是谋事于隐秘之中。阴，暗中，暗地里。⑤阳：公开地。⑥所以：表示"……的原因"。⑦道之：可以理解为"从其道"，意思是人民乐于顺从其道。⑧战于不争、不费：意思是不经过激烈争斗、不耗费财用，从而战胜于无形之中。

【译文】 在古代，善于运用揣情之术的人，运用起来就如同拿起钓鱼竿在深水潭边，投下鱼饵，一定能钓到鱼。所以说，所进行的事情每每取得成功，而别人却不知道其中的奥秘；用兵打仗每每取得胜利，而别人却不感到畏惧。圣人谋事于隐秘之中，所以被称作神；谋略的成功法却处于光天化日之下，所以被称作明。所谓谋事每每取得成功，首先在于广积德政，而人民得以安居乐业，却不知道为何会如此顺利；其次在于多行善事，而人民乐于顺从，却不知道为什么会这样，普天之下都把他们比作神明。所谓用兵打仗每每取得胜利，其原因则在于主持其事的人常常不经过激烈争斗、不耗费财用，从而战胜于无形之中，而人民却不知道之所以能威慑征服对手的原因，不知道有什么畏惧，普天之下都把他们比作神明。

【原文】 其摩也，有以平，有以正，有以喜，有以怒，有以名，有以行，有以廉，有以信，有以利，有以卑。平者，静也。正者，直也。喜者，悦也。怒者，动[①]也。名者，发[②]也。行者，成也。廉者，洁也。信者，明也。利者，求也。卑者，谄也。故圣人所独用者，众人皆有之，然无成功者，其用之非[③]也。故谋莫难于周密，说莫难于悉听[④]，事莫难于必成，此三者，唯圣人然后能之。故谋必欲周密，必择其所与通者[⑤]说也，故曰或结而无隙[⑥]也。夫事成必合于数[⑦]，故曰道数与时相偶[⑧]也。说者听必合于情，故曰情合者听。

【注释】 ①动：鼓动。②发：陶注："名贵发扬，故曰'发也'。"③用之非：意思是运用的方法不得当。④悉听：指对方全部听从。悉，全，都。⑤其所与通者：指那些可以沟通的志同道合者。⑥结而无隙：意思是结交朋友要亲密无间。⑦数：天数，即自然规律。⑧道数与时相偶：意思是天道、术数与天时相配合才可以保证成功。偶。偶合，配合。

【译文】 揣摩的方法，可以有平、正、喜、怒、名、行、廉、信、利、卑等多种。所谓平，就是平静。所谓正，就是正直。所谓喜，就是喜悦。所谓怒，就是鼓动。所谓名，就是名誉。所谓行，就是成功。所谓廉，就是廉洁。所谓信，就是明了。所谓利，就是求取。所谓卑，就是谄媚。所以，圣人善于运用的方法，众人也都能够运用，然而却不能取得成功，就是运用的方法不得当。因此，谋划方略最难莫过于周详缜密，向人游说最难莫过于对方全部听从，做人行事最难莫过于一定成功。这三点，只有圣人才能够做得到。所以说，谋略要做到周详缜密，就必须选择那些可以沟通的志同道合者进行论证，所以说结交朋友要亲密无间。事情要取得成功，就一定要合乎天数即自然规律，所以说天道、术数与天时相

配合才可以保证成功。向人游说要想使对方全部听从，说辞就必须与人情相合，所以说情意相合才能够被人听从。

【原文】 **故物归类[①]，抱薪[②]趋[③]火，燥者先燃；平地注水，湿者先濡[④]。此物类相应[⑤]，于势[⑥]譬犹是[⑦]也。此言内符之应外摩[⑧]也如是。故曰：摩之以[⑨]其类，焉有不相应者？乃摩之以其欲，焉有不听者？故曰：独行之道[⑩]。夫几者不晚[⑪]，成而不抱[⑫]，久而化成[⑬]。**

【注释】 ①物归类：意思是世上万事万物各归其类。②薪：柴火。③趋：趋向，奔向。④濡：浸润，沾湿。⑤物类相应：意思是事物如果是同类就会相互呼应。⑥势：指揣摩的情势。⑦譬犹是：意思是就像前面说的那样。譬，比喻，比方。是，这样。⑧内符之应外摩：意思是内心的情意表现于外在行色上，与外在的揣摩之术相呼应。⑨以：根据，依据。⑩独行之道：指志向高洁、不随流俗的人才能运用的方法。⑪几者不晚：意思是通晓细微的征兆和趋势而果断行动的人，不会失去良机。几，指事情的苗头或预兆。⑫成而不抱：意思是取得成功而不居功自傲。抱，这里有守功、居功的意思。⑬化成：意思是成功地使教化行之于天下。

【译文】 所以说，世上万事万物各归其类。抱着柴薪走向大火，干燥的部分首先燃烧；往平地上倒水，潮湿的地方就首先被浸润。这就是事物同类相应的道理。至于揣摩的情势，也是相同的。也就是说，内心的情意表现于外在行色上，与外在的揣摩之术相呼应。所以说，根据事物的类别运用揣摩之术，哪有不相呼应的道理？依据其内心欲望揣摩其真实情感，哪有不听从的道理？所以说这是志向高洁、不随流俗的人才能运用的方法。通晓细微的征兆和趋势而果断行动的人，不会失去良机，取得成功也不会居功自傲，这样持之以恒，就能够逐步使教化行之于天下。

权[①]篇第九

【原文】 **说者，说之也[②]；说之者，资[③]之也。饰言[④]者，假[⑤]之也；假之者，益损也。应对者，利辞[⑥]也；利辞者，轻论[⑦]也。成义[⑧]者，明[⑨]之也；明之者，符验[⑩]也。难言[⑪]者，却论[⑫]也；却论者，钓几[⑬]也。佞言[⑭]者，谄而干忠[⑮]；谀言[⑯]者，博而干智[⑰]；平言[⑱]者，决而干勇[⑲]；戚言[⑳]者，权而干信[㉑]；静言[㉒]者，反而干胜[㉓]。先意承欲[㉔]者，谄也；繁称文辞[㉕]者，博也；策选进谋者，权也；纵舍不疑[㉖]者，决也；先分不足而窒非[㉗]者，反也。**

【注释】 ①权：权变。②说者，说之也：意思是游说别人就是为了说服别人。③资：资助。④饰言：对说辞加以修饰。⑤假：借助，这里指借助说辞打动对方。⑥利辞：指悦耳的巧辩辞令。⑦轻论：指轻视论说的外交辞令。⑧成义：指具有义理的言论。⑨明：意思是明辨真伪。⑩符验：意思是符合和验证自己的内心情感。⑪难言：指向别人发难的指责之辞。⑫却论：意思是诘难、商榷事情。⑬钓几：诱导、探求事物的精妙之处。钓，诱取。几，隐微。⑭佞言：指花言巧语。⑮谄而干忠：通过谄媚以求得忠诚之名。干，求取。⑯谀言：指谄媚的言辞。⑰博而干智：意思是通过繁博的虚浮之辞以求得智慧之名。⑱

平言：指平实的言辞。⑲决而干勇：意思是通过果断不疑的言辞以求得刚勇之名。⑳戚言：指忧愁的言辞。㉑权而干信：意思是通过运用智谋以求得信任。㉒静言：指镇静的言辞。㉓反而干胜：意思是通过反攻别人以求得胜利之名。㉔先意承欲：意思是曲意奉承以满足对方的欲望。㉕繁称文辞：意思是文辞繁复虚浮。㉖疑：犹疑，犹豫不决。㉗先分不足而窒非：陶注："己实不足，不自知而内讼，而反攻人之过，窒他谓非。"意思是自己先分不足反而指责他人的过失。窒，阻塞。

【译文】 游说，就是为了说服别人；而说服别人，就是为了对别人有所资助。对说辩加以修饰，目的是假借这些说辞打动对方；假借经过修饰的说辞，是因为遇事要有所损益。应承对答的辞令，是一种悦耳的巧辩辞令；巧辩辞令，是一种轻视论说的外交辞令。具有义理的言论，目的在于明辨真伪；而明辨真伪，目的在于符合和验证自己的内心情感。向别人发难的指责之辞，意在诘难、商榷事情；而诘难、商榷事情，意在诱导、探求事物的精妙之处。花言巧语，是通过谄媚以求得忠诚之名；而谄媚之言，是通过繁博的虚浮之辞以求得智慧之名；平实之言，是通过果断不疑的言辞以求得刚勇之名；忧愁之言，是通过运用智谋以求得信任；镇静陈说，是通过反攻别人以求得胜利之名。曲意奉承，满足对方欲望，就是谄；文辞繁复虚浮，就是博；策划选择，运用智谋，就是权；纵使舍弃也毫不犹豫，就是决；掩饰自己之不足，反而指责他人的过失，就是反。

【原文】 故口者，几关[①]也，所以[②]关闭情意[③]也。耳目者，心之佐[④]助也，所以窥瞷[⑤]奸邪。故曰："参调而应，利道而动[⑥]。"故繁言而不乱[⑦]，翱翔而不迷，变易[⑧]而不危[⑨]者，睹要[⑩]得理[⑪]。故无目者，不可示以五色[⑫]；无耳者，不可告以五音[⑬]。故不可以往者，无所开之也[⑭]；不可以来者，无所受之也[⑮]。物有不通者，故不事也[⑯]。古人有言曰："口可以食，不可以言"，言者有讳忌也；"众口铄[⑰]金"，言有曲[⑱]故也。

【注释】 ①几关：即机关。②所以：表示"用来……的东西"。③关闭情意：意思是宣布和封锁内心的情意。④佐：辅助，帮助。⑤窥瞷：窥视。⑥参调而应，利道而动：意思是口、耳、目三者相互协调和呼应，从而向着有利的道路发展。"参"与"叁"在古代通用。动，这里是发展的意思。⑦不乱：这里指思绪并不紊乱。⑧易：改变。⑨不危：这里指不发生危机。⑩要：要旨。⑪得理：意思是把握了规律。理，道理，规律。⑫五色：即青、黄、赤、白、黑五种颜色。⑬五音：指五声音阶中的宫、商、角、徵、羽五个音级。⑭不可以往者，无所开之也：陶注："此不可以往说于彼者，为彼暗滞无所可开也。"意思是不能前去游说君王，是由于他们昏聩不开窍，没有可以启发的基础。往，这里指前去游说君王。开，开导，启发。⑮不可以来者，无所受之也：陶注："彼所不来说于此者，为此浅局无所可受也。"意思是别人不到这里前来游说，是由于这里没有接受游说的基础。来，这里是使动用法，使……来。受，接受。⑯物有不通者，故不事也：陶注："夫浅局之与暗滞，常闭塞而不通，故圣人不事也。"意思是大凡事物有不通达的，圣人就不会去从事。通，通达。⑰铄：熔化金属。⑱曲：曲解。

【译文】 所以说，口是人体的一个机关，可以用来宣布和封锁内心的情意。耳朵和

眼睛是心灵的助手，是用来察知、发现奸诈邪恶的。所以说口、耳、目三者相互协调和呼应，从而向着有利的道路发展。因此，言辞繁复而思绪并不紊乱，自由翱翔而并不迷惑，改易变化而不发生危机，关键在于抓住了要旨、把握了规律。所以没有眼力的人，不能展示五彩给他看；没有听力的人，不能弹奏五音给他听。因而不能前去游说君王，是由于他们昏聩不开窍，没有可以启发的基础；别人不到这里前来游说，是由于这里没有接受游说的基础。大凡事物有不通达的，圣人就不会去从事。古人有句话说，"口可以用来吃东西，却不可以用来说话"，这是因为说话有很多顾忌和隐讳。"众口一致的言辞可以把金属熔化"，这是因为言语有所偏差和曲解的缘故。

【原文】 **人之情，出言则欲听①，举事②则欲成。是故智者不用其所短，而用愚人之所长；不用其所拙，而用愚人之所工③，故不困④也。言其有利者，从其所长也；言其有害者，避其所短也。故介虫⑤之捍⑥也，必以坚厚⑦。螫虫之动也，必以毒螫⑧。故禽兽知用其长，而谈者⑨亦知用其用也。**

【注释】 ①听：这里是使动用法，使……听从。②举事：这里指办理事情。③工：工巧。④困：意思是陷于困窘的境地。⑤介虫：即甲虫。⑥捍：抵御。⑦坚厚：这里指其坚厚的外壳。⑧毒螫：指蜜蜂、胡蜂等尾部的毒刺。⑨谈者：指靠言谈游说的人。

【译文】 人之常情，说出话来就希望让对方听从，办理事情就希望获得成功。因此，聪慧的人就不用自己的短处，而宁肯用愚笨之人的长处；不用自己笨拙的方面，而宁肯用愚笨之人工巧的方面。这样做就不会陷于困窘的境地。这就是说，于我有利的，就顺从其所长的一面；于我有害的，就回避其所短的一面。所以甲虫抵御外来的侵害，必定要依靠自己坚厚的外壳；螫虫采取行动时，必定要用自己的毒刺。禽兽之类尚且知道运用其长处，而靠言谈游说的人也就更应运用自己该用的方法。

【原文】 **故曰：辞言有五，曰病，曰怨，曰忧，曰怒，曰喜。病者，感衰气而不神①也；怨者，肠绝而无主②也；忧者，闭塞而不泄③也；怒者，妄动而不治④也；喜者，宣散而无要⑤也。此五者，精则用之，利则行之。故与智者言，依于博；与拙者言，依于辩；与辩者言，依于要；与贵者言，依于势；与富者言，依于高；与贫者言，依于利；与贱者言，依于谦；与勇者言，依于敢⑥；与过者⑦言，依于锐⑧。此其术也，而人常反之⑨。是故与智者言，将以此明之；与不智者言，将以此教之，而甚难为也。故言多类⑩，事多变。故终日言，不失其类，故事不乱。终日不变，而不失其主⑪，故智贵不妄⑫。听贵聪，智贵明，辞贵奇。**

【注释】 ①感衰气而不神：意思是言谈时感到气力衰竭而没有精神。②肠绝而无主：意思是言谈时情伤断肠而没有主见。绝，断的意思。③闭塞而不泄：意思是言谈时忧郁闭塞而不能宣泄。泄，宣泄。④妄动而不治：意思是言谈草率妄动而没有条理。治，与"乱"相对，有条理，有秩序。⑤宣散而无要：意思是言谈飘然宣散而不得要领。要，要领。⑥敢：果敢。⑦过者：进取的人。⑧锐：坚决。⑨反之：意思是反其道而用之。⑩言多类：言谈的方法很多。类，种类，类别。⑪主：主旨。⑫智贵不妄：意思是聪慧之人的可贵之处就是不致紊乱。妄，胡乱。

【译文】 所以说,游说辞令有五种情况,即病言、怨言、忧言、怒言、喜言。病言,就是言谈感到气力衰竭而没有精神;怨言,就是言谈情伤断肠而没有主见;忧言,就是言谈忧郁闭塞而不能宣泄;怒言,就是言谈草率妄动而没有条理;喜言,就是言谈飘然宣散而不得要领。以上这五种情况,精通而后可用,有利而后可行。所以与聪慧之人交谈,依靠的是知识渊博;与笨拙之人交谈,依靠的是雄辩;与巧辩之人交谈,依靠的是得其要领;与尊贵之人交谈,依靠的是气势;与富有之人交谈,依靠的是高雅;与贫穷之人交谈,依靠的是利益;与卑贱之人交谈,依靠的是谦和;与勇敢之人交谈,依靠的是果敢;与进取之人交谈,依靠的是坚决。这些都是言谈的方法,而人们常常会反其道而用之。因此,与聪慧之人交谈,就运用这些方法阐明道理;与不够聪慧的人交谈,就运用这些方法加以教诲。然而,实际上是很难做到的。所以言谈的方法很多,而事物也是千变万化的。因而整日言谈而不失其基本方法,做事也不会出现混乱。终日言谈不加变化,就不会失去主旨,所以聪慧之人的可贵之处就是不致紊乱。听言贵在聪敏,智慧贵在高明,言辞贵在奇妙。

谋篇第十

【原文】 为人凡谋有道[①]。必得其所因[②],以求其情[③]。审[④]得其情,乃立三仪。三仪者,曰上,曰中,曰下[⑤]。参以立焉,以生奇[⑥]。奇不知其所壅[⑦],始于古之所从[⑧]。故郑人之取玉也,载司南之车[⑨],为其不惑[⑩]也。夫度材、量能、揣情者,亦事之司南也。故同情而相亲者,其俱成者也;同欲而相疏者,其偏害[⑪]者也;同恶[⑫]而相亲者,其俱害[⑬]者也;同恶而相疏者,偏害者也。故相益则亲,相损则疏,其数行也[⑭]。此所以[⑮]察同异之分,其类一也。故墙坏于其隙,木毁于其节,斯[⑯]盖其分也。故变生事,事生谋,谋生计,计生议,议生说[⑰],说生进[⑱],进生退[⑲],退生制[⑳],因以制于事[㉑]。故百事一道[㉒],而百度一数[㉓]也。

【注释】 ①道:规律,法则。②得其所因:意思是求得事情的因由。③求其情:意思是掌握其实际情况。④审:审察,弄清楚。⑤上:上智。中:中才。下:下愚。⑥参以立焉,以生奇:意思是三者综合分析,就可以产生奇谋。⑦奇不知其所壅:陶注:"奇计既生,莫不通达,故不知其所壅蔽。"意思是奇谋运用起来是没有什么可以壅弊的。壅:壅弊。⑧始于古之所从:意思是这是从古代的事例中得到的启示。⑨司南之车:即指南车,车上装有磁石,指以南方,古人常以此为基准作为行军时的向导。⑩惑:迷失方向。⑪偏害:一方获得成功而另一方受到损害。⑫恶:这里是被动用法,指被厌恶,被憎恨。⑬俱害:意思是两败俱伤,同受损害。⑭其数行也:意思是这是符合事物的规律而经常发生的情况。数,法则,规律。⑮所以:表示"用来……的根据"。⑯斯:这。⑰说:指解决问题的主张和办法。⑱说生进:意思是有了解决问题的主张和办法就将其正确地进行采用。⑲进生退:意思是如果发现这些主张和办法有不完善的地方就要退回来加以补充完善。⑳制:规章,制度,法则。㉑因以制于事:意思是将这些制度、法规用来指导和制约事物的发展。㉒百事一道:意思是万事万物都具有同样的道理。百事,指世间的万事万物。㉓百度一数:意思是各种法度都有着一定的法则。百度,指各种法度。

【译文】 大凡为人策划谋略，都有一定的规律和法则。一定要先求得事情的因由，然后才能掌握其实际情况。考察并掌握了实际情况之后，才可以确立三仪。所谓三仪，就是上智、中才和下愚。三者综合分析，就可以产生奇谋。奇谋运用起来是没有什么可以壅弊的，这是从古代的事例中得到的启示。郑国人入山采玉石，要带着指南之车，为的是不致迷失方向。而揣度才干、衡度能力、揣测实情，也就好比是谋划事情的指南之车。情意相同而关系密切的人，谋划事情都会很成功；愿望相同而又关系疏远的人，则会有一方获得成功而另一方受到损害；同受憎恨而又关系密切的人，则必然会两败俱伤，同受损害；同受憎恨而又关系疏远的人，则必然只有一方受到伤害。所以说，相互有益则相亲近，相互有害则相疏远，这是符合事物的规律而经常发生的情况；也是用来判断同异的根据，同类事物的道理是一样的。墙壁的损坏是从裂缝开始的，树木的损坏是从节疤处开始的，这大概就是事物的共同规律。所以，有了事物的发展变化就会产生事端，有了事变就会产生谋略，有了谋划才会产生解决事端的计划，有了计划就要通过详细的论证，经过论证才会产生解决问题的主张和办法，如果这些主张和办法是正确的就加以采用，如果发现有不完善的就要退回来加以补充完善，从而确立正确的法则，可以用来指导和制约事物的发展。万事万物都具有同样的道理，而各种法度也都有着一定的法则。

【原文】 夫仁人轻货，不可诱以利，可使出费；勇士轻难，不可惧以患[①]，可使据危[②]；智士达于数[③]，明于理[④]，不可欺以不诚，可示以道理，可使立功。是三才也。故愚者易蔽[⑤]也，不肖者[⑥]易惧也，贪者易诱也。是因事而裁之[⑦]。故为强者积于弱也，为直者积于曲也，有余者积于不足也，此其道术行也。

【注释】 ①惧以患：意思是用祸患相恐吓。惧，这里是使动用法，使……惧怕。患，祸患。②据危：据守危险之地。③达于数：通达数术。④明于理：明晓物理。⑤蔽：这里是被动用法，被蒙蔽。⑥不肖者：品行不端的人。⑦因事而裁之：意思是要根据具体情况加以裁断。因，根据。

【译文】 有仁义之心的人轻视财货，不能以利益相引诱，而可以让他们捐助财物；勇敢的壮士轻视危难，不能用祸患相恐吓，而可以让他们据守危险之地；有智慧的人通达数术、明晓物理，不能用不诚实的言行相欺骗，而可以向他们说明道理，使他们去建功立业。这是三种有才干的人。所以愚笨的人容易被蒙蔽，品行不端的人容易被恐吓，贪婪的人容易被利诱，所有这些都要根据具体情况加以裁断。所以强大是由弱小发展而来的，壮直是由弯曲积累而成的，有余是由不足积累而成的。这就是道术的具体表现。

【原文】 故外亲而内疏者说内[①]，内亲而外疏说外[②]。故因其疑以变之，因其见[③]以然[④]之，因其说以要[⑤]之，因其势以成之，因其恶[⑥]以权[⑦]之，因其患[⑧]以斥[⑨]之。摩而恐之[⑩]，高而动之[⑪]，微而证之[⑫]，符而应之[⑬]，拥而塞之，乱而惑之，是谓计谋。计谋之用，公不如私[⑭]，私不如结[⑮]，结，比[⑯]而无隙者也。正不如奇[⑰]，奇，流而不止者也[⑱]。故说人主者，必与之言奇[⑲]；说人臣者，必与之言私[⑳]。

【注释】 ①说内：意思是用得当的说辞打动其内心。②说外：意思是要从外部着手

进行游说。③见：同“现”，表现。④然：对其加以肯定。⑤要：概括，总结。⑥恶：这里指缺陷。⑦权：权衡。⑧患：忧患。⑨斥：排除。⑩摩而恐之：意思是运用揣摩的方法予以恐吓。⑪高而动之：意思是用高远的言论予以感动。⑫微而证之：意思是稍微采取一些行动印证自己的说辞。⑬符而应之：意思是运用内符之术加以验证。⑭公不如私：意思是公开策划不如隐秘筹谋。⑮私不如结：意思是秘密筹谋不如同心相结。⑯比：亲密无间。⑰正不如奇：意思是循常规不如用奇计。⑱奇，流而不止者也：意思是奇计的运用如同流水般奔腾而不可阻止。⑲言奇：意思是进献奇策。⑳言私：意思是要说关乎其切身利益的言辞。

【译文】 因此，对于表面亲近而内心疏远的人，游说者要用得当的说辞打动其内心；对于内心亲近而表面疏远的人，游说者要从外表着手，从而达到表里如一。所以，要根据对方的疑惑改变说辞，根据对方的表现加以肯定，根据对方的说法加以总结，根据对方所处的趋势予以成就，根据对方的缺陷加以权衡，根据对方的忧患予以排除。要运用揣摩的方法予以恐吓，用高远的言论予以感动，稍微采取一些行动印证自己的说辞，运用内符之术加以验证，制造障碍予以堵塞，制造混乱使之迷惑，这些都是运用计谋。计谋的运用，公开策划不如隐秘筹谋，而秘密筹谋不如同心相结，同心相结就亲密无间，可以做到无隙可乘。循常规不如用奇计，奇计的运用如同流水般奔腾而不可阻止。所以游说君主，一定要向他进献奇策；游说大臣，一定要关乎其切身利益。

【原文】 其身内、其言外者疏①，其身外、其言内者危②。无③以人之近所不欲，而强④之于人；无以人之所不知，而教之于人。人之有好也，学而顺之；人之有恶也，避而讳之；故阴道⑤而阳取⑥之也。故去⑦之者纵⑧之，纵之者乘⑨之。貌者不美，又不恶，故至情托焉⑩。可知者，可用也；不可知者，谋者所不用也。

【注释】 ①其身内、其言外者疏：陶注：“身在内，而言外泄者，必见疏也。”意思是身处亲密地位而说话却虚伪而见外，就会逐渐被疏远。疏，这里是被动用法，被疏远。②其身外、其言内者危：陶注：“身居外，而言深切者，必见危也。”意思是身处疏远地位而说话却深切内情，毫无顾忌，就会非常危险。③无：同“毋”，不，不要。④强：强加。⑤阴道：意思是通过隐秘的方式。⑥阳取：意思是公开地获取。⑦去：祛除。⑧纵：放纵。⑨乘：乘机，这里的意思是乘机采取行动。⑩貌者不美，又不恶，故至情托焉：陶注：“貌者，谓察人之貌以知其情也。谓其人中和平淡，见善不美，见恶不非，如此者可以至情托之，故曰‘至情托’焉。”意思是通过考察人的形貌以知其真情，如果其人中和平淡，见善不美，见恶不非，就可以深情相托。

【译文】 身处亲密地位而说话却虚伪而见外，就会逐渐被疏远；身处疏远地位而说话却深切内情，毫无顾忌，就会非常危险。不要把别人所不愿接受的事情强加于人，不要用别人所不知道的事情去教诲别人。别人有所喜爱，就可以学习并迎合顺从；别人有所厌恶，就可以加以回避以免引起不快。所以通过隐秘的方式进行，而公开地获取效果。因此，要想祛除，就先放纵，放纵之后再乘机采取行动。通过考察人的形貌以知其真情，

如果其人中和平淡，见善不美，见恶不非，就可以深情相托。可以知心的人，就可以重用；不可以知心的人，善于谋划的人是不会重用他的。

【原文】 **故曰："事贵制人，而不贵见[①]制于人。"制人者，握权[②]也；见制于人者，制命[③]也。故圣人之道阴[④]，愚人之道阳[⑤]。智者事易，而不智者事难。以此观之，亡不可以为存，而危不可以为安，然而无为而贵智[⑥]矣；智用于众人之所不能知，而能用于众人之所不能见。既[⑦]用见可否，择事而为之，所以自为也；见不可，择事而为之，所以为人也。故先王之道阴，言有之曰："天地之化，在高与深，圣人之制道[⑧]，在隐与匿。非独忠信仁义也，中正[⑨]而已矣。"道理达于此义者，则可与言。由能得此，则可与毂远近之义[⑩]。**

【注释】 ①见：表示被动，相当于"被"。②握权：意思是掌握了事情的主动权。③制命：意思是命运掌握在别人手中。④阴：暗中，暗地里。⑤阳：公开地，这里指做事张扬。⑥无为而贵智：陶注："今欲存其亡、安其危，则他莫能为，惟智者可矣，故曰'无为而贵智'矣。"意思是精通谋略的智者就能够有所作为。⑦既：表示"……之后"。⑧制道：处世的法则。制，致事，处事。⑨中正：这里指合于事理的中正之道。⑩由能得此，则可与毂远近之义：陶注："毂，养也。若能得此道之义，则可与居大宝之位，养远近之人，诱于仁寿之域也。"意思是可以以道义感召远近四方，从而成就天下事业。

【译文】 所以说，行事贵在控制别人，而不是被别人所控制。所谓控制别人，就是掌握了事情的主动权；所谓被人控制，就是命运掌握在别人手中。所以圣人立身处世的法则是隐秘谋划，而愚笨之人立身处世的法则是事事张扬。聪慧的人行事容易，而愚笨的人行事就很困难。由此看来，国家一旦灭亡就很难复兴图存，国家一旦处于危难之中就很难转危为安，然而精通谋略的智者就能够有所作为。智慧可以运用到普通大众所不能知晓的地方，而才能可以运用到普通大众所不能发现的地方。智慧和才能运用到实际中后，就可以发现可行或者不可行。如果可行，就选择事情去做，这是为了自己去做；如果不可行，也选择事情去做，这是为了别人去做。所以古圣先王行事的法则隐秘，有这样一句话说："天地自然的造化，在高深玄妙；圣人处世的法则，在隐秘藏匿。不仅仅是忠、信、仁、义，而是寻求合于事理的中正之道罢了。"只有通达了这一境界道理的人，才可以同他谈论大事。能够掌握这一法则，就可以以道义感召远近四方，从而成就天下事业。

决篇第十一

【原文】 **为人凡决[①]物，必托于疑者，善其用福，恶其有患[②]。善至于诱[③]也，终无惑，偏有利焉；去其利，则不受[④]也，奇[⑤]之所托。若有利于善者，隐托于恶[⑥]，则不受矣，致疏远。故其有使失利[⑦]者，其有使离[⑧]害者，此事之失。**

【注释】 ①决：决断，决策。②善其用福，恶其有患：陶注："凡人之情，用福则善，有患则恶，福患之理未明，疑之所由生，故曰'善其用福，恶其有患'。"意思是人之常情是有了福祉就高兴，有了祸患就厌恶。③诱：这里指诱导对方透出实情。④受：这里是被动用法，被接受。⑤奇：这里指奇谋妙策。⑥隐托于恶：意思是这种利益隐藏在表面不利，甚

至有祸患的形式在里面。⑦失利：丧失利益。⑧离：遭受。

【译文】 大凡为人决断事务疑难，一定是根据对事物的疑问。人之常情是有了福祉就高兴，有了祸患就厌恶。善于决断的人，首先诱得实情，然后加以定夺，自然不会产生困惑而只会使其受益；如果这种决断不能带来利益，就不会被接受，这就需要凭借这种情况制定奇谋妙策。这种决策尽管可以给人们带来福祉和利益，但这种利益是隐藏在表面不利甚至有祸患的形式里面的，对方自然不予理解和接受，还会导致关系逐渐疏远。所以对事物的决断，有的会使人丧失利益，有的会使人招致祸害，这都是行事失败的表现。

【原文】 圣人所以能成其事者有五：有以阳德之[①]者，有以阴贼之[②]者，有以信诚之[③]者，有以蔽匿之[④]者，有以平素之[⑤]者。阳[⑥]励于一言[⑦]，阴[⑧]励于二言[⑨]，平素枢机以用四者，微而施之[⑩]。于是[⑪]度以往事，验之来事，参之平素，可则决之；公王大人之事也，危而美名[⑫]者，可则决之；不用费力而易成者，可则决之；用力犯勤苦[⑬]，然不得已而为之者，可则决之；去患者，可则决之；从福[⑭]者，可则决之。故夫决情定疑[⑮]万事之机[⑯]，以正乱治决成败，难为者。故先王乃用蓍龟[⑰]者，以自决也。

【注释】 ①以阳德之：意思是以正面手段进行道德教化。德，这里作动词用，进行道德教化的意思。②以阴贼之：意思是以阴谋诡计进行残害。贼，残害。③以信诚之：意思是以诚信仁义相感召。诚，这里作动词用，可以解释为感召。④以蔽匿之：意思是以隐蔽的手段藏匿真心。⑤以平素之：意思是平和沉静，遵循常理。⑥阳：即君道。⑦励于一言：以一言相勉励，一言就是无为。⑧阴：即臣道。⑨励于二言：以二言相勉励，二言就是有为。⑩微而施之：意思是将四者微妙配合以进行决断。⑪于是：在这个时候。⑫危而美名：意思是事业崇高，由此可得美名。⑬用力犯勤苦：劳心费力而又辛勤劳苦。犯，触犯，这里引申为劳用。⑭从福：追求、获致幸福。⑮定疑：解决疑难。⑯机：关键，要点。⑰蓍龟：蓍草和龟甲，都是古人用来占卜的工具。

【译文】 圣人之所以能够成就事业，其途径和方法有以下五种：有的正大光明，以道德进行教化；有的阴谋诡计，以权术进行残害；有的诚信仁义，以诚心相感召；有的隐蔽掩饰藏匿真心；有的平和沉静，遵循常理。“阳”即君道，以一言相勉励，一言就是无为；“阴”即臣道，以二言相勉励，二言就是有为。一言、二言、平素、枢机四种方法参验使用，微妙配合，决断就会合于事理。在这个时候，揣度往事，推演未来，再参考往常的情况，如果可行就做出决断；王公大臣的事情，如果事业崇高，由此可得美名，可行的话就可以做出决断；不用花费太多精力就可以获得成功的事情，可行的话就可以做出决断；劳心费力而又辛勤劳苦，却又不得不做的事情，可行的话就可以做出决断；消除祸患的事情，可行的话就可以做出决断；追求、获致幸福的事情，可行的话就可以做出决断。所以说，判断实情、解决疑难是成就万事的关键，可以用来拨乱反正、决定兴衰成败，然而却是很难做到的。所以古圣先王在重大行动之前要借蓍草、龟甲进行占卜，也是为了帮助自己做出决断。

符言[①]第十二

【原文】 安徐正静[②]，其被节无不肉[③]。善与[④]而不静[⑤]，虚心平意，以待倾损[⑥]。有主位。

【注释】 ①符言：陶注："发言必验有若符契，故曰'符言'。"符，古代朝廷传达命令或征调兵将用的凭证，双方各执一半，以验真假。②安：安详。徐：从容。正：正直。静：沉静。③被节无不肉：陶注："被，及也。肉，肥也，谓饶裕也。言人若居位能安、徐、正、静，则所及人节度，无不饶裕。"意思是为人处世就可以左右逢源，游刃有余。④与：交际，交往。⑤静：沉静无为。⑥以待倾损：意思是以防备倾覆和损害。待，这里是防备的意思。

【译文】 一个人如果能达到安详、从容、正直、沉静的境界，那么他为人处世就可以左右逢源，游刃有余。要善于交际而不沉静无为，内心谦虚、意志平和，以防备倾覆和损害。以上所说是君王安于本位的道理。

【原文】 目贵明，耳贵聪，心贵智。以天下之目视[①]者，则无不见；以天下之耳听者，则无不闻；以天下之心虑者，则无不知。辐辏[②]并进，则明不可塞[③]。有主明。

【注释】 ①以天下之目视：意思是以天下人的眼睛去看。②辐辏：意思是像车轮的辐条都集向车毂一样。③明不可塞：意思是君王的视听如日月照临，不会被阻塞和蒙蔽。

【译文】 眼睛贵在明亮，耳朵贵在聪敏，心灵贵在智慧。以天下人的眼睛去看，就没有看不到的东西；以天下人的耳朵去听，就没有听不到的声音；以天下人的心灵去思考，就没有不知道的事情。这样，就可以像车轮的辐条都集向车毂一样天下归心，君王的视听如日月照临，不会被阻塞和蒙蔽。以上所说的是君王明察秋毫的道理。

【原文】 听之术，勿坚而拒之。许之则防守[①]，拒之则闭塞[②]。高山仰之可极[③]，深渊度之可测[④]。神明之听术，正静其莫之极[⑤]欤！有主听。

【注释】 ①许之则防守：意思是采纳进言，民众就会拥护和捍卫君王。②拒之则闭塞：意思是拒绝进言，君王就会闭目塞听。③极：看到其顶点。④度：度量。测：测量。这里"度"表示行为，"测"表示结果。⑤莫之极：达不到其顶点。

【译文】 听取别人进言的方法是：不要固执己见而排拒对方。采纳进言，民众就会拥护和捍卫君王；拒绝进言，君王就会闭目塞听。山峰虽高，但仰而望之就会看到其顶点；深渊虽深，但经过测量仍可以获知其深度。神明的君王，其听言之术正直沉静，高深玄妙，是深不可测的。以上所说的就是君王端正视听的道理。

【原文】 用赏贵信，用刑贵正。赏赐贵信，必验耳目之所见闻。其所不见闻者，莫不暗化[①]矣。诚[②]畅于天下神明，而况奸者干[③]君？有主赏。

【注释】 ①莫不暗化：没有不自然而然地为人民所认可和接受的。暗，默默地。②诚：表示假设，果真，如果确实。③干：冒犯，这里引申为加害。

【译文】 施行奖赏，贵在坚守信用；施行刑罚，贵在公正无私。奖赏和赐予贵在坚守

信用，就必须以耳目所闻见的情况加以验证，即使没有经过耳闻目睹的情况，也会自然而然地为人民所认可和接受。如果确实能够做到奖赏守信，刑罚公正，从而畅行于天下，如有神明保佑，那么奸邪之人加害君王的企图，怎么会得逞呢？以上所说的就是君王赏必守信的道理。

【原文】 一曰天之，二曰地之，三曰人之[1]。四方、上下、左右、前后，荧惑[2]之处安在？有主问。

【注释】 ①一曰天之，二曰地之，三曰人之：陶注："天有逆顺之纪，地有孤虚之理，人有通塞之分，有天下者宜皆知之。"意思是君王要上知天时、下知地利、通晓人事。②荧惑：指象征吉凶祸福的荧惑之星。

【译文】 一是上知天时，二是下知地利，三是通晓人事。这样，四方、上下、左右、前后，各种因素都通晓明白，那么象征吉凶祸福的荧惑之星又会在何处呢？以上所说的就是君王不耻下问、全面了解情况的道理。

【原文】 心为九窍[1]之治[2]，君为五官[3]之长。为善者君与之赏，为非者君与之罚。君因其政之所以求[4]，因与之，则不劳[5]。圣人用之，故能掌之。因之循理[6]，固能长久。有主因。

【注释】 ①九窍：人之口、两耳、两眼、两鼻孔、两便孔为九窍。②治：统治，这里引申为主宰的意思。③五官：即司徒、司马、司空、司士、司寇，或谓司徒、司马、司空、司寇、宗伯，泛指百官。④因其政之所以求：意思是根据百官行政的具体情况。⑤不劳：不费心力。⑥循理：遵循事理。

【译文】 心是九窍运行的主宰，君王是五官的首领。做善事，君王就予以奖赏；做恶事，君王就予以刑罚。君王根据百官行政的具体情况，给予赏赐或处罚，就不会大费心力。圣人运用这种方法，所以能够掌握他们。这样因势利导、遵循事理，统治才能够长久。以上所说的就是君王因循事理、驾驭臣民的道理。

【原文】 人主不可不周。人主不周，则群臣生乱。家于其无常也[1]，内外不通[2]，安知所开？开闭不善，不见原[3]也。有主周。

【注释】 ①家于其无常也：意思是国家发生祸乱，群臣执掌无常。②内外不通：意思是君臣上下之间无法沟通。③原：事物的本原。

【译文】 做君王的不可不缜密周详，不缜密周详，群臣就会发生祸乱。国家发生祸乱，群臣执掌无常，君臣上下之间无法沟通，怎么知道事情的开启闭藏呢？不善于用开启闭藏之术，就不能发现事物的本原。以上所说的就是君王缜密周详的道理。

【原文】 一曰长目[1]，二曰飞耳[2]，三曰树明[3]。千里之外，隐微之中，是谓洞[4]。天下奸，莫不暗变更[5]。有主恭。

【注释】 ①长目：意思是君王要用天下人的眼睛去看东西。②飞耳：意思是君王要用天下人的耳朵去听声音。③树明：意思是君王要用天下人的心灵去洞察问题。④洞：洞察。⑤变更：这里是弃恶从善、更改前非的意思。

【译文】 做君王的首先要长目，即用天下人的眼睛去看东西；其次要飞耳，即用天下人的耳朵去听声音；再次要树明，即用天下人的心灵去洞察问题。千里之外的地方，隐藏、细微之中，就叫作“洞”。天下的奸邪之徒，没有不暗中弃恶从善、更改前非的。这里所说的就是君王应耳聪、目明、心灵的道理。

【原文】 循①名而为，实安而完；名实相生②，反相为情③。故曰：名当则生于实，实生于理，理生于名实之德④，德生于和⑤，和生于当。有主名。

【注释】 ①循：顺，依照。②相生：互为依托而生存。③反相为情：意思是反过来又合乎情理。④名实之德：名实相符的道德。⑤和：协和。

【译文】 君王根据名分去采取实际行动，就会安全而完好。名与实互为依托而生存，反过来又合乎情理。所以说名分恰当是从实践中产生出来的，而实践则是由事理产生，事理又产生于名实相符的道德之中，道德产生于协和，协和产生于适当。以上所说的就是君王应循名求实的道理。

本经阴符七篇

盛神

【原文】 盛神①法②五龙③。盛神中有五气④，神为之长，心为之舍，德为之人⑤。养神之所⑥，归诸⑦道。道者，天地之始，一其纪⑧也，物之所造，天之所生，包宏无形化气⑨，先天地而成，莫见其形，莫知其名，谓之神灵。故道者，神明之源，一其化端，是以德养五气，心能得一⑩，乃有其术。术者，心气之道所由舍者，神乃为之使。九窍、十二舍⑪者，气之门户，心之总摄⑫也。生⑬受之天，谓之真人。真人者，与天为一。而知之者，内⑭修炼而知之，谓之圣人。圣人者，以类知之⑮。故人与生一⑯，出于化物⑰。知类在窍，有所疑惑，通于心术。术必有不通。其通也，五气得养，务在舍神⑱，此之谓化。化有五气者，志也，思也，神也，德也，神其一长也。静和者，养气，养气得其和。四者不衰，四边威势，无不为⑲，存而舍之，是谓神化归于身⑳，谓之真人。真人者，同天而合道㉑，执一㉒而养产万类，怀天心㉓，施德养㉔，无为以包志虑、思意，而行威势者也。士者，通达之，神盛乃能养志。

【注释】 ①盛神：使人们的意志和精神旺盛。②法：效法。③五龙：五行中的龙仙。我国古代有五行之说，认为金、木、水、火、土是构成万事万物的元素。④五气：即神气、魂气、魄气、精气、志气；一说指心、肝、脾、肺、肾五脏之气。⑤德为之人：意思是德能扶正祛邪，是人之所以为人的根本。⑥所：途径。⑦诸：之于。⑧纪：丝的头绪，引申为开端。⑨包宏无形化气：意思是包容着多种无形的化育万物之气。⑩心能得一：意思是人心能得其纯一。⑪十二舍：指目、耳、鼻、舌、身、意、色、声、香、味、触、事。⑫摄：统摄，统领。⑬生：同“性”，本性。⑭内：自身。⑮以类知之：意思是通过类推、举一反三，悟得道术。⑯人与生一：意思是人相与生在天地之间，最初的天性是一样的。⑰出于化物：意思是诞

生之后随事物、环境不同而变化。⑱舍神：意思是使神气留驻身体之内。舍，这里作动词，安置住宿。⑲无不为：意思是无所不能为。⑳神化归于身：意思是得道存养本性于自身。㉑同天而合道：意思是与天同体，与道合一。㉒执一：意思是秉执纯一的道术。㉓天心：天道自然之心。㉔施德养：意思是布施道德以滋养五气。

【译文】 要使人们的意志和精神旺盛，就得效法五龙。旺盛的意志和精神之中包含着五气即神气、魂气、魄气、精气、志气。其中，神气是居于首位的，心是五气活动的家园，而德能扶正祛邪，是人之所以为人的根本。培养神气的途径，在于道。所谓道，就是天地万物生成的初始，一是道的开端。事物的创造，天地的生成，都是从道中衍生出来的。其中包容着多种无形的化育万物之气。这种气是在天地生成之前就形成的，没法知道其形状，没法知道其名称，于是称作神灵。由此可见，所谓道，是神明的源泉，一是其变化的开端。因此，德能够滋养五气，人心能得其纯一，那么术也就是培养神明的方法就会自然产生。所谓术，是心气运行的通道和所居住的地方，而神气则是心的使者。人体中的九窍和十二舍是五气出入的门户，而心则为之总管。人的本性由上天传授，就称为得道存养本性的真人。所谓真人，也就是与天地自然融为一体了。而那些得道之人，是通过自身的修炼而获知道术的，这就被称为圣人。所谓圣人，是通过类推、举一反三，悟得道术的。所以人生于天地之间，最初的天性是一样的，只是诞生之后随事物、环境不同而变化。人认识事物首先是通过九窍，如果还有疑惑，就需要心术来沟通。如果内心没有适当的方法，必然会有无法沟通的情况。九窍一旦与心术沟通，人体的五气得以滋养，并努力使神气留驻身体之内，这就称为化育。化育五气，是指志、思、神、德而言，而神气则是五气的主宰。所谓静和，关键在于养气，养气才能使身心安静和顺。志、思、神、德四种气不衰竭，那么四边都形成了威势，就无所不能为，保有并把五气存留身体之内，这就称为得道存养本性于自身，也就是真人。所谓真人，与天同体，与道合一，秉执纯一的道术以养育万物，怀有天道自然之心，布施道德以滋养五气，无为自然而包容志、虑、思、意，从而施行威盛之势。士人必须通达此道，保持意志和精神旺盛，才能够培养心志。

养志

【原文】 养志[①]法灵龟。养志者，心气之思不达也。有所欲，志存而思之。志者，欲之使也。欲多则心散，心散则志衰，志衰则思不达也。故心气一则欲不徨[②]，欲不徨则志意不衰，志意不衰则思理达矣。理达则和通[③]，和通则乱气不烦于胸中。故内以养志，外以知人，养志则心通矣，知人则职分明矣。将欲用之于人，必先知其养气志。知人气盛衰，而养其气志，察其所安[④]，以知其所能。志不养则心气不固，心气不固则思虑不达，思虑不达则志意不实[⑤]，志意不实则应对不猛[⑥]，应对不猛则志失而心气虚，志失而心气虚则丧其神矣。神丧则仿佛[⑦]，仿佛则参会不一[⑧]。养志之始，务在安[⑨]己；己安则志意实坚；志意实坚，则威势不分。神明常固守，乃能分之[⑩]。

【注释】 ①养志：培养心志。②徨：多。③和通：和顺畅通。④察其所安：意思是考

察他心理是否安详。⑤实：坚实。⑥应对不猛：意思是应对事物不果敢气壮。⑦仿佛：意志恍惚。⑧参会不一：指志气、心气、神气三者交会就不纯一。“参”和“叁”古代通用。⑨安：这里是使动用法，使……安静。⑩分之：意思是分散和动摇对方的威势。

【译文】 培养心志要效法灵龟。培养心志，是由于心神之气不通达的缘故。凡人有所欲望，就会充满心志并不时去思想。心志，是会被欲望所役使的。欲望多，心意就散漫；心意散漫，志气就会衰弱；志气衰弱，思虑就不通达。所以心气专一，欲望就不多；欲望不多，意志就不会衰弱；意志不衰弱，思绪就会通达；思绪通达，就会和顺畅通；和顺畅通，杂乱之气就不会烦扰胸中。因此，对自身应培养心志，对外则应该了解他人。培养心志则心气畅通，了解他人则职分明确。如果要把培养心志之术运用到识人用人方面，就必须首先了解他培养心志的功夫，知道他人气的盛衰，然后培养其人气和心志，考察他心理是否安详，从而了解他的才能如何。不培养心志，心气就不能巩固；心气不巩固，思虑就不能通达；思虑不通达，意志就不坚实；意志不坚实，应对事物就不果敢气壮；应对不果敢气壮，就会丧失心志而使心气虚弱；丧失心志而又心气虚弱，那么神气也就随之丧失；神气丧失，就会意志恍惚；意志恍惚，志气、心气、神气三者交会就不纯一。培养心志的第一步，务在使自己安静；自己安静了，就会意志坚实；意志坚实，威势就不会分散。神明经常固守，才能分散和动摇对方的威势。

实意

【原文】 实意[1]法螣蛇[2]。实意者，气之虑也[3]。心欲安静，虑欲深远。心安静则神明荣[4]，虑深远则计谋成；神明荣则志不可乱，计谋成则功不可间[5]。意虑定则心遂[6]安，心遂安则其所行不错，神自得矣，得则凝[7]。识气寄[8]，奸邪得而倚[9]之，诈谋得而惑之，言无由心矣。故信心术[10]，守真一[11]而不化，待人意虑之交会，听之候之也。计谋者，存亡之枢机[12]。虑不会，则听不审矣，候之不得。计谋失矣，则意无所信，虚而无实。故计谋之虑，务在实意，实意必从心术始。无为而求安静五脏[13]，和通六腑[14]，精神魂魄固守不动，乃能内视[15]、反听[16]、定志，思之太虚[17]，待神往来。以观天地开闭，知万物所造化，见阴阳之终始，原[18]人事之政理[19]，不出户而知天下，不窥牖[20]而见天道[21]，不见而命[22]，不行而至，是谓道。知以通神明，应于无方[23]而神宿[24]矣。

【注释】 ①实意：坚定充实意志。②螣蛇：古代传说中的一种神蛇，能腾云驾雾，在云中飞舞。③实意者，气之虑也：意思是所谓坚定充实意志，就是要使心气平和，思虑详明。④神明荣：意思是精神充满生机。神，精神，神志。明，聪明。荣，繁茂，旺盛。⑤间：间隔，隔断，这里引申为抹杀的意思。⑥遂：顺。⑦得则凝：意思是神气自得，事业才会随之成功。⑧识气寄：意思是心气有所依附而不集中。识气，智识，心气。寄，陶注：“寄，谓客寄，言气非真，但客寄耳。”⑨倚：靠，这里引申为乘虚而入。⑩信心术：使心术诚明。⑪守真一：保持纯真专一。⑫枢机：关键。⑬五脏：指心、肝、脾、肺、肾。⑭六腑：中医称胃、胆、三焦、膀胱、大肠、小肠为六腑。⑮内视：内自省察。⑯反听：外听他人意见。⑰思之

太虚:意思是思绪进入虚幻境界。⑱原:推究。⑲政理:指治国安邦的道理。⑳牖:窗户。㉑天道:自然变化。㉒命:为事物命名,即辨别事物。㉓应于无方:应对各方面。无方,没有极限。㉔神宿:使心神之气永驻。

【译文】 坚定充实意志,要效法螣蛇。所谓坚定充实意志,就是说使心气平和,思虑详明。心气要安静稳重,思虑要深沉久远。心气安静,精神才充满生机;思虑深远,计谋才能成功。精神充满生机,心志才不会紊乱;计谋成功,功绩才难以抹杀。意志思虑安定,心绪才会随之而安;心绪安定,所行之事也就不会出错,神气自得,事业才会随之成功。心气有所依附而不集中时,奸邪就会乘虚而入,诈谋也就会迷惑人心,言语也就不会发自内心。所以保持心术诚明、纯真专一而没有变化,待人接物诚心诚意,上下交流,倾听建言,获知详情,筹划计谋。计谋的优劣,是存亡的关键。思虑不进行交流,所听到的情况就不详明,等待也不能得知。计谋一旦失误,意志无所依托和信赖,就会成为虚而不实的东西。所以计谋的思虑筹划,务必充实,思虑充实又必须从心术纯真专一开始。自然无为要求安静五脏,和通六腑,精神魂魄固守不动,才能内自省察、外听他人意见,安定心志。思绪进入虚幻境界,就要等待神明往来。达到这种境界,就可以此观察天地开辟的神奇,了解万事万物的创造化育,发现阴阳变化的兴衰,推究人世间治国安邦的道理,足不出户而通晓天下事,目不出窗而了解自然变化,目不亲见就可以为事物命名,足虽不行就可以达到目的,这就叫作"道"。通晓"道",就能通于神明,应对各个方面,使心神之气永驻。

分威

【原文】 分威①法伏熊②。分威者,神之覆也③。故静固志意④,神归其舍⑤,则威覆盛矣。威覆盛,则内实坚;内实坚,则莫当⑥;莫当,则能以分人之威,而动其势,如其天⑦。以实取虚,以有取无,若以镒⑧称铢。故动者必随,唱⑨者必和⑩。挠⑪其一指,观其余次⑫,动变见形⑬,无能间⑭者。审于唱和,以间见间⑮,动变明而威可分。将欲动变,必先养志,伏意⑯以视间。知其故实者,自养也。让己者⑰,养人⑱也。故神存兵亡⑲,乃为之形势⑳。

【注释】 ①分威:分布威势、蓄积待发。②伏熊:熊在搏击时先趴下然后突然出击,故名。③分威者,神之覆也:意思是所谓分布威势,就是要使神气覆盖,也即涵养和充沛精神。④静固志意:使自己思虑镇静、志向坚固。静和固在这里都是使动用法。⑤神归其舍:使神气凝聚于心中。舍,这里指人的躯体。⑥莫当:意思是势不可挡,无往而不胜。当,抵挡。⑦如其天:如天之覆盖四野。⑧镒:古代重量单位,一镒等于二十四两,一两等于二十四铢。⑨唱:同"倡",倡导。⑩和:应和,附和。⑪挠:弯曲。⑫余次:剩下的,其他的。⑬动变见形:意思是所有的运动和变化都能够体现出来。形,表现,表露。⑭间:离间。⑮以间见间:意思是以离间的方法发现其可乘之机。前一个"间"意思是离间;后一个"间"意思是可乘之机。⑯伏意:隐藏自己的意图。⑰让己者:自知谦虚礼让的人。让,

谦让。⑱养人:这里指可以养他人之气。⑲兵亡:这里指对抗消失。⑳为之形势:意思是形成自己的威势。

【译文】 分布威势、蓄积待发要效法伏熊。所谓分布威势,就是要使神气覆盖,也即涵养和充沛精神。所以要使自己思虑镇静、志向坚固,从而使神气凝聚于心中,那么其威势就更为强盛。威势强盛,那么内在意志就更坚实;内在意志坚实,就势不可当,无往而不胜;势不可当,就能使威势分布,而发动其威势,就会如天之覆盖四野。这样以实取虚,以有取无,就好比用镒来称量铢一样。所以威势所及,有所行动,就必然有人依随;有所倡导,登高一呼,就必然有人附和。弯曲一指,稍有动作,以观察其他,那么所有的运动和变化都能够体现出来,无可离间。审慎地分析彼此唱和的情况,以离间的方法发现其可乘之机,这样运动变化就能明了,威势就可分布和壮大。如果有所行动和变化,必须首先培养心志、隐藏自己的意图,以观察对方的漏洞,寻找行动的时机。自知巩固充实意志的人,就能够自我养气修炼。自知谦虚礼让的人,就可以养他人之气。所以对抗就会逐渐消失,于是就可以形成自己的威势。

散势

【原文】 散势[①]法鸷鸟[②]。散势者,神之使也[③]。用之,必循[④]间[⑤]而动。威肃、内盛,推间[⑥]而行之,则势散[⑦]。夫散势者,心虚志溢[⑧]。意衰威失,精神不专,其言外[⑨]而多变。故观其志意为度数[⑩],乃以揣说图[⑪]事,尽圆方[⑫],齐长短[⑬]。无间则不散势,散势者,待间而动,动而势分矣。故善思间者[⑭],必内精五气,外视虚实,动而不失分散之实[⑮]。动则随其志意,知其计谋。势者,利害之决,权变之威。势败者,不以神肃察[⑯]也。

【注释】 ①散势:散发自己的威势。②鸷鸟:凶猛的鸟。③散势者,神之使也:意思是向外散发威势,是由精神驱使的。④循:顺,遵循。⑤间:间隙,引申为时机,可乘之机。⑥推间:寻找有利的时机。⑦势散:威势向外分散发挥。⑧溢:满,这里是饱满的意思。⑨言外:意思是言辞外露。⑩度数:揣度的标准。⑪图:谋划。⑫尽圆方:尽圆方自然之理。⑬齐长短:使长短各有其用。⑭思间者:善于研究间隙、时机的人。⑮分散之实:散发威势的实效。⑯以神肃察:以神明和严肃的态度去观察。

【译文】 散发自己的威势,要效法凶猛的鸷鸟。向外散发威势,是由精神驱使的。运用散发威势的方法,必须寻找到有利的可乘之间隙与时机,然后采取行动。威势整肃,内气旺盛,寻找有利的间隙、时机而采取行动,那么威势就可以向外分散发挥。向外散发威势的人,内心谦虚,意志饱满。意志衰微、精力不专一,其言辞就易于外露而且多变化。所以观察其意志作为揣度的标准,就可以据此揣摩和游说,进而图谋行事,尽圆方自然之理,使长短各有其用。如果没有间隙、时机可乘,就不可散发威势。向外散发威势,一定要等待间隙、时机而采取行动,这样的行动就能使威势发挥。所以善于研究间隙、时机的人,一定要自身精通蓄积五气。对外探察虚实,采取行动而不失散发威势的实效。采取行动就要根据其志意所向,了解其计谋。威势,决定利害关系,也是权变的威力所在。威

势衰败，是不以神明和严肃的态度去观察的缘故。

转圆

【原文】 转圆[①]法猛兽。转圆者，无穷之计也。无穷者，必有圣人之心，以原[②]不测之智，以不测之智而通心术。而神道[③]混沌为一[④]，以变论万类[⑤]，说义[⑥]无穷。智略计谋，各有形容[⑦]，或圆或方，或阴或阳，或吉或凶，事类不同。故圣人怀此之用，转圆而求其合[⑧]。故兴造化者，为始，动作无不包大道[⑨]，以观神明之域[⑩]。天地无极，人事无穷，各以成其类。见其计谋，必知其吉凶、成败之所终也。转圆者，或转而吉，或转而凶。圣人以道[⑪]先知存亡，乃知转圆而从方。圆者，所以合语[⑫]；方者，所以错事[⑬]；转化者，所以观计谋；接物者，所以观进退之意。皆见其会，乃为要结，以接其说也[⑭]。

【注释】 ①转圆：意思是使智慧如转动的圆一样无穷无尽。②原：推究，这里引申为探测。③神道：神奇的自然之道。④混沌为一：浑然成为一体。混沌，原指宇宙形成前模糊一团的景象，这里引申为浑然一体的意思。⑤变论万类：即论万物之变，意思是论析万事万物的变化。⑥说义：阐发义理。⑦形容：形象和状态。⑧转圆而求其合：像转动圆体那样以求得合乎事理。⑨包大道：意思是合乎自然之道。包，包容。⑩域：境域。⑪以道：指根据自然之道。⑫圆者，所以合语：意思是转圆是为了使言语变化合乎需要。⑬方者，所以错事：意思是转方是为了使行动安稳以便处置事体。错，同"厝"，安置，安放。⑭皆见其会，乃为要结，以接其说也：陶注："谓上四者，必见会之变，然后总其纲要而结之，则情伪之说可接引而尽矣。"意思是以上这些行为，都只有了解其交会融通，才可以得其要领，以沟通和接续其学说。

【译文】 要使智慧如转动的圆一样无穷无尽，就要效法猛兽威力无穷。所谓转圆，就是计谋像圆体旋转那样无穷无尽。计谋无穷，一定要有圣人的博大胸怀，去探测深不可测的智慧，再以不可测度的智慧去沟通心术。神奇的自然之道浑然一体，可以用来论析万事万物的变化，阐发无穷无尽的义理。智慧谋略计策，各有其形象和状态，或圆或方，或阴或阳，或吉或凶，事物差别各不相同。所以圣人怀有这种计谋，像转动圆体那样以求得合乎事理。所以圣人兴起创造教化之始，其行动、作为无不合乎自然之道，借以观察神明的境域。天地没有终极，人事没有穷尽，各自归于不同的类别。观察其计谋，就一定能知道其吉凶成败的结果。转圆的方法，有的转而成吉，有的转而成凶。圣人可以根据自然之道预先推知存亡之理，所以能够转圆而成方，转凶而成吉。转圆，是为了使言语变化合乎需要；转方，是为了使行动安稳以便处置事体。转化，是为了观察计谋的得失；接物，是为了观察事物的进退是非。以上这些行为，都只有了解其交会融通，才可以得其要领，以沟通和接续其学说。

损兑

【原文】 损兑[①]法灵蓍[②]。损兑者，几危之决[③]也。事有适然[④]，物有成败。几危之

动，不可不察。故圣人以无为待有德，言察辞合于事[5]。兑者，知之也。损者，行之也。损之说之，物有不可者，圣人不为辞也。故智者不以言失人之言[6]，故辞不烦[7]，而心不虚[8]；志不乱，而意不邪。当其难易，而后为之谋，因[9]自然之道以为实。圆者[10]不行[11]，方者[12]不止[13]，是谓大功。益之损之，皆为之辞。用分威散势之权[14]，以见其兑[15]威其机危[16]，乃为之决。故善损兑者，譬若决水于千仞[17]之堤，转圆石于万仞之谷。

【注释】 ①损兑：损益。②灵蓍：用来预测吉凶的蓍草。③几危之决：用来判断和决定事物的细微征兆和是否危险的根据。几，隐微，特指事情的迹兆。④适然：偶然。⑤言察辞合于事：意思是考察其言辞，以及是否与事体相合。⑥不以言失人之言：意思是不以自己擅长言谈就抛弃他人的言论。⑦烦：烦琐。⑧虚：虚伪。⑨因：根据。⑩圆者：周全的计谋。⑪不行：意思是令其不能实行。⑫方者：难以成功的计谋。⑬不止：意思是令其不能停止。⑭权：权变。⑮见其兑：观察和抓住有利时机。⑯威其机危：威势发挥于对方的危机之时。⑰仞：古时八尺或七尺叫作一仞。

【译文】 要想知道损益得失，就要效法用来预测吉凶的蓍草。所谓损兑，即损益，是用来判断和决定事物的细微征兆和是否危险的根据。凡事都有偶然，凡物都有成败，预示事物发展和成败的细微征兆，不可不明察。所以圣人以自然无为对待有德之士，考察其言辞，以及是否与事体相合。兑，就是考察了解事物；损，就是排除其他观念，从而能够实行。排除之后再行说服，事物仍有不可行，圣人就不再多加辩说。所以有智慧的人从不以自己擅长言谈就抛弃他人的言论，因而言辞得当而不烦琐，内心充实而不虚伪，心志坚定而不迷乱，思虑纯正而无邪念。当事物发展到难易成败的关键时刻，为之设定计谋，以事物发展的自然规律作为基础。对方用圆的也即周全的计谋，令其不能实行；对方用方的也即难以成功的计谋，令其不能停止，这就称为大功。计谋的增减损益及其得失，都要通过言辞来论说。运用分威、散势的权变方法，以观察和抓住有利时机，威势发挥于对方的危机之时，从而决定事物的成败。所以善于运用损益方法的人，就好比在千仞堤防上掘开洪水，又好像在万仞深谷推转圆石，其威势锐不可当。

持枢

【原文】 持枢[1]，谓春生、夏长、秋收、冬藏，天之正[2]也，不可干[3]而逆[4]之。逆之者，虽成必败。故人君亦有天枢[5]，生养成藏[6]，亦复不可干而逆之。逆之者，虽盛必衰。此天道，人君之大纲[7]也。

【注释】 ①持枢：掌握事物发展变化的关键。②天之正：四时运行的自然法则。③干：干预，干犯。④逆：违背。⑤天枢：指天下治乱变化的关键。⑥生养成藏：人民的生长、养育，事业的成功与收获。⑦纲：本意是提网的总绳，引申为纲领。

【译文】 持枢，也就是掌握事物发展变化的关键，说的是春天播种、夏天生长、秋天收获、冬天贮藏，四时运行的自然法则。不可干预和违背四时运行的自然规律。违背了这种规律，即使居于成功之位，最终也必然招致失败。所以做君王的人也掌握着天下治

乱变化的关键，人民的生长、养育，事业的成功与收获，也同样不可干预和违背。违背了这些自然的规律，即使处在盛世，也必然会走向衰亡。这是自然规律，也是做君王的人所应该遵循的根本纲领。

中经

【原文】 **中经，谓振穷趋急[①]，施之能言厚德之人。救拘执[②]，穷者不忘恩也。能言者，俦善博惠[③]；施德者，依道；而救拘执者，养使小人[④]。盖士，当世异时，或当因免阗坑[⑤]，或当伐害能言[⑥]，或当破德为雄[⑦]，或当抑拘成罪，或当戚戚自善[⑧]，或当败败自立[⑨]。故道贵制人，不贵制于人也；制人者握权，制于人者失命。是以见形为容，象体为貌，闻声和音，解仇斗郄[⑩]，缀去，却语，摄心，守义。本经纪事者纪道数[⑪]，其变要[⑫]在《持枢》《中经》。**

【注释】 ①振穷趋急：拯救陷入窘境的人、保护处于危机之时的人。振，救济，这里是拯救的意思。趋，快步走，这里引申为保护的意思。②拘执：这里指身陷囹圄的人。③俦善博惠：与人为善而博施恩惠。俦，同类。④救拘执者，养使小人：陶注："言小人在拘执，而能救养之，则小人可得而使也。"意思是解救人于囹圄之中，即使是小人，救而养之，亦可供驱使。⑤因免阗坑：在乱世中幸免于转死沟壑。⑥伐害能言：能言善辩却遭谗害。⑦破德为雄：抛弃文德拥兵自雄。⑧戚戚自善：忧郁孤独而独善其身。⑨败败自立：意思是在天下危败之中仍能自立于世。⑩郄：敌人内部的裂隙。⑪道数：这里指原理。⑫变要：临机权变的要领。

【译文】 所谓中经，就是指拯救陷入窘境的人、保护处于危机之时的人的方法，而这必然是那些能言善辩、品德厚道的人所实施的。解救身陷囹圄的人，被救的这些处于窘境的人就不会忘记恩德。能言善辩之人，与人为善而博施恩惠；施行德义之人，所作所为必合乎自然之道；解救人于囹圄之中，即使是小人，救而养之，亦可供驱使。大凡士大夫遭逢世事变化、时局危难，有的在乱世中幸免于转死沟壑，有的能言善辩却遭谗害，有的抛弃文德拥兵自雄，有的身陷囹圄被罗织罪名，有的忧郁孤独而独善其身，有的在天下危败之中仍能自立于世。所以立身处世之道贵在控制他人，而不被别人所控制；控制他人就掌握了主动权，而被他人所控制就不能把握自己的命运。因此，这里介绍一些为人处世的技巧，也就是"见形为容，象体为貌""闻声和音""解仇斗郄""缀去""却语""摄心""守义"等七种具体的方法。《本经阴符七篇》所记载的只是一些道数即原理，而临机权变的要领则在《持枢》《中经》之中。

【原文】 **见形为容，象体为貌者，谓爻为之生[①]也，可以影响[②]、形容[③]、象貌[④]而得之也。有守[⑤]之人，目不视非，耳不听邪，言必《诗》《书》[⑥]，行不僻淫[⑦]，以道为形，以德为容，貌庄色温，不可象貌而得[⑧]也。如是隐情塞郄[⑨]而去之。**

【注释】 ①爻为之生：见到爻象就能推知吉凶。爻，组成卦的符号，分阴爻和阳爻。②影响：指人的声音影像。③形容：指人的外部形象。④象貌：指人的容貌举止。⑤守：

操守。⑥《诗》:即《诗经》。《书》:即《尚书》。⑦僻淫:邪僻淫乱。⑧不可象貌而得:意思是不可能从相貌上看透其内心世界。⑨隐情塞郄:隐瞒实情、堵塞漏洞。

【译文】 所谓"见形为容,象体为貌",犹如人们见到爻象就能推知吉凶一样。可以从一个人的声音影像、外部形象、容貌举止去推知其内心世界、精神风貌。那些有操守的人,非礼的东西不看,奸邪的东西不听,说话必定引用《诗经》《尚书》中的章句,行为正直而毫无邪僻淫乱之处,以道为外形,以德为面容,体貌端庄,神色温和,不可能从相貌上看透其内心世界。在这种情况下,就要隐瞒实情、堵塞漏洞,离他而去。

【原文】 **闻声和音,谓声气不同[①],则恩爱不接[②]。故商、角不二合,徵、羽不相配[③]。能为四声主者,其唯宫乎[④]?故音不和则悲,是以声散伤丑害[⑤]者,言必逆于耳也。虽有美行盛誉,不可比目[⑥],合翼[⑦]相须[⑧]也,此乃气不合、音不调者也。**

【注释】 ①声气不同:彼此意气不相投合。②恩爱不接:意思是彼此不恩爱友善,在感情上不能相互沟通和接纳。③商、角不二合,徵、羽不相配:陶注:"商金,角木,徵火,羽水,递相克食,性气不同,故不相配合也。"这是用五行相生相克的道理来附会五音。五音,或称五声,是古代五声音阶上的五个级,分别是宫、商、角、徵、羽。④能为四声主者,其唯宫乎:陶注:"宫则土也,土主四季,四者由之以生,故为五声主也。"意思是:能够作为上述四音之主的,岂不是只有主土的宫音了吗?⑤散伤丑害:四者皆为不和之音。⑥比目:比目鱼,总是两条在水中并游。⑦合翼:比翼鸟,传说中的鸟名,雌雄总在一起飞。⑧相须:彼此互不可分。须,必需,必要。

【译文】 所谓"闻声和音",就是说彼此意气不相投合,就不会恩爱友善,在感情上不能相互沟通和接纳。所以在五音之中,商主金,角主木,二音相克而不相合;徵主火,羽主水,二音相克而不相配。能够作为上述四音之主的,岂不是只有主土的宫音了吗?所以音调不和谐,听起来就悲切,因此声音出现散、伤、丑、害的情况,言语必然逆耳而不中听。一个人即使有美好行为、盛大声誉,却不能像比目鱼、合翼鸟那样和谐亲密,互相辅助,也不能与人和谐相处,这就是意气不相投合、音韵不相协调的缘故。

【原文】 **解仇斗郄,谓解羸微之仇[①]。斗郄,斗强也。强郄既斗,称胜者,高其功,盛其势。弱者哀其负,伤其卑,污[②]其名,耻[③]其宗。故胜者,斗其功势[④],苟[⑤]进而不知退。弱者闻哀其负[⑥],见其伤则强大力倍,死而是[⑦]也。郄无极大,御无强大,则皆可胁而并[⑧]。**

【注释】 ①羸微之仇:微小的仇隙。羸,瘦弱,这里是微小的意思。②污:这里是使动用法,使……受到玷污。③耻:使……蒙受耻辱。④斗其功势:依恃其功高势盛而斗。⑤苟:苟且,这里是只知道的意思。⑥闻哀其负:意思是为其哀伤失败所激励。⑦死而是:意思是一定会死战而胜。⑧胁而并:以武力相威胁,进而予以吞并。

【译文】 所谓"解仇斗郄",就是说排解微小的仇隙。斗郄。就是攻斗强者的间隙。两强相斗之后,获胜的一方就会炫耀自己的武功,壮大自己的气势。弱小的一方则哀叹自己的失败,感伤自己的卑下,使自己的名声受到玷污,使自己的祖宗蒙受耻辱。所以胜利者依恃其功高势盛,只知一味冒进而不知必要的退却;弱小者反为其哀伤失败所激励,

见到自己所受打击而力量大增，一定会死战而胜。敌人内部的裂隙未达极点，守御的力量也不够强大，那么就可以武力相威胁，进而予以吞并。

【原文】 **缀去者，谓缀己之系言[①]，使有余思也。故接贞信者，称其行，厉[②]其志，言可为可复，会之期喜[③]。以他人之庶[④]，引验以结往[⑤]，明疑疑而去之[⑥]。**

【注释】 ①缀己之系言：意思是对将要离去的人倾诉自己的挽留之意。②厉：激励。③会之期喜：意思是高兴地约定再次相会的日期。④庶：希冀，希望。⑤引验以结往：意思是结合以往的经验。⑥明疑疑而去之：意思是阐明疑虑，疑惑自然消除。

【译文】 所谓"缀去"，就是说对将要离去的人倾诉自己挽留之意，使其过后仍有余思。所以结交忠贞诚信的人，要称颂他的品行，激励他的志向，言语可以实行，可以回复，并高兴地约定再次相会的日期。这样以他人的希冀，结合以往的经验，阐明疑虑，疑惑自然消除。

【原文】 **却语者，察伺短[①]也。故言多必有数短之处，议其短验之[②]。动以忌讳，示以时禁；然后结信[③]以安其心，收语盖藏[④]而却之[⑤]，无见[⑥]己之所不能于多方之人。**

【注释】 ①察伺短：探察他人言语中的短处。伺，侦候，探察。②议其短验之：意思是要记住这些短处，作为反驳的证据。③结信：结之以信，以诚信的态度与之结交。④收语盖藏：意思是收回方才的言语，巧妙地掩饰隐藏起来。⑤却之：却对方之意，即批评和劝告对方。⑥见：同"现"，表现，显露。

【译文】 所谓"却语"，就是说要善于探察他人言语中的短处。所以说言语过多就必定会有一些短处，要记住这些短处，作为反驳的证据。这样就可以用其所犯的忌讳触动他，并将当时的禁忌展示给对方，使对方因此而怀有恐惧之心，然后以诚信的态度与之结交，以安抚其恐惧之心。收回方才的言语，巧妙地掩饰隐藏起来，最后再诚恳地批评和劝告对方，不要轻易将自己的短处暴露于众人面前。

【原文】 **摄心者，谓逢好学伎术者，则为之称远[①]；方验之，警以奇怪[②]，人系其心于己[③]。效之于人，验去乱其前[④]，吾归诚于己。遭[⑤]淫[⑥]色酒者，为之术，音乐动之，以为必死，生日少之忧[⑦]，喜以自所不见之事，终可以观漫澜之命[⑧]，使有后会[⑨]。**

【注释】 ①为之称远：多多称誉，使其声名远播。②警以奇怪：意思是惊叹其记忆神奇怪异以警动对方。③系其心于己：意思是使对方的心归向自己。系，拴，绑。④验去乱其前：意思是将其与先贤相比较进行验证。⑤遭：遇到。⑥淫：过分，无节制，这里引申为沉湎。⑦以为必死，生日少之忧：陶注："以遇于酒色，必之死地，生日减少，以此可忧之事以感动之也。"意思是以沉湎酒色必置之死地、有生之日减少的忧患相感化。⑧观漫澜之命：意思是看到生命充满希望。漫澜，无限遥远的样子。⑨会：相见。

【译文】 所谓"摄心"，就是说遇到好学上进而且有一技之长的人，就要多多称誉，使其声名远播；然后验证其技艺的优劣，再惊叹其记忆神奇怪异以警动对方，那么人心就必然归向于自己了。进一步通过时人的行为和效果进行验证，并将其与先贤相比较验证，这样人们就会从内心归诚于自己。遇到沉湎酒色的人，要用美妙的音乐来触动他，再

从反面以沉湎酒色必置于死地、有生之日减少的忧患相感化。用他不曾闻见的事情促其高兴,最终使其可以看到生命充满希望,使得有再见之期。

【原文】 守义者,谓守以人义①,探心在内以合也。探心深得其主②也。从外制内,事有系由而随也。故小人比人③,则左道而用之,至能败家夺国。非贤智,不能守家以义,不能守国以道。圣人所贵道微妙者,诚以其可以转危为安,救亡使存也。

【注释】 ①人义:即仁义。②深得其主:意思是深入了解他的本性。③小人比人:意思是小人以其心来揣度君子之心。

【译文】 所谓"守义",就是说坚守仁义,探求内心意愿以迎合对方。探求其内心情感,就要深入了解他的本性。从外部控制其内心活动,使其心意有所牵系,从而使之顺从于我。所以小人以其心来揣度君子之心,就运用旁门左道,以至于发展到家破国亡。不是贤明智慧之人,便不能以义守家,进而以道守国。圣人之所以重视微妙的道术,确实是因为这种方法可以转危为安,救亡图存。

姜太公兵法

【导语】

姜太公就是我们所知道的姜子牙。

姜子牙原名姜望，周代东海(今山东郯城北)人，子牙是他的字。他既是中国古代第一名将，也是中国古代第一名相。

据称，他原是炎帝的后裔，因其祖先曾帮助禹治理洪水，受封于吕，因此又名吕尚。他最初是在殷朝任职，后来因年老，离开殷朝，隐居于西周，以钓鱼为生。一天，周文王外出打猎，在渭水旁遇见他，高兴地说："我的祖上曾说，有圣贤之人来到西周，周一定会兴盛起来，莫非你就是那位圣人？我们太公盼望了好久啊。"所以，人们又称他为"太公望""吕望"或"姜太公"。

中国完整统一的军事哲学思想，是从姜太公开始的。周公旦的"文治"与"武功"谋略，也是学自于太公而又加以发挥的，可以说，周朝的统一大业与太公的谋略精神是密不可分的。

姜太公像

姜太公的谋略思想，主要体现在《六韬》之中。

所谓"六韬"，分别是文、武、龙、虎、豹、犬韬，其中文、武韬是太公的政治谋略思想，龙、虎、豹、犬韬是太公的军事谋略思想。

在姜太公的军事谋略中，要求将帅要有统一指挥的意志和才能，一切军令，都应该由将领做出决定，在与敌人作战时，绝对不能三心二意。在他看来，坚决果断的勇气是最可贵的。至于军队，不管有多少人，在行动上都必须保持团结一体的最佳状态，只有这样，才能无往不利。用太公的话说："凡兵之道，莫过于一""乖众不可使伐人"。没有见识的将领，没有纪律的士兵，绝不可能赢得战争的胜利。

军事谋略中，制定谋略与实施谋略的主动权，必须掌握在将帅手中。太公认为："将不仁则三军不亲，将不勇则三军不锐，将不智则三军大疑，将不明则三军大倾，将不精微则三军失其机，将不常戒则三军失其备，将不强力则三军失其识。故将者人之司令，三军与之俱治，与之俱乱。"由此可知将帅是决定胜败的关键。强将强兵强国，弱将弱兵弱国。

《六韬》一书在社会上流传很广，内容变化无穷、玄妙莫测，其军事谋略思想，至今仍具有可资借鉴的参考价值。

第一章　文韬篇

文　师

【原文】　文王将田[①]，史编[②]布卜[③]曰："田于渭阳[④]，将大得[⑤]焉。非龙、非螭[⑥]，非虎、非罴[⑦]，兆[⑧]得公侯，天遗[⑨]汝师，以之佐昌[⑩]，施及三王[⑪]。"

文王曰："兆致是乎？"

史编曰："编之太祖史畴[⑫]为禹占，得皋陶[⑬]，兆比于此。"

文王乃斋三日，乘田车，驾田马，田于渭阳，卒[⑭]见太公，坐茅以渔。

文王劳[⑮]而问之，曰："子乐渔耶？"

太公曰："臣闻君子乐得其志，小人乐得其事，今吾渔甚有似也，殆[⑯]非乐之也。"

文王曰："何谓其有似也？"

太公曰："钓有三权[⑰]：禄等以权；死等以权；官等以权。夫钓以求得也，其情深，可以观大矣。"

文王曰："愿闻其情[⑱]！"

太公曰："源深而水流，水流而鱼生之，情也；根深而木长，木长而实[⑲]生之，情也；君子情同而亲合，亲合而事生之[⑳]，情也。言语应对者，情之饰也；言至情者，事之极也[㉑]。今臣言至情不讳，君其恶之乎？"

文王曰："唯仁人能受至谏，不恶至情。何为其然？"

太公曰："缗[㉒]微饵明，小鱼食之；缗调[㉓]饵香，中鱼食之；缗隆[㉔]饵丰，大鱼食之。夫鱼食其饵，乃牵于缗；人食其禄，乃服于君。故以饵取鱼，鱼可杀；以禄取人，人可竭；以家取国，国可拔[㉕]。以国取天下，天下可毕[㉖]。"

"呜呼，曼曼绵绵[㉗]，其聚必散；嘿嘿昧昧[㉘]，其光必远。微哉！圣人之德，诱乎独见。乐哉！圣人之虑，各归其次，而树敛[㉙]焉。"

文王曰："树敛何若而天下归之？"

太公曰："天下非一人之天下，乃天下之天下也。同天下之利者则得天下；擅[㉚]天下之利者则失天下。天有时，地有财，能与人共之者，仁也。仁之所在，天下归之。免人之死，解人之难，救人之患，济人之急者，德也。德之所在，天下归之。与人同忧同乐，同好同恶者，义也。义之所在，天下赴之。凡人恶死而乐生，好德而归利。能生利者，道也。道之所在，天下归之。"

文王再拜曰："允哉，敢不受天之诏命乎！"乃载与俱归，立为师。

【注释】　①田：打猎。②史编：史，太史，官名，负责掌管祭祀和记事等；编，人名，商周时期史官兼掌天文、卜筮。③布卜：宣布占卜的结果。布，陈述。④渭阳：渭水的北边。阳，古称水之北、山之南为阳。⑤大得：很大的收获。⑥螭：古代传说中似龙非龙的动物，

色黄,无角。⑦罴:即熊。⑧兆:古代占卜时以龟甲烧裂形成的裂纹来断吉凶,裂纹称之为兆。⑨遗:赠,赐给。⑩佐昌:佐,辅佐;昌,昌盛。⑪三王:指周文王、周武王及周成王,在此泛指后代子孙。⑫史畴:史,宫名;畴,人名。⑬皋陶:传说中东夷族的领袖,姓偃,舜帝时曾任掌刑法之官。⑭卒:终于。⑮劳:慰劳、慰问。⑯殆:近乎。⑰三权:三种权术。权,权衡、估量。⑱情:情况、真实道理。⑲实:果实。⑳亲合而事生之:与君子默契相投,才能亲密合作;亲密合作,事业才能成功。㉑事之极:事物最后能达到至好的境界。㉒缗:钓鱼用的丝线。㉓调:调和、适中。㉔隆:丰厚、丰重。㉕拔:攻取、取得。㉖毕:古时田猎用的长柄网。这里作动词,意谓用长柄网捕取禽兽,引申为征服。㉗曼曼绵绵:指幅员广大,历传数代的商王朝。㉘嘿嘿昧昧:不声不响,昏暗不明的样子。这里指周国暗中准备的意思。嘿,通默。㉙敛:欲望,引申为信念之意。㉚擅:独揽,此为专擅之意。

【译文】 周文王准备出城去打猎,命令史编为其占卜,得吉兆。史编对文王说:“你这次到渭水的北岸打猎,将有很大的收获。所得既不是龙、螭,也不是虎、熊,而是拥有公侯才干的人,上天将派他来做你的老师,辅佐你事业成功,还要加惠于你的子孙后代。”

周文王问:“占卜的预兆真有这样吉祥吗?”

史编说:“臣的远祖史畴曾为禹帝占卜而得皋陶,那次的兆词和今天的非常相似。”

文王于是斋戒三曰,然后乘着打猎用的车,驾着骏马,来到渭河北岸狩猎,果然遇见姜太公,他正坐在杂草丛生的河岸边钓鱼呢。

文王向前对太公表示慰劳之意,然后问他说:“先生很喜欢钓鱼吗?”

太公回答说:“我听说君子没有不乐于实现自己的抱负,一般人乐于做自己喜欢的事情。我现在钓鱼的道理与这些很相似,并不是喜不喜欢的问题。”

文王问:“怎么说道理与这很相似呢?”

太公回答说:“钓鱼这件事,如同君主网罗人才一样,有三种权术:用厚禄引诱人才,使他发挥所长,好像用鱼饵钓鱼一样,是一种权术;用重金收买勇士,使其勇于赴难,好像用香饵钓鱼一样,又是一种权术;用不同的官位授予不同的人才,使其效忠,好像是用不同的诱饵钓取不同的鱼一样,这又是一种权术。凡是垂钓者都希望钓到鱼,钓鱼的道理实在深奥,从这道理中可以观察和处理天下大事。”

文王说:“我想听听这奥妙的道理!”

太公说:“源泉深远则水流通畅不息,水流通畅不息,鱼类才得以生存,这是自然的道理。树木根深长则枝叶茂盛,枝叶茂盛,才能结出果实,这也是自然的道理。和君子相处,如果志同情合,就能亲密合作,亲密合作,就能建功立业,这同样是自然的道理。一般的言语应对,无非是表情达意的一种方式,能说出真情实意,肺腑之言,才能称得上是至交了。现在我说的话,都是至情之言,毫无隐讳,你听了不会感到厌恶吧!”

文王说:“大凡有仁德的人都能接受最正直的劝谏,不会厌恶人家讲真话;你怎么会这么说呢?”

太公说:“钓丝细微,鱼饵明显,小鱼会来吃;钓丝适中,鱼饵味美,中等大小的鱼儿会

来吃；钓丝粗长，鱼饵丰硕，大鱼会来吃。鱼儿食饵上钓，就会被钓丝牵制。人们要食君俸禄，就要服从君主。所以用香饵钓鱼，鱼可供烹用；以爵禄取人，人可竭尽其力；以家为基础而取得国家，国家就能为你所有；以国家为基础而取天下，天下就可以被你征服。"

太公感慨地说："幅员辽阔，历史悠久的商王朝，它所积聚的一切，终归要烟消云散；不声不响，暗中准备的周国，它的光辉终会普照四方，影响深远。圣人的德行，常常是用他的德惠去打动人心，使他们都受到感化。快乐啊，圣人所思虑之事，使人人各得其所，并以此为准则来收揽人心、树立威望。"

文王又问："要怎样树立收揽人心的方法才能使天下归顺呢？"

太公答道："天下并不是一个人的天下，而是天下人共有的天下。与天下人同享天下之利者，则可以得天下；反之独占天下之利，就会失去天下。天有春、夏、秋、冬四季的变化更替，地有丰富的财货堆积着，能与天下百姓共享天下的福利，才能称得上是仁爱。仁爱所及的地方，天下人就归顺他。免除人们的死难，解决人们的困苦，救济人们的灾患，扶助人们的急困，才能称得上是恩德。恩德所在的地方，天下人就归附他。与天下之人同忧同乐，同好同恶，才称得上是情义。情义所在之地，天下就归附他。凡是人，总是厌恶死亡而热爱生命的，总是感恩戴德而追求利益的。能使人民生活有保障，满足人民利益的，就叫作道。谁拥有道，天下就归顺谁。"

文王听了太公这一番话，再次称谢，说道："先生讲得太有道理了！我怎敢不接受上天的旨意呢！"于是，文王就把太公请上猎车，一同回到都城，并拜他为老师。

盈　虚

【原文】 文王问太公曰："天下熙熙[1]，一盈一虚[2]，一治一乱，所以然者，何也？其君贤不肖[3]不等乎，其天时[4]变化自然乎？"

太公曰："君不肖，则国危而民乱；君贤圣，则国安而民治，祸福在君，不在天时。"

文王曰："古之贤君可得闻乎？"

太公曰："昔者帝尧[5]之王[6]天下，上世所谓贤君也。"

文王曰："其治如何？"

太公曰："帝尧王天下之时，金银珠玉不饰，锦绣文绮[7]不衣，奇怪珍异不视，玩好[8]之器不宝，淫泆之乐不听，宫垣屋室不垩[9]，甍[10]桷[11]椽楹不斲[12]，茅茨[13]偏庭不剪，鹿裘御寒，布衣掩形，粝[14]粱之饭，藜藿之羹[15]，不以役作之故，害民耕绩之时，削心约志，从事乎无为[16]。吏忠正奉法者尊其位；廉洁爱人者厚其禄。民有孝慈者爱敬之；尽力农桑者慰勉之。旌别淑慝[17]，表其门闾，平心正节，以法度禁邪伪。所憎者，有功必赏；所爱者，有罪必罚。存养天下鳏、寡、孤、独[18]，振赡祸亡之家。其自奉也甚薄，其赋役也甚寡，故万民富乐而无饥寒之色。百姓戴其君如日月，亲其君如父母。"

文王曰："大哉！贤君之德也！"

【注释】 ①天下熙熙：天下纷乱的样子。熙熙，杂乱。②一盈一虚：时而富有，时而

贫弱。盈,富裕、有余。虚,空虚、不实。③不肖:不贤、没有才能。④天时:自然变化的时序,指天命。⑤帝尧:传说我国古代原始社会后期部落联盟的首领,陶唐氏,名放勋,史称唐尧,在位70年,禅让于舜。⑥王:统治、治理。⑦锦绣文绮:带有彩色花纹、美丽图案的各种丝织品。⑧玩好:供玩赏的东西。⑨垩:用白粉粉刷墙壁。⑩甍:屋脊。⑪桷:方椽。⑫斲:削,此为雕刻之意。⑬茅茨:茅草、野草。⑭粝:粗粮、糙米。⑮藜藿之羹:用野菜做的汤。⑯无为:道家哲学思想,即顺应自然变化的意思。⑰旌别淑慝:表彰秉性善良、品德高尚的人。⑱鳏、寡、孤、独:鳏,老而无妻。寡,老而无夫。

【译文】 文王请教太公说:"天下熙熙攘攘,时而强盛,时而衰弱,时而安定,时而混乱,造成这种现象的原因是什么呢?难道是由于君主有贤明与不肖的差别吗?又或者是由于天命变化的自然结果?"

太公回答说:"君主不贤,则国家危亡而人民动乱;君主贤明,则国家太平而人民安定。所以国家的祸福在于君主的贤明与否,与天命的变化无关。"

文王说:"可以把古代圣贤君主的事迹讲给我听听吗?"

太公说:"从前帝尧治理天下,上古的人都称颂他是贤明的君主。"

文王又问:"他是怎样治理国家的呢?"

太公说:"帝尧为君时,不用金银珠玉作装饰品,不穿锦绣华丽的衣服,不观赏珍贵稀有的异物,不把古玩器物当作宝贝珍藏,不听淫逸的音乐,不用白土粉饰宫廷墙垣。宫殿的栋梁、房椽、木条、支柱不做雕梁画栋的装饰,庭院的野草不加修剪。以鹿皮御寒、以布衣蔽体,吃粗粮饭、喝野菜汤。每逢耕作季节,不再使役人民,以免耽误农时,妨碍耕织。约束自己的心志,抑制自己的欲望,推行清静无为的政治治理国家。对忠心耿耿、正直守法的官吏,就提升他们的爵位;廉洁爱民的,就增加他们的俸禄。爱戴百姓、孝敬父母、慈爱幼小的,就关心敬重他;努力从事农耕、发展蚕桑的,就慰问勉励他。为了区别善良邪恶,对于秉性善良、品德高尚的人在其门闾加以表彰。以公正和礼节之心来处理政务,并以法律和规章为准绳来惩治邪恶。对于不喜欢的人,只要他有功绩也必加奖赏;对于偏爱的人,只要他有罪也必加惩罚。赡养所有鳏寡孤独的百姓,救济遭遇灾难的家庭。而他自己则生活俭朴,加上人民的赋税和劳役很少,因此,所有的百姓皆生活富裕而无饥寒之态,所以百姓爱戴他,有如天上的日月,亲近他有如自己的父母。"

文王听后感叹地说:"帝尧的德行多么伟大啊!他真是一位贤明的君主。"

国 务

【原文】 文王问太公曰:"愿闻为国之大务[①]。欲使主尊人安,为之奈何?"

太公曰:"爱民而已!"

文王曰:"爱民奈何?"

太公曰:"利而勿害,成而勿败,生而勿杀,与而勿夺,乐而勿苦,喜而勿怒。"

文王曰:"敢请释其故!"

太公曰："民不失务则利之；农不失时则成之；省刑罚则生之；薄赋敛[②]则与之；俭宫室台榭[③]则乐之；吏清不苛扰[④]则喜之。民失其务则害之；农失其时则败之；无罪而罚则杀之；重赋敛则夺之；多营宫室台榭以疲[⑤]民力则苦之；吏浊苛扰[⑥]则怒之。故善为国者，驭民[⑦]如父母之爱子，如兄之爱弟，见其饥寒则为之忧，见其劳苦则为之悲，赏罚如加于身，赋敛如取己物，此爱民之道也。"

【注释】 ①为国之大务：治理国家的大道理。②薄赋敛：少向百姓征收赋税。敛，征收赋税。③俭宫室台榭：少建筑宫室台榭。台榭：高大顶平的建筑物和建在上面的亭子。④吏清不苛扰：清廉的官吏不用苛捐杂税滋扰百姓。⑤疲：疲劳，此为劳民伤财。⑥吏浊苛扰：官吏贪污，苛捐杂税扰乱百姓。⑦驭民：治理民众。

【译文】 文王问太公说："我很想听一听治理国家的根本道理，怎样才能使君主受到百姓的拥戴，人民生活得安乐幸福呢？"

太公说："治国的根本道理，无非爱民罢了。"

文王又问："应当怎样爱民呢？"

太公回答说："要多给人民好处，而不加以损害；要促进人民生产，而不加以破坏；要保护人民的生命安全，而不要杀害无辜；要给人民实惠，而不加以掠夺；要使人民安居乐业，而不使其困苦；要让百姓喜悦，而不要激起他们的怨怒。"

文王接着说："希望你进一步解释其中的道理。"

太公说："不要使百姓失去工作，就是给予他们利益；不耽误农民耕作时节，就是促进他们生产；不使刑罚加于无罪之人，就是保护了他们的生命；减轻赋税，就是给人民造福；少建宫室台榭以节省民力，就能使人民安乐；官吏清廉，不苛刻扰民，就能使人民喜悦无怨。反之，如果使百姓失去工作，就是损害他们的利益；耽误农民耕作时节，就是破坏他们生产；假使人民无罪而加以刑罚，就是杀害他们；加重人民的赋税，就是掠夺他们的财富；大兴土木，劳民伤财，就是使他们陷于困苦；官吏贪污苛刻扰民，就会使得百姓怨怒。所以善于治理国家的君主，统治人民如父母爱子女、兄长爱弟妹一样，见其饥寒则为之忧虑，见其劳苦则为之哀怜。赏罚百姓，如同赏罚自己；征收赋税，好像夺取自己的财物。凡此种种，就是爱民的道理。"

大 礼

【原文】 文王问太公曰："君臣之礼如何？"

太公曰："为上唯临[①]，为下唯沉[②]，临而无远，沉而无隐。为上唯周[③]，为下唯定[④]。周则天也，定则地也。或天或地，大礼[⑤]乃成。"

文王曰："主位如何？"

太公曰："安徐而静，柔节先定，善与而不争，虚心平志[⑥]，待物以正。"

文王曰："主听如何？"

太公曰："勿妄而许，勿逆而拒。许之则失守[⑦]，拒之则闭塞。高山仰止[⑧]，不可极也；

深渊度之,不可测也。神明⑨之德,正静其极⑩。"

文王曰:"主明如何?"

太公曰:"目贵明,耳贵聪⑪,心贵智。以天下之目视,则无不见也;以天下之耳听,则无不闻也;以天下之心虑,则无不知也。辐辏⑫并进,则明不蔽矣。"

【注释】 ①临:居高临下。这里是洞察下情的意思。②沉:深沉,隐伏。这里是谦卑恭驯的意思。③周:周遍。④定:安定。⑤大礼:隆重庄严的礼仪。⑥平志:据《武经七书直解》:"平志,不私曲也。"即无私衷。⑦守:自己心里的主见。⑧高山仰止:见《诗·小雅·车辖》:"高山仰止,景行行止。"是仰慕、效法的意思。⑨神明:据《武经七书录解》:"应酬万变者神也,辨别众理者明也。"即英明正确之意。⑩极:准则。⑪聪:听觉灵敏。⑫辐辏:比喻人或物聚集在一起。辐,车轮上的辐条。辏,许多辐条集中于毂(车轮中心的圆木)。

【译文】 文王问太公:"君臣之间的礼法有哪些内容?"

太公回答说:"作君主的,最重要的是要能体察下情;作臣子的,重要的是要能谦恭驯服。体察下情但不要疏远臣民;谦恭驯服但不要有所隐瞒。当君主的,要普施恩德;作为臣下的,要处事安定。普施恩德,要像上天那样覆盖万物;处事安定,要像大地那样载物沉稳。君主效法天,臣下效法地,君臣之间的大礼就形成了。"

文王问:"君主应该怎样临朝执政呢?"

太公回答说:"人君临朝处事,要大度从容、气质安详、温和含蓄、有理有节。与臣下议事,要善于听取合理的意见,不固执己见,虚心静气,公平待物。"

文王又问:"君主应该怎样倾听臣下的意见呢?"

太公回答说:"人君听人之言,不可轻率接受,也不可简单拒绝。轻率接受,就失去了自己的主见;简单拒绝,就容易闭塞言路。人君的气度,应像高山一样,使人景仰,而不可及;应像深渊一样,使人俯视,而莫测其深。要有英明睿智的德行,公正宁静的风范。"

文王又问:"君主怎样才能明察一切呢?"

太公回答说:"眼睛贵在明辨事物,耳朵贵在听辨声音。心智贵在能思考问题。作为君主,倘能以天下所有人的眼睛来观察事物,就能无所不见。倘能以天下所有人的耳朵去探听消息,就能无所不闻;倘能以天下所有人的智慧去思考问题,就能无所不明。天下的情况,如果都能像车轮的辐条辏向车毂那样由四面八方汇集到君主,君主自然就能洞察一切,不受任何蒙蔽了。"

明 传

【原文】 文王寝疾①,召太公望,太子发②在侧。曰:"呜呼!天将弃予,周之社稷③将以属汝。今予欲师至道之言,以明传之子孙。"

太公曰:"王何所问?"

文王曰:"先圣之道,其所止,其所起,可得闻乎?"

太公曰：“见善而怠，时至而疑，知非而处，此三者道之所止也。柔而静，恭而敬[4]，强而弱，忍而刚，此四者，道之所起也。故义胜欲则昌，欲胜义则亡，敬胜怠则吉，怠胜敬则灭。”

【注释】 ①寝疾：卧病。②太子发：文王之子，名发。文王死，发继位，称武王。武王承父遗志，灭商朝建立了西周王朝。③社稷：古代帝王、诸侯祭祀的土神、谷神。后来用以当作国家的代称。④敬：不怠惰、不苟且。

【译文】 文王卧病在床，召见太公望，太子发也在床边。文王叹息道：“唉！上天将要遗弃我了，周国的社稷，将要由你（指太子发）来治理了。现在我想请我们的老师讲讲至理名言，以便明确地传给后代子孙。”

太公问道：“你想问什么呢？”

文王说：“我想问问先圣治国的大道理，之所以被废弃，之所以能兴起，其原因可以讲给我听听吗？”

太公说：“见到善事却懈怠懒惰不为，时机到来而迟疑不决，明知不对却泰然处之，这三种情况，就是国君治国之道废弃的原因。对己能谦和宁静，待人能恭敬有礼，接物能刚柔得当，行动方面既能忍耐又很果断，具备这四种优点，国君治国之道就能兴旺。所以义理胜于私欲，国家必然昌盛；私欲胜于义理，国家必然衰败；动谨胜于怠惰，国家必然吉祥；怠惰胜于勤谨，国家必然灭亡。”

六　守

【原文】 文王问太公，曰：“君国主民[1]者，其所以失之者何也？”

太公曰：“不慎所与[2]也。人君有六守[3]、三宝[4]。”

文王曰：“六守何也？”

太公曰：“一曰仁，二曰义，三曰忠，四曰信，五曰勇，六曰谋，是谓六守。”

文王曰：“慎择六守者何？”

太公曰：“富之而观其无犯；贵之而观其无骄；付之而观其无转[5]；使之而观其无隐；危之而观其无恐；事之而观其无穷。富之而不犯者，仁也；贵之而不骄者，义也；付之而不转者，忠也；使之而不隐者，信也；危之而不恐者，勇也；事之而不穷者，谋也。人君无以三宝借人，借人则君失其威。”

文王曰：“敢问三宝？”

太公曰：“大农、大工、大商谓之三宝。农一[6]其乡[7]，则谷足；工一其乡，则器足；商一其乡，则货足。三宝各安其处，民乃不虑。无乱其乡，无乱其族。臣无富于君，都[8]无大于国。六守长，则君昌；三宝完，则国安。”

【注释】 ①君国主民：为国之君，作民之主，即指君主。②与：给与，托付。③六守：挑选任用人才的六项标准。守，遵守的准则。④三宝：指关系国家经济命脉的三件大事：农、工、商。宝，贵重的东西。⑤无转：坚定不移。⑥一：聚集。⑦乡：行政区域单位。相传周制以 1.25 万家为乡。⑧都:城邑。古时有宗庙的城邑叫都,君主居住的城邑叫国。

【译文】 文王问太公道:“君主治理国家、统治人民,为什么会失掉他的国家和人民呢?”

太公回答说:“那是因为用人不慎的结果。人君应当以六个德性标准来选拔人才,并以三个谋略来管理国家。”

文王问:“什么是六个德性标准呢?”

太公说:“一是仁爱,二是正义,三是忠实,四是诚信,五是勇敢,六是智谋。这些就是六个德性标准。”

文王又问:“怎样慎选符合六个德性标准的人才呢?”

太公回答说:“使他富有,观察他是否不逾越礼法;封他以高官,观察他是否不骄傲凌人;委他以重任,观察他是否能坚定不移去完成;让他去处理问题,观察他是否有所隐瞒;让他处于危难的境地,观察他是否临危不惧;让他处理突发事件,观察他是否善于应变。富有而不越礼,即是仁爱;尊贵而不骄傲,即是正义;赋予重任而能坚定不移地去完成,即是忠实;处理问题而不欺下瞒上,即是诚信;临危不惧即是勇敢;应变不穷即是智谋。人君不能把控制三件宝器的权力交给别人,若是给了别人,君主就丧失了他的权威。”

文王问:“什么是三件宝器呢?”

太公回答说:“三件宝器就是:农业、手工业、商业。把农民组织起来,聚居一乡,互助合作,那么粮食自然充足。把工匠们组织起来,众居一镇,交流技术,器用自然丰富。把商人组织起来,聚居一市,互通有无,货物自然充盈。重视农业、手工业、商业,使三种行业各得其所、各安其业,人民自然就心无他虑了。不要扰乱他们的领域,不要拆散他们的家族;作臣子的不能富于君主,城邑不能大于国都。长久选用具有六个德性的贤才管理国家,国君的事业就会兴旺;三种经济制度完备,国家就会长治久安。

守　土

【原文】 文王问太公曰:“守土奈何?”

太公曰:“无疏其亲[①],无怠其众,抚其左右,御其四旁。无借人国柄[②],借人国柄,则失其权。无掘壑而附丘[③],无舍本而治末。日中必彗[④],操刀必割,执斧必伐。日中不彗,是谓失时;操刀不割,失利之期;执斧不伐[⑤],贼人将来。涓涓[⑥]不塞,将为江河;荧荧[⑦]不救,炎炎奈何;两叶[⑧]不去,将用斧柯[⑨]。是故人君必从事于富,不富无以为仁,不施无以合亲。疏其亲则害,失其众则败。无借人利器[⑩],借人利器,则为人所害,而不终其正也[⑪]。”

文王曰:“何谓仁义?”

太公曰:“敬其众,合其亲。敬其众则和,合其亲则喜,是谓仁义之纪[⑫]。无使人夺汝威,因其明,顺其常[⑬]。顺者任之以德,逆者绝之以力。敬之无疑,天下和服。”

【注释】 ①亲:宗亲,即宗室亲族。②国柄:国家的权柄。③无掘壑而附丘:全句意思是不要损下益上。壑,深沟。附,增加。丘,土山。④彗:通(暳),曝晒。⑤执斧不伐:

执法不力。⑥涓涓:水流细小。⑦荧荧:火光微弱的样子。⑧两叶:这里指树木萌芽时的两片嫩叶。⑨斧柯:指斧头。柯,斧柄。⑩利器:古以利器指国柄,即统御国家的权力。⑪不终其正:指非正常死亡。⑫纪:纲纪。⑬因其明,顺其常:因其人心之明,顺其天道之常。

【译文】 文王问太公:"应该怎样守卫国土呢?"

太公回答说:"不能疏远九族宗亲,不能怠慢天下民众。安抚近邻,控制四方。治国的大权不可交给旁人。大权旁落,君主就会失去权柄。在用人上,不可损下而益上,在治理国家上,不可舍本而逐末。日正当中,要赶紧晒物;拿起刀子,就要动手宰割;持有利斧,就应当及时砍伐。日正当中而不晒物,就是失掉时机;拿刀不宰割,就是丧失良机;持斧不伐,树木就会被贼人偷砍。细小的水流,如果不加堵塞,就会泛滥成河;微弱的火花,如果不加扑灭,就会燃起熊熊的烈焰,该怎么办?刚刚萌芽的嫩叶,如果不加摘除,就会长成必须用斧头砍伐的大树。所以国君必须致力于富国之道。国不富就无法施行仁政,不施行仁政就无法团结宗亲。宗亲疏远则有害国家的统一,失去民心则必然导致国家的败亡。权力是国家的利器,不可托与他人。将国家的利器托与他人,自己就会被他人所害而身死国亡。"

文王又问:"什么是仁义呢?"

太公回答说:"所谓仁义,就是尊重民意,团结宗亲。尊重民意则上下和睦,团结宗亲则族人欢喜,这是施行仁义的准则。不要让人侵夺你的权威。处理政务要根据民心,顺乎天理。对于顺从你的人,要任用他并给他恩德;对于反对你的人,要用武力去消灭他。遵循上述原则而不疑惑,人民就会归顺并服从君主的统治了。"

守 国

【原文】 文王问太公曰:"守国奈何?"

太公曰:"斋,将语君天地之经[①],四时所生,仁圣之道,民机[②]之情。"

王即斋七日,北面[③]再拜而问之。

太公曰:"天生四时,地生万物。天下有民,仁圣牧[④]之。故春道生,万物荣;夏道长,万物成;秋道敛,万物盈;冬道藏,万物寻[⑤]。盈则藏,藏则复起,莫知所终,莫知所始。圣人配[⑥]之,以为天地经纪[⑦]。故天下治,仁圣藏;天下乱,仁圣昌。至道其然也。"

"圣人之在天地间也,其宝[⑧]固大矣。因其常而视之[⑨],则民安。夫民动而为机,机动而得失争矣。故发之以其阴,会之以其阳[⑩]。为之先唱[⑪],天下和[⑫]之。极反其常,莫进而争,莫退而让。守国如此,与天地同光。"

【注释】 ①经:常道,指规律。②机:事物变化的根由。③北面:古代臣见君、卑幼见尊长,学生见师时皆须北面而立。④牧:放牧,旧时比喻官吏管理百姓。⑤寻:探求,生长。这里是再生的意思。⑥配:相配。即参照遵循之意。⑦经纪:纲纪。⑧宝:指国君的地位和作用。⑨因其常理而视之:按照常理教育人民。常,常理、常道。视,效法。⑩发

之以其阴，会之以其阳：隐秘地发展力量，抓住时机，正大光明地进行讨伐。发，发展。阴，秘密。会，际会、机遇。阳，光明正大。⑪唱：通倡。⑫和：附和、回应。

【译文】 文王问太公道："怎样巩固国家呢？"

太公回答说："请以虔诚地心先行斋戒，然后我再告诉你天地运行的规律、四季万物生长的变化、圣人治国的道理以及民心转变的缘由。"

于是，文王斋戒七天，北面行弟子之礼再拜而问太公。

太公说："天有四时运行，地有万物滋生。天下有人民，人民由圣王来领导。春天的规律是滋生，万物繁荣；夏天的规律是成长，万物茂盛；秋天的规律是收获，万物成熟丰盈；冬天的规律是收藏，万物潜静。万物成熟丰盈了就要收藏起来，收藏起来明春又播种复生，如此循环，既没有终点，也没有起点。圣人可以参照这个规律，作为治理天下的法则。所以天下安定的时候，圣人的功德就隐而不显；天下大乱之际，圣人的功德就充分地发挥出来，这是必然的规律。"

太公继续说："圣人处于天地之间，其地位和作用是非常重大的。顺应治理天下的常道而行，人民就安定。如果民心不安，便是动乱的因素。动乱一旦发生，天下就有权力之争了。所以动乱最初总是在暗处萌生，时机成熟就会聚集成公开的力量，登高一呼，天下应和。到形势恢复正常的时候，他既不进而争功，也不退而让位。以这种态度来巩固国家，他的地位和作用，就可以天长地久，与日月争光了。"

上　贤

【原文】 文王问太公曰："王人[①]者何上何下，何取何去，何禁何止？"

太公曰："王人者，上贤，下不肖[②]，取诚信，去诈伪，禁暴乱，止奢侈。故王人者有六贼、七害。"

文王曰："愿闻其道！"

太公曰："夫六贼者：一曰，臣有大作宫室池榭，游观倡乐者，伤王之德。

二曰，民有不事农桑，任气游侠[③]，犯历[④]法禁，不从吏教者，伤王之化。

三曰，臣有结朋党[⑤]，蔽[⑥]贤智，鄣[⑦]，王明者，伤王之权。

四曰，士有抗志[⑧]高节，以为气势，外交诸侯[⑨]，不重其主者，伤王之威。

五曰，臣有轻爵位，贱有司[⑩]，羞为上犯难者，伤功臣之劳。

六曰，强宗侵夺，凌侮贫弱者，像庶人之业。"

"七害者：一曰，无智略权谋，而以重赏尊爵之，故强勇轻战，侥幸于外，王者慎勿使为将。

二曰，有名无实，出入异言，掩善扬恶，进退为巧，王者慎勿与谋。

三曰，朴其身躬[⑪]，恶其衣服，语无为以求名，言无欲以求利，此伪人也，王者慎勿近。

四曰，奇其冠带[⑫]，伟其衣服，博闻辩辞，虚论高议，以为容美，穷君静处，而诽时俗，此奸人也，王者慎勿宠。

五曰，谗佞苟得[13]，以求官爵，果敢轻死，以贪禄秩[14]，不图大事，得利而动，以高谈虚论，说[15]于人主，王者慎勿使。

六曰，为雕文刻镂，技巧华饰，而伤农事，王者必禁之。

七曰，伪方异技[16]，巫蛊左道[17]，不祥之言，幻惑良民，王者必止之。"

"故民不尽力，非吾民也；士不诚信，非吾士也；臣不忠谏，非吾臣也；吏不平洁爱人，非吾吏也；相不能富国强兵，调和阴阳[18]，以安万乘之主[19]，正群臣，定名实，明赏罚，乐万民，非吾相也。夫王者之道如龙首，高居而远望，深视而审听，示其形，隐其情；若天之高不可极也，若渊之深不可测也。故可怒而不怒，奸臣乃作；可杀而不杀，大贼乃发；兵势不行，敌国乃强。"

文王曰："善哉！"

【注释】 ①王人：为人之王，即君主。②不肖：不贤，指无德无才的人。③任气游侠：浪游的侠客，古代指轻生重义、勇于救人急难的人，他们往往为此"以武犯禁"，有违法乱纪的一面。④犯历：违犯。⑤朋党：排斥异己的党派。⑥蔽：遮蔽，此指排斥。⑦鄣：障之本字。⑧抗志：高傲的志气。⑨外交诸侯：结交外国的诸侯，即里通外国的意思。⑩有司：有关的主管部门或官吏。古代设官分职，各有专司，所以称官吏为有司。⑪身躬：自身。⑫冠带：帽子和腰带。⑬谗佞苟得：谗，说别人的坏话。佞，奸巧谄谀。苟得，以不正当的手段获取好处。⑭禄秩：禄是古代官吏的俸给，秩是其职位和品级。⑮说：同悦，取悦。⑯伪方异技：指各种虚假骗人的方术技艺。⑰巫蛊左道：巫，巫师。巫蛊，指巫师用符咒等法术吉人。左道即邪门歪道。⑱调和阴阳：这里指妥善处理各种矛盾。阴阳，中国古代哲学的一种范畴，指自然界正反对立的两面，如天地、日月、昼夜、动静、寒热等。⑲万乘之主：指国君。

【译文】 文王问太公："对于国君，什么样的人应该尊崇，什么样的人应该贬抑，什么样的人应该任用，什么样的人应该革去，什么样的事应该禁绝，什么样的事应该制止呢？"

太公说："作为君主，才德兼备的人应当尊崇，无才无德的人应当贬抑，诚实忠信的人应当任用，狡诈虚伪的人应当除去，违法乱纪的暴行应当禁绝，奢侈浪费的风气应当制止。所以国君用人，应当注意六种坏事和七种坏人。"

文王说："我想听听其中的道理。"

太公说："所谓六种坏事是：

第一，大臣中有大修宫室、亭池、台榭，尽情游玩观赏、歌舞行乐的，就会败坏君王的圣德。

第二，百姓有不务农桑正业、意气用事、游侠斗武、违反禁令，不服官吏管治的，就会败坏君主的教化。

第三，群臣中若有结党为朋、排斥贤能、蒙蔽君主耳目的，就会损害君王的权威。

第四，士人中若有故意坚持己见以标榜气节高尚，借此形成一股气势，对外结交诸侯，不尊重君主的，就会损害君主的威严。

第五，大臣有轻视爵位、冒犯上级，耻于为君主冒险犯难的，就会损害功臣的勋绩。

第六，强宗大族中，有争相掠夺、欺压贫弱的，就会损害人民的生计。”

“所谓七种坏人是：

第一，没有智略权谋，为了获取重赏、升官，强力逞勇，轻率出战，企图侥幸立功于疆场的，对这种人，君主切勿任他为将帅。

第二，徒有虚名而无实学，阳奉阴违，言行不一，掩人之善，扬人之恶，到处投机取巧，对这种人，君主切勿与他共谋大事。

第三，外表朴素，衣着粗劣，口说无为之道，而实则沽名钓誉；口说无欲之德，而实则唯利是图，这种虚伪的人，人君切勿与他接近。

第四，奇装异服，巧言善辩，空谈高论，以此夸耀；穷居陋巷僻静之地，以诽谤时俗为能事，此为奸诈之人，人君切勿加以宠信。

第五，谄媚逢迎，只图苟且升官；鲁莽亡命，冒死以贪俸禄；不顾大局，见利妄动，高谈阔论，取悦人主，此种人，人君切勿加以任用。

第六，大事营造雕梁画栋，装饰豪华的居室建筑，以至耽误了农事者，人君必须加以禁止。

第七，用骗人的方术，诡奇的技艺等旁门左道，咒语妖言，迷惑善良的人民者，人君必须加以禁止。”

“所以，人民如果不尽力投入自己的工作，就不算吾国的人民；士人不讲诚实信用，就不算吾国之士；大臣不能忠诚规谏君主的过错，就不算吾国之臣；官吏不能公正廉洁爱护人民，就不能算吾国之吏；宰相不能富国强兵，不能调和天地和人事间的变化关系以确保君权的稳固，不能规正群臣的纲纪、核定名实、严明赏罚，使万民安居乐业，就不算吾国之相。所谓帝王之道，就像神龙昂首，高瞻远瞩，洞察一切，对外显示庄严肃穆的仪表，内则涵隐不露的衷情。使人觉得他像天之高，高不可及；如渊之深，深不可测。因此，君主对应该发怒的事情不发怒，奸臣就会兴风作浪；应该杀人的时候不杀人，奸雄就会乘机叛乱；军事处于有利态势时而不行动，敌国就会强大起来。”

文王听罢，说道：“你讲得好极了！”

举　贤

【原文】 **文王问太公曰：“君务举贤而不获其功，世乱愈甚，以致危亡者何也？”**

太公曰：“举贤而不用，是有举贤之名，而无用贤之实也。”

文王曰：“其失[①]安在？”

太公曰：“其失在君好用世俗[②]之所誉[③]，而不得真贤也。”

文王曰：“何如？”

太公曰：“君以世俗之所誉者为贤，以世俗之所毁者为不肖，则多党[④]者进，少党者退。若是，则群邪比周[⑤]而蔽贤[⑥]，忠臣死于无罪，奸臣以虚誉取爵位，是以世乱愈甚，则国不免

于危亡。"

文王曰："举贤奈何？"

太公曰："将相分职，而各以官名举人⑦，按名督⑧实，选才考能，令实当其名，名当其实，则得举贤之道也。

【注释】 ①失：过失、错误。②世俗：一般人的平庸见解。③誉：称赞。④党：党羽，指邪恶势力的附和者。⑤群邪比周：与坏人结党营私、互互勾结。比周，结党营私。⑥蔽贤：遮蔽贤才。⑦举人：推荐、选拔人才。⑧督：监督、考察。

【译文】 文王问太公说："君主致力于选用贤能，却得不到贤才辅佐之效，社会越来越乱，以致国家陷于危亡，这是什么原因呢？"

太公回答说："选举贤才却不能放心任用，这只有举贤的虚名，而没有用贤之实质。"

文王又问："造成这种过失的原因是什么呢？"

太公说："造成这种过失的原因在于人君喜欢任用世俗称赞的人，就不能得到真正的贤才。"

文王问："为什么这样说呢？"

太公说："人君常常把世俗所称赞的人当作贤才，而将被世俗所诋毁的人当作不肖。因此，能多结党朋的人就被选用，而少结党朋的人就被黜退。若是这样，奸邪的人就会结党营私而排斥贤才；忠臣即使无罪，也被谗毁置于死地；奸臣虽然无德，却因虚假的声誉而取得爵位。所以社会愈加混乱，国家也不免陷于危亡了。"

文王又问："怎样举用贤才呢？"

太公说："将相分工负责，根据各级官吏应该具备的条件选拔贤才，按照一定的标准进行考核。考核他们的才学与贤能，必须名副其实，使其才德与官位相称。这样就可以收到举用贤才的实效了。"

赏 罚

【原文】 **文王问太公曰："赏所以①存劝②，罚所以示惩③。吾欲赏一以劝百，罚一以惩众，为之奈何？"**

太公曰："凡用赏者贵信④，用罚者贵必⑤。赏信罚必于耳目之所闻见，则所不闻见者，莫不阴化⑥矣。夫诚，畅⑦于天地，通于神明，而况于人乎！"

【注释】 ①所以：用来。②劝：鼓励、劝勉。③示惩：表示惩罚的道理。④凡用赏者贵信：凡用奖赏的手段，最重要的是要兑现。信，信用。⑤用罚者贵必：凡用惩罚的手段，就要坚决执行。必，坚决实行。⑥莫不阴化：没有不潜移默化的。阴化，暗中感化。⑦畅：感动。

【译文】 文王问太公说："奖赏是为了鼓励好人好事，惩罚是为了警戒坏人坏事。我希望奖赏一人来鼓励一百个人，惩罚一人来警戒一百个人，应该怎么办才好呢？"

太公回答说："凡是奖赏，贵在守信；凡是惩罚，贵在坚决实行。如果能对你所见所闻

的事都做到赏必信、罚必果，那么你所未看到未听到的人，没有不潜移默化了。真诚，畅达于天地、上达于神明，何况对于人呢？”

兵 道

【原文】 武王[①]问太公曰：“兵道如何？”

太公曰：“凡兵之道，莫过乎一[②]，一者能独往独来[③]。黄帝[④]曰：‘一者，阶于道[⑤]，几于神[⑥]。用之在于机[⑦]，显之在于势，成之在于君。故圣王号兵为凶器，不得已而用之[⑧]。’”

“今商王[⑨]知存而不知亡，知乐而不知殃。夫存者非存，在于虑亡；乐者非乐，在于虑殃。今王已虑其源，岂忧其流乎！”

武王曰：“两军相遇，彼不可来，此不可往，各设固备[⑩]，未敢先发，我欲袭之，不得其利，为之奈何？”

太公曰：“外乱而内整，示饥而实饱，内精而外钝[⑪]。一合一离，一聚一散。阴其谋，密其机[⑫]，高其垒，伏其锐士，寂若无声，敌不知我所备，欲其西，袭其东。”

武王曰：“敌知我情，通我谋，为之奈何？”

太公曰：“兵胜之术[⑬]，密察敌人之机而速乘其利，复疾击其不意。”

【注释】 ①武王：文王之子，姓姬，名发。他继承父志，起兵伐纣灭商，建立了西周王朝。②凡兵之道，莫过乎一：凡用兵之道，没有比集中统一更为重要的了。③独往独来：不受牵制，自由支配自己的行动。此指无敌。④黄帝：传说中中国古代中原各族的共同祖先，号轩辕氏。他曾得到各部落的拥戴，败炎帝、杀蚩尤，成为部落联盟的领袖。⑤一者，阶于道：统一的原则，贯通于自然规律。阶，一切事物凡渐而成其事者都叫作阶，此作动词，接近、进入之意。⑥几于神：差不多算是异乎寻常。几，接近，差不多。⑦用之在于机：统一原则的运用在于机变。⑧不得已而用之：只有在不得已的时候才加以运用。⑨商王：商纣王，商朝最后一位君主。公元前11世纪，周武王伐纣，在牧野战败纣军，纣王自焚而死。⑩各设固备：敌我双方都设置了牢固的防守工事。⑪外乱而内整，示饥而实饱，内精而外钝：外面假装混乱，内部要完整；表面显示粮食缺乏，而实际供应充足，士卒本为精锐之师，而故意表现出笨拙的样子。内整，内部完整。⑫阴其谋，密其机：隐藏自己的企图，深藏自己的计谋。⑬兵胜之术：战争取胜的方法。

【译文】 武王向太公问道：“用兵的规则是什么呢？”

太公回答说：“用兵的规则，没有比统一意志更重要的了。统一意志，就能做到自由灵活、纵横驰骋。黄帝曾说：‘军队意志统一，就符合用兵的规则，几乎可达用兵如神的境界了。’这个规律的运用，在于掌握战机，造成有利的形势，而成功与否则在于君主运筹帷幄之中。所以古代圣王常称兵为凶器，非到迫不得已时才用它。”太公继续说：“现在商纣王只知道国家还存在，却不知道它已经濒临危亡；只知道纵情享乐，却不知道自己祸殃在即。国家目前还存在，并不意味着永远存在，是否永远存在，应看他能否做到居安思危，

使其不亡;自己眼前的快乐并不意味着永远的快乐,是否永远快乐,亦在于看他是否能做到了不忘忧,使其无殃。现在你已经考虑到存亡的根本大事,还担心什么枝节的问题呢!”

武王又问:“两军相遇,敌人不来攻打我,我也不能去攻打敌人,双方各设置坚固的守备,谁也不敢率先发动攻击。如果我想偷袭敌方,又没有有利的时机,应该怎么办呢?”

太公回答说:“要使我军外面假装混乱,而内部组织却十分严整;表面假装粮草短缺,而实际上粮草供应充足。表面看来军队笨拙而迟钝,实际则皆是精锐之师。命令部队忽离忽合,士卒忽众忽散,仿佛号令不整、军纪不严。隐匿计谋、隐蔽企图,高筑工事、埋伏精兵,保持寂静无声,使敌人不知道我军的配备和意图,以便声东击西。”

武王说:“倘若敌人已经知道我军的实情,了解我方的计谋,又该怎么办呢?”

太公回答说:“用兵制胜之术,在于周密地察明敌方的军情,抓住有利的时机,以迅雷不及掩耳之势,予以出其不意的打击。”

第二章　武韬篇

发　启

【原文】　文王在酆[①]召太公,曰:“呜呼!商王虐极,罪杀不辜[②]。公尚[③]助予忧民,如何?”

太公曰:“王其修德以下贤[④],惠民以观天道[⑤]。天道无殃,不可先倡;人道无灾,不可先谋[⑥]。必见天殃,又见人灾,乃可以谋。必见其阳,又见其阴,乃知其心;必见其外,又见其内,乃知其意;必见其疏,又见其亲,乃知其情。”

“行其道,道可致也;从其门,门可入也:立其礼,礼可成也;争其强,强可胜也。”

“全胜不斗,大兵无创[⑦],与鬼神通。微哉!微哉!”

“与人同病相救,同情相成。同恶相助[⑧],同好相趋。故无甲兵而胜[⑨],无冲机而攻[⑩],无沟堑而守。”

“大智不智、大谋不谋、大勇不勇、大利不利。利天下者,天下启之[⑪];害天下者,天下闭之[⑫]。天下者非一人之天下,乃天下之天下也。取天下者,若逐野兽,而天下皆有分肉之心。若同舟而济,济则皆同其利,败则皆同其害。然则皆有启之,无有闭之也。”

“无取于民者,取民者也[⑬];无取于国者,取国者也:无取于天下者,取天下者也。无取民者,民利之;无取国者,国利之;无取天下者,天下利之。故道在不可见,事在不可闻,胜在不可知。微哉!微哉!”

“鸷鸟[⑭]将击,卑飞敛[⑮]翼;猛兽将搏[⑯],弭耳[⑰]俯伏;圣人将动,必有愚色。”

“今彼殷商,众口相惑,纷纷渺渺[⑱],好色无极,此亡国之征也。吾观其野,草菅[⑲]胜谷;吾观其众,邪曲胜直[⑳];吾观其吏,暴虐残贼,败法乱刑。上下不觉,此亡国之时也。”

"大明[21]发而万物皆照,大义[22]发而万物皆利,大兵发而万物皆服。大哉圣人之德,独闻独见,乐哉!"

【注释】 ①酆:古地名,在今陕西西安西南。周文王筑酆邑,自岐迁此。②罪杀不辜:残害无辜之人。③公尚:指姜太公吕尚。④王其修德以下贤:君主应该修养品德并且礼贤下士。⑤惠民以观天道:施惠于民以观天道。⑥人道无灾,不可先谋:人道还没有出现灾变,就不可谋划兴师用兵的事情。人道:指人事,社会发展的状况与规律。⑦全胜不斗,大兵无创:大获全胜而不需与敌人交战,军队出师征讨而自己则完整无损。创,创伤。⑧同恶相助:与人同仇,同仇相助。⑨无甲兵而胜:没有全副武装的士兵也能获取胜利。⑩无冲机而攻:没有良好的武器装备也能攻击敌人。冲机,这里泛指良好的兵器、器材。⑪利天下者,天下启之:为全天下谋利益的人,全天下的人都会拥戴他。启:开、协助,此为欢迎、拥戴之意。⑫害天下者,天下闭之:使天下受害之人,就会受到天下人的拒绝。闭,关闭、反对。⑬无取于民者,取民者也:不夺取人民利益的人,就能得到民众的拥护和支持。⑭鸷鸟:十分凶猛的鸟。⑮敛:收缩、收起。⑯搏:攫取、搏斗。⑰弭耳:将耳朵平贴。⑱纷纷渺渺:动乱不安。⑲草菅胜谷:野草已埋没了庄稼。⑳邪曲胜直:怪诞邪恶之事比公平正直的事还多。㉑大明:圣明。㉒大义:正义。

【译文】 文王在酆都召见太公,叹息着说:"唉!现在纣王已暴虐到了极点,肆意残杀无罪之人。希望你帮助我谋划,拯救天下的百姓,怎么样?"

太公说:"大王应该树立政德,礼贤下士,施惠于民,以观察天道和人道的变化。当天道还没有出现灾害预兆的时候,不可先提倡兴兵伐暴的号召;当人道还没有出现混乱迹象的时候,不可先策划兴兵之举。必须等既看到天灾,又出现人祸的时候,才可以策划征伐之事。必须看到他已犯下的罪行,又看到他暗中的阴谋,才能全面了解他的内心;既看到表面现象(实行暴政),又看到内在本质(朝廷腐朽),才可明白他的意图;既看到他疏远什么人,又看到他亲近什么人,才能掌握他全部的实质。"

"按照一定的规律办事,就可以掌握规律,取得成功。遵循一定的路径行进,就可以登堂入室,入主天下。顺着一定的秩序建立礼仪,新的制度就形成了;努力建立并增强武装力量,就可以战胜强大的敌人。'不用打仗就获得战争的全胜,并使整个军队完好无伤',这样的用兵之道,简直是神鬼莫测。微妙啊,微妙啊!"

"能与人同甘苦就能互相援救,志趣相投就能互相成全,憎恶相同就能互相帮助,爱好一致就能互相亲近。因此不用兵甲也能取胜,没有良好的武器装备也能进攻敌人,没有深沟高垒也能防守。"

"有大智的人不显耀他的智慧,有深谋的人不张扬他的谋略,有大勇的人不凭血气之勇,图大利的人不只顾及自己的利益。为天下人谋利益的人,天下人都拥戴他。危害天下的人,天下人都反对他。天下不是一个人私有的天下,而是天下人共有的天下。夺取天下,就好像猎取野兽一样,天下的人都有分享猎物之心。这就好像同船渡河一样,大家同心,就能顺利到达彼岸,达到共同的目的;船翻了,大家就一同受害。能够这样与天下

人共其利害，才能得到天下人的拥戴。”

“不掠夺人民的，可以得到人民；不掠夺国家的，可以得到国家；不掠夺天下的，可以得到天下。不掠夺人民的利益，人民会拥护他；不掠夺国家的利益，国家会归于他；不掠夺天下人的利益，天下人就会归顺服从他。所以治国之道妙在使人看不见，处理万机的方法妙在使人听不到不好之事，稳操胜算妙在使人不可知。真是微妙呀！微妙呀！”

“鸷鸟将要袭击目标时，必先敛翅低飞；猛兽将要扑向猎物时，必先贴耳伏地；圣人将要有所作为时，必先示人以谦恭若愚的样子。”

“现在的商纣王，被众多的谗言所迷惑，社会昏乱不已，极端好色，这是亡国的征兆啊！我观察他的农田，野草比五谷还茂盛；我观察他的群臣，歪风胜过了正气；我观察他的官吏，都极端暴虐残忍，违法乱纪。但他们君臣上下执迷不悟，这表示亡国的时候到了。”

“此时举兵伐商，犹如日月升空、万物普照；大义伸张，万民获利；军队所到之处，举国臣服。伟大啊，圣人如有此作为！多么令人鼓舞快乐啊！”

文　启

【原文】　文王问太公曰：“圣人何守？”

太公曰：“何忧何啬[①]，万物皆得；何啬何忧，万物皆遒[②]，政之所施，莫知其化；时之所在，莫知其移。圣人守此[③]而万物化，何穷之有，终而复始。”

“优之游之[④]，展转[⑤]求之；求而得之，不可不藏；既以藏之，不可不行[⑥]；既以行之，勿复明之[⑦]。夫天地不自明，故能长生；圣人不自明，故能名彰。”

“古之圣人聚人而为家，聚家而为国，聚国而为天下，分封贤人以为万国，命之曰‘大纪’。陈其政教[⑧]，顺其民俗，群曲化直[⑨]变于形容[⑩]；万国不通[⑪]，各乐其所，人爱其上，命之曰‘大定’。呜呼！圣人务静[⑫]之，贤人务正[⑬]之，愚人不能正，故与人争；上劳则刑繁，刑繁则民忧，民忧则流亡。上下不安其生，累世不休[⑭]，命之曰‘大失’。”

“天下之人如流水，障之则止，启之则行，静之则清。呜呼，神哉！圣人见其所始，则知其所终。”

文王曰：“静之奈何？”

太公曰：“天有常形[⑮]，民有常生[⑯]，与天下共其生[⑰]而天下静矣。太上因之[⑱]，其次化之。夫民化而从政[⑲]。是以天无为而成事，民无与而自富[⑳]，此圣人之德也。”

文王曰：“公言乃协予怀[㉑]，夙夜念之不忘，以用为常。”

【注释】　①何忧何啬：意思是既不需要去忧虑什么，也不需要去制止什么，一切任其自然，无为而治。②万物皆遒：天下事物自然会生长繁荣。③此：指上文所述道理、规律。④优之游之：从容不迫，悠闲自得的样子。⑤展转：翻来覆去睡不着，此处借指反复考虑的意思。⑥既以藏之，不可不行：既已把探求到的道理存在心中，就不可不付诸实行。以，同已；藏之，谓存于心中。⑦勿复明之：不要老是炫耀自己。⑧陈其政教：各国诸侯都

要实施自己的政教。陈,宣扬。⑨群曲化直:使不公正、邪僻之事变为正直。群曲,邪恶、不正。⑩变于形容:改变不良的风气。形容,指表现于外在的形式、现象;这里指社会风貌。⑪万国不通:谓各国风俗不相同。⑫静:平静、安详。⑬正:纠正、改正。⑭累世不休:长期动乱不安。累世:数世,这里引申为长期的意思。⑮常形:指四季春生、夏长、秋收、冬藏等四时变化的规律。⑯常生:指民众在生产中所从事的春耕、夏种、秋收、冬息等生产事业。⑰生:生活、生计。⑱太上因之:治国最好的方法是顺乎民心。⑲从政:听从政令之意。⑳民无与而自富:即使不给予人民,他们的生活也能过得很好。无与,不需国家给予。㉑公言乃协予怀:你所说的完全符合我的想法。

【译文】 文王问太公道:"圣人治理天下应该遵守什么原则?"

太公回答说:"不要过于忧虑,也不要太谨小慎微,顺其自然,使万物各得其所;既不须太节制,也不须太忧虑,顺其自然,万物自然会生长繁荣。政令的推行,使人民自然而然的被感化;就如时间的运行,往往是在人们不知不觉的时候发生着。圣人遵循这种自然的原则,万物为之潜移默化,如此周而复始,无有穷尽的时候。"

"这种优游自如的无为之治,人君必须反复探索;既已探索到了,就不可不牢记在心;既已牢记在心,就不可不付诸实施;既已实施了,就无须夸耀于天下。因为天地不需夸耀自己的规律,万物自然生长;圣人不需夸耀自己的思想,自然能显示出他的功业。"

"古代的圣人把人们聚集起来组成家庭,把无数的家庭聚集起来组成国家,把大小的国家聚集起来组成天下。分封贤人为各国诸侯,把这种制度叫做治理天下的纲纪。然后宣扬政教,顺应民俗,改造邪僻的行为,形成正直的风气;各国的习俗虽然不同,但都安居乐业,热爱自己的生活,敬爱自己的君主,这就叫作平定天下。总之,圣人治理天下,务求清静无为;圣人教化百姓,务求移风易俗。愚人不懂潜移默化的方法,所以与民相争。君主好事则政令繁多,政令繁多则刑罚繁多,刑罚繁多则百姓忧惧,百姓忧惧,就会流亡逃散。如此一来,上下都不能安其生业,难免长期动乱不安,这就叫作'政令大失'。"

"天下百姓心理的向背,就像流水一样,阻塞它就停滞不行,引导它就流动不息,静止就清明不浊。民心真是神妙莫测啊!只有圣人能见到它的萌芽,预见它的结果。"

文王又问:"怎样才能使天下安定呢?"

太公回答说:"天有一定的运行规律,人民有自己正常从事的生业。人君能与百姓同其生活之理,天下自然就安定无事了。治理国家的方法,最高的境界是顺乎民心,其次是以政治教化百姓,人民接受教化而服从政令。所以天道无为而万物自然生长,百姓不需要施予而自然富足。这就是圣人的德政。"

文王说:"你的话和我的想法正好吻合,我会朝思夕念,永志不忘,把它作为治理国家的常法。"

文 伐

【原文】 文王问太公曰:"文伐[1]之法奈何?"

太公曰："凡文伐有十二节②：一曰，因其所喜，以顺其志，彼将生骄，必有奸事③，苟能因之，必能去之。

二曰，亲其所爱，以分其威。一人两心，其中必衰。廷无忠臣，社稷必危。

三曰，阴赂左右，得情甚深，身内情外，国将生害。

四曰，辅其淫乐，以广其志。厚赂珠玉，娱以美人。卑辞委听④，顺命而合。彼将不争，奸节乃定⑤。

五曰，严其忠臣，而薄其赂⑥。稽留其使⑦，勿听其事。亟为置代⑧，遗以诚事⑨，亲而信之，其君将复合之。苟能严之，国乃可谋⑩。

六曰，收其内，间其外⑪，才臣外相⑫，敌国内侵，国鲜不亡。

七曰，欲锢⑬其心，必厚赂之，收其左右忠爱，阴示以利，令之轻业⑭，而蓄积空虚。

八曰，赂以重宝，因与之谋，谋而利之。利之必信，是谓重亲⑮。重亲之积，必为我用。有国而外，其地大败。

九曰，尊之以名，无难其身，示以大势，从之必信；致其大尊，先为之荣，微饰⑯圣人，国乃大偷⑰。

十曰，下之必信，以得其情⑱；承意⑲应事，如与同生；既以得之，乃微收之；时及将至，若天丧之。

十一曰：塞⑳之以道，人臣无不重贵与富，恶危与咎㉑，阴示大尊，而微输重宝㉒，收其豪杰。内积甚厚，而外为乏。阴纳智士，使图其计；纳勇士，使高其气。富贵甚足，而常有繁滋㉓，徒党㉔已具，是谓塞之。有国而塞：安能有国？

十二曰，养其乱臣以迷之；进美女淫声以惑之；遗良犬马以劳之；时与大势以诱之；上察而与天下图之。"

"十二节备，乃成武事。所谓上察天，下察地，征已见㉕，乃伐之。"

【注释】 ①文伐：指用非武力的手段去分化瓦解敌人。②节：环节。指关键的手段、措施。③奸事：坏事、邪恶之事。④卑辞委听：装着像人微言轻的样子，委婉地打动别人。卑辞，卑微的言辞。⑤奸节乃定：所施计谋就能获得成功。奸，邪恶。⑥严其忠臣，而薄其赂：要尊敬敌国的忠臣，并赠予一些微薄的礼物。严：尊敬，这里意指与之交好以达到离间的目的。⑦稽留其使：拖延其使者停留的时间。⑧亟为置代：事态到了敌国君王准备更换使臣的时候了。置代，这里可理解为更换使命之意。⑨遗以诚事：迅速办妥托办之事，以表忠诚之意。⑩苟能严之，国乃可谋：假如真能做到严待敌国忠臣，图谋敌国是不无可能的。苟，假使。⑪间其外：离间敌国国君派往国外的大臣。⑫才臣外相：敌国的大臣已背叛君主与外国勾结。相，相助、辅助。⑬锢：禁锢、控制。⑭轻业：轻视、忽视。⑮重亲：听命于我、服从我的意图。⑯微饰：暗中文饰，意指悄悄地吹捧、粉饰。⑰国乃大偷：国事被大大地懈怠以致废弛了。⑱情：友情。⑲承意：秉承意图、意志。⑳塞：堵塞。㉑恶危与咎：厌恶危险与灾祸。㉒微输重宝：秘密地用珍宝收买其豪杰。㉓繁滋：发展壮大。繁，多、盛。滋，滋生、培植。㉔徒党：集团，同党。此处意指聚集力量。㉕征已见：经

分析判断战机已出现。

【译文】 文王问太公道:“以谋攻敌的策略是什么?”

太公回答说:“所谓以谋攻敌,其策略有十二种:

一是迎合敌君的喜好,顺从他的心意,使他滋长骄傲的情绪,如此各种奸邪的事就会随之发生。我方若能巧妙地应用此一弱点,就能消灭他。

二是拉拢敌君的近臣,以削弱敌国的力量。敌国的近臣怀有二心,其忠诚的程度必然降低。敌国的朝中没有了忠臣,国家必然产生危机。

三是暗中贿赂敌君的近臣,和他们建立密切的关系,使他们身在国内而心向国外,如此,敌国必将发生祸乱。

四是助长敌国君主享乐腐化的惰性,使其荒淫的欲望有增无减。用大量的珠玉贿赂他、用美女讨好他。用卑微的言辞委婉地打动他,顺从他的命令并且迎合其意,如此敌君就不会以我为虑,这样我方所施的计谋就能获得成功。

五是要严待敌国的忠臣,给他微薄的礼物。与他进行外交的接触,要故意拖延时间,不要听从他的意见。若敌君改派他人来替代,表示亲近、信赖、忠诚以结友好,这样敌君必然疏远其忠臣,假如能严待敌国的忠臣,此时计谋就容易实现了。

六是收买敌君左右的内臣,离间他在外的边将,使有才能的官员为我国做事,而造成其内部互相倾轧,这样的国家就没有不亡的了。

七是要控制敌君的思想,必须舍得用重金贿赂他们,并收买其左右亲信,暗中施予利益,使之忽略自己的生产经营,这样敌国的粮财便会贫乏,国防便会空虚。

八是赠送敌君贵重的珍宝,并与他结盟,给他一定的利益,取得他的信任,进而结成亲密的伙伴关系。这种亲密的伙伴关系一旦形成,必然为我所用。当自己的国家为别国所利用,其国必然招致败亡。

九是用崇高的名声颂扬他,不让他自身感到危难;使他有威权至上的感觉,毕恭毕敬地顺从他;尊崇他以极高的地位,先夸耀他的尊荣,再以圣人的德行加以粉饰,他必然因此而自大自满,荒疏国事了。

十是对他表示恭敬诚意,以取得他的好感和信任;顺着他的心意办事,好像兄弟一般亲密;既已得到他的好感和信任,就可以进一步巧妙地控制他;等时机一到就讨伐他,使其灭亡。

十一是用以下方法蔽塞敌国君主的视听:臣子没有不想富贵而厌恶危险与灾祸的,暗中对他表示极大的尊重,秘密以重金收买其中的豪杰之士;国内积蓄充实,而对外却假装贫乏;暗中收纳智谋之士,为我出谋划策;招集勇猛之夫,使他们保持原来的士气。要满足他们想要富贵的欲望,不断发展他们的势力。如此结成党羽,以障蔽敌国君主的耳目。拥有国家但为人所障蔽、耳目昏聩,这样的国家还能持久吗?

十二是培养一批乱臣以迷惑其君主;进献一批美女以迷乱其神志;送他良犬骏马,使他劳于游猎的追逐;经常用有利的形势诱惑他,使他更加骄狂。然后仰观天象以察时变,

起而与天下人共谋而攻取之。”

“以上十二种以谋攻敌的策略，如果运用得当，就可以进一步采取军事行动了。采取军事行动时必须上察天时，下观地理，等到各种征兆都显示有利契机时，才能兴兵征伐。”

顺　启

【原文】　文王问太公，曰：“何如而可为天下[①]？”

太公曰：“大盖天下[②]，然后能容天下；信盖天下，然后能约[③]天下；仁盖天下，然后能怀[④]天下；恩盖天下，然后能保天下；权盖天下，然后能不失天下；事而不疑，则天运[⑤]不能移，时变不能迁。此六者备，然后可以为天下政。”

“故利天下者，天下启之[⑥]；害天下者，天下闭之；生天下者，天下德之；杀天下者，天下贼之[⑦]；彻天下者[⑧]，天下通之；穷天下者，天下仇之；安天下者，天下恃之；危天下者，天下灾之[⑨]。天下者，非一人之天下，唯有道者处之[⑩]。”

【注释】　①何如而可为天下：怎样才能治理好天下。为，治理。②大盖天下：大的度量能覆盖全天下。大，器量、度量；盖，覆盖。③约：约束。④怀：怀柔。⑤天运：犹言天命，指天然的机运，非人力所能控制，有自然规律的意思。⑥天下启之：全天下的民众都爱戴、拥护之。启：开启，此为拥护之意。⑦天下贼之：天下的百姓都仇视之。贼：作动词，意谓虐害、残杀。此处可理解为毁灭的意思。⑧彻天下者：顺应天下民心的人。彻，贯通、遵循。此处可理解为顺应的意思。⑨天下灾之：天下百姓将会视它为灾祸。灾之，把它看作灾害。⑩唯有道者处之：只有品德高尚的君主才能治理它、拥有它。有道者，指合乎天理、顺应民心的贤君。

【译文】　文王问太公道：“怎样才能够治理天下呢？”

太公回答说：“大的器量盖过天下，然后才能包容天下；诚信盖过天下，然后才能约束天下；仁德盖过天下，然后才能怀柔天下；恩惠盖过天下，然后才能保有天下；权力盖过天下，然后才能不失掉天下；遇事果断而不犹豫，则天道运行，时光流逝，国家却永保安定。具备了这六方面的条件，就可以治理天下了。”

“所以能够为天下百姓谋福利的，天下百姓就会拥护他；使天下百姓受害的，天下百姓就会反抗、排斥他。关怀天下百姓的生活，天下百姓就感戴他；杀戮天下百姓的，天下百姓就仇视他；顺应百姓的心愿，百姓就拥护他；苛刻百姓使其穷困，百姓厌恶他；使天下百姓安居乐业的，百姓支持他；危害百姓的，百姓就逃离他。天下不是一个人的天下，唯有仁德的君主才能治理好天下。”

三　疑

【原文】　武王问太公曰：“予欲立功，有三疑；恐力不能攻强、离亲、散众[①]，为之奈何？”

太公曰：“因之，慎谋，用财。夫攻强必养之使强，益之使张[②]，太强必折，太张必缺，攻

强以强;离亲以亲;散众以众。"

"凡谋之道,周密为宝。设之以事③,玩之以利④,争心必起。"

"欲离其亲,因其所爱,与其宠人⑤,与之所欲⑥,示之所利。因以疏之,无使得志。彼贪利甚喜,遗疑乃止⑦。"

"凡攻之道,必先塞其明,而后攻其强,毁其大⑧。除民之害,淫之以色,啖⑨之以利,养之以味,娱之以乐。"

"既离其亲,必使远民,勿使知谋,扶而纳之,莫觉其意,然后可成。"

"惠施于民,必无忧财,民如牛马,数喂⑩食之,从而爱之。"

"心以启智⑪,智以启财,财以启众⑫,众以启贤⑬,贤之有启,以王天下。"

【注释】 ①散众:涣散众心,此为瓦解敌人之意。②张:拉弓,这里用来比喻,意谓使之放纵、猖狂。③设之以事:做种种设想。④玩之以利:用财利引诱敌人。⑤与其宠人:接近敌君宠信之人。⑥与之所欲:贿赂他最喜爱的东西。⑦遗疑乃止:不再对我有所怀疑。⑧毁其大:摧毁庞大的防御设施。⑨啖:吃,这里是引诱的意思。⑩喂:喂养。⑪心以启智:用心去思考、探究。启,开启之意。⑫财以启众;用财富收买民心。⑬众以启贤:用众望使天下有识之士向我靠拢。

【译文】 武王问太公说:"我想建功立业,但有三点疑虑:担心我的兵力不能攻克强敌、不能离间其亲信、不能瓦解其军队,怎么办?"

太公回答说:"这里有三种相应的谋略:因势利导、缜密谋划、巧用钱财。要攻克强大的敌人,必须先助长敌人的骄横,助长敌人的气焰。过分的强横,必然会遭到挫折;过分的张狂,必定会导致失误,这是攻强以强的道理。同样的道理,离间亲信,必须利用其亲信;瓦解军队,必须利用其军队。"

一切谋略之道,贵在周密二字。制造一些事端,给他有利可图的机会,使他产生互相争夺的欲望。"要想离间敌君亲信的忠臣,应当因其所好。拉拢他所宠爱的佞臣,满足这些佞臣的欲望,用丰厚的利益引诱他们,使亲信的忠臣被疏远而不得志。那些佞臣因为贪得厚利而高兴,必然疏于对我方的警戒。"

"一切攻取之道,必先蒙蔽敌国君主的耳目,而后才能攻克其强大的军队,摧毁其庞大的国家。要达到为民除害的目的,首先应当用美色去引诱他,用金钱去满足他,用美味去餍足他,用享乐去腐蚀他。"

"既已离间了他亲信的忠臣,就会使他疏远人民;不让他发觉我们的计谋,一步步将之引入我们的圈套,然后就可以成就大事了。"

"广施恩惠于人民,不要吝惜财富。百姓犹如牛马,要经常喂养他们,满足他们的民生问题,从而表示对他们的慈爱之心。"

"用心思考可以开发智慧,智慧可以产生财富,财富可以收养民心,民心向我,贤能之士便会出现,贤能之士涌现,才有人辅佐大王统一天下。"

第三章 龙韬篇

王 翼

【原文】 武王问太公曰:“王者帅[①]师,必有股肱羽翼[②],以成威神,为之奈何?”

太公曰:“凡举兵帅师,以将为命[③];命在通达,不宁一术,因能受职[④],各取所长;随时变化,以为纲纪[⑤]。故将有股肱羽翼七十二人,以应天道。备数如法,审知命理[⑥]。殊能异技,万事毕矣。”

武王曰:“请问其目?”

太公曰:“腹心一人。主潜谋应卒[⑦],揆天消变[⑧],总揽计谋,保全民命;

谋士五人。主图安危,虑未萌,论行能,明赏罚,授官位,决嫌疑,定可否;

天文三人。主司星历[⑨],候风气[⑩],推时日,考符[⑪]验,校灾异,知人心去就之机;

地利三人。主三军行止形势[⑫],利害[⑬]消息,远近险易,水涸[⑭]山阻,不失地利;

兵法九人。主讲论异同,行事成败,简练[⑮]兵器,刺举[⑯]非法;

通粮四人。主度饮食,备蓄积,通粮道,致五谷,令三军不困乏;

奋威四人。主择材力,论兵革[⑰],风驰电击[⑱],不知所由;

伏鼓旗三人。主伏鼓旗,明耳目,诡符节[⑲],谬号令,暗忽往来[⑳],出入若神;

股肱四人。主任重持难,修沟堑[㉑],治壁垒,以备守御;

通材三人。主拾遗补过,应偶宾客,论议谈语,消患解结;

权士三人。主行奇谲,设殊异,非人所识,行无穷之变;

耳目七人。主往来,听言识变,览四方之事、军中之情;

爪牙[㉒]五人。主扬威武,激励三军;使冒难攻锐,无所疑虑;

羽翼四人。主扬名誉,震远方,摇动四境,以弱敌心;

游士八人。主伺[㉓]奸候变,开阖人情[㉔],观敌之意,以为间谍;

术士二人。主为谲诈,依托鬼神,以惑众心;

方士二人。主百药,以治金疮[㉕],以痊万病;

法算二人。主计会三军营壁、粮食、财用出人。”

【注释】 ①帅:统帅、率领。②股肱羽翼:比喻得力的辅佐。股,大腿。肱,手臂从肘到腕的部分。羽翼,翅膀。③命:司令。④因能受职:根据才能授予职务。⑤纲纪:治理国家的原则、制度。⑥审知命理:审知,审察把握。⑦主潜谋应卒:主要职责是参赞、谋划以应付突发事变。卒,通“猝”,指突发事件。⑧揆天消变:揣度天时,消除灾异。天,天象,指日月星辰的运行变化。古人认为天象与人事相关,故观天象可以测知人事。⑨星历:记载某一天体于某时某刻在天空运行的位置之表册。此指天体的运行。⑩候风气:观测风气顺逆的意思。⑪符:祥符,瑞符。古代认为祥瑞现象是王者受命于天的征兆。

⑫主三军行止形势：主要职责是负责侦察军队行进、驻扎的地理形势。三军：古代军队编为左、中、右三军或上、中、下三军，一般指对军队的总称。⑬利害：利弊得失。⑭涸：干涸、干枯。⑮简练：检查和演习。⑯刺举：刺探举发，即检举揭发。⑰论兵革：指选用坚甲利兵。论，通抡，选择。⑱风驰电击：形容行动迅速敏捷。⑲符节：古代传达命令或征调兵将所用的凭证，授令者与执事者各执一半，相合以验真假，如兵符，虎符，用金、玉、铜制成。这里指出入门关的凭证，为符节的一种，用竹或木制成。⑳暗忽往来：此指行动快速。暗忽，形容忽来忽往、神出鬼没。㉑沟堑：均为护城河。㉒爪牙：监军、督战人员。㉓伺：探察、侦察。㉔开阖人情：指煽动敌国的民心、军心。㉕金疮：由兵器所致的创伤，包括为此而感染化脓的伤疮。

【译文】 武王问太公说："君王带兵打仗，必须有得力的将帅辅佐，才能形成威武神奇的大军，你以为如何？"

太公说："凡是统率军队，都以将领为部队的司令。作为司令，要通晓军法，掌握全面的情况，不墨守成规，专精一术。在任用人时，要根据才能授予职务，并应各取所长、灵活运用，这是治军的法则。所以将帅要有72个得力之臣辅佐，以应付各种情况的变化。按照这个原则组织军队，就能详细而全面地掌握情况，应付各种事变，使具有特殊技能的各种人才，都可以充分发挥其作用，各项任务也就可以圆满地完成了。"

武王又问："请你讲讲这些职务当如何详细而区分？"

太公说："心腹一人。主管参机谋划，应付突然情况，观察天象的消长变化，统筹计划谋略，保全百姓生命安全。"

"谋士五人。主管谋划全军的安危，消除各种隐患，评定诸将的品德才能，严明赏罚制度，授予官职军阶，决断疑难问题，裁定军务。"

"天文三人。主管天象、历法，观察风向、气候的变化，推测时日的吉凶，考核天象的征兆与人世灾异的应验，并推测人心向背的时机。"

"地利三人。主管三军行进与驻扎的地形状况，分析地形的利弊条件，乃至远近距离、地形险易及水源枯竭与山峦阻隔等等，使我军不失战略上有利的地势。"

"兵法九人。主管研究敌我形势的异同，分析作战胜负的原因；配备各种兵器并训练其使用方法，揭发不守军纪法令的行为。"

"通粮四人。主管输送粮草，计划军队伙食，储备作战物资，疏通运粮道路，运送五谷军需，使三军的供给不致匮乏艰难。"

"奋威四人。主管选择有才干的勇士，配给他们装备精良的武器，组成突击队，以风驰电击的速度，出其不意地打击敌人。"

"伏旗鼓三人。主管旗鼓，传达号令，明确三军视听；变换军中符节，随时改变口令（用以迷惑敌人），暗中忽来忽往，出入神鬼莫测，以欺骗敌人、隐蔽自己。"

"股肱四人。主管重地保卫，守护险要工程，深挖沟堑，高筑堡垒，以备防御。"

"通材三人，主管将帅疏漏的事项，弥补他的过失，应对宾客，讨论问题，消除隐患，解

决疑难。”

“权士三人。主管密谋诡诈的奇计,巧设非凡的战术,进行无穷的变化,使一般人不能识破。”

“耳目七人。主管侦察,往来于敌国之间,探听消息、勘察动静,收集各国的政治、军事情报。”

“爪牙五人。主管宣扬军威、激励士气,使三军将士敢于冒险犯难,攻坚击锐、无所畏惧。”

“羽翼四人。主管宣扬我军的声名荣誉,使其威震远方,气骇邻国,以削弱敌军的斗志。”

“游士八人。主管特务,潜入敌人内部,窥伺奸细、等候变化,煽动敌国的民情,观察敌人的意图,进行间谍活动。”

“术士二人。主管以诡诈的手段,假托鬼神来迷惑众人之心。”

“方士二人。主管制造和管理各种药材,用以治疗刀枪的创伤,治愈一切病症。”

“法算二人。主管会计,负责三军营房的分配,粮草的配备和财用的支出与收入。”

论 将

【原文】 **武王问太公曰:“论将之道奈何?”**

太公曰:“将有五材[①]十过[②]。”

武王曰:“敢问其目?”

太公曰:“所谓五材者,勇、智、仁、信、忠也。勇则不可犯,智则不可乱,仁则爱人,信则不欺,忠则无二心。”

“所谓十过者:有勇而轻死者,有急而心速者,有贪而好利者,有仁而不忍人者[③],有智而心怯者,有信而喜信人者,有廉洁而不爱人者[④],有智而心缓者,有刚毅而自用者,有懦而喜任人者。”

“勇而轻死者可暴也,急而心速者可久也,贪而好利者可遗也,仁而不忍人者可劳也,智而心怯者可窘也,信而喜信人者可诳也,廉洁而不爱人者可侮也,智而心缓者可袭也,刚毅而自用者可事也,懦而喜任人者可欺也。”

“故兵者,国之大事,存亡之道,命在于将。将者,国之辅,先王之所重也,故置将不可不察也。故曰:兵不两胜,亦不两败。兵出逾境,期不十日,不有亡国,必有破军杀将。”

武王曰:“善哉!”

【注释】 ①五材:五种美德。②十过:十种过失、缺点。③仁而不忍人者:意思是过于仁厚而不忍严格要求下属,会流于姑息。④廉洁而不爱人者:意思廉洁的人,往往要求部属过于严格,近于刻薄寡恩。

【译文】 武王问太公说:“评选将帅的原则是什么呢?”

太公回答说:“评选将帅要在五项美德和十项缺点之间进行考察。”

武王说："请你谈谈它们的具体内容。"

太公说："所谓五项美德，就是勇、智、仁、信、忠。勇者不惧，故不可侵犯；智者多谋，故不易被人迷惑；仁者爱人，故能得心；信者不欺，故能上下信服；忠者没有二心，故可委以重任。"

"所谓十项缺点，就是勇猛而轻于拼命；浮躁而急于求成；贪婪而好私利；仁慈而流于姑息；机智却胆小；诚实却轻信他人；廉洁却不爱民；聪明却不果断；还有刚愎而自用，懦弱而喜欢依赖他人等等。"

"勇猛而轻于拼命的人容易被激怒；浮躁而急于求成的人，容易被长期围困而失去理智；贪婪而好私利的人容易被贿赂、收买；仁慈而姑息的人容易被搅扰；机智而胆小的人容易被胁迫；诚实却容易轻信别人的人容易被欺骗；廉洁却不懂爱护下属的人容易被诬告而招致侮辱；聪明却不果断的人容易被袭击；刚愎自用的人容易被奉承而骄纵；懦弱而喜欢依赖他人的人容易被利用。"

"所以说，国家的大事，存亡的关键，都掌握在将帅手中。将帅是国家的辅佐，为历代君主所重视，因此任命将帅不可不慎重审察。所以说：战争不可能使两方都获胜，也不可能使两方都失败。军队出境打仗，十日之内，胜负即见分晓，不是灭亡敌国，就是己方兵败将亡。"

武王说："你说得好极了。"

选　将

【原文】　武王问太公曰："王者举兵欲简练英雄，知士[①]之高下，为之奈何？"

太公曰："夫士外貌不与中情[②]相应者十五；有严而不肖者，有温良而为盗者，有貌恭敬而心慢[③]者，有外廉谨而内无至诚者，有精精[④]而无情者，有湛湛[⑤]而无诚者，有好谋而不决者，有如果敢而不能者，有悾悾[⑥]而不信者，有怳怳惚惚[⑦]而反忠实者，有诡激[⑧]而有功效者，有外勇而内怯者，有肃肃[⑨]而反易人者，有嗃嗃[⑩]而反静悫[⑪]者，有势虚形劣而外出无所不至、无所不遂者。天下所贱，圣人所贵，凡人莫知，非有大明，不见其际[⑫]，此士之外貌不与中情相应者也。"

武王曰："何以知之？"

太公曰："知之有八征[⑬]：一曰问之以言以观其辞；二曰穷之以辞以观其变；三曰与之间谍以观其诚；四曰明白显问以观其德；五曰使之以财以观其廉；六曰试之以色以观其贞；七曰告之以难以观其勇；八曰醉之以酒以观其态。八征皆备，则贤、不肖别矣。"

【注释】　①士：古代贵族的下层人物，这里指将帅。②中情：内心。③慢：怠惰、轻忽。④精精：精而又精，即精明干练。⑤湛湛：深澄、清澈的样子，这里可理解为深厚、厚道之意。⑥悾悾：诚恳的样子。⑦怳怳惚惚：暧昧、神志不清，此指犹豫、动摇不定。⑧诡激：言行过急、出言奇特。诡，诡谲。激，言语急切、直爽。⑨肃肃：固执、严正的样子。⑩嗃嗃：严厉的样子。⑪静悫：诚实、冷静的样子。悫：诚实、忠厚。⑫际：边际，此为实

情、本质之意。⑬征:证明、验证。

【译文】 武王问太公说:“王者举兵兴师,要选拔英明权略之士为将帅,怎样才能知道他到底是贤还是不肖呢?”

太公回答说:“士的外表与内在秉性不相符的有以下十五种情况:有貌似贤良而实际上是不肖的;有外貌温厚善良而实为盗贼的;有外貌恭敬而内心怠慢的;有外表谨慎而实质虚浮的;有外表精明而内无才学本领的;有外貌敦厚而内心不诚实的;有外表足智多谋而不果断的;有貌似果断而实无才干的;有貌似诚恳而不守信用的;有貌似摇摆不定而内心反而忠实的;有言行过激而办事却有功效的;有貌似勇敢而实则胆小的;有外表严肃而内心平易近人的;有表面严厉而内心温和厚道的;有外表孱弱,貌不惊人,而出使四方,纵横各国,没有不能完成使命的。外貌并不能完全代表一个人内在的实质,所以常有为世俗瞧不起的人,而独为圣人所赏识:常人不知道他们内在的才华,除非有高明的见识,否则便不能看清这种矛盾关系,此即士之外貌与内在秉性不相符的情况。”

武王说:“那么怎样才能知道这些人的真实情况呢?”

太公回答说:“有八种考验方法:一是提出问题,观察他言辞是否详尽清楚;二是追根究底,不断地追问,看他应变的能力;三是派他做间谍,考验他是否忠诚;四是明知故问,看他有无隐瞒,这可以看出他的德行;五是让他管理财物,看他是否廉洁不贪;六是用女色考验他,看他操守如何;七是告诉他处境的危难,看他有无冒险犯难的勇气;八是使他酒醉,看他是否失态。以上八种考验的方法都具备了,就可以区别士之贤与不肖了。”

立 将

【原文】 武王问太公曰:“立将之道奈何?”

太公曰:“凡国有难,君避正殿召将而诏之曰:‘社稷安危,一[①]在将军,今某国不臣[②],愿将军帅师应之’。”

“将既受命,乃命太史卜,斋三日,之太庙,钻灵龟[③],卜吉日,以授斧钺[④]。君入庙门,西面而立,将入庙门,北面而立。君亲操钺持首,授将其柄曰:‘从此上至天者,将军制之。’复操斧持柄,授将其刃曰:‘从此下至渊者,将军制之。’见其虚则进,见其实则止,勿以三军为众而轻敌,勿以受命为重而必死,勿以身贵而贱人,勿以独见而违众,勿以辩说为必然。士未坐勿坐,士未食勿食,寒暑必同。如此,则士众必尽死力。”

“将已受命,拜而报君曰:‘臣闻国不可从外治,军不可从中御[⑤]。二心不可以事君,疑志不可以应敌。臣既受命专斧钺之威,臣不敢生还。愿君亦垂一言之命于臣。君不许臣,臣不敢将。’”

“君许之,乃辞而行。军中之事,不闻君命,皆由将出,临敌决战,无有二心。若此,则无天于上,无地于下,无敌于前,无君于后。是故智者为之谋,勇者为之斗,气厉青云,疾若驰骛[⑥],兵不接刃,而敌降服,战胜于外,功立于内,吏迁士赏,百姓欢说[⑦],将无咎殃[⑧]。是故风雨时节,五谷丰熟,社会安宁。”

武王曰:“善哉!”

【注释】 ①一:完全、全部。②不臣:不守臣道,即叛逆之意。③钻灵龟:即占卜。商代凡有疑难之事,一定要求神问卜,卜的方式是用烧红的小铜棍烙龟甲或兽骨,看骨甲上的裂纹以决定吉凶。④斧钺:斧,斧头。钺,宽大的斧。二者皆是古代军中行刑的兵器。授斧钺,就是象征授予军权。⑤御:控制,此为调度指挥之意。⑥疾若驰骛:行动迅速若奔马。驰骛,奔驰的马。⑦百姓懽说:贵族们欢欣鼓舞。百姓,商代指贵族。懽说:“懽”通欢,“说”通悦。⑧咎殃:灾祸。

【译文】 武王问太公道:“任命将帅的方法为何?”

太公回答说:“凡国家遇有危难,国君就避开正殿不受朝贺,而在偏殿召见主将,降诏并对他说:‘国家的安危,都系于将军一身。今某国叛乱不再称臣,愿将军统率军队前去征讨’。”

“将军接受了任命,国君就命太史占卜吉凶,先斋戒三日,然后再到太庙钻灵龟,卜吉日,举行颁授斧钺的典礼。到了吉日,君主先人太庙正殿之门,面向西方而立;将军跟入,面向北方而立。国君亲自拿着斧钺的上部,而将钺柄授予将军,并说:‘从此军中之事,上至于天,皆由将军管制。’再拿着斧柄以斧刃与将军,并说:‘从此军中之事,下至于深渊皆由将军管制。’授受已毕,国君并致训词:‘见到敌军薄弱之处则进攻,见到敌军实力所在处则停止。不要因为三军众多而轻敌,不要因为任务重大而轻生,不要因为身居高位而瞧不起他人,不要固执己见而与众人不合,不要将诡辩之辞当作真理。士兵未就座,自己不可先坐;士兵未吃饭,自己不可先吃饭,遇严寒酷暑都要与士兵同甘共苦。能做到这样,士兵就会拼死作战,保卫国家’。”

“主将接受了任命,再拜向国君禀告:‘臣听说国家不能受外部的干涉,作战不能由君主在朝廷上遥控指挥。臣怀二心就不能忠心侍奉君主,君主如果不信任臣下,臣下就难以指挥应敌。今臣既已奉命掌握军事大权,就当效命疆场,不获全胜,不敢生还。希望君上授全权之命于臣,若不许允,臣不敢受托。’”

“国君许以全权,主将辞别君主,率兵出征。自此军中之事,不再听命于君主的诏谕,只听主帅的命令。临敌决战,上下一心。这样,主帅全权指挥,上不受天时限制,下不受地形阻碍,前无敌人敢挡,后无君主从中牵制。所以,有智谋的人都能为他献策,勇猛的士卒都能为他作战,士气高昂直冲霄汉,行动神速快如奔马,军队不曾交锋,敌人便望风而降。军事战胜于疆场,功名显扬于朝廷,官吏升迁,士卒获赏,贵族欢乐,战祸消除。于是风调雨顺,五谷丰登,国家就此安宁。”

武王说:“真是太好了!”

将 威

【原文】 武王问太公曰:“将何以为威?何以为明,何以为禁止而令行?”

太公曰:“将以诛大[1]为威,以赏小[2]为明,以罚审为禁止而令行[3]。故杀一人而三军

震者，杀之；赏一人而万人说者，赏之。杀贵大，赏贵小。杀其当路[4]贵重之臣，是刑上极也；赏及牛竖[5]、马洗[6]厩养[7]之徒，是赏下通也。刑上极、赏下通，是将威之所行也。"

【注释】 ①诛大：诛杀地位崇高的人。②赏小：奖赏地位低贱的人。③审：详明、审慎。④当路：担当要职，掌握大权。⑤牛竖：牛僮。竖，僮仆。⑥马洗：马夫。⑦厩养：养畜者。

【译文】 武王问太公说："主将怎样树立威信，怎样严明军纪，怎样做到所禁必止，所令必行？"

太公回答说："主将以诛杀地位高的人来树立威信，以奖赏地位低的人来严明军纪，以公正的惩罚来做到令行禁止。因此杀一人能使三军震慑的就杀之，赏一人能使万人欢喜的就赏之。诛杀，贵在能施于地位崇高之人，奖赏贵在能施于地位低贱之人。能诛杀那些高官显贵，就说明了刑罚能及于最上层；能奖赏到牛僮、马夫等饲牧者，说明奖赏能达到最下层。真正做到刑罚能及于最上层，奖赏能达到最下层，说明主将的威信树立并且能贯彻上下了。"

励 军

【原文】 武王问太公曰："吾欲令三军之众，攻城争先登，野战争先赴，闻金声[1]而怒，闻鼓声[2]而喜，为之奈何？"

太公曰："将有三(胜)。"

武王曰："敢问其目？"

太公曰："将，冬不服裘，夏不操扇，雨不张盖[3]，名曰礼将；将不身服礼[4]，无以知士卒之寒暑。出隘塞，犯泥涂[5]，将必先下步，名曰力将；将不身服力[6]，无以知士卒之劳苦。军皆定次[7]，将乃就舍，炊者皆热，将乃就食，军不举火[8]，将亦不举，名曰上欲将；将不身服止欲，无以知士卒之饥饱。将与士卒共寒暑、劳苦、饥饱，故三军之众，闻鼓声则喜，闻金声则怒。高城深池，矢石繁下，士争先登；白刃始合[9]，士争先赴。士非好死而乐伤也，为其将知寒暑、饥饱之审，而见劳苦之明也。"

【注释】 ①金声：即钲声。钲，古代军中的一种乐器。金声是打仗时收兵的信号。②鼓声：古代作战用鼓声作为指挥进攻的信号。③盖：伞盖。④不身服礼：不能亲自躬行礼法，即不能以身作则。服，从事。⑤犯泥涂：越过泥沼坎路。涂，通途、道路。⑥不身服力：不能身体力行，即不能以身作则。力，劳力、勤劳。⑦定次：扎营、驻扎。⑧举火：点灯照明。⑨白刃始合：指两军互相冲杀。始合，敌我双方交战。

【译文】 武王问太公说："我要使全军官兵攻城时争先登城，野战时争先冲锋，听到退兵的锣响便感愤怒，听到进攻的鼓响则欢喜，有什么办法呢？"

太公回答说："将帅有三种克敌制胜的方法。"

武王又问："请问这三个方法的具体内容。"

太公说："作将帅的，冬天再冷也不穿皮袄，夏天再热也不用扇子，雨天不张伞篷，这

样就可称作是‘礼将’。将帅不以身作则，就无从体会士卒的冷暖。行军出征，穿越险阻的关口，跋涉泥泞的小道，将帅应当先下马步行，这样就可称之为‘力将’。将帅不身体力行，就无从体会士卒的劳苦。军队驻扎时，全军都安营就宿，将帅才进账安歇；士卒的饭菜都做好了，将帅才开始进食；士卒尚未点灯，将帅也不点灯，这样就是‘止欲将’。将帅不能克制自己的欲望，就无从体验士卒的饥饱。由于将帅与士卒共寒暑、共劳苦且共饥饱，所以全军官兵，听到进军的号令就踊跃而欢喜；听到退兵的命令就愤恨而怨怒。面对敌军的高城深池，羽箭纷纷，士卒无不奋勇先登；若在野战，两军交锋，士卒无不争先冲杀。士兵们并不是甘于牺牲、乐于伤残，而是因为将帅能深知和体贴他们的寒暑、饥饱和劳苦，所以甘愿尽力报效啊！”

阴　符

【原文】　武王问太公曰：“引兵深入诸侯之地，三军卒有缓急[①]，或利或害。吾将以近通远，从中应外，以给三军之用，为之奈何？”

太公曰：“主与将有阴符[②]，凡八等：有大胜克敌之符，长一尺；破军擒将之符，长九寸；降城得邑之符，长八寸；却敌报远之符，长七寸；警众坚守之符，长六寸；请粮益兵之符，长五寸；败军亡将之符，长四寸；失利亡士之符，长三寸。诸奉使行符，稽留若符事闻、泄告者，皆诛之。八符者，主将秘闻。所以阴通言语，不泄中外相知之术[③]，敌虽圣智，莫之能识[④]。”

武王曰：“善哉！”

【注释】　①卒有缓急：突然有紧急情况。卒，突然。急，紧急情况。②阴符：古代秘密通讯的符节。符：用铜或竹制成，上刻有纹花，用纹花或尺寸大小作为秘密通信之符节。③中外相知之术：朝廷与出征将帅互通报情况的方法。④识：识破。

【译文】　武王问太公说：“将帅带兵深入诸侯的国境内作战，如果军队突然遇到紧急情况，情况对于我军或者有利，或者有害，我想从近处通知远方，从国内接应在外作战的部队，以供给三军的需要，应该怎么办？”

太公回答说：“君主与将帅之间秘密通信的阴符共有八类：有我军大胜、全歼敌人的，其长一尺；有击败敌军、生擒敌将的，其长九寸；有占领城市、夺取城邑的，其长八寸；有击退敌人、报其远遁的，其长七寸；有警告军民、誓师坚守的，其长六寸；有请求发给粮草，增加兵援的，其长五寸；有战争失败、将领伤亡的，其长四寸；有战事不利，士卒伤亡的，其长三寸。凡是奉命传递阴符的人，如有延误时限，泄露机密，无论是听到的或是告知传播的人，都一律处死。上述八类阴符，是君主和将帅之间保守秘密、暗中传递消息，而用于朝廷和出征将帅间相互通报情况的最好方式，即使敌方有圣人般的聪明，也不能识破。”武王说：“很好！”

阴　书

【原文】　武王问太公曰：“引兵深入诸侯之地，主将欲合兵[①]，行无穷之变，图不测之

利，其事烦多[②]，符不能明，相去辽远，言语不通，为之奈何？”

太公曰：“诸有阴事大虑[③]，当用书[④]不用符。主以书遗将，将以书问主，书皆一合而再离[⑤]，三发而一知。再离者，分书为三部；三发而一知者，言三人，人操一分[⑥]，相参而不知情也，此谓阴书[⑦]。敌虽圣智，莫之能识。”

武王曰：“善哉！”

【注释】 ①合兵：即交战。②其事烦多：事物复杂而多变。烦：通繁，指多而乱之意。③阴事大虑：隐密之事及远大之虑。④书：信件。⑤再离：第二次分割，使信件成为三部分。⑥分：份。⑦阴书：古代一种秘密的通信方法。

【译文】 武王问太公道：“将帅带兵到诸侯国境内去打仗，想要集合各路兵马，进行各种调遣和变化，以期夺取出其不意的胜利。然而事物复杂而多变，阴符难以详细表达明白，再加上彼此相距遥远，不能当面口授说明，应当怎么办呢？”

太公回答说：“许多重大秘密计划和决策的传达，应当使用书信，而不用阴符。君主用书信传达给将领，将领用书信向君王请示，每份书信，都用‘一合而三离，三发而一知’的方式传送。所谓‘三离’，就是把一封完整的信分为三部分；所谓‘三发而一知’，就是由三人各送一份，每份都不完整，送信的人也不知道其中的内容，（只有收信的人把三份文书合在一起，才能知晓全部的内容），这就叫阴书。如此，敌人就是有圣王般的聪明，也不能识破详情。”

武王说：“很好！”

军　势

【原文】 武王问太公曰：“攻伐之道奈何？”

太公曰：“资因[①]敌家之动，变生于两阵之间，奇正[②]发于无穷之源[③]。故至事[④]不语，用兵不言，且事之至者，其言不足听也，兵之用者，其状不足见也，倏而往，忽而来，能独专而不制者兵也。夫兵闻则议，见则图，知则困，辨则危。故善战者，不待张军[⑤]；善除患者，理于未生[⑥]；善胜敌者，胜于无形；上战无与战。故争胜于白刃之前者，非良将也；设备于已失之后者，非上圣也；智与众同，非国师[⑦]也；技与众同，非国工[⑧]也。事莫大于必克，用莫大于玄默[⑨]，动莫神于不意，谋莫善于不识。夫先胜者，先见弱于敌而后战者也。故事半而功倍焉。”

“圣人征[⑩]于天地之动，孰[⑪]知其纪，循阴阳之道[⑫]而从其候[⑬]，当天地盈缩[⑭]因以为常；物有死生，因天地之形。故曰：未见形而战，虽众必败。”

“善战者，居之[⑮]不挠，见胜则起，不胜则止。故曰，无恐惧，无犹豫。用兵之害，犹豫最大，三军之灾，莫过狐疑。善者，见利不失，遇时不疑，失利后时，反受其殃。故智者从之而不释[⑯]，巧者一决而不犹豫，是以疾雷不及掩耳，迅电不及瞑目，赴之若惊，用之若狂，当之者破，近之者亡，孰能御之？”

“夫将有所不言而守[⑰]者，神也，有所不见而视者明也。故知神明之道者，野无衡敌，

对无立国。”

武王曰：“善哉！”

【注释】 ①资因：资，据《汇解》应为“势”，指作战之形势。因，借助。②奇正：兵法上使用的一对范畴，其含义比较广泛。归纳起来，大致可以从军队部署和战法两个方面解释。在军队部署上，常备的兵力为正，机动的兵力为奇；担任正面进攻的军队为正，担任侧面包围、迂回的部队为奇等等。在战法上，明攻为正，偷袭为奇；按一般原则作战为正，采用特殊战法为奇。奇正实质上就是要求在兵法上要灵活掌握一般与特殊的辩证关系，以适应变化无穷的战争规律。③无穷之源：无穷的智慧。④至事：重大机密之事。⑤张军：展开军队，此指用兵。张，伸展。⑥理于未生：防止战祸于未发生之前。理，治理，引申为整治。⑦国师：太师的别称，此指才智冠于全国的人。⑧国工：名闻全国的工匠。⑨玄默：沉静无言。引申为不暴露军事机密。⑩征：征兆，这里作动词用，是“从……看出征兆”的意思。⑪孰：古熟字。引申为反复探索的意思。⑫阴阳之道：这里指四季的运行。⑬候：气候、季节。⑭盈缩：指日月盈亏和昼夜长短的变化，此为往复无穷的变化。⑮居之：居，停止，引申为固定。居之，此处可以理解为军队处于等待时机的状态。⑯释：放下。⑰守：保持，这里指的是心有主见、胸有成竹的意思。

【译文】 武王问太公说：“用兵进攻的方法和原则是什么？”

太公回答道：“作战的形势要随敌人的行动而变化，要根据两军对阵交战的实际状况予以临机应变，其中奇正变幻的灵活性则根据主帅智慧和谋略深浅而变化无穷。所以，军事机密不可泄露，用兵策略不可言传。而且，重要的军机大事，在谈论时不能让别人听到，用兵的策略，亦不能被敌人轻易看穿。忽然而往，忽然而来，能独断专行而不受人牵制，就是用兵制胜之道。”

“军机大事为敌人所闻，敌人就会事先商量对策；作战的谋略若被敌人发现，敌人就会设法破坏我军的行动与意图；当敌人知道了我军的意图，必然会多加阻挠；敌人若辨别和判明我军的动向，必然会带来危害。所以，善于用兵的，不待敌人发兵之际就先将其消灭；善于消除战患的，能消弭祸根于未萌之初；善于打胜仗的，能取胜于战争发生之前；最高明的战斗是不战而屈人之兵。所以与敌人争胜于兵戎相见之时的，不算是高明的将领；作战失败之后才严守防备，不是最明智的将领；智慧与一般人差不多，当不得一国的导师；技术与一般人相似，做不了一国的良工。军事之要，莫大于战必取胜；用兵之要，莫过于隐秘莫测；行动之要，莫神于出敌不意；谋略之要，莫善于揣摸不透。获胜的方法，都是先示弱于敌人，而后与之交战，这样可以事半而功倍。”

“圣人观察天地的变化，深探其中的规律。根据阴阳相生相克的道理，顺从四季的运行和季节的更替而行，能以天体运行的往复无穷，作为用兵之依据；参照万物的盛衰，寻求普遍的规律，懂得万物有死有生，都源于天地的自然法则。所以说：没有弄清楚敌人的情况就贸然出击，即使兵多将广，也必定失败。善于用兵的人，能等待时机，不为任何干扰所动；见到可胜之机，方起而行动；无取胜之把握，则马上停止。所以说：无所恐惧、无

所犹豫。用兵的最大危机,莫过于犹豫不定;军队之灾害,莫过于犹豫不定。善于用兵的人,不会延误战机,遇事不会犹豫,因为失去了有利的条件,错过了有利的时机,用兵反而会导致失败。因此明智的将帅,会紧紧地抓住战机,机智的指挥者,一经决定就毫不犹豫。这样,才能以迅雷不及掩耳之势,给敌人以闪电般的袭击,冲锋陷阵如惊马,奋勇杀敌如暴风骤雨,阻挡者立即被击破,靠近者被消灭,还有谁能抵抗这样的军队呢?"

"大凡将帅,其谋略不经讨论而胸有成竹的,叫作神;对敌方军情虽未全盘了解而能洞见深微的,叫作明。所以,达到'神''明'的统帅,战场上没有敢于与之抗衡的敌手,也没有敢于与之对抗的敌国。"

武王说:"你说得好啊!"

奇　兵

【原文】 武王问太公曰:"凡用兵之道,大要如何?"

太公曰:"古之善战者,非能战于天上,非能战于地下,其成与败,皆由神势,得之者昌,失之者亡。夫两阵之间,出甲阵兵,纵卒乱行者,所以为变也;深草蓊郁[①]者,所以逃遁也;谿谷险阻者,所以止车御骑也;隘塞山林者,所以少击众也;坳泽窈冥[②]者,所以匿其形也;清明无隐者,所以战勇力也;疾如流矢,如发机者,所以破精微也;诡伏设奇,远张诳诱者,所以破军擒将也;四分五裂者,所以击圆破方也;困其惊骇者,所以一击十也;因其劳倦暮舍者,所以十击百也;奇伎者,所以越深水、渡江河也;强弩长兵者,所以踰水战也;长关远候[③],暴疾谬遁[④]者,所以降城服邑也;鼓行喧嚣者,所以行奇谋也;大风甚雨者,所以搏前擒后也;伪称敌使者,所以绝粮道也;谬号令[⑤]与敌同服者,所以备走北[⑥]也;战必以义者,所以励众胜敌也;尊爵重赏者,所以劝用命也。严刑重罚者,所以进罢怠[⑦]也;一喜一怒,一与一夺,一文一武,一徐一疾者,所以调和三军制一臣下也;处高敞者,所以警守也;保阻险者,所以为固也;山林茂秽[⑧]者,所以默往来也;深沟高垒,粮多者,所以持久也。"

"故曰:不知战攻之策,不可以语敌;不能分移[⑨],不可以语奇;不通治乱,不可以语变。故曰:将不仁,则三军不亲;将不勇,则三军不锐;将不智,则三军大疑;将不明,则三军大倾;将不精微,则三军失其机;将不常戒,则三军失其备;将不强力,则三军失其职。故将者人之司命[⑩],三军与之俱治,与之俱乱。得贤将者,兵强国昌;不得贤将者,兵弱国亡。"

武王曰:"善哉!"

【注释】 ①蓊郁:草木茂盛。②坳泽窈冥:坳泽,低洼潮湿的水泽地带。③长关远候:在远处设立关卡,派出侦察。④暴疾谬遁:指行动迅速,假装逃离。⑤谬号令:诈用敌人的号令。⑥走北:逃跑。⑦罢怠:疲劳、衰弱。罢:通疲,疲惫。⑧茂秽:茂密秽乱。⑨分移:指灵活机动地调遣兵力。⑩司命:掌握、控制命运。

【译文】 武王问太公道:"用兵的法则,其大要如何?"

太公回答说:"古代擅长用兵的人,并非能战于天上,也非能战于地下,其胜利与失败,都在于用谋略造成神秘莫测的态势。能造成这种态势并运用得好就容易胜利,不能

造成这种态势就容易失败。当两军对垒之际,出动兵甲,摆开阵势,但却放纵士卒,使其伫列混乱,这是为了引诱敌人;占据草木茂盛的地形,是为了隐蔽军队逃遁;占据溪谷险阻的地形,是为了抵挡敌军车骑的进攻;占据险隘的关塞山林,是为了便于以少击众;占领低凹幽暗的地形,是为了隐蔽队形;占据平坦开阔的地形,是为了决战斗勇;行动迅速快如飞箭离弓,突击猛如发机,是为了打乱敌人的计划;巧诈埋伏,诡设奇兵,虚张声势,诱惑敌人,是为了歼灭敌人,俘虏敌将;调兵遣将,分进合击,是为了击破敌人的各种阵法;乘敌惊慌失措进攻,是为了以少胜多,以一击十;趁敌疲劳夜晚宿营加以袭击,是为了以十击百;利用奇特的技术架桥,是为了潜越深水,强渡江河;使用弓弩长枪,是为了便于水战;在远处设置关卡、哨所,行动迅速、进退诡秘,是为了袭取敌人的城邑;行动故意鼓噪喧嚣,是为了乱敌耳目、施行奇计;冒着大风大雨前进,是为了达到攻前袭后的目的;伪装敌人的官吏潜入敌人后方,是为了破坏敌人的粮道;谎称号令,穿戴敌军的服装,是为了便于失利败走;作战前必须对官兵晓以大义,是为了激励士气以打败敌人;封高官、用重赏,是为了勉励将士竭力效命;实行严刑重罚,是为了督促疲敝的军队坚持战斗;有喜有怒、有赏有罚,文武相加、宽猛相济,是为了调和三军,统一部下;占领高点,是为了便于警戒和守御;守住险阻要地,是为了便于防守坚固;驻军山林茂密的地方,是为了便于隐蔽往来的行动;深挖沟壕、高筑壁垒,是为了广积粮草,持久作战。"

"所以说,不懂得攻战的策略,就谈不上对敌作战;不会机动地调用兵力,就谈不上出奇制胜;不精通治与乱的运用,就谈不上应变如神。因此,将帅不仁爱,全军就不拥戴;将帅不勇敢,全军就没有战斗力;将帅无智谋,全军就没有信心;将帅不英明,全军就会大败;将帅不精细,军队就会失掉战机;将帅缺乏警惕,军队就会疏于戒备;将帅不坚强有力,军队就会失职败事。所以将帅是三军命运的主宰,军队的好坏强弱、治乱成败,与之血肉相关。有了贤能的将帅,军队就会强盛,国家就会兴旺,没有贤能的将帅,军队就会衰弱,国家就易灭亡。"

武王说:"说得好啊!"

五　音

【原文】 **武王问太公曰:"律音之声,可以知三军之消息[①],胜负之决乎?"**

太公曰:"深哉!王之问也。夫律管十二[②],其要有五音——宫、商、角、征、羽[③],此其正声也,万代不易。五行[④]之神,道之常也,可以知敌。金木水火土,各以其胜攻之。"

"古者三皇之世,虚无[⑤]之情,以制刚强,无有文字,皆由五行。五行之道,天地自然:六甲[⑥]之分,微妙之神。其法:以天清净,无阴云风雨,夜半,遣轻骑往至敌人之垒,去九百步外,偏持律管当耳,大呼惊之,有声应管,其来甚微。角声应管,当以白虎[⑦];征声应管,当以玄武;商声应管,当以朱雀;羽声应管,当以勾陈;五管声尽,不应者,宫也,当以青龙。此五行之符,佐胜之征,成败之机。"

武王曰:"善哉!"

太公曰："微妙之音，皆有外候[⑧]！"

武王曰："何以知之？"

太公曰："敌人惊动则听之。闻枹[⑨]鼓之音者角也；见火光者征也；闻金铁矛戟之音者商也；'闻人啸呼之音者羽也；寂寞无闻者官也，此五者，声色[⑩]之符也。"

【注释】 ①消息：音信、变化。②律管十二：古代正音的乐器，即效音器，用竹、玉或铜制成，共12管，各管按音阶由低到高依次为黄钟、太吕、太簇、夹钟、姑洗、仲吕、蕤宾，林钟、夷则、南吕、无射、应钟。③宫、商、角、征、羽：古代的五个基本音阶。阴阳五行家以五音配五行：以宫为土，以商为金，以角为木，以征为火，以羽为水，据以推知人事吉凶。④五行：金、木、水、火、土。古人认为它们是构成整个自然界的五种基本物质，同时认为这五种物质相生相克，即互相依存、互相制约。⑤虚无：道家的哲学术语，指道的清虚无为状态和性质，这里指无为而治的策略。⑥六甲：六种以甲为首的干支。干支是古代计时的方法。干有十天干：甲、乙、丙、丁、戊、己、庚、辛、壬、癸；支有十二地支：子、丑、寅、卯、辰、巳、午、未、申、酉、戌、亥。以天干与地支逐次配合从甲子至癸亥的最小公倍数为60，这一回圈叫一周期。每一周期中有6个以甲为首的干支：甲子、甲戌、甲申、甲午、甲辰、甲寅，此即称为六甲，而人们习惯把天干、地支、时日、律历问题统称为"六甲之分"。⑦白虎：连同下文玄武、朱雀、勾陈、青龙，是古代阴阳家所说的天上五方星座，与地上五方之神相应，白虎为西方庚辛金星神，玄武为北方壬癸水星神，朱雀为南方丙丁火星神，勾陈为中央戊已土星神，青龙为东方甲乙木星神。这里指各星神与五音相应的时日方位而言，带有阴阳五行家的神秘色彩。⑧外候：外在的征候、征兆。⑨枹：鼓槌，通桴。此指用鼓槌敲打之意。⑩声色：议论的声音和脸色。此为音律各声色吻合，验证结果正确之意。

【译文】 武王问太公道："从乐器的音律声中，可以知道军队的音信，判断出胜负吗？"

太公回答说："君王提出的这个问题太深奥了！正音的律管有12种，其中主要的音阶有五：即宫、商、角、征、羽，这些音律的基础音阶，千年万代都不会改变。五行的微妙变化是自然的法则，可以推知敌情的变化，金、木、水、火、土，彼此相生相克。五音的变化也同样很微妙，可以推知敌军的消长、胜负。"

"古代三皇之世，用虚无之道以制刚强，当时没有文字，一切都按五行的相生相克来推演。以五行相生相克的道理，作为天地自然法则，还有六甲之分以记四时的推移，都是极微妙的。运用五音五行的方法是：当天气晴朗没有乌云的时候，半夜派遣轻骑前往敌军的营垒，距敌军900步以外的地方，拿着12律管，当耳朵使用，对着敌方大声呐喊以惊动它，此时敌方会有回声反应于律管之中，但回声非常微弱，须仔细辨听，如果有角声的反应，就利用白虎的时空方位从西方去攻打它；如果有征声的反应，就利用玄武的时空方位从北方去攻打它；如果有商声的反应，就利用朱雀的时空方位从南方去攻打它；如果有羽声的反应，就利用勾阵的时空方位从敌军中央去攻打它；如果所有律管都没有回声，则

是宫声的反应，那么就要利用青龙的时空方位从东方去攻打它。这是五行相生相克的应验，用以辅助制胜的征兆，指示成败的关键。"

武王说："好啊！"

太公继续说："五音的微妙，亦都有流露于外的征候。"

武王问："要如何知道呢？"

太公说："当敌人惊动时用心倾听并观察。听到鼓槌击鼓的声音是角声；见到火光是征声；听到金铁矛戟兵器声是商声；听到敌人呼喊叫啸是羽声；寂寞无闻是宫声。这五种音律与外在的声色是相符的。"

兵　征

【原文】 **武王问太公曰："吾欲未战先知敌人之强弱，豫[①]见胜负之征；为之奈何？"**

太公曰："胜负之征，精神先见，明将察之，其败在人。谨候[②]敌人出入进退，察其动静，言语祆祥，士卒所告。凡三军说怿[③]，士卒畏法，敬其将命，相喜以破敌，相陈以勇猛，相贤[④]以威武，此强征也。三军数惊，士卒不齐，相恐以敌强，相语以不利，耳目相属[⑤]，祆言不止，众口相惑，不畏法令，不重其将，此弱征也。"

"三军齐整，阵势已固，深沟高垒，又有大风甚雨之利，三军无故，旌旗前指，金铎[⑥]之声扬以清，鼙鼓[⑦]之声宛以鸣，此得神明[⑧]之助，大胜之征也。行阵不固，旌旗乱而相绕，逆大风甚雨之利，士卒恐惧，气绝而不属，戎马惊奔，兵车折轴，金铎之声下以浊，鼙鼓之声湿如沐[⑨]，此大败之征也。"

"凡攻城围邑[⑩]，城之气[⑪]色如死灰，城可屠；城之气出而北，城可克；城之气出而西，城必降；城之气出而南，城不可拔；城之气出而东，城不可攻；城之气出而复入，城主逃北[⑫]；城之气出而覆我军之上，军必病；城之气出高而无所止，用日长久[⑬]。凡攻城围邑过旬不雷不雨，必亟去之，城必有大辅[⑭]。此所以知可攻而攻，不可攻而止。"

武王曰："善哉！"

【注释】 ①豫：通预。②候：伺望、侦察。③说怿：欢喜。说，同悦。怿，快乐。④相贤：互相称赞对方有贤德。⑤耳目相属：意谓相互传递消息。相属，相关、相连。⑥金铎：古代军队在战斗时，通常以金铎当作指挥停止战斗或撤退收兵的信号。金，锣。铎，铃，两者皆为铜制。⑦鼙鼓：古代军队在作战时用以指挥军队前进的乐器。鼙：古代军中用的小鼓。鼓，大鼓。⑧神明：指神祇。古时以"天曰神，地曰祇"，此处指"天时、地利、人和"。⑨湿如沐：鼙鼓被雨淋湿后，敲击声变得低沉。⑩邑：城邑。⑪气：本指自然界的云气，此指气氛、气象。⑫城主逃北：守城的主将战败。北，失败。⑬用日长久：用兵时日长久。曰：疑为"兵"之误。⑭大辅：贤人之辅佐。大，贤人。

【译文】 武王向太公问道："我想在战前先知敌人的强弱，预见胜败的征兆，应当怎么办？"

太公回答说："战争胜负的征兆，首先表现在军队的精神士气上，明智的将领是能够

察觉的，而精神士气则通过人的行动反映出来。详细地侦察敌人的出入进退，观察它的动静、言语中的吉凶征兆，乃至士卒间传播的消息。全军士气高涨，士卒畏惧法令，尊重将帅的命令，以破敌为喜，以勇猛为誉，以威武为荣，这是军队强盛的征兆。如果全军不断地惊动，行列散乱不整，因临强敌而恐惧，好谈不利的情况，互相探听消息，谣言不止，相互迷惑，不畏惧法令，不尊重将帅，这是军队虚弱的征兆。"

三军齐整，阵势坚固，深沟高垒，又有疾风骤雨的有利条件，三军正常而旌旗前指，金铎之声高扬而清晰，鼙鼓之声宛转而响亮，这是得到神明的佑助，取得大胜的征兆。三军阵势不稳固，旌旗纷乱而方向不明，又碰上疾风骤雨的不利条件，士卒恐惧，士气低落而涣散，战马惊奔，兵车轴断，金铎之声低沉而混浊，鼙鼓之声沉闷而不响，这是大败的征兆。"

"凡是围攻城邑可以观城上的气象。城上的气如果是烟尘乱起，此城就能被攻破；城上的气如果是出而向北流去，此城就能被攻克；城上的气如果是出而向西流去，该城就能被降服；城上的气如果是出而向南流去，该城就坚不可拔；城上的气如果出而向东流去，该城就不可能被攻取；城上的气如果升起又下降，守城的主将必逃亡败北；城上的气流如果升起又覆盖我军上空，对我军必定不利；城内的气如果高升而不止，则是用兵持久的征兆。凡是攻城围邑，如果过了十天不打雷下雨，就必须迅速撤兵，因为城内必有贤能之人的辅佐，所有这一切都告诉我们，可攻则进攻，不可攻就停止。"

武王说："好啊！"

农　器

【原文】 **武王问太公曰："天下安定，国家无事，战攻之具①，可无修乎？守御之备，可无设乎？"**

太公曰："战攻守御之具尽在于人事②，耒耜③者，其行马蒺藜④也；马、牛、车、兴者，其营垒，蔽橹⑤也；锄耰⑥之具，其矛戟也；蓑薛簦笠⑦者，其甲胄干楯⑧也；鑁锸⑨斧锯杵臼⑩，其攻城器也；牛马所以转输，粮用也；雞犬，其伺候也；妇人织纴⑪，其旌旗也；丈夫平壤，其攻城也；春钹⑫草棘，其战车骑也；夏耨田畴⑬，其战步兵也；秋刈⑭禾薪，其粮食储备也；冬实仓廪，其坚守也；田里相伍⑮，其约束符信⑯也；里有吏，官有长，其将帅也；里有周垣⑰，不得相过，其队分也；输粟取刍⑱，其廪库也；春秋治城郭，修沟渠，其堑垒也。故用兵之具，尽在于人事也。善为国者，取于人事。故必使遂其六畜⑲，辟其田野，安其处所，丈夫治田有亩数，妇人织纴有尺度，是富国强兵之道也。"

武王曰："善哉！"

【注释】 ①具：器具，这里指军队的器械装备。②人事：指农事。③耒耜：古代农具，耜是耒的铲，耒是耜的柄，为耕地翻土的工具。④行马蒺藜：行马，用以堵塞人马通路，装有剑刀的车辆。蒺藜，本是一种带刺的果实，此处指铁制的铁蒺藜，呈三角形。行马、蒺藜，都是障碍物。⑤蔽橹：用于防御的障碍器材。⑥耰：农具名，无齿耙，用以平田及击碎

土块。播种后用耰平土，覆盖种子。⑦蓑薛簦笠：即蓑衣、斗笠。簦，有柄的笠，即今之雨伞。⑧甲胄干楯：甲，古代用铁片制成的护身衣。胄，头盔。⑨钁锸：钁：音决，似今日之锄。⑩杵臼：杵，捣物的棒槌。⑪纴：布帛。⑫钹：农具名，装有长柄的刀，为割草用具。⑬田畴：田地。⑭刈：割草。⑮田里相伍：伍，古代户籍和军队的编制。户籍以五家为伍，军制以五人为伍。田里，古代卿大夫的封地和住地。此处指同村、邻居。⑯符信：凭证。⑰周垣：围墙。⑱刍：饲草。⑲六畜：指六种家畜：鸡、犬、豕（猪）、牛、羊、马。

【译文】 武王问太公说："社会安定，国家没有战争的时候，行军作战的进攻武器，可以不加修治了吗？国防的设施，可以不用装备了吗？"

太公回答说："作战时用于进攻和防守的各种武器和设施，可结合农具进行准备。耒耜可以用来当作军队人马的障碍物。马、牛、车、舆，都可以充做营垒和屏障器材；锄头、犁耙，可以用为作战的矛戟；蓑衣、雨伞、斗笠，可以用来当作作战的盔甲和盾牌；锸、斧、锯、臼杵，都可以用作攻城的器械；牛马可以用来转运粮草；鸡可以用来报时，犬可以用来警戒；妇女纺织布帛，可以用作指挥的军旗；男人平整土地的技术，可以用于攻城作业；春天农人斩棘除草的方法，可以启发与战车骑兵作战的技术；夏天农夫耘耨土地的方法，有助于发展对步兵作战的策略；秋天农人收割庄稼，可以为战时储备粮食；冬天农民充实仓库，可以成为长期坚守的战备资源。同村同里的百姓，平时相编为伍，可以用为战时军队管理的依据；里设吏、乡设长，平时管理百姓，战时可以用来充任将帅；里与里之间筑设围墙以分隔往来，作战时就是各部队驻防的区分。运输粮食、收割饲料，作战时就是军用的储备。春秋两季筑廓、修沟渠，作战时就是壁垒壕堑。所以说，作战的器具完全可以在农事进行之中一并筹划。因此，善于治理国家的人，都重视百姓的日常生活，必须鼓励百姓发展畜牧、开垦土地、安定住所。男人耕种一定数量的田地，女人纺织一定数量的布匹，这就是富国强兵之道。"

武王说："真是太好了！"

第四章　虎韬篇

军　用

【原文】 武王问太公曰："王者举兵，三军器用，攻守之具，科品[①]众寡，岂有法乎？"

太公曰："大哉，王之问也！夫攻，守之具，各有科品，此兵之大威也。"

武王曰："愿闻之。"

太公曰："凡用兵之大数，将甲士万人，法用：武冲大扶胥[②]三十六乘，材士[③]强弩矛戟为翼，一车二十四人推之。以八尺[④]车轮，车上立旗鼓。兵法谓之震骇，陷坚阵，败强敌。"

"武翼大橹矛戟扶胥[⑤]七十二具，材士强弩矛戟为翼。以五尺车轮，绞车连弩[⑥]自副，陷坚阵，败强敌。"

“提翼小橹扶胥[7]一百四十四具，绞车连弩自副，以鹿车轮[8]，陷坚阵，败强敌。”

“大黄参连弩大扶胥[9]三十六乘，材士强弩矛戟为翼。飞凫、电影[10]自副，飞凫赤茎白羽[11]，以铜为首；电影青茎赤羽，以铁为首。昼则以绛缟，长六尺，广六寸，为光耀；夜则以白缟，长六尺，广六寸，为流星。陷坚阵，败步骑。”

“大扶胥冲车[12]三十六乘，螳螂武士[13]共载，可以纵击横，可以败敌。”

“辎车骑寇[14]，一名电车[15]，兵法谓之电击。陷坚阵，败步骑寇夜来前。”

“矛戟扶胥轻车[16]一百六十乘，螳螂武士三人共载，兵法谓之霆击[17]，陷坚阵，败步骑。”

“方首铁棓维朌[18]，重十二斤，柄长五尺以上，千二百枚，一名天棓。大柯斧，刃长八寸，重八斤，柄长五尺以上，千二百枚，一名天钺。方首铁鎚[19]，重八斤，柄长五尺以上，千二百枚，一名天锤。败步骑群寇。”

“飞钩[20]长八寸，钩芒长四寸，柄长六尺以上，千二百枚，以投其众。”

“三军拒守，木螳螂剑刃扶胥[21]，广二丈，百二十具，一名行马。平易地，以步兵败车骑。”

“木蒺藜[22]，去地二尺五寸，百二十具，败步骑，要[23]穷寇，遮走北。”

“轴旋短冲矛戟扶胥[24]百二十具，黄帝所以败蚩尤氏[25]。败步骑，要穷寇，遮走北。”

“狭路微径，张铁蒺藜。芒高四寸，广八寸，长六尺以上，千二百具，败步骑。”

“突暝[26]来前促战，白刃接，张地罗[27]，铺两镞[28]蒺藜，参连织女[29]，芒间相去二寸，万二千具。旷野草中，方胸铤矛[30]，千二百具，张铤矛法，高一尺五寸。败步骑，要穷寇，遮走北。”

“狭路、微径、地陷，铁械锁参连[31]，百二十具。败步骑，要穷寇，遮走北。”

“垒门[32]拒守，矛、戟、小橹十二具，绞车连弩自副。”

“三军拒守，天罗[33]、虎落[34]、锁连，一部广一丈五尺，高八尺，百二十具。虎落剑刃扶胥，广一丈五尺，高八尺，五百二十具。”

“渡沟堑飞桥[35]，一间广一丈五尺，长二丈以上，著转关辘轳，八具，以环利通索张之。”

“渡大水，飞江[36]广一丈五尺，长二丈以上，八具，以环利通索张之。天浮铁螳螂[37]矩内圆外，径四尺以上，环络自副，三十二具。以天浮张飞江，济大海，谓之天潢，一名天舡[38]。”

“山林野居，结虎落柴营，环利铁锁，长二丈以上，千二百枚；环利大通索[39]，大四寸，长四丈以上，六百枚；环利中通索，大二寸，长四丈以上，二百枚；环利小徽缧[40]，长二丈以上，万二千枚。”

“天雨盖重车上板，结枲鉏鋙[41]，广四尺，长四丈以上，车一具，以铁杙[42]张之。”

“伐木大斧，重八斤，柄长三尺以上，三百枚；棨[43]钁刃，广六寸，柄长五尺以上，三百枚；铜筑固为垂[44]，长五尺以上，三百枚；鹰爪方胸铁杷，柄长七尺以上，三百枚；方胸铁叉，柄长七尺以上，三百枚；方胸两枝铁叉，柄长七尺以上，三百枚。”

"芟[45]草木大镰,柄长七尺以上,三百枚;大橹刃[46]重八斤,柄长六尺,三百枚;委环铁杙[47],长三尺以上,三百枚;椓杙大锤[48],重五斤,柄长二尺以上,百二十具。"

"甲士万人,强弩六千,戟楯二千,矛楯二千,修治攻具、砥砺兵器巧手三百人。此举兵军用之人数也。"

武王曰:"允哉!"

【注释】 ①科品:种类。②武冲大扶胥:扶胥,车的别名。武冲大扶胥,一种大型战车,上面装有大盾作为掩蔽。③材士:勇敢而具武艺的人。④尺:战国的铜尺,每尺约合0.32公尺。⑤武翼大橹矛戟扶胥:指装有大盾牌和矛戟的战车。⑥绞车连弩:一种用绞车拉弓,可连发数箭,且射程较远的弩。⑦提翼小橹扶胥:指一种装备有小盾牌的小战车。⑧鹿车轮:即今之小车独轮。⑨大黄参连弩大扶胥:指具有多箭齐发功能的大战车。⑩飞凫、电影:两种旗子。⑪赤茎白羽:赤茎,红色的杆或柄。⑫大扶胥冲车:一种用于进攻的大战车。⑬螳螂武士:螳螂,虫名。螳螂有奋击之战,所以用来形容武士。⑭辎车骑寇:轻快的车骑部队。⑮电车:形容速度如风驰电掣般的轻车。⑯矛戟扶胥轻车:指车上装备有矛戟的轻便战车。轻车,古代一种轻便的战车。⑰霆击:指突击迅速敏捷的战车。⑱方首铁棓维肦:即大方头铁棒。棓,同棒。⑲鎚:通锤。⑳飞钩:古代兵器,似剑而曲,一名铁鹘脚,有四个钩,连接铁索,再系上麻绳,用以投入人群,钩取敌人。㉑木螳螂剑刃扶胥:像螳螂前臂的战车,其上装有刀剑。㉒木蒺藜:三角形的障碍物,其上安满用坚硬木料做成的像蒺藜一样的刺。㉓要:腰截、阻挡。㉔轴旋短冲矛戟扶胥:可能是装有矛戟的,便于旋转的战车。㉕蚩尤氏:传说中九黎族的首领,骁勇善战,因扰乱各部落,被黄帝擒杀于涿鹿。㉖暝:闭上眼睛,视觉昏暗。此处指能见度很低。㉗地罗:地网。㉘镞:箭头。㉙参连织女:指由许多蒺藜相互连缀而成的障碍物。织女,亦蒺藜之类。㉚方胸铤矛:齐胸高的小矛,可插于山林草丛中作为障碍物。方,并列。铤,小矛。㉛铁械锁参连:铁制的锁链,用来羁绊敌人。㉜垒门:营门。㉝天罗:张挂在空中的网。㉞虎落:竹篱,用来遮拦城堡或营寨。㉟飞桥:可以放下和收起的桥,用于通渡壕沟之类。㊱飞江:一种渡江用的浮桥。㊲天浮:天然浮物,如木筏之类。㊳天潢、天舡:皆星名,这里指大船。㊴环利大通索:带有铁环的大号绳索。㊵徽纆:绳索。㊶结枲鉏铻:指用麻编织车篷,以防止雨水浸入。鉏铻,不可入之意。㊷铁杙:指铁制小木桩或钉子之类。㊸棨:大锄头。㊹铜筑固为垂:可能是铜杵或大铜锤。㊺芟:除草、割草。㊻大橹刃:一种像船桨一样的刀,用以割草。㊼委环铁杙:带有铁环的铁橛子。㊽椓杙大锤:钉铁橛子的大锤。

【译文】 武王问太公说:"帝王起兵征伐,三军的武装配备,攻守的武器、种类和数量,有什么规定吗?"

太公回答说:"你的问题很重要啊!攻和守的武器,各有不同的品种、数量,是关系军队战斗力强弱的大事!"

武王说:"我希望听取这方面的知识。"

太公说:"一般武器的大概数量和型号,以将领和士卒1万人的部队为例,应当配备

如下：武冲大战车36辆，以材士配强弩、矛、戟在两旁护卫，每辆车用24人推行。车轮直径8尺，车上竖旗置鼓。兵法管这种车叫'震骇'，用它来攻破坚阵，击败强敌。"

"武翼大橹矛戟战车72辆，以材士配强弩、矛、戟在两旁护卫。车轮直径五尺，并装配有绞车连弩，用它来攻破坚阵、击败强敌。"

"提翼小橹战车144辆，配备绞车连弩，车身装有独轮，可用它攻破坚阵，击败强敌。"

"大黄参连弩大战车26辆，以材士执强弩、矛、戟在两旁护卫，并竖立'飞凫'、'电影'两种旗帜。'飞凫'用红色的旗杆，白色的羽，以铜矛为旗杆头；'电影'用青色的旗杆，红色的羽，以铁矛为旗杆头。白天的旗子用大红色绢绸做成，长六尺、宽六寸，光彩耀目；夜间的旗子用白色的绢绸做成，长六尺、宽六寸，闪烁如流星。这种战车可用以攻破坚阵、击溃强敌。"

"大扶胥冲车36辆，以螳螂武士载于车上，可用它纵横冲击、击溃强敌。"

"轻快的车骑，也叫'电车'，兵法上称之为'电击'。用它可以攻破坚阵、击败敌寇乘夜前来偷袭的步骑。"

"矛戟扶胥轻车160辆，载螳螂武士3人于车上，兵法谓之'霆'，可用以攻破坚阵、击败敌方步骑。"

"大方头铁棒也叫天棒，重12斤，柄长5尺以上，共1200把。大柄斧头也叫天钺，刃长8寸，重8斤，柄长5尺以上，共1200把。方头铁锤也叫天锤，重8斤，柄长5尺以上，共1200把。可用以击败敌人的步兵骑兵。"

"飞钩，长8寸，尖长4寸，柄长6尺以上，共1200支。可用它投向敌方钩取敌人。"

"军队防守时，应备有木螳螂剑刃战车，每辆宽两丈，共112辆，也叫行马。在平坦的地面上，步兵可以用它来阻挡敌军的车、骑进攻。"

"设置木蒺藜，要高于地面2.5尺寸，共120具。可用它阻止敌军的步兵、骑兵，拦腰截断敌军部队，并阻止败逃之敌。"

"轴旋短冲矛戟战车120辆。黄帝曾用它击败蚩尤氏。可用它击败步兵、骑兵，截阻败逃之敌。"

"在狭隘的路径和小道上，布设铁蒺藜。铁蒺藜制长4寸，宽8寸，长6尺以上，共1200具，可用它拦阻敌人的步兵、骑兵。"

"预防敌人趁夜前来挑战，白刃相接，可以张设地网，铺上两镞蒺藜，参连织女，各具的芒尖相距2寸，共1.2万枚。在旷野深草地区作战，配备齐胸高的铤矛，1200枚。插置矛的方法，是使它高出地面1.5尺寸。这些方法，可以击败敌人的步兵、骑兵，阻截逃跑的敌人。"

"在狭路、小道和低洼的地形上，可张设铁锁链，共120具，用它可以击败敌人的步兵、骑兵，阻截逃跑的敌人。"

"守卫营门，可用矛、戟、小橹各12具，并配备绞车链弩。"

"军队防守御敌，应设天罗、虎落锁链，每部宽1.5丈，高8尺，共120具。虎落剑刀战

车，宽1.5丈，高8尺，共120辆。”

“为渡越沟堑装备的飞桥，宽1.5丈，长2丈以上，飞桥上装有转关辘轳，共8具，用铁环和长绳架设。”

“渡大水用飞江，宽1.5丈，长2丈以上，共8具，用铁环铁索牵引。天浮和铁螳螂内方外圆，直径4尺以上，有环络联结，共32具。用天浮托起飞江，渡大海，这叫天潢，又名天船。”

“军队在山林安营扎寨，用木材筑成栅栏，用铁链联结，铁链长2丈以上，共1200条；带铁环的大粗索，铁环大4寸，绳长4丈以上，共600枚；带铁环的中等绳索，铁环大2寸，绳长4丈以上，共200条；小号绳索长2丈以上，共1.2万条。”

“预防天下大雨，辎重车要盖上顶板，还要铺上用麻绳编结而成的篷布，宽4尺，长4丈以上，每辆车一张，用小铁钉固定在车上。”

“砍伐树木用的大斧，重8斤，柄长3尺以上，共300把；大铁锄，刃宽6寸，柄长5尺以上，共300把；大铜锤，长5尺以上，共300枚。鹰爪齐胸铁杷，柄长7尺以上，共300把；齐胸铁叉，柄长7尺以上，共300把；齐胸两枝铁叉，柄长7尺以上，共300把。”

“割草用的大铁镰，柄长7尺以上，100把；割草用的大橹刀，重8斤，柄长6尺，300把；带环的铁锹，长3尺以上，共300把；铁鎯头，重5斤，柄长2尺以上，共120把。”

“军队士卒万人，需备强弩6000，长戟和大盾2000套，矛和盾2000套，修理攻城器械、打磨兵器的能工巧匠300人。以上是作战需用的武器装备的大概数目。”

武王说：“这估计很恰当啊！”

三　阵

【原文】　武王问太公曰：“凡用兵为天阵①、地阵②、人阵③，奈何？”

太公曰：“日、月、星辰、斗杓④，一左一右，一向一背，此为天阵。丘陵水泉，亦有前后左右之利，此为地阵。用车用马，用文用武，此为人阵。”

武王曰：“善哉！”

【注释】　①天阵：根据天象布设的战斗队形。②地阵：根据地形布设的战斗队形。③人阵：根据车辆、马匹等装备以及器械情况，决定用政治还是武力等人为手段的战斗队形。④斗杓：指北斗七星。斗，指斗魁；杓，指斗柄。

【译文】　武王问太公道：“用兵打仗有所谓的天阵、地阵、人阵，是怎么回事呢？”

太公回答说：“根据日月、星辰和北斗星等天象位置的变动来部署阵形的左右向背，就叫作天阵。在山陵和江河之间布置阵形，要顾及前后左右地形的利弊，就叫作地阵。根据不同的兵种，把计谋和兵力结合起来布置阵形，就叫做人阵。”

武王说：“好啊！”

疾　战

【原文】　武王问太公曰：“敌人围我，断我前后，绝我粮道，为之奈何？”

太公曰："此天下之困兵也。暴用之则胜，徐用之则败。如此者，为四武冲阵[①]，以武车骁骑[②]惊乱其军而疾击之，可以横行。"

武王曰："若已出围地，欲因以为胜，为之奈何？"

太公曰："左军疾左，右军疾右，无与敌人争道，中军迭前迭后[③]。敌人虽众，其将可走[④]。"

【注释】 ①四武冲阵：四面都有警戒装备的战斗队形。②骁骑：骁勇善战的骑兵。骁，勇猛矫健。③迭前迭后：忽前忽后，轮番突击。④走：赶跑，指击垮。

【译文】 武王问太公说："如果敌人四面包围我军，切断我军前后左右的联系，断绝我军的粮道，应该怎么办呢？"

太公回答说："这是天下处境最困难的军队了。在这种情况下，急速突围就能获救，拖延时日就会失败。要突围，就得把我军组成一种四面皆有警戒的战斗队形，以巨型的战车和骁勇的骑兵，扰乱敌军，疾速突击，这样就可以横行无阻地突围了。"

武王又问道："如果已经冲出敌人的包围，还想乘势击败敌军，又应该怎么办呢？"

太公说："调遣左面的部队向敌左攻击，右面的部队向敌右攻击，不要与敌人争夺道路，以免分散兵力、延误战机，而要迅速以中军轮番突击敌军的主力，或猛击敌前，或抄袭敌后。敌军虽多，也会被打败。"

必　出

【原文】 武王问太公曰："引兵深入诸侯[①]之地，敌人四合而围我，断我归道，绝我粮食。敌人既众，粮食甚多，险阻又固，我欲必出，为之奈何？"

太公曰："必出之道，器械为宝，勇斗为首。审知敌人空虚之地，无人之处，可以必出。将士人持玄旗[②]，操器械，设衔枚[③]，夜出。勇力、飞足、冒将之士[④]居前，平垒为军开道，材士强弩为伏兵居后，弱卒车骑居中。阵毕徐行，慎无惊骇。以武冲扶胥前后拒守，武翼大橹[⑤]以备左右。敌人若惊，勇力、冒将之士疾击而前，弱卒车骑以属其后，材士强弩隐伏而处。审候敌人追我，伏兵疾击其后，多其火鼓，若从地出，若从天下，三军勇斗，莫我能御。"

武王曰："前有大水、广堑、深坑，我欲踰[⑥]渡，无舟楫之备，敌人屯垒，限我军前，塞我归道，斥候常戒，险塞尽中，车骑要我前，勇士击我后，为之奈何？"

太公曰："大水、广堑、深坑，敌人所不守，或能守之，其卒必寡。若此者，以飞江、转关与天潢以济吾车，勇力材士从我所指，冲敌绝阵，皆致其死。先燔吾辎重，烧吾粮食，明告吏士，勇斗则生，不勇则死。已出者，令我踵军[⑦]设云火[⑧]远候，必依草木、丘墓、险阻，敌人车骑必不敢远追长驱。因以火为记，先出者令至火而止，为四武冲阵。如此，则吾三军皆精锐勇斗，莫我能止。"

武王曰："善哉！"

【注释】 ①诸侯：从商周到汉代初年，天子分封的列国君主。这里指敌国。②玄旗：

黑旗。③衔枚：枚：状似筷子的木块，两端有带，可套在颈上，士兵行军时衔在口中，可防止喧哗，保持肃静。④冒将之士：指敢于冒险犯难的将士。⑤武翼大橹：即矛戟大战车，用以抵御敌人。⑥踰：通逾，越过。⑦踵军：后卫部队。⑧云火：烟火。

【译文】 武王问太公道："如果领兵深入敌国境内，敌人从四面联合包围我军，切断我军退路，断绝我军粮道。敌军人数众多、粮草充足，占领了险要的地形，守备十分坚固，我想突围而出，应该怎么办？"

太公回答说："突破敌军包围的办法，武器装备最为重要，而首先又必须奋勇战斗。查明敌军兵力薄弱的地方，以及无人防守的地段，乘虚而入，就可以突出包围。突围的将士都拿着黑旗，手持武器，扛上军械，口中衔枚，乘夜行动，不得喧哗。派遣勇敢有力、行动轻捷，敢于冒死的将士作前锋，攻占某些敌人的营垒，为我军打开道路，让神箭手使用强弩，隐伏在后面掩护，病弱的士卒和车骑在中间进行。以上部署完毕后，要沉着行动，谨慎无误，不可惊慌，使用武冲大战车前后护卫，用武翼大橹矛戟战车在左右掩护，以防敌人的袭击。当敌人来追我时，即令伏兵迅速攻击它的后尾，并燃起大火，擂动鼓声，好像从地而出，从天而降，三军奋力疾战，敌人就不能阻挡我军的突围了。"

武王又问道："如果前面有大河、宽沟、深坑，我军想渡越过去，却没有准备船只；敌人又屯兵筑垒，阻止我军前进，截断我军归路，关卡哨所，戒备森严，险塞之处，重兵守备，车兵骑兵腰击于前，勇士悍卒猛攻于后，我又该怎么办呢？"

太公回答说："大河、宽沟、深坑，敌人多半不注意设防，即使有守兵，兵力一定很少。这样，我军可以用浮桥、折叠桥和船只强渡，同时勇士精兵按我的指挥，冲锋陷阵，拼死决斗。为此可以烧毁我方的军用物资和粮食，向官兵明确表示后路已断，勇斗则生，怯战则死。已经突围而出的就令其后卫部队燃起烟火信号，派兵远处侦察，占领丛林、坟墓和险阻地形，敌人的车兵骑兵必然不敢长驱远追。之所以用火作为信号，是为了让先突围的人马到达有火的地方就停下来，编成'四武冲阵'。这样，我军将士皆精锐而勇斗，敌人就无法阻挡我军了。"

武王说："好啊！"

军　略

【原文】 **武王问太公曰："引兵深入诸侯之地，遇深溪、大谷、险阻之水，吾三军未得毕济，而天暴雨流水大至，后不得属于前，无有舟梁[①]之备，又无水草之资，吾欲毕济，使三车不稽留，为之奈何？"**

太公曰："凡帅师将众，虑不先设，器械不备，教不素信，士卒不习，若此，不可以为王者之兵也。凡三军有大事，莫不习用器械。攻城围邑，则有轒辒[②]、临冲[③]；视城中则有云梯[④]、飞楼[⑤]；三军行止，则有武冲、大橹[⑥]前后拒守；绝道遮街，则有材士强弩，冲其两旁；设营垒，则有天罗、武落、行马、蒺藜；昼则登云梯远望，立五色旌旗；夜则设云火万炬，击雷鼓[⑦]，振鼙、铎、吹鸣笳；越沟堑，则有飞桥、转关、辘轳、鉏铻[⑧]；济大水则有天潢、飞江；逆

波上流，则有浮海、绝江[9]。三军用备，主将何忧！"

【注释】 ①梁：桥。②轒辒：古代用于攻城的一种战车。③临冲：攻城用的大战车。④云梯：攻城用的长梯。⑤飞楼：瞭望看哨的楼台。⑥武冲、大橹：即大战车、大盾牌。⑦雷鼓：指军中使用的大鼓。⑧鉏铻：同龃龉，指上下齿不相对。此处指带齿轮的机械。⑨浮海、绝江：两者都是渡河的工具。

【译文】 武王问太公说："率领军队深入敌国境内，如果遇上深溪、大谷和难以通过的河流，三军还没有全部渡过，忽然天降暴雨，洪水骤涨，后面的部队被洪水阻断，即没有船只、桥梁，又没有堵水用的干草。在这种情况下，我想使全军都渡过河川，不至于被困死在那里，应当怎么办？"

太公回答说："大凡领军作战，如果不预先做好计划，准备好器械，平时训练不成熟，士卒习武不认真，这样，就不算是国家的正规军队。凡是三军有重大军事行动时，不能有不熟悉各种器械使用方法的。如攻城围邑，就用'轒辒'接近城墙，用'临冲'监视敌人的行动和冲击城门；观察城内就用'梯'、'飞楼'，可自平地升高而望；三军进止，就用'武冲'、'大橹'作前后掩护；断绝交通、阻塞街道，就用勇士强弩，控制两侧；设置营垒，就用'天罗'、'武落'、'行马'、'蒺藜'；白天就登上云梯了望远处，并立五色旌旗以为标志；夜晚就在高处燃起烟火，并击'雷鼓'、敲小鼓、摇铎铃、吹胡笳，以为信号；渡越沟堑，就用飞江、折叠桥、辘轳、鉏铻；渡大水就用大船、浮桥；逆流而上，就用'浮海'、'绝江'。如果军队应用的各种器材都具备了，主将还有什么可忧虑的呢？"

临　境

【原文】 武王问太公曰："吾与敌人临境相拒，彼可以来，我可以往，阵皆坚固，莫敢先举，我欲往而袭之，彼亦可来，为之奈何？"

太公曰："兵分三处[1]，令我前军，深沟增垒而无出，列旌旗，(击)鼙鼓，完为守备。令我后军，多积粮食，无使敌人知我意。发我锐士潜袭其中，击其不意，攻其无备，敌人不知我情，则止不来矣。"

武王曰："敌人知我之情，通我之谋，动则得我事，其锐士伏于深草，要隘路，击我便处，为之奈何？"

太公曰："令我前军，日出挑战，以劳其意；令我老弱，拽柴扬尘[2]，鼓呼[3]而往来，或出其左，或出其右，去敌无过百步，其将必劳，其卒必骇。如此，则敌人不敢来。吾往者不止，或袭其内，或击其外，三军疾战，敌人必败。"

【注释】 ①三处：三部分。处：处所、地方、位置，此处可理解为部分。②拽柴扬尘：来回奔跑，使尘土飞扬于空中。③鼓呼：擂鼓呐喊。

【译文】 武王问太公说："我军在国境上与敌军相互对峙，敌军可以攻我，我军也可以攻敌。彼此阵地都很坚固，谁也不敢率先出击。如果我军想主动出击，彼方也想袭击我。在这种情况下，应该怎么办？"

太公回答说："处理这种情况，应该把我军分为前军、中军、后军三部分。命令前军深沟高垒，不要出战，排列旌旗，击动鼙鼓，完成防守的任务；命令后军多积粮食，不要让敌人知道我军的意图；然后派遣我中军的精锐部队，潜袭敌人的部队，使出其不意、攻其不备，敌人不知我军底细，自然不敢向我进攻。"

武王又问："如果敌人已然知道我军的情况，也清楚我军的计谋，我一行动他就知道我的目的；又派精锐的士卒埋伏在草丛中，拦截我军于狭路小道上，袭击我防备不严的地方，那又该怎么办呢？"

太公说："对于这种情况，可命令我前军每日向敌人挑战，以搅乱敌人的斗志；同时派出老弱士卒，拖动树枝，来回奔跑，扬起尘土，击鼓呐喊，往来不停，以张声势，或者出现在敌人右面，或者出现在敌人左面，但不要进入距离敌人前线100步之内。如此不断地骚扰，敌军的将帅必定疲于应付，进而我方再派兵或袭击他的内部，或打击他的周边，然后发起全军的总攻击，奋力疾战，敌人就一定会被打败。"

动 静

【原文】 **武王问太公曰："引兵深入诸侯之地，与敌之军相当，两阵相望，众寡彊弱相等，未敢先举。吾欲令敌人将帅恐惧，士卒心伤，行阵不固，后阵欲走，前阵数顾[①]，鼓噪[②]而乘之，敌人遂走，为之奈何？"**

太公曰："如此者，发我兵去寇十里而伏其两旁，车骑百里而越其前后，多其旌旗，益其金鼓，战合[③]，鼓噪而俱起，敌将必恐，其军惊骇，众寡不相救，贵贱不相待，敌军必败。"

武王曰："敌之地势，不可以伏其两旁，车骑又无以越其前后，敌知我虑，先施其备，我士卒心伤，将帅恐惧，战则不胜，为之奈何？"

太公曰："微哉，王之问也！如此者，先战五日，发我远候，往视其动静，审候其来，设伏而待之。必于死地[④]，与敌相避，远我旌旗，疏我行阵，必奔其前，与敌相当，战合而走，击金[⑤]无止，三里而还，伏兵乃起，或陷其两旁，或击其前后，三军疾战，敌人必走。"

武王曰："善哉！"

【注释】 ①前阵数顾：前面的士卒有后顾之忧。②鼓噪：指军队出战时擂鼓呐喊，大张声势。③战合：两军交锋。④死地：指奋战就能生存，不然就会被歼灭的地区。⑤击金：即鸣金，收兵的信号。

【译文】 武王问太公说："如果引兵深入敌国境内，与敌人势均力敌，彼此两阵对峙，谁也不敢先采取行动，我欲使敌人将帅心生恐惧，士卒情绪悲观，行阵不稳、军心动摇，后阵想逃、前阵欲退。此时我军乘机鼓噪而攻之，必使敌败溃逃，具体方法如何？"

太公回答说："想达到这个目的，我军应先派遣一支部队，秘密绕到离敌10里远的地方，在两侧埋伏；另组织战车和骑兵，迂回到敌军的前方和后方，多张旌旗，多设金鼓，等到双方交战后，同时鼓噪而起，敌将必然恐惧，士卒必然惊骇，以至惶然失措，大小部队不能互相救援，官兵上下不能互相照应，这样敌军必然失败。"

武王又问："假如敌方所占的地势不利于我军埋伏其两侧，战车和骑兵又无法迂回到敌人前后，而且敌人知道了我军的意图，并预先有了防备，我军士气沮丧，将帅心怀恐惧，与之交战也不能取胜，该怎么办呢？"

太公回答说："大王问得很妙啊！处于这种情况，我军可于战前5日，先派遣哨兵到远处侦察，观察敌人的动静，摸清敌人向我进攻的征候，以便我军预设埋伏。设埋伏必须选择对敌最不利的'死地'与之遭遇，同时派遣我方先锋部队在远处摇曳旌旗，加长行军间的距离，借以显示我军兵力之众多，然后再以一支兵力向敌方前进，刚一交锋又马上撤退，故意鸣金收兵，后退3里又突然回头反击，此时伏兵乘机而起，或攻其两侧，或袭其前后，全军奋力疾战，敌人必然大败而逃。"

武王说："你讲得很对啊！"

金 鼓

【原文】 武王问太公曰："引兵深入诸侯之地，与敌相当，而天大寒甚暑，日夜霖雨，旬[①]日不止，沟垒悉坏，隘塞不守，斥候懈怠，士卒不戒[②]，敌人夜来，三军无备，上下惑乱，为之奈何？"

太公曰："凡三军，以戒为固，以怠为败。令我垒上，谁何[③]不绝，人执旌旗，外内相望，以号相命，勿令乏音[④]，而皆外向[⑤]。三千人为一屯[⑥]，诫而约之，各慎其处。敌人若来，亲[⑦]我军之警戒，至而必还，力尽气怠，发我锐士，随而击之。"

武王曰："敌人知我随之，而伏其锐士，佯[⑧]北不止，遇伏而还，或击我前，或击我后，或薄[⑨]我垒，吾三军大恐，扰乱失次，离其处所，为之奈何？"

太公曰："分为三队，随而追之，勿越其伏，三队俱至，或击其前后，或陷其两旁，明号审令，疾击而前，敌人必败。"

【注释】 ①旬：古时十日为一旬，每月分上、中、下三旬。②戒：戒备、警戒。③谁何：此处指军中以口令相问答。④音：指金鼓之声。⑤外向：对敌人表示已做好战斗准备。⑥屯：驻扎、防守。⑦亲：亲近，引申为迫切。⑧佯：假装。⑨薄：迫近。

【译文】 武王问太公道："如果引兵深入敌国境内，敌我兵力相当，而遇上天气大寒或酷暑，加之日夜大雨，10日不止，以至沟垒全部塌坏，关塞险隘无法守备，探子哨兵麻痹懈怠，士卒疏于戒备。此时敌人乘夜来袭，三军皆无防备，官兵上下惊惶混乱，面对这种情况应该怎么办呢？"

太公回答说："军队必须有高度的戒备才能巩固，戒备松懈必遭失败。我军营垒中要口令声不断，哨兵手执旗帜，与营内营外相联络，以信号传达命令，不可中断，对外一致严密警戒。每3000人设一营地，相约戒备，各自谨守其防区。这样，敌人如果来犯，见我军戒备严密，无隙可乘，必然退兵而去。此时我军宜乘敌力疲、气力衰之际，发动精锐部队，紧随其后猛击敌人。"

武王又问："敌人知道我军将跟踪反击，预先埋伏了精锐部队，然后假装败退不止，当

我军遇到伏兵时，敌人又回转头来，或袭我前锐，或击我后卫，或直逼我军营垒，致使我军恐慌，队伍顿时陷于混乱，各自擅离自己的防守，对此该怎么办呢？"

太公说："应当将我军分为3个纵队，分兵跟踪反击，不要进入敌人的埋伏地区，在到埋伏地区之前就把3个纵队的兵力集合起来联合进攻，或攻其前后，或击其两侧，只要我军号令严明，追击勇猛快速，敌人必败。"

绝　道

【原文】　武王问太公曰："引兵深入诸侯之地，与敌相守，敌人绝我粮道，又越我前后。吾欲战则不可胜，欲守则不可久，为之奈何？"

太公曰："凡深入敌人之地，必察地之形势，务求便利，依山林、险阻、水泉、林木而为之固，谨守关梁①，又知城邑、丘墓②、地形之利。如是，则我军坚固，敌人不能绝我粮道，又不能越我前后。"

武王曰："吾三军过大陵、广泽、平易之地，吾盟误失，卒与敌人相薄，以战则不胜，以守则不固，敌人翼③我两旁，越我前后，三军大恐，为之奈何？"

太公曰："凡帅师之法，当先发远候，去敌二百里，审知敌人所在。地势不利，则以武卫④为垒而前，又置两踵军⑤于后，远者百里，近者五十里，即有警急，前后相救。吾三军常完坚，必无毁伤。"

武王曰："善哉！"

【注释】　①关梁：关隘和桥梁。②丘墓：丘陵各墓塚。③翼：翅膀。这里作动词，意谓包围两侧。④武卫：武冲车。卫，疑为冲之误。⑤踵军：跟随在后面的军队。踵，跟随。

【译文】　武王问太公曰："若引兵深入敌国境内，与敌军对阵相守，敌军截断了我军粮道，又包抄到我军的前后，我欲与之决战又不能取胜，我欲防守又不能持久，这该怎么办呢？"

太公回答说："大凡引兵深入敌国之境，必须事先熟悉地理形势，务求有利的地形，凭借山林、险阻、水源、林木形成巩固的防御；一面谨守后路之关隘桥梁，一面探悉附近之城邑、丘墓等地形的便利。这样，我军防守就能坚固，敌人便不能断绝我粮道，又不能迂回包抄我前后方了。"

武王又问："我军通过大片的森林、广阔的沼泽、平坦的旷野，由于我方侦探与瞭望哨兵的失误，未能及早发现敌人，仓促之间与敌军遭遇，此时交战不能取胜，防守又不能巩固，敌人包围了我军两侧，迂回到我军前后方，我三军大为恐惧，怎么办呢？"

太公说："凡是统率军队的法则，应当派出远方侦探，在距离敌人200里之处，就应当弄清敌人所在的位置。如果地势对我军不利，可以用武冲大战车在前面掩护行进，再编制2支'踵军'随后跟进，与主力远者相距100里，近者50里，如有紧急情况，互相联络通知。这样，全军就能形成完整的巩固阵势，不至于遭受严重的打击和伤亡。"

武王说："好啊！"

略　地

【原文】　武王问太公曰："战胜深入，略[①]其地，有大城不可下，其别军守险与我相拒，我欲攻城围邑，恐其别军[②]卒至而击我，中外[③]相合击我表里，三军大乱，上下恐骇，为之奈何？"

太公曰："凡攻城围邑，车骑必远，屯卫警戒，阻其外内。中人绝粮，外不得输，城人恐怖，其将必降。"

武王曰："中人绝粮，外不得输，阴为约誓，相与密谋，夜出穷寇死战，其车骑锐士，或冲我内，或击我外，上卒迷惑，三军败乱，为之奈何？"

太公曰："如此者，当分军为三军，谨视地形而处。审知敌人别军所在，及其大城别堡[④]，为之置遗缺之道，以利其心，谨备勿失。敌人恐惧，不入山林，即归大邑，走其别军，车骑远要其前，勿令遗脱。中人以为先出者得其径道，其练卒材士必出，其老弱独在。车骑深入长驱，敌人之军必莫敢至。慎勿与战，绝其粮道，围而守之，必久其日。无燔[⑤]人积聚，无坏人宫室，冢树[⑥]社丛[⑦]勿伐，降者勿杀，得而勿戮，示之以仁义，施之以厚德。令其士民曰：罪在一人。如此，则天下和服。"

武王曰："善哉！"

【注释】　①略：夺取，引申为占领。②别军：指敌方的另一支军队。③中外：指敌方城中守军与城外援军。④堡：用土筑起的小城。⑤无燔：指军队入城后不准焚烧。⑥冢树：坟墓上的树木。⑦社丛：庙社附近的丛林。

【译文】　武王问太公道："我军乘胜深入敌国，占领其地，有大城难以攻下，敌人另有一支部队占有险要地形，与我军相持。我军想攻其大城，又担心这支敌军突然前来袭我，如此里应外合，内外夹击，我军军心因而大乱，上下惊恐，这将怎么办呢？"

太公回答说："大凡攻城围邑，须将车兵骑兵部署在较远的地方，扼守要道，加强警戒，阻绝敌人内外的交通，敌人城中缺乏粮食，不能从城外输入，城内军民必然发生恐慌，守城的将领就会投降。"

武王又问："城内缺粮，外边又无法输入，敌人互相联系，密谋突围，乘夜出城死战，发动车骑锐士或冲入我营内，或袭击我外部，士卒遇到这种情况：心生迷惑，三军顿时一片混乱，仓皇败逃，这又该怎么办呢？"

太公回答说："处理这种情况，应当将我军分为三支部队，根据地形分别驻扎。一面探明敌军在城外的别军所在，一面侦察附近明城暗堡的动静，留给被围困的敌人一条道路，以诱其外逃，而我则严加监视，不得有所失误。外逃的敌人因为恐惧万分，不是逃向山林，就是逃向别的城邑。这时我军应以一支部队，赶走城外的别军，车兵骑兵远远地拦截敌人，阻止其前进，勿令其逃脱。城中的敌人以为先头部队已突围成功，打通了撤退的道路，其精锐的士卒必然会循旧路陆续逃出，届时城内就只剩老弱病残了。这时我军以第三支车骑部队直驱敌后，敌人必然不敢继续突围，我军也不急攻，只是断绝其粮道，把

它围困起来，日子一久，必然攻克。这时不要焚烧军民的粮食和财物，也不要毁坏敌人的建筑、乱砍坟墓上的树木和社庙旁边的丛林；不杀投降的敌军，不虐待俘虏的敌人；对敌国的人民要表示仁义，并施以恩德，让他们都知道，罪过只在敌国君主一人，自己是无罪的。这样天下人就会心悦诚服于我，不再继续抵抗了。”

武王说：“好啊！”

火 战

【原文】 武王问太公曰：“引兵深入诸侯之地，遇深草蓊秽[①]，周[②]吾军前后左右；三军行数百里，人马疲倦休止。敌人因天燥疾风之利，燔[③]吾上风，车骑锐士坚伏吾后，吾三军恐怖，散乱而走，为之奈何？”

太公曰：“若此者，则以云梯、飞楼远望左右，谨察前后，见火起，即燔吾前而广延之。又燔吾后，敌人若至，即引军而却，按黑地[④]而坚处。敌人之来，犹在吾后，见火起，必还走。吾按黑地而处，强弩材士卫吾左右，又燔吾前后。若此，则不能害我。”

武王曰：“敌人燔吾左右，又燔吾前后，烟覆吾军，其大兵按黑地而起，为之奈何？”

太公曰：“若此者，为‘四武冲阵’，强弩翼吾左右，其法无胜亦无负。”

【注释】 ①蓊秽：草丛茂盛的样子。②周：围绕。③燔：音凡，烧。④黑地：草丛燃烧后的焦地呈黑色，故名黑地。

【译文】 武王问太公道：“如果引兵深入敌国境内，遇到茂密的草丛，包围了我军的前后左右，我军已行军数百里，人困马乏，需要宿营休息。敌军因天气干燥，又乘刮风的有利条件，在我军的前方纵火燃烧，并派车骑锐士埋伏于我军之后，此时我军恐怖惊慌，散乱而逃，怎么办？”

太公回答说：“面对这种情况，应当搭起云梯、飞楼，登高瞭望前后左右的全部地形。见火起，先于我军驻地前后左右烧出一大片空阔的黑地。敌人若来攻我，我军即进入黑地之中，严阵以待，并布置强弩精兵，防卫左右，又在黑地以外纵火燃烧，使敌军无法接近我军。”

武王又问道：“敌人在我前后左右燃起大火，浓烟包围了我军，其大军向我黑地进攻，又该怎么办呢？”

太公回答说：“这时可以令我军为四武冲阵，以强弩材士防卫左右，与之正面交战，这种办法虽然未必能取胜，但也不至于失败。”

垒 虚

【原文】 武王问太公曰：“何以知敌垒之虚实，自来自去[①]？”

太公曰：“将必上知天道[②]，下知地理[③]，中知人事[④]。登高下望，以观敌之变动；望其垒，即知其虚实；望其士卒，则知其去来。”

武王曰：“何以知之？”

太公曰："听其鼓无音，铎无声，望其垒上多飞鸟而不惊，上无氛气，必知敌诈而为偶人[⑤]也。敌人卒[⑥]去不远未定而复返者，彼用其士卒太疾[⑦]也。太疾则前后不相次[⑧]，不相次则行阵必乱。如此者，急出兵击之，以少击众，则必胜矣。"

【注释】 ①自来自去：从何而来，从何而去。自，从。去，离开、撤退。②天道：自然的规律。③地理：山川土地的环境形势。④人事：事物成败的各种人为因素、社会因素。⑤偶人：用木偶或干草扎成的假人。⑥卒：同猝，突然。⑦太疾：太快，此指忙乱、慌乱。⑧不相次：杂乱无次序。

【译文】 武王问太公说："我们怎样才能摸清敌人营垒的虚实，以及其军队的动向呢？"

太公回答说："作将帅的人，必须上知天文，下知地理，中知人事。登高下望，可以观察到敌阵人马的变动；望其营垒的动静，可以知道敌阵的内部虚实；观察士卒的行动，可以知道敌军的动向。"

武王又问："为什么呢？"

太公回答说："如果听不到敌人的鼙鼓和铃声，又望见其营垒上飞鸟没有任何惊恐的现象，空中没有尘烟飞扬，可知敌人营内没有人马活动，只有一个木偶伪装的空营。如果敌人仓促而去，去而又返回的，这是军队调动太忙乱的结果。太忙乱，其部队前后就没有秩序，行列就会混乱。这时应该迅速出兵狠狠地打击它，以少数的兵力战胜多数的敌人。"

第五章　豹韬篇

林　战

【原文】 **武王问太公曰："引兵深入诸侯之地，遇大林，与敌人分林相拒，吾欲以守则固，以战则胜，为之奈何？"**

太公曰："使吾三军分为冲阵[①]，便兵所处[②]，弓弩为表，戟楯为里，斩除草木，极广吾道，以便战所；高置旌旗，谨敕[③]三军，无使敌人知吾之情，是谓林战。林战之法，率吾矛戟，相与为伍；林间木疏[④]，以骑为辅，战车居前，见使则战，不见便则止；林多险阻，必置冲阵，以备前后，三军疾战，敌人虽众，其将可走。更战更息[⑤]，各按其部，是谓林战之纪。"

【注释】 ①冲阵：即四武冲阵，四面都有警戒的战斗队形。②便兵所处：便于部队的配置。③谨敕：严整。敕，通饬。④林间木疏：林木稀疏。⑤更战更息：轮番作战，轮番休息。

【译文】 武王问太公说："我军深入敌国领地，遇到广大森林，与敌人分别占据森林并相互对峙。我想防守巩固并且使进攻获得胜利，应当怎么办呢？"

太公回答说："这可以将我军部署为'四武冲阵'，安置在便于作战的地方，以弓弩手

为周边，以戟楯手为核心；一面斩除草木，扩宽道路，以便于战斗；一面高挂军旗，以为标志。同时慎重命令全军保守军事机密，不让敌人探知我军的行动。这是森林战术的一般要领。在森林地带作战的方法，可以率领部下的矛戟手，组成若干小分队；如果林间树木稀疏，可用骑兵为辅，战车居前开路，发现有利情况就开打，发现形势不利就停止；如果林间多险阻地形，就必须设置'四武冲阵'，以防备敌人袭击我军前后；如果与敌人交战，行动必须迅速勇猛，即使敌人很多，也可将其打败。如此轮番作战、轮番休息，各按部署行动，是在森林作战的基本法则。"

突 战

【原文】 **武王问太公曰："敌人深入长驱，侵掠我地，驱我牛马，其三军大至，薄我城下，吾士卒大恐，人民系累[①]，为敌所虏。吾欲以守则固，以战则胜，为之奈何？"**

太公曰："如此者，谓之突兵[②]，其牛马必不得食，士卒绝粮，暴击而前。令我远邑别军，选其锐士，疾击其后，审其期日，必会于晦[③]。三军疾战，敌人虽众，其将可虏。"

武王曰："敌人分为三四，或战而侵掠我地，或止而收我牛马，其大军未尽至，而使寇薄我城下，致吾三军恐惧，为之奈何？"

太公曰："谨候敌人未尽至，则设备而待之。去城四里而为垒，金鼓旌旗，皆列而张，别队为伏兵。令我垒上多积强弩，百步一突门[④]，门有行马，车骑居外，勇力锐士隐伏而处。敌人若至，使我轻卒合战而佯走，令我城上立旌旗，击鼙鼓，完为守备。敌人以我为守城，必薄我城下，发吾伏兵，以冲其内，或击其外。三军疾战，或击其前，或击其后。勇者不得斗，轻者不及走，名曰突战。敌人虽众，其将必走。"

武王曰："善哉！"

【注释】 ①系累：捆绑，此为拘禁。②突兵：担任突击的部队。③晦：阴晦、昏暗，此处意为暗夜。④突门：在城墙或垒壁上预先开设的便于部队出击敌军的暗门。

【译文】 武王问太公道："敌人深入我国，长驱直入，侵占我土地、抢夺我牛马，三军大规模逼近我城廓之下，我军士卒为之大恐，人民受到骚扰，甚至被敌人拘禁。我想在这种情况下坚守或战胜敌人，应该怎么办？"

太公回答说："敌人的这种进攻，叫作突袭，其行动以迅速为特点，因其所带粮食有限，牛马必然缺乏饲料，其士卒粮食必然缺少，因而迫使敌军更加迅速向我军进攻。在这种情况下，应当命令我军驻守远处城邑的部队，选拔精锐之士，袭击敌人后路，并研究会攻的日期，以无月光的黑夜为宜。此时，我三军迅速出击，敌军虽然众多，一定可以打败他们。"

武王又问："假如敌军分为三或四部分，以一部分侵略我土地，一部分驻守而夺我牛马，其大军还没有完全到达，而另一部分兵力已逼近我城下，致使我三军十分恐惧，该怎么办呢？"

太公回答说："应在敌军主力未到达之前，就事先完成战备，严阵以待。在离城约四

里远的地方设置营垒，金鼓旌旗，并另派一支队伍为伏兵；营垒上多安排强弓劲弩，阵地上每隔百步设一突击之门，门外设置行马防守。车兵骑兵配置在营垒以外，勇兵锐士埋伏在隐蔽之处。敌人如果来到，先使我轻兵与敌交战，随即佯装败走。此时令我城上守兵，竖立旌旗，敲击鼙鼓，严备防守。如果敌人以为我主力守城，必然逼近城下。而我则发起伏兵，突击敌人阵内，或击其外；三军迅速猛攻，或击其正面，或攻其后方，致使敌军之勇者来不及与我战斗，轻便者也无法逃脱，这就叫突战。在这种情况下，敌人虽然多，也必然被我打败。"

武王说："好啊！"

敌　强

【原文】 武王问太公曰："引兵深入诸侯之地，与敌人冲车[①]相当，敌众我寡，敌强我弱，敌人夜来，或攻吾左，或攻吾右，三军震动。吾欲以战则胜，以守则固，为之奈何？"

太公曰："如此者，谓之'震寇'[②]。利以出战，不可以守。选吾材士强弩，车骑为之左右，疾击其前，急攻其后，或击其表，或击其里，其卒必乱，其将必骇。"

武王曰："敌人远遮[③]我前，急攻我后，断我锐兵，绝我材士，吾内外不得相闻，三军扰乱，皆散而走，士卒无斗志，将吏无守心，为之奈何？"

太公曰："明哉！王之问也。当明号审令，出我勇锐冒将之士，人操炬火，二人同鼓，必知敌人所在，或击其表，或击其里。微号[④]相知，令之灭火，鼓音皆止，中外相应，期约皆当，三军疾战，敌必败亡。"

武王曰："善哉！"

【注释】 ①冲军：担任冲锋突击的部队。②震寇：使我军感到震恐的敌人。③远遮：遮断、阻截。④微号：暗号。

【译文】 武王问太公说："领兵深入敌国境内，与敌国攻击部队相持，敌众我寡，敌强我弱。敌人夜袭我军，既攻我的左翼，又攻我的右翼，致使我军惊恐。我想进攻就能获胜，防御就能巩固，应该怎么办呢？"

太公回答说："敌军此用兵之法，叫作'震寇'。我军利于进攻，不利于防守。须挑选精兵强弩，以车兵、骑兵为左右翼，迅速攻进敌人正面，猛烈袭击敌人后方；既要攻打敌人外部，也要攻打敌人内部。这样，敌军士卒必然混乱，将帅必然惊骇。"

武王又问："敌人在远处阻截我军的前方，急攻我军后卫，阻隔我精锐的援军，我军内外失去联系，全军处于混乱状态，因败逃而散乱；士兵没有斗志，将领无心坚守，这怎么办呢？"

太公说："大王问得高明啊！在这种情况下，应该明确下达命令，出动我勇猛精锐的士卒，每人手持火炬，让二人同时擂击战鼓。必须探明敌军所在的位置，或袭击其外部，或攻打其内部。然后发出暗号，命令熄灭手中的火炬，停止击鼓，以便我军内外相应，大家都按约定的计划行动，全军发起猛烈的激战，敌人必定败逃。"

武王说:“很好!”

敌武

【原文】 武王问太公曰:“引兵深入诸侯之地,卒遇敌人,甚众且武,武车[1]骁骑,绕我左右,吾三军皆震,走不可止,为之奈何?”

太公曰:“如此者,谓之‘败兵’。善者以胜,不善者以亡。”

武王曰:“用之奈何?”

太公曰:“伏我材士强弩,武车骁骑,为之左右,常去前后三里,敌人逐我,发我车骑,冲其左右。如此,则敌人扰乱,吾走者自止[2]。”

武王曰:“敌人与我车骑相当,敌众我少,敌强我弱,其来整治精锐,吾阵不敢当[3],为之奈何?”

太公曰:“选我材士强弩,伏[4]于左右,车骑坚阵而处,敌人过我伏兵,积弩[5]射其左右。车骑锐兵疾击其军。或击其前,或击其后,敌人虽众,其将必走。”

武王曰:“善哉!”

【注释】 ①武车:威武的战车。②吾走者自止:我军的逃兵自会回来。吾走者,我军逃走的士兵。③不敢当:难以抵挡。④伏:埋伏。⑤积弩:密集射来的弩箭。

【译文】 武王问太公道:“我军深入敌国境内,如果突然与敌遭遇,敌军兵力甚多,势力极强,并以威武的战车和骁勇骑兵,直向我军左右两侧包抄而来,我三军为之震恐,纷纷逃散,不可遏止,该怎么办呢?”

太公回答说:“这种行动的军队,称之为败兵。善于用兵的人可以制胜,不善于用兵的人可能败亡。”

武王又问:“那么应该怎么办呢?”

太公回答说:“埋伏我精兵强弩,以戎车骁骑掩护左右,一般离主力约3里之远,敌人如果追击而来,则出动我战车、骑兵,猛攻其两侧,这样敌人必定受到扰乱,我军逃跑的士卒就会自动回来。”

武王又问:“如果敌人与我军的车骑相遇,兵力上敌众我寡、敌强我弱,敌人前来攻我,阵势整齐、士卒精锐,我军队伍无法阻挡,该怎么办呢?”

太公回答说:“此时应选用我精兵强弩埋伏于左右;我车骑部队则坚守阵地。如果敌人通过我军埋伏的地方,就集中弓弩射击他的两翼,同时出动车骑,以精兵锐卒猛击之,或袭其前,或攻其后,敌人虽众,势必败走。”

武王说:“好啊!”

乌云山兵

【原文】 武王问太公曰:“引兵深入诸侯之地,遇高山盘石,其上亭亭[1],无有草木,四面受敌,吾三军恐惧,士卒迷惑,吾欲以守则固,以战则胜,为之奈何?”

太公曰："凡三军处山之高，则为敌所栖[2]，处山之下，则为敌所囚[3]。既以被山而处，必为鸟云之阵[4]。鸟云之阵，阴阳[5]皆备，或屯其阴，或屯其阳。处山之阳，备山之阴；处山之阴，备山之阳；处山之左，备山之右；处山之右，备山之左。其山，敌所能陵[6]者，兵备其表，衢道[7]通谷，绝以武车，高置旌旗，谨敕三军，无使敌人知吾之情，是谓山城[8]。行列已定，士卒已阵，法令已行，奇正已设，各置冲阵于山之表，便兵所处，乃分车骑为鸟云之阵。三军疾战，敌人虽众，其将可擒。"

【注释】 ①亭亭：山峦高耸的样子。②为敌所栖：被敌人包围。栖，本意是鸟类停息歇宿的意思。③囚：囚禁。此为监视之意。④鸟云之阵：指机动部队。⑤阴阳：山的北面叫阴，南面叫阳。⑥陵：攀登。⑦衢道：四通八达的道路。⑧山城：以山为城，即依托山地的防御。

【译文】 武王问太公道："我军深入敌国境内，遇到高山磐石，其峰峦高耸，没有草木，四面受敌围困，我三军因之恐惧，士卒迷惑。我想在此防守则能坚固，进攻则能取胜，应该怎么办呢？"

太公回答说："大凡军队驻扎在山顶，容易被敌人所孤立；驻扎在山下，则容易为敌人所围困。既然在山地作战，就必须布设'鸟云阵'。所谓'鸟云阵'，就是对山南山北各方面都要严加戒备，机动地控制各处地形。或屯兵于山之北，或屯兵于山之南。屯兵于山北，须戒备于山南；屯兵于山南，则须戒备于山北；屯兵山左，戒备山右；屯兵山右，戒备山左。凡是敌人能够攀越的地方，都要派兵戒备，所有交通要道和能够通行的谷地，必须用战车阻绝。同时，高挂军旗，谨饬三军，严阵以待，不使敌人探知我方军情，这叫作'山城'。部署完后，士卒各就其位，谨守法令，做好奇正变化的埋伏，分别配置冲阵于高处便于作战的地方，将战车、骑兵布为鸟云阵。敌军来攻之时，命令迅速且猛烈攻击，敌人尽管众多，也可以打败，甚至俘获它的将领。"

鸟云泽兵

【原文】 武王问太公曰："引兵深入诸侯之地，与敌人临水相拒[1]，敌富而众，我贫而寡，逾水击之，则不能前，欲久其日[2]，则粮食少。吾居斥卤[3]之地，四旁无邑，又无草木，三军无所掠取，牛马无所刍牧[4]，为之奈何？"

太公曰："三军无备，牛马无食，士卒无粮，如此者，索便诈敌而亟去之，设伏兵于后。"

武王曰："敌不可得而诈，吾士卒迷惑，敌人越我前后，吾三军败乱而走，为之奈何？"

太公曰："求途[5]之道，金玉为主[6]。必因敌使，精微为宝。"

武王曰："敌人知我伏兵，大军不肯济[7]，别将分队以逾于水，吾三军大恐，为之奈何？"

太公曰："如此者，分为冲阵，使兵所处，须其必出，发我伏兵，疾击其后，强弩两旁，射其左右。车骑分为鸟云之阵，备其前后，三军疾战。敌人见我战合，其大车必济水而来，发我伏兵，疾击其后，车骑冲其左右，敌人虽众，其将可走。凡用兵之大要，当敌临战，必置冲阵，便兵所处，然后以车骑分为鸟云之阵，此用兵之奇也。所谓鸟云者，鸟散而云合，

变化无穷者也。”

武王曰:“善哉!”

【注释】 ①相拒:对峙。拒,抵御。②欲久其日:想久拖时日。③斥卤:指盐碱地带。斥,咸。卤,盐。④刍牧:割草放牧。⑤求途:寻求退路。⑥金玉为主:以金银财宝的诱惑为主要手段。⑦济:渡过。

【译文】 武王问太公道:“我军深入敌国之境,与敌隔水对峙,敌军资材充足,兵力众多;我军资材贫乏,兵力寡少。我想渡水攻敌,却无力前进,我想拖延时日,粮食又不足。我军处于盐碱地带,附近没有城邑,也没有草木,军队无处取得资源,牛马无处放牧,应该怎么办呢?”

太公回答说:“三军没有充足的装备,牛马没有饲料,士卒没有粮食,处于这种情况下,应该寻找机会,设法欺诈敌人,迅速离开此地,并设伏兵于后,以防敌人追击。”

武王又问:“如果敌人未中我计,我军士卒又恐慌迷惑,敌人前后攻来,我三军顿时溃退,该怎么办呢?”

太公回答说:“这时寻求出路的方法,要以重金美玉使敌人产生掠夺之心并且贿赂敌方军使,以了解敌人的情况。此事必须周密细致,不使敌人察觉。”

武王又问:“如果敌人知道我设有伏兵,而其大军不肯渡河,只派遣部分兵力渡水攻我,我三军因之恐惧,又该怎么办呢?”

太公回答说:“如果这样,我应于地形便利之地设置冲击部队,等到敌军全部渡水而来,然后发动我伏兵猛烈攻击其后方,又令两侧弓弩手射其左右。此时车兵、骑兵布好鸟云阵,戒备于前后,与敌疾战。敌人见我军与之交战,其大军必渡水来攻,我则发动伏兵,疾攻其后,而车兵、骑兵则攻击其左右。敌军虽然众多,必定败溃而逃。用兵的主要原则,在于与敌交战之前,必须部署冲阵的攻击部队,将其配置在便于作战的地方。然后将车兵、骑兵组成鸟云阵,以便灵活调遣,机动出击,使各部兵力能更密切地配合作战,出其不意地打击敌人。所谓‘鸟云’,就是战车和骑兵作机动兵力使用,如同飞鸟散开云朵合聚那样变化无穷的意思。”

武王说:“好啊!”

少　众

【原文】 武王问太公曰:“吾欲以少击众,以弱击强,为之奈何?”

太公曰:“以少击众者,必以日之暮,伏于深草,要之隘路;以弱击强者,必得大国而与,邻国之助。”

武王曰:“我无深草,又无隘路,敌人已至,不适日暮;我无大国之与,又无邻国之助,为之奈何?”

太公曰:“妄张诈诱①,以荧惑②其将,迂③其道,令过深草;远其路,令会日路④,前行未渡水,后行未及舍,发我伏兵,疾击其左右,车骑扰乱其前后,敌人虽众,其将可走。事大

国之君，下邻国之士，厚其币，卑其辞，如此则得大国之与，邻国之助矣！”

武王曰：“善哉！”

【注释】 ①妄张诈诱：采用夸张欺骗的手段蛊惑之。妄张，夸张。②荧惑：迷惑。荧，使人目眩。③迂：绕开、迂回。④令会日路：使敌人正好在日落天暗时与我交会。

【译文】 武王问太公道：“我想以少击众，以弱击强，怎样才能取胜呢？”

太公回答说：“以少击众，须待夜幕降临之际，埋伏军队于深草丛林之中，或拦腰袭击敌人于隘路险阻之处。以弱击强，须得到大国的支援、邻国的援助。”

武王又问：“我军所在地形上，既无深草丛林可以埋伏，又无隘路险阻可以利用，敌人已经攻来，正巧还未到日暮时分；我方既没有大国的支援，也没有邻国的援助，这又该怎么办呢？”

太公回答说：“可以用虚张声势、引诱诈骗的方法迷惑敌人的将帅，诱使敌人迂回前进，通过深山丛林或隘路险阻之地。引诱敌人多绕远道，拖到日暮时与我方交战，乘敌人前面的部队还没有渡河，后面的队伍还来不及扎营，我则趁此时发动伏兵，猛击其左右，同时出动车兵、骑兵扰乱其前后，敌人虽然众多，其将必定败走。采行此战法，外交上加以配合，事奉大国的君主，礼遇邻国的贤士，用厚金相赠，言辞谦逊，这样就可以得到大国的支援、邻国的援助了。”

武王说：“好啊！”

分　险

【原文】 武王问太公曰：“引兵深入诸侯之地，与敌人相遇于险阨之中，吾左山而右水，敌右山而左水，与我分险相拒，各欲以守则固，以战则胜，为之奈何？”

太公曰：“处山之左，急备山之右；处山之右，急备山之左。险有大水无舟楫者，以天潢[①]济吾三军。已济者亟广吾道，以便战所。以武冲为前后，列其强弩，令行阵皆固。衢道谷口，以武冲绝之，高置旌旗，是谓‘车城’[②]。”

“凡险战之法，以武冲为前，大橹为卫，材士强弩翼吾左右；三千人为屯[③]，必置冲阵，便兵所处；左军以左，右军以右，中军以中，并攻而前，已战者，还归屯所；更战更息，必胜乃已。”

武王曰：“善哉！”

【注释】 ①天潢：浮桥或其他天然浮游器材，如木筏等。②车城：指军中用战车连接起来构成的营寨，以抵御敌人的进攻。③屯：作战时的编制单位。

【译文】 武王问太公说：“我军深入敌国境内，与敌相遇于险阻狭隘之地。我军所处的地形是左靠山右临水；敌军所处之地形是右靠山左临水，各据险要，互相对峙，都想要以防守就能坚固，进攻就获胜。在这种情况下，应该怎么办？”

太公回答说：“我军占领山的左侧时，就应当迅速戒备山的右侧；占领山的右侧时，就应当迅速戒备山的左侧。面对险要的大江而又没有船只可资利用，就可以用天然浮物作筏子将我军渡过。已经渡过江的部队应当迅速开辟前进的道路，以便抢占有利的地形。用武冲大战车部署前后，广泛配置弓弩手，以使阵形坚固，阻绝于山口要道，并在阵地上高竖旌旗，这就构成了一座车城。”

“大凡在险处作战，其方法应以武冲大战车为前道，大盾牌为掩护，令材士强弩保障我左右两翼，步兵每3000人为一单位，编成攻击队形，配置在便于进攻作战的地形上。进攻时，左军用于左翼，右军用于右翼，中军用于中央，三军齐头并进，轮番作战、轮番休息，不断猛攻，直到取得胜利为止。”

武王说：“好啊！”

第六章　犬韬篇

分　合

【原文】　武王问太公曰：“王者帅师，三军分数处，将欲期会合战①，约誓②赏罚，为之奈何？”

太公曰：“凡用兵之法，三军之众，必有分合之变。其大将先定战地、战日，然后移檄书③与诸将吏：期攻城围邑，各会其所，明告战日，漏刻④有时。大将设营而阵，立表辕门⑤，清道而待。诸将吏至者，校⑥其先后，先期至者赏，后期至者斩。如此，则远近奔集，三军俱至，并力合战⑦。”

【注释】　①合战：会合各部兵力与敌作战。②约誓：宣布事前先制定好的盟约。③檄书：古代官府用于征召、晓谕、征讨的文书。④漏刻：古代的计时器，按漏水的刻数计时。⑤立表辕门：立表，古代立木为表，用观察日影移动的方法来计时。辕门，军门、营门。⑥校：校对、比较。⑦合战：集中兵力作战。

【译文】　武王同太公说：“国君统兵出征，三军分驻数地，要想按期集合军队与敌交战，誓师颁发命令，宣布赏罚条例，应该怎么办？”

太公回答说：“用兵的法则，由于三军众多，必然有分散和集中的变化。主将首先要确定作战的地点和日期，然后用紧急文书下达各部将吏：约定围攻的城邑及各部会合的地区、作战日期、到达时间。然后主将设营布阵，在辕门立下木表，以观测日影，肃清道路，计时等候各部将士到来。将士到达的时间，要核对其先后，先到者有赏，误期迟到的斩首示众。这样，不论远近，所有部众都会按期赶来会集，三军就能集中力量与敌交战了。”

武　锋

【原文】　武王问太公曰：“凡用兵之要，必有武车骁骑，驰阵选锋①，见可则击之。如何则可击？”

太公曰:“夫欲击者,当审察敌人十四变[2],变见则击之,敌人必败。”

武王曰:“十四变可得闻乎?”

太公曰:“敌人新集[3]可击,人马未食可击;天时不顺可击;地形未得可击;奔走可击;不戒[4]可击;疲劳可击;将离士卒可击;涉长路可击;济水可击;不暇[5]可击;阻难狭路可击;乱行可击;心怖[6]可击。”

【注释】 ①驰阵选锋:指冲锋陷阵的锐士。②变:变故,指对敌不利的情况。③新集:刚刚集中起来.④不戒:疏于警戒。⑤不暇:忙乱不整,慌张不安。⑥心怖:军心恐怖,慌张不安。

【译文】 武王问太公道:“大凡用兵的原则,必须装备威武的战车,骁勇的骑兵,以及冲锋陷阵的勇士,发现敌人有可乘之机,就迅速发起攻击。但是,究竟什么时候可以发起攻击呢?”

太公回答说:“要想攻击敌人,应当观察审视敌人14种变化情况。这14种变化的情况出现了,就立即发起攻击,敌人必败。”

武王又问:“14种对敌不利的情况是哪些呢?”

太公说:“敌人刚集众时可以攻击;人马饥饿,尚未吃饱时可以攻击;天气对敌不利时可以攻击;地形对敌不利时可以攻击;敌人奔走赶路时可以攻击;敌人毫无戒备时可以攻击;敌人疲劳时可以攻击;将帅离开部队时可以攻击;长途跋涉时可以攻击;敌军渡河时可以攻击;敌军忙乱时可以攻击;通过隘路险阻时可以攻击;行列散乱时可以攻击;军心惊恐时可以攻击。”

练　士

【原文】 武王问太公曰:“练士[1]之道奈何?”

太公曰:“军中有大勇、敢死、乐伤者,聚为一卒[2],名曰‘冒刃之士’;有锐气壮勇强暴者,聚为一卒,名曰‘陷阵之士’;有奇表[3]长剑、接武[4]齐列者,聚为一卒,名曰‘勇锐之士’;有拔距[5]、伸钩[6]、强梁[7]多力、溃破金鼓、绝灭旌旗者,聚为一卒,名曰‘勇力之士’;有逾高绝远[8],轻足善走者[9],聚为一卒,名曰‘寇兵之士’;有王臣失势,欲复见功者,聚为一卒,名曰‘死斗之士’;有死将之人,子弟欲与其将报仇者,聚为一卒,名曰‘敢死之士’;有赘婿[10]人虏,欲掩迹扬名者,聚为一卒,名曰‘励钝[11]之士’;有贫穷愤怒,欲快其心者,聚为一卒,名曰‘必死之士’;有胥靡[12]免罪之人,欲逃其耻者,聚为一卒,名曰‘幸[13]用之士’;有材技兼人,能负重致远者,聚为一卒,名曰‘待命之士’。此军之服习,不可不察也。”

【注释】 ①练士:挑选士卒。②卒:古时百人称卒。这里泛指军中一种有组织的单位。③奇表:体态奇异。④接武:接踵,一个接一个地。⑤拔距:古代运动习武的游戏,类似今之拔河。这里形容臂力过人。⑥伸钩:把弯钩伸直,形容力大。⑦强梁:强横、凶暴。⑧逾高绝远:越高山、走远路。⑨轻足善走者:脚轻,善于奔跑之人。⑩赘婿:男战败被虏又被招为婿的人。⑪励钝:激励不努力的人。⑫胥靡:刑徒囚犯。⑬幸:封建时代指受帝

王的宠爱叫幸。

【译文】 武王问太公道:"挑选和组编士兵的方法为何?"

太公回答说:"把军中有胆量、不怕死的士兵编为一队,取名'冒刃之士';把有锐气、强壮和凶猛的士兵编为一队,取名'陷阵之士';把动作奇特、善用长剑,在队列中步伐稳健的,编为一队,取名'勇锐之士';有臂力过人,能伸钩破敌人阵脚、凶猛强悍、捣敌金鼓、拔敌旌旗的,编为一队,取名'勇力之士';把能攀山越岭,长于跋涉、脚轻善走的编为一队,取名'寇兵之士';把在君主面前因过失势,想重新建立功勋的,编为一队,取名'死斗之士';有阵亡将帅的子弟想为父母兄弟报仇的,编为一队,取名'敢死之士';有曾被敌招赘、俘虏,希望扬名遮丑的,编为一队,取名'励钝之士';有贫穷愤激,要求扬眉吐气的,编为一队,取名'必死之士';有被释放的罪犯,要洗刷其耻辱的,编为一队,取名'幸用之士';有才艺超人,能任重致远的,编为一队,取名'待命之士'。这就是军队挑选士兵、组编队伍的方法,不可不详加考虑啊!"

教 战

【原文】 武王问太公说:"合三军之众,欲令士卒,练士教战[①]之道奈何?"

太公曰:"凡领三军,必有金鼓之节,所以整齐士众者也。将必先明告吏士,申[②]之以三令[③],以教操兵起居[④],旌旗指麾之变法。故教吏士,使一人学战,教成,合之十人;十人学战,教成,合之百人;百人学战,教成,合之千人;千人学战,教成,合之万人;万人学战,教成,合之三军之众;大战之法,教成,合之百万之众。故能成其大兵,立威于天下。"

武王曰:"善哉!"

【注释】 ①教战:教育训练部队打战。②申:表明。③三令:再三或反复地宣布命令。④操兵起居:操兵,使用兵器。起居,指操练各种动作,如坐、站、进、退、分、合、解、结。

【译文】 武王问太公道:"我想集合全军官兵,教他们熟习教育训练部队打仗的技术,有什么方法呢?"

太公回答说:"凡是统率三军,必须用金鼓来指挥,才能使士卒步伐一致、队列整齐。将领必须先明确告诉官兵,再三申明军令,然后操练他们进、退、行、止等各种动作,要按旌旗的指挥变化。所以训练军队时,先进行单人教练,单人教练学成了,再十人合练;十人学成,再百人合练;百人学成,再千人合练;千人学成,再万人合练;万人学成,再三军合练大军作战的方法。各项教练都完成了,就可以会集成百万大军,组成强大的军队,立威于天下。"

武王说:"好啊!"

均 兵

【原文】 武王问太公曰:"以车与步卒战,一车当[①]几步卒?几步卒当一车?以骑与

步卒战，一骑当几步卒？几步卒当一骑？以车与骑战，一车当几骑？几骑当一车？”

太公曰：“车者，军之羽翼也，所以陷坚阵，要强敌，遮走北[②]也。骑者军之伺候[③]也，所以踵[④]败车，绝粮道，击便寇也。故车骑不敌战，则一骑不能当步卒一人。三军之众成阵而相当，则易战之法，一车当步卒八十人，八十人当一车；一骑当步卒八人，八人当一骑；一车当十骑，十骑当一车。险战之法，一车当步卒四十人，四十人当一车；一骑当步卒四人，四人当一骑；一车当六骑，六骑当一卒。夫车骑者，车之武兵也，十乘败千人，百乘败万人；十骑败百人，百骑走千人，此其人数也。”

武王曰：“车骑之吏数[⑤]，与阵法奈何？”

太公曰：“置车之吏数，五车一长，十车一吏，五十车一率[⑥]，百车一将。易战之法，五车为列，相去四十步，左右十步，队间六十步。险战之法，车必循道，十车为聚，二十车为屯，前后相去二十步，左右六步，队间三十，六步，五车一长，纵横相去二里，各返故道。置骑之吏数，五骑一长，十骑一吏，百骑一率，二百骑一将。易战之法，五骑为列，前后相去二十步，左右四步，队间五十步。险战者，前后相去十步，左右二步，队间二十五步。三十骑为一屯，六十骑为一辈[⑦]，十骑一吏，纵横相去百步，周环[⑧]各复故处。”

武王曰：“善哉！”

【注释】 ①当：相当、抵。②遮走北：断其退路。③伺候：侦察敌人。伺，侦察。④踵：跟随、接着。⑤吏数：军官的编制方法。⑥率：这里指车兵的一级单位。⑦辈：这里指骑兵的一种战斗编组。⑧周环：即周旋、交战的意思。

【译文】 武王问太公道：“用车兵与步兵打仗，一辆战车相当于几名步兵？几名步兵相当一辆战车？用骑兵与步兵打仗，一名骑兵相当于几名步兵？几名步兵相当于一名骑兵？用战车与骑兵打仗，一辆战车相当于几名骑兵？几名骑兵相当于一辆战车？”

太公回答说：“战车是军队的羽翼，用以突击敌军、截击强敌、阻断敌人退路。骑兵是三军的耳目，用以侦察敌情、追击逃敌、断绝敌人的粮道、袭击流寇。因此，车与骑运用不当的话，若与敌战，一名骑兵还不能抵挡一名步兵。如果三军布列成阵，在平坦的地形上作战，车、骑便于驰骋，一辆战车便可以抵挡80名步兵，80名步兵相当于一辆战车；一名骑兵可以抵挡8名步兵，8名步兵.相当于一名骑兵；一辆战车可以抵挡10名骑兵，10名骑兵相当于一辆战车。如果在险阻的地形上作战，一辆战车可以抵挡40名步兵，40名步兵相当于一辆战车；一名骑兵可以抵挡4名步兵，4名步兵相当于一名骑兵；一辆战车可以抵挡6名骑兵，6名骑兵相当于一辆战车。战车和骑兵，是部队中最武勇的实力。10辆战车可以击败敌人之步兵1000人，100辆战车可以击败敌人之步兵1万人；10名骑兵，可以击败敌人之步兵100人；百名骑兵可以击败敌人之步兵1000人。这些都是大约的数字。”

武王又问道：“车兵、骑兵的军官数目和阵法怎样呢？”

太公回答说：“配置车兵的军官数目是：5辆战车设一长，10辆战车设一吏，50辆战车设一率，百辆战车设一将。在平坦的地形上作战，其法是：5辆战车为一列，前后相距40

步。左右间隔10步,列队间距离和间隔各36步,在险阻的地形上作战,其法是:战车必须沿道路行驶,10辆战车为一聚,20辆战车为一屯,车与车前后相距20步,左右相距6步,列队间距离和间隔各36步。5辆战车设一长,纵横相距2里,每辆战车撤出战斗后仍由原路返回。配置骑兵的军官数目是:5名骑兵设一长,10名骑兵设一吏,百名骑兵设一率,200名骑兵设一将。在平坦的地形上作战,其法是:5名骑兵为一列,前后相距20步,左右间隔4步,列队间距和间隔各50步。在险阻地形上作战时,前后相距10步,左右间隔2步,列队间距离和间隔各25步,30名骑兵为一屯,60名骑兵为一辈,每10名骑兵设一吏,纵横前后相距左右各百步,环绕一圈,各自归回原处。"

武王说:"好啊!"

武车士

【原文】 **武王问太公曰:"选车士①奈何?"**

太公曰:"选车士之法,取年四十已下,长七尺五寸已上;走能逐奔马,及驰而乘之,前后、左右、上下周旋②,能缚束③旌旗,力能彀④八石弩⑤,射前后左右,皆便习者,名曰武车之士,不可不厚也。"

【注释】 ①车士:乘车作战的武士,即车兵。②周旋:指对付、应战。③缚束:这里指控制、掌执的意思。④彀:把弓拉满。⑤八石弩:即拉力为960斤的弩。石:重量单位,古代120斤为一石。

【译文】 武王问太公道:"要怎样选拔车兵的武士呢?"

太公回答说:"选拔车兵武士的方法是:选年龄40岁以下,身长7尺5寸以上;跑步能追赶奔马,并能在驰逐时驾驭车马,能应付前后、左右、上下各方的情况,能控制旗帜,拉满8石的弓弩,熟练地向左右、前后射杀敌人者。这种人是武艺高强的车兵,待遇不可不优厚。"

武骑士

【原文】 **武王问太公曰:"选骑士①奈何?"**

太公曰:"选骑之法,取年四十已下,长七尺五寸已上,壮健捷疾,超绝伦等②。能驰骑彀射,前后、左右、周旋进退,越沟堑,登丘陵,冒险阻,绝大泽,驰强敌,敌大众者,名曰武骑之士,不可不厚也。"

【注释】 ①骑士:乘马作战的武士,指骑兵。②伦等:指一般的人。伦,类。

【译文】 武王问太公说:"要怎样选择骑兵呢?"

太公回答说:"选择骑兵的原则是:选年龄40岁以下,身长7.5尺以上,身强力壮,行动快捷,超过一般人的人。他们能在纵马疾驰中弯弓射箭,善于回旋进退,善于从前后左右各方对付敌人,敢于跨越沟堑,攀登高地,冲过险阻,横渡大水,追逐强敌,击败众多的敌人。这种人称为武骑士,待遇不可不优厚。"

战　车

【原文】 武王问太公曰："战车奈何？"

太公曰："步贵知变动，车贵知地形，骑贵知别径奇道[①]。三军同名而异用也。凡车之死地[②]有十，其胜地[③]有八。"

武王曰："十死之地奈何？"

太公曰："往而无以还者，车之死地也。越绝险阻，乘敌远行者，车之竭地也。前易后险者，车之困地也。陷之险阻而难出者，车之绝地也。圮下渐泽[④]、黑土黏埴[⑤]者，车之劳地也。左险右易，上陵仰阪[⑥]者，车之逆地也。殷草横亩，犯历深泽者，车之拂地[⑦]也。车少地易，与步不敌者，车之败地也。后有沟渎[⑧]，左有深水，右有峻阪者，车之坏地也。日夜霖雨，旬日不止，道路溃陷，前不能进，后不能解者，车之陷地也。此十者，车之死地也。故拙将之所以见擒，明将之所以能避也。"

武王曰："八胜之地奈何？"

太公曰："敌之前后，行阵未定，即陷之。旌旗扰乱，人马数动，即陷之。士卒或前或后，或左或右，即陷之。阵不坚固，士卒前后相顾，即陷之。前往而疑，后恐而怯，即陷之。三军卒惊，皆薄而起[⑨]，即陷之。战于易地，暮不能解，即陷之。远行而暮舍，三军恐惧，即陷之。此八者，车之胜地也。将明于十害、八胜，敌虽围周，千乘万骑，前驱旁驰，万战必胜。"

武王曰："善哉！"

【注释】 ①别径奇道：岔道、小路。②死地：不利的地形，导致战败的地形。③胜地：有利的时机、处境，导致胜利的形势。④圮下渐泽：指坍塌积水、低湿泥泞的地带。圮，毁坏、坍塌。下，低湿之处。渐，浸水。泽，沼泽、洼地。⑤黏埴：黏土。⑥仰阪：高坡。阪，山坡。⑦拂地：违背意愿，令人不如意的地方。⑧沟渎：水沟水渠接连不断的地形。渎，小水沟、小水渠。⑨皆薄而起：纷纷行动的意思。

【译文】 武王问太公道："用战车和敌人作战的方法应该怎样？"

太公回答说："步兵作战贵在随机应变，车兵作战贵在熟悉地形，骑兵作战贵在熟悉各种道路的特点，步、车、骑三军同是作战部队，但运用的方法各不相同。车兵会遭遇对自己不利的情况有10种，遭遇对自己有利的情况有8种。"

武王问道："有哪10种是对自己不利的情况？"

太公回答说："可以前进不可以后退，是车兵的死地；经历险阻，长途追击敌人，这是车兵的竭地；前面平坦，后面险要，这是车兵的困地；陷于危险而无法出来，是车兵的绝地；靠近沼泽的泥泞地带并有黑土黏泥，是车兵的劳地；左面险阻右面平坦，前面山势陡峭，这是车兵的逆地；草木遍地，还要经过深水，这是车兵的拂地；地势平坦，但战车太少，而与步兵配合不当，这是车兵的败地；后有沟渠，左有深水，右有高坡，这是兵车的坏地；昼夜大雨，连日不停，道路陷塌，前不能进，后不能退，这是车兵的陷地。以上10种就是车兵的死地。愚蠢的将领不了解这10种死地往往被擒，明智的将帅则由于了解这10种死地而能够避开它。”

武王又问：“什么是8种胜地呢？”

太公回答说：“敌军前后布阵尚未稳定就攻击它；敌人旌旗紊乱，人马骚动频繁，就乘机攻击它；敌人士卒有的向前，有的退后，有的往左，有的往右，就寻隙打击它；敌人阵地不坚固，士兵前后相观望，就乘势打击它；敌人前进犹豫，后退害怕，就乘机打击它；敌人军队惊惶失措，匆忙出战，就乘机攻击它；与敌战于平旷地带，日已黄昏，未分胜负，就乘势攻击它；敌人长途行军，天黑才安营扎寨，三军惊恐惧怕，就乘机攻击它。以上8种情况是对车兵作战有利的胜地。将帅明白了10种不利和8种有利的情况，敌人即使由四面向我围攻，我军也可以千乘万骑，纵横驰骋，每战必胜。”

武王说：“太好了！”

战 骑

【原文】 武王问太公曰：“战骑[①]奈何？”

太公曰：“骑有‘十胜’、‘九败’。”

武王曰：“十胜奈何？”

太公曰：“敌人始至，行阵未定，前后不属[②]，陷其前骑，击其左右，敌人必走；敌人行阵，整齐坚固，士卒欲斗，吾骑翼而勿去，或驰而往，或驰而来，其疾如风，其暴如雷，白昼而昏，数更旌旗，变易衣服，其军可克；敌人行阵不固，士卒不斗，薄其前后，猎[③]其左右，翼其击之，敌人必惧；敌人暮欲归舍，三军恐吓，翼其两旁，疾击其后，薄其垒口，无使得人，敌人必败；敌人无险阻保固，深入长驱，绝其粮路，敌人必饥；地平而易，四面见敌，车骑陷之，敌人必乱；敌人奔走，士卒散乱，或翼其两旁，或掩其前后，其将可擒；敌人暮返，其兵甚众，其行阵必乱，令我骑十而为队[④]，百而为屯，车五而为聚，十而为群，多设旌旗，杂以强弩，或击其两旁，或绝其前后，敌将可虏。此骑之‘十胜’也。”

武王曰：“‘九败’奈何？”

太公曰：“凡以骑陷敌，而不能破阵，敌人佯走，以车骑反击我后，此骑之败地也；追北逾险，长驱不止，敌人伏我两旁，又绝我后，此骑之围地也；往而无以返，入而无以出，是谓陷于‘天井’[⑤]，顿于‘地穴’[⑥]，此骑之死地也；所从入者隘，所从出者远，彼弱可以击我强，彼寡可以击我众，此骑之没地[⑦]也：大涧[⑧]深谷，翳薉[⑨]林木，此骑之竭地[⑩]也；左右有水，前有大阜[⑪]，后有高山，三军战于两水之间，敌居表里，此骑之艰地[⑫]也；敌人绝我粮道，往而无以返，此骑之困地也；汙下沮泽[⑬]，进退渐洳[⑭]，此骑之患地[⑮]也；左有深沟，右有坑阜[⑯]，高下如平地，进退诱敌，此骑之陷地也。此九者，骑之死地[⑰]也。明将之所以远避，暗[⑱]将之所以陷败也。”

【注释】 ①战骑：骑兵。②不属：不相联系。③猎：打猎，这里是袭击的意思。④队：与下文屯、众、群，都是古代骑兵部队的编制单位。⑤天井：指四面高峻，中间低洼的地

形。⑥地穴：下陷的坑洞，又叫地陷。⑦没地：覆没的地方。⑧大涧：山谷中的大溪。涧，夹在两山之间的水沟。⑨翳薉：杂草茂盛的林地。翳：用羽毛制造的华盖，引申为遮蔽。⑩竭地：耗尽力气的不利地形。⑪大阜：起伏不平之山丘。⑫艰地：艰难险恶的地形。⑬汙下沮泽：指低湿的沼泽地带。下，低洼。沮泽，水草丛生的地方。⑭渐洳：地湿泥泞之地。⑮患地：陷入灾难的地形。⑯坑阜：坑，陷落的凹地。⑰陷地：容易招引敌人使自己陷于困境的地形。⑱暗：愚昧。

【译文】 武王问太公道："骑兵应当怎样作战？"

太公回答说："骑兵作战有十胜之机和九败之地。"

武王又问："所谓十胜之机是什么？"

太公说："敌人初到，行列阵势未定，前后不相联系，我骑兵部队冲击其前骑，袭击其左右，敌人必然败走；敌人行阵整齐坚固、士气旺盛，我骑兵部队应缠住敌人两翼不放，或纵马而前、或纵马而去，行动快如风、猛如雷霆，白昼尘土弥漫如同黄昏，经常变换旗号、衣服，敌军可以打败；敌人阵形不稳、士气低落，我骑兵攻其前后，袭其左右，从两翼夹击它，敌人必定惊惧；日暮时，敌人急于回营，三军恐骇，我骑兵夹击其两翼，疾攻其后尾，逼近其营垒入口，阻止敌人进入营垒，敌人必败；敌人失去可以固守的险阻地形，我骑兵长驱直入，切断其粮道，敌必陷于饥荒；敌人处于平旷地形，四面受到威胁，我骑兵协同战车围攻它，敌人必陷于溃乱；敌人败逃，士卒散乱，我骑兵或从其两翼夹击，或从前后进攻，敌将可被擒获；敌人日暮返回营地，其兵甚多，队形混乱，此时令我骑兵10人为一队，百人为屯，战车5辆为一众，10辆为一群，多插旌旗，配上强劲的弓弩手，或袭击其两翼，或断绝其前后，敌将可被俘获。这就是骑兵取胜的10种战机。"

武王又问："所谓九败又是什么呢？"

太公回答说："凡是用骑兵攻击敌人，如果不能突破其阵地，敌人假装败走，而以车兵和骑兵反击我后尾，这是骑兵的败地；追击逃敌越过险阻，长驱不止，敌人埋伏在我两旁，又断绝我的后路，这是骑兵的围地；能前进而无法撤退，能进入而不能退出，这叫作陷入'天井'，困于'地穴'之中，这是骑兵的死地；进路狭窄，出路遥远，敌人可以用弱击我之强，以其少击我之众，这是骑兵的没地；大涧深谷，林木茂盛，这是骑兵的竭地；左右有大水，前后有高山，我三军在两水之间作战，敌人占据了内外远近的有利地势，这是骑兵的艰地；敌人断绝我粮道，我军只有进路而失去退路，这是骑兵的困地；低洼湿地、沼泽泥泞，战马难于进退，这是骑兵的患地；左面有深沟，右面有凹地，一高一低，远看就像平地，无论进退都会招致敌人来攻，这是骑兵的陷地。这就是骑兵打败仗的9种死地。明智的将领会避开这九败之地，昏庸的将领则会陷入其中而导致失败。"

战　步

【原文】 **武王问太公曰："步兵（与）车、骑战奈何？"**

太公曰："步兵与车骑战者，必依丘陵险阻，长兵强弩居前，短兵弱弩居后，更发更

止[①]。敌之车骑，虽众而至，坚阵疾战，材士强弩，以备我后。”

武王曰：“吾无丘陵，又无险阻，敌人之至，既众且武，车骑翼我两旁，猎我前后，吾三军恐怖，乱败而走，为之奈何？”

太公曰：“令我士卒为行马、木蒺藜，置牛马队伍，为‘四武冲阵’。望敌车骑将来，均置蒺藜，掘地匝[②]后，广深五尺，名曰‘命笼’[③]。人操行马进步，阑[④]车以为垒，推而前后，立而为屯[⑤]，材士强弩，备我左右，然后令我三军，皆疾战而不解[⑥]。”

武王曰：“善哉！”

【注释】 ①更发更止：轮流更替地前进和停止。②地匝：周遭的战壕。匝，周、圈。③命笼：由壕沟、土堑等障碍物构筑的防御基地，形如环笼状。④阑：通拦。⑤屯：军屯，营寨。⑥解：通懈。

【译文】 武王问太公道：“步兵应怎样与敌之车兵、骑兵作战呢？”

太公回答说：“步兵与车兵、骑兵作战，必须依据丘陵、险阻的地形，把长兵器和强弩配置在队伍的前面，把短兵器和弱弩配置在后面，轮流更替地进发和停止。敌人的车队和骑兵虽然为数众多，我仍能坚守阵地，与之激战，并使材士强弩，戒备后方。”

武王又问：“我军所处之地形，既无丘陵又无险阻可供凭借，敌人到达的兵力既多又强，用战车和骑兵包围我两翼，袭击我前后，我三军为之大恐，纷纷溃败逃跑，怎么办呢？”

太公回答说：“命令我军士卒制作行马和木蒺藜，把牛马、马车集中起来编为一队，组成‘四武冲阵’。从远处望见敌军车骑即将到来，就布设蒺藜、挖掘环形沟壕，宽、深皆5尺，名为‘命笼’。士兵操纵行马进退，用车辆组成营垒，推着它前后移动，停下来就是一座营寨，同时用精兵强弩，戒备左右，然后发动我全军，迅速投入战斗，不得懈怠。”

武王说：“好啊！”

尉缭子兵法

【导语】

《尉缭子兵书》是我国古代著名兵书《武经七书》之一，据现有资料推断，成书似在战国中期。

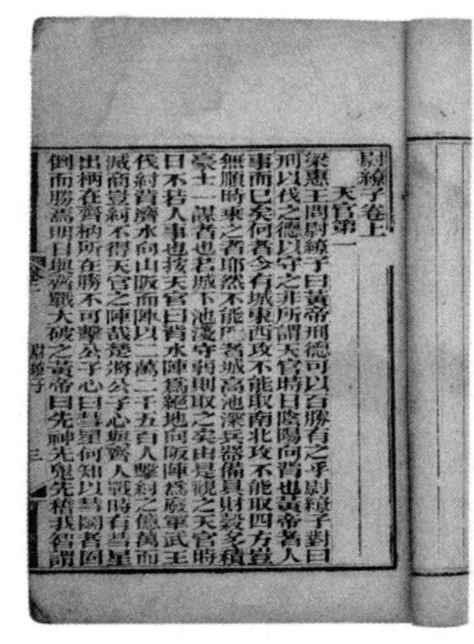
尉繚子卷上
天官第一
梁惠王問尉繚子曰黃帝刑德可以百勝有之乎尉繚子對曰
刑以伐之德以守之非所謂天官時日陰陽向背也黃帝者人
事而已矣何者今有城東西攻不能取南北攻不能取四方豈
無順時乘之者邪然不能取者城高池深兵器備具財穀多積
豪士一謀者也若城下池淺守弱則取之矣由是觀之天官時
日不若人事也按天官曰背水陣爲絕地向阪陣爲廢軍武王
伐紂背濟水向山阪而陣以二萬二千五百人擊紂之億萬而
滅商豈紂不得天官之陣哉楚將公子心與齊人戰時有彗星
出柄在齊柄所在勝不可擊公子心曰彗星何知以彗鬬者固
倒而勝焉明日與齊戰大破之黃帝曰先神先鬼先稽我智謂

《尉缭子兵法》书影

《尉缭子兵书》围绕“刑德可以百胜”之说，广泛论述用兵取胜之道。天官、兵谈、制谈、武议、治本等篇着重论述战争与政治、经济的关系等；战威、攻权、守权、战权等篇，主要论述攻守权谋和战法；将理、十二陵、重刑令、伍制令、分塞令、兵教、兵令等篇，着重论述治军原则、要求及各种军事律令。

《尉缭子兵书》强调农战，富国强兵，认为“土广而任则国富，民众而治[制]则国治”，这样才能“威制天下”（《续古逸丛书》影宋本，下同）。它强调人事，专篇论述靠天官（天象）、阴阳、求鬼神等，“不若人事”，不如“求己”，注意人在战争中的作用。在文武的关系上，提出“兵者，以武为植（支干），文为种（根基）；武为表，文为里”的卓越见解，含有军事从属于政治的朴素的辩证思想，这在古代军事思想史上是一个进步和发展。

《尉缭子兵书》的另一重要观点是注重谋略和战前准备，讲究“廊庙”决策，主张“权敌审将而后举兵”，“先料敌而后动”。在攻守上，讲奇正，重变通，注意争取主动。在进攻中，主张先发制人，出其不意；并论述了前锋、后续部队与大军的任务区分和行动配合。防守时，要守不失险，鼓舞士气，守军与援军要“中外相应（内外配合）”，“守必出之（必要的出击）”，这种守中有攻的思想是积极的战略思想。

《尉缭子兵书》在治军上主张“制必先定”，赏罚严明，强调三点：将帅要爱威并施，执法公正，并要以身作则，暑不张盖，寒不重衣，临战忘身；把教练作为必胜之道，提出分级教练及大部队合练的要求；并详细论述了训练的目的、方法、步骤，“号令明，法制审（缜密）”，使军令、军制完备，赏罚有据。其所拟制的一系列律令，内容极为丰富、具体、突出。其中的战斗编组、队形、指挥信号，平时和战时奖惩，士卒官将上下联保，营区划分、宿营、戒严、通行以及旗色、着装、徽章等规定都留存了中国早期的战斗、内务、纪律等方面法规性的一些具体内容，为其他先秦兵书所少见，对研究中国军制史有重大价值。

《尉缭子兵书》具有的素朴的唯物辩证思想，大致反映战国时军队和战争情况，继承《孙子兵书》《吴子》有关军事思想。其所论甚广博，颇得用兵之意，对后世有重要影响。

天 官

【原文】 梁惠王[1]问尉缭子曰:“黄帝刑德[2],可以百战百胜,有之乎?”

尉缭子对曰:“刑以伐之,德以守之,非所谓天官时日阴阳向背也[3]。黄帝者,人事[4]而已矣。何者?今有城,东西攻不能取,南北攻不能取,四方岂无顺时乘之者邪?然不能取者,城高池深,兵器完具,财谷多积,豪士一谋者也。若城下[5]、池浅、守弱,则取之矣。由是观之,天官时日,不若人事也。按《天官》曰:‘背水陈[6]为绝地,向阪[7]阵为废军。’武王伐纣,背济水[8]向山阪而阵,以二万二千五百人,击纣之亿[9]万而灭商,岂纣不得《天官》之阵哉!楚将公子心[10]与齐人战,时有彗星出,柄在齐。柄在所胜,不可击。公子心曰:‘彗星何知!以彗斗,固倒而胜焉。’明日与齐战,大破之。黄帝曰:‘先神先鬼,先稽[11]我智。’谓之天时,人事而已。”

【注释】 ①梁惠王:即魏惠王,战国时魏国的国君,公元前370~前319年在位。于公元前362年从邻近秦国的安邑(今山西夏县)境内迁都大梁(今河南开封市)。故历史上又称梁惠王。②刑德:刑,指刑罚杀戮、战争攻伐,即武力的一手;德,指施行恩惠、仁政,指治理国家、取得人心的一手。③天官:天文星象等的总称。凡所谓望云气、望日、观星等都与天象有关,故称天官。时日阴阳向背,即指古代占星家所认为的天文星象、时日阴阳的变化,能导致和决定人间的吉凶。④人事:人的活动。⑤下:低矮。⑥陈:同阵。下文“地”,原作“纪”,从湖北崇文书局(简称鄂局本)改。⑦阪:山坡。⑧济水:亦沇水,源出河南济源市王屋山,古时直入海,今流入黄河。⑨亿:古时10万也叫亿。据《史记·殷本纪》载:纣王发兵70万拒周武王(一说17万)。⑩公子心:春秋战国时人,事迹不详。⑪稽:查考。

【译文】 梁惠王问尉缭子说:“黄帝凭借刑杀和德政,可以百战百胜,真有这回事吗?”

尉缭子回答说:“刑是讲靠武力讨伐敌人的,德是讲行仁政治理国家的,并不是讲天象、时日、阴阳向背那些东西。黄帝所依赖的,就是人的作用罢了。何以见得呢?譬如当下有座城,从东西攻攻不下来,从南北攻也攻不下来,这四个方向难道都没有吉利的天象时日可利用的吗?之所以不能攻取,是由于城墙高,护城河深,守城的武器齐备,物资粮食贮积充足,将士们同心协力。假如城墙低,护城河浅,防守力量弱,就能攻下它了。由此看来,天象时日,不如人的作用。按《天官》书的说法:‘背水布阵就等于置之死地,向着山坡列阵等于白白断送军队。’但是,周武王讨伐商纣王,就背着济水向着山坡摆开阵势,以2.25万人攻击纣王的几十万大军,灭掉了商朝,按照《天官》书的说法,殷纣王岂不是应该取胜吗?楚国将领公子心和齐国人打仗,当时彗星里出现在天空,彗柄在齐国一方。(按照占星家的说法,)彗柄所在的一方得胜,攻打齐国一定不利。公子心说:‘彗星哪有知觉!拿彗帚与人相斗,要把彗柄倒过去打才能取胜。’第二天与齐军交战,大败齐军。所以黄帝说:‘先去求神求鬼,不如先考察自己的智能。’这就是讲天时不如人的活动起决定的作用。

兵 谈

【原文】 量土地肥硗[①]而立邑,建城称地[②],以城称人,以人称粟。三相称,则内可以固守,外可以战胜。战胜于外,备主于内[③],胜备相应,犹合符节[④],无异故也。

治兵者,若秘于地,若邃于天,生于无,故开[⑤]之。大不窕[⑥],小不恢[⑦],明乎禁、舍、开、塞[⑧],民流者亲之。地不任者任之。夫土广而任则国富,民众而制则国治[⑨]。富治者,民不发轫[⑩],甲[⑪]不出暴,而威制天下。故曰:"兵胜于朝廷。"

不暴甲而胜者,主胜者;阵而胜者,将胜也。兵起非可以忿也,见胜则兴[⑫],不见胜则止。患在百里之内,不起一日之师。患在千里之内,不起一月之师,患在四海之内[⑬],不起一岁之师。将者,上不制于天,下不制于地,中不制于人,宽不可激而怒,清不可事以财。夫心狂、目盲、耳聋,以三悖率人者,难矣。

兵之所及,羊肠亦胜,锯齿亦胜,缘山亦胜,入谷亦胜,方亦胜,圆亦胜。重者如山如林如江如河,轻者如炮如燔[⑭],如垣压之,如云覆之,令人聚不得以散,散不得以聚,左不得以右,右不得以左。兵如总木[⑮],弩如羊角[⑯],人人无不腾陵张胆,绝乎疑虑,堂堂决[⑰]而去。

【注释】 ①硗:瘠薄。②称:适合,适应。华陆综认为,此句银雀山出土竹简作:"□硗而立邑建城,以城称地,以地称……"据此,疑此应作:"量土地肥硗而立邑建城,以城称地,以地称人,以人称粟。"③备主以内:备:准备,战备,指战胜的因素。主:掌握。此句银雀山出土竹简作"福产于内"。④符节:古代朝廷传达命令或征调兵将用的凭证,用金、玉、铜、竹、木制成,双方各执一半,合之以验真假。⑤开:原作"关",从鄂局本改。开启,实行。⑥窕:间隙,喻留下让敌方可乘之机。⑦恢:空,空隙,喻布置不周密。⑧禁、舍、开、塞:禁,禁止奸邪行为;舍,赦免小过失;开,指开辟财源,增加收入;塞,指杜绝浪费。合起来,指治国的各项措施。⑨制:原作治,从鄂局本改,指法制措施。⑩轫:阻止车轮转动的木头。发轫:启行,开始。这里引申为烦劳百姓。⑪甲:原作"车",从鄂局本改。⑫兴:原作"与",从鄂局本改。⑬四海之内:此处泛指边远地区。《尔雅·释地》:"九夷八狄七戎六蛮,谓之四海。"⑭炮:用猛火烧烙。燔:烤烧。⑮兵:原脱,从鄂局本补。这里指兵器。总木:丛木。⑯弩:用机关发箭的弓。羊角:旋风名。⑰堂堂:强大整齐的样子。《孙子·军事》:"无要正正之旗,无击堂堂之陈(阵)。"杜佑注:"总总者,整齐也;堂堂者,盛大之貌也。"决:果敢决断。

【译文】 依据土地的肥瘠情况建城。建城要与土地情况相适应,城的大小要与人口的多少相适应,人口的多少要与粮食供应相适应。三者都相适应,那么内可以固守国土,外可以战胜敌人。战争胜利在战场上见分晓,而掌握胜利的因素是在朝廷内部决定的,战场取胜与战前准备二者相适应,就好像符节相合,道理没有什么不同。

治理军队,要像隐藏在地下那么秘密,要像在空中那样不可捉摸,在未打仗之前就奠定胜利的基础。所以将领布置,大的方面不要给敌人以可乘之机,小的方面不要留下漏

洞。明智地实行禁绝坏事、赦免小错、开发财源、杜塞浪费，对于流亡在外的百姓要招抚，让他们回到土地上，田地荒芜要开发利用。土地广阔又能开发利用，国家就富足；人口众多而又有法制可循，国家就治理得有秩序。国家富足又治理得好，不必烦劳老百姓，军队也不必出征，就能以国威制服天下。所以说，军事上的胜利是由朝廷的政策决定的。

不出动军队而取得胜利，这是国君决策的胜利。依靠在战场对阵取胜，这是将领指挥的胜利。出兵打仗不可意气用事，估计有胜利把握就出兵，没有胜利的把握就不要行动。祸患在百里之内，不要只作出兵一天的准备。祸患在千里之内，不能只作出兵一月的准备。祸患在边远地区，不能只作出兵一年的准备。在战场上指挥的将领，上不受天象的摆布，下不受地形的摆布，中不受他人的摆布。心胸要宽阔，不要一受刺激就怒气冲天，品德要清廉，不能贪图钱财。内心轻狂，拿不出计谋，两眼一抹黑，看不到实际情况，耳朵聋，听不进别人意见，具有这三种毛病的人统帅军队，那就难办了。

军队所到之处，在羊肠小道上也能取胜，在犬牙交错的地形上也能取胜，攀登高山也能取胜，深入峡谷也能取胜，攻方阵也能取胜，攻圆阵也能取胜。重兵进攻像高山密林那样铺天盖地，像长江大河那样不可阻挡；轻兵奇袭，像烈火燃烧那样迅猛，像城墙那样压过去，像乌云那样盖下来。叫敌人合不能分，分不能合，左不能救右，右不能顾左。（军队）举起刀戟像丛林，弓箭齐发像旋风。人人无不腾跃壮胆，无所畏惧，队伍强大整齐，果敢决断地奔赴前方。

制　谈

【原文】 凡兵，制必先定，制先定则士不乱，士不乱则刑乃明。金鼓[①]所指，则百人尽斗。陷行乱陈，则千人尽斗。覆军杀将，则万人齐刃[②]。天下莫能当其陈矣。

古者士有什伍[③]，车有偏列[④]。鼓鸣旗麾[⑤]，先登者，未尝非多力国士[⑥]也，先死者，亦未尝非多力国士也[⑦]。损敌一人，而损我百人，此资敌而伤甚焉，世[⑧]将不能禁。征役分军而逃归，或临战自北[⑨]，则逃伤甚焉，世将不能禁。杀人于百步之外者，弓矢也。杀人于五十步之内者，矛戟也。将已鼓，而士卒相嚣拗矢折矛抱[⑩]戟，利后发。战有此数者，内自败也，世将不能禁。士失什伍，车失偏列，奇兵捐[⑪]将而走，大众亦走，世将不能禁。夫将能禁此四者，则高山陵之，深水绝[⑫]之，坚阵犯之。不能禁此四者，犹亡[⑬]舟楫绝江河，不可得也。

民非乐死而恶生也。号令明，法制审，故能使之前。明赏于前，决罚于后，是以发能中利，动则有功。令百人一卒[⑭]，千人一司马[⑮]，万人一将，以少诛[⑯]众，以弱诛强。试听臣言其术，足使三军[⑰]之众，诛一人无失刑。父不敢舍[⑱]子，子不敢舍父，况国人乎？一贼仗剑击于市，万人无不避之者，臣谓非一人之独勇，万人皆不肖也。何则？必死与必生，固不侔[⑲]也。听臣之术，足使三军之众为一死贼[⑳]。莫当其前，莫随其后，而能独出独入焉。独出独入者，王霸之兵也。

有提十万之众，而天下莫能当者谁？曰桓公[㉑]也。有提七万之众，而天下莫当者谁？

曰吴起[22]也。有提三万之众,而天下莫当者谁?曰武子[23]也。今天下诸国士,所率无不及二十万之众者,然不能济功名者,不明乎"禁、舍、开、塞也。明其制,一人胜之,则十人亦以胜之也。十人胜之,则百千万人亦以胜之也。故曰,便吾器用,养吾武勇,发之如鸟击,如赴千仞之谿[24]。"

今国被患者,以重宝出聘[25],以爱子出质[26],以地界出割,得天下助卒,名为十万,其实不过数万尔。其兵来者,无不谓将者曰:"无为人下先战。"其实不可得而战也。

量吾境内之民,无伍莫能正[27]矣。经制十万之众,而王必能使之衣吾衣[28],食吾食[29]。战不胜,守不固者,非吾民之罪,内自致也。天下诸国助我战,犹良骥騄駬之駚[30],彼驽马鬐[31]兴角逐,何能绍[32]吾后哉?吾用天下之用为用,吾制天下之制为制,修吾号令,明吾刑赏,使天下非农无所得食,非战无所得爵[33],使民扬臂争出农战,而天下无敌矣。故曰发号出令,信行国内。

民言有可以胜敌者,毋[34]许其空言,必试其能战也。视人之地而有之,分人之民而畜[35]之,必能内[36]有其贤者也。不能内有其贤,而欲有天下,必覆军杀将。如此,虽战胜而国益弱,得地而国益贫,由国中之制弊[37]矣。

【注释】 ①金鼓:指号令。金是古代的铜钲,有柄,狭长,打击出声。古代打仗,鸣金为收兵,击鼓为进兵。②齐刃:齐心杀敌。③什伍:古代军队的编制。10人为什,5人为伍。④偏列:古代战车的编制。25辆为一偏,5辆为一列。⑤麾:古代军队的指挥旗,这里作动词,同"挥"。⑥国士:为国家立功、受到人们称赞的人。⑦"亦""也"二字原脱,从鄂局本补。⑧世:指现在、现世。⑨北:败逃。⑩抱:同"抛",抛弃。⑪奇兵:古时用兵分正兵、奇兵,互相配合、变化,以战胜敌人。这里指小股奇袭部队。捐:舍弃,指为国死难。⑫绝:横渡。⑬亡:同无。⑭卒:古代军队编制,百人为一卒,这里指卒长。⑮司马:这里指千人之长。⑯诛:剪除、消灭。⑰三军:古代军队分为左、中、右(或前、中、后)三军。这里指全军。⑱舍:隐藏、庇护。⑲侔:等、同。⑳为一死贼:比喻像一个亡命徒那样奋不顾身。㉑桓公:齐桓公。公元前685~前643年在位。他任用管仲进行改革,使齐国国力富强,成为春秋时第一个霸主。㉒吴起:战国时兵家。卫国人,曾任鲁国和魏国将领,屡建战功。后至楚国任令尹(楚国的相),辅佐楚悼王实行一系列变法措施,促使楚国富强。前381年楚悼王时死,吴起被贵族杀害。他著有《吴起》48篇,已佚。今本《吴子》6篇系后人所托。㉓孙子:孙武,春秋时著名兵家,齐国人。曾以《兵法》十三篇见吴王阖闾,被任为将,率吴军攻破楚国。所著《孙子兵书》是我国最早最杰出的兵书。㉔仞:古代长度单位,一仞为8尺或7尺。谿:同"溪"字,山涧、溪谷。㉕聘:聘问,指古代诸侯之间遣使访问。㉖质:指国君把儿子送到别国当人质。㉗正:同"征"。征调,征用。㉘衣吾衣:前一"衣"为动词,穿。这里指穿公家的衣。㉙食吾食:前一"食"为动词,吃,后一"食"为名词,饭。这里指吃公家的饭。㉚良骥:骏马。騄駬也是古代骏马。"駬"原作"耳",从鄂局本改。駚:马快速奔跑。㉛鬐:马鬃。㉜绍:接续、补充。引申为助长。㉝爵:爵位,古

代因军功封给爵位，获得政治上经济上的特殊地位。㉞毋：不要。㉟畜：饲养。引申为统治。㊱内：同纳，动词，接纳任用。㊲弊：毛病、弊病。

【译文】 凡是军队，制度务必先制定好。制度定好则士兵的行为不紊乱，士兵不紊乱就刑罚分明。号令所指，百人都能勇猛战斗；冲锋陷阵，千人都能奋勇当先；摧陷敌军杀死敌将，万人都能齐心格斗。这样就能天下无敌。

古代士兵有什伍的编制，战车有偏列的编制。战鼓敲响，军旗挥起，未尝不是为国尽力地勇士；先战死的，也未尝不是为国献身的勇士。但是，杀伤敌方一人，而损折我方百人，这实际上是资助了敌人，严重地损伤了自己，现在的将领不能够禁止。征兵入伍就有士兵逃亡，或遇到敌人自行败逃，就造成更加严重的逃散和伤亡，现在的将领不能禁止。杀人于百步之外的武器，是弓箭；杀人于五十步之内的武器，是矛和戟。将领已经击鼓下令进攻了，而士兵却喧哗吵闹、折箭、断矛、抛戟，只想溜到队尾保命。战斗中出现这几种情况，是部队内部自行溃败，现在的将领不能禁止。士兵的队伍混乱了，战车的编队混乱了，奇袭的部队弃将逃跑，大部队也跟逃跑，现在的将领不能够禁止。如果将领能禁止这四种情况，那么高山可以跨越，深水可以渡过，敌人的坚固阵地可以攻克。如果不能禁止这四种情况，就像没有船和桨不能过河一样，（要战胜敌人）是办不到的。

士兵并非喜欢死而厌恶生。必须号令严明，法制详密，才能使他们勇往直前。事前讲明奖赏的条件，事后对坏事不含糊地处罚，这样，出兵就能取胜，进击就能立功。使100人听一卒长指挥，1000人听一司马指挥，1万人听一将军指挥，以人少的军队消灭人多的军队，以弱军消灭强军。请听我谈谈统制的办法，完全可以使全军只杀一人而不失刑威。这样，父亲不敢庇护儿子，儿子不敢庇护父亲，何况一般的人呢？一个亡命徒持剑冲入集市，万人没有不躲避他的。我想，并不是唯独他一人勇敢，众人都无法同他相比。为什么呢？（徒手与持剑的亡命徒斗，）一方必死，一方必生，是无法相比的。如果采纳我的办法，完全可以使三军之众都像一个亡命徒那样不怕死，谁也不敢在前面阻挡，谁也不敢在后面尾追，那就所向无敌，如入无人之境了。所向无敌的军队，就是称王称霸的军队。

有率领10万军队，而天下无敌的是谁呢？是齐桓公。有率领7万军队，而天下无敌的是谁呢？是吴起。有率领3万军队，而天下无敌的是谁呢？是孙武。现在天下的将领，所率领的军队没有少于20万的，可是都不能成就功名，（原因）就在于不能严明治理的制度。如果严明了治理的制度，那么一个人就能带头战胜敌人，则十个人也能跟着战胜敌人。十个人能带头战胜敌人，则百人、千人、万人也能跟着战胜敌人。所以说，修缮我军的武器装备，培养部队的勇敢精神，打起仗来就能像猛禽捕食那样快速凶狠，像流水倾泻到千仞深谷那样势不可挡。

现在有的诸侯国遭到攻击，就用大量财宝送礼，让自己的爱子去作人质，以割让土地作为代价，而所得天下诸侯派出的援兵，号称10万，其实才有几万人。派援兵来的诸侯国君，无不告诫他的将领说："不要在别国之前争先出战。"论其实，并不能得到这些援兵帮助作战。

估量一下国内的民众,没有一伍不能征用的。组织起10万大军,而国君必须使他们穿国家的衣服,吃国家的饭。如果战斗还不能胜利,防守不能坚固,那也不是老百姓的罪过,而是朝廷法制不明造成的。天下诸侯国援助我们作战,(敌人)就像骏马那样奔驰,而援兵却像劣马那样竖着鬃毛追逐,这怎么能助长我军的气势呢?我们要利用天下有用的办法来为自己所用,我们要仿效天下好制度来定出自己的制度,整顿我们的号令,严明我们的赏罚,使国家的民众不务农就得不到饭吃,没有军功就得不到爵位。使民众抡起胳膊争相从事农战,就能天下无敌。所以说,号令严明,能使国内民众信服。

有人说他有办法能战胜敌人的,不要听信他的空话,必须考察他能不能打仗。要做到见别人的土地而能占领,划出别人的民众而能实行统治,(首先)必须做到纳用贤人。不能纳用贤人,却想占有天下,就必定要全军覆没、将帅败亡。这样,虽然一时打了胜仗,却会使国家更加衰弱,得到了土地,却会使国家更加贫穷,原因就在国内的制度有弊病。

战　威

【原文】 凡兵,有以道胜,有以威胜,有以力胜。讲武料敌[1],使敌之气失而师散,虽形全而不为之用,此道胜也。审法制,明赏罚,便器用,使民有必胜之心,此威胜也。破军杀将,乘闉发机[2],溃众夺地,成功乃返,此力胜也。王侯如此,所以三胜者毕矣[3]。

夫将之所以战者民也[4],民之所以战者气也。气实则斗,气夺则走。刑如未加,兵未接[5],而所以夺敌者五:一曰庙胜之论[6],二曰受命之论[7],三曰逾垠之论[8],四曰深沟高垒之论,五曰举阵加刑之论[9]。此五者,先料敌而后动,是以击虚夺之也。

善用兵者,能夺人而不夺于人。夺者心之机也,令者一众心也。众不审则数变[10],数变则令虽出,众不信矣。故令之之法,小过无更,小疑无申。故上无疑令,则众不二听,动无疑事,则众不二志。

未有不信其心,而能得其力者;未有不得其力,而能致其死战者也。故国必有礼信[11]亲爱之义,则可以饥易饱;国必有孝慈廉耻之俗,则可以死易生。古者率民,必先礼信而后爵禄,先廉耻而后刑罚,先亲爱而后律其身[12]。故战者必本乎率身以励众士[13],如心之使四肢也。志不励则士不死节[14],士不死节则众不战。励士之道,民之生不可不厚也[15];爵列之等,死丧之亲[16],民之所营不可不显也[17]。必也因民所生而制之,因民所营而显之[18],田禄之实,饮食之亲,乡里相劝,死丧相救,兵役相从,此民之所励也。使什伍如亲戚,卒伯如朋友[19]。止如堵墙,动如风雨,车不结辙[20],士不旋踵[21],此本战之道也。

地所以养民也,城所以守地也,战所以守城也,故务耕者民不饥,务守者地不危,务战者城不围。三者先王之本务也[22]。本务者兵最急[23]。故先王专务于兵有五焉,委积[24]不多则士不行;赏禄不厚则民不劝,武士不选则众不强,备用不便则力不壮;刑赏不中[25]则众不畏。务此五者,静能守其所固,动能成其所欲。夫以居攻出[26],则居欲重,阵欲坚,发欲毕,斗欲齐[27]。

王国富民,霸国富士,仅存之国富大夫,亡国富仓府,所谓上满下漏,患无所救。故

曰，举贤任能，不时日而事利；明法审令，不卜筮而事吉[28]；贵功养劳[29]，不祷祠而得福[30]。又曰：天时不如地利，地利不如人和。圣人所贵，人事而已。

夫勤劳之师，将必[31]先己，暑不张盖[32]，寒不重衣，险必下步，军井成而后饮，军食熟而后饭，军垒成而后舍，劳佚必以身同之[33]。如此，师虽久而不老不弊[34]。

【注释】 ①讲武：进行军事动员和加强平时训练。②闉：本指围在城门外曲城的城门，这里指敌城。③所：原脱，从鄂局本改。④之：原作"卒"，从鄂局本改。⑤刑如未加，兵未接：刑和兵在这里均指作战。⑥庙胜：靠朝廷决策取胜。⑦受命：原指将领接受国君命令。此指任用得力将领。⑧垠：边际，界限。逾垠，指越过边境，挺进敌后。⑨举陈：陈同"阵"。举陈：指战场布阵、短兵作战的战术。⑩数：屡次，一再。⑪信：原脱，从鄂局本改。⑫律：用法律约束。⑬战者：指带兵的将领。⑭死节：为正义献身、为国殉难。⑮厚：优厚，给予良好的生活待遇。⑯亲：对死难者家属抚恤。⑰显：指变为现实的东西，获得。⑱营：原作"荣"，从鄂局本改。⑲卒伯：古时军队的编制单位，百人为一卒，也称伯。这里指友邻部队之间的关系。⑳结辙：车辆往返在地上压出的交错轨迹。车不结辙：战车前进不后退。㉑旋踵：旋转脚后跟，后退。踵：脚后跟。㉒也：原脱，从鄂局本补。㉓者：原脱，从鄂局本补。"急"下"本者"二字原衍，从鄂局本删。㉔委积：粮食、财物的囤积、储备。㉕中：恰当、适宜。㉖出：指运动、出击的部队。㉗斗：原作"阙"，从鄂局本改。㉘卜筮：古代预测吉凶祸福的迷信方法。根据烤过的龟甲上的裂纹，来预测吉凶，叫卜。用蓍草占卦，叫筮。㉙养劳：优待劳苦的人。㉚祷祠：拜神。㉛必：原作"不"，从鄂局本改。㉜盖：伞。㉝佚：休息，享受。㉞弊：疲惫。

【译文】 进行战争，有靠战略思想取胜，有靠全军威武的气势取胜，有靠战斗中的勇力取胜。进行军事动员、严格训练和分析敌情，设法造成敌人士气低落而队伍涣散，虽然形式完整而不能发挥战斗作用，这是靠战略思想取胜。法制严格，赏罚分明，武器齐备而锐利，使士兵都有勇猛杀敌、不怕死的决心，这是靠威武的气势取胜。攻破敌军阵地杀其将帅，登上敌城发动机弩，击溃敌人夺取土地，胜利返回，这是靠战斗中的勇力取胜。君王、诸侯知道这些道理，三项取胜的办法就完全掌握了。

将领所以能够打仗靠的是士兵，士兵所以能够英勇战斗靠的是士气。士气旺盛就战斗，士气衰落就退却。战斗还没有开始，兵器还没有交锋，而能够预先制敌的有五项：一是讲究朝廷的正确决策；二是讲究任命将领得人；三是讲究越过边境、挺进敌后的策略；四是讲究深沟高垒构筑坚固工事；五是讲究战场布阵、短兵相接的战术。这五项，就是先分析敌情然后采取行动，是利用我方优势击中敌人弱点的办法。

善于用兵的人，能够夺取主动权而不被敌人夺去主动权，夺取主动权在于运用机智。命令是用来统一大家意志的，如果大家不清楚就会大大变样，那么命令虽发了出去，大家也不相信了。因此，下达命令的准则是：小错误不更改，小疑问不申明。上级没有疑惑不清的命令，那么大家行动就会统一。行动没有犹豫，那么大家就不会三心二意了。

从来没有不得到士兵的信任，而能够得到他们尽力的；从来没有不得到士兵尽力，而能够使他们拼死作战的。所以，国家必须具有礼信亲爱、抚恤百姓的大义，就能战胜饥饿换来温饱；国家必须具有孝慈廉耻的风气，就能克服危亡换来生存。古时候的人带兵，总是先用礼义信用教育士兵，然后才赏给官爵俸禄；先教育他们懂得廉耻，(明白什么事情不能做，)然后才动用刑罚；先亲爱体贴，然后用法律约束他们的行动。所以，指挥作战的人必须依靠本人以身作则来激励广大士兵，这样就会像意志指挥四肢一样运用自如了。不激励意志，就没有带头作战、敢于殉难的勇士，没有敢于殉难的勇士，则其他士兵不会尽力作战。激励勇士的办法，对于日用衣食的条件不能不优待；爵位的等级，对死难家属的优恤，士兵所希望获得的这些不能不让他们获得。一定要做到，对士兵日常衣食的条件要提供给他们，对士兵所希望获得的让他们得到。土地、俸禄的实际好处，饮食应酬联络感情，邻里之间互相勉励，死生关头互相救助，征兵服役一起参加，这些都是使士兵受到激励的事项。使行伍像亲戚，友邻部队像朋友，驻守下来像城墙那样稳固，行动起来如风雨那样迅猛，战车有进无退，士兵勇往直前，这就体现了作战的根本道理。

土地是用来养活人民的，城池是用来守卫土地的，作战是为了守卫城池的。所以努力生产，人民就不会饥饿；注重防守，国家就不会危险；加强战备，城池就不会被包围。这三项就是古代帝王所注重的根本大事。在根本事务中，军事是最急迫的，所以古代帝王专心于军事有五个方面：粮食物质储备不充足，军队就不出动；赏赐的俸禄不优厚，士兵就不会受激励；勇猛的战士不挑选出来，军威就不会振作；武器装备不精良，战斗力就不会加强；赏罚不严明，士兵就不会敬畏。努力做好这五项，驻守下来能使阵地稳固，行动起来就能达到预期目的。以防御反击进攻的敌人，那么防守要稳重严密，阵地要坚固，出击时要集中全部机动兵力，战斗要齐心合力。

称王天下的国家，富足的是民众；称霸诸侯的国家，富足的是士兵；勉强生存的国家，富足的是官吏；将要灭亡的国家，富足的是国库，这就是人们所说的上层富足有余，下面百姓穷困不堪，亡国的祸患是无法挽救的。所以说，选拔贤士任用能人，不择吉日事情也能办好；严明法令制度，不用占卜办事也能顺利；褒奖有功之士，优待为国操劳的人，不用求神拜鬼也能得福。又说：利用天时不如利用地理条件，利用地理条件不如依靠人心团结。圣人所重视的，不过是人的作用罢了。

能吃苦耐劳的军队，将领必须身先士卒。天气炎热时不张盖，天气寒冷时不穿厚厚的衣服，遇到路险必须下马步行，行军路上要待水井掘成(士兵都喝上水)才喝水，部队饭食做熟(士兵都吃上饭)才吃饭，军营筑成(士兵都住下了)才住宿，劳逸必须同士兵同甘苦。这样，军队虽然长久作战，也能不衰颓不疲惫。

攻　权[1]

【原文】　兵以静胜，国以专胜[2]。力分者弱，心疑者背。夫力弱，故进退不豪，纵敌不

擒，将吏士卒，动静一身。心既疑背，则计决而不动，动决而不禁，异口虚言，将无修容[3]，卒无常试[4]，发攻必衄[5]。是谓疾陵之兵[6]，无足与斗[7]。

将帅者心也，群下者支节也。其心动以诚[8]，则支节必力；其心动以疑，则支节必背。夫将不心制，卒不节动，虽胜，幸胜也，非攻权也。

夫民无两畏也。畏我侮敌，畏敌侮我。见侮者败，立威者胜。凡将能其道者，吏畏其将也；吏畏其将者，民畏其吏也；民畏其吏者，敌畏其民也。是故知胜败之道者，必先知畏侮之权。夫不爱说[9]其心者，不我用也；不严畏其心者，不我举也。爱在下顺，威在上立。爱故不二，威故不犯。故善将者爱与威而已。

战不必胜，不可以言战。攻不必拔，不可以言攻。不然，虽刑赏不足信也。信在期前，事在未兆，故众已聚不虚散，兵出不徒归，求敌若求亡子，击敌若救溺人。分险者无胜心，挑战者无全气，斗战者无胜兵。

凡挟义而战者，贵从我起，争私结怨，应不得已。怨结虽起，待之贵后。故争必当待之，息必当备之。

兵有胜于朝廷，有胜于原野，有胜于市井[10]。斗则得，服则失[11]，幸以不败，此不意彼惊惧而曲胜之也。曲胜言非全也，非全胜者无权名。故明主战攻之日[12]，合鼓合角[13]，节以兵刃，不求胜而胜也。

兵有去备彻威而胜者，以其有法故也。有器用之早定也，其应敌也周，其总率[14]也极。故五人而伍，十人而什，百人而卒，千人而率，万人而将，已周已极[15]，其朝死则朝代，暮死则暮代，权敌审将而后举兵。

故凡集兵，千里者旬日，百里者一日，必集敌境。卒聚将至，深入其地，错绝其道，栖其大城大邑，使之登城逼危。男女数重，各逼地形而攻要塞。据一城邑而数道绝，从而攻之。敌将帅不能信，吏卒不能和，刑有所不从者，则我败之矣。敌救未至，而一城已降。

津梁未发[16]，要塞未修，城险未设，渠答[17]未张，则虽有城无守矣。远堡未入，戍客未归，则虽有人无人矣。六畜未聚，五谷未收，财用未敛，则虽有资无资矣。夫城邑空虚而资尽者，我因其空虚而攻之，法曰："独出独入[18]，敌不接刃而致[19]之。"此之谓也。

【注释】 ①权：权谋，策略。攻权：指进攻的策略，与下篇《守权》相对。②兵以静胜，国以专胜：此句简本作："【□□】□固，以槫胜。"疑宋本有误，以作"兵以静固，以专胜"较长，本书《战威篇》亦有"静能守其所固"语。③修容：指将领的威严风度。④试：比试，指训练和演习。⑤衄：挫败，战败。⑥疾：通嫉。陵：欺侮。疾陵：指轻慢官长不守纪律。⑦与：参与。⑧诚：诚信，专一。⑨说：同悦。⑩市井：指城市。⑪此句"得服则"三字原脱，从鄂局本补。⑫"之"字原脱，从鄂局本补。⑬"角"字原脱，从鄂局本补。⑭率：同帅。⑮"周"字原作"用"，从鄂局本改。⑯发：同伐，折毁。⑰渠答：一种御敌工具，即铁蒺藜。⑱独出独入：指乘虚奇袭，敌人不觉，如入无人之境。⑲致：获得，夺得。

【译文】 用兵凭镇定待敌取胜，凭将领集中权力取胜。兵力分散攻势就软弱，心中

犹疑行动就难配合。兵力弱则进攻退守都失去威风，就会让敌人跑掉而不能将它打垮。将领和士兵动作配合要和人体一样运动协调。如果将领犹豫部署失当，那么计划定了也不会行动，行动起来也约束不住，意见分歧空话无实，将领没有威严，士兵缺乏训练，发动进攻必然失败。这就是所说的将弱兵骄的军队，是经不起战斗考验的。

将领就像意志，部下就像四肢和关节。人的意志专诚，则肢节动作必然有力；意志如果犹豫，则肢节动作一定配合不好。如果将领不能像意志那样有效指挥，士兵就不能像肢节那样行动有力，尽管打了胜仗，也是侥幸取胜，并不符合进攻的权谋。

士兵没有对敌我两方面都畏惧的，畏惧自己的将领就会藐视敌人，畏惧敌人就会轻慢自己的将领。被轻侮的就会失败，树立威风的就会胜利。凡是将领指挥有方，军吏就畏惧自己的将领；军吏畏惧将领，士兵就畏惧军吏；士兵畏惧军吏，敌人就畏惧这样的士兵。所以懂得胜败道理的人，必须首先知道畏惧和轻蔑二者的利害关系。士兵不爱戴将领，就会不听命令；不敬畏将领，就会懒得办事。爱悦表现在下级顺从，威严在于将领从上面树立。士兵爱悦将领，就不会产生二心；将领有了威严，士兵就不会违抗命令。所以善于带领军队的人就在于处理好士兵拥戴和将领具有威严二者的关系而已。

打仗没有必胜的把握，不可轻易提出打仗。进攻没有必克的把握，不可轻易提出进攻。否则，虽用严刑重赏也不足以使部下信服。信用要在战前树立，准备事项要预先做好。所以，士兵已经集中起来了，就不能无缘无故地遣散；军队已经出动了，就不能一无所获地返回。搜索敌人就像寻找丢失的孩子一样心切，进攻敌人就像抢救溺水的人一样果敢。部队分兵守险就不会有战斗的决心，将领轻率挑战就不会保全高昂的士气，鲁莽作战没有谋略的军队就不能取胜。

凡是依仗正义作战的军队，贵在主动出击。因争夺私利结下怨仇作战，应在不得已才做出反应的行动。结下了怨仇，也要注意后发制人。所以作战一定要选择时机，战争平息之后一定要做好防备。

用兵打仗，有的靠朝廷决策取胜，有的靠野战取胜，有的靠攻城取胜。经过战斗取得了胜利，敌人降服而我方却损失严重，虽然侥幸没有失败，这是由于没有料到敌人惊慌恐惧而勉强取胜的。勉强取胜就不算是全胜，非完全的胜利就没有权谋的名声。所以英明的统帅在决定进攻之日，整齐号令，严明战斗纪律，不图侥幸取胜而必然胜利。

用兵有表面上解除戒备而取得胜利的，这是因为有策略办法保证的缘故。有早就准备好的武器装备，应付敌人的办法考虑得周密，统帅也极高明。所以，五人设一伍长，十人设一什长，百人设一卒长，千人设一帅，万人设一将，组织的严密达到了极点。军吏中早晨死亡者早晨就有人替代他，晚上死亡者晚上就有人替代他。掌握好敌情选好将领然后才出兵。

凡是集结军队，千里路程十天赶到，百里路程一天赶到，必须集结到敌方边境。士兵集中、将领到位后，就深入敌人的纵深地带，切断敌人的交通要道，挺进到敌方大城大邑之下驻扎，指挥部队登城突击。士兵们重重包围，分别逼近险要地形而进攻敌人的要塞。控制一个城市而断绝敌人的多条通路，从而猛攻。敌人将帅丧失威信，官兵不和睦，虽然施用刑罚也无法使人服从，那么我们就能打败敌人了。敌人援兵未到，而一城已经投降了。

渡口桥梁没有拆毁，险要地点的堡垒没有修建，城防没有构筑，障碍物没有设置，那么即使有城也无法把守。远处的堡垒没有驻守使用，守边的部队还未回城防守，那么即使有人也跟没有人一样。六畜没有集中起来，五谷没有收获，财物没有积聚，那么即使有资财也等于无资财。敌人城邑空虚而资财用尽的，我军要趁其空虚而进攻它。兵法说："如入无人之境，敌人还来不及交锋就把它解决掉。"就是说的这种情况。

守 权

【原文】 **凡守者，进不郭圉退不亭障[①]以御战，非善者也。豪杰雄俊，坚甲利兵，劲弩强矢，尽在郭中。乃收窖廪[②]毁拆而入保。令客气十百倍，而主之气不半焉，敌攻者伤之甚也。然而世将弗能知。**

夫守者，不失险者也。守法：城一丈，十人守之，工食[③]不与焉。出者不守，守者不出。一而当十，十而当百，百而当千，千而当万。故为城郭者，非妄费于民聚土壤也，诚为守也。千丈之城，则万人之守。池深而广，城坚而厚，士民备，薪食给，弩坚矢强，矛戟称之，此守之法也。

攻者不下十余万之众，其有必救之军者，则有必守之城。无必救之军者，则无必守之城。若彼城[④]坚而救诚，则愚夫愚妇，无不蔽城尽资血[⑤]者。期年[⑥]之城，守余于攻者，救余于守者。若彼城坚而救不诚，则愚夫愚妇，无不守陴[⑦]而泣下，此人之常情也，遂发其窖廪救抚，则亦不能止矣。必鼓其豪杰雄俊，坚甲利兵，劲弩强矢并于前，幺麽毁瘠[⑧]者并于后。

十万之军，顿[⑨]于城下。救必开之，守必出之。出据[⑩]要塞，但救其后，无绝其粮道，中外相应。此救而不之诚，则倒敌[⑪]而待之者也。后其壮，前其老，彼敌无前，守不得而止[⑫]矣，此守权之谓也。

【注释】 ①障：在险要地方构筑的小城堡。②廪：仓库。③工食：指勤杂和炊事人员。④"城"字原脱，从鄂局本补。⑤无不蔽城尽资血：此处原文衍成"城"字。⑥期年：周年。⑦陴：城墙上的矮城，亦称女墙。⑧毁瘠：瘦弱。⑨顿：止，驻扎，围困。⑩出据：出据二字，原作"据出"，从鄂局本改。⑪倒敌：迷惑敌人。⑫止：静止，指消极防御。

【译文】 大凡防守的军队，进不在周围建筑城郭，退不设立哨亭和堡垒以作防御，是不妥善的。应把壮士好汉、精锐军队，各种武器装备，全都部署在城郭之中。再把粮食财物都收集窖藏起来，拆毁可被敌人利用的东西，入城坚守。让进攻的敌人要花费十倍百倍的气力，而守城者不用费一半的气力，叫敌人进攻伤亡惨重。然而，现在的将领却不懂

得这个道理。

守卫城郭的关键是,不能放弃险要的地方。防守的方法是:城一丈,要十个人防守,勤杂炊事人员不计在内。出击的部队不负责防守,防守的部队不负责出击。要以一当十,以十当百,以百当千,以千当万。之所以建城郭,并不是胡乱耗费民力堆起泥土做样子的,而是要确实发挥防守的功用。筑起一千丈的城需要一万人来防守。护城河深而宽、城墙坚实而厚,军队和民众人多势众,柴草粮食供应充足,武器装备精良适用,这些就是守城的原则。

进攻的达到十多万兵力,防守的只要有可靠的援军,那就有必定守得住的城池。没有可靠的援军,那就没有守得住的城池。如果那座城坚固而援军可靠,那么全城普通男女民众,就没有不为守城而竭尽资财、出力流血的。能够坚守一年的城池,是因为防守的力量大于攻城的力量,援军的力量大于守军的力量。如果那座城坚固而援军不可靠,那么全城男女民众,就没有不守在城墙旁边而哭泣的,这是人之常情。即使打开仓库进行救济安抚,也不能制止。必须让壮士好汉,精锐军队,手握锐利武器,挽起强弓硬箭,在前头战斗,体弱老幼者在后面配合,才能坚守取胜。

十万敌军驻扎围困于城下,援军一定要冲开重围,守军一定要主动出击。守军出击占领险要地形,援军只在敌军后面救应,却不断绝敌军粮道,守军与援军内外互相呼应。这种救援让敌军摸不清我方真实意图,就可颠倒敌人部署而等待可乘之机。结果敌人会把精壮放到后面(对付援军),把老弱摆在前面(围城),敌人前面没有主力(抵御守军出击),守军就不得只作消极防守(而应积极攻)了。这就是所说的守城权谋。

十二陵[①]

【原文】 **威在于不变。惠在于因时。机[②]在于应事。战在于治气。攻在意表[③]。守在于外饰[④]。无过在于度数[⑤]。无困在于豫备[⑥]。慎在于畏小。智在于治大。除害在于敢断[⑦]。得众在于下人[⑧]。**

悔在于任疑。孽在于屠戮。偏在于多私。不详在于恶闻己过。不度在于竭民财。不明在于受间。不实在于轻发。固陋[⑨]在于离贤。祸在于好利。害在于亲小人。亡在于无所守。危在于无号令。

【注释】 ①陵:原义为丘陵、高出的地方,此指办事的要点。意思是治军处事要做到前十二项,避免后十二项。②机:机智谋略。③意表:意外。④外饰:指伪装、荫蔽。⑤度数:指处理事情的分寸。⑥无困在于豫备:“困”字原作“因”,从鄂本改。豫,同“预”。⑦断:斩断,指诛杀。⑧下人:虚心地对待地位低的人。⑨固陋:见闻浅少闭塞鄙陋。

【译文】 威严在于不随便改变决定。给人恩惠在于适时。机谋在于适应事物的变化。打仗在于鼓舞士气。进攻在于出敌意外。防守在于荫蔽自己的力量。不犯过失在于掌握处理事情的分寸。不陷入困境在于事前做好准备。谨慎在于小事情上提高警惕。

明智在于能把握大体。除奸害在于不留情地处决坏人。得到民众拥护在于虚心待人。

后悔在于多疑寡断。罪孽在于残暴屠杀。办事不公正在于私心太重。不吉利在于厌恶听到自己的过错。挥霍无度在于耗尽民财。不明事理在于受人离间。空无所得在于轻举妄动。见识浅陋在于远离了贤能的人。受祸在于贪图财利。招害在于亲昵坏人。丧失土地在于不注重防守。陷入危境在于没有严明的号令。

武 议[1]

【原文】 凡兵不攻无过之城，不攻无罪之人。夫杀人之父兄，利[2]人之财货，臣妾[3]人之子女，此皆盗也。故兵者，所以诛暴乱禁不义也。兵之所加者，农不离其田业，贾不离其肆宅[4]，士大夫不离其官府，由其武议在于一人[5]。故兵不血刃，而天下亲焉。

万乘农战，千乘救守，百乘事养[6]。农战不外索权，救守不外索助，事养不外索资，夫出不足战，入不足守者，治之以市[7]。市者所以给[8]战守也。万乘无千乘之助，必有百乘之市。

凡诛者所以明武也。杀一人而三军震者杀之，赏一人而万人喜者赏之[9]。杀之贵大，赏之贵小。当杀而虽贵重必杀之，是刑上究也；赏及牛童马圉者，是赏下流也。夫能刑上究、赏下流，此将之武也。故人主重将。夫将提鼓挥枹[10]，临难决战，接兵角刃，鼓之而当，则赏功立名；鼓之而不当，则身死国亡。是存亡安危在于枹端，奈何无重将也！夫提鼓挥枹，接兵角刃，君以武事成功者，臣以为非难也。

古人曰："无蒙冲[11]而攻，无渠答而守。是为[12]无善之军。"视无见，听无闻，由国无市也。夫市也者，百货之官[13]也。市贱卖贵，以限士人。食粟一㪷[14]，马食菽[15]三㪷。人有饥色，马有瘠形。何也？市有[16]所出，而官无主也。夫提天下之节制[17]，而无百货之官，无谓其能战也。

起兵直使甲胄生虮虱[18]者，必为吾所效用也。鸷鸟逐雀[19]，有袭人之怀，入人之室者，非出生[20]，后有惮也。

太公望[21]年七十，屠牛朝歌[22]，卖食盟津[23]。过七年余而主不听，人人谓之[24]狂夫也。及遇[25]文王，则提三万之众，一战而天下定，非武议，安得此合[26]也。故曰良马有策，远道可致；贤士有合，大道可明。武王伐纣，师渡盟津，右旄左钺[27]，死士三百，战士三万。纣之陈[28]亿万，飞廉、恶来[29]，身先戟斧，陈开百里。武王不罢[30]士民，兵不血刃，而克[31]商诛纣。无祥异[32]也，人事修不修然也。今世将考孤虚[33]，占咸[34]池，合龟兆[35]。视吉凶，观星辰风云之变，欲以成胜立功，臣以为难。夫将者，上不制于天，下不制于地，中不制于人。故兵者，凶器也，争者逆德也，将者死官[36]也。故不得已而用之。无天于上，无地于下，无主于后，无敌于前。一人之兵，如狼如虎，如风如雨，如雷如霆，震震冥冥[37]，天下皆惊。

胜兵似水。夫水至柔弱者也，然所触丘陵必为之崩，无异也，性专而触诚也。今以莫邪之利[38]，犀兕之坚[39]，三军之众，有所奇正[40]，则天下莫当其战矣。故曰，举贤用能，不时

日而事利;明法审令,不卜筮而获吉;贵功养劳,不祷祠而得福。又曰,天时不如地利,地利不如人和。古之圣人,谨人事而已。

吴起与秦战,舍不平陇亩[41],朴樕盖之[42],以蔽霜露。如此何也?不自高人故也。乞人之死不索尊,竭人之力不责礼。故古者甲胄之士不拜,示人无已烦也。夫烦人而欲乞其死、竭其力,自古至今未尝闻矣。将受命之日忘其家,张军宿野忘其亲,援枹而鼓忘其身。吴起临战,左右进剑。起曰:"将专主旗鼓尔,临难决疑,挥兵指刃,此将事也。一剑之任,非将事也。"三军成行,一舍而后成三舍[43],三舍之余,如决川源。望敌在前,因其所长而用之。敌白者垩之[44],赤者赭之[45]。吴起与秦战,未合,一夫不胜其勇,前获双首而还,吴起立命斩之。军吏谏[46]曰:"此材士也,不可斩!"起曰:"材士则是也,非吾令也,斩之!"

【注释】 ①武议:指军事决策。②利:贪图,掠夺。③臣妾:作动词用,指奴役。④贾:商人。肆宅:店铺。⑤一人:古时称皇帝为"孤""朕"或"余一人",这里指国君。⑥农战:指古代实行的兵农合一的制度,平时是从事生产的农民,战时征发就是士兵。事养:指事养大国。⑦市:市场贸易。⑧"给"字原作"外",从鄂局本改。⑨"赏"字原为"杀"字,从华陆综校改,因下文是"杀""赏"对举。与这段文字相同的《六韬·将威》篇,亦有"赏一人而万民悦者赏之"句。⑩枹:鼓槌。提鼓挥枹:指将领掌握指挥权。⑪无蒙冲:蒙冲原指战船,但疑此处有误。《简本》作"无冲笼而功",应指"渠冲"(见《荀子·强国》篇)之类的战车,战国时尚未有用蒙冲进行水战的历史记载。(从华陆综说)⑫为:通"谓"。⑬官:通"管",指管理百货的贸易。⑭斗:同"斗"。当时一斗约合今二升左右。⑮菽:豆类。原作粟,从鄂局本改。⑯市有:"有"字原脱,从鄂局本补。⑰节制:指挥、管辖。这里指统帅部队的权力。⑱"虱"字原脱,从鄂局本补。⑲鸷鸟:鹰、雕之类凶猛的鸟。⑳出生:出于本性。生,本性。㉑太公望:即吕尚,姜姓,又称"姜太公"。相传钓于渭滨,周文王出猎相遇,相语大悦,同载而归,说:"吾太公望子久矣!"因号为太公望,立为师。武王即位,尊为师尚父,辅佐武王灭殷。周朝建立,封太公于齐,为齐国始祖。㉒朝歌:地名,商纣王的国都,故城在今河南淇县北。㉓盟津:即孟津,在今河南孟州市南。相传周武王攻打商纣王时,曾与诸侯会盟于此,因此又叫盟津。㉔谓之:原作"之谓",从鄂局本改。㉕及遇:得到知遇。㉖合:机遇。㉗旄:古代旗杆头上用旄牛尾作的装饰,故指有这种装饰的旗。㉘陈:同"阵"。㉙飞廉:商纣王的大将。恶来是飞廉的儿子,纣王的大臣。㉚罢:通疲,疲惫。㉛克:"克"字原脱,从鄂局本补。㉜祥异:古代指预示吉祥或怪异的天象。㉝考孤虚:考查日辰的一种迷信方法。《史记·龟策列传》上说:"日辰不全,故有孤虚。"㉞占咸池:占卜星象。咸池是星名。㉟合龟兆:指对照龟甲上的裂纹以预测事情吉凶,是古代一种迷信方法。㊱死官:出生入死、少有生还者的官职。㊲震震冥冥:形容战争气氛令人震惊、变化莫测。㊳莫邪:古代传说人名,干将之妻。夫妇二人为楚王铸雌雄二剑,三年而成。干将留雄而献雌,嘱莫邪若本人被杀,将来让子复仇。楚王杀害干将,及其壮,莫邪将雄剑授与,得客之助之报父仇。"莫邪"又称利剑名。㊴犀兕:犀牛,雄

的称犀,雌的称兕,其皮坚实,可做铠甲。㊵奇正:古代用兵的方法,如堂堂之阵为正,奇袭伏击为奇;正面作战为正,侧翼迂回为奇等等。作战时奇正互相配合,也可以互相转换。㊶陇亩:有田垄的田地。陇通垄。㊷朴樕:指灌木、树枝。㊸舍:古时行军以三十里为一舍。㊹垩:白颜色,这里作动词用。㊺赫:红褐色,这里作动词用。㊻谏:直言规劝,提出批评或建议。一般用于下对上。

【译文】 大凡用兵,不攻无过失的城,不杀无罪的人。杀死别人的父兄,掠夺别人的财物,奴役别人的子女,这都是强盗行为。因此用兵的目的,就是为镇压暴乱,禁止不正义行为的。军队所过之处,农民不离开自己的田宅,商人不离开自己的店铺,官吏不离开自己的官府,这是由于君主英明的军事决策。因此,不用杀人流血,却能使天下亲附。

拥有万辆兵车的大国,要实行兵农合一;拥有千辆兵车的中等国,在于加强守备以自救;只有百辆兵车的小国,则要奉养好大国。实行兵农结合就不用仰仗别国的权势,进行自救自卫就不用乞求别国的援助,做好奉养大国到紧急时就不用向别国借贷资财。凡是对外无力作战,对内无力防守的,就应管理好市场。市场收入就是用来供应作战和防务的。有万辆兵车的大国如果没有中等诸侯国的援助,也必得有百辆兵车的小国那样的市场收入。

凡判处死刑都是为了申明军威的。杀一个人能使三军震动的就杀掉他,赏一个人能使万人高兴的就奖赏他。刑杀贵在敢于杀掉有罪的、身处高位的人物,奖赏贵在奖励有功的小人物。应当杀的,即使身居要位的人也必须杀掉,这就是刑罚能查究上层人物的不法行为。奖赏达到牛童马夫,这就是奖励不忽视下层人物。能够做到刑罚查究到上层人物、奖赏达到下层人物,这就是将领威严所在。所以国君对将领很重视。将领掌握着战争指挥权,在危难关头指挥战斗,短兵相接,拼个你死我活。如果指挥得当,则能立功受赏扬名;如果指挥不当,就会身死国亡。因此国家存亡安危就在将领指挥上头,怎能不重视将领呢!只要有得力将领指挥战斗,短兵相接,以决胜败,国君依靠战斗成就大功,我以为并非难事。

古人说:"没有冲车而发起进攻,没有铁蒺藜而进行防守,便是不善于打仗的军队。"(部队装备奇缺,就等于人)有眼睛看不见,有耳朵听不到,这是由于国家没有市场收入造成的。所谓市场,就是对百货买卖实行管理。应该在物价低贱时买进,物价昂贵时卖出,以此限制商人牟取暴利。每天每人不过吃一斗粮食,每匹马不过吃三斗豆料;可是(粮草不足)人饿得面黄肌瘦,马饿得瘦骨嶙立。为什么呢?是市场虽有收入,却无人经营管理的缘故。统帅一国的军队,却没有经营市场百物的官员供给资财,那就谈不到做好军事部署。

出兵直到士兵盔甲上都生了虱子,这是由于受驱使必须为国家效力的缘故。就像受老鹰追逐的小雀,有的撞入人怀中,有的飞入人家里,这不是出于本性愿意,而是受恐惧所驱使。

姜太公70岁时，在朝歌宰牛，在盟津卖饭。过了7年多，纣王还是不听信他的主张，人人都说他是狂人。等到被周文王所重用，他就统率3万军队，一次战争就把天下平定了。如果没有文王、武王的军事决策，他怎么能有这样施展才能的机会呢？所以说，好马还得有人鞭策，遥远的地方才能到达；贤能之士要有人赏识，高明的政治主张才能彰明。周武王攻打商纣王，军队渡过盟津，右面排列着旗帜，左面排列着斧钺，有敢死的勇士300人、士兵3万人。而纣王陈兵数10万，大将飞廉、恶来手握长戟利斧站在最前面，摆开百里阵势。但是武王没有让军民疲惫，也没有进行血战，就灭掉商朝，杀死纣王。这并不关系到天象吉祥或降下灾异，而是由于人事治理得好不好造成的。现在的将领观测日辰，占卜星象，对照龟兆，辨别吉凶，察看星辰风云的变化，想用这种办法获胜立功，我认为难得办到。作为将领，应该上不受天时的牵制，下不受地理条件的牵制，中不受他人的牵制。用兵是凶险的事情，战争是与德治相违背的，将领是出生入死的职事，所以，只有不得已时才用兵。（一旦打仗，）那就上不顾忌天，下不顾忌地，后不顾忌国君，前不顾忌敌人。将领一人全权统帅大军，像虎狼那样凶猛，像暴风雨那样迅疾，像雷霆那样暴烈，轰轰烈烈，遮天蔽日，使天下都感到震惊。

打胜仗的军队就像流水一样。水是最柔弱的东西，可是所侵蚀到的丘陵一定会被它冲溃。没有别的原因，就是它的本性专一而又冲刷不止的缘故。如果现在使用莫邪剑那样锋利的武器，穿着犀牛皮做的坚实衣甲，拥有三军之众，指挥战阵策略得当，那么天下就没有人能抵挡他的进攻了。所以说，选拔贤材任用能人，不择吉日事情也能办好；颁行法律审明号令，不用占卜也能获得好结果；褒奖和优待有功劳的人，不靠祈祷也能得福。也可以说，天时有利不如地理条件有利，地理条件有利不如人心一致。古代的圣人，最注重的就是人的作用而已。

当年吴起与秦国作战，就在高低不平的农田露宿，上面只用树枝搭起来遮蔽霜露。这样做为了什么呢？就是他不把自己看得高贵的缘故。要求战士献身，就不要苛求他在形式上毕恭毕敬；让士卒竭尽全力，就不能督责他实行烦琐的礼节。所以古时候戴盔穿甲的战士不行跪拜礼，就是向人们表示不需要烦琐的礼节。如果使人烦劳又要他舍生忘死，竭尽全力，从古到今还没有听说过。一个将领，在他受任命那天起，就要忘掉自己的家庭；行军露宿要忘掉自己的亲人；临阵击鼓指挥要敢于付出生命。吴起临战时，左右侍从送上宝剑。吴起说："将领的专职是发号施令，在疑难时果断地做出决定，指挥军队作战，这才是将领的事。至于手握一剑与敌人厮杀，那就不是将领的事了。三军出征，开始走30里，接着走几十里，几十里之后，气势就如同决堤的洪水不可阻挡。望见远处敌人在前面，就根据它的特点去对付。敌人用白色标志我方也用白色，敌人用赤色标志我方也用赤色。吴起与秦国作战，两军尚未交锋，一个士兵控制不住要显示自己的勇敢，冲上前去斩取两个敌兵脑袋回阵，吴起立刻下令杀掉他。军吏提出意见说："这是一个很有才能的战士，不要杀掉。"吴起说："是个有才能的战士倒不错，但没有按我的命令去做，应该

杀掉。”

将　理[1]

【原文】 凡将，理官也，万物之主也，不私于一人。夫能无私[2]于一人，故万物至而制[3]之，万物至而命[4]之。君子不救囚于五步之外，虽钩矢射之，弗追也[5]。故善审囚之情，不待箠楚[6]，而囚之情可毕矣。笞[7]人之背，灼人之胁[8]，束人之指，而讯囚之情，虽国士有不胜其酷而自诬矣。

今世谚云：“千金不死，百金不刑。”试听臣之言，行臣之术，虽有尧舜之智，不能关一言[9]；虽有万金，不能用一铢[10]。今夫决狱，小圄[11]不下十数，中圄不下百数，大圄不下千数。十人联百人之事，百人联千人之事，千人联万人之事。所联之者，亲戚[12]兄弟也，其次婚姻也，其次知识故人也。是农无不离田业，贾无不离肆宅，士大夫无不离官府。如此关联良民，皆囚之情也。兵法曰：“十万之师出，日费千金。”今良民十万而联于囚圄，上不能省[13]，臣以为危也。

【注释】 ①理：指判决案件的法官。古代兵刑合一，故将领可以又兼任法官。②私：偏私，包庇。原作“移”，从鄂局本改。③制：统制，裁决。④命：作动词用，发落。⑤此句疑有错字，难以确解，只能译其大意。华陆综据《简本》作：“矢射之弗及。”引清朱墉辑注《武经七书汇解》云：“不救者，只于近前亲问详察，求得其情而出其死，不待五步之外始救也。钩，钧金也。矢，束矢也。射，人也。追，追其既往也。”又据《国语·齐语》：“小罪谪以金分。寡问罪索讼者，三禁而不可上下，坐成以束矢。”故其注译本认为此句似应译为：正直精明的法官必亲临现场审判囚犯，而据其案情设法解救，即令囚犯有过罚缴钧金束矢的小罪，也不加以追究。此说亦可参考。⑥箠楚：箠通“棰”，木棍；楚，荆杖。古代打人用具，故用人通称杖刑。⑦笞：鞭打。⑧灼：用火烫。⑨关：拉关系说情。又华陆综注译本云：此处用“开”字更妥，《商君书·定分》篇有“天下之吏民虽有贤良辨慧，不能开一言以枉法，虽有千金，不能以用一铢”之句。亦可参考。⑩铢：古代重量单位，一两的二十四分之一。⑪圄：监狱。⑫亲戚：这里指父母。⑬省：省悟、认识。

【译文】 凡将领，也是法官，各种各样案件都由他裁决，对哪个人也不偏私。正因为能对哪个人也不偏私，所以各种复杂案情上报来都能正确裁决，遇到各种复杂事情都能发落。正直的人不等到囚犯临别时去救他，即使面临弓矢射来那样严重的压力也不追悔。所以善于审判案件的人，不用靠刑杖拷打，而案件的内情都能洞悉。用刑杖猛打背部，用烙铁烧人双胁，用紧束指头让人受苦，使用这些严刑拷打来询问案情，即使是一国少有的勇士也会因受不了残酷对待而胡乱认罪。

当今社会上有这样的谚语：“家有千金，可以让你不被处死，家有百金，可以让你不受刑罚。”如果君王能听从我的劝告，采用我的办法，那么再聪明的人，也不能凭拉关系说私情对案件施加影响；家有万金之富，也无法拿出一铢钱来贿赂。现在等待判决的案件很

多,小的监狱关押不下十几个囚犯,中等监狱关押不下百余名囚犯,大的监狱不下千余名囚犯。十人就牵连着监狱关押外上百人的事情,百人牵连着上千人的事情,千人则牵连着上万人的事情。牵连最密切的是父母兄弟,其次是联姻的亲戚,又其次是熟人朋友。结果,务农的被迫离开田野,经营的被迫离开店铺,当官吏的被迫离开官府,(都是到处为监狱中的亲人朋友奔跑营救。)这样大量的无辜百姓受牵连,这就是案件的实情。兵法上说:“十万军队出征,每日用费达千金。”如今善良的百姓成千上万人都同监狱中的囚犯牵连着,君王还不认识到问题的严重性,我以为这是很危险的!

原　官

【原文】　**官者,事之所主,为治之本也。制者,职分四民[①],治之分也。**

贵爵富禄必称,尊卑之体也。好[②]善罚恶,正比法[③],会计[④]民之具也。均地分[⑤],节赋敛,取与之度也[⑥]。程[⑦]工人,备器用,匠工之功也。分地塞要,殄[⑧]怪禁淫之事也。导法稽断[⑨],臣下之节也。明法稽验,主上之操也。明主守[⑩],等轻重,臣主之权[⑪]也。

明赏赉[⑫],严诛责,止奸之术也。审开塞,守一道[⑬],为政之要也。下达上通,至聪之听也。知国有无之数,用其仂也[⑭]。知彼弱者,强之体也。知彼动者,静之决也。官分文武,惟王之二术也。

俎豆同制[⑮],天子之会也。游说间[⑯]谍无自入,正议之术也。诸侯有谨天子之礼,君臣[⑰]继命,承王之命也。更造易常,违王明德,故礼得以伐也。

官无事治,上无庆赏,民无狱讼,国无商贾,何王之至也[⑱]!明举上达,在王垂听也。

【注释】　①四民:指士、农、工、商。②好:喜爱、奖赏。③正:整顿。比法:据《周礼·小司徒》:“乃颁比法于六乡之大夫,使各登其乡之众寡,六畜车辇,辨其物,以岁时入其数。以施政教,行政令,”可知比法是统计人口、财物、以作征收赋敛依据的法令。④会:统计、管理。⑤均地分:原文作“均井地”,据《简本》改。依据农户人口数分配耕地。⑥取与之度:指掌握征收赋税和分配土地的一定数量。⑦程:这里指工程限额、期限。⑧殄:杜绝、消灭。⑨稽断:检查事物处理情况。⑩主守:指臣子的职守。⑪臣主之权也:此五字《简本》作“臣主根也”。⑫赉:赏赐。⑬一道:统一的政治原则。⑭仂:富余部分,余额。⑮俎豆:古代祭祀用的器具,俎是祭祀时盛牛羊的礼器,豆是古代食器,有盖,用来盛食物。俎豆同制:指礼器要统一规格,这是国家大一统的象征。⑯间:原作“开”,从鄂局本改。⑰臣:原作“民”,从鄂局本改。⑱王:天下治理得好。至:极点。

【译文】　官员是主管各项事物的主宰,是治国的根本。设立官制,按其职能分别管理士、农、工、商,这是按照治理的需要划分的。

高贵的爵位和丰厚的俸禄二者必须相称,这是显示尊卑差别的根据。奖励善良惩罚邪恶,整顿“比法”,这是正确统计百姓的财富和收成好坏的凭借。均分土地给民众耕种,有节制地征收赋税,征收和分配土地都要有适当的标准。规定工匠日常生产的数额,准

备好各种器具保证使用,这是管理工程技术官员的职责。划分区域管理,充实险要地方,这是杜绝坏人坏事、禁止邪恶行为所需要。遵照法令处理好各种事务,这是官吏的本职。颁布法令并检查执行情况,这是国君掌握的大权。明确各个部门的职权任务,区分轻重不同的等级,这是国君和臣下治理政事必须掌握的关键。

赏赐要公开,惩罚要严格,这是禁止奸恶行为的有效办法。审明政策法令的利弊,遵守统一的政治原则,这是处理政事的要领。上情下达,下情上达,国家政治就清明不壅塞。明白国家财政收支盈亏的情况,要使用富余的部分。知道国家存在的弱点,这是国家求得强盛的基础。能察觉某个地方有动的因素,要求静就有办法。官员分为文臣和武将,这就是国君治理天下依靠的两手。

祭祀的俎器、豆器都统一制度,这是天子会合诸侯的要求。四处游说之士、外国间谍无法进来,这是端正言论的关键。诸侯各国都对天子恭谨有礼,国君和臣僚地位世代相传不变,这是遵行天子的意志。改变国家的秩序,违反天子的圣德,按照礼法就可以讨伐他。

官员没有什么麻烦的事情需要治理,国君不能奖赏(百姓就自觉地尽力从事农战),民众没有告状打官司的,国内没有(违法牟利的)商贾,国家的治理是多么好到极点啊!讲明这些道理向上禀告,目的就在大王听取了。

治　本

【原文】 凡治人者何?曰:非五谷无以充腹,非丝麻无以盖形。故充腹有粒,盖形有缕[①]。夫在耘耨[②],妻在机杼[③],民无二事,即有储蓄。夫无雕文刻镂[④]之事,女无绣饰纂组[⑤]之作。木器液,金器腥。圣人饮于土,食于土,故埏埴[⑥]以为器,天下无费。今也金木之性不寒,而衣绣饰;马牛之性食草饮水,而给菽粟。是治失其本,而宜设之制也。春夏夫出于南亩[⑦],秋冬女练于[⑧]布帛,则民不困。今短褐[⑨]不蔽形,糟糠不充腹,失其治也。古者土无肥硗[⑩],人无勤惰,古人何得,而今人何失邪?耕者不终亩,织有日断机,而奈何饥寒[⑪]!盖古治之行,今治之止也。

夫谓治者,使民无私也。民无私则天下为一家,而无私耕私织,共寒其寒,共饥其饥。故如有子十人,不加一饭;有子一人,不损一饭,焉有喧呼酖酒[⑫]以败善类乎?民相轻佻[⑬],则欲心兴[⑭],争夺之患起矣。横生一夫[⑮],则民私饭有储食,私用有储财,民一犯禁,而拘以刑治,乌有以为人上也[⑯]。善政执其制,使民无私。为下不敢私,则无为非者矣。反本缘理[⑰],出乎一道。则欲心去,争夺止,囹圄空,野充粟多,安民怀远[⑱],外无天下之难,内无暴乱之事,治之至也。

苍苍之天,莫知其极,帝王之君[⑲],谁为法则?往世不可及,来世不可待,求己者也。所谓天子者四焉:一曰神明[⑳],二曰垂光[㉑],三曰洪叙[㉒],四曰无敌,此天子之事也。野物不为牺牲[㉓],杂学不为通儒[㉔]。今说者曰:“百里之海,不能饮一夫;三尺之泉,足以止三军

渴。"臣谓:欲生于无度,邪生于无禁。太上神化[25],其次因物[26],其下在于无夺民时,无损民财。夫禁必以武而成[27],赏必以文而成[28]。

【注释】 ①缕:线,这里指衣服。②耘耨:除草,这里指种田。③机杼:织布机,这里指纺织。④雕文刻镂:指雕刻花纹图案等手工艺。镂也是刻的意思。⑤纂组:同是编织丝绸织物一类的工艺活。⑥埏埴:埏本意为揉粘土,引申为制陶器的模型。埏埴,以陶土放入模型中制成陶器。⑦南亩:泛指农田。⑧练:把丝麻或布帛煮晒得柔软洁白。⑨短褐:短小粗糙的衣服。⑩硗:土地坚硬而瘠薄。⑪饥寒:"饥寒"二字原作"寒饥",从鄂局本改。⑫酖:同鸩,毒酒。酖酒,这里指酗酒闹事。⑬轻佻:轻薄、好逸恶劳。⑭兴:"兴"字原作"与",从鄂局本改。⑮横:即"横遂",指为非作歹倒行逆施做坏事。一夫,这里指暴虐的君主。⑯人上:指国君。⑰反本:这里指返回到耕织的本业。反,同返。缘理:缘求原理,这里指缘求无私的原理。⑱怀远:安抚边远地区的老百姓,使之归附。⑲帝王之君:这里指古代传说中的五帝(黄帝、颛顼、帝喾、尧、舜)和夏、商、周三代开国之王(禹、汤、周文王和周武王)。⑳神明:神智精明,目光远大,聪明过人。㉑垂光:指恩泽广施天下。㉒洪叙:明确封建的君臣、父子、尊卑、长幼的等级制度。㉓牺牲:古代祭祀时杀的牲畜。这里泛指祭品。㉔通儒:指博学有见识、懂得变通的儒者。㉕神化:随心所欲,运用自如。㉖因物:根据客观条件因势利导。㉗武:指用武力和刑罚制裁。㉘文:指思想教化。

【译文】 治理百姓要依据什么?回答是:没有五谷就不能填饱肚子,没有丝麻织成布帛就无法遮盖身体。因此,吃饱肚子要靠粮食,遮盖形体要靠衣服。丈夫在田野耕作,妻子在家中织布,百姓如果不被征用去服劳役,那么天下就会有剩余的粮食财物可以储藏。男子不要去生产专供奢侈享受用的工艺品,女子不要去从事编织布帛一类丝织物。木制的器具易漏水,金做的食器有异味。圣人是用土做饮器、用土做食器,所以揉粘土放在模型中制成陶器,不加重天下百姓的负担。现今(的情况却相反),原本金、木的本性是不怕寒冷的,却要披上锦绣作为装饰;马、牛的本性原是食草饮水,却要让它吃豆料、粮食。这是处理事情违背了根本的原则,应当采取措施加以限制。春夏两季保证男子在田里耕种,秋冬两季保证女子织染布帛,这样百姓就不会缺吃少穿。现在百姓粗布短衣不能遮体御寒,连糟糠都吃不饱,说明国家治理不好。拿古时同现今相比,土地的肥沃、瘠薄没有两样,人的勤惰没有两样,为什么古人的成效好,今人的成效不好呢?耕田的农夫(常常被征调)不能完成他的耕作,织布的妇女常常要停下织机(应付差事),这样百姓又哪能不受饥受寒呢?原因恐怕就在古时治国的根本原则得到实施,今天却得不到实行吧!

所谓治理得好,就是使民众无私心。民众无私心就把天下人都看成一家人,不再为个人小家庭耕种织布,受寒大家一同受寒,挨饿大家一同挨饿。即使你家中有十个子女,也不为你增加一份饭;即使你家只有一个子女,也不为你减少一份饭;这样又哪会有吵吵

嚷嚷、酗酒闹事、伤风败俗的呢？如果民心轻薄，好逸恶劳，私心就会膨胀，就会酿起争夺的祸患了。再不幸遇到暴君统治，那么百姓就靠私人储存的粮食吃饭，靠私人储存的钱财花费。民众为了私利违反法律，把他们逮捕起来处以刑罚，那么还算什么好国君呢？清明的政治是执行国家的制度，使百姓无有私心。下层老百姓不敢有私心，就没有人干违法的事了。回归到治国的根本原则，寻求正确的道理，原原本本得到执行，那么百姓都会克服掉私心，彼此之间的争夺就会停止，监狱里就没有犯人，乡村殷实粮食充实，百姓安居乐业，边远民族归附，外部没有敌人来侵犯，内部不发生暴乱，这就是国家治理到最好的境地了。

苍茫的上天，没有人知道它的边际。五帝三王治国的办法，又应该以谁为遵行的法则呢？过去的时代不能追回来，将来的时代不应该等待，应当由自己去探求、争取。处在天子的高位，应当重视四项：一是神志清醒、目光远大；二是恩泽布施天下；三是明确区分和保持等级制度；四是国力强盛天下无敌。这些就是天子要把握的大事。野生的动物不能用作祭品，庞杂的学者不能成为"通儒"。现在有游说的人讲："百里宽的海水，不够一人饮用，（因为它有限量）；三尺宽的泉水，却能使三军止渴，（因为它源源不断。）"我说：贪欲是由于没有节制产生的，邪恶是由于没有禁令产生的。最高境界不花费气力就能达到，随心所欲，运用自如；其次是利用客观条件因势利导；再下是不妨碍农民抓紧农忙季节从生产、不侵夺百姓的财富。禁绝坏事必须靠武力强制的手段才能达到，褒赏的事情必须靠文治教化才能实现。

战 权

【原文】 兵法曰："千人而成权，万人而成武。权先加人者，敌不力交。武先加人者，敌无威接。"故兵贵先，胜于此，则胜彼矣；弗胜于此，则弗胜彼矣。

凡我往则彼来，彼来则我往，相为胜败，此战之理然也。夫精诚[①]在乎神明，战权[②]在乎道之所极。有者无之，无者有之，安[③]所信之？先王之所传闻者，任正去诈，存其慈顺，决无留刑。故知道者，必先图不知止之败，恶[④]在乎必往有功。轻进而求战，敌复图止我往，而敌制胜矣。故兵法曰："求而从之，见而加之，主人不敢当而陵之，必丧其权。"

凡夺者无气，恐者不守，败[⑤]者无人，兵无道也。意往而不疑则从之，夺敌而无败则加之，明视而高居则威之，兵道极矣。

其言无谨偷[⑥]矣，其陵犯无节破[⑦]矣，水溃雷击，三军乱矣。必安其危，去其患，以智决之。高之以廊庙之论[⑧]，重之以受命之论，锐之以逾垠[⑨]之论，则敌国可不战而服。

【注释】 ①精诚：原意为真心诚意，此指能巧妙地掌握战争规律。②"权"字原作"榏"，从鄂局本改。③安：疑问代词，怎么，哪里的意思。④恶：同"乌"。何，哪里。⑤"败"字前原衍"可"字，当删去。⑥偷：原意是窃取，这里指军事机密被窃走。⑦破："破"字原作"被"，从鄂局本改。⑧论："论"字原作"谕"，从鄂局本改。⑨逾垠：见前《战威第

四》篇注。

【译文】 兵法上说:"有一千人的军队就构成战斗的力量,有一万人的军队就构成威武的气势。先用军事力量压住敌人,敌人就不能尽其力量交锋。用威武的气势压住敌人,敌人就无法拿出威风对抗。"所以用兵最重视掌握主动权,在这个(关键)问题上取得胜利,在其他方面就能胜利;(相反地,)在这个关键问题上不能取胜,在其他问题上也不能取胜。

我方打过去,敌人就攻过来,敌人打过来,我方就攻过去,一方取胜,另一方就失败,这是战争的一般道理。指挥战争能达到巧妙境地,在于(主帅)目光远大,灵活变化,对用兵的道理理解得深透。我方有的伪装为无,我方无的虚张为有,(敌人又)怎么知道哪样是真实可信的呢?先前的帝王留传下这样的教训:任用真正的人,摒除伪诈的人,对善良顺从者要爱护,对奸恶之徒要坚决惩办决不迁就。所以懂得战争规律的人,必须先弄清楚轻率出击不知停止将招致失败的道理,又哪里能够随便出击就获战功呢?轻率出击寻找作战机会,敌人却找到机会扼守,堵截我方进路,结果被敌人掌握主动取胜了。所以兵法上又说:"(在无把握情况下)寻找战机发动进攻,一遇见敌军就出击,力量抵挡不了却去攻打它,结果一定丧失作战的主动权。"

处于被动地位就丧失士气,恐惧怯懦就守不住阵地,遭到失败就溃散无人,这就是不懂用兵的道理。决定要进攻而又不再怀疑就出击,确有把握战胜敌人而又不存在失败因素就进攻,洞悉战场各种情形处在居高临下的有利地位就有威势地攻打过去,这样做就对用兵的道理精通到极点。

说话不小心谨慎就泄露机密,出击没有节制就会被敌人攻破,(进攻鲁莽暴躁,)像洪水决堤炸雷轰击,就会造成三军战阵混乱。要确做到消除危险保证安全,排除祸患,就要靠智谋做出正确决策。高度重视朝廷指挥的谋略,时刻想到接受国家重任(而周密计划),(发挥)越过边境挺进敌后锐不可当的攻势,那么不用打仗,敌国就会宣告降服。

重刑令

【原文】 将自千人以上,有战而北①,守而降,离地逃众,命②曰国贼。身戮家残③,去其籍④,发其坟墓,暴其骨于市,男女公于官⑤。自百人以上,有战而北,守而降,离地逃众,命曰军贼。身死家残,男女公于官。使民内畏重刑,则外轻敌。故先王明制度于前,重威刑于后。刑重则内畏,内畏则外坚矣。

【注释】 ①北:打败仗。②命:宣布。③戮:杀。残:残破,指抄其家。④籍:簿籍,名册。⑤公于官:充作官府奴隶。

【译文】 率领千人以上的将领,出战而败北,守城而投降,擅离战地抛下士兵逃跑的,就宣布为"国贼"。对这种人,要处死抄家,除掉他的官籍,挖掘他的祖坟,把尸骨放在大街上示众,男女亲戚都没收为官奴婢。率领一百名士兵以上的军吏,出战而败北,守城

而投降，擅离战地抛下士兵逃跑的，就宣布为“军贼”。对这种人，要处死抄家，男女亲戚没入官府为奴婢。若能做到让民众在国内畏惧判处重刑，他们在外作战就会蔑视敌人。所以前代贤明的国君事先颁布各种制度，事后严肃地惩办犯罪的人。刑罚重将吏们就会对内畏惧，对内畏惧在外就会勇敢了。

伍制令

【原文】 **军中之制，五人为伍，伍相保也[①]；十人为什，什相保也；百人为闾[②]，闾相保也。伍有干令犯禁者[③]，揭之，免于罪；知而弗揭，全伍有诛。什有干令犯禁者，揭之，免于罪；知而弗揭，全什有诛。属有干令犯禁者，揭之，免于罪；知而弗揭，全属有诛。闾有干令犯禁者，揭之，免于罪；知而弗揭，全闾有诛。**

吏自什长以上，至左右将[④]，上下皆相保也。有干令犯禁者，揭之，免于罪；知而弗揭者，皆与同罪。

夫什伍相结，上下相联，无有不得之奸，无有不揭之罪，父不得以私其子，兄不得以私其弟，而况国人[⑤]？聚舍同食，乌能以干令相私者哉[⑥]？

【注释】 ①相保：互相担保，一人有罪，互保的人连坐。也称连保。②闾：原为古代户口里甲编制的单位，据《周礼》郑注，二十家为闾。这里作为军队编制的单位，百人为闾，也称“卒”。③干：抵触，违犯。④左右将：辅佐的将领，副将。⑤国人：原指居住在城邑的人或一国之人，这里指一般没有亲戚关系的人。⑥乌：何，怎么。

【译文】 军队中的制度规定：五人编为一伍，伍内互相担保；十人编为一什，什内互相担保。一百人编为闾，闾内互相担保。一伍之中有人违犯法令禁律的，其他人揭发了，可以免罪；如果知情而不揭发，全伍都受惩罚。一什之内有违犯法令禁律的，其他人揭发了，可以免罪；如果知情而不揭发，全什都受惩罚。一属之内有人违犯法令禁律的，其他人揭发了，可以免罪；如果知情而不揭发，全属都受惩罚。一闾之内有人违犯法令禁律的，其他人揭发了，可以免罪；如果知情而不揭发，全闾都受惩罚。

军吏自什长以上至军中副将，都实行上下连保。如果军吏中有人违犯法令禁律的，其他人揭发了，可以免罪；如果知情而不揭发，则所有军吏都同违法者同样治罪。

这样，什伍的编制环环相扣，上下实行连保，就没有捉不到的奸细，没有揭发不出来的罪行。父亲都不敢以私情包庇儿子，兄长都不敢以私情包庇弟弟，更何况对没有亲属关系的普通人呢？士卒们、军吏们住宿吃饭在一起，怎么会有违犯法令而互相包庇的人呢？

分塞令

【原文】 **中军、左右前后军，皆有分地[①]，方之以行垣[②]，而无通其交往。将有分地，帅有分地，伯有分地，皆营其沟域[③]，而明其塞令。使非百人无得通。非其百人而入者，伯**

诛之；伯不诛，与之同罪。

军中纵横之道，百有二十步[4]，而立一府柱[5]。量人与地。柱道相望，禁行清道。非将吏之符节，不得通行。采薪刍牧者[6]，皆成行伍，不成行伍者，不得通行。吏属无节，士无伍者，横门诛之[7]。逾分干地者，诛之。故内无干令犯禁，则外无不获之奸。

【注释】 ①分地：指营区。此二字原作地分，从鄂局本改。②方：作动词用，意即在四周修建。行垣：临时的壁垒。③营：作动词用，意即修建。④有：同“又”。⑤府：与“俯”通，自高向下视。府柱：高高的旗杆，用来作标志。⑥刍：用草喂养牲畜。原作“之”，从鄂局本改。⑦横门：又叫衡门，即栅阑门，这里指营门口，也可引申指守卫在营门口的守门吏卒。

【译文】 中军和左、右、前、后各军，都各自有划分的营区，并且在四周修筑起营壁，隔绝各营区之间随便来往。将有划分好的营地，帅有划分好的营地，伯有划分好的营地，都修建起各自营地周围的沟渠界墙，并且申明隔绝交通的禁令。实行不是本百的人不得在本营地通行。不是本百的人进入本营地，伯长就杀掉他；如果伯长不杀掉他，就与犯禁者同罪。

军营中有纵横的道路，每隔120步远，树立一根高高的旗杆，作为士卒人数和营区的标志。道路上的旗杆前后连接，派人看守，执行禁令不准随便通行。士卒除非拿着将吏的符节作凭据，不得通行。负责打柴放牧的士卒必须排成队伍。凡是不排成队伍的，不准通行。下级军吏通过没有将领准许的符节，士兵进出不排成队伍的，守门军吏就地诛杀他们。凡是越过营区进入其他部队地界者，都要杀掉。这样，内部没有人敢违犯法令禁律，那么外来的奸细就没有抓不到的。

束伍令

【原文】 束伍之令曰：五人为伍共一符[1]，收于将吏之所。亡[2]伍而得伍，当之；得伍而不亡，有赏；亡伍不得伍，身死家残。亡长得长，当之；得长不亡，有赏；亡长不得长，身死家残；复战得首长，除之。亡将得将，当之；得将不亡，有赏，亡将不得将，坐离地遁逃之法[3]。

战诛之法曰：什长得诛十人，伯长得诛什长，千人之将得诛百人之长，万人之将得诛千人之将，左右将军得诛万人之将，大将军无不得诛。

【注释】 ①符：符籍，即花名册。②亡：伤亡，损失。③坐：定罪。

【译文】 战场上约束队伍的法令规定：五人组成一伍，写在一个花名册上，由将吏统一收存。（作战时）伤亡一伍而消灭敌人一伍，功罪相当；消灭敌人一伍而自己无伤亡，给以奖赏；伤亡一伍而不能消灭敌人一伍，（将吏就要受到严厉的惩罚，）身死家残。伤亡一个军吏而消灭敌人一个军吏，功罪相当；消灭敌人一个军吏而我方军吏无伤亡，受奖赏；我方伤亡一个军吏而不能消灭敌人一个军吏，将吏就要受严厉处罚，身死家残；如果再战

能得敌人一个为首的军吏，可以免罪。我方伤亡一个将领而消灭敌人一个将领，功罪相当；能消灭敌人一个将领而我方将领无伤亡，受奖赏；我方将领伤亡而不能消灭敌人一个将领，就按惩处临阵遁逃的法令治罪。

战场上惩处的法令规定：什长有权惩处所管辖的十名士兵，伯长有权惩处所管辖的什长，统帅千人的将领有权惩处所管辖的伯长，统帅万人的将领有权惩处所管辖千人之将，左右副将有权惩处所管辖万人之将，大将军掌握有无人不可惩处之权。

经卒令

【原文】 **经卒者[①]，以经令分之为三分焉[②]：左军苍旗，卒戴苍羽；右军白旗，卒戴白羽；中军黄旗，卒戴黄羽。**

卒有五章：前一行苍章，次二行赤章，次三行黄章，次四行白章，次五行黑章。次以经卒，亡章者有诛[③]。

前一五行，置章于首，次二五行，置章于项，次三五行，置章于胸，次四五行，置章于腹，次五五行，置章于腰。如此，卒无非吏，吏无非其卒。见非而不诘[④]，见乱而不禁，其罪如之。

鼓行交斗，则前行进为犯难[⑤]，后行退为辱众[⑥]。逾五行而前进者有赏[⑦]，逾五行而后者有诛。所以知进退先后，吏卒之功也。故曰鼓之前如雷霆，动如风雨，莫敢当其前，莫敢蹑其后[⑧]。言有经也。

【注释】 ①经卒：指对士卒实行战斗编队。②经令：规定战斗编队的条令。三分：三部分。③亡：同“无”。④诘：盘问。原作“浩”，从鄂局本改。⑤前行：向前进击，与下文“后行”相反。犯难：敢冒危险，不怕牺牲。⑥退：原作“进”，从鄂局本改。⑦逾五行：指超过原来居于前面的五排士卒。⑧蹑：追跟在后面。

【译文】 对士卒实行战斗编队的办法，是按照编队的条令分为三部分：左军举青色旗，士兵戴青色羽毛；右军举白色旗，士兵戴白色羽毛；中军举黄色旗，士兵戴黄色羽毛。

士兵佩戴五色徽章，前一行戴青色徽章，第二行戴红色徽章，第三行戴黄色徽章，第四行戴白色徽章，第五行戴黑色徽章。按照这样的次序编队，没有戴徽章的要受处罚。

最前面的五行，徽章戴在头上；第二个五行，徽章戴在颈上；第三个五行，徽章戴在胸前；第四个五行，徽章戴在腹部；第五个五行，徽章戴在腰部。这样，士兵没有不识别自己上司的，军吏也没有不识别自己部下的。如果见到标识不同的士兵而不加盘问，见到扰乱秩序的不加禁止，那么他的罪过就同违反法令的人一样。

紧擂战鼓出兵与敌交战，向前进击就是不怕牺牲，向后退却就是给大家丢脸。超过前面的行伍冲到前头的受奖赏，后退落到后面的行伍末尾的受处罚。所以，了解队伍进退前后的情况，就知道官兵有谁立功了。这样就可以做到，擂起战鼓，部队进击就像雷霆那样威猛，行动就像暴风雨那样迅疾，敌人不敢在前面阻挡，不敢在后面尾随。这就说明

部队编队有法。

勒卒令

【原文】 金、鼓、铃、旗[①],四者各有法:鼓之则进,重鼓则击[②]。金之则止,重金则退。铃传令也。旗麾之左则左[③],麾之右则右,奇兵则反是。一鼓一击而左,一鼓一击而右。一步一鼓,步鼓也。十步一鼓,趋鼓也[④]、音不绝,鹜鼓也[⑤]。商,将鼓也[⑥]。角[⑦],帅鼓也。小鼓,伯鼓也。三鼓同,则将帅伯其心一也。奇兵则反是。鼓失次者有诛,喧哗者有诛,不听金鼓铃旗而动者有诛。

百人而教战,教成合之千人;千人教成,合之万人;万人教成,合之于三军。三军之众,有分有合,为大战之法。教成试之以阅。方亦胜,圆亦胜,错斜亦胜[⑧],临险亦胜。敌在山,缘而从之,敌在渊,没而从之[⑨]。求敌若求亡子,从之无疑,故能败敌而制其命。

夫蚤决先定[⑩],若计不先定,虑不蚤决,则进退不定,疑生必败。故正兵贵先,奇兵贵后,或先或后,制敌者也。世将不知法者,专命而行,先击而勇,无不败者也。

其举有疑而不疑,其往有信而不信,其致有迟疾而不迟疾[⑪],是三者,战之累也。

【注释】 ①金:古代的铜钲,有柄,狭长,打击出声。古代打仗,鸣金为收兵。②重鼓:再次击鼓。③麾:同"挥"。④越鼓:催促快速前进的鼓声。⑤鹜鼓:急催快跑前进的鼓声。鹜:马奔跑的意思,这里借指跑步。⑥商:古代五声音阶的一个音。古代五声音阶为宫、商、角、徵、羽五个音级,近似于简谱中的1、2、3、5、6。⑦角:古代五声音阶之一。⑧错斜:指因地形复杂队形也有错综变化。斜,原作"邪",从鄂局本改。⑨没:沉没,指潜水。⑩蚤:同"早"。定,原作"敌",从鄂局本改。⑪致:致师、挑战的意思、这里引申为进攻。

【译文】 金、鼓、铃、旗,这四种号令各有用法:击鼓就前进,再击鼓就发起攻击。鸣金就停止前进,再鸣金就退却。铃声是传达命令的。战旗向左挥动,队伍就向左,向右挥动,队伍就向右。用奇兵制胜则与此相反。一步一击鼓,这是慢步前进的信号。走十步一击鼓,这是快步前进的信号。鼓声不断,这是跑步前进的信号。发出商声,是传达将令的鼓声。发出角声,是传达帅令的鼓声。小鼓,是传达伯令的鼓。三种鼓音同时响起,表明将、帅、伯同心协力。用奇兵制胜则与此相反。击鼓指挥出了差错的要杀掉,高声喧嚷的要杀掉,不按照金鼓铃旗的指挥行动的要杀掉。

先按照一百人来训练战法,训练好了再集合一千人训练;一千人训练好了,再集合一万人训练;一万人训练好了,再集合三军一起训练。对三军的大队人马,要训练分队作战和集合作战的战术,这是训练打大仗的方法。训练好了就对部队检阅。(反复训练、检阅,最后要让部队做到)布成方阵也能取胜,布成圆队也能取胜,遇到复杂地形队伍错综变化也能取胜,面临险境也能取胜。敌人在山头,就攀登上去进攻它,敌人在深水边,就潜水过去进攻它。追歼敌人像寻找丢失的儿子一样迫切,发动进攻而毫不犹豫,这样就

能打败敌人,制敌于死命。

对于重大的军事行动,要提早周密思考做出决定。如果计策不预先制定,不提早周密考虑,行动就进退不定,这种犹疑态度必然要招致失败。一般地讲,通常的打法是先发制人,出奇兵是后发制人,(灵活机动地决定)先打或后打,达到制敌于死命的目的。现在不懂兵法的庸将,只会独断专行,死板地以为抢先出击就能显示勇敢,结果没有不招致失败的。

做出决策的时候有可疑之处而不慎重考虑,进军的时候情况明白可信而又疑惑不定,发动进攻有快慢的时机而不能把握,这三项,就是造成作战失利的原因。

将令

【原文】 将军受命,君必先谋于庙,行令于廷。君身于斧钺授将[①],曰:“左、右、中军,皆有分职,若逾分而上请者死,军无二令,二令者诛,失令者诛。”将军告曰:“出国门之外,期日中设营[②],表置辕门期之[③],如过时则坐法。”将军入营,即闭门清道。有敢行者诛,有敢高言者诛,有敢不从令者诛。

【注释】 ①以斧钺授将:斧钺是古代军法用以杀人的斧子,国君将斧钺授给将领,就表示他有权可以依法斩杀部将、僚属。②期:限定时间,约定。③表:古时观测日影以计时的标杆。期:等待。

【译文】 将领接受任命,国君必须先在宗庙做出计策,然后在朝廷颁布命令。国君亲自把斧钺扔给将领,说:“左、右、中三军将领,各有划定的职权范围,如果越过职权范围而向上请示者要处死。军中不容许有两个发令的人,擅自另外发令的要处死;滞留命令延误战机的要处死;不按照命令行事的要处死。”将军要禀告说:“出国都城门外,约定正中午设立军营,在军营门口竖起表柱标志时间、等待各路将士,如有超过时间才到的要按军法论处。”将军进入军营,便关闭营门戒严道路。有敢违反禁令在营门道路上行走的处死,有敢高声说话的处死,有敢不服从命令的处死。

踵军令

【原文】 所谓踵军者[①],去大军百里,期于会地,为王日熟食,前军而行,为战合之表。合表乃起,踵军飨士,使为之战势,是谓趋战者也[②]。

兴军者,前踵军而行,合表乃起,去大军一倍其道,去踵军百里,期于会地,为六日熟食,使为战备,分卒据要害。战利则败北,按兵而趋之。踵军遇有还者,诛之。所谓诸将之兵在四奇之内者胜也[③]。

兵有什伍,有分有合,豫为之职[④],守要塞关梁而分居之。战合表起,即皆会也。大军为计日之食,起,战具不及也,令行而起,不如令者有诛。

凡称分塞者,四境之内,当兴军踵军既行,则四境之民无得行者。奉王之命,授持符

节，名为顺职之吏。非顺职之吏而行者，诛之。战合表起，顺职之吏乃行，用以相参[5]。故欲将先安内也。

【注释】 ①踵：跟在兴军后面的作战部队。本篇把作战部分分为踵军、兴军、大军、分卒四部分。②趋战：赶到敌人阵地之前去发动进攻，叫趋战。③四奇：指按照作战部队所分担的不同任务分编的四种部队。奇，指四种部队各自的战斗作用。④豫：同“预”。⑤相参：参与谋划。

【译文】 踵军这种作战部队，离大部队100里，预先约定好会合地点，准备好三天的干粮，先于大部队出发，与大部队约好作战时间。预定作战时间一到便迅速动作，踵军士卒举行大会餐，进入临战状态，这就叫赶到敌军阵地之前去发动进攻。

兴军这种作战部队，在踵军的前头行动，预先与大部队约定作战时间，离大部队一倍的道路，离踵军100里，约定好会合地点，准备好六天的干粮，做好一切战备。并派出分卒占据要害地带。战斗顺利便乘势追击敌人，约束好部队紧追不舍。踵军如果遇到有临阵逃跑者，便将他处死。这就是各路将领都按照四种作战部队编制、配合取胜的道理。

部队有以什伍为基础的各种编队，根据作战的需要有分有合，预先规定好各自的作战任务，扼守好各处险要地形、关卡、桥梁。两军相接，预定的作战时间一到，便一起会合到主攻战场上。大部队按预定天数准备好粮食，行动要迅速，作战物资要样样准备妥当。命令一到立即出动，不执行命令的给以惩罚。

国内险要的地形分布在四境之内，在兴军和踵军出动以后，国境内四方的居民便不得外出行走。只有奉国君的命令，持有所授符节，执行特殊任务的官吏是例外。凡不是执行特殊任务的官吏却随便行走的，就把他处死。两军相接，预定攻击时间已到，执行特别使命的官吏才可以通行，他们的职责是参议军事部署。所以，要在战场取胜先要把境内安定好。

兵教上

【原文】 兵之教令[1]，分营居陈。有非令而进退者，加犯教之罪。前行者前行教之，后行者后行教之，左行者左行教之，右行者右行教之。教举五人，其甲首有赏[2]。弗教，如犯教之罪。罗地者自揭其伍[3]，伍内互揭之，免其罪。

凡伍临陈，若一人有不进死于敌，则教者如犯法之罪。凡什保什，若亡一人而九人不尽死于敌，则教者如犯法者之罪。自什以上至于裨将[4]，有不若法者，则教者如犯法者之罪。凡明刑罚，正功赏，必在乎兵教之法。

将异其旗，卒异其章。左军章左肩，右军章右肩，中军章胸前，书其章曰某甲某士。前后章各五行，尊章置首上[5]，其次差降之。任长教其四人，以板为鼓，以瓦为金，以竿为旗。击鼓而进，低旗则趋，击金而退，麾而左之，麾而右之，金鼓俱击而坐。伍长教成，合之什长。什长教成，合之卒长[6]。卒长教成，合之伯长。伯长教成，合之兵尉。兵尉教成，

合之裨将。裨将教成，合之大将。大将教之，陈于中野，置大表三[7]，百步而一。既陈，去表百步而决[8]，百步而趋，百步而鹜，习战以成其节，乃为之赏法，自尉吏而下，尽有旗。战胜得旗者，各视其所得之爵，以明赏劝之心。战胜在乎立威，立威在乎戮力，戮力在乎正罚。正罚者，所以明赏也。

令民背国门之限，决生死之分，教之死而不疑者，有以也[9]。令守者必固，战者必斗；奸谋不作，奸民不语；令行无变，兵行无猜；轻者若霆，奋敌若惊；举功别德[10]，明知白黑，令民从上令，如四肢应心也。前军绝行乱陈，破坚如溃者，有以也。

此谓之兵教。所以开封疆，守社稷，除患害，成武德者也[11]。

【注释】 ①教令：有关训练的命令，既规定了被教者应该做到的，还规定了教者所应该做到的。②甲首：指卒长。③自揭：自己申明，公开讲出。④裨将：副将。⑤尊：为首的，指最前头。⑥卒长：二十五人之长。⑦大表：表示位置的大旗杆或大柱。⑧决：指射箭等战斗动作。⑨以：原因，这里指做到严明赏罚。⑩别：甄别，选拔。⑪武德：指尚武精神。

【译文】 训练士兵的条令规定，按编制排列成队形训练。有不服从命令进退的，就按照违反训练条令论罪。前行的士兵由前行之长负责训练，后行的士兵由后行之长负责训练，左行士兵由左行之长负责训练，右行士兵由右行之长负责训练。训练好一行五人，伍长就应受奖赏。不进行训练，也按照违犯训练条令论罪。不能参加训练的人自己在一伍面前讲明，伍内其他人互相作证，就可以免罪。

一伍士兵临阵应战，如果有一人不拼死向敌人进攻，那么训练的人也按违犯法令论处。一什的人互相连保，如果一个伤亡而其他九人不拼死同敌人作战，那么训练者也按照违犯法令论罪。从什长以上到副将，如果有违犯法令的，那么训练者也按照违犯法令论罪。要严格施行刑罚，正确地表彰、奖赏，都必须在训练条令中体现出来。

将领用不同的旗相区别，士兵用不同的徽章相区别。左军的徽章戴在左肩上，右军的肩章戴在右肩上，中军的徽章佩戴在胸前，徽章上写着第几伍姓名某某。前后佩戴徽章的各排成五行，最前头的徽章佩戴得最高，以下按次序下降。伍长教练其他四人时，用木板当击鼓，用瓦块当鸣金，用竹竿当军旗。击鼓命令前进，军旗低斜下来表示急速前进，鸣金命令后退，旗向左挥，表示向左边前进，旗向右挥，表示向右前进。金鼓并击就跪坐。伍长训练好，合起来什长训练；什长教练好了，合起来由佰长教练；佰长教练好了，合起来由卒长教练；卒长教练好了，合起来由兵尉教练；兵尉教练好了，合起来由副将教练；副将教练好了，合起来由大将教练。大将教练的方法，是让队伍在旷野中布阵，竖立三根大旗杆，每 100 步竖起一根。排列好队形之后，离旗杆百步之外，进行射箭等训练项目，第二个百步训练快步前进，第三个百步训练跑步前进，通过反复练习使士兵熟练掌握军事技术。于是按照规定奖赏，从尉吏以下，都以得旗为准。战胜得旗者，按照他们立功的大小赐给爵位，以申明奖励的用意。战胜敌人要以树立军威作保证，树立军威要以全力

作战作保证,全力作战要以严格施行刑罚作保证。严格施行刑罚,也就为了公开地颁行奖赏。

要让民众告别自己的国门,到战场上敢于舍生赴死,而能毫不犹豫,这是有原因的,就要靠严明赏罚。要达到负责防守的坚守不后退,负责进攻的拼命作战;敌人派出的奸细无法施展计谋,坏人不敢胡说扰乱民心;执行命令毫不走样,部队行动上下毫无猜疑;轻兵出击像雷霆一样迅疾,奋力杀敌有惊人的气势;论功行赏做到人人心里明白,心悦诚服,(总之是)让民众服从上级命令,像理智指挥四肢一样自如。对敌发起进攻就能冲垮敌人的阵势,任凭敌人有再坚固的阵地也如同急流冲决堤防一样将它冲垮,能做到这样,是有原因的啊!

这就叫作教练士兵的办法,依靠它做到开辟疆土,保卫国家,排除祸患,发扬尚武的精神。

兵教下

【原文】 臣闻人君有必胜之道,故能并兼广大以一其制度,则威加天下有十二焉:一曰连刑,谓同罪保伍也。二曰地禁,谓禁止行道,以网外奸也。三曰全车,谓甲首相附,三五相同,以结其联也。四曰开塞,谓分地以限,各死其职而坚守也。五曰分限,谓左右相禁,前后相待,垣车为固,以逆以止也。六曰号别,谓前列务进,以别其后者,不得争先登不次也。七曰五章,谓彰明行列,始卒不乱也。八曰全曲,谓曲折相从,皆有分别也。九曰金鼓,谓兴有功,致有德也。十曰陈车,谓接连前矛,马冒其目也[①]。十一曰死士,谓众军之中有材力者,乘于战车,前后纵横,出奇制胜也。十二曰力卒[②],谓经其全曲,不麾不动也。此十二者教成,犯令不舍[③]。兵弱能强之,主卑能尊之,令弊能起之,民流能亲之,人众能治之,地大能守之。国车不出于阃[④],组甲不出于橐[⑤],而威服天下矣。

兵有五致:为将忘家;逾垠忘亲;指敌忘身;必死则生;急胜为下。百人被刃[⑥],陷行乱陈。千人被刃,擒敌杀将。万人被刃,横行天下。

武王问太公望曰:“吾欲少间而极用人之要[⑦]。”望对曰:“赏如山,罚如谿。太上无过,其次补过,使人无得私语。诸罚而请不罚者死,诸赏而请不赏者死。”

伐国必因其变。示之财以观其穷;示之弊以观其病。上乖者下离[⑧],若此之类,是伐之因也。凡兴师必审内外之权,以计其去。兵有备阙[⑨],粮食有余不足,校所出入之路[⑩],然后兴师伐乱,必能入之。地大而城小者,必先收其地;城大而窄者,必先攻其城;地广而人寡者,则绝其阨[⑪];地狭而人众者,则筑大堙以临之[⑫]。无丧其利,无夺其时,宽其政,夷其业[⑬],救其弊,则足以施天下。

今战国相攻,大伐有德,自伍而两,自两而师[⑭],不一其令。率俾民心不定[⑮],徒尚骄侈[⑯],谋患辨讼,吏究其事,累且败也。日暮途远,还有挫气。师老将贪,争掠易败。

凡将轻、垒卑、众动,可攻也。将重、垒高、众惧[⑰],可围也。凡围必开其小利,使渐夷

弱，则节吝有不食者矣[18]。众夜击者，惊也，众避事者，离也。待人之救，期战而蹙[19]，皆心失而伤气也。伤气败军，曲谋败国。

【注释】 ①前矛：同“前茅”，指先头部队，即前面的战车。②力卒：强有力的士兵。③不舍：同“不赦”。④阃：门坎。这时指国门。⑤组甲：用丝带联结皮革或铁片而成的铠甲。橐：口袋。⑥被刃：被是“及”的意思，接触。被刃，指敢于冒着敌军利刃向前冲锋。⑦少间：很短的时间。指欲用很短时间听到最紧要的话。⑧乖：违背道理。⑨阙：同“缺”。⑩校：原意是对勘订正，这里指侦查清查。⑪阨：险要地方。⑫堙：堆筑起来的攻城的土山。⑬夷：平定，安定。⑭两、师：也是古代军事编制，五伍为两，十两为师。⑮率：通常，一般。俾：使。率俾：指大多数互相攻战的国家都发生的情况。⑯徒：兵士。⑰惧：畏惧，指士兵畏惧将领。⑱节吝：节俭。⑲蹙：皱眉，发愁。

【译文】 我听说国君有必胜的办法，所以能兼并广阔的领土，统一各项制度，用威信加于天下，这些办法共有十二项：一是连刑，即实行什伍连保，有罪同罚。二是地禁，禁止在交战时期随便在道路上通行，以捉拿外奸。三是全车，指伍长相互配合，各个编队之间互相配合，联系紧密。四是开塞，指划分防守的区域，各自尽忠职事，坚守阵地。五是分限，指营区内左右互相警戒，前后互根照应，并把军事陈列在周围作为防守的工具，以便迎击敌人和部队宿营。六是号别，指担任前攻的部队务必领先前进，使与后继部队互相区别开来，后面的部队不要抢先而不按次序。七是五章，指士兵分别佩带五色臂章标明行列，使自始至终队列不乱。八是全曲，指同一部伍在行进中依地形曲折互相连接，与别的部伍不相混淆。九是金鼓，指（号令严明，）部队出动能够立功，进攻能达到目的。十是陈车，指战车从前到后接连排列，战马的双目蒙盖起来，以防受惊。十一是死士，指从各个编队中挑选出材力过人的勇士，乘坐战车，纵横冲杀，出奇制胜。十二是力卒，掌握金鼓铃旗指挥全军，传达命令不会走样。用这十二项办法把军队训练好，若再有违犯法令的决不宽赦。（有这些必胜的办法，）军队战斗力弱的能让它加强，国君威权不高的能使他获得尊严，政令不能有效施行的能振奋一新，流散的民众能重新归附，人口众多也能治理得好，地方广大也能防守坚固。国车不用开出国门，铠甲不用取出，就能威服天下。

用兵要做到五条：被任命为将领就要忘记自己的家庭；越过国土范围要忘记自己的双亲；进攻敌人要忘掉自己；抱着必死的决心反而能够生存；用兵急躁，企图侥幸取胜，是最下策。有100人无所畏惧向敌人进攻，就可以搅乱敌人阵地。有1000人敢无畏进攻，可以生擒敌军，杀死敌将。有1万人无畏地进攻，便可以横行天下，所向无敌。

周武王对太公望说：“我想用最简短的时间听到有关用人的最精要的道理。太公望回答说：“赏赐要如高山般实在，惩罚要如深谷般威严，（赏罚要极其严明。）最理想的是赏罚都无差错，其次是发现差错立即补救，使别人不要暗中议论君长。该受处罚却请求不处罚他的要处死，该受奖赏的请求不受奖赏也要处死。”

进攻别国要利用它内部发生变故。显示一下我方的财物以观察它贫穷的程度；暴露

一下我方的弱点以观察它的弊病。掌权的上层行为乖戾违背情理，下层民众就离心离德，如果是这种情况，就可以利用来进攻它。凡出动军队必须先仔细衡量内外各种情况，以明白事情的利弊。看兵员是充实还是缺少，粮食储备是有余还是不足，摸清进出的道路，然后出兵讨伐祸乱，就必定能攻入敌国。（如果敌国是）领土广大而城邑小，就必须先占领它的领土；如果城池大而领土小，就必须先攻占城池；如果领土广阔而人口稀少的，就先扼守险要地带，断绝交通要道；如果土地狭小而人口稠密的，就要筑起土山强攻。不要损害当地民众的利益，不要耽误当时农时，要实行宽厚政治，使他们能安定生活，补救原先的弊病，就可以做到兼并别国土地，获得天下的民心。

现今战国之间互相攻伐，进攻治理得好的国家。从伍到两到师，各级将吏号令不统一，互相矛盾。其结果造成民心不安定，士兵意骄，心躁，内部摩擦、互相打不完的官司，军吏忙于调查他们的争端，疲惫不堪，最后招致军事上失败。天色昏黑，路程遥远，要折回原地，必定很泄气。士兵疲劳，将领贪财，发生争夺和掠取财物，这样的军队必定容易招致失败。

凡是将领轻率，防御工事低矮，人心浮动的，就可以硬攻。凡是将领稳重，防御工事高，士卒畏惧将领威权的，就可以用包围的办法。包围敌军又要给一点小的好处使他麻痹，使他越来越丧失战斗力，最后不管怎么节省也没有饭可吃了。敌军士兵夜间敲击出声，是惊恐壮胆的举动。敌人士兵们都推掉差事不干，是离心离德的表现。等待救兵来到，盼望会战而又担心忧愁，都是丧失信心、士气低落的表现，丧失士气军队就要失败，谋略错误国家就要遭殃。

兵令上

【原文】 兵者凶器也，争者逆德也。事必有本，故王者伐暴乱[①]，本仁义焉。战国则以立威抗敌相图，故不能废兵也[②]。

兵者，以武为植[③]，以文为种[④]。武为表，文为里。能审此二者，知胜败矣。文所以视利害，辨安危，武所以犯强敌，力攻守也。专一则胜[⑤]，离散则败。

陈以密则固，锋以疏则达[⑥]。卒畏将甚于敌者胜，卒畏敌甚于将者败。所以知胜败者，称将于敌也，敌与将犹权衡焉。安静则治，暴疾则乱。

出卒陈兵有常令，行伍疏散有常法，先后之次有适宜。常令者，非追北袭邑攸用也[⑦]。前后不次则失也，乱先后斩之。常陈皆向敌，有内向，有外向，有立陈，有坐陈。夫内向所以顾中也，外向所以备外也，立陈所以进也，坐陈所以止也，立坐之陈，相参进止[⑧]，将在其中。坐之兵剑斧，立之兵戟弩[⑨]，将亦居中。善御敌者，正兵先合[⑩]，而后扼之[⑪]，此必胜之术也。

陈之斧钺，饬之旗章，有功必赏，犯令必死，存亡死生，在枹之端。虽天下有善兵者，莫能御此矣。矢射未交，长刃未接，前噪者谓之虚，后噪者谓之实，不噪者谓之秘。虚、

实、秘者[12],兵之体也。

【注释】 ①王者:指称王于天下的君主,这是作者希望出现的能制止各国互相攻伐、能统一天下的君主。②废兵:指结束战争。③植:古代植可以解为"柱",这里引申为主干的意思。④种:用种子比喻事情的根本、依据。⑤专一:指文武合一。⑥疏:稀疏。这里指前锋队伍宜稍为疏隔,避免拥挤,便于战斗(从华陆综说)。⑦攸:所。⑧相参:相配合。⑨戟:古代兵器,将戈、矛合成一体,既能直刺,又能横击。⑩合:接战、交锋。⑪扼:控制要害地带。⑫秘:原本脱,从鄂局本改。

【译文】 刀枪是不吉祥的器物,争斗是违背德政的行为。凡事都一定有个根本,因此要争取称王于天下的君主,进行讨伐暴乱的战争,他是把仁义政治作为根本的。而相互征战的诸侯各国却以显示自己兵威、互相对抗为目的,所以战争一直不能停止。

用兵这件事,用武力作为主干,以文德作为根基。武力是外在的形式,文德是内在的实质。能确实弄清楚这二者之间的关系,就能够把握胜败了。文德是观察利害、辨别安危的,武力是用来进攻强敌、稳固地防守的。文德和武力这两手相结合就能取胜,二者分离将招致失败。

布阵要周密才能牢固,进攻的队形则以适当稀疏才便于战斗。士兵畏惧将领超过畏惧敌人的,(这支军队)就胜利;士兵畏惧敌人超过畏惧将领的,(这支军队)就失败。预知胜败的依据,就在衡量将领与敌方的威势,敌方和将领的威势就好比是一架天平。将领沉着镇静部队就秩序良好,将领暴躁鲁莽部队就秩序混乱。

行军布阵有正常的法令,队形疏密有正常的法则,前后次序有适当的规定。所谓正常的法令,并不适用于追歼逃敌、强攻城池的情况。前后没有次序作战就失利,扰乱先后次序的要处死。通常的布阵都面向敌人,有内向,有外向,有立阵,有坐阵。内向布阵是为了保护本身安全,外向布阵是为了防止敌军从外部偷袭。立阵则为了适应行军,坐阵则为了适应宿营。立阵和坐阵要根据行军和宿营相配合,将领则处在阵地中央。坐阵的武器主要是靠剑、斧,立阵的武器主要是靠戟和弓箭,将领也处在阵地中央。善于抗击敌人的将领,先用正面部队与敌人交锋,然后出奇兵扼住要害(给敌军以有力打击),这是必然取胜的战术。

用(国君授予的)斧钺作为执法严明的标志,用军旗和徽章作为军容的装饰,建立军功必定受赏,违犯法令必定处死,而战场上的生死成败,则决定于将领的指挥。(这些方面都做到了,)即使天下有善于用兵的人,也无法抵挡这支(纪律严明、指挥正确的)军队。(在战场上,)双方尚未开始发箭,双方的长枪还未交锋,早早急躁地发出喧哗的是虚张声势,先厮杀而后呐喊的是沉着应战,在阵地上听不到声音的是行动神秘。虚、实、秘,正是用兵的三种不同特点。

兵令下

【原文】 诸去大军为前御之备者,边县列候[1],各相去三五里。闻大军为前御之备

战，则皆禁行，所以安内也。

内卒出戍[②]，令将吏授旗鼓戈甲。发日，后将吏及出县封界者，以坐后戍法[③]。兵戍边一岁遂亡，不候代者，法比亡军。父母妻子知之与同罪，弗知赦之。卒后将吏而至大将所一日，父母妻子尽同罪，卒逃归至家一日，父母妻子弗捕执及不言，亦同罪。

诸战而亡其将吏者，及将吏弃卒独北者，尽斩之。前吏弃其卒而北，后吏能斩之而夺其卒者赏，军无功者戍三岁。三军大战，若大将死而从吏五百人以上不能死敌者斩，大将左右近卒在陈中者皆斩，余士卒有军功者夺一级，无军功者戍三岁。战亡伍人，及伍人战死不得其尸，同伍尽夺其功，得其尸罪皆赦。

军之利害，在国之名实。今名在官而实在家，官不得其实，家不得其名。聚卒为军，有空名而无实，外不足以御敌，仙不足以守国，此军之所以不给，将之所以夺威也。臣以为卒逃归者，同舍伍人及吏罚入粮为饶[④]，名为军实，是有一军之名，而有二实之出，国内空虚，自竭民岁[⑤]，曷以免奔北之祸乎[⑥]？今以法止逃归禁亡军，是兵之一胜也。什伍相联，及战斗则卒吏相救，是兵之二胜也。将能立威，卒能节制，号令明信，攻守皆得，是兵之三胜也。

臣闻古之善用兵者，能杀士卒之半，其次杀其十三，其下杀其十一。能杀其半者威加海内；杀十三者力加诸侯；杀十一者令行士卒。故曰百万之众不用命，不如万人之斗也。万人之斗不用命[⑦]，不如百人之奋也。赏如日月，信如四时，令如斧钺，利如干将[⑧]，士卒不用命者，未之有也。

【注释】 ①列：排列，罗列。候：侦察，指边境上的哨位或侦察哨所。②戍：防守。③坐：坐罪。后戍法：惩治因迟到延误戍守的法令。④饶：宽恕，免予处分。⑤岁：原指一年的农事收成，引申为粮食储备。⑥曷：怎么，何能。⑦不用命："不用命"三字原脱，从鄂局本改。⑧利如干将："利"字原"制"，从鄂局本改。

【译文】 大部队之前被派出担任先遣部队的，应该在边境县份设置哨所，哨所间的距离大约三五里。听到大军即将行动就应加强警戒，禁止行人随便在大路上通过，这样做的目的是保证境内安定。

国内的士兵被征发担任边境防守的，要求将领或军吏授给旗、鼓、武器、盔甲。规定征集的日期，如果士兵比将领、军吏晚期到达，或延误离开本县境界的，按照"后戍法"论罪。士卒到边境防守一年之后，不等待接替防守者来到就逃跑的，要按照临阵脱逃的法令治罪。如果父、母、妻子、子女知情的，要一同治罪，不知情则赦免。士卒没有随同将领、军吏一起到大将军营，迟到一日，父、母、妻子、子女一律同样治罪；士卒逃亡回到家中一日，父、母、妻子、子女不把他抓捕又不报告的，也一同治罪。

在作战中（士卒）丢下将吏不管，以及将吏丢下士卒逃跑的，都要处斩。前面的将吏丢下士卒逃跑，后面（跟上来）的将吏能将他斩首并能带领他的士兵的受奖赏，这些士兵没有军功的罚守边三年。三军参加的大会战，如果大将战死而跟随他的军吏管带500人

以上不能战死的一律处斩，大将左右负责卫护的士卒在阵中的也处斩，其他士卒有军功的降一级，没有军功的罚戍边三年。作战中同伍人战死，以及同伍人战死却不能将他的尸首夺回来的，同伍的士卒一律取消军功，如果能夺回战死者的尸体则赦免。

军队的利弊，在于国家兵员名额与实际人数是否相符。现在不少士兵名籍在军队而本人实际在家里，军队得不到这个人服役，家里的户口名册上又没有他的名字。征集士兵组成军队，只有名册上的空名额而实际兵员却不足，这样，对外没有足够的力量抗击敌人，对内没有足够的力量守卫国家，这就是军队不能充实、将领降低威信的缘故。我认为现在士兵逃跑回家的，他的同伍战士和上司官吏都要罚交粮食赎罪，名义上是军粮，实际上只有一个当兵名额，却要出二份军粮。结果是国库空虚，百姓的存粮也被搞光，这怎么能免除战争失败的灾祸呢？现在用法令禁止士卒逃跑回家，是争取作战胜利的措施之一。规定军队中什伍连保，以及战场上士兵与军吏互相救援，是争取作战胜利的措施之二。将领能够树立起权威，士卒都受到严格的统制，号令严明能够有效地执行，进攻和防守都能达到目的，这是作战取胜的措施之三。

我听说，古代善于用兵的将领对于违法者严厉处罚，能杀死士卒的一半，次一等的杀死十分之三，最少也杀死十分之一。能够杀死士卒一半的威加天下无可阻挡，杀死十分之三的能压服诸侯国，杀死十分之一的使士卒畏惧服从。所以说，即使拥有百万军队却不服从命令，不如靠一万人作战。一万人作战却不服从命令，不如靠一百人奋勇杀敌，赏赐像日月那样明正，信用像四时那样可靠，命令像斧钺一样威严，进攻的气势像宝剑一样锋利，在这样的情况下，士兵不听从命令的现象是从来没有的。

孙膑兵法

【导语】

《孙膑兵书》作者孙膑，齐国人，兵圣孙武的后世子孙，战国中期著名的军事家和军事理论家。真名不详，因其曾受膑刑，故称孙膑。

《孙膑兵书》又名《齐孙子》，系与《孙子兵书》区别之故。《汉书·艺文志》称"《齐孙子》八十九篇，图四卷"，但自从《隋书·经籍志》开始，便不见于历代著录，大约在东汉末年便已失传。1972年，银雀山汉墓竹简出土，这部古兵法始重见天日。但由于年代久远，竹简残缺不全，损坏严重。经竹简整理小组整理考证，文物出版社于1975年出版了简本《孙膑兵书》，共收竹简364枚，分上、下编，各15篇。对于这批简文，学术界一般认为，上篇当属原著无疑，系在孙膑著述和言论的基础上经弟子辑录、整理而成；下篇内容虽与上篇内容相类，但也存在着编撰体例上的不同，是否为孙膑及其弟子所著尚无充分的证据。1985年，文物出版社出版的《银雀山汉墓竹简(壹)》中，收入《孙膑兵书》16篇，系原上编诸篇加上下篇中的《五教法》而成，其篇目依次为：擒庞涓、见威王、威王问、陈忌问垒、篡卒、月战、八阵、地葆、势备、兵情、行篡、杀士、延气、官一、五教法、强兵。这里我们选录了1975年文物出版社出版上下编，即30篇本，内容详见正文。

孙膑像

在战争观上，它强调战争服从于政治、依赖于经济；认为"强兵之急"在于富国，只有国富、兵强、民安，才能"战胜而强立"；既反对企图闭门而治的幻想，又反对穷兵黩武，强调积极备战，"事备而后动"。

在军队建设上，它认为应该"间于天地之间，莫责于人"，把提高人的素质作为强兵的关键所在；强调治军不但要信赏明罚、令行禁止，还要对士卒进行系统的教育训练，包括政治教育、队列训练、行军训练、阵法训练、战法训练等多方面的内容，从而提高军队的全面素质。

在战争指导上，《孙膑兵书》创造性地提出了以"道"制胜的观点。这里的"道"相当于我们现在所说的战争规律。

在作战指导上，《孙膑兵书》提出了"必攻不守"的观点，创造性地发展了孙子的虚实理论。

《孙膑兵书》具有不可忽视的重要价值，它是战国时期一部不可多得的重要军事理论著作。

擒庞涓①

【原文】 昔者，梁君将攻邯郸②，使将军庞涓、带甲③八万至于茬丘④。

齐君⑤闻之，使将军忌子⑥、带甲八万至……竞。庞子攻卫⑦□□□，将军忌子……卫□□，救与……曰："若不救卫，将何为？"孙子曰："请南攻平陵⑧。平陵，其城小而县大，人众甲兵盛，东阳战邑⑨，难攻也。吾将示之疑。吾攻平陵，南有宋⑩，北有卫，当途有市丘⑪，是吾粮途绝也。吾将示之不知事。"于是徙舍⑫而走平陵。

……陵，忌子召孙子而问曰："事将何为？"孙子曰："都大夫孰⑬为不识事？"曰："齐城、高唐⑭。"

孙子曰："请取所……二大夫□以□□□臧□□都横卷四达环涂⑮□横卷所□阵也。环涂𫐐甲⑯之所处也。吾末甲劲，本甲⑰不断。环涂击柀⑱其后，二大夫可杀也⑲。"于是段齐城、高唐为两⑳，直将蚁附㉑平陵。挟苣㉒环涂夹击其后，齐城、高唐当术而大败㉓。将军忌子召孙子问曰："吾攻平陵不得而亡齐城、高唐，当术而厥㉔。事将何为？"

孙子曰："请遣轻车西驰梁郊㉕，以怒其气。分卒而从之，示之寡㉖。"于是为之。庞子果弃其辎重㉗，兼趣舍㉘而至。孙子弗息而击之桂陵㉙，而擒庞涓㉚。故曰，孙子之所以为者尽矣㉛。

【注释】 ①此是篇题，写在本篇第一简简背。庞涓，战国时人，早年曾与孙膑同学兵法，后被魏惠王任为将军。简文中庞涓又称庞子。②梁君：指魏国国君惠王（公元前369~前319年在位）。魏国在惠王时迁都大梁（今河南开封），故魏又称梁。邯郸：赵国国都，今河北邯郸。③带甲：穿有铠甲的士卒，此处泛指军队。④茬丘：地名，其地不详。⑤齐君：指齐威王（公元前356~前320年在位）。⑥忌子：即田忌，齐国的将军，曾荐孙膑于齐威王。⑦卫：国名，原建都朝歌（今河南淇县），春秋时迁都帝丘（今河南濮阳）。⑧平陵：地名。据下文"吾攻平陵，南有宋，北有卫"，则此平陵应在宋、卫之间。⑨东阳：地区名。战邑：指平陵。意谓平陵是东阳地区军事上的重要城邑。⑩宋：国名，原建都商丘（今河南商丘），战国初期迁都彭城（今江苏徐州）。⑪市丘：地名，在魏国。⑫徙舍：拔营。走，急趋。⑬都：齐国称大城邑为都。都大夫：治理"都"的长官。这里似指那些率领自己都邑军队跟从田忌参加战争的都大夫。孰：谁。⑭齐城、高唐：齐国的两个都邑。齐城：疑即齐都临淄，在今山东临淄。高唐：在今山东高唐、禹城之间。⑮环涂：下文屡见，疑是魏军驻地或将领之名。一说"环涂"即"环途"，迂回的意思。⑯𫐐𫐐：疑借为彼此之彼。⑰末甲：后续部队。本甲：前锋部队。⑱柀：疑借为破。⑲孙膑的意思似是要牺牲"不识事"的二大夫，使魏军产生齐军软弱无能的错觉。⑳段：借为断。意谓把齐城、高唐二大夫带领的军队分成两部。㉑蚁附：指攻城，形容军士攻城时攀登城墙，如蚂蚁附壁而上。㉒挟苣：疑是魏军驻地或将领之名。一说借为浃渫，形容军队相连不断。㉓术：道路。意谓齐城和高唐二大夫的军队在行军的道路上大败。㉔厥：借为蹶，摔倒，败。㉕请

派遣轻快的战车向西直趋魏国国都大梁城郊。㉖以上两句意谓把队伍分散，让敌人觉得我方兵力单薄。㉗辎重：军用物资器材。㉘趣：行进。舍：止息。趣舍：指行军。"兼趣舍"就是急行军，昼夜不停。㉙弗息：不停息。桂陵：地名，在今山东菏泽东北。㉚《史记·魏世家》记魏惠王十八年（据《竹书纪年》当为十七年，公元前353年）齐、魏桂陵之战，没有提到庞涓；记后十三年（据《竹书纪中》当为后十二年）的马陵之战时，说庞涓被杀，太子申被虏（《史记·孙子吴起列传》所记略同，但谓庞涓自杀）。简文记庞涓于桂陵之役被擒，与《史记》所记不同。㉛尽：终极。意思是称赞孙膑的作为尽善尽美。

【译文】 从前，魏惠王准备攻打赵国都城邯郸，由大将庞涓统领8万大军来到卫国的茬丘。

齐威王知晓后，立即派大将田忌带领8万军兵开到齐国和卫国边境。庞涓攻打卫国，形势十分危急。田忌将军要救卫国，但有种种难以克服的困难，一时无计可施，便和谋士孙膑商议。孙膑指出，不能直接去救卫国。田忌一听，十分着急，便问道："如果不去救卫国，那怎么办呢？"孙膑说："请将军南下攻打魏国的平陵。平陵城池虽小，但管辖的地区很大，人口众多，兵力很强，是东阳地区的战略要地，很难攻克。我军可以故意在这里用兵，以便迷惑敌军。我军攻打平陵，平陵南面是宋国，北面是卫国，进军途中还要经过魏国的市丘，我军的运粮通道很容易被阻断。我们要假装不知道这种危险。"田忌接受了孙膑的计谋，拔营向平陵进军。

接近平陵时，田忌又请来孙膑，问道："该怎么攻打平陵呢？"孙膑说："大将军，您难道还不明白我们的计谋吗？"田忌说："分兵齐城、高唐。"

孙膑说："请派两位将领带兵从齐城、高唐攻击环涂地区魏军。环涂是魏军屯驻之地。我军让前锋发起猛烈进攻，主力部队却按兵不动。环涂的魏军必定会反击，两位将军可能打败仗，甚至牺牲。"

于是，田忌分兵两路，从齐城、高唐直向平陵进击。果然如孙膑所料，挟茬、环涂两处魏军从后面夹击齐军，两路齐军大败。田忌急忙召孙膑问计："我军没攻下平陵，反而失去齐城、高唐，遭受很大损失，现在该怎么办呢？"

孙膑说："请立即派出轻装战车，往西围困魏国都城城郊，激怒庞涓。庞涓必定回兵救魏国国都。我军只需分出少数兵力和庞涓交战，显出我军兵力单薄的样子。"田忌一一照办。庞涓果然丢掉辎重，昼夜兼程回救魏都。孙膑带领主力部队在桂陵埋伏，一举击败庞涓。所以，人们赞叹说，孙膑用兵如神啊。

见威王

【原文】 **孙子见威王，曰："夫兵者，非士恒势也[①]。此先王之傅道也[②]。战胜，则所以在亡国而继绝世也[③]。战不胜，则所以削地而危社稷[④]也。是故兵者不可不察。然夫乐兵[⑤]者亡，而利胜[⑥]者辱。兵非所乐也，而胜非所利也。事备[⑦]而后动。故城小而守固者，**

有委[8]也;卒寡而兵强者,有义也。夫守而无委,战而无义,天下无能以固且强者。

尧有天下之时,黜王命而弗行者七,夷[9]有二,中国[10]四,……素佚而致利也[11]。战胜而强立,效天下服矣。昔者,神戎战斧遂[12];黄帝战蜀禄[13];尧伐共工[14];舜伐厥□□而并三苗[15],……管;汤放桀[16];武王伐纣[17];帝奄[18]反,故周公浅之[19]。故曰,德不若五帝[20],而能不及三王[21],智不若周公,曰我将欲责[22]仁义,式[23]礼乐,垂衣裳[24],以禁争夺。此尧舜非弗欲也,不可得,效举兵绳[25]之。"

【注释】 ①士:借为恃。意谓军事上没有永恒不变的有利形势可以依赖。②傅:借为敷,布,施。意谓这是先王所传布的道理。一说"傅"为"传"字之误。③在:存。孙膑这句话的意思是说战争的胜负关系到国家的存亡。④社:土神。稷,谷神。古代以社稷代表国家。⑤乐兵:好战。⑥利胜:贪图胜利。⑦事备:做好战争的准备。⑧委:委积,即物资储备。⑨夷:指古代我国东方地区的部族。⑩中国:指中原地区。⑪此句上文残缺,原文大概是说帝王不能无所作为而致利。佚:同逸,安闲。⑫神戎:即神农。斧遂:或作补遂。《战国策·秦策》:"昔者神农伐补遂。"⑬蜀禄:即涿鹿,地名。《战国策·秦策》:"黄帝伐涿鹿而禽蚩尤。"⑭共工:传说中的部落首领。⑮并:借为屏,屏除,放逐。意谓传说舜曾征伐过南方部落三苗。⑯汤:商朝开国国君。桀:夏朝最后的国君。放:流放。⑰武王指周武王,周王朝的建立者。纣:即商纣王,商朝最后一个王。⑱帝:疑是商字之误。奄:商的同盟国,在今山东曲阜东。⑲周公:周武王弟。武王死,子成王年幼,周公辅政。浅:借为践,毁、灭之意。据:《史记·周本纪》记载,周灭商后,被封的纣王之子武庚又联合奄、徐等国叛周,被周公征服。⑳关于五帝,历来说法不一。据《史记》,指黄帝、颛顼、帝喾、尧、舜。简文似以神农为五帝之一。㉑三王:指夏、商、周三代开国的君主,即夏禹、商汤、周文王和周武王。㉒责:借为积。㉓式:用。㉔垂衣裳:譬喻雍容礼让,不进行战争。㉕绳:纠正。意谓以战争解决问题。

【译文】 孙膑拜见齐威王,对他说:"用兵之道,并没有固定不变的模式。这是先王所陈述的道理。一个国家取得战争的胜利,就可以避免亡国,社稷才能安稳、久远。如果不能取胜,就会割让土地,以至危及国家生存了。所以,用兵不可不慎重对待。那些轻率用兵的人常遭失败,贪图胜利者常遭屈辱。所以说,用兵绝不能轻率,胜利也不是靠贪求而能得到,用兵必须做好充分准备,才能付诸行动。这样,就算城池很小,也能够坚持,这是因为有充足的储备;兵力不足,而战斗力强,是因为正义在自己一方。如果储备不足而守卫,没有正义而进行战争,如此,世上没有任何人能够固守不败,没有任何人能取得战争胜利。

唐尧治理国家时,拒不执行王命的部落共有7个,其中蛮夷地区有2个,中原地区4个……只因唐尧注重休养生息,积蓄力量,才创造了有利条件,战胜了各部落,而居于强者地位,全国都臣服于他。从前,神农氏和斧遂作战,黄帝和蜀禄交锋,唐尧讨伐共工,虞舜征讨厥……及平定三苗,……商汤驱逐夏桀,周武王讨伐商纣王,商奄反叛,周公很快

就将其平定了。现在,有些人,功德比不上五帝,才能不及三王,智慧不及周公,却说'我要以积蓄仁义,实行礼乐,不用武力,来制止争夺。'其实,这种办法,并不是尧、舜不想实行,而是这种办法行不通,只好用战争去制止战争。"

威王问[1]

【原文】 齐威王问用兵孙子[2],曰:"两军相当,两将相望[3],皆坚而固,莫敢先举[4],为之奈何?"孙子答曰:"以轻卒尝[5]之,贱而勇者将[6]之,期于北[7],毋期于得[8]。为之微阵以触其侧[9]。是谓大得。"

威王曰:"用众用寡有道乎?"孙子曰:"有"。威王曰:"我强敌弱,我众敌寡,用之奈何?"孙子再拜曰:"明王之问。夫众且强,犹问用之,则安国之道也。命[10]之曰赞师。毁卒乱行[11],以顺其志,则必战矣。"

威王曰:"敌众我寡,敌强我弱,用之奈何?"孙子曰:"命曰让威。必臧其尾,令之能归[12]。长兵[13]在前,短兵[14]在□,为之流弩,以助其急者[15]。□□毋动,以待敌能[16]。"

威王曰:"我出敌出,未知众少,用之奈何?"孙子曰[17]:"命曰……威王曰:"击穷寇奈何?"孙子曰……可以待生计矣。"

威王曰:"击均[18]奈何?"孙子曰:"营而离之[19],我并卒[20]而击之,毋令敌知之。然而不离[21],按而止[22]。毋击疑。"威王曰:"以一击十,有道乎?"孙子曰:"有。攻其无备,出其不意[23]。"

威王曰:"地平卒齐[24],合[25]而北者,何也?"孙子曰:"其阵无锋也。"威王曰:"令民素听[26],奈何?"孙子曰:"素信[27]。"威王曰:"善哉！言兵势不穷[28]。"

田忌问孙子曰:"患兵者何也？困敌者何也？壁延不得者何也？失天者何也？失地者何也？失人者何也？请问此六者有道乎?"孙子曰:"有。患兵者地也,困敌者险也。故曰,三里灊洳将患军[29]……涉将留大甲[30]。故曰,患兵者地也,困敌者险也,壁延不得者渋寒[31]也,……奈何?"[32]

孙子曰:"鼓而坐之[33],十而揄之[34]。"田忌曰:"行阵已定,动而令士必听,奈何?"孙子曰:"严而示之利[35]。"田忌曰:"赏罚者,兵之急者[36]耶?"孙子曰:"非。夫赏者,所以喜众,令士忘死也。罚者,所以正乱[37],令民畏上[38]也。可以益胜[39],非其急者也。"

田忌曰:"权、势、谋、诈,兵之急者耶?"孙子曰:"非也。夫权者,所以聚众也。势者,所以令士必斗也。谋者,所以令敌无备也。诈者,所以困敌也。可以益胜,非其急者也。"田忌忿然作色:"此六者,皆善者[40]所用,而子大夫[41]曰非其急者也。然则其急者何也?"

孙子曰:"料敌计险[42],必察远近,……将之道也。必攻不守[43],兵之急者也。……骨也。"田忌问孙子曰:"张军[44]毋战有道?"孙子曰:"有。倅险增垒[45],诤戒[46]毋动,毋可□□毋可怒。"

田忌曰:"敌众且武,必战有道乎?"孙子曰:"有。埤垒广志[47],严正辑众[48],避而骄之,

引而劳之，攻其无备，出其不意，必以为久[49]。”田忌问孙子曰：“锥行者何也？雁行者何也[50]？篡卒[51]为士者何也？劲弩趋发[52]者何也？飘风之阵者何也？众卒[53]者何也？”孙子曰：“锥行者，所以冲坚毁锐也。雁行者，所以触侧应□也。篡卒力士者，所以绝阵取将[54]也。劲弩趋发者，所以甘战持久也。飘风之阵者，所以回□□□也。众卒者，所以分功有胜也。”

孙子曰：“明主、知道[55]之将，不以众卒几[56]功。”孙子出而弟子问曰：“威王、田忌臣主之问何如？”孙子曰：“威王问九，田忌问七[57]，几[58]知兵矣，而未达于道[59]也。吾闻素信者昌，立义……用兵无备者伤，穷兵[60]者亡。齐三世其忧矣[61]。”

【注释】 ①此是篇题，写在本篇第一简简背。②齐威王问用兵的道理于孙膑。③相望：对峙。④先举：先采取行动。⑤尝：试探。⑥将：率领。⑦期：预期。北，败北。⑧得：得胜。⑨微：隐蔽的。意谓以一部分隐蔽的兵力袭击敌军的侧面。⑩命：名。⑪卒：古代军队组织的一种单位。意谓故意使阵列显得混乱，以诱惑敌人。⑫臧：疑借为藏。意谓隐蔽好后面的部队，以便撤退。⑬长兵：长柄兵器，如戈矛。⑭短兵：短柄兵器，如刀剑。⑮弩：用机械发箭的弓。流弩，即机动的弩兵。意谓在危急的时候，以机动的弩兵救应。⑯《通典》卷一百五十九引《孙子》佚文：“敌鼓噪不进，以观吾能。”“能”字用法与此相近。⑰“曰”字原简写脱，据文义补。⑱击均：攻击势均力敌的敌人。⑲营：迷惑。离：分离。意谓迷惑敌人，使之分散兵力。⑳并卒：集中兵力。㉑不离：谓敌人不分散兵力。㉒指我方按兵不动。㉓此二句见于《孙子·计》。㉔平：平敞。齐：严整。此句意谓地形和士卒条件都很好，却打败仗。㉕合：交战。㉖素：平时，一贯。听：听从命令。㉗信：守信用。㉘一说此句应读作：“善哉言！兵势不穷……”此简与下一简之间尚有缺简。㉙瀸洳：即沮洳，沼泽泥泞地区。意谓周围若有三里沼泽泥泞地带，则将为军队的患害。㉚大甲：疑指全副武装、铠甲坚厚的兵卒。㉛渠寒：疑借为渠幨，即渠幨，亦称渠答，张在城上防矢石的设备。一说渠答就是蒺藜。㉜此处下引号与前一上引号无关。“……壁延不得者渠寒也……”是孙膑的话，“……奈何？”应是田忌的话，其间有脱简。㉝鼓：击鼓。古代用鼓指挥进攻。坐：疑借为挫。此句可能是说用进攻来挫败敌人。㉞揄：引。疑此句意谓以多种办法引诱敌人。㉟意谓要有严明的法纪，又要有奖励。㊱急者：最要紧的事情。㊲正乱：整饬军纪。㊳畏上：敬畏上级。㊴益胜：有助于取胜。㊵善者：指善战者。㊶子大夫：敬称，此处指孙膑。㊷分析敌情：审察地形。㊸指以进攻为主，而不是以防御为主的战略。㊹张军：即陈兵。㊺悴：借为萃，居止的意思。意谓凭据险要，增高壁垒。㊻诤：借为静。戒：戒备。意谓加强戒备，按兵不动。㊼埤：同卑。广志：发扬士气。意谓修筑低垒，表示无所畏惧，以激励士气。㊽正：疑借为政。辑：团结。意谓严明法令，以团结士卒。㊾意谓必须持久。㊿锥行、雁行：皆阵名，参看《十阵》。(51)篡：借为选卒，经过挑选的善战的士卒。(52)劲弩：强弩。趋发：利箭。(53)众卒：与选卒相对，指一般士卒。(54)绝阵取将：破敌阵、擒敌将。(55)道：法则，规律。(56)几：这里作指望讲。(57)九和七疑指威王与田忌所问

问题的数目。据上文,威王所问有“两军相当……”“我强敌弱……”“敌众我寡……”“我出敌出……”“击穷寇”“击均”“以一击十”“地平卒齐……”“令民素听”等九个问题,田忌所问有“患兵者何也……”“……奈何”“行阵已定……”“兵之急者”“张军毋战”“敌众且武必战”“锥行者何也……”等7个问题,与此处所说的数字正相符合。㊽几:这里作接近讲。㊾未达于道:意谓还没能达到掌握战争规律的境地。㊿穷兵:指穷兵黩武。51齐国在威王、宣王时,国势很强,至湣王末年为燕国所败之后,国势遂衰。自威王至湣王,恰为三世。由此看来,《孙膑兵书》有可能是孙膑后学在湣王以后写定的。

【译文】 齐威王和孙膑讨论用兵问题时,齐威王问他:“如果两军势力相当,双方的将领对阵,阵势都十分坚固,谁也不敢先发动攻击时,应该怎么办呢?”孙膑回答道:“先派出少量兵力,由勇敢的低级将领带领去试探敌情,要做好试探失败的准备,不要只想取胜,试探的军队要用隐蔽的行动,攻击敌阵侧翼。这就是取胜的方法。”

威王问:“用兵多少有一定的规律吗?”孙膑说:“有。”威王问:“在我强敌弱,我方兵多敌方兵少时,该怎么办?”孙膑向齐威王行礼后回答道:“君主所提问题真是英明。在我方兵多势强的形势下,还问如何用兵,这种谨慎的态度,确实是安邦的根本。在这种形势下,可以采用诱敌策略,叫作‘赞师’,即是故意让本方军队队形散乱,迎合敌方心理,引敌方和本方交战。”威王又问:“如果敌方兵多,敌强我弱,又该怎么办呢?”孙膑说:“要采取退避战术,叫作‘退威’,避过敌军的锋锐。但要做好后卫的掩护工作,让自己的军队能安全后退。后退军队持长兵器的军兵在前,持短兵器的军兵在后,并配备弓箭,作为应急之用。……我方军队要按兵不动,等待敌军疲惫时再伺机出动。”

威王问:“我军和敌军同时出动,而又不知敌军兵力多少时,该怎么办呢?”孙膑说:“叫……”威王问:“如何追击穷寇?”孙膑说:“……可以等待时机。”

威王问:“如果双方势力相当该怎么办?”孙膑回答道:“要迷惑敌军,分散其兵力,我军抓住战机,在敌军尚未发现之时,给以突然袭击。但是,在敌军兵力没有分散时,要按兵不动,耐心等待战机。千万不要中敌军疑兵之计,盲目出击。”威王问,“如果我军和敌军兵力为一比十时,有攻击敌军的办法吗?”孙膑回答道:“有!可以采用‘攻其无备,出其不意’的战术,对敌军采取突然袭击。”

威王问:“在地利和兵力都相当的情况下,却遭遇失败,又是什么原因呢?”孙膑回答:“这是由于自己的军阵没有锋锐。”。威王问:“怎样才能使得军兵听命?”孙膑答道:“靠平时的威信。”威王说:“你说得太对了!你讲的用兵的方法真让人受用无穷啊!”

田忌问孙膑:“用兵的忧虑是什么?使敌军陷入困境的办法是什么?不能攻占壁垒壕沟的原因为何呢?失去天时的原因是什么?失去地利的原因是什么?失去人和的原因是什么?请问,这6项有没有规律可循?”孙膑回答道:“有。用兵最大的忧虑是不得地利。让敌军陷入困境的办法是据险。所以说,几里沼泽地带就能妨碍军队行动。……可以见得,用兵的忧虑是不得地利,困敌的办法是据险。不能攻克壁垒壕沟的原因则在于

没有障碍物。……又能怎样呢?"

孙膑说:"击鼓做出进军的样子而实际按兵不动,等待敌军来攻,千方百计引诱敌军。"田忌问:"进军部署已经确定,在行动中怎样让军兵完全听从命令呢?"孙膑回答说:"严明军纪,同时又明令悬赏。"田忌问:"赏罚是用兵中最要紧的事项吗?"孙膑说:"不是。赏赐是提高士气,使得军兵忘死舍生作战的办法;处罚是严明军纪,让军兵对上畏服的手段。赏赐有助于取得胜利,但不是用兵最要紧的事项。"

田忌又问:"那么,权力、威势、智谋、诡诈是用兵最紧要的事项吗?"孙膑回答:"也不是。权力是保证军队整体指挥的必需,威势是保证军兵的条件,智谋可以使敌军无处可防,诡诈能让敌军陷入困境。这些都有助于取得胜利,但又都不是用兵最要紧的事项。"田忌气得变了脸色地说:"这6项都是善于用兵的人常用的,而您却说这些都不是最重要的事项,那什么才是最要紧的呢?"

孙膑说:"充分了解敌情,根据当时形势和战局将会出现的变化,利用好地形……这就是领兵打仗的规律。善于进攻而不消极防备,这才是用兵最要紧的。"田忌再问孙膑:"敌军摆开阵势却不进攻,有办法对付吗?"孙膑说:"有办法。利用险要地形增加堡垒,约束士兵,不许轻举妄动,不要被敌军的挑衅所激怒。"

田忌问:"敌军兵多而且勇猛,有战胜敌军的办法吗?"孙膑说:"有。要增加堡垒,广设旗帜,用以迷惑敌军,并且严申军令,约束士兵,避敌锐气,使敌军骄傲自满,并设法牵引敌军,使敌军劳乏,然后出其不意,攻其无备,消灭敌军力量,同时还要做好打持久战的准备。"

田忌问孙膑:"采用锥形队形有什么作用?用雁形队形有什么作用?选拔强壮士兵作什么用?使用发射强弩硬弓的士兵起什么作用?用飘风一般快速机动的队形起什么作用?普通士兵又起什么作用?"孙膑说:"采用锥形队形,是为了冲破敌军坚固的阵地,摧毁敌军的精锐部队。运用雁形队形是对敌时便于本方相互策应。选拔强壮士兵是为了决战时能够捕捉敌人的首领。使用发射强弓硬弩的士兵是为了在双方相持不下时能够坚持作战。使用飘风式机动快速队形……普通士兵则是配合作战,保障战斗胜利。"

孙膑又说:"明智的君王和精通兵法的将领,都不会用普通士兵去完成关键任务。"问答完毕,孙膑走出来。他的弟子问他:"威王和田忌问策的情况怎么样?"孙膑说:"威王问了9个问题,田忌问了7个问题,可以算明白用兵之道,但还没有完全掌握战争规律。我听说,一贯讲信用的君王,其国家必然强大,……没有做好准备而用兵的人必定失败,穷兵黩武的人必定灭亡。齐国已有三代之久,应该有忧患意识啊!"

陈忌问垒[1]

【原文】 田忌问孙子曰:"吾卒……不禁,为之奈何?"孙子曰:"明将之问也。此者人之所过而不急也。此□之所以疾……志也。"

田忌曰："可得闻乎？"曰："可。用此者，所以应猝窘处隘塞死地之中也[2]。是吾所以取庞□而擒太子申也[3]。"田忌曰："善。事已往而形不见。"

孙子曰："蒺藜者，所以当沟池也[4]。车者，所以当垒【也】。□□【者】，所以当堞[5]也。发[6]者，所以当埤垷也[7]。长兵次之，所以救其隋也[8]。钒[9]次之者，所以为长兵□也。短兵次之者，所以难其归而徼其衰也[10]。弩次之者，所以当投机也[11]。中央无人，故盈之以……卒已定，乃具其法。

"制曰：以弩次蒺藜，然后以其法射之。垒上弩戟分[12]。法曰：见使枼来言而动……去守五里置候[13]，令相见也。高则方之，下则圆之[14]。夜则举鼓，昼则举旗。"

田忌问孙子曰："子言晋邦[15]之将荀息[16]、孙轸[17]之于兵也，未……[18]……无以军恐不守。"忌子曰："善。"田忌问孙子曰："子言晋邦之将荀息、孙【轸】……也，劲将之阵也。"孙子曰："士卒……田忌曰："善。独行之将也。……言而后中。"田忌请问……人。"田忌请问兵情奈何？……见弗䡾"田忌服问孙……橐□□□焉。"孙子曰："兵之……应之。"

孙子曰："伍……孙子曰：……见之。"孙子……以也。"孙……将战书柧[19]，所以哀正也。诛□规旗，所以严后也。善为阵者，必□□贤……明之吴越，言之于齐。曰知孙氏之道者，必合于天地。孙氏者[20]……求其道，国故长久。"

孙子……问知道奈何。"孙子……而先知胜不胜之谓知道。□战而知其所……所以知敌，所以曰智，故兵无……

【注释】 ①此是篇题，写在本篇第一简简背。陈忌即田忌，陈、田二字古代音近通用。②应猝：应付突然发生的事变。这句的意思可能是说：这种方法是用来应付处于隘塞死地之中的紧急情况的。③"庞"下所缺之字当为"子"或"涓"字。太子申，魏惠王的长子。④蒺藜：古代用木或金属制成的带刺的障碍物，布在地面以阻碍敌军前进。因与蒺藜果实形似，故名蒺藜。池，护城河。此句意谓蒺藜的作用相当于沟池；⑤堞：城墙上的矮墙。⑥发：疑借为瞂，即盾。⑦埤垷：城墙上有孔的矮墙。意谓瞂的作用相当于埤垷。⑧隋：疑借为隳，危也。⑨钒：小矛。⑩徼：通"邀"，截击。衰：疲惫。意谓截断敌军的归路，阻击疲惫的敌人。⑪投机：抛石机。意谓弩的作用相当于抛石机。⑫分：半。意谓壁垒上弩和戟各占一半。⑬候：即斥候。意谓距守望之处五里设置哨所。⑭方和圆疑指哨所的外形。⑮晋邦：晋国。⑯荀息：春秋时晋国名将。⑰孙轸：《汉书·艺文志》兵形势家有《孙轸》五篇、图二卷。疑孙轸即先轸，春秋时晋国名将。⑱自此以下各简，字体与本篇前面的简文相似，其中有的简似不属于本篇，但由于残缺过甚，不能单独成篇，故附于此。⑲柧：或作觚，古人在上面写字用得多棱的木条。⑳这里大概是把孙武、孙膑的军事理论作为一家的学说看待。"明之吴越"，是说孙武运用此种军事理论于吴越。"言之于齐"，是说孙膑以此种军事理论言之于齐威王。由于兼包两个孙子而言，所以称"孙氏"，不称"孙子"。

【译文】 田忌问孙膑："我们的将士突遇敌人，难以制其进攻，该怎么应对呢？"孙膑

答道:“这是聪明的将领提的问题。这是一个人们常常忽略而不看重的问题……”

田忌说:“您能讲给我听吗?”孙膑说:“可以。这个办法可以在突然陷入困境,或者进入地形不利的地境时运用。也是我用以战胜庞涓并活捉魏太子申的计略。”田忌说:“太妙了!但可惜事情已经过去,当时的情景已看不见了。”

孙膑说:“当时,我用蒺藜布阵,起壕沟的作用。用战车布阵,当作壁垒。……当作矮墙。用盾牌当作城头带洞的矮墙,既可防御,又可往外射箭。后面部署用长兵器的部队,作为紧急救援部队。长兵器部队后面部署使用小矛的部队,用以支持用长兵器的部队。而使用短兵器的部队,则用来断其后路,截击倦乏的敌军。弓弩兵发挥抛石机的作用。阵地中央没有军兵,因此布满,……一切就这样部署完成,完全符合兵法要求。兵法上说:‘把弓弩兵部署在蒺藜后面,然后按要求射击敌军。堡垒中,弓弩兵和用戟的兵各占一半。’兵法又说:‘要等派出去的侦察人员回来报告敌情后方可出击,……要在离守卫阵地五里远的地方设置瞭望哨,要让瞭望哨和守卫阵地相互见。倘若是在高处,就设置方形瞭望台;如处于低处,则设置圆形瞭望台。夜间用鼓声联络,白天举旗联络。’”

篡卒①

【原文】 **孙子曰:兵之胜在于篡卒②,其勇在于制③,其巧在于势④,其利在于信⑤,其德在于道⑥,其富在于亟归⑦,其强在于休民⑧,其伤在于数战⑨。孙子曰:德行者,兵之厚积也⑩。信者,兵之⑪明赏也。恶战者,兵之王器也⑫。取众者,胜□□□也。**

孙子曰:恒胜有五:得主专制,胜⑬。知道,胜。得众,胜。左右和,胜。量敌计险,胜。孙子曰:恒不胜有五:御将,不胜⑭。不知道,不胜。乖将,不胜⑮。不用间⑯,不胜。不得众,不胜。孙子曰:胜在觉□,明赏,选卒,乘敌之□。是谓泰武之葆。孙子曰:不得主弗将也……

……令,一曰信,二曰忠,三曰敢。安⑰忠?忠王。安信?信赏。安敢?敢去不善。不忠于王,不敢用其兵。不信于赏,百姓弗德。不敢去不善,百姓弗畏。

【注释】 ①此是篇题,写在本篇第一简简背。篡借为选,篡卒即选卒。②军队打胜仗在于选用强卒。③士卒作战勇敢在于军法严明。④军队作战机动灵活,在于利用形势。⑤利:锐。意谓军队战斗力强,在于将帅言而有信。一说“利”即利害之利,此句意谓将帅有信,为军队的利之所在。⑥军队具有好的素质,在于将帅明白用兵的道理。⑦军用不绌,在于速战速决。亟:急。⑧军队战斗力强,在于养精蓄锐。⑨军队战斗力挫伤,在于频繁作战。⑩厚积:丰富的储备。意谓德行是军队的深厚基础。⑪“之”字原简写脱,据文义补。⑫恶:厌恶。恶战:不好战。王器:王者之器。

意谓不好战才是用兵的根本。⑬将帅得到君主信任,有指挥作战的全权,可以胜利。⑭御:驾驭,控制。意谓将帅受君主牵制,不能自主,就不能胜利。⑮乖:离异。意谓将帅不和,不能胜利。⑯间:间谍。⑰安:疑问代词,相当于现代语的“哪里”。

【译文】 孙膑说:“用兵能够取胜,主要在于选拔士兵。士兵的勇敢在于军纪严明,士兵的作战技巧在于指挥得当,士兵的战斗力强在于将领的威信,士兵的品德在于教导。军需充足在于速战速决,军队的强大在于百姓休养生息,军队受损伤在于作战过多。”孙膑说:“品德高尚是用兵的深厚基础。以信治军,就是要对士兵明确颁示奖赏。能够进行殊死战斗的士兵是最好的士兵……”

孙膑说:“常胜方法有5点:将领得到君王充分信任,得以全权指挥军队时,可以取胜;将领懂得用兵规律,可以取胜;将领得到广大士兵的拥护,可以取胜;军队上下左右同心同德,可以取胜;将领能够充分了解敌情,并能利用地形,可以取胜!”孙膑说:“常败的原因也有5点:将领受君王控制而不能独立指挥,不能取胜;将领不晓得用兵的规律,不能取胜;将领不和,不能取胜;将领不能得到广大士兵拥护,不能取胜。”孙膑说:“取胜在于……明确赏格,选拔士兵,趁敌军……这是用兵取胜建立奇功的法宝。”孙膑说:“得不到君王的信任是无法统兵作战的……”

……一是信,二是忠,三是敢。何为是忠?就是忠于君王。何为是信?就是对悬赏讲信用。何为敢?就是敢于抛弃不正确的东西。如果不忠于君王,就不敢领君王的兵打仗。如果在奖赏方面没有信用,就不能得到士兵的拥护。如果不能摒弃不正确的东西,士兵就不会敬服。

月 战[①]

【原文】 孙子曰:间于天地之间[②],莫贵于人。战□□□□不单。天时、地利、人和,三者不得,虽胜有殃。是以必付与而□战,不得已而后战。故抚时而战,不复使其众。无方而战者小胜以付磿者也。孙子曰:十战而六胜,以星也。十战而七胜,以日者也。十战而八胜,以月者也。十战而九胜,月有……十战而十胜,将善而生过者也[③]。

一单……所不胜者也五,五者有所壹,不胜。故战之道,有多杀人而不得[④]将卒者,有得将卒而不得舍者,有得舍而不得将军者,有覆军杀将者。

故得其道,则虽欲生不可得也。

【注释】 ①此是篇题,写在本篇第一简简背。②犹言介于天地之间。③过:疑借为祸。古代军事家多认为屡次打胜仗并不一定是好事,如《吴子·图国》说:“天下战国,五胜者祸,四胜者弊,三胜者霸,二胜者王,一胜者帝。”④得:疑是俘获之意。

【译文】 孙膑说,“人在这个世上最宝贵。……天时、地利、人和三项条件缺一不可,即使因一项暂时取得胜利,也会后患无穷。所以,必须三项条件都具备时才能作战。如果不能三项条件不具备,除非万不得已,绝不可作战。能够把握时机出战,可以一战而胜,不必让士兵打第二仗。没有准备就去作战,却又能取得小胜利,那是由于天时符合。”

孙膑说:“打10仗能取得6次胜利,那是掌握了星辰变化的规律。打10仗能取胜7次,那是掌握了太阳运行的规律。打10仗能取胜8次,那是掌握了月亮运行的规律。打

10 仗能取胜 9 次，那是……，打 10 仗而能取胜 10 次，那则是将领善于用兵，而士兵的素质又胜过敌军的缘故了。

……不能取胜的情况有 5 种，而且这 5 种之中有任何一种，都不能取胜。所以说，用兵作战是有一定规律的，有的人用兵能杀死许多敌军，却不能俘获敌军将领和士兵；有的人用兵能俘获敌军将领，却不能占据敌军营房；有的人用兵能占据敌军营房，却不能捉住敌军统帅；有的人用兵招致全军覆没的失败，却能杀死敌军将领。所以说，用兵有规律，掌握它就可以出奇制胜。

八 阵[①]

【原文】 孙子曰：智不足，将兵，自恃也。勇不足，将兵，自广也。不知道，数战不足，将兵，幸也。夫安万乘国[②]，广万乘王，全万乘之民命者，唯知道。知道者，上知天之道，下知地之理，内得其民之心，外知敌之情，阵则知八阵之经，见胜而战，弗见而诤[③]，此王者之将也。

孙子曰：用八阵战者，因地之利，用八阵之宜。用阵三分，诲阵有锋，诲锋有后[④]，皆待令而动。斗一，守二[⑤]。以一侵敌，以二收。敌弱以[⑥]乱，先其选卒以乘之[⑦]。敌强以治[⑧]，先其下卒[⑨]以诱之。车骑与[⑩]战者，分以为三，一在于右，一在于左，一在于后。易[⑪]则多其车，险则多其骑，厄[⑫]则多其弩。险易必知生地、死地，居生击死[⑬]。

【注释】 ①此是篇题，写在本篇第一简简背。古人讲布阵之法多称“八阵”。“八阵”不是指八种不同的阵。②万乘国：指可以出兵车万乘的大国。③诤：借为静。意谓没有取胜的把握就按兵不动。④诲：疑借为每。锋：先锋部队。后：后续部队。⑤意谓以三分之一的兵力与敌交战，以三分之二的兵力等待时机。⑥以：犹言“而”。下文“敌强以治”同。⑦乘：凌犯。意谓先以精兵攻击敌人。⑧治：严整。意谓敌人战斗力强，阵容严整。⑨下卒：战斗力弱的士卒。⑩与：参与。⑪易：地形平坦。⑫厄：指两边高峻的狭窄的地形。⑬生、死：指生地、死地。

【译文】 孙膑说：“智谋不足的人领兵作战，不过是自傲。勇气不足的人，自己只能安慰自己。不懂兵法，又没有作战经验的人领兵作战，那就只能靠侥幸了。若要保证一个万乘大国的安定，扩大疆域，保全万乘大国百姓的生命安全，那就只能依靠懂得用兵规律的人了。所谓懂得用兵规律的人，那就是上知天文，下知地理，在国内深得民心；对外要熟知敌情，布阵要懂得 8 种兵阵的要领，预见到必胜而出战，没有胜利的把握则避免出战。只有这样的将领才能担当重任。”

孙膑说：“用 8 种兵阵作战的将领，要善于利用地形条件，选用合适的阵势。布阵时要把兵分为三部分，每阵要有先锋，先锋之后要有后续兵力，所有军兵都要等待将令才能行动。用三分之一的兵力出击，用三分之二的兵力守卫；用三分之一的兵力攻破敌阵，用三分之二的兵力完成歼敌任务。敌军兵力弱而且阵势混乱时，就先用精兵去攻击敌军。

敌军强大而且阵势严谨时,就先用一些弱兵去诱敌。用战车和骑兵出战时,把兵力分为三部分,一部分在右侧,一部分在左侧,一部分断后。地势平坦的地方用战车,地势险阻的地方则多用骑兵,地势狭窄险要的地方多用弓弩手。无论在险阻还是平坦的地方,都必须先弄清楚生地和险地在哪里,要占据生地,把敌军置之死地而后消灭掉。"

地葆

【原文】 **孙子曰:凡地之道,阳为表,阴为里①,直者为纲,术②者为纪。纪纲则得,阵乃不惑。直者毛产③,术者半死。凡战地也,日其精也,八风④将来,必勿忘也。绝水⑤、迎陵⑥、逆流⑦、居杀地⑧、迎众树⑨者,钧举也,五者皆不胜。南阵之山,生山也。东阵之山,死山也。东注之水,生水也。北注之水,死水。不流,死水也。**

五地之胜⑩曰:山胜陵,陵胜阜,阜胜陈丘,陈丘胜林平地。五草之胜曰:藩、棘、椐、茅、莎。五壤之胜:青胜黄,黄胜黑,黑胜赤,赤胜白,白胜青。五地之败⑪曰:溪、川、泽、斥。五地之杀⑫曰:天井、天宛、天离、天隙、天柖⑬。五墓⑭,杀地也,勿居也,勿□也。春毋降,秋毋登。军与阵皆毋政前右,右周毋左周⑮。

【注释】 ①阳:疑指高亢明敞的地形。阴:疑指低洼幽暗的地形。②术:疑借为屈。③毛和产都有生长的意思,"毛产"与下文"半死"相对。④八风:八方之风。古人认为风的方向与战争胜负相关。⑤绝水:渡水。⑥迎陵:面向高陵。⑦逆流:军阵处于河流下游。⑧杀地:极不利的地形。⑨迎众树:面向树林。⑩五种地形的优劣。⑪五地之败:五种败地。此下简文仅列举四地,疑漏抄一字。⑫五地之杀:五种杀地。⑬《孙子·行军》说险地种类有天井、天牢、天罗、天隙、天陷五类。天井,指四边高中间低洼之地。天离即《孙子》天罗(离、罗二字古代音近通用),指草木茂密如罗网之地。天隙,指出道少而狭长的地形。天宛,疑与《孙子》天牢相当。《孙子》"天陷",银雀山竹简本《孙子兵书》作"天𦩍",本篇"天柖"当为"天𦩍"的异文。⑭五墓:疑即指天井、天宛等五种杀地。⑮周:周匝环绕。左周、右周,疑指山陵高地在军阵的左侧或右侧。古兵书多认为军阵右背山陵为有利。

【译文】 孙膑说:"对于地形而言,向阳的地方为表,背阴的地方为里,大路为纲,小路为纪,掌握了大小道路的分布状况,布阵用兵了如指掌了。大路畅通的地区有利于行军作战,而小路难行的地区就不便于行军作战了。凡是用于作战的地方,光照的条件都很重要,对于四面八方风向的变化,千万不能忘记观察了解。渡河涉水,向山陵进发,处在河流下游,在死地扎营驻守,靠近树林,在这五种情况下,都容易致使失败,用兵时要特别注意。适于南面布阵的山是生山,适于东面布阵的山是死山。向东流的水是生水,向北流的水是死水,不流动的水也是死水。

就5种地形对用兵的优劣比较而言,山地胜过丘陵,丘陵胜过土山,土山胜过小土丘,小土丘又胜过有树林的平地。5种草的优劣依次是:知母草、荆棘、灵寿木、茅草、莎

草。5种土壤的优劣比较是：青土胜过黄土，黄土胜过黑土，黑土胜过红土，红土胜过白土，白土又胜过青土。5种可能致使作战失败的地形是：山溪、河流、沼泽、盐碱地……5种可能导致全军覆没的地形是：似天井般四周封闭的洼地，四周是高山、易进难出的地方，草木丛生有罗网的地方，两面高山夹峙的狭窄山沟，沼泽地区。这5种地形犹如军队的坟墓一般，都是凶多吉少的'杀地'，不能在这里驻扎……春天不能在低洼地扎营，秋天不能在高处扎营。驻军和布阵时，都不要改变右前方的有利地形，要选择右翼有丘陵或高地作为屏障，而不能让左翼有屏障。"

势　备[①]

【原文】 孙子曰：夫陷齿戴角，前爪后距[②]，喜而合，怒而斗，天之道也，不可止也。故无天兵者[③]自为备，圣人之事也。黄帝作[④]剑，以阵象[⑤]之。羿[⑥]作弓弩，以势象之。禹[⑦]作舟车，以变象之。汤、武[⑧]作长兵，以权象之。凡此四者，兵之用也。

何以知剑之为阵也？旦暮服[⑨]之，未必用也。故曰，阵而不战，剑之为阵也。剑无锋，虽孟贲[⑩]之勇不敢将而进者。阵无锋，非孟贲之勇也敢将而进者，不知兵之至也。剑无首铤[⑪]，虽巧士不能进□□。阵无后，非巧士敢将而进者，不知兵之情者。

故有锋有后，相信不动，敌人必走[⑫]。无锋无后，……券不道。何以知弓弩之为势也？发于肩膺之间，杀人百步之外，不识其所道至[⑬]。故曰，弓弩也。

何以知舟车之为变也？高则……何以知长兵之为[⑭]权也？击非高下非……卢毁肩，故日，长兵权也。凡此四……中之近……也，视之近，中之远。权者，昼多旗，夜多鼓，所以送战也。凡此四者，兵之用也。□皆以为用，而莫彻[⑮]其道……功。凡兵之道四：曰阵，曰势，曰变，曰权。察此四者，所以破强敌，取猛将也[⑯]。

【注释】 ①此是篇题，写在本篇第一简简背。②陷：借为含。"含齿戴角、前爪后距"，指有牙、角、爪、距的禽兽。③天兵：指自然赋予动物的武器，如齿、角、爪、距等。无天兵者：指人。④作：创造，发明。⑤象：象征。⑥羿：后羿，夏代有穷国的君主。⑦禹：夏朝的建立者。⑧汤、武：指商汤和周武王。⑨服：佩带。⑩孟贲：古代著名的勇士。⑪首铤：剑的把柄。⑫走：败走。⑬道：由。意谓不知从何而来。⑭"为"字原简写脱，据文义补。⑮彻：通达，明白。⑯自"……功。凡兵之道四。"至此为一残简。这一简的位置也有可能在上文"凡此四……与……中之近"之间。

【译文】 孙膑说：凡有齿、有角、有爪、有距的禽兽，都是悦时聚，怒时斗，这是自然现象和规律，是无法制止的。而人虽然没有齿、角、爪、距那样天生的武器，却可以制造，古代的圣人们就是这样做的。黄帝制造剑，而兵阵的作用就像剑一样。后羿制作弓弩，而兵势就要像弓弩发射一样，锐不可当。夏禹制作舟车，而用兵的机变也正像舟车灵活多变一般。商汤、周武王制作长兵器，兵权就要像用长兵器一般紧握在手。以上四个方面，都是用兵之本。

怎么知道军阵像剑一样呢？剑是无论早晚都佩戴在身上的，但未必使用。所以说，军队要随时保持阵形，但未必就作战，在这个意义上说，军阵像剑一样。剑如没有把柄，那么，即使技巧高超的人也不能用它去杀敌。军阵如果没有后卫，就像没有用剑技巧的人却用没把的剑去杀敌一样，那是完全不懂用兵的情理。

所以说，军阵有前锋又有后卫，而且协调一致，保持阵势稳定，敌军就必定会败走。如果军阵既无前锋又无后卫，……怎么知道兵势和弓弩一样呢？弓弩是从肩和胸部之间发射出去的，在100步以外杀伤敌人，敌人还不知弓弩是从哪里射来的。所以说，兵势要像弓弩一样，在敌军尚不知道时已经给予打击了。

怎么说用兵的机变像舟车一样的灵活呢？……怎么知道兵权像长兵器一样呢？……所以说兵权像长兵器一样。……指挥作战，白天多用旗帜，晚上多用金鼓，来传达作战命令。这四项都是运用的根本。人们总以为明白了，其实不然，你未必完全透彻。……用兵的根本有四项：第一叫兵阵，第二叫兵势，第三叫机变，第四叫兵权。懂得这四项，才能用来击败强敌，捕获猛将。

兵 情

【原文】 **孙子曰：若欲知兵之情，弩矢其法也。矢，卒也。弩，将也。发者，主也①。矢，金在前，羽在后②，故犀而善走③。前……今治卒则后重而前轻，阵之则辨，趣之敌则不听④，人治卒不法矢也。**

弩者，将也。弩张柄⑤不正，偏强偏弱而不和，其两洋之送矢也不壹⑥，矢虽轻重得，前后适，犹不中招也……将之用心不和……得，犹不胜敌也。矢轻重得，前【后】适，而弩张正，其送矢壹，发者非也，犹不中招也⑦。卒轻重得，前……兵……犹不胜敌也⑧。

故曰，弩之中彀⑨合于四，兵有功……将也，卒也，□也。故曰，兵胜敌也，不异于弩之中招也。此兵之道也。

……所循以成道也。知其道者，兵有功，主有名。

【注释】 ①发者：指发射的人。主：君主。②金：箭镞。羽：箭羽。③犀：犀利。走：疾行。④辨：同办。以上两句意谓使之列阵，虽能办到，但使其进攻敌人，则不听命。⑤柄：指弩臂。⑥洋：疑借为翔。两翔：两翼。此句意谓由于弩臂不正，弩弓两翼发矢的力量就不一致。⑦招：箭靶。犹：仍然。这几句的意思是说：弩和箭都合标准，但发射的人有错误，仍不能射中箭靶。⑧本句残缺，大意似谓将与卒都合标准，君主不能善用，也不能胜敌。⑨彀：箭靶。

【译文】 孙膑说：若想弄明白用兵的道理，去体会弩弓发射的道理就可以了。箭如同士兵，弩弓就如同将领，用弩弓射箭的人就是君王。箭的结构是金属箭头在前，羽毛箭翎在后，所以箭能锐利、迅速并且射得远，……现今用兵却是后重而前轻，如此的布阵方式，只能造成混乱，而去攻打敌军则会调动不灵，问题就在用兵的人不懂得射箭的道理。

弩弓就如同是将领。开弓射箭时，弓把没有摆正，用力过强或过弱不能及时发现，弓两端发箭的力量就不一致，即使箭头和箭尾的轻重是合适的，前后顺序也没有颠倒，还是不能射中目标。这个道理在用兵中也是一样，尽管士兵配置得当，但将领不和，仍然不能战胜敌军。如果箭头和箭尾的轻重得宜，前后顺序也正确，同时开弓时也把得很正，整张弓的发射力量也协调一致，但是射箭的人不得要领，不能正确发射，也还是不能射中目标。这就好比用兵时，士兵配置得当，将领也协力同心，若君王不能正确使用这支军队，那也照样不能战胜敌军。

所以说，箭射中目标的条件是箭、弩弓、射箭人和目标四项全都符合要求，而军队要战胜敌军，也必须把士兵配置得当，将领之间密切配合，君王能正确使用军队。由此可见，用兵战胜敌军，和用箭射中目标没有任何不同。这正是用兵的规律。……如能从弩弓发射之中悟出道理，就会领会用兵的规律，按这个规律去用兵作战就可以运筹帷幄。

行　篡[1]

【原文】　孙子曰：用兵移民之道，权衡也[2]。权衡，所以篡贤取良也。阴阳，所以聚众合敌也[3]。正衡再累……既忠，是谓不穷。称乡县衡[4]，虽[5]其宜也。私公之财壹也。夫民有不足于寿而有余于货者[6]，有不足于货而有余于寿者[7]，唯明王、圣人知之，故能留之。死者不毒[8]，夺者不愠[9]。此无穷……民皆尽力，近者弗[10]则远者无能。货多则辨[11]，辨则民不德其上。货少则□，□则天下以为尊。然则为民赇也，吾所以为赇也[12]，此兵之久也。用兵之……

【注释】　①此是篇题，写在本篇第一简简背。篡借为下文“篡贤取良”即“选贤取良”。②此句意谓：用兵和使民，如同用天平称东西一样。③聚众：集结兵力。合敌：同敌人交战。④称：举。乡：同向。县：同悬。衡：天平。称向：定方向。悬衡：衡量轻重利弊。⑤虽：疑借为唯。⑥指富有而贪生的人。⑦指因贫困而轻生的人。⑧毒：痛恨。⑨愠：抱怨。⑩弗字下疑脱漏一字。⑪辨：疑借为便，安逸。⑫赇：此处疑指积聚财富。

【译文】　孙膑说：利用人民的力量去作战的问题，要认真斟酌。斟酌的目的是为了能够选拔出道德才兼备的人。运用阴阳变化配合的规律，是为了聚集人民的力量去对敌。要充分考虑一个地方的实际情况，才能恰当地使用那里的民力。私人和公有的财物要统一安排使用。民众之中，有的人财物很多却贪生怕死，有的财物少却不怕死。只有明智的君王和贤明的人，才能正确处理，适当动用民力，使得牺牲生命的人不怨恨，被征用财物的人也不生气。……百姓都会尽自己的力量。如果亲近的人不愿效力，那就不可能让人民尽力了。如果征用财物过多，就会伤害民众的利益，从而导致民众对君王不满。征用财物少……君主就会得到全国的拥护。应该让百姓积累财物。我主张让百姓积累财物，是因为只有这样才能保证长时间用兵作战。

杀 士[1]

【原文】 孙子曰:明爵禄而…………杀士则士…………知之。知士可信,毋令人离之。必胜乃战,毋令人知之。当战毋忘旁毋……必审而行之,士死……

【注释】 ①此是篇题,写在本篇第一简简背。

【译文】 孙膑说:要事先明确颁示赏赐官职的等级和财物的数量……要善于了解人。了解人才能信任人,不要因不得信任而让人离去。有必胜的把握才可出战,但不可让敌人先知此事……付诸行动必须慎重……

延 气[1]

【原文】 孙子曰:合军聚众,务在激气[2]。复徙[3]合军,务在治兵利气[4]。临境近敌,务在厉气[5]。战日有期,务在断气[6]。今日将战,务在延气[7]。……以威三军之士,所以激气也。将军令……其令,所以利气也。将军乃……短衣絜裘[8],以劝[9]士志,所以厉气也。将军令,令军人人为三日粮,国人家为……所以断气也。将军召将卫人者而告之曰:"饮食毋……所以延气……也。……营也。

以易营之,众而贵武,敌必败。气不利则拙,拙则不及,不及则失利,失利……气不厉则慑,慑则众□,众……而弗救,身死家残。将军召使而勉之,击……

【注释】 ①此是篇题,写在本篇第一简简背。②激气:激发士气。③徙:拔营。复徙:疑指进发。④治兵:整治士卒。利气:使士中有锐气。⑤厉气:即励气,意调鼓励士卒的斗志。⑥断气:使士卒果断,有决心。⑦延气:疑指使士卒有持续作战的精神准备。⑧絜:疑借为褐。褐裘:疑即裘褐,粗衣。⑨劝:勉励。

【译文】 孙膑说:召集军兵准备打仗时,务必要注意激发将士的士气。经过行军再次集合军队时,务必注意军队的训练和提高士气。当军队临近敌军阵地时,务必要注意激励士气。决战日期确定之后,务必让全军将士激发出决一死战的士气。在交战当天,务必要让将士保持高昂的士气……用来为三军将士壮威,从而激发士气……是借以提高士气。

将领……穿短衣并系紧皮衣,用以鼓舞将士们的斗志。将领下令,命令全军将士每人只带三天口粮……为了坚定将士们决一死战的决心。将领召见将担任后卫的将士们告诫说:……为了保持高昂的士气……

……士兵多而又善战,敌军就必定失败。将士们士气不高,行动就会迟缓,行动迟缓就会贻误战机,那就必然导致失利……不能救治,出现将士捐躯,家庭残破的情况。将领要派使者去慰问……

官 一[1]

【原文】 孙子曰:凡处卒利阵体甲兵者[2],立官则以身宜,贱令以采章[3],乘削以伦

物，序行以□□，制卒以州间，授正以乡曲[④]，辨疑以旌舆，申令以金鼓[⑤]，齐兵以从迹，庵结以人雄，邋军以索阵[⑥]，茭肄以囚逆，陈师以危□，射战以云阵，御裹[⑦]以羸渭，取喙以阖燧，即败以包□，奔救以皮傅，燥战以错行。

用□以正□，用轻以正散，攻兼用行城，□地□□用方，迎陵而阵用刲，险□□□用圜，交易武退用兵，□□阵临用方翼，泛战接厝用喙逢，囚险解谷以□远，草驵沙荼以阳削，战胜而阵以奋国，而……为畏以山胠[⑧]。

秦怫以逶迤，便罢以雁行，险厄以杂管，还退以蓬错，绕山林以曲次，袭国邑以水则，辩夜退以明简，夜警以传节[⑨]。

"厝人内寇以棺士，遇短兵以必舆，火输积以车。

阵刃以锥行，阵少卒以合杂。合杂，所以御裹也。脩行连削，所以结阵也。云折重杂，所权趮也。猋凡振陈[⑩]，所以乘疑也。隐匿谋诈，所以钓战也[⑪]。龙隋陈伏，所以山斗也。□□乖举，所以厌津也。□□□卒，所以□□也。不意侍卒，所以昧战也。

遏沟□陈，所以合少也。疏削明旗，所以疑敌也。剽阵辖车，所以从遗也。

椎下移师，所以备强也。浮沮而翼，所以燧斗也。禅祜蘩避，所以莠桑也。简练剽便[⑫]，所以逆喙也。坚阵敦□，所以攻槥也。揆断藩薄，所以眩疑也。伪遗小亡，所以聰敌也[⑬]。重害，所以茭□也。顺明到声，所以夜军也。佰奉离积，所以利胜也。刚者，所以御劫也。

更者，所以过□也。□者，所以御□也。……者，所以厌□也。胡退□入，所以解困也。

【注释】 ①此是篇题，写在本篇第一简简背。②处卒：疑指选择有利地形驻军。利阵：疑谓使其阵坚利。体甲兵：疑指统帅军队。③贱：疑借为践，实行。采章：指彩色的旗帜、车服等物。④州间：州里。州里、乡曲：古代地方基层行政单位。正：长。以上两句意谓按地方行政组织编制士卒，任命官长。⑤舆：疑借为旟，古代绘有鸟纹的旗。金：指金属军乐器。以上两句意谓军中以旗帜、金鼓指挥行动，士卒不会有疑虑。⑥索阵：与下文之囚逆、云陈、羸渭、皮傅、错行等，疑皆阵名。⑦御：抵御。裹：包围。⑧山胠：与下文之逶迤、杂管、蓬错、曲次等，疑皆阵名。⑨传：符信。节：符节。意谓夜间巡逻以传节为凭证。⑩猋凡振陈：疑当读为飙风振尘。⑪钓战：引诱敌人出战。⑫简练：训练选拔。剽便，指骁勇敏捷的士卒。⑬聰：西汉前期文字多用作"耻"，此处疑借为"饵"。意谓故意丢失一些财物引诱敌军。

【译文】 孙膑说：一切治理士兵、布阵统兵、用兵作战的将领，任用官员必须选用称职的人，在他们受命任职的时候，要授给他们彩色的旗帜、车服等以及相应的车辆、服装，以后他们升职或降职时，也要给予相应的物品。……要按照州县籍贯给士兵编队，从乡里选人给予带兵官职。用不同颜色的旗帜和不同的图形作为各部队的标志。用金鼓传达命令。行军时要队形严整，依次行进。向敌军讨战时可以用散乱的队形，以便引诱迷

惑敌军,可以像绳索一样绵亘不断地布阵围困敌军,部署重兵威慑敌军,可以使用楼车布阵进行弩战;用防御阵形,防止军兵疲困;长距离作战时,各部队要彼此靠拢;激战时要交替使用各种部队。

……用轻装的部队去消灭溃散的敌军;攻坚的时候要用雁行阵;……面向丘陵地布阵用圭形阵;……在平坦的地方交战,撤退前先发动进攻以迷惑敌军,撤退时要部署兵力掩护;……两军混战、犬牙交错时,要善于运用精锐部队,循隙觅缝攻击敌军;……在杂草荆棘丛生的地方作战,要开辟出畅通的道路;战胜归来,要保持军队阵形严整,军容威武,以振国威;……要抢占山地右翼以威慑敌军。

遇到荆棘阻路的地方,可以绕道而行;在停止战斗时,军队要布成雁行阵势以保安全;把守险要的关隘,要使用多兵种混合部队;退军时要注意隐蔽,并交替掩护;经过山林地带要保持队形有序通过;袭击城池要像水流一样横扫千军;夜间撤退要有明显的标志识别;夜间警戒要有符节作为凭证。

插入敌阵攻敌时,要用敢死队;和敌军短兵相接时,使用长兵器和战车;紧急运送军用物资要用车。

阵锋要成锥形;兵员不足时,布阵要把各兵种混合编队;混合编队是因为便于防御敌军进攻。为了保持队伍整齐,避免混乱,要结成阵势。当黑云压城、形势危急之时,当权的人容易急躁。像狂飙烈焰一般冲击敌阵,是因为在敌人惊疑之际有机可乘。隐蔽自己的兵力,使用欺骗的谋略,是为了引诱敌军上钩。借助山区复杂的地形设伏,是为了在山地战中消灭敌军。……是为了夺取渡口。……不把作战意图告诉身边的士兵,是为了保守作战机密。

……广列兵器,多布旗帜,是为了迷惑敌军。动用快速勇猛的部队和轻便的战车,是为了追击逃敌。在敌军的威胁下转移部队,是为了避开强敌,保存实力。为了便于火攻,要借助风势。故意装出行动迟缓,躲闪避让的样子,是要引诱敌军追赶。选出精干的士兵,轻装出击,是为了迎击敌军的先锋。加强阵势,激励士兵,是为了攻击拼命地敌军。故意破坏自己阵地的屏障,是用以迷惑敌军。故意遗弃一些物资军械,装出败退的样子,用以引诱敌军上钩。……整夜巡逻,直至天明,并有联络信号互相呼应,从而保证夜里驻扎的安全。把各种军用物资分散储存,可以保证军队取胜。使用精锐部队,是为了防止敌军劫营。

强 兵

【原文】 威王问孙子曰:“……齐士教寡人强兵者,皆不同道。……有教寡人以政教者,有教寡人以……有教寡人以散粮者,有教寡人以静者,……之教□□行之教奚……”孙子曰:“……皆非强兵之急者也。”威王……孙子曰:“富国。”威王曰:“富国……厚,威王、宣王以胜诸侯[①],至于……将胜之,此齐之所以大败燕[②]……众乃知之,此齐之所以大

败楚人[3]反……大败赵[4]……人于鄑桑而擒氾皋也[5]。”

……擒唐□也[6]。

……擒□罠……

【注释】 ①《史记·孟子荀卿列传》:“齐威王、宣王用孙子(膑)、田忌之徒,而诸侯东面朝齐”,可参考。②齐败燕:指公元前314年齐宣王伐燕事。③齐败楚:疑指齐与韩、魏等国伐楚取重丘之战。发生在公元前301年齐湣王初立时。④据《竹书纪年》,魏惠王后元十年(齐威王三十二年,公元前325年)齐败赵于平邑,俘赵将韩举。⑤“人”上一字尚余残画,似是“宋”字。据史书记载,齐湣王十五年宋为齐所灭。此处所记可能是灭宋以前的某次战役。鄑桑,今江苏沛县。⑥“唐□”疑即唐昧。《史记·楚世家》记怀王二十八年(公元前301年)“齐、韩、魏共攻楚,杀楚将唐昧,取我重丘而去。”唐昧,他书或作唐蔑。如果“唐□”确系唐昧,则此简与上文“大败楚人”一简所记当为一事。

【译文】 齐威王问孙膑:“……齐国的众多谋士给我讲强兵的道理,各有不同的看法。……有的人提出施行仁政,……有的人让我把粮食发放给百姓,有的人主张保持安定,……”孙膑说:“……这些都不是强兵的最紧要的策略。”威王问:“……”孙膑说:“富国!”威王说:“富国……积蓄起比我以前更雄厚的国力,比宣王更雄厚的国力,借以战胜诸侯。”

十 阵[1]

【原文】 凡阵有十:有方阵,有圆阵,有疏[2]阵,有数[3]阵,有锥行之阵[4],有雁行之阵[5],有钩行之阵[6],有玄襄之阵[7],有火阵,有水阵。此皆有所利。方阵者,所以剸[8]也。圆阵者,所以榑[9]也。疏阵者,所以吠也。数阵者,为不可掇[10]。锥行之阵者,所以决绝[11]也。雁行之阵者,所以接射[12]也。钩行之阵者,所以变质易虑也[13]。玄䙴之阵[14]者,所以疑众难故也。火阵者,所以拔也。水阵者,所以伥固也。方阵之法,必薄中厚方[15],居阵在后。中之薄也,将以吠也。重□其□,将以剸也。居阵在后,所以……圆阵之法……[16]疏阵之法,其甲寡而人之少也,是故坚之。武者在旌旗,是人者在兵[17]。故必疏钜间[18],多其旌旗羽旄,砥刃以为旁。疏而不可蹙[19],数而不可军[20]者,在于慎。车毋驰,徒人毋趋[21]。凡疏阵之法,在为数丑[22],或进或退,或击或䫄[23],或与之征,或要[24]其衰。然则疏可以取锐矣[25]。

数阵之法,毋疏钜间,戚而行首积刃而信之,前后相保,变□□□,甲恐则坐[26],以声坐□,往者弗送,来者弗止,或击其迂,或辱[27]其锐,笲之而无间,斩山而退。然则数不可掇也。

锥行之阵,卑[28]之若剑,末不锐则不入[29],刃不薄则不剸,本[30]不厚则不可以列阵。是故末必锐,刃必薄,本必鸿[31]。然则锥行之阵可以决绝矣。

雁行之阵,……中,此谓雁阵之任[32]。前列著䧢[33],后列若貍[34],三……阙罗而自存,此

之谓雁阵之任。

钩行之阵，前列必方，左右之和[35]必钩。三声[36]既全，五彩[37]必具，辨吾号声[38]，知五旗。无前无后，无……

玄𧆓之阵，必多旌旗羽旄，鼓翟翟庄，甲乱则坐，车乱则行，已治者□，榼榼啐啐[39]，若从天下，若从地出，徒来面不屈[40]，终日不拙。此之谓玄𧆓之阵。

火战之法[41]，沟垒已成，重为沟堑，五步积薪，必均疏数，从役有数，令之为属枇，必轻必利，风辟……火既自覆，与之战弗克，坐行而北。火战之法，下面衍以苏，三军之士无所出泄[42]。若此，则可火也。陵猋蒋苏，薪荛[43]既积，营窟未谨[44]。如此者，可火也。以火乱之，以矢雨之，鼓噪敦兵[45]，以势助之。火战之法。

水战之法，必众其徒而寡其车，令之为钩楷蓯柤贰辑□绛皆具。进则必遂，退则不蹙，方蹙从流，以敌之人为招[46]。水战之法，便舟以为旗，驰舟以为使，敌往则遂，敌来则蹙，推攘因慎而饬之，移而革之，阵而□[47]之，规[48]而离之。故兵有误车有御徒，必察其众少，击舟𩔻津[49]，示民徒来。水战之法也。

【注释】 ①此是篇题，写在本篇第一简简背。②疏：稀疏。③数：密集。④锥行之阵：前尖如锥的阵形。⑤雁行之阵：横列展开的阵形。⑥钩行之阵：左右翼弯曲如钩的阵形。⑦玄襄之阵：据后文所述当是一种疑阵。⑧剸：截断。⑨榑：借为团，结聚。⑩掇：疑借为剟，割龋。⑪决绝：突破而切断。⑫接射：疑指用弓矢交战。⑬虑：计谋，图谋，指作战的方针、计划。此句之意疑谓钩行之阵宜在改变作战计划时使用。⑭玄𧆓之阵：即玄襄之阵。⑮方：疑借为旁。薄中厚旁：意谓方阵中心人少，周围人多。⑯据上文，此处当有论圆阵的简文。“圆阵之法”四字据本篇文例增补。⑰是：疑借为示。以上二句意谓用旌旗和兵器以显示威武。⑱钜：借为距。疏距间：加大阵列的间隔距离。⑲蹙：急促。⑳军：包围。㉑徒人：步卒。趋：疾走。㉒丑：类，群。数丑：几个小群，指几个小型的战斗单位。㉓𩔻：意义不详。银雀山所出其他竹简中或用作刚毅之毅，疑即《说文》毅字异体。㉔要：通“邀”。㉕意谓疏阵可以用来袭取敌人的精锐部队。㉖坐：指军阵稳定不动。㉗辱：借为衄，挫折。㉘卑：借为譬。㉙末：指剑端。不入：不能突破。㉚本：指剑身。㉛鸿：大。㉜任：作用。㉝𤟤：疑借为貔，兽类，形似猿。㉞貍：野猫。㉟左右之和：指军阵的左右两翼。㊱三声：指军中金鼓笳铎的声音。㊲五彩：指各种颜色的军旗。㊳号声：号令之声。㊴榼榼啐啐：疑指士卒鼓噪之声。㊵徒：步兵。屈：穷荆“徒来”之语见《孙子·行军》：“尘高而锐者，车来也。卑而广者，徒来也。”㊶此节文字分前后两段，自此以下至“坐行而北”为一段，说明防御火攻的方法。“火战之法，下而衍以苏”以下为另一段，说明火攻敌军的方法。下文“水战之法”也分两段，前一段似说明防御敌人自水上进攻之法，后一段似说明自水上进攻敌人之法。㊷无所出泄，无处逃脱。㊸薪荛：柴草。㊹营地整治不周密。㊺敦：劝勉。意谓鸣鼓喧噪，以激励士卒的斗志。㊻招：箭靶。㊼此字有残损：可能是“歺”字，也可能是“支”字或“丈”字。㊽规：疑借为窥。㊾津：渡口。

【译文】 兵阵的列阵方法有以下 10 种：方阵、圆阵、疏阵、数阵、锥形阵、雁形阵、钩形阵、玄襄阵、火阵和水阵。以上兵阵各有各的长处，各有各的用法。方阵用来截击敌军。圆阵用以集中兵力防守。疏阵用以制造声势。数阵的作用是使敌军不能分割消灭本方军队。锥形阵用来突破敌军阵地并切断其相互联系。雁形阵用来进行弓弩战。钩形阵在情况发生变化而改变作战计划时使用。玄襄阵用来迷惑敌军，使其难以达到目的。火阵用来攻拔敌军营寨。水阵用来加强防守。

方阵的列法：中心的兵力少，而四周的兵力则必须多而强，将领的指挥位置靠后。中间布兵少是为了便于发号施令。四周兵力多而强，是为了便于截击敌军。指挥位置靠后，是为了……圆阵之法……

（原文缺）疏阵的布列方法是在士兵铠甲不足而兵力又少时用来加强阵势的。要多设旗帜显示其锐不可当，多置兵器表明兵多。因此，布阵时必须加大军兵的行距间隔，在其间多设旗帜羽旄，要把锋利的兵器布置在外侧。要注意疏密适当，既不至于受敌军的牵制，更不至于被敌军包围，做好这一点的关键在于深思熟虑，谨慎施行。战车不能急驶，步兵不要急行。疏阵使用的关键在于，把士兵分编为若干个战斗群，既可前进也可后退，既可进攻也可防守，可以和敌军对战，也可以截击疲弱的敌军。疏阵用得好，可以战胜精锐的敌军。

数阵的列法：不必加大行距间隔，行列要相互靠近，排列有序，兵器要密集而又便于施展，前后要互相保护。……当本方士兵有恐慌情绪时，要停止行动，保持稳定，……当敌军退走时，不要追击；敌军来犯时，不要堵截，可以选择敌军的弱点加以攻击，或挫敌军锋锐，要计算周密，不给敌军任何可乘之机，让敌军在阵前如遇大山一般，只好退走。这样，数阵就坚不可破了。

锥形阵的列法，要使它像利剑一般。其前锋如不锐利，就不能攻入敌阵；其两翼如不锋利，就不能截断敌军；其主体如不雄厚，就不能布成锥形阵。因此，锥形阵的前锋必须锐利，两翼必须轻灵锋利，主体必须兵力雄厚。这样的锥形阵就可以突破敌阵，截断敌军了。

雁形阵的列法，……这就是雁形阵的作用。雁形阵前面排列要像有雍那样，而后面排列则要像善伏的狸猫一样。……这就是雁形阵的作用。

钩形阵的列法，前面必须排成方形，左右两翼相对应必须布成钩形。指挥用的金、鼓、角 3 种发声器要齐全，5 种颜色的旗帜必须齐备，要让自己的士兵能辨别本军指挥的声响号令和指挥旗帜。

……玄襄阵的列法，必须多设各种旗帜，鼓声要密集而雄壮，士兵要表面散乱而实际稳定，战车表面杂乱而实际上排列有序，……让士兵像在茶楼酒馆一样，喧闹杂乱，如同从天而降，从地里冒出来一样，走来走去，络绎不绝，整日不断。这就是玄襄阵的摆法。

火阵的列法是，在沟垒之外，再修筑堑壕，每隔 5 步堆积柴草，要疏密均匀，分派好点

火的士兵，让他们准备好点火用的火把，点火时动作要轻灵利落，……如果火烧向本方，那和敌军交战是不能取胜的，必须立即停止行动，向后撤退。用火战的条件是，敌军的位置在下风头，敌军的阵地地势低平，野草丛生，敌军在被烧时无处可逃。具备这些条件时才可用火攻，遇上大风天气，敌军阵地又是野草丛生，柴草堆积，营地戒备又不严密时，也可以用火攻。这时，用火攻造成敌军混乱，再用如雨一样密集的箭射杀敌军，并擂鼓呐喊，督促士兵攻击，以兵势辅助火攻。这就是火战的方法。

水战的列法是，多用步兵而少用战车，要让部下准备好捞钩、缆绳等器具和船只用具。前进时要前后相随，后退时不可拥挤，要适时收缩队形顺流而下，把敌军当为作战目标。水战的关键在于用轻便船只作指挥船，用快船作联络船，敌军后退时就追击，敌军进攻时就收缩队形迎战，要根据形势变化而谨慎指挥进退应敌，敌军移动就加以牵制，敌军结阵就……敌军密集就分割。敌军中常有隐蔽的战车和步兵，要考察清楚敌军有多少人，在攻击敌军船并控制渡口时，要把步兵调到在陆路配合作战。此为水战的作战方法。

十　问[①]

【原文】　兵问曰：交和而舍[②]，粮食均足，人兵敌衡[③]，客主[④]两惧。敌人圆阵以胥[⑤]，因以为固，击【之奈何？曰】：击此者，三军之众分而为四五，或傅[⑥]而佯北，而示之惧。彼见我惧，则遂分而不顾。因以乱毁其固。驷鼓同举，五遂[⑦]俱傅。五遂俱至，三军同利。此击圆之道也。

问曰：交和而舍，敌富我贫，敌众我少，敌强我弱，其来有方，击之奈何？曰：击此者，□阵而□[⑧]之，规而离之，合而佯北，杀将其后，勿令知之。此击方之道也。

交和而舍，敌人既众以强，劲捷以刚，锐阵以胥，击之奈何？答曰：击此者，必三而离之，一者延而衡[⑨]，二者□□□□□恐而下惑，下上既乱，三军大北。此击锐之道也。

交和而舍，敌既众以强，延阵以衡，我阵而待之，人少不能，击之奈何？答曰：击此者，必将三分我兵，练我死士，二者延阵张翼，一者材士练兵[⑩]，期其中极[⑪]。此杀将击衡之道也。

问曰：交和而舍，我人兵则众，车骑则少，敌人十倍，击之奈何？答曰：击此者，当保险带隘[⑫]，慎避广易[⑬]。故易则利车，险则利徒。此击车之道也。

问曰：交和而舍，我车骑则众，人兵则少，敌人十倍，击之奈何？答曰：击此者，慎避险阻，决而导之，抵诸易[⑭]。敌虽十倍，便我车骑，三军可击。此击徒人[⑮]之道也。

问曰：交和而舍，粮食不属[⑯]，人兵不足侍[⑰]，绝根而攻，敌人十倍，击之奈何？曰：击此者，敌人既□而守阻，我……反而害其虚。此击争□之道也。

问曰：交和而舍，敌将勇而难惧，兵强人众自固，三军之士皆勇而无虑，其将则威，其兵则武，而理强梁徒[⑱]，诸侯莫之或待[⑲]。击之奈何？曰：击此者，告之不敢，示之不能，坐拙而待之，以骄其意，以惰其志，使敌弗识，因击其不□，攻其不御，压其骀[⑳]，攻其疑。彼

既贵既武，三军徙舍，前后不相睹，故中而击之，若有徒与。此击强众之道也。

问曰：交和而舍，敌人保山而带阻，我远则不接，近则无所[21]，击之奈何？击此者，彼敛阻移□□□□□则危之，攻其所必救[22]，使离其固，以揆其虑[23]，施伏设援，击其移庶[24]。此击保固之道也。

问曰：交和而舍，客主两阵，敌人形箕[25]，计敌所愿，欲我陷覆，击之奈何？答曰：击此者，渴者不饮，饥者不食，三分用其二，期于中极，彼既□□，村士练兵，击其两翼，□彼□喜□□三军大北。

此击箕之道也。

【注释】 ①此是篇题，写在本篇第一简简背。②和：军队左右垒门。舍：扎营。意谓两军相对，准备交战。③敌：相当。意谓双方人力和武器相当。④客：指进攻的一方。主：指守御的一方。⑤胥：等待。⑥傅：借为薄，迫近，接触。⑦遂：借为队。⑧参看《十阵》⑨延而衡：与下文"延阵以衡"同意，指把军阵延长，横着摆开。⑩材士：材力之士。练兵：精选的士卒。⑪中极：要害。意谓务期攻敌要害。下文"期于中极"与此同意。⑫意谓凭据险阻的隘塞之地，恃以为固。⑬意谓要避开平敞开阔的地形。⑭抵：挤，推。意谓把敌人压迫到平坦的地带。⑮徒人：步卒。⑯属：连续。意谓粮食接济不上。⑰怯：疑借为恃。⑱理强梁促：疑当读为"吏强粮接"，吏指军吏。⑲待：抵御。意谓其他诸侯国都不能抵御。⑳骀：疑借为担。㉑以上二句意谓我离敌太远则打不到敌人，离敌过近则无立足之地。㉒"攻其所必救"之语见《孙子，虚实》。㉓揆：揣度。意谓揣度敌人的行动意图。㉔庶：众。移庶：移动中的敌众。㉕意谓敌人把军队布置成簸箕形的阵势。

【译文】 兵家问道："双方军队准备交战，两军粮食都很充足，军队数量和装备也相差无几，彼此双方都又惧怕对方。这时，敌军以圆阵固守待战，将如何攻击敌军呢？"孙膑道："对这样的军队进行攻击，可以把本方军兵分成四五路，有的军兵与敌军刚交战便佯装败逃，似乎很害怕敌军的样子。敌军见我军畏惧，就会毫无顾忌地分兵追击我军。我军就可以乘敌军乱而毁掉其坚固的阵地，随即驱动战车，擂响战鼓，五路军兵齐发，全军协同攻击敌军。这就是击破敌军圆阵的办法。"

"两军准备交战，敌方富有，我方贫困，敌军兵多，我军兵少，敌强我弱，敌军用方阵向我方进攻，我军该如何抗击敌军呢？"孙膑说："抗击这样的敌军，……使集中的敌军分散，一接触就假装败逃，然后伺机从后面攻击敌军，但要注意不让敌军事先察觉。这就是攻破敌军方阵的办法。"

"两军准备交战时，敌军人数既多又强，勇猛、敏捷，并且列成锐阵准备与我军交战，该怎么样对抗敌军？"孙膑说："抗击这样的敌军，要把本方的军队分成三部分，以便调动、分散敌军。用本方一部分军兵与敌军周旋抗衡，阻滞敌军；第二部分军兵……从而造成敌军将领恐惧，士兵惶惑，上下混乱，敌军必将全军大败。这就是击破敌军锐阵的办法。"

"两军准备交战时，敌军人数多而且强大，布成阵势与我军交战，我军也列阵等待，但

我军兵力太少，无法抗击敌军，该怎么办呢？”孙膑说：“抗击这样的敌军，要把本方军队分成三部分，并且要特别选出一部分精兵组成敢死队。用三部分中的两路军兵列成阵势，张开两翼，再用精兵组成的敢死队攻击散军中枢，务求一击必中。这就是击杀敌军统兵将领，击破敌军攻击阵势的办法。”

“两军准备交战时，我军人数多，但战车、骑兵少，敌军战车和骑兵是我军的10倍，该怎么与敌军交战呢？”孙膑说：“和这样的敌军交战，要占据险要地形，利用狭长的隘口，千万要避开开阔平坦的地带，因为开阔平坦地带有利于战车冲击，而险要隘口有利于步兵作战。这就是打败敌军战车的办法。”

“两军准备交战时，我军战车和骑兵多，但步兵少，而敌军步兵多，是我军的10倍，该怎么样与敌军作战呢？”孙膑说：“和这样的敌军交战，千万要避开险阻地带，想方设法把敌军引到平坦开阔地带去决战。敌军步兵虽是我军10倍，但开阔平坦地区便于我军战车和骑兵冲击，这样就可将敌军全部击败了。这就是打败放军步兵的办法。”

“两军准备时，我军粮食不够吃，人员和兵器又补给不上，而且是远离自己的根据地去攻击敌军，而敌军兵力又是我军的10倍，该怎样对敌作战呢？”孙膑说：“对这样的敌军作战，……（原文残缺）”

“两军准备交战时，敌军将领勇猛无畏，敌军兵多而强，阵地十分坚固，全军将士都很勇敢，没有后顾之忧。敌军将领威武，士兵勇敢善战，后方人员强干，粮食供应充足，诸侯中无人敢与之争锋。该如何与这样的敌军抗争呢？”孙膑说：“和这样的敌军抗争，可以公开宣布不敢与其抗争，明白显示出没有能力与其抗争，装出完全对其屈服的样子，从而使我军产生骄傲情绪，松懈斗志，要让敌军看不出我方的真实意图。然后出其不意，攻其无备，趁敌军懈怠和疑虑之际，对敌军发动攻击。敌军虽然又富又勇敢，但全军离开营地，行军迁移，前后不能相互照应，这时，我军可以趁机拦腰截击敌军，很容易将其打败。这就是打败强敌的办法。”

“两军准备交战时，敌军凭借山地险要地形据守，阻止我军前进，我军若离敌军远就无法接触敌军，离敌军近了又没有依托之地，该怎样与这样的敌军交战呢？”孙膑说：“与这样的敌军交战，……要攻击敌军必定要救援的地方，从而牵敌军离开其坚固的阵地，并预先算计好敌军的计划，部署好伏兵和援军，在敌军移动时对其发动攻击。这就是攻击据险固守的敌军的办法。”

“两军准备交战时，敌军和我军列阵相对，敌人摆出箕形阵势。估计敌军的意图，是想让我军落入其包围而使我全军覆没。该怎样与敌军对抗呢？”孙膑说：“对抗这样的敌军，要像口渴的人不喝水，饥饿的人不吃饭一样，不受敌军引诱，不中敌军圈套。用本方三分之二的兵力，去攻击敌军的中枢要害，待敌军……之时，派出精兵去攻击敌阵两翼，敌军必然全军大败。这就是攻破敌军簸箕阵的办法。”

略 甲

【原文】 略甲之法,敌之人方阵□□无□……欲击之,其势不可,夫若此者,下之……以国章,欲战若狂,夫昔此者,少阵……反,夫若此者,以众卒从之,篡卒因之,必将……篡卒因之,必……(以下为散简)……左右旁伐以相趋,此谓钩击。……之气不藏于心,三军之众□循之知不……将分□军以修□□□□寡而民……威□□其难将之□也。分其众,乱其……阵不厉,故列不……远揄之,敌倦以远……治,孤其将,荡其心,击……其将勇,其卒众……彼大众将之……卒之道……

【译文】 (由于这篇简文残缺过多,不能成为一篇完整的内容,无法译出完整的句段,只好译出几个片段的句子。可对文章略有了解)用兵的谋略在于,当敌军列出方阵时,……想要攻击敌军,而敌军的兵势又不可战胜时,在这种形势下,……求战的心情像是发疯一般,在这种情况下,……在这种情况下,让大队士兵尾随,选出精兵沿途袭扰……。从左右两边相向攻击,这就叫作钩击……使其将领孤立,军心动摇……

客主人分[①]

【原文】 兵有客之分,有主人之分。客之分众,主人之分少。客倍主人半,然可敌也[②]。负……定者也[③]。客者,后定者也,主人安地抚势以胥[④]。夫客犯隘逾险而至,夫犯隘……退敢刎颈,进不敢拒敌,其故何也?势不便,地不利也。势便地利则民自……自退。所谓善战者,便势利地者也。

带甲数十万,民有余粮弗得食也,有余……居兵多而用兵少也,居者有余而用者不足。

带甲数十万,千千而出,千千而□之……万万以遗我。所谓善战者,善翦断之,如□会挩者也。能分人之兵,能按人之兵,则锱【铢】[⑤]而有余。不能分人之兵,不能按人之兵,则数倍而不足。众者胜乎?则投算而战耳[⑥]。富者胜乎?则量粟而战耳[⑦]。兵利甲坚者胜乎?则胜易知矣[⑧]。故富未居安也,贫未居危也;众未居胜也,少【未居败也】。以决胜败安危者,道也。敌人众,能使之分离而不相救也,受敌者不得相……以为固[⑨],甲坚兵利不得以为强,士有勇力不得以卫其将,则胜有道矣。

故明主、知道之将必先□,可有功于未战之前,故不失;可有之[⑩]功于已战之后,故兵出而有功,入而不伤,则明于兵者也。

五百一十四……焉。为人客则先人作……兵曰:主人逆客于境……客好事则……使劳,三军之士可使毕失其志,则胜可得而据也。是以按左抶右[⑪],右败而左弗能救;按右抶左,左败而右弗能救。是以兵坐而不起,避而不用,近者少而不足用,远者疏而不能……

【注释】 ①此是篇题,写在本篇第一简简背。客,指战争中攻入他人境内的一方。主人,指在自己土地上防守的一方。分,分量,比例。②敌:匹敌。意谓主人兵力只有客

方的一半,然而可以与之匹敌。《汉书·陈汤传》:“又兵法曰:客倍而主人半,然后敌。”③此句残缺,原文疑当作:“主人者,先定者也。”先定,指先做好部署。④意谓凭据良好地形,利用有利形势,严阵以待。⑤锱【铢】:据《淮南子·兵略》:“故能分人之兵,疑人之心,则锱铢有余;不能分人之兵,疑人之心,则数倍不足。”简文“锱”字残存“金”旁,“铢”字全缺,今据《淮南子》补。锱、铢都是古代两以下的重量单位,比喻分量极重。⑥算:古代计数用的算筹。意谓如果人多既能取得胜利,那只要数数算筹就可以决定胜负了。⑦意谓如果财富雄厚就能取得胜利,那只要量一量粮食的多少就可以决定胜负了。⑧意谓如果武器装备精良就能取得胜利,那么胜负也就太容易知道了。⑨“以为固”上约缺八字,据《善者》篇的类似文字,以上两句可补足为,“受敌者不得相知,沟深垒高不得以为固。”受敌:受攻击。⑩“之”字疑是衍文。⑪挟:击。按左挟右,意谓牵制敌人之左翼,而攻击其右翼。

【译文】 在作战当中有客军和主军之分。进攻的一方为客军,兵力必须比对方多,而处于守势的为主军,兵力较少。当客军兵力是主军兵力的一倍,主军兵力只有客军一半时,可以交战。……客军当然是在主军之后进入阵地的。主军则已占据有利地形,严阵以待客军了。而客军要攻破关隘,越过险阻,才能到达交战地点。进攻关隘……后退就等于自杀,不敢前进抗拒敌军,是什么原因呢?这是因为形势不利,地形不好。当形势有利,地形有利时,士兵自然会……通常所说的善于用兵的人,会让形势和地利有助于自己。

有10万大军,哪怕百姓有余粮也不可能保证供给,……养兵时觉得多,而用兵时却觉得少,养兵有余而用兵时兵力又不够。

10万大军,成千成千地出征,……善于用兵作战的将领,必定善于分割截断敌军,就像……而会解脱的人一样。能分散敌军兵力,善于抑制敌军兵力的将领,哪怕自己的兵力非常少,他用起来也会觉得有富余,而不会分散敌军兵力,不能抑制敌军兵力的将领,即使自己的兵力数倍于敌军,他仍然觉得不够用。兵多就能取胜吗?如果真是这样,那么用抽签算算双方的兵力就可知战争的结果了。富足就能取胜吗?那么量量双方的粮食就可以知道战争的结果了。兵器锐利,铠甲坚固就能取胜吗?那么胜负就很容易预先知道了。所以说,国家富足,不一定就安全,国家贫穷,不一定就有危险;兵多不一定就能取胜,兵少也不一定就会失败。决定胜败与安危的关键在于掌握用兵的规律。敌军兵多,可以使敌军分散而不能相互救援,使敌军……虽然铠甲坚固,兵器锐利,却不能发挥威力,军兵勇敢却不能保卫他们的将领,这样就懂得了作战的规律了。

所以说,英明的君王和懂得用兵规律的将领必定事先……交战之前就有把握取胜,这样的君王和将领就能万无一失;而在交战之中能取胜,出兵之后能建功立业,退兵之时不受损伤的将领,这才是善于用兵的人。

(中间三行散简文字残缺,无法译出)……使敌军疲劳,就可以使敌军全军将士完全

丧失斗志，那么，就有战胜敌军的把握了。所以钳制敌军左翼而攻击敌军右翼，就是要使其右翼失败时，左翼不能救援；钳制敌军右翼而攻击其左翼的战法，也是要使得敌军左翼失败时右翼不能相救。这样作战，就是要使得敌军只能动弹不得，避而不战，只敢远避而不敢交锋，造成敌军近处兵力少，不够用，远处的被分散了不能支援……

善　者[①]

【原文】　善者，敌人军□人众，能使分离而不相救也，受敌[②]而不如知[③]也。故沟深[④]垒高不得以为固，车坚兵利不得以为威，士有勇力而不得以为强。故善者制险量阻[⑤]，敦三军，利屈伸，敌人众能使寡，积粮盈军能使饥，安处不动能使劳，得天下能使离，三军和能使柴[⑥]。

故兵有四路、五动：进，路也；退，路也；左，路也；右，路也。进，动也；退，动也；左，动也；右，动也；默然而处，亦动也。善者四路必彻[⑦]，五动必工[⑧]。故进不可迎于前[⑨]，退不可绝于后[⑩]，左右不可陷于阻，默然而处，□□于敌之人。故使敌四路必穷，五动必忧。进则傅[⑪]于前，退则绝于后，左右则陷于阻，默然而处，军不免于患。

善者能使敌卷甲趋远[⑫]，倍道兼行[⑬]，倦病而不得息，饥渴而不得食。以此薄敌，战必不胜矣[⑭]。我饱食而待其饥也，安处以待其劳也，正静以待其动也。故民见进而不见退，蹈白刃而不还踵[⑮]。

【注释】　①此是篇题，写在本篇第一简简背。善者，指善战者。②受敌：受攻击。③不相知：互不知情。④简文"沟深"二字只残存"水"旁，据文义释。⑤意谓善战者能审察地形，利用险阻。⑥柴：陋俗为訾，怨恨。⑦彻：通达。⑧工：巧，善。⑨意谓进军时敌人不能阻挡前进。⑩意谓退军时敌人不能切断退路。⑪傅：借为保薄，迫。⑫卷甲：卷起铠甲。趋远：向远方急进。⑬一天走两天的路。⑭"战必不胜"是指敌方说的。⑮不还踵：犹言不旋踵。意谓冒锋刃而不后退。

【译文】　善于用兵的人，在敌人兵强人多的情况下，能使得敌军兵力分散而不能相互支援，遭到攻击时不能互通情报。所以说，壕沟很深、壁垒很高的阵地算不得坚固，战车坚固、兵器锐利算不上锐不可当，士兵勇猛善战也算不上强大。因此，善于用兵的将领善于审视地形险阻而加以利用，能够指挥全军将士进退自如，敌军兵多时能使其变少，敌军军粮充足时能让其挨饿受饥，敌军稳守不动时能使敌军疲劳，能让得全国民心的敌军离心离德，能使全军团结的敌军互相怨恨。

军事上有四路五动，前进是一条路，后退是一条路，向左是一条路，向右也是一条路；前进是动，后退是动，向左是动，向右是动，按兵不动同样也是动。善于用兵的将领做到四路通达，五动巧妙。因此，当自己的军队前进时会让敌军不能牵制，后退时不会让敌军切断后路，向左向右不会受敌军阻拦，按兵不动时，反过来要使敌军四路全都受困。五动必定有忧虑，前进时必有我军阻挡于前，后退时必定被切断后路，向左向右一定受到阻

挡，即使按兵不动，也难免覆灭。

善于用兵的将领，能让敌军偃旗息鼓绕远路，也能使敌军抄近路急行军，能使敌军疲病而得不到休息，又饥又渴而不能吃饭喝水。敌方用这样的军队交战，那肯定是不能取牲了。而我军则是吃饱了等待饥饿的敌军，以逸而等待疲惫的敌军。按兵不动而等敌军动。这样交战，我士卒们定会勇往直前，绝不退缩。

五名五恭

【原文】 兵有五名：一曰威强，二曰轩骄[①]，三曰刚至[②]，四曰助忌，五曰重柔[③]。夫威强之兵，则屈软而待之[④]；轩骄之兵，则恭敬而久之；刚至之兵，则诱而取之；鹍忌之兵，则薄其前，譟其旁，深沟高垒而难其粮；重柔之兵，则譟而恐之，振而捅之，出则击之，不出则回[⑤]之。

兵有五恭、五暴。何谓五恭？入境而恭，军失其常。再举而恭，军无所粮[⑥]。三举而恭，军失其事[⑦]。四举而恭，军无所食。五举而恭，军不及事。入境而暴，谓之客。再举而暴，谓之华。三举而暴，主人惧。四举而暴，卒士见诈[⑧]。五举而暴，兵必大耗。故五恭、五暴，必使相错[⑨]也。

【注释】 ①轩骄：疑是高傲或骄悍之意。②刚至："至"疑借为恎。刚俊：刚愎自用。③重柔：极其软弱。④意谓用示弱的办法对付强敌。⑤回：围。⑥军队征集不到粮草。⑦失其事：误事。⑧见诈：受骗。⑨相错：交替使用。

【译文】 敌军有5种类型：第一种是耀武扬威，第二种是高傲骄横，第三种是刚愎自用，第四种是贪婪猜忌，第五种是迟疑软弱。对付耀武扬威的敌军要故意示弱，装出屈服的样子以等待时机；对付高傲骄横的敌军，要装出恭敬的样子而假以时日；对付刚愎自用的敌军，可以用诱敌计而战胜；对付贪婪猜忌的敌军，可以逼其前锋，同时在其侧翼虚张声势加以骚扰，再用深沟高垒使其难于运粮补给；对付迟疑软弱的敌军，可以虚张声势施以恐吓，用小股部队做些试探性的攻击，如果敌军出动就加以攻击，如果敌军不出战就逼其后退。

军队有5种表示宽柔的情况，5种表现强制的情况。表示宽柔分为哪5种情况呢？第一是在进入对方国境立即表示宽柔，敌军就会失去其正常的状态；第二次行动时向敌方表示宽柔，敌军就会无从得到粮食补给；第三次行动时向敌方表示宽柔，敌军就会失利；第四次行动时向敌方表示宽柔，敌军就要挨饿了；第五次进攻向敌方表示宽柔，敌军就无法完成任务了。表现强制又分为是哪5种情况呢？一进入对方国境就表现强制，该国人定会把你当作外来客；第二次行动表现强制，就会引起该国哗然纷乱；第三次行动表现强制，就会引起该国百姓恐惧；第四次行动表现强制，你的士兵在该国就只能得到欺诈了；第五次行动再表现强制，你的军队就将大受损耗了。所以说，5种宽柔、5种强制必须交替地结合使用。

兵 失

【原文】 欲以敌国之民之所不安,正俗所……难敌国兵之所长,耗兵也。欲强多[①]国之所寡,以应敌国之所多,速屈[②]之兵也。

备固,不能难敌之器用[③],陵兵[④]也。器用不利,敌之备固,挫兵也。兵不……明者也。善阵,知背向[⑤],知地形,而兵数困,不明于国胜、兵胜者也。民……兵不能昌大功,不知会[⑥]者也。

兵失民,不知过者也。兵用力多功少,不知时者也。兵不能胜大患,不能合民心者也。兵多悔,信疑者也。兵不能见福祸于未形,不知备者也。兵见善而怠[⑦],时至而疑[⑧],去非而弗能居[⑨],止道也。贪而廉,龙而敬[⑩],弱而强,柔而刚,起道也[⑪]。行止道者,天地弗能兴也。行起道者,天地……

【注释】

①强多:勉强增加。②屈:竭尽。③意谓设防坚固,但抵挡不住敌人进攻的器械。④陵兵:被欺凌的军队。⑤背向:指行军布阵时的所向或所背。⑥会:时机。⑦见善而怠:见到有利条件而怠惰不前。⑧时至而疑:面临良好战机而犹豫不决。⑨去非而弗能居:抛弃错误,但又不能照正确的去做。⑩龙而敬:《六韬・文韬・明传》有一段类似的话,"龙而敬"作"恭而敬"。龙、恭二字古通用,但此处上下文为"贪而廉""弱而强",而字前后二字义正相反,恭、敬二字义重,疑有误。一说"龙"借为"宠"。⑪起道:据《六韬・文韬・明传》:"见善而怠,时至而疑,知非而处。此三者,道之所止也。柔而静,恭而敬,强而弱,忍而刚。此四者,道之所起也。"文字与本篇相近。但本篇的"止道""起道",从下文"行止道""行起道"二语来看,似是两种道的名称。疑"止道"指停滞、灭亡之道,"起道"指兴旺、胜利之道。

【译文】 想利用敌国人民所不能接受的东西来纠正该国的习俗……(勉强用自己的短处)去对付敌国军队的长处,就会耗费兵力。想勉强用许多自己国家所缺乏的东西,去对付敌国所富有的东西,那只会使本国军队很快失败。

防御设施抵抗不住敌人的进攻器械,军队就会受到压制。用不锋利的兵器去攻击敌军,一定不能攻破敌军坚固的防御,而只会使本国军队受挫。……将领善于布阵,了解地势的背向,也懂得利用地形,但用兵却屡陷困境,这是因为不明白只有国家昌盛,用兵才能取胜的道理。……用兵不能立大功,是由于不懂得集中兵力作战。

军队得不到民众的支持,是由于不能认识自己的错误。用兵的人使用很多兵力,而建的战功却很少,这是由于不会把握时机。用兵的人不能避免大灾祸,是因为他的行动不合民心。用兵的人常常后悔,这是由于他轻信而多疑。用兵的人在胜利和灾祸尚未出现之时不能预见,是由于不懂得要做好战前准备。用兵的人见到有利条件就松懈,在有利时机到来时又迟疑不决,离开了不利境地仍然不能保持部队稳定,那只能走向灭亡了。

虽有贪心但能保持廉洁，虽得宠但能保持恭谨，虽然弱小但能图强，虽然性格软弱但能表现刚强，这是走向兴盛的途径。走灭亡道路的人，天和地都不能让他兴盛。走兴盛道路的人，天地……（也不能使你灭亡）。

将　义[1]

【原文】 **将者不可以不义，不义则不严，不严则不威，不威则卒弗死[2]。故义者，兵之首也。将者不可以不仁，不仁则军不克，军不克则军无功。故仁者，兵之腹也。将者不可以无德，无德则无力，无力则三军之利不得。故德者，兵之手也。将者不可以不信，不信则令不行，令不行则军不槫，军不槫则无名[3]。故信者，兵之足也。将者不可以不智胜，不智胜[4]……则军无□。故决[5]者，兵之尾也。**

【注释】 ①此是篇题，写在本篇第一简简背。篇末亦有篇题，作“将义”。从文义看，以作“将义”为是。②卒弗死：士卒不肯效死。③名：功绩。④简文胜字及其下重文号疑是抄书者多写的，原文当作：“不可以不智，不智……”。一说“不智胜”当读为“不知胜”，“不知胜”即不智。⑤决：果断。

【译文】 军队的将领不可不公正，不公正就不可能严格治军，治军不严就没有威信，将领没有威信，士兵就不会拼死效命。因此，公正是统兵的首要条件，就像人必须有头一样。军队的将领不能不仁爱，将领不仁爱军队就不会有制胜的能力，军队没有制胜的能力就不能使用。因此，仁爱是统兵的中心事项，就像人必须有腹心一样。军队的将领不能不施恩德，将领不施恩德就没有威力，没有威力的将领就无法发挥全军的威力。因此，恩德是统兵的手段，就像人必须有手一样。军队的将领不能不讲信用，将领不讲信用，他的命令就无法贯彻执行，军令不能贯彻执行，军队就不能集中统一，那军队就不会有声名了。因此，信用是统兵的支点，就如同人必须有足一样。军队的将领不能没有智慧，将领没有智慧，指挥就不果断，军队就不能取胜，因此，果断是用兵的最后一项要求了。

将　德

【原文】 **……赤子，爱之若狡[1]童，敬之若严师，用之若土芥[2]，将军……不失，将军之智也。**

不轻寡[3]，不劫于敌[4]，慎终若始[5]，将军……而不御，君令不入军门，将军之恒也。

入军……将不两生，军不两存，将军之……将军之惠也。

赏不逾日，罚不还面[6]，不维其人，不何……外辰，此将军之德也。

【注释】 ①狡：年少而美好。②芥：草芥。土芥比喻轻微无价值的东西。此数句意谓将帅之于士卒，平时需爱护，敬重，该用的时候又要舍得用。③不轻寡：不因敌人数量少而轻视它。④劫：迫。意谓不为强大的敌人所吓倒。⑤《老子》六十四章：“慎终如始，则无败事”，可参考。⑥还面：转脸。

【译文】 ……对士兵要像对可爱的孩童一样爱护，要像对严师一样尊敬，而使用士兵又要像使用泥土草芥一样，不惜牺牲将军……这是将军的智慧。

不轻视兵力少的敌军，也不怕敌军的威逼，做事要坚持不懈，直至最后也要像刚开始一样，慎始慎终慎重对待，将军……君王的命令不能在军队中直接传达贯彻，军队中只以统兵将帅的命令为准，这是将军固定不变的准则。

……将军不能和敌军将领共生，自己的军队也不能与交战的敌军共存，这是将军的……这是将军赏赐的恩惠。

奖赏不能超过当日，惩罚也须当面就兑现，赏罚不因人而异，必须一视同仁，……这是将军应有的品德。

将　败

【原文】 将败：一曰不能而自能。二曰骄。三曰贪于位。四曰贪于财。【五曰】□。六曰轻。七曰迟。八曰寡勇。九曰勇而弱。十曰寡信。十一【曰】……十四曰寡决。十五曰缓。十六曰怠。十七曰□。十八曰贼[①]。十九曰自私。廿曰自乱。多败者多失。

【注释】 ①贼：残暴。

【译文】 统兵将领招致失败的原因有以下几种：第一种是自己原本没有能力却自以为是；第二种是骄傲自大；第三种是贪图权位；第四种是贪图钱财；第五种是……第六种是轻敌；第七种是反应迟钝；第八种是缺乏勇气；第九种是表面勇敢，实际懦弱；第十种是缺乏信誉；第十一种是……第十四种是优柔寡断；第十五种是行动迟缓；第十六种是懈怠懒惰；第十七种是……第十八种是暴虐；第十九种是自私；第二十种是自己把事情搞乱。将领的毛病越多，失败就越多。

将　失

【原文】 将失：一曰，失所以往来[①]，可败也。二曰，收乱民而还用之，止北卒而还斗之[②]，无资而有资[③]，可败也。

三曰，是非争，谋事辩讼[④]，可败也。四曰，令不行，众不壹，可败也。

五曰，下不服，众不为用，可败也。六曰，民苦其师，可败也。

七曰，师老[⑤]，可败也。八曰，师怀[⑥]，可败也。

九曰，兵遁，可败也。十曰，兵□不□，可败也。

十一曰，军数惊，可败也。十二曰，兵道足陷，众苦，可败也。

十三曰，军事险固，众劳[⑦]，可败也。十四【曰】，□□□备，可败也。

十五曰，日暮路远，众有至气[⑧]，可败也。十六曰，……可败也。

十七【曰】，……众恐，可败也。十八曰，令数变，众偷[⑨]，可败也。

十九曰，军淮，众不能其将吏[⑩]，可败也。廿曰，多幸[⑪]，众怠，可败也。

廿一曰，多疑，众疑，可败也。廿二曰，恶闻其过，可败也。

廿三曰，与不能[12]，可败也。廿四曰，暴露伤志[13]，可败也。

廿五曰，期战心分[14]，可败也。廿六曰，恃人之伤气[15]，可败也。

廿七曰，事伤人，恃伏诈[16]，可败也。廿八曰，军舆无□，【可败也。廿九曰】，□下卒，众之心恶，可败也。

卅曰，不能以成阵，出于夹道[17]，可败也。卅一曰，兵之前行后行之兵，不参齐于阵前，可败也。

卅二曰，战而忧前者后虚，忧后者前虚，忧左者右虚，忧右者左虚。战而有忧，可败也。

【注释】 ①意谓军队行动茫无目的。②以上两句意谓收用乱民和败卒来打仗。③本无实力而自以为有实力。④以上两句的意思是说：在是非问题上总是争执；在谋划大事时，总是辩论争吵，不能做出决定。⑤士卒长期出征在外，不得休息。⑥士卒有所挂念。⑦以修筑军事要塞为事，使士卒劳苦。⑧至：怨恨。⑨偷：苟且敷衍。⑩淮：疑借为乖，不和。众不能其将吏，意谓士卒与将吏的关系不好。⑪幸：偏爱。⑫与：亲近，交往。不能：无能之辈。一说与借为举，意谓举用无能之人。⑬士卒暴露于野外，伤其心志。⑭临战之前军心涣散。⑮恃：凭借。意谓所凭借的是敌人的斗志消沉。⑯做的是伤害人的事，靠的是阴谋诡诈的手段。⑰夹：疑借为狭。

【译文】 统兵的将领可能出现的过失有以下几种：第1种是军队调动不当，可能导致失败。第2种是收容散乱的百姓，不进行训练就用去作战，或是收集刚打败仗退下来的士兵，马上又让他们去打仗，或是没有供给保障仍然一意孤行，这些都可能导致失败。

第3种是爱争论是非，作计划时争论不休，可能导致失败。第4种是命令不能执行，士兵不能一致行动，可能导致失败。

第5种是部下不服从、士兵不听指挥，不肯效命，可能导致失败。第6种是他的军队使百姓遭受痛苦，可能导致失败。

第7种是军队疲惫，可能导致失败。第8种是军队思乡想家，可能导致失败。

第9种是士兵逃跑，可能导致失败。第10种是士兵……可能导致失败。

第11种是军队多次受惊吓，可能导致失败。第12种是行军的道路难以行走，使士兵常常陷脚，士兵困苦不堪，可能导致失败。

第13种是修筑险要坚固的军事设施，使士兵过度疲劳，可能导致失败。第14种是……可能导致失败。

第15种是天快黑了，行军路程还很远，士兵极其气愤，可能导致失败。第16种……可能导致失败。

第17种是……士兵恐惧，可能导致失败。第18种是军令屡屡改变，士兵偷安应付，可能导致失败。

第19种是军队军心涣散，士兵不信任他们的将领和长官，可能导致失败。第20种是统兵将领多数存在侥幸心理，士兵懈怠懒惰，可能导致失败。

第21种是将领和士兵都多疑，犹豫不决，可能导致失败。第22种是将领厌恶听别人指出其过错，可能导致失败。

第23种是任用的下级官吏无能，可能导致失败。第24种是长期露宿，挫伤士气，可能导致失败。

第25种是将领临战分心，可能导致失败。第26种是只想凭借敌军士气低落，可能导致失败。

第27种是单纯依靠埋伏和施行欺骗去打败敌军，可能导致失败。第28种是……可能导致失败。第29种是……士兵产生厌恶心理，可能导致失败。

第30种是不能用合适的阵势通过狭谷通道，可能导致失败。第31种是军队先出发和后出发的士兵，不能在阵前会齐集结，可能导致失败。

第32种是作战时由于担心前锋致使后卫空虚，或者由于担心后卫致使前锋空虚，或者由于担心左翼致使右翼空虚，又或是由于担心右翼致使左翼空虚，作战时总是有种种担心，可能导致失败。

雄牝城

【原文】 **城在渒泽①之中，无亢山名谷②，而有付丘③于其四方者，雄城也，不可攻也。军食流水，生水也，不可攻也。城前名谷，背亢山，雄城也，不可攻也。城中高外下者，雄城也，不可攻也。城中有付丘者，雄城也，不可攻也。**

营军趣舍④，毋回名水⑤，伤气弱志⑥，可击也。城背名谷，无亢山其左右，虚城也，可击也。□尽烧⑦者，死壤也，可击也。军食泛水⑧者，死水也，可击也。城在发泽⑨中，无名谷付丘者，牝城⑩也，可击也。城在亢山间，无名谷付丘者，牝城也，可击也。城前亢山，背名谷，前高后下者，牝城也，可击也。

【注释】 ①渒泽：小泽。②亢：高。名：大。③付丘：疑即负丘，两层的丘。④营军：安营。趣舍：行军。⑤回：环绕。名水：指大江大河。⑥伤气：损伤士气。以上几句之意，疑谓行军安营不要绕着大河走，否则会沮丧士气。⑦烧：疑借为硗，坚硬贫瘠的土地。⑧泛水：积水，与流水相对。⑨发：疑借为沛。沛泽：大泽。⑩牝：雌。牝城与雄城相对。

【译文】 建在小片沼泽地带的城池，周围虽没有高山深谷，但是有连绵不断的丘陵环绕于城池四周，这种城池叫作雄城，很难攻克，不要攻打。敌军饮用流水，（水源充足，不要攻打）。前临深谷的城池，背靠高山，是雄城，不要攻打。城内地势高，城外地势低的城池是雄城，不要攻打。城内有连绵不断的丘陵的城池是雄城，不要攻打。

军队驻扎的营地四周，没有大河环绕作为屏障，军队士气受挫，斗志低落，对这样的军队可以攻击。背临深谷的城池，其左右两面又没有高山，这是虚弱的城池，可以攻

击。……烧光了的，这是死亡了的地区，可以攻击。军队饮用的是不流通的小沟渠的水，是死水，可以攻击。建在大片的沼泽地带的城池，又没有深谷和连绵不断的丘陵作屏障，这种城池叫作牝城，容易攻打，可以攻击。城池前有高山，背临深谷，前高后低，是牝城，可以攻击。

度九夺

【原文】 **……矣。救者至，又重败之。故兵之大数[1]，五十里不相救也。况近□□□□□数百里[2]，此程[3]兵之极也。故兵[4]曰：积[5]弗如，勿与持久。众弗如，勿与接和[6]。□弗如，勿与□□。□弗如，勿与□长。习[7]弗如，毋当其所长。五度[8]既明，兵乃横行。故兵……趋敌数。一曰取粮。二曰取水。三曰取津[9]。四曰取途。五曰取险。六曰取易。七曰取□。八曰取□。九曰取其所读[10]贵。凡九夺，所以趋敌也。**

【注释】 ①大数：大要。②此句有缺文，据文义，原文似当为："况近者数里，远者数百里"。③程：衡量。④兵：指古兵法。⑤积：委积，指粮草。⑥接和：与交和同意，两军对垒。⑦习：训练。⑧五度：指上文所说"积弗如，勿与持久"等五事。⑨津：渡口。⑩读：借为独。

【译文】 …救兵到达，又再次打败敌军。所以，用兵的一项重要原则是，相距50里就不能相互救援了。……有几百里的距离，这样的距离已超过行军救援的极限了。因此兵法说，当储备不如敌军时，不要和敌军打持久战。兵力不如敌军时，不要和敌军周旋。……不如敌军时，不要与敌军……。……不如敌军时，不要与敌军……士兵训练不如敌军时，不要用这样的士兵去与敌军的长处抗争。统军将领如能懂得衡量这五项，并能恰当地把握分寸，那他带的军队就可以纵横驰骋了。所以兵法说：……各种逼迫敌军的办法。第一是夺取敌军粮草。第二是夺取敌军水源，第三是夺取敌军必经的渡口。第四是夺取敌军必经的道路。第五是夺占敌军必经的险要关隘。第六是夺取平坦开阔地带。第七是……第八是……第九是夺取敌军最珍视的东西。以上列举的九项夺取，都可以作为逼迫敌军的办法。

积　疏

【原文】 **……【积】胜疏，盈胜虚，径胜行[1]，疾胜徐，众胜寡，佚胜劳。积故积之[2]，疏故疏之，盈故盈之，虚【故虚之，径故径】之，行故行之，疾故疾之，【徐故徐之，众故众】之，寡故寡之，佚故佚之，劳故劳之。积疏相为变[3]，盈虚【相为变，径行相为】变，疾徐相为变，众寡相【为变，佚劳相】为变。毋以积当积[4]，毋以疏当疏，毋以盈当盈，毋以虚当虚，毋以疾当疾，毋以徐当徐，毋以众当众，毋以寡当寡，毋以佚当佚，毋以劳当劳。积疏相当[5]，盈虚相【当，径行相当，疾徐相当，众寡】相当，佚劳相当。敌积故可疏[6]，盈故可虚，径故可行，疾【故可徐，众故可寡，佚故可劳】。……**

【注释】 ①径:小路,指捷径。行:大道。②集聚的就使它集聚。③集聚与分散互相变化。④不要用集聚对集聚。⑤集聚和分散相对。⑥犹言敌积故可疏之。

【译文】 ……(兵力集中)胜于分散,战力充实胜于虚弱,走捷径胜于走大路,行动迅速胜于缓慢,兵多胜于兵少,部队安逸胜于疲劳。该集中就集中,该分散就分散,该充实就充实,(该薄弱就薄弱,该走捷径就走捷径,)该走大路就走大路,该迅速就迅速,(该缓慢就缓慢,该兵力多就增加,)该兵力少就减少,该休整就休整,该劳累就劳累。集中和分散可以互相转变,充实和虚弱(可以互相转变,走捷径和走大路可以互相)转变,行动迅速和缓慢可以互相转变,兵力多和兵力少可以(互相转变,安逸和疲劳可以互相)转变。

不要用集中对集中,不要用分散对分散,不要用充实对充实,不要用虚弱对虚弱,不要用迅速对迅速,不要用缓慢对缓慢,不要用兵力多对兵力多,不要用兵力少对兵力少,不要用安逸对安逸,不要用疲劳对疲劳。集中和分散相对,充实和薄弱相(对,走捷径和走大路相对,迅速和缓慢相对,兵多和兵少)相对。安逸和疲劳相对。所以敌人集中可以使它分散,力量充实可以使它虚弱,走捷径可以使它走大路,行动迅速(可以使它迟缓,安逸可以使它疲劳)。……

奇　正[1]

【原文】 天地之理,至则反,盈则败,□□[2]是也。代兴代废[3],四时是也。有胜有不胜,五行[4]是也。有生有死,万物是也。有能有不能,万生[5]是也。有所有余,有所不足,形势是也。

故有形之徒,莫不可名[6]。有名之徒,莫不可胜[7]。故圣人以万物之胜胜万物[8],故其胜不屈[9]。战者,以形相胜者也。形莫不可以胜,而莫知其所以胜之形[10]。形胜之变,与天地相敝而不穷[11]。

形胜,以楚越之竹书之而不足[12]。形者,皆以共胜胜者也[13]。以一形之胜胜万形,不可[14]。所以制形壹也,所以胜不可壹也[15]。

故善战者,见敌之所长,则知其所短;见敌之所不足,则知其所有余。见胜如见日月。其错胜[16]也,如以水胜火。形以应形,正也;无形而制形,奇也[17]。奇正无穷,分也。分之以奇数[18],制之以五行,斗之以□□。分定则有形矣,形定则有名矣。……同不足以相胜也,故以异为奇。足以静为动奇,佚为劳奇,饱为饥奇,治为乱奇,众为寡奇。发而为正,其未发者奇也。奇发而不报,则胜矣。有余奇者,过胜者也。

故一节痛,百节不用[19],同体也。前败而后不用,同形也。故战势,大阵□断,小阵□解。后不得乘前,前不得然[20]后。进者有道出,退者有道入。

赏未行,罚未用,而民听令者,其令,民之所能行也。赏高罚下,而民不听其令者,其令,民之所不能行也。使民虽不利,进死而不旋踵,孟贲之所难也,而责之民,是使水逆流也。故战势,胜者益[21]之,败者代之,劳者息之,饥者食之。故民见□人而未见死,蹈白刃

而不旋踵。故行水得其理,漂石折舟㉒;用民得其性,则令行如流。

【注释】 ①此是篇题,单独写在一简上。②此处所缺二字疑是“日月”或“阴阳”。③代:更替。④五行:指金、木、水、火、土。胜,指五行相克,如水胜火。⑤万生:各种生物。⑥有形体的事物,没有不可命名的。⑦有名称的事物,没有不可制服的。⑧以万物之胜胜万物,意谓用一物的特性克制另一物,以此驾驭万物。⑨屈:穷尽。⑩有形之物没有不可制服的,问题是不知道用什么去制服它。《孙子·虚实》说:“人皆知我所以胜之形,而莫知吾所以制胜之形”,可参考。⑪敝:敝意谓万事万物相生相克的现象和天地共始终而无穷无敝。⑫楚和越都盛产竹。古人在竹简上写字。此句意谓万物相胜的现象是写不完的。⑬犹言皆以其胜相胜者也。⑭以一种事物去制胜万物,是不可能的。⑮以上两句的意思是说:用来制胜的原则是一样的,但用来制胜的事物是各种各样的。⑯错:同措,措置。错胜:犹言制胜。⑰以上两句意谓:用有形对付有形,是正;用无形制服有形,是奇。⑱《孙子·势》:“凡治众如治寡,分数是也”,梅尧臣注:“部伍奇正之分数,各有所统”,可参考。⑲节:骨节。意谓身上一处有病痛,全身就都不听使唤。⑳然:借为蹨,践踏。㉑益:增。指增加兵力。㉒《孙子·势》:“激水之疾,至于漂石者,势也。”

【译文】 自然界的规律:物极必反,盛极必衰,……朝代的兴衰替代,就如同一年四季的变化交替一般,是正常而必然的现象。一个国家、一支军队,有胜过别人、能取胜的一面,也有不如别人,不能取胜的一面,就如同金、木、水、火、土五行相生相克一样,有生就有死,世间万物都是一样。有能做到的,也有不能做到的,所有的人都是这样。有条件具备而有余的,也有条件不足的情形,形势发展变化就是如此。

凡是有阵形显露的军队,就没有不能识别的;凡是能识别的军队,就没有不可战胜的。所以,圣人会运用万物的长处去制胜万物,而且能不断取胜。用兵作战的人,是靠阵形相互取胜的。阵形没有不能战胜的,只是有人不知道用以战胜的阵形而已。以阵形取胜的变化,就如同天和地相互遮蔽一样是永无穷尽的。

以阵形取胜的办法,用尽楚、越两地的竹子也是写不完的。阵形是用其长处去取胜的。用一种阵形的长处去胜过万种阵形,这是不可能的。所以说,可以给阵形规定一定的式样,但是取胜的阵形却不可能是一成不变的。

善于打仗的人,了解敌军的长处,就能知道敌军的短处;了解敌军不足的方面,就能知道敌军优胜的方面,这种人预见胜利,就如同预见日月升降一样准确容易,这种人取胜的措施,就如同用水灭火一样有效。用阵形对阵形,是常规战法叫作“正”;不用固定的阵形去对付固定的阵形,是非常规战法,叫作“奇”。“奇”和“正”的变化是无穷无尽的,关键在于酌情运用,掌握分寸。要按照出奇制胜的原理,运用五行相生相克的规律去制约敌军。……分析掌握敌情清楚准确,就会有相应的取胜阵形,阵形确定自然就会有阵名了。……用和敌军相同的阵形是不能取胜的,所以必须以变异的阵形出奇制胜,由于这个原因,以静制动是出奇,以逸待劳是出奇,以饱对饥是出奇,以安定对动乱是出奇,以多对少是出奇,暴露的行动是正,隐蔽的行动是奇。出其不意而又不被敌军发觉,就能取胜。所以说,奇招层出不穷的人,就能超出常人不断取胜。

所以身上一个关节痛,其他所有关节也不灵活了,因为所有的关节都属于同一个身体。前锋失败了,后队也就不能发挥作用,因为是同一阵形。所以说,作战的态势,要大阵……小阵……后卫不追逐超越前锋,前锋不能阻挡后卫部队。前进要有道路可以出去,后退要有道路可以进入。

赏和罚并未实行,而众军却肯听令,这是由于这些命令是众军能够执行的。悬出高赏低罚,而众军却不听令,这是由于命令是众军无法执行的。要让众军处在不利的形势下,仍然拼死前进而毫不后退,这是像孟贲那样的勇士也难以做到的;如果因众军不能做到而责怪他们,那就犹如要让河水倒流一样了。所以说,用兵作战的人,要按情势处理:军兵得胜,要让他们得到好处;军兵打了败仗,领兵将领要承担责任,代兵受过;军兵疲劳时,要让他们休息;军兵饥饿时,要让他们能吃上饭。这样就能使军兵遇上强敌也不怕死,踩上锋利的刀刃也不会转身后退。所以说,懂得流水的规律后,就可以做到用流水冲石头去毁掉船只;使用军兵时懂得他们的心理,命令就能贯彻执行得如同流水一样畅通无阻了。

诸葛亮兵法

【导语】

诸葛亮(公元180~234年),是我国历史上家喻户晓的传奇人物,三国时期著名的政治家、军事家,诸葛亮出生在一个小官僚地主家庭。他的父亲诸葛圭曾任泰山郡丞。亮幼年时,父母相继去世,由叔父诸葛玄抚养。14岁时,因家乡兵患频繁,诸葛亮和弟弟诸葛均跟着叔父离开家乡,到豫章(今江西南昌)避难,后随叔父到荆州投靠刘表。建安二年(公元197年),叔父病故,17岁的诸葛亮就在襄阳城西20里的隆中(今湖北襄阳西),躬耕垄亩,并在此地隐居下来。他于耕作之余,博览群书,精研兵法,静观时势,深思治策,以博学多才和远见卓识而深受世人器重,被称为"卧龙"。

诸葛亮像

建安十二年,经谋士徐庶推荐,刘备三顾茅庐,拜访诸葛亮,并坦诚表明削平群雄、统一国家的雄心壮志。诸葛亮见刘备志大意诚,便献上自己在隆中长期精心谋划的计策。刘备高兴地说:"孤之有孔明,犹鱼之有水也。"为报答知遇之恩,诸葛亮遂"出山"辅佐刘备,从此登上政治舞台,在长达27年的丞相生涯中,"鞠躬尽瘁,死而后已"。

流传至今的《诸葛亮兵书》,虽然有人推测可能是后人托诸葛亮之名而作,但它所涉及的治国、治军方面的理论,在今天仍具有重要的参考价值,是我们面临新经济时代的得力助手。

第一章 将苑

兵 权

【原文】 夫兵之权者,是三军之司命①,主将之威势②。将能执兵之权,操兵之要势,而临群下,譬如猛虎,加之羽翼而翱翔四海,随所遇而施之③。若将失权,不操其势,亦如鱼龙脱于江湖,欲求游洋之势,奔涛戏浪,何可得也。

【注释】 ①司命:民间相传为灶神,在此指主宰和灵魂。②威势:威力和权势。③随所遇而施之:随所遇之不同情势来区别择用,意即能随机灵活运用。

【译文】 兵权是用来对军队发号施令,以及巩固主将威势的。假如将领能掌握兵权,就能自如地指挥全军,他的军队势必如虎添翼,无所拘束,不论遇到任何问题都能灵

活应变。假如将领丧失了兵权和威势,就会像离开江河湖海的鱼龙,想要求得在海洋中自在悠然的气势,在波涛中纵横奔腾,又怎么可能呢?

逐　恶

【原文】　夫军国之弊,有五害[①]焉:一曰结党[②]相连,毁谮[③]贤良;二曰侈其衣服,异其冠带[④];三曰虚夸妖术,诡言神道[⑤];四曰专察是非,私以动[⑥]众;五曰伺候[⑦]得失,阴结[⑧]敌人。此所谓奸伪悖德[⑨]之人,可远而不可亲也。

【注释】　①害:祸患、弊端。②结党:集合小团体。③谮:诬陷、中伤。④冠带:帽子和衣带。⑤虚夸妖术,诡言神道:虚夸,胡乱夸耀。诡言,怪诞的言论。⑥动:运用言语扰乱、迷惑。⑦伺候:等待、观察。⑧阴结:私下勾结。⑨奸伪悖德:虚伪奸诈、败坏德行者。

【译文】　军队和国家容易出现的弊端,主要有5种:一是集结成党营私勾结、毁谤诬陷忠孝贤良;二是衣着极尽奢华、奇异,不遵循常理;三是虚夸邪术,四处散布荒诞的方术;四是一心打探是非,暗地里以此来迷惑众人;五是窥伺成败得失,私下勾结敌人。这就是所说的虚伪奸诈、败坏德行的小人,要疏远而不可亲近他们。

知人性

【原文】　夫知人之性,莫难察焉。美恶既殊,情貌不一,有温良[①]而为诈者,有外恭而内欺者,有外勇而内怯者,有尽力而不忠者。

然知人之道有七焉:一曰间[②]之以是非而观其志,二曰穷之以辞辩[③]而观其变,三曰咨之以计谋而观其识,四曰告之以祸难而观其勇,五曰醉之以酒而观其性,六曰临之以利而观其廉,七曰期之以事而观其信。

【注释】　①温良:温和善良。②间:夹杂。③辞辩:言辞论辩。

【译文】　要辨识一个人的品性,是一件非常困难的问题。善和恶都差之千里,况且内心的真实想法和外显的表情相貌也总不一致。有的人外表温良忠厚,行为却虚伪奸诈;有的人外表恭恭敬敬,内心却满怀险恶;有的人外表威武凶猛,内心却胆怯懦弱;有的人办事看起来尽心尽力,实际上却心怀鬼胎。

考察和辨识一个人的人品有以下7种方法:一是询问他对是非的判别,来观察他的志向是否纯洁;二是用言辞论辩考问他,借以观察他的应变能力;三是向他咨询计谋,借此观察他是否具有真才实学;四是告诉他祸患和困难,借以观察他是否勇敢坚韧;五是用酒灌醉他,借以观察他的真实品性是否表里如一;六是用财物利诱他,借以察看他是否清正廉洁;七是限定时间要求他完成某一件事情,借以察看他是否遵守信用。

将　材

【原文】　夫将材有九:道之以德,齐之以礼,而知其饥寒,察其劳苦,此之谓仁将;事

无苟免[①]，不为利挠，有死之荣，无生之辱，此之谓义将；贵而不骄，胜而不恃，贤而能下，刚而能忍，此之谓礼将；奇变莫测[②]，动应多端[③]，转祸为福，临危制胜，此之谓智将；进有厚赏，退有严刑，赏不逾时[④]，刑不择贵[⑤]，此之谓信将；足轻戎马，气盖千夫，善固疆场，长于剑戟，此之谓步将；登高履险，驰射如飞，进则先行，退则后殿，此之谓骑将；气凌三军，志轻强虏，怯于小战，勇于大敌，此之谓猛将；见贤若不及，从谏如顺流，宽而能刚，勇而多计，此之谓大将。

【注释】 ①苟免：以不正当的手段求幸免。②莫测：无法揣测，使人难以了解或理解。③多端：各种变化的情况。④赏不逾时：及时行赏，以收激励之效。⑤刑不择贵：一律依法用刑，不因地位的尊卑而有所不同。

【译文】 将帅依照其才干，可大致分成几种类型：用道德来教化士兵，用法令来治理部队，并能体恤下属的饥饿寒冷、勤劳辛苦，这种将领称为仁将；做事不图眼前避灾自保，不受名利诱惑，能舍生取义，这种将领称作义将；地位尊贵而不骄横，取得胜利却不居功自傲，有才能却又谦和地对待下属，性格刚强又能够忍让，这种将领称为礼将；战术变化奇妙莫测，能应对各种情况，将祸事转变为好事，并在危急关头取得胜利，这种将领叫作智将；对勇往直前的人进行丰厚的奖赏，对退缩的人采用严厉的刑罚，且能及时行赏，又不论地位的尊卑，一律依法用刑，这种将领称作信将；脚步轻快胜过战马，气势豪迈压倒众人，善于安定疆场，擅长使用剑戟，这种将领称作步将；身手矫健，能登高涉险，骑马射箭就像飞一般，进攻时一马当先，撤退时勇敢断后，这样的将领是骑将；气概威震三军，有盖世的豪气，不轻视小战役，又勇于投身大战役，这样的将领是猛将；看见有才能的人就反思自己的不足，接纳建议虚怀若谷，性格宽厚而又刚毅，行动勇敢而又足智多谋，这样的将领就是大将。

将　器

【原文】　将之器，其用大小不同。若乃察其奸，伺其祸[①]，为众所服，此十夫之将；夙兴夜寐[②]，言词密察，此百夫之将；直而有虑，勇而能斗，此千夫之将；外貌桓桓[③]，中情烈烈[④]，知人勤劳，悉人饥寒，此万夫之将；进贤进能[⑤]，日慎一日，诚信宽大，闲[⑥]于理乱，此十万人之将；仁爱洽[⑦]于天下，信义服邻国，上知天文，中察人事，下识地理，四海之内，视如室家，此天下之将。

【注释】 ①伺其祸：伺，发现。祸，灾祸。②夙兴夜寐：早起晚睡，勤于公事。③桓桓：威武的样子。④中情烈烈：小情，指内心。意谓内心热情。⑤进贤进能：网罗贤才，以为己用。⑥闲：闲，通“娴”，熟练的意思。⑦洽：融洽。

【译文】 将领的才能，依据他的作用大小而有所不同。如果能够分析察知队伍中的奸细，发现队伍中隐藏的灾祸，让众人信服，这是能统领 10 个人的将领；能早起晚睡，言辞周密谨慎，这是领导 100 个人的将领；性格率直而深思熟虑，勇猛威武又善于战斗，这

是能统领千人的将领;外貌威武,内心热情,充分了解士卒的辛劳,并能体会部属的饥寒,这是统领万人的将领;推荐有本领的人,选拔有能力的人,始终保持谨慎,重信义且宽宏大量,能够纯熟地处理各种复杂的事情,这是统帅10万人的将领;仁爱和蔼地对待下属,以诚信义气使邻国臣服,上能通晓天文,中能考察人世间的事情,下能识别地理,看待四海之内,就像是自己的家一样,这是可以统率天下的将领。

将　弊

【原文】　夫为将之道,有八弊[1]焉,一曰贪而无厌,二曰妒贤嫉能,三曰信谗好佞[2],四曰料彼不自料[3],五曰犹豫不自决,六曰荒淫于酒色,七曰奸诈而自怯[4],八曰狡言[5]而不以礼。

【注释】　①弊:弊病。②佞:惯于用花言巧语献媚于人。③自料:估计本身的实力。④自怯:胆小怯懦。⑤狡言:奸诈巧辩之言。

【译文】　将领常见的弊端有8种:一是生性贪婪、欲求不满。二是嫉妒品德和能力比自己强的人。三是听信谗言又喜好谄媚邪恶的小人。四是只会评判别人的不足却不能正确估计自身的实力。五是做事迟疑不能决断。六是过分贪图酒色。七是性情虚伪狡诈且胆小怯懦。八是奸诈巧辩而不遵循礼节。

将　志

【原文】　兵者凶器,将者危任,是以器[1]刚则缺[2],任重[3]则危。故善将者,不恃强[4],不怙势[5],宠之而不喜,辱之而不惧,则利不贪,见美不淫,以身殉[6]国,一意而已。

【注释】　①器:指军队。②缺:祸害。③任重:此指权力欲望太强。④恃强:倚仗强大的军力。⑤怙势:凭借权势。⑥殉:因维护某种事物或追求某种理想而牺牲生命。

【译文】　军队是一种凶器,而将领必须担负重任。军队如果自恃军力强大就容易招致失败,将领如果权力欲望太强就会十分危险。因此一个好的将领是:不依靠强权、不仗势欺人,受宠信的时候不沾沾自喜,受侮辱的时候也不惊慌失措,看见利诱而不贪婪,遇到美色也不产生淫念,只是一心一意准备牺牲自己的生命来报效国家。

将　善

【原文】　将有五善四欲。五善者,所谓善知敌之形势,善知进退之道,善知国之虚实,善知天时[1]人事[2],善知山川险阻。四欲者,所谓战欲奇[3],谋欲密,众欲静,心欲一。

【注释】　①天时:自然界时序的变化。②人事:人的离合、境遇、存亡等情况。③奇:出奇制胜。

【译文】　将领应该具备5种才能和4种要求。5种才能就是:能够善于分析敌军的各种企图,能够准确掌握进攻和退兵的规律,能够知道国家的强弱虚实,能够通晓战争中

自然界时序的变化和与战争有关的各种人的因素，并能够熟悉高山河流的地理险阻。4种要求就是：用兵作战要出奇制胜，进行谋划要做到万无一失，在复杂的情况下要保持镇定自若，部队将士要众志成城。

将　刚

【原文】 **善将者，其刚不可折[①]，其柔不可卷，故以弱制强，以柔制刚。纯柔纯弱，其势必削[②]；纯刚纯强，其势必亡[③]；不柔不刚，合道之常。**

【注释】 ①刚不可折：折，折断。此句谓为将须意志刚毅，但不能固执。②纯柔纯弱，其势必削：一味地柔弱必会减损气势。③纯刚纯强，其势必亡：一味地刚强而不知变通必会招致祸害。

【译文】 善于统兵打仗的将领要能屈能伸，其意志刚强却不可固执己见，性格柔顺却不可软弱。因此能够以弱制强，以柔克刚。如果性格过于柔弱，则部队的威势必会削弱，而过于刚强，则部队的威力必会丧失殆尽，只有刚柔并济才合乎事物的常规。

将骄吝

【原文】 **将不可骄，骄则失礼，失礼则人离，人离则众叛。将不可吝，吝则赏不行[①]，赏不行则士不致命[②]，士不致命则军无功，无功则国虚，国虚则寇实[③]矣。孔子曰："如有周公之才之美，使骄且吝，其余不足观也已。"**

【注释】 ①赏不行：部属得不到奖赏。②致命：效忠听命。③寇实：使敌人强盛。

【译文】 将领不可骄傲自大，骄傲自大就会失去礼节，失去礼节就会使人心离散，人心离散就会造成众叛亲离。将领也不可吝惜财物，吝惜钱财部属就得不到奖赏，部属得不到奖赏就不愿效命，士卒不愿意效命，那么军队也就不能建功立业，军队不立战功就会导致国家空虚衰弱，国家空虚衰弱就会使敌人的力量强大。孔子说："即使有圣人周公旦那样的才能和美德，但如果骄傲自大而且吝惜钱财，其余的长处也就不值得一看了。"

将　强

【原文】 **将有五强[①]八恶[②]。高节可以厉俗，孝弟可以扬名，信义可以交友，沉虑可以容众，力行可以建功，此将之五强也。谋不能料是非，礼不能任贤良，政不能正刑法，富不能济穷厄[③]，智不能备未形[④]，虑不能防微密[⑤]，达[⑥]不能举所知，败不能无怨谤，此谓之八恶也。**

【注释】 ①五强：五种美德。②八恶：八种令人厌恶的行为。③穷厄：穷困潦倒。④备未形：防患于未然。⑤微密：指很小的事物。⑥达：显达。

【译文】 将领有5种美德和8种令人厌恶的行为。高尚的志节能够激励世俗，孝顺父母、敬爱兄长能够扬名立世，恪守信用能够广交朋友，深思远虑能容纳他人，身体力行

能够建立功业,这是将领的5种美德。谋划却不能判断正确与错误,讲究礼节却不知礼遇贤士,治理政务却不能严明刑法,富裕却不救济贫穷困厄,没有防患于未然的智慧,也缺乏防微杜渐的远虑,而得志显达却不举荐自己所知的人,失败了却怨天尤人,这就是将领令人厌恶的8种行为。

出　师

【原文】 **古者国有危难,君简[①]贤能而任之,斋三日,入太庙,南面而立;将北面,太师进钺[②]于君。君持钺柄以授将,曰:"从此至军,将军其裁之。"复命曰:"见其虚则进,见其实则退。勿以身贵而贱人,勿以独见[③]而违众,勿恃功能而失忠信。士未坐,勿坐;士未食,勿食;同寒暑,等劳逸,齐甘苦,均危患。如此则士必尽死,敌必可亡。"将受词,凿凶门[④],引军而出。君送之,跪而推毂[⑤],曰:"进退惟时,军中事不由君命,皆由将出。"若此,则无天于上,无地于下,无敌于前,无主于后。是以智者为之虑,勇者为之斗,故能战胜于外,功成于内,扬名于后世,福流于子孙矣。**

【注释】 ①简:同"拣",选拔。②钺:斧钺,象征权力。由君王授予将领,使之握有生杀大权。③独见:独断独行。④凶门:北出门也。古代将军出阵时,从北门出发,并以丧礼处之,以示必死的决心。故后称北门谓之"凶门"。⑤毂:车轮子。

【译文】 古代在国家危难之秋,国君就选拔有品德才干的人担任将领,来保家卫国。并于出师之前,举行受命仪式。君王在斋戒3日后,进入太庙祝祷,其面南而立,将领则面向北方,太师把象征权力的斧钺献于君主。君主将钺柄授予将领,说:"从现在起,军队就由将军全权指挥了。"并训诫将领:"作战时,见敌人薄弱就加紧进攻,见敌人强大就全身撤退。不要因为位高权重而看轻他人,也不要独断独行而违背众人的意愿,更不要自恃战功而失去忠诚信义。士卒没有安顿下来、没有饱食,自己不可先行休息、进食,要与士卒们同受寒冷炎热、同享辛勤安逸、同甘苦、共患难。如此一来,士卒们必定竭力效忠,敌人一定可以灭亡。"将领接受命令后,就开凿"凶门",率军出发。君主送行,半跪在地上,推着车轮说:"前进或后退只要符合时机,军中的全部事情不由君主决定,全听凭将领指挥。"经此仪式后,军队在外就不受天文、地理和君王的牵制。所以,才智之士能竭尽其谋,勇猛之士能竭尽其力,如此一来,当然对外能决胜千里,对内能建立功勋,从而扬名立万,福荫子孙后代。

择　材

【原文】 **夫师之行[①]也,有好斗乐战,独取强敌者,聚为一徒,名曰报国之士;有气盖三军,材力勇捷者,聚为一徒,名曰突阵之士;有轻足善步,走如奔马者,聚为一徒,名曰搴[②]旗之士;有骑射如飞,发无不中者,聚为一徒,名曰争锋之士;有射必中,中必死者,聚为一徒,名曰飞驰之士;有善发强弩[③],远而必中者,聚为一徒,名曰摧锋[④]之士。此六,军**

之善士,各因其能而用之也。

【注释】 ①行:指军队编制。②搴:拔取、夺取。③强弩:古时作战的利器,一种利用机械力量发箭的弓,威力无穷。④摧锋:指摧毁敌人的锐气。

【译文】 编制军队时,必须依兵士的才能来分编。喜欢单打独斗、乐于作战的兵士编为一队,取名为"报国部队";身手矫健、勇冠全军的兵士编为一队,取名为"突阵部队";健步如飞、行动敏捷的兵士编为一队,取名"前锋部队";善于骑射、发箭命中率高的兵士编为一队,取名"争锋部队";箭不虚发、百发百中的兵士编为一队,取名"射击部队";善于发射强弩,能远射且每射必中的兵士编为一队,取名"摧锋部队"。如此之编制,将使6种优秀士卒得以各展所长。

智　用

【原文】 **夫为将之道,必顺天、因时、依人以立胜也,故天作时不作而人作,是谓逆时[①];时作天不作而人作,是谓逆天[②];天作时作而人不作,是谓逆人。智者不逆天,亦不逆时,亦不逆人也。**

【注释】 ①逆时:违背时机。②逆天:不合于天理。

【译文】 为将的原则,一定要顺应自然规律、依据时机和依靠众人的力量来取得胜利。当出现有利的自然条件,但没有合适的时机,而人为地去行动时,这就叫作违背时机。时机出现了,但有利的自然条件没有出现,而人为地去行动,这就叫作违背自然规律。有利的自然条件出现,而且时机产生,但人却不愿意作战,这就叫作违背军心。智者不违背自然规律,也不违背时机,更不违背全军将士的意愿。

不　陈

【原文】 **古之善理者不师[①],善师者不陈,善陈者不战,善战者不败,善败者不亡。昔者,圣人之治理也,安其居,乐其业[②],至老不相攻伐,可谓善理者不师也。若舜修典刑,咎繇[③]作士师,人不干令[④],刑无可施,可谓善师者不陈。若禹伐有苗,舜舞干羽而苗民格[⑤],可谓善陈者不战。若齐桓南服强楚,北服山戎,可谓善战者不败。若楚昭遭祸,奔秦求救,卒能返国,可谓善败者不亡矣。**

【注释】 ①不师:不陈兵出师。②安其居,乐其业:安、乐,都是使动用法,意谓安居乐业。③咎繇:舜时掌管刑罚之官,亦称皋陶。④干令:犯法。⑤格:服从、归顺。

【译文】 古代善于治理国家的人不使用军队,善于使用军队的人不用摆兵布阵,善于摆阵势的人不轻易作战,善于作战的人不会失败,善于处理败局的人不会灭亡。从前圣人治理国家,使人们安居乐业,长期互不侵犯,这就是所谓善于治理国家的人不使用军队的例子。例如,舜在位时制定刑法制度,任命皋陶担任司法官,人们不冒犯政令,刑法无处施用,这就是所谓善于指挥军队的人不用摆兵布阵的例子。又如大禹率兵讨伐有苗

部落,虞舜命令士兵挥舞盾牌和雉羽,有苗部落的民众就归顺了,这就是所谓善于摆兵布阵而不轻易作战的例子。再如齐桓公在南方征服了强大的楚国,在北方降伏了山戎,这就是所谓善于作战而不会失败的例子。再比如楚昭王,遭受大举进攻的灾祸,而到秦国请求救兵,终于能回到国都,这就是所谓善于处理败局就不至于被灭亡的例子。

将诫

【原文】 书曰:“狎[①]侮君子,罔[②]以尽人心;狎侮小人,罔以尽人力。”故行兵之要,务揽英雄之心。严赏罚之科,总[③]文武之道,操刚柔之术,说[④]礼乐而敦诗书,先仁义而后智勇;静如潜鱼,动若奔獭,丧其所连,折其所强,耀以旌旗,戒以金鼓,退若山移,进如风雨,击崩若摧,合战如虎;迫而容之,利而诱之,乱而取之,卑而骄之,亲而离之,强而弱之;有危者安之,有惧者悦之,有叛者怀之,有冤者申之,有强者抑之,有弱者扶之,有谋者亲之,有谗者覆之,获财者与之;不倍兵以攻弱,不恃众以轻敌,不傲才以骄人,不以宠而作威;先计而后动,知胜而始战;得其财帛不自宝[⑤],得其子女不自使。将能如此,严号申令而人愿斗,则兵合刃接[⑥]而人乐死矣。

【注释】 ①狎:态度亲近而不庄重。②罔:无、不。③总:全面掌握。④说:同“悦”,喜爱。⑤自宝:指将财物占为己有。⑥兵合刃接:指两军交战。

【译文】 《尚书》上说:“轻视、侮辱贤德的人,就很难让人尽心尽力;轻视侮辱士卒,就没有人能够尽力。”所以带兵打仗的关键,在于笼络英雄人物的心。严格实行奖赏惩罚的制度,全面掌握文治武功的途径,并施用刚柔相济的方法。喜好《礼》《乐》并笃厚地实践《诗》《书》的道理,先研修仁义而后再培养智慧勇敢。静止的时候就像潜在水底的鱼,行动的时候就像飞奔的獭,摧毁敌人的联合,削弱敌人的锋芒,用旌旗显耀其威力,用锣鼓来统一行动。撤退时有如山移动一样稳固,进攻时就像暴风骤雨一般猛烈,击溃敌人如摧枯拉朽,与敌人交战时则势如猛虎。对敌人紧逼不舍又不使困兽犹斗,并利诱敌人,扰乱敌军部署以制胜。敌人谦卑就要使他们骄傲,敌人亲密就要离间他们,敌人强大就要削弱他们。而自己的士卒,如果处境危险就要设法使他安定,有所畏惧就要使他喜悦,想要背叛就安抚他,有冤屈就要让他陈述,桀骜不驯的要抑制他,弱小的要扶持他,有谋略的要亲近他,喜欢谗言的要详察他,想获取财物的便要给予他。不用数倍的兵力去攻击弱小的敌人,不仗恃士兵众多而轻视敌人,不自恃有才能而骄傲自满,也不因受到宠信就逞威风。要先谋划,然后再行动,确信会胜利再开始作战,缴获敌人的财物而不占为己有,俘虏敌方的子女而不为己所役使。将领若能如此严格申明号令,那么人们就愿意作战,两军交战时兵卒才会乐于奋死效忠。

戒备

【原文】 夫国之大务[①],莫先于戒备。若夫失之毫里,则差若千里。覆军杀将,势不

逾息[②]，可不惧哉！故有患难，君臣旰食[③]而谋之，择贤而任之。若乃居安而不思危，寇至而不知惧，此谓燕巢于幕，鱼游于鼎，亡不俟夕矣！《传》曰："不备不虞，不可以师[④]。"又曰："预备无虞，古之善政。"又曰："蜂虿尚有毒，而况国乎？"无备，虽众不可恃也。故曰，有备无患。故三军之行，不可无备也。

【注释】①大务：重大的事情。②逾息：超越呼吸之间，指形势紧迫。③旰食：指事情繁忙而不按时吃东西。④师：率领军队。

【译文】对国家来说，没有比戒备更重要的事了。这方面如果稍有失误，就会造成严重的损失，导致军队覆没、将领被杀，形势刻不容缓，怎能不使人惧怕！因此在灾祸困难来临时，君臣应勤于谋划政事，选贤任用。如果敌人来了而不知道畏惧，这就好像燕子在帷幕上筑巢，鱼在锅中游，灭亡在即！《左传》上说："事先没有准备好，就不能率军作战。"又说："准备好一切来应付意料不到的事情，此乃古代开明的政治措施。"又说："黄蜂蝎子尚有毒，更何况是国家呢？"没有戒备，即使军队众多也无法依靠。所以说，做好万全准备就可以避免灾祸。因此全军的行动，不能没有戒备啊！

习　练

【原文】夫军无习练，百不当一[①]。习而用之，一可当百。故仲尼曰："不教而战，是谓弃之。"又曰："善人[②]教民七年，亦可以即戎矣。"然则即戎[③]之不可不教，教之以礼义，诲之以忠信，诫之以典刑[④]，威之以赏罚；故人知劝。然后习之，或陈而分之，坐而起之，行而止之，走而却之，别而合之，散而聚之。一人可教十人，十人可教百人，百人可教千人，千人可教万人，万人可教三军，然后教练，而敌可胜矣。

【注释】①百不当一：一百个未经训练的士兵，抵挡不了一个经过训练的兵员。意谓无法作战。②善人：有贤德的人。③即戎：上战场。④典刑：各种法律规章。

【译文】军队如果不经训练，就无法作战；若能严加训练，则一人可抵百人。所以孔子说："未经训练就让人们出战，等于让他们去送死。"又说："有贤德的人教育民众只需7年的时间，就可以使百姓上战场了。"所以在出征之前，必须先以礼义忠信教导他们，以刑法赏罚训诫他们，使其明理守法之后，再实行训练。令他们演练阵势、跪坐站立、行进立定、前进后退、解散集合。如此由一人训练十人，十人训练百人，百人训练千人，千人再训练万人，进而训练全军。训练得法之后，就可以战胜敌人了。

军　蠹

【原文】夫三军之行，有探候不审，烽火[①]失度；后期犯令，不应时机，阻乱师徒[②]；乍前乍后，不合金鼓；上不恤下，削敛无度；营私徇己，不恤饥寒；非言妖辞，妄陈祸福[③]；无事喧杂，惊惑将吏；勇不受制，专而陵[④]上；侵竭府库，擅给[⑤]其财。此九者，三军之蠹[⑥]，有之必败也。

【注释】 ①烽火:古时在京城或边境设有高台,遇敌人来袭,就举火示警。②师徒:军队的行程。③妄陈祸福:依占卜结果妄言吉凶祸福。④陵:侵犯、欺负之意。⑤擅给:自作主张给予。⑥蠹:害虫,在此指祸害。

【译文】 在军队的作战行动中,因不能严密刺探敌情,而导致烽火报警信号混乱;违反军令、延误到达指定位置的时间,不能掌握作战时机,阻乱了军队的行程;军队散漫,前后失控,进退不符合金鼓号令;在上位者不体恤部属,横征暴敛没有限度;谋求私利、一心为己,对部属的饥寒不理不睬;妖言惑众,依占卜结果妄言吉凶祸福;无故喧哗吵嚷,惊扰迷惑官兵心神;勇悍而不听指挥,专横又侵犯上级;侵吞官府仓库钱财,擅自将财物给予他人。以上这九种,是军中的祸害,有此必败。

腹　心

【原文】 夫为将者,必有腹心[1]、耳目[2]、爪牙[3]。无腹心者,如人夜行,无所措手足;无手足者,如冥然而居,不知运动;无爪牙者,如饥人食毒物,无不死矣。故善将者,必有博闻多智者为腹心,沉审谨密者为耳目,勇悍善敌者为爪牙。

【注释】 ①腹心:比喻亲信。②耳目:此指代为刺探军情的人。③爪牙:党羽。

【译文】 作为将领,必定要有亲信、进行侦察的人和勇猛的武将来辅佐自己。没有亲信,就好像人在黑夜中行走,不知如何举手投足;没有进行侦察的人,就像居住在昏暗当中,不知如何行动;没有勇猛的武将,就像饥饿的人吃下有毒的食物,无一能幸存。所以擅长当将领的人,必定要有见多识广又足智多谋的人作为亲信,深思熟虑、严谨周密的人作为侦探,勇敢强悍而又善于同敌人作战的人作为勇猛的武将。

谨　候[1]

【原文】 夫败军丧师,无有不因轻敌而致祸者,故师出以律[2],失律则凶。律有十五焉,一曰虑,间谍明也;二曰诘,谇候谨[3]也;三曰勇,敌众不挠也;四曰廉,见利思义也;五曰平,赏罚均也;六曰忍,善含耻也;七曰宽,能容众也;八曰信,重然诺[4]也;九曰敬,礼贤能也;十曰明,不纳谗也;十一曰谨,不违礼也;十二曰仁,善养士卒也;十三曰忠,以身徇[5]国也;十四曰分,知止足也;十五曰谋,自料知他也。

【注释】 ①谨候:侦察敌情细心明晰。②律:规律、规范。③谇候谨:利用各种途径来获知敌情。谇,质问。④诺:许诺,答应过的事。⑤徇:同“殉”,牺牲生命。

【译文】 作战失败,大多是因为轻敌所致。所以行军打仗之前要先遵循几项规律,才能化险为夷。须遵守的规律有15条:一要有远虑,仔细谋划用间探敌计划;二要搜集敌情,利用各种管道来获知情报;三要勇敢,敌众我寡亦不屈服;四要廉正,利益当前亦不为所动;五要赏罚公正;六要忍辱负重;七要宽大,能包容众人;八要守信,许诺的事情必须做到;九要恭敬,要礼遇贤能之士;十要明辨是非,不听信小人的谗言;十一要谨慎行

事,不做违背道义的事;十二要笃行仁义,善待部属;十三要尽忠职守,能够牺牲自己的生命去争取国家利益;十四要谨守本分,知足而不越权;十五要随时加以谋划,以求洞悉敌我情势。

机　形[1]

【原文】 **夫以愚克智,逆也[2];以智克愚,顺也;以智克智,机也。其道有三:一曰事,二曰势,三曰情。事机作而不能应[3],非智也;势机动而不能制,非贤也;情机发而不能行,非勇也。善将者,必因机而立胜。**

【注释】 ①机形:依据形势而把握战机。②逆:此指违背情理。③应:回应,指采取措施。

【译文】 用愚昧而不知用计的人去对抗善用谋略的人,这是违背常理;若用善于谋略的人去战胜愚昧的人,则合乎规律,易如反掌;而才智相当的人进行抗争,就要仰赖于把握时机了。掌握时机有三种方法:一是事情变化,二是形势变化,三是情势变化。事情变化于我有利,却不能采取措施,这不是聪明的表现;形势状况转变却不能决断,这不是贤能的表现;情势有进展却不能顺势行动,这不是勇敢的表现。善于带兵打仗的将领,一定要凭借有利的时机来取得胜利。

重　刑

【原文】 **吴起曰:"鼓、鼙、金、铎[1],所以威耳;旌帜,所以威目:禁令刑罚,所以威心。耳威以声,不可不清;目威以容[2],不可不明;心威以刑,不可不严。三者不立,士可怠也。故曰:将之所麾[3],莫不心移;将之所措,莫不前死矣。"**

【注释】 ①鼓鼙金铎:古代军中用于指挥作战的工具。②容:指军容。③麾:通"挥",指挥的意思。

【译文】 吴起说:"鼓鼙金铎,是用来威震士卒耳朵的;旌旗麾帜,是用来威慑士卒眼睛的;禁令刑罚,是用来威服士卒军心的。用声音威震耳朵,所以声音不能不清楚;用军容来威慑眼睛,所以军容不能不鲜明;用刑罚威服军心,所以刑罚不能不严厉。三者如果不确立,士卒必然松懈,没有警戒之心。所以,将领指挥的部队,没有不依令而行的;将领指向的地方,没有不拼死前进的。"

善　将

【原文】 **古之善将者有四:示之以进退,故人知禁;诱之以仁义,故人知礼;重之以是非,故人知劝;决之以赏罚,故人知信。禁、礼、劝、信,师之大经也。未有纲[1]直而目[2]不舒[3]也,故能战必胜,攻必取。庸将不然,退则不能止,进则不能禁,故与军同亡。无劝诫则赏罚失度,人不知信,故贤良退伏,谄顽登用[4],是以战必败散也。**

【注释】 ①纲:用来维系网子的总绳,比喻事物最主要的部分。②目:细微的事务。③不舒:不能施用。④谄顽登用:奸佞小人获得重用。

【译文】 古代善于带兵打仗的将领有4种:清楚告知前进和后退的原则,使人们知道军法禁令;用仁义去引导,使人们遵循道义;反复强调对错,使人们得到勉励;用奖赏和刑罚来判断,使人们知道遵守信用。禁令、道义、勉励、信用,是军队的主要纲领,只要主要纲领确立了,其他细微事务也就能够施行了!所以作战必定会取得胜利,向敌人进攻必定能攻克。无能的将领则不然,无法控制军队,前进后退也没有节制,所以只能与兵士们一起灭亡;没有勉励告诫,赏罚便失去意义,士卒也不讲信用。于是贤德的人才隐退潜没,谄媚狡猾的小人被升迁重用,所以作战必定失败逃散。

审 因

【原文】 **夫因人之势[1]以伐恶,则黄帝不能与争威矣。因人之力[2]以决胜,则汤、武不能与争功矣。若能审因而加之威胜,则万夫[3]之雄将可图,四海之英豪受制矣。**

【注释】 ①因人之势:顺应人心的趋势。②因人之力:凭借众人的力量。③万夫:喻人数众多。

【译文】 依据人心向背的趋势去讨伐邪恶,即使如黄帝般的威势也无法与其相比。凭借众人的力量来决定胜负,其所成就的功业,就是商汤、周武王也无法与他争锋。如果能够衡量局势的变化,掌握人心的动向,再壮盛自己的威势,将使群雄归服,霸业可图。

兵 势

【原文】 **夫行兵之势有三焉:一曰天,二曰地,三曰人。天势者,日月清明,五星合度[1],慧孛不殃[2],风气调和;地势者,城峻重崖,洪波千里[3],石门幽洞,羊肠曲沃[4];人势者,主圣将贤,三军由礼,士卒用命,粮甲坚备。善将者,因天之时,依人之利,则所向者无敌,所击者万全矣。**

【注释】 ①五星合度:五星都在正常轨道上运转,没有异象。②慧孛不殃:孛,古书上指光芒四射的彗星。殃,灾祸。此句意谓没有灾祸的兆头。③洪波千里:河流深广而波涛汹涌。④羊肠曲沃:羊肠、曲沃,指地名。意谓小路曲折迂回。

【译文】 利于带兵打仗的形势有3种:一是自然,二是地理,三是人事。自然形势,是指阳光明媚,月色清朗,五星运行正常,没有彗星出现的不好兆头,而且风调雨顺;地理形势是指城墙高大险峻,河流深广且波涛汹涌,还有石块所形成的天然屏障,以及像羊肠阪、曲沃城那样有利的地形;人事的形势,是指君主圣明、将领有才能,全军遵循礼法、士卒听从命令、粮食充足、武器精良。善于带兵打仗的将领,能凭借自然的时机,利用地理形势,依靠人事便利,因此所到之处没有敌手,进攻时万无一失。

胜　败

【原文】 贤才居上，不肖居下，三军悦乐，士卒畏服，相议以勇斗，相望[①]以威武，相劝以刑赏，此必胜之征也。士卒惰慢[②]，三军数惊，下无礼信，人不畏法，相恐以敌，相语以利，相嘱以祸福，相惑以妖言[③]，此必败之征也。

【注释】 ①望：盼望，这里指崇尚。②惰慢：懒惰怠慢。③妖言：怪诞的言语。

【译文】 让有道德才能的人居于上位，让没有本事的人居下位，全军上下关系融洽，士兵敬畏服从，互相议论的是勇敢和战斗，互相崇尚的是凶猛威武，而用刑罚和奖赏来互相劝勉，这是取得胜利的征兆。如果士兵懒惰怠慢，全军多次被惊扰，下属不遵守礼义信用，人们都不畏惧法规的惩处，而用敌人来互相恐吓，互相交谈的是利益，互相嘱托的是吉凶祸福。除此之外，还用怪诞的言语来迷惑人心，这是注定要失败的征兆啊！

假　权

【原文】 夫将者，人命之所县[①]也，成败之所系也，祸福之所倚也，而上不假之以赏罚，是犹束猿猱之手，而责之以腾捷；胶离娄[②]之目，而使之辨青黄，不可得也。若赏移在权臣，罚不由主将，人苟自利，谁怀斗心？虽伊、吕[③]之谋，韩、白[④]之功，而不能自卫也。故孙武曰："将之出，君命有所不受。"亚夫[⑤]曰："军中闻将军之命，不闻有天子之诏。"

【注释】 ①县：同"悬"，维系。②离娄：人名，古之明目者。③伊、吕：指伊尹、吕尚（姜太公），都是有谋略的贤臣。④韩、白：指韩信、白起，都是能征善战的大将。⑤亚夫：汉代著名将领周亚夫。

【译文】 将领，关系着士卒的性命，操纵着战事的成败与否，也是灾祸抑或幸福的凭借。如果君主不将奖赏和惩罚的权力交给将领，便好像束缚住猿猴的四肢，却要求它轻捷地腾跃；蒙住离娄的眼睛，却要他分辨青黄的颜色，这是不能够做到的啊！如果把奖赏的权力交给掌权的大臣，惩罚却不由将领做主，则人人贪图私利，谁还有作战的心情呢？那么，即使有伊尹、吕尚的谋略，韩信、白起的功劳，也不能保护自己。所以孙武说："将领统军在外，君主的命令，可以不必接受。"周亚夫说："在军中是只听将领的命令，不听君主的诏令。"

哀　死[①]

【原文】 古之善将者，养人如养己子，有难，则以身先之，有功，则以身后之，伤者，泣而抚之，死者，哀而葬之，饥者，舍食而食之，寒者，解衣而衣之，智者，礼而禄之，勇者，赏而劝之。将能如此，所向必捷矣。

【注释】 ①哀死：为感恩而拼死效忠。

【译文】 古时善于带兵打仗的将领，对待士兵就像对待自己的孩子一样，遇到困难

危险，必身先士卒；有功劳，则退居一旁；见到伤兵，含着眼泪去安抚他；对阵亡士兵，怀着悲痛的心情埋葬他们；对饥饿的士兵，则将自己的食物分给他们；当士兵感到寒冷，就脱下自己的衣服给他们；对有智谋的人，必依礼厚待；对勇敢作战的人，必以重赏勉励。假使将领能够做到这些，必然所向无敌。

三 宾

【原文】 **夫三军之行也，必有宾客[①]群议得失，以资将用。有词若县流[②]，奇谋不测，博闻广见，多艺多才，此万夫之望，可引为上宾；有猛若熊虎，捷若腾猿，刚如铁石，利若龙泉[③]，此一时之雄，可以为中宾；有多言或中，薄技小才，常人之能，此可引为下宾。**

【注释】 ①宾客：将领身边协助决策，担任官职的人。②有词若县流：即口若悬河，形容人很会说话。③龙泉：剑名，古时锋利无比的宝剑。

【译文】 军队行军打仗，一定要有幕僚一起议论事情的利弊得失，作为将领的参考。有的口若悬河，奇特的谋略深不可测；有的见识广博，又有多方面的才干和技能，这是万众所崇仰的，可以作为上等幕僚。有的勇猛好比熊虎，轻捷就像腾跃的猿猴；刚强如铁石一般，锋芒似龙泉宝剑，这是一时的英雄，可以作为中等幕僚。有洋洋万言但其中有可能说对的，而仅有微薄的技艺与才干，具备普通人的能力，这种人可以作为下等幕僚。

后 应

【原文】 **若乃图难于易，为大于细[①]，先动后用，刑于无刑，此用兵之智也。师徒已列，戎马交驰，强弩才临[②]，短兵又接，乘威布信[③]，敌人告急，此用兵之能也。身冲矢石[④]，争胜一时，成败未分，我伤彼死，此用兵之下也。**

【注释】 ①为大于细：在细微处看出大问题。②强弩才临：喻战况紧急。③乘威布信：乘着我军威信宣布遵守信用。④矢石：古代用来当作武器的箭和石头。

【译文】 处理军中事务，应先从容易处着手，之后再去完成较复杂且困难的工作，治理士兵也是如此，必先激励士气再作战，在不用刑罚的情况下使将士自动守法，这是用兵的明智之处。军队已经列阵完毕，而战况紧急时，乘着我军的声威宣布遵守信用，敌人就会紧急求救，这是用兵的才能。冒着危险向前冲，争夺暂时的胜负，成败还没分出，我军已经损失，敌军已经伤亡，这是用兵的下策。

便 利

【原文】 **夫草木丛集，利以游逸；重塞[①]山林，利以不意[②]；前林无隐，利以潜伏；以少击众，利以日莫[③]；以众击寡，利以清晨；强弩长兵，利以捷次；逾渊隔水，风大暗昧[④]，利以搏前击后。**

【注释】 ①重塞：要塞，地势险要之地。②不意，意料不到。③日莫：莫，同“暮”，日

暮、天黑。④暗昧:昏暗,不清楚。

【译文】 野草丛生、树木密集的地方,有利于部队移动隐蔽;崇山峻岭、布满关隘的地方,有利于出其不意地展开攻击;树林前方广阔且无障碍的地方,有利于潜藏埋伏;以少量兵力来攻击众多的敌人,应该选择在日落时分;以众多的兵力来攻击少数的敌人,应该在清晨的时候;强弩和弓矢,应该快速地交替使用;敌人靠近悬崖或被江河阻隔,或风大昏暗的时候,就应该前后夹击。

应　机[1]

【原文】 夫必胜之术,合变之形[2],在于机也。非智者孰能见机而作乎?见机之道,莫先于不意[3]。故猛兽失险,童子持戟以追之;蜂虿发毒,壮士彷徨而失色。以其祸出不图,变速非虑[4]也。

【注释】 ①应机:见机行事。②合变之形:掌握瞬息万变的情势。③不意:出其不意。④变速非虑:变化之快让人出乎意料。

【译文】 要想制定必胜的战略方针,掌握瞬息万变的战争情势,关键在于把握战机。如果不是有智谋的人,谁又能发现战机而立刻采取行动呢?发现战机,最重要的是出乎敌人的意料。所以当野兽陷入危险境地时,连小孩都可以手持着戟去追逐它,而黄蜂蝎子用毒刺蜇人时,壮汉却都徘徊不前、惊慌失色,这是因为人们无法预料它们的灾害,一切变化太快,来不及考虑。

揣　能

【原文】 古之善用兵者,揣其能而料其胜负。主孰圣也?将孰贤也?吏孰能也?粮饷孰丰也?士卒孰练也?军容孰整也?戎马孰逸[1]也?形势孰险也?宾客孰智也?邻国孰惧也?财货孰多也?百姓孰安也?由此观之,强弱之形,可以决矣。

【注释】 ①逸:安闲,意谓得到休整。

【译文】 古时善于用兵的将领,会揣度敌我双方各方面的优劣势来判断胜负。哪位君主圣明?哪位将领贤德?哪些官吏有能力?哪方粮草供应充足?哪方士兵训练有素?哪边军队军容整齐?哪方兵马充分得到休整?哪边的地理形势险峻?哪方的幕僚足智多谋?哪方对邻国更具威慑力?哪方的财物储备多?哪方的百姓安定?透过对这些条件的考察,强弱的形势就能断定了。

轻　战

【原文】 螯虫之触,负其毒也;战士能勇,恃其备也。所以锋锐甲坚,则人轻战[1]。故甲不坚密,与肉袒同;射不能中,与无矢同;中不能入,与无镞[2]同;探候不谨[3],与无目同;将帅不勇,与无将同。

【注释】 ①轻战:不畏惧作战。②镞:箭头。③探候不谨:侦察不够仔细周详。

【译文】 蝎虫蜇人,全凭着它的毒刺;而士兵之所以勇于作战,是倚仗于充分、精良的装备。所以凭借着锐利的兵器、坚固的铠甲,士兵就不怕作战。铠甲不坚固,就如同裸露着身体;射击敌人却屡射不中,就如同没有射箭一样;射中了却无法使敌人受伤,就如同没有箭头一样;刺探敌情不够仔细周详,就如同没有眼睛一样;将领不英勇作战,就如同没有将领一样。

地　势

【原文】 **夫地势者,兵之助也。不知战地而求胜者,未之有也。山林土陵,丘阜大川[①],此步兵之地;土高山狭,蔓衍相属[②],此车骑之地;依山附涧,高林深谷,此弓弩之地;草浅土平,可前可后,此长戟之地;芦苇相参,竹树交映,此枪矛之地也。**

【注释】 ①大川:指平原。②蔓衍相属:属,连缀。蔓衍,指互相交错相连。比喻广延伸展,相连不断。

【译文】 地形与地势,是行军作战时的辅助条件。不能准确把握战场的地形、地势就能取得胜利,是从来没有过的。山地、丛林与平原、丘陵,是适合于步兵作战的地理条件。山高路狭、广延相连,是适合于战车骑兵作战的地形、地势;靠着山并挨着河流,树木高大、山谷深幽,是适合弓箭手作战的地形、地势;草浅地平,可以自由进退的地方,是适合长戟军作战的地形、地势;芦苇丛生,竹林树木交错的地方,是适合长枪长矛军作战的地形、地势。

情　势[①]

【原文】 **夫将有勇而轻死[②]者,有急而心速者,有贪而喜利者,有仁而不忍者,有智而心怯者,有谋而情缓者。是故勇而轻死者,可暴也;急而心速者,可久也;贪而喜利者,可遗也;仁而不忍者,可劳也;智而心怯者,可窘[③]也;谋而情缓[④]者,可袭也。**

【注释】 ①情势:将领性情对作战的影响。②轻死:不畏生死。③窘:使陷入两难境地。④缓:指犹豫不决。

【译文】 将领中有勇猛不怕死的,有急躁又求胜心切的,有贪婪而且短视近利的,有过于仁慈而心软的,有足智多谋而胆怯心虚的,有具备谋略但犹豫不决的。对于勇猛不怕死的,可激怒他;对急躁求胜的,可拖延他;对贪婪好利的,可贿赂他;对仁慈又心软的,可以奔忙劳累他;对足智多谋但胆小的,可围逼窘迫他;对有谋略但犹豫不决的,可以突袭他。

击　势

【原文】 **古之善斗者,必先探敌情而后图之。凡师老[①]粮绝,百姓愁怨[②],军令不习,**

器械不修，计不先设，外救不至，将吏刻薄，赏罚轻懈，营伍[3]失次，战胜而骄，可以攻之。若用贤授能，粮食羡余，甲兵坚利，四邻和睦，大国应援，敌有此者，引而计之。

【注释】 ①师老：指军队长期征战。②愁怨：因生活压迫而内心不满。③营伍：指军队的编制，这里指部队。

【译文】 古代善于作战的将领，必会先打探敌人的各种情况，然后再采取相应的措施消灭它。只要军队长期征战、粮草断绝、百姓生活窘迫就会有怨恨。而士兵不熟悉军中的法令制度，武器没有修理整治，事前不进行周密的计划部署，外部的救援未到，将领官吏刻薄无度，轻视或松懈奖赏处罚，阵营部队混乱而没有秩序，取得胜利就自负自大，这样就可以攻打。如果能够任用贤良和有才干的人，粮草充足有余，铠甲坚固、兵器精良，四周邻国关系和睦，又有大国作为救援，就应该退避开来另作打算。

整　师[1]

【原文】 **夫出师行军，以整[2]为胜，若赏罚不明，法令不信，金之不止，鼓之不进，虽有百万之师，无益于用。所谓整师者，居则有礼，动则有威，进不可挡，退不可逼。前后应接[3]，左右应旌[4]，而不与之危，其众可合而不可离，可用而不可疲矣。**

【注释】 ①整师：今指军容、军纪。②整：严整，指部队行动整齐。③应接：指互相呼应。④应旌：指听从指挥、互相配合。

【译文】 出兵打仗，必须依靠严整军队来取得胜利。如果奖赏惩罚不明确，法规制度不能使人信服，鸣锣不能使士兵停止，击鼓不能让士兵前进，即使拥有上百万的军队，对于作战也没有一点用处。这里所说的严整军队，是指驻扎时遵循礼仪，行动时威风凛凛，前进不能被阻挡，后退不受逼迫，军队前后呼应、互相配合，而且不相互危害，这样的军队可以团结而不被离间，可以用于战斗而不会使之疲惫。

厉　士

【原文】 **夫用兵之道，尊之以爵，赡[1]之以财，则士无不至矣；接之以礼，厉之以信，则士无不死矣；畜恩[2]不倦，法若画一，则士无不服矣；先之以身[3]，后之以人，则士无不勇矣；小善必录，小功必赏，则士无不劝[4]矣。**

【注释】 ①赡：封赏。②畜恩：不间断地施予恩惠。③先之以身：以身作则。④劝：受到鼓舞。

【译文】 带兵的方法在于以高官厚禄使他们受到尊敬。以钱财封赏他们，则兵士无不愿意前来效忠；以礼法相待，用威信统领，则兵士莫不拼死作战；不断地施予恩惠，并公平执法，则兵士无不服从；作战时，将领身先士卒，撤退时，将领以身殿后，则兵士莫不勇往直前。只要小善行都记录下来，小战功也予以奖赏，则兵士莫不受到激励。

自勉

【原文】 **圣人则天[①]，贤者法地[②]，智者则古[③]。骄者招毁，妄者稔祸，多语者寡言，自奉[④]者少恩，赏于无功者离，罚加无罪者怨，喜怒不当者灭。**

【注释】 ①则天：以天道为准则。②法地：以自然法则为效法的对象。③则古：以古代为标准。④自奉：自我标榜、自我夸耀。

【译文】 古之圣者以天道为法则，贤者以自然法则为效法对象，而智者则以古人为镜。骄傲自大的人易招致毁灭，狂妄无知的人则自找祸端，夸耀其词的人没有信用，自我标榜的人刻薄寡恩，奖赏没有功劳的人会使众人离心，惩罚没有罪过的人会使士卒抱怨，喜怒无常的人则会导致灭亡。

战道

【原文】 **夫林战之道，昼广旌旗，夜多金鼓，利用短兵，巧在设伏，或攻于前，或发于后。丛战之道，利用剑盾，将欲图之，先度其路，十里一场，五里一应，偃戢[①]旌旗，特严金鼓，令贼无措手足。谷战之道，巧于设伏，利以勇斗，轻足之士凌其高，必死之士殿其后，列强弩而冲之，持短兵而继之，彼不得前，我不得往。水战之道，利在舟楫[②]练习士卒以乘之，多张旗帜以惑之，严弓弩以中之，持短兵以捍之，设坚栅以卫之，顺其流而击之。夜战之道，利在机密，或潜[③]师以冲之，以出其不意，或多火鼓，以乱其耳目，驰而攻之，可以胜矣。**

【注释】 ①偃戢：掩护、收藏。②舟楫：古代指船。③潜：隐藏。

【译文】 在森林中作战的方法是，白天遍插旌旗，夜晚多使用锣鼓，利用短小的兵器，巧妙地设置埋伏，有时进攻正面，有时进攻背面。在丛林作战的方法是，利用刀剑盾牌，在交锋之前，先分析敌军路线，10 里设一个大哨，5 里设一个小哨，且必须掩藏好旌旗、锣鼓，再突然袭击使敌人措手不及。谷地作战的方法是，巧妙地设置埋伏，以勇猛出击，身手矫捷的士兵从高处出击，敢于拼命的士卒保卫后方，并摆开强弩向敌人射击，手持短兵器的士兵接替于后，使敌人不能前进，而我军也不攻过去。水上作战的方法是利用船只，必须操练士兵去驾驭，往船上要多张挂旗帜来迷惑敌军，或用凌厉的弓弩阻挡敌人，或手持短兵器去交战，并设置栅栏防止敌人入侵，同时顺着水流的方向去攻击敌人。夜晚作战的方法是，保持行动机密，可以偷偷地派遣军队突袭敌军，也可以多用火把、战鼓扰乱敌人的耳目，只要能迅速攻击敌人，就可以取得胜利。

和人

【原文】 **夫用兵之道，在于人和，人和则不劝而自战[①]矣。若将吏相猜，士卒不服，忠谋不用，群下谤议，谗慝[②]互生，虽有汤、武之智，而不能取胜于匹夫[③]，况众人乎？**

【注释】 ①自战:自己作战。②慝:暗中伤人。③匹夫:指普通百姓。

【译文】 带兵作战的方法,关键在于全军团结和睦,若全军团结和睦则不需要劝勉就会自行投入作战。如果将领官吏互相猜疑,士兵们就会不服从指挥,忠诚有谋略的人未被任用,人们私下议论纷纷,而谗言与恶语迭起,则即使有商汤、周武王那样的聪明才智,也无法战胜一个普通的人,更何况是一般的人呢?

察　情

【原文】 夫兵起而静者,恃其险也;迫而挑战者,欲人之进也;众树动者,军来也;尘土卑而广者,徒来也;辞强而进驱者,退也;半进而半退者,诱也;杖而行者,饥也;见利而不进者,劳也;鸟集者,虚也;夜呼者,恐也;军扰者,将不重也;旌旗动者,乱也;吏怒者,倦也;数赏者,窘也;数罚者,困也;来委谢[①]者,欲休息也;币重[②]而言甘者,诱也。

【注释】 ①委谢:低声下气地谢罪求和。②币重:币,指绢帛之类的馈赠礼物。喻礼物丰厚。

【译文】 战争开始了,却按兵不动,必是倚仗险要的地形地势;靠近并不断挑战,必是想让别人来进攻;无风而树枝摇动,必是敌方战车行进所致;尘土低扬且分布很广,必是步兵来袭;言辞强硬而示意即将来攻,必是将要撤退了;行军忽进忽退,必是要引诱我军追击;拄杖而行,步履蹒跚,必是饥饿无粮;出现有利战机却不进攻,必是疲劳不堪了;敌营上空飞鸟群集,必是营地空虚;夜晚喧哗不止,必是恐惧害怕;军队混乱,表示敌将没有威信;军旗纷乱无序,表示敌军内部混乱;将吏急躁易怒,表示已经厌于征战;奖赏刑罚过于频繁,表示处境困难了;敌军遣使前来谢罪和求和,表示将休兵停战;若重金酬谢且甜言蜜语,必是在劝诱我军。

将　情[①]

【原文】 夫为将之道,军井未汲,将不言渴;军食未熟,将不言饥;军火未然,将不言寒;军幕未施,将不言困[②]。夏不操[③]扇,雨不张盖,与众同也。

【注释】 ①将情:情,在此指思想、作风。将情,指为将者风范。②困:困倦。③操:拿。

【译文】 作为将领,军井里的水没有打上来,就不说口渴;饭还没煮熟,就不喊饿;火没有点燃,就不说寒冷;帐篷没有搭好,就不说困倦;夏天不拿扇子,下雨不撑雨伞,一切都和士兵一样。

威　令

【原文】 夫一人之身,百万之众,束肩敛息,重足俯听[①],莫敢仰视者,法制使然也。若乃上无刑法,下无礼义,虽贵有天下,富有四海,而不能自免者,桀纣之类也。夫以匹夫

之刑令以赏罚，而人不能逆其命者，孙武、穰苴[2]之类也。故令不可轻，势不可通。

【注释】 ①重足俯听：并足战立，垂头听话。②穰苴：古代军事家。

【译文】 将领统率百万人的军队，士兵们拢肩屏息、并足垂听，没人敢仰脸看将领，这是因为法令制度俨然。如果将领没有刑罚条令，士兵不讲礼节仁义，即使地位显贵而拥有天下，且财力雄厚称四海，最终仍不可避免灭亡的，是夏桀、商纣这样的人。虽是平民，但发号施令、进行奖赏和惩罚，而人们不敢违背命令的，是孙武、穰苴这样的人。所以法律制度不能轻视，将领的威严也不能违背。

东　夷[1]

【原文】 **东夷之性，薄礼少义，捍急能斗，依山堑[2]海，凭险自固。上下和睦，百姓安乐，未可图也。若上乱下离，则可以行间[3]，间起则隙[4]生，隙生则修德以来之，固甲兵而击之，其势必克也。**

【注释】 ①东夷：东边的少数民族。古代将四方边境之少数民族统称夷狄，除东夷外，西边的称西戎，南边的称南蛮，北边的称北狄。②堑：天然的险阻。③行间：遣派间谍进行颠覆工作。④隙：误会。

【译文】 东边少数民族的特性是：轻视礼教、缺少道义，剽悍急躁、擅长争斗，依靠着高山并凭借着海洋，倚仗险要的地形来保护自己，内部上下团结和睦，百姓安居乐业，所以无法图谋攻打。如果上层有叛乱而百姓离心，就可以进行颠覆，使他们产生纷争，再用仁义道德来招抚他们，或用强大的军队去攻击他们，就必然能取得胜利。

南　蛮

【原文】 **南蛮多种[1]，性不能教，连合朋党，失意[2]则相攻。居洞依山，或聚或散，西至昆仑，东至洋海，海产奇货，故人贪而勇战。春夏多疾疫，利在疾战，不可久师[3]也。**

【注释】 ①多种：多族，意谓繁多。②失意：不符合自己的意愿。③久师：长时间作战。

【译文】 南边的少数民族数目繁多，其本性不能被教化，常纵横联合而结成利益团体，失去利害关系就相互攻打。他们居住在山洞中依靠着山峰险阻，有的聚集在一处，有的分散在各处，西方至昆仑山，东方则到达大海，大海中盛产奇货，所以人性贪婪又善于争斗，春夏两季常有疾病瘟疫，适合速战速决，不能持久作战。

西　戎

【原文】 **西戎之性，勇悍好利，或城居，或野处，米粮少，金贝[1]多，故人勇战斗，难败。自碛石以西，诸戎种繁，地广形险，俗负强很[2]，故人多不臣[3]。当候之以外衅[4]，伺之以内乱，则可破矣。**

【注释】 ①金贝：金银财货。②俗负强很：习惯于强暴凶狠。③不臣：不称臣，不臣服。④外衅：外来的侵扰。

【译文】 西边的少数民族，性情勇猛凶悍、贪图利益，有的筑城居住，有的居住野外，粮草缺少，但金银财宝很多，所以人们生性勇猛善战，很难被打败。从沙漠一直往西，民族种类繁多，地域广阔，地势险要，习惯于强暴凶狠，所以人们多不臣服而有造反之心，应该等到他们受到外来的侵扰，窥测到他们内部发生混乱冲突时，才能攻破他们。

北　狄

【原文】 **北狄居无城郭，随逐水草，势利则南侵，势失[①]则北循，长山广碛[②]，足以自卫，饥则捕兽饮乳，寒则寝皮服裘，奔走射猎，以杀为务，未可以道德怀[③]之，未可以兵戎服之。汉不与战，其略有三。汉卒且耕且战，故疲而怯；虏但牧猎，故逸而勇。以疲敌逸，以怯敌勇，不相当也，此不可战一也。汉长于步，日驰百里；虏长于骑，日乃倍之。汉逐虏则赍粮负甲[④]而随之，虏逐汉则驱疾骑而运之，运负之势已殊，走逐之形不等，此不可战二也。汉战多步，虏战多骑，争地形之势，则骑疾于步，迟疾势县[⑤]，此不可战三也。不得已，则莫若守边。守边之道，拣良将而任之，训锐士而御之，广营田而实之，设烽堠[⑥]而待之，候其虚而乘之，因其衰而取之，所谓资不费而寇自除矣，人不疲而虏自宽矣。**

【注释】 ①势失：失去有利的情势。②长山广碛：长山，即阴山。碛，本意为水中之石，在此引申为沙漠。句意为凭借险要的阴山和辽阔的沙漠。③怀：感化。④赍粮负甲：赍，抱着；负，背着。句意为背负着粮食与装备。⑤迟疾势县：县，同“悬”，指差距大。句意为速度的差距大。⑥烽堠：烽火台。

【译文】 北方少数民族没有固定居住的地方，他们追随丰盛的水草而迁徙，形势有利就南下侵犯，形势不利就北上逃窜，高山连绵，沙漠浩瀚，完全能够自卫。饿了就捕捉野兽喝乳汁，冷了就睡兽皮穿皮袍，奔跑着射击猎物，将捕取猎物作为营生手段，无法用道德去感化他们，也不能用兵马去征服他们。汉朝不与他们作战，有三个理由：汉朝的士兵一边种地一边打仗，所以疲惫又胆怯，北方民族进行放牧狩猎，所以安闲又勇敢，用疲惫对抗安闲，用胆怯抗击勇敢，是无法进行抗衡的，这是不能作战的第一点原因。汉兵擅长走路，一天可以行走一百里，北方民族擅长骑马，一天的行程是汉兵的几倍，汉兵追逐北方民族需要背负粮食与装备跟随着部队，北方民族追逐汉兵时则驱使战马，运输的方法不同，追逐的方式也不对等，这就是不进行作战的第二点原因。汉兵作战多进行步战，北方民族则多进行骑兵作战，如要争夺有利的地形地势，骑兵快于步兵，快慢悬殊，这是不进行作战的第三点原因。在万不得已的情况下，所以采取守卫边疆的方法。而守卫边疆，应该选择优秀的将领来担任，同时训练精锐的士兵去防御，大规模实行屯田使仓库充实，并设置烽火台用以了解敌情，等到敌人内部空虚时就乘虚而入，趁他们衰竭时去攻取他们，这就是不耗费物资就使敌人自取灭亡，不必兴师动众就使敌人土崩瓦解的方法。

第二章　便宜十六策

治　国

【原文】 **治国之政，其犹治家。治家者务立其本，本立则末正矣。夫本者，倡始[①]也，末者，应和也。倡始者，天地也，应和者，万物也。万物之事，非天不生，非地不长，非人不成。故人君举措应天，若北辰[②]为之主，台辅[③]为之臣佐，列宿[④]为之官属，众星为之人民也。是以北辰不可变改，台辅不可失度，列宿不可错缪，此天之象也。故立台榭[⑤]以观天文，郊祀[⑥]、逆气[⑦]以配神灵，所以务天之本也；耕农、社稷、山林、川泽，祀祠祈福，所以务地之本也；庠序[⑧]之礼，八佾[⑨]之乐，明堂[⑩]辟雍[⑪]，高墙宗庙[⑫]，所以务人之本也。故本者，经常之法。规矩之要，圆凿不可以方枘，铅刀不可以砍伐。此非常用之事不能成其功，非常用之器不可成其巧。故天失其常，则有逆气，地失其常，则有枯败，人失其常，则有患害。《经》曰："非先王之法服不敢服"，引之谓也。**

【注释】 ①倡始：开始、开端。②北辰：北极星。③台辅：宰相。④列宿：众星宿，即二十八星宿。⑤台榭：高台。⑥郊祀：古时以天为父，以地为母，而在郊外举行祭祀皇天与后土的仪式，即为郊祀。⑦逆气：避免不祥的气象。⑧庠序：古代地方所设的学校。⑨八佾：古代天子专用的舞乐。⑩明堂：古代帝王宣明政教的地方。⑪辟雍：周王专为贵族子弟所设的大学。⑫宗庙：祭祀祖先所设的祖宗庙。

【译文】 治理国家的原则，就像管理家庭一样。治家必须确立好最根本的原则，只有根本确立了，其他枝末细节才会顺利发展。"本"是事物的起源，"末"则是与本相互呼应的事物。万物的起始，就是天地；与之相呼应的，就是万物。世界上一切事物，没有天就不会产生，没有地就不会生长，没有人就不会取得成功。因此君主的举措应顺应天理，就好像天空是以北极星为中心一样，大臣辅佐君主就像三个辅星排列在北极星旁，一般官吏就像天空中其他的星辰，而繁星就像百姓。所以北极星的位置不能变动，三个辅星的排列也不能没有法度，众星在天宇的位置也不能杂乱无章，这是天象。因此，建造高台以观天象的征兆，在郊外举行祭祀神灵的仪式以达到和神灵相遇，这就是致力于上天的根本事业。耕田种地，祭祀地谷之神，在山林、川泽建立祠庙以祈求福祚，这是致力于大地的根本事业。在庠序中学习礼仪，建立八佾乐舞，开设明堂讲授治国的理论，修造宫墙宗庙，祭祀列祖列宗，这是致力于人的根本事业。故所谓"本"，就是永远不变的法度。法度的要旨在于切合所需，一如圆凿不能用方枘来相配，铅刀不能砍伐树木，所以使用不适当的工具或不正确的方法就无法成就大业。天的规律一反常态，就会产生不祥的征兆；大地的规律出现紊乱，万物就会枯败；人伦失去常理，就必然产生祸乱。因此，经书云："如果不是古代贤王的礼法道统，我不能妄加遵从"，说的就是这个道理。

君臣

【原文】 君臣之政，其犹天地之象[①]。天地之象明，则君臣之道具矣。君以施下为仁，臣以事上为义。二心不可以事君，疑政不可以授臣。上下好礼，则民易使[②]；上下和顺，则君臣之道具矣。君以礼使臣，臣以忠事君。君谋其政，臣谋其事。政者，正名也。事者，劝功[③]也。君劝其政，臣劝其事，则功名之道俱立矣。是故君南面[④]向阳，著其声响，臣北面向阴，见其形景。声响者，教令也。形景者，功效也。教令得中则功立，功立则万物蒙其福。是以三纲[⑤]六纪[⑥]有上中下。上者为君臣，中者为父子，下者为夫妇，各修其道，福祚至矣。君臣上下，以礼为本，父子上下，以恩为亲，夫妇上下，以和为安。上不可以不正。下不可以不端。上枉下曲，上乱下逆。故君惟其政，臣惟其事，足以明君之政修，则忠臣之事举。学者思明师，仕者思明君。故设官职之全，序爵录之位，陈璇玑[⑦]之政，建台辅之佐，私不乱公，邪不干正，引治国之道具矣。

【注释】 ①君臣之政，其犹大地之象：政、象，关系也。②易使：易于统治。③劝功：尽力建功立业。④南面：古代以坐北朝南为尊位，故天子诸侯见群臣，或卿大夫见僚属，皆南面而坐。⑤三纲：君臣、父子、夫妇之道。⑥六纪：诸父、兄弟、族人、诸舅、师长、朋友，是儒家用以确定上下尊卑伦理关系的教条。⑦璇玑：古代测天文的仪器，在此指纠正政务。

【译文】 君臣相处的原则，就好像天和地的关系。君臣之间的关系如果像天地之间的关系那样明晰，那么正确的君臣关系也就具备了，也就更完美。人君应施仁政，而臣子应尽忠奉主。臣子事君不可有二心，人君亦不可将有违正道的政事交付臣下；上下守礼，则百姓易于统治；上下和顺，则君臣之道具备。君待臣以礼，臣事君以忠，则君王可专心为政，而人臣恪尽本分为其效忠。所谓“政”，就是好的名声；所谓“事”，就是尽力建功立业。君主勤于朝政，人臣勤于佐政，则霸业可成。君主向南对着太阳，使他的声威影响更加显著，而臣下向北对着阴面，是为了让君主看清他们的形态和身影。所谓声音就是君主的教导和命令，所谓形影，也就是臣下的功业。教导和命令适当，则臣下的功业就能够建立，而国家也就能从中受惠。

因此“三纲”“六纪”分成上、中、下各种等级。其中以君臣关系最为重要，其次是父子关系，最后则是夫妻关系。君臣、父子、夫妇都各守其道，则福祚必临。君主与臣子之间，必以礼为根本；父母与子女之间，必讲究亲恩；夫妻之间，必以和为贵。处在上位者行为不可不端正，而处下位者行为不可不正直；如果上位者行为不端，则下位者便会起来作乱。所以人君要致力于整顿政事，人臣要尽心事奉。如果君主政治修明，则忠臣功业可成。求学的人想从学于贤师，入仕的人也想跟随英明的君主，因此必须设立各级官职，排列爵位和俸禄的位次，设置纠正政务的谏官机构，并建立三公九卿作为辅佐，使私情不能扰乱公事，奸邪不能干预公正，如此就具备了治理国家的方法。

视 听

【原文】 视听之政，谓视微形[①]，听细声。形微而不见，声细而不闻。故明君视微之几[②]，听细之大，以内和外，以外和内。故为政之道，务于多闻。是以听察采纳众下之言，谋及庶士[③]，则万物当其目，众音佐其耳。故《经》云："圣人无常心，以百姓为心。"目为心视，口为心言，耳为心听，身为心安。故身之有心，若国之有君，以内和外，万物昭然。观日月之形，不足以为明，闻雷霆之声，不足以为听，故人君以多见为智，多闻为神。夫五音[④]不闻，无以别宫商，五色[⑤]不见，无以别玄黄。盖闻明君者常若昼夜，昼则公事行，夜则私事兴。或有吁嗟之怨而不得闻，或有进善之忠而不得信。怨声不闻，则枉者不得伸，进善不纳，则忠者不得信，邪者容其奸。故书云："天视自我民视，天听自我民听。"此之谓也。

【注释】 ①视微形：察看微小的事物。②几：预兆。③庶士：普通百姓。④五音：即宫、商、角、徵、羽五种声音。⑤五色：即青、赤、黄、黑、白五种颜色。

【译文】 为政之道在于能查看细节，倾听不为人知的声音。形体微小就不容易被看见，声音微弱就不容易被听到。因此，英明的君主能够从细微处看到事情的预兆，能够从听到的小言论发现大问题，上下沟通，内外应和。所以，君王处理国家政务的原则，关键在于广泛听取并采纳下属的意见，与百姓一起商量计策，如此必能无所不知、无所不晓。所以《书经》上说："圣贤人没有固定的意见，完全以天下百姓的意见为自己的意见。"人的意志主宰着身体，因此一国有圣明之君就如同人有意志一样，如果内外相应，则一片祥和。君主如果只看到日月的光明，(而看不见平民百姓的痛苦)就称不上目明；如果只听到雷霆轰鸣的巨响，(却听不到平民百姓的声音)就算不上耳聪。所以，君主要广泛了解各种情况，才是圣明之君。听不出五音，就无法区别宫音和商音；看不出五色，就无法分辨黑色和黄色。大凡英明的君主，处事都有原则，就像白天、黑夜有规律地互相交替一样，白天处理国家大事，晚上才考虑私事。有时百姓的怨声不能听到，进谏良言的忠良得不到信任。听不到怨声，蒙冤的人便得不到申诉；若不采信忠臣的谏言，作奸犯科之徒就将会受到纵容。所以《尚书》上说："上天以百姓的眼睛为眼睛，以百姓的听觉为听觉。"说的就是这个道理。

纳 言

【原文】 纳言之政，谓为谏诤[①]，所以采纳众下之谋也。故君有诤臣，父有诤子，当其不义则诤之，将顺其美，匡救[②]其恶。恶不可顺，美不可逆。顺恶逆美，其国必危。夫人君拒谏，则忠臣不敢进其谋，而邪臣卑行其政，此为国之害也。故有道之国，危言危行[③]；无道之国，危行言孙[④]，上无所闻，下无所说。故孔子不耻下问，周公不耻下贱，故行成名著，后世以为圣。是以屋漏在下，止之在上；上漏不止，下不可居矣。

【注释】①谏诤:直言规劝。②匡救:纠正。③危言危行:谨言慎行。④危行言孙:孙,通"逊",恭顺也。此句谓行为谦恭,言语谄媚。

【译文】人君应广纳众议,接受直言规劝。身为国君应有直言进谏的大臣,为人父者要有直言不讳的子女,每当他们的行为不合道德规范时就直言规劝,以使美德得到宣扬,而不好的行为得到补救。恶行不能放任自流,美德则不能抑制诋毁。放任恶行而诋毁美德,国家必然会遭遇危险。君主拒绝接受直言规劝,正直的大臣就不敢向君主进献治国良策,于是奸臣专擅朝政,横行霸道,这是治理国家的一大祸害。所以政治清明的国家,臣下能够行为端正,言语坦直;政治昏暗的国家,臣下则行为谦恭,言语谄媚,君主听不到臣下的意见,而臣下也不敢对君主直言规劝。孔子不耻下问,周公不耻下贱,所以他们能够名声显赫,被后世尊崇为圣人。就好像房屋漏雨,要止住下面之漏雨,就得把屋顶的漏洞堵住,若屋顶上的漏洞不补好,屋内就不能居住。

察　疑

【原文】察疑之政,谓察朱紫之色,别宫商之音。故红紫乱朱色,淫声疑正乐[①]。乱生于速,疑生于惑。物有异类,形有同色。白石如玉,愚者宝之;鱼目似珠,愚者取之;狐貉似犬,愚者畜之;枯蒌似瓜,愚者食之。故赵高指鹿为马,秦王不以为疑;范蠡贡越美女,吴王不以为惑。计疑无定事,事疑无成功。故圣人不可以意说为明[②],必信夫卜,占其吉凶。《书》曰:"三人占,必从二人之言。"而有大疑者,谋及庶人。故孔子云:明君之治,不患人之不己知,患不知人也;不患外不知内,惟患内不知外;不患下不知上,惟患上不知下;不患贱不知贵,惟患贵不知贱。故士为知己者死,女为悦己者容,马为策己者驰,神为通己者明。故人君决狱[③]行刑,患其不明。或无罪被辜,或有罪蒙恕,或强者专辞[④],或弱者侵怨,或直者被枉,或屈者不伸,或有信而见疑,或有忠而被害,此皆招天下逆气,灾暴之患,祸乱之变。惟明君治狱案刑,问其情辞,若不虑不匿,不枉不弊,观其往来,察其进退,听其声响,瞻其看视。开惧声哀,来疾去迟,还顾吁嗟,此怨结之情不得伸也。下瞻盗视[⑤],见怯退还,喘息却听,沉吟腹计,语言失度,来迟去速,不敢反顾,此罪人欲自免也。孔子曰:"视其所以[⑥],观其所由,察其所安,人焉瘦[⑦]哉!人焉瘦哉!"

【注释】①淫声疑正乐:正乐,正统雅音。句意为靡靡之音扰乱了正统雅音。②意说为明:依臆测的结果行事。③决狱:判决诉讼。④专辞:强词夺理。⑤盗视:偷偷摸摸地看。⑥所以:所作所为的动机。⑦瘦:隐藏。

【译文】为政者应明察秋毫,就像看清楚朱、紫等颜色,分辨出宫、商等音律一样。因为粉红、紫两种颜色会混淆朱色,而靡靡之音会惑乱正统雅音。变乱首先发生在政令不及的边远地区,谣言总是因众心困惑而产生。尽管事物的形体与色彩可能相似,但在本质上却千差万别。白色的石头看上去像玉,愚昧无知的人拿它当作宝;鱼类的眼睛看上去就像珠,愚蠢的人就收藏它;狐貉很像狗,愚昧的人就畜养它;枯蒌看上去像瓜,愚蠢的人拿它当食物来充饥。所以赵高指着鹿说是马,秦二世深信不疑;范蠡贡献越国的美女西施,吴王夫差没有疑惑。计划如有疑点,就无法成事;行事过程中如有疑惑,也不可能取得成功。所以圣人不会凭主观臆测来彰显自己的英明,而是求诸于天意,用占卜来预测人和事物的吉凶。《尚书》中说:"三个人预测一件事,一定听从其中多数的意见。"如果再有疑惑,就必须征询百姓的意见。所以孔子说:英明的君主治理国家,不担忧臣民不了解自己为政的苦心,而担心自己不了解民意;不担忧外人不了解自己内部的情况,只是担心自己不了解外面的情况;不担忧下位者不了解上位者,只担心地位崇高的人不了解地位低下的人。所以上为知己者死,女为悦己者容,马为鞭策自己的主人奔跑,神为通晓自己的人显灵。君主在判决诉讼时,最担心的是不能明察真相,而累及无辜或纵容罪人,使强者不招供、弱者蒙冤、刚直者被诬陷、有冤屈者不得伸张,而诚信之人被怀疑、忠良之士被陷害,这些都是败德之事,必会招致各种祸乱变故。所以英明的君主在断诉讼、处理刑罚时,若毫无破绽可循,就要观察罪犯的言行举止。如果犯人有敬畏之色,且言辞哀怨,上堂行色匆匆,而迟迟不肯离开庭堂,还不时左顾右盼,反复叹息,这人必是蒙冤不得申诉;如果低头下语,胆怯退缩,喘息不定,竖耳倾听,沉吟作态,语无伦次,上堂姗姗来迟,离时匆匆忙忙,不敢回顾庭堂,这人必是急欲脱罪。孔子说:"观察一个人所作所为的动机,和他做事的缘由,以及是否心安理得,则一切都将无所遁形了!"

治　人

【原文】 **治人之道,谓道之风化[①],陈示所以也。故经云:"陈之以德义而民与行,示之以好恶而民知禁。"日月之明,众下仰之,乾坤之广,万物顺之。是以尧、舜之君,远夷贡献,桀、纣之君,诸夏[②]背叛,非天移动其人,是乃上化使然也。故治人犹如养苗,先去其秽。故国之将兴,而伐于国,国之将衰,而伐于山。明君之治,务知人之所患皂服之吏[③],小国之臣。故曰,皂服无所不克,莫知其极,克食于民[④],而人有饥乏之变,则生乱逆。唯劝农业,无夺其时,唯薄赋敛,无尽民财。如此,富国安家,不亦宜乎?夫有国有家者,不患贫而患不安。故唐、虞之政,利人相逢,用天之时,分地之利,以豫[⑤]凶年,秋有余粮,以给不足,天下通财,路不拾遗,民无去就。故五霸之世,不足者奉于有余。故今诸侯好利,利兴民争,灾害并起,强弱相侵,躬耕者少,末作[⑥]者多,民如浮云,手足不安。经云:"不贵难得之货,使民不为盗;不贵无用之物,使民心不乱。"各理其职,是以圣人之政治也。古者齐景公之时,病民下奢侈,不遂礼制。周、秦之宜,去文就质,而劝民之有利也。夫作无用之器,聚无益之货,金银璧玉,珠玑翡翠,奇珍异宝,远方所出,此非庶人之所用也。锦绣纂组,绮罗绫縠,玄黄衣帛,此非庶人之所服也。雕文刻镂,伎作之巧,难成之功,妨害农事,辎軿[⑦]出入,袍裘索襗,此非庶人之所饰也。重门画兽,萧墙数仞,塚墓过度,竭财高尚,此非庶人之所居也。经云:"庶人之所好者,唯躬耕勤苦,谨身节用,以养父母。"制之以财,用之以礼,丰年不奢,凶年不俭,素有蓄积,以储其后,此治人之道,不亦合于四时之**

气乎?

【注释】 ①风化:教化引导。②诸夏:诸侯。③皂服之吏:地位卑下的小官。④克食于民:对人民苛刻无度。⑤豫:预防。⑥末作:指工商业。⑦辎軿:豪华的车子。

【译文】 治理国家的方法,就是用仁德来教化民众,并明确地告诉他们为什么要这样做。因此经书上说:“用道德仁义来教育百姓,那么百姓就会跟着推行礼仪;明确地告诉百姓什么是好什么是坏,那么百姓就知道哪些行为是法律所不允许的。”因为日月光明,所以天下民众才仰望它;因为天地广阔,所以万物才能依附它。因此,只有像尧、舜那样贤明的君主,才能使遥远的少数民族都臣服;像桀、纣那样的暴君,连自己身边的诸侯也会背叛。这并不是上天改变了民众的心志,而是君主教导民众的不同所导致的结果。因此,统治民众要像培育幼苗一样,首先应剪除可能的夭枝,除掉缺点。而国家的兴盛,寄望于各地官吏能治理得法;国家的衰败,则植根于平民百姓。所以说,平民百姓的破坏力最大,假如不以此前提出发,对人民苛刻残暴,使老百姓饥饿困乏,必然会发生混乱。只有勉励农民耕种,不误农时;只有少征收赋税,才不会耗尽民众的财物。如此一来,国家富裕,民众安乐,这不是很好吗?那些拥有国家或家庭的人,不担忧贫困而去忧虑不安定。所以,尧、虞、舜之为政,是使人皆获利,其合理地利用天时地利,用来防备灾荒之年,而秋季收获的余粮,用来救济贫困的人,所以普天之下财源亨通、路不拾遗、百姓安居乐业。春秋五霸的时候,衣食不能满足的地区,可从财物有余的地区得到补充。而今各地诸侯都贪财好利,好利之风盛行,造成百姓之间相互争夺,各种灾难接连不断,蛮横的人欺负弱者,真正能够安心从事农业耕种的人越来越少,透过各种手段不劳而获的人越来越多,百姓像浮云一样游移四方,民心不稳,生活动荡不安。经书上说:“不抬高稀有货物的物价,百姓就不会成为盗贼;不让无用的东西价格攀升,人心就不会混乱。”因此,让每一部门尽职尽责,是圣明君主的政治。从前齐景公在世之时,社会风气异常奢侈,不按照礼法行事。而周秦则法律简约,推崇质朴,教导百姓勤于耕作,从事对百姓有益的事。那些精心制成却没有任何作用的器物,聚敛没有任何益处的财货,像金银璧玉、珠玑翡翠等奇珍异宝,都是出自远方,不是老百姓日常使用的东西。锦绣纂组、绮罗绫縠等彩色绚丽的衣服,也不是老百姓日常能够穿着的。此外,讲求手工巧妙的金石木器之雕刻,往往妨害农业生产。出入都乘坐华丽的车子,身穿昂贵的衣衫,也都不是平民百姓所需。而装饰豪华的大门,修建高耸的围墙,或过度奢侈的坟墓,莫不竭尽财力来炫耀,这也不是平民百姓居住的地方。经书上说:“平民百姓喜好的,只有辛勤劳作,对自身要求严格,节俭朴素,以便供养父母。”因此,使用财物有所节制,按照礼节来开支,丰收之年不浪费,饥荒之年就不会艰难,平常积累储蓄,以备来年用度。这种治理百姓的方法,不正像四季气候变化那样自然吗?

举　措

【原文】 举措[①]之政,谓举直措诸枉也。夫治国犹于治身,治身之道,务在养神,治国之道，务在举贤。是以养神求生，举贤求安。故国之有辅，如屋之有柱，柱不可细，辅不可弱；柱细则害，辅弱则倾。故治国之道，举直措诸枉，其国乃安。夫柱以直木为坚，辅以直士为贤；直木出于幽林，直士出于众下。故君选举，必求隐处，或有怀宝迷邦[②]，匹夫同位；或有高才卓绝，不见招求；或有忠贤孝弟，乡里不举；或隐居以求其志，行义以达其道；或有忠质于君，朋党相谗。尧举逸人[③]，汤招有莘，周公采贱，皆得其人，以致太平。故人君县赏当以待功，设位以待士，不旷[④]庶官。辟四门[⑤]以兴治务，玄纁[⑥]以聘幽隐，天下归心，而不仁者远矣。夫所用者非所养，所养者非所用，贫陋为下，财色为上，谗邪得志，忠直远放，玄纁不行，焉得贤辅哉？若夫国危不治，民不安居，此失贤之过也。夫失贤而不危，得贤而不安，未之有也。为人择官者乱，为官择人者治。是以聘贤求士，犹嫁娶之道也，未有自家之女出财产妇。故女慕财聘而达其贞，士慕玄纁而达其名。以礼聘士，而其国乃宁矣。

【注释】 ①举措：任用和废置官员。②怀宝迷邦：怀才不遇。③逸人：遁世隐居之人④旷：冷落。⑤四门：学官名，始于北魏太和二十年，设立“四门博士”。⑥玄纁：玄、纁是两种染料，引申为聘请贤士的赞礼。

【译文】 擢用和废置官员，重在任用正直贤良，摒弃奸佞邪恶。治理国家就好比修身，其关键在于修身养性；治国的关键，则在于选拔任用贤能。修身养性是为求身体安康，举贤任能则为国家的安定。所以，国家有贤良之士辅助，就如同房屋之有柱子，柱子不能太小太细，辅佐国家者也不能懦弱无能。如果栋梁细，房屋必会倒塌；如果辅佐的人懦弱，国家也会衰亡。由此可知，要治理好国家，就必须重用正直的贤良之士，而摒弃奸佞小人，唯有如此国家才能安定兴盛。房屋的栋梁必须使用圆直坚实的木头，而国家的辅佐也必须由耿直的贤能充任。坚实圆直的木材通常生长在森林之中，而耿直的贤才往往出身于平民百姓。所以，君主若想起用贤能，一定要到卑微的隐居处去寻访。有些人怀才不遇，使他们只能与一般普通百姓一起生活；有些人高超卓绝、贤能孝顺，却得不到起用或不被乡里举用；而有些人忠心耿耿，却受到奸党的诬陷。帝尧重用避世隐居之人，商汤招用有莘氏，周公从地位卑微的人中求贤，他们都找到了旷世奇才，终能实现太平社会。所以君主应该公开宣布奖赏来对待有功之臣，设置高的职位来礼遇贤士，同时不冷落一般的官员。若能广开门路来振兴国家政治，用玄纁来聘用隐士奇才，普天之下同心一意，则没有仁德之心的人就会远避；若轻视地位卑微的人，推崇财色，重用奸佞小人，而忠诚耿直的贤良之士却被流放，玄纁不施行，又怎能获得贤能的辅佐呢？一个国家混乱不稳定，百姓就不能安居乐业，这是没有任用贤能的过错所造成。自古以来，从来都没有不用贤能而国家却没有危险，任用贤能而国家却不安全的先例。如果官职因人而设，国家必会混乱，反之择才任官，则必能治理好国家。所以聘用贤良和婚嫁的道理一样，从来都没有过主动出嫁，还拿出钱财去当人家媳妇的女子。因此，女子是因为得到聘礼而献出自己的贞节，贤能的人是因为喜爱玄纁而去实现自己的声名。用礼仪去聘用贤士，国

家才能安宁兴盛。

考 黜

【原文】 考黜[1]之政，谓迁善黜恶。明主在上，心昭于天，察知善恶，广及四海，不敢遗小国之臣，下及庶人，进用贤良，退去贪懦，明良上下[2]，企及国理，众贤雨集，此所以劝善黜恶，陈之休咎[3]。故考黜之政，务知人之所苦。其苦有五。或有小吏因公为私，乘权作奸，左手执戈，右手治生，内侵于官，外采于民，此所苦一也；或有过重罚轻，法令不均，无罪被辜，以致灭身，或有重罪得宽，扶强抑弱，加以严刑，枉责其情，此所苦二也；或有纵罪恶之吏，害告诉之人，断绝语辞，蔽藏其情，掠劫亡命，其枉不常，此所苦三也：或有长吏数易守宰，兼佐为政，阿私所亲，枉克所恨，逼切为行，偏颇不承法制，更因赋敛，傍课采利[4]，送故待新，夤缘[5]征发，诈伪储备，以成家产，此所苦四也；或有县官慕功，赏罚之际，利人之事，买卖之费，多所裁量，专其价数[6]，民失其职，此所苦五也。凡此五事，民之五害，有如此者，不可不黜，无此五者，不可不迁。故书云："三载考绩，黜陟幽明。"

【注释】 ①考黜：考核罢黜。②明良上下：官员皆不逾越职权。③休咎：美善和过失。④傍课采利：中饱私囊。⑤夤缘：拉拢关系，向上巴结。⑥专其价数：抬高物价以垄断。

【译文】 君主要政治清明就必须考核官员，升迁那些治绩良好的官吏，罢免那些治绩不佳、品行恶劣的官吏。一个英明的君主，心胸光明上天可鉴，其能够观察知晓是非善恶，遍及四海之内，连地方上的小吏和平民百姓，也都不会遗漏。并招用贤良之才，斥退那些贪财好利、懦弱怕事的人，使上下官员皆不逾越职权，国家得到治理，众才云集。而施行奖、善、黜、恶的政策，必须陈述美、善，或过失之处，以消除隐患。所以推行"考黜"的政策，务必先了解人民的疾苦。通常人民的疾苦主要是由五个原因所造成：一是有些贪官污吏借职权之便胡作非为、假公济私，他们瞒上欺下，压榨百姓，百姓敢怒不敢言；二是有些官吏执法不公，有人罪行深重，受到的惩处却很轻；有人没有犯罪却蒙受冤枉，甚至杀身丧命；有人犯了罪却得以宽免，这是官吏恃强凌弱，使无辜的人蒙受不白之冤；三是有些官吏包庇罪犯，陷害告发奸情的人，为隐瞒实情，不惜湮灭证据，甚至杀人灭口；四是有些官吏偏袒亲信，打压自己忌恨的人，威逼利诱，执法有所偏颇，还利用征收赋税的机会，获取私利。或者利用旧官去职、新官上任的机会，极力攀附巴结新到任的长官。更有假借徵赋之名，谎报储备的数目，将其中的部分据为己有，扩增私产；五是有些县官贪功好利，利用行赏处罚的机会，从中获取利益，或者介入经商活动，为一己私利垄断物价，与民争利，使百姓蒙受损失。这是祸害百姓的五种情况。对于有上述行为的官吏，不能不罢免，而没有这五种恶行的官吏一定要升迁。所以《尚书》上说："经过三年时间的考核，那些没有治绩的官吏必须罢免，那些治绩显著的官吏应给予提升。"

治　军

【原文】 治军之政，谓治边境之事，匡救大乱之道，以威武为政，诛暴讨逆，所以存国家安社稷之计。是以有文事必有武备，故贪血之蟲[①]，必有爪牙之用，喜则共戏，怒则相害。人无爪牙，故设兵革之器，以自辅卫。故国以军为辅，君以臣为佐，辅强则国安，辅弱则国危，在于所任之将也。非民之将，非国之辅，非军之主。

故治国以文为政，治军以武为计。治国不可以不从外，治军不可以不从内。内谓诸夏，外谓戎狄。戎狄之人，难以理化，易以威服。礼有所任，威有所施，是以黄帝战于涿鹿之野，唐尧战于丹浦之水，舜伐有苗，禹讨有扈，自五帝三王[②]至圣之主，德化如斯，尚加之以威武，故兵者凶器，不得已而用之。

夫用兵之道，先定其谋，然后乃施其事。审天地之道，察众人之心，习兵革之器，明赏罚之理，观敌众之谋，视道路之险，别安危之处，占主客之情，知进退之宜，顺机会之时，设守御之备，强征伐之势，扬士卒之能，图成败之计，虑生死之事，然后乃可出军任将，张禽敌之势，此为军之大略也。

夫将者，人之司命，国之利器，先定其计，然后乃行。其令若漂水暴流，其获若鹰隼之击物，静若弓弩之张，动如机关之发，所向者破，而勍[③]敌自灭。

将无思虑，士无气势，不齐其心，而专其谋，虽有百万之众，而敌不惧矣。非仇不怨，非敌不战。工非鲁班之目，无以见其工巧；战非孙武之谋，无以出其计运。夫计谋欲密，攻敌欲疾，获若鹰击，战如河决，则兵未劳而敌自散，此用兵之势也。

故善战者不怒，善胜者不惧。是以智者先胜而后求战，暗者[④]先战而后求胜；胜者随道而修途，败者斜行[⑤]而失路；此顺逆之计也。

将服其威，士专其力，势不虚动，运如圆石，从高坠下，所向者碎，不可救止。是以无敌于前，无敌于后，此用兵之势也。

故军以奇计为谋，以绝智为主，能柔能刚，能弱能强，能存能亡，疾如风雨，舒如江海，不动如泰山，难测如阴阳，无穷如地，充实如天，不竭如江河，终始如三光[⑥]，生死如四时，衰旺如五行，奇正相生，而不可穷。

故军以粮食为本，兵以奇正为始，器械为用，委积为备。故国困于贵买，贫于远输，攻不可再，战不可三，量力而用，用多则费。罢去无益，则国可宁也；罢去无能，则国可利也。

夫善攻者敌不知其所守，善守者敌不知其所攻。故善攻者不以兵革，善守者不以城郭。是以高城深池，不足以为固；坚甲锐兵，不足以为强。敌欲固守，攻其无备；敌欲兴阵，出其不意；我往敌来，谨设所居；我起敌止，攻其左右；量其合敌，先击其实。不知守地，不知战日，可备者众，则专备者寡。以虑相备，强弱相攻，勇怯相助，前后相赴，左右相趋，如常山之蛇，首尾俱到，此救兵之道也。

故胜者全威，谋之于身，知地形势，不可豫言。议之知其得失，诈之知其安危，计之知

其寡，形之知其生死，虑之知其苦乐，谋之知其善备。

故兵从生击死[7]，避实击虚。山陵之战，不仰其高；水上之战，不逆其流；草上之战，不涉其深；平地之战，不逆其虚；道上之战，不逆其孤。此五者，兵之利，地之所助也。

夫军成于用势，败于谋漏，饥于远输，渴于躬井[8]，劳于烦扰，佚于安静，疑于不战，惑于见利，退于刑罚，进于赏赐，弱于见逼，强于用势，困于见围，惧于先至，惊于夜呼，乱于暗昧，迷于失道，穷于绝地，失于暴卒，得于豫计。

故立旌旗以视其目，击金鼓以鸣其耳，设斧钺以齐其心，陈教令以同其道，兴赏赐以劝其功，行诛伐以防其伪。昼战不相闻，旌旗为之举；夜战不相见，火鼓为之起；教令有不从，斧钺为之使。

不知九地[9]之便，则不知九变[10]之道。天之阴阳，地之形名[11]，人之腹心[12]，知此三者，获处其功。知其士乃知其敌，不知其士则不知其敌，不知其敌，每战必殆。故军之所击，必先知其左右士卒之心。

五间[13]之道，军之所亲，将之所厚，非圣智不能用，非仁贤不能使。五间得其情，则民可用，国可长保。故兵求生则备，不得已则斗，静以理安，动以理威。无恃敌之不至，恃吾之不可击。以近待远，以逸待劳，以饱待饥，以实待虚，以生待死，以众待寡，以旺待衰，以伏待来。整整之旌，堂堂之鼓，当顺其前，而覆其后，固其险阻，而营其表，委之以利，柔[14]之以害，此治军之道全矣。

【注释】 ①蝨：蠹虫。②五帝三王：五帝，古代传说中黄帝、颛顼、帝喾、尧、舜五位帝王。三王，传说中远古部落燧人、羲义、神农三位酋长。③勍：强。④暗者：愚昧的人。⑤斜行：寻求捷径。⑥三光：日、月、星辰三光。⑦从生击死：能保全自己并击毙敌人。⑧躬井：亲自打井。⑨九地：各种地形。⑩九变：各种随机应变的道理。⑪形名：各种具体情况。⑫腹心：指心理活动。⑬间：间谍。⑭柔：转化。

【译文】 治军的策略，就是治理边疆、巩固国防、挽救国家动乱局面的方法。其以威严武力为宗旨，消灭暴乱、讨伐叛逆，是维护国家安定的大计。因此，统治国家要有文治也要有武备，就像蛀虫，必须有爪、牙作为自己的工具，高兴时用来游戏，愤怒时用它来互相残害；人没有爪牙这样的工具，所以设置军队作为自己的辅助力量。国家靠军队来保卫，国君以臣子为辅佐，辅助力量强大国家就安全，辅助力量弱小国家就有危险，其关键在于国君任命的将领。不是替百姓考虑的将领，就不是国家的良臣，也不是军队的主帅。

因此，治理国家以文治为原则，治理军队则依据武功为根本；治理国家必须从外部考虑，治理军队则必须考虑内部。所谓“内”就是华夏诸族，而所谓“外”是指戎、狄等少数民族。戎和狄这些少数民族，很难用道理教化他们，用武力征服反而比较容易。总之，有的能以礼感化，有的则必须以武力征服。因此，黄帝在涿鹿附近的原野与蚩尤开战，唐尧与丹朱战于丹水之滨，舜讨伐有苗氏，禹讨伐有扈氏。从三皇五帝这些最圣明的君主来看，他们的道德感化如此，还不免要使用武力，所以说军队是凶器，迫不得已时才使用它。

至于用兵打仗的原则，首先须制定策略，然后才能依计行事。出兵时，必须了解天时、地理等各方面的自然状况，观察士兵作战的心理状态，训练士兵熟练地使用各种武器装备，明确地指出奖励和处罚的有关规定，鼓励士兵英勇作战，观察敌人的战术策略，弄清楚道路的险阻平坦，分辨出安全和危险的地方，分析敌我力量，充分利用进攻和退守的时机，做好防御敌人进攻的准备，加强出征讨伐的力量和声势，激发士兵的士气，认真谋划取胜避败的策略，反复考虑军队可能的伤亡，然后才能任命将帅领兵出战，摆开进攻的阵势，这些都是指挥军队作战的大致方略。

将帅，是军队的主宰、国家的锐利武器，必须先制定计划，然后才展开行动。下达命令时就像洪水暴发，攻击敌人则像鹰隼扑击猎物般迅疾；静止的时候，就像弓弩拉开那样地沉稳不动；行动时，就像机关发动那样快捷，所向披靡，强敌不攻自破。

将帅没有周密的策略，士卒没有必胜的气势，军队上下就不能同心协力，即使有百万大军，敌人也不会害怕。不是仇人不痛恨，不是敌人不攻击。工匠如果没有鲁班那样的眼力，就无法做出技艺精湛的制品；将帅若没有孙武那般的谋略，就不能周密地筹划战争的进程。所以计谋周密，就能迅速歼敌，而擒获敌人就像雄鹰扑击猎物，作战就像河水决堤一泻千里，那么我们的士卒还未劳顿，敌人早已四处逃散，这就是指挥作战的用兵之势。

因此，能征善战的将帅即使遇到任何问题都能镇定自若；善于取胜的将帅即使遇到强敌也毫不畏惧。明智的将帅是先有必胜的把握才开战，而愚昧的将领则是先与敌方交战再求获胜的方法。善于克敌制胜的人会顺着进军的道路进行修补，失败者则为了寻求捷径而迷失方向，这就是顺应和违背事物的本来规律而导致的不同结果。

将帅应为军队树立威严，士兵们全力为军队效力，兵势不轻易动用，一旦动用则势不可挡，就像巨大的圆石从高处坠落，所有遇到的东西都被击得粉碎，无法挽救和阻止。因此前面没有敌人敢阻挡，后面没有敌人敢追击，这就是动用兵势的结果。

所以出兵打仗应以出人意料的计策为谋略，以非凡的智慧为主导，有刚有柔，能弱能强。能夺取胜利并且不怕牺牲，迅速时如疾风暴雨，舒展时如江海广阔无边，稳固时像泰山般岿然不动，神秘莫测如阴阳运行，辽阔如广袤的大地，充实像无边的天空，滔滔不绝如江河奔流，周而复始像日、月、星辰的运转，生与死如春夏秋冬四季之变换，衰落兴旺像阴阳五行相生相克，无穷无尽。

将帅用兵以粮草为本，用兵开始就奇正相合，使用各种器械，积聚各种作战的物资。国家会因此物价上涨而贫困，这是因为军队远途运输军需品，因此进攻敌人不宜连续作战，而要根据自己的实力作战，如果没有计划必将消耗国力。避免无益处的征战，国家必会安定；而避免失败的战争，国家必会获得利益。

擅长进攻的军队会让敌人无从防守，而擅长防守的军队必会让敌人无从进攻。换言之，善于进攻的军队不用武器也能降服敌人，善于防守的军队不倚靠坚固的城池，敌人也

无法攻破。所以,有高墙深河的防护不能算是坚固,有穿着铠甲、手持锐利武器的士兵不能算是强大。敌人如果长期坚守,就攻击其毫无防备的地方;敌军要与我军交战,就趁其不备时出击;与敌交战,应该慎选安寨扎营的地方;敌人按兵不动,我军就从两翼攻打他;预料到敌人要聚合兵力,就攻打其关键部位。在不清楚地理优势和交战日期的情况之下,要先多制定几套作战的方案,但专为特殊作战而备的方案要少。并周密考虑以做好准备,而强弱相结合,勇猛和怯懦相助,前后照应,左右偕行,就像常山的蛇一样首尾相连,攻其中段,首尾都来救助,这是救兵的办法。

因此,擅长打胜仗的将帅要保持自己的威严,胸怀韬略,能够凭借不同的地形随机应战,并且不事先告诉别人。能够分析战局,比较敌我双方的优势与劣势。引诱对方出兵,以观察敌军兵力部署的危险性与安全性。并运用各种计谋,判断对方兵力有多少。而采取行动之前,会先了解敌人战斗力的强弱,侦察思考敌方将士的战斗情绪,同时用计试探,以了解敌人的防守情况。

所以行军打仗要从保全自己、击毙敌人为出发点,必须避开敌人防守坚固的地方而攻打敌人防守空虚的地方。在高山丘陵地区作战,不要去仰攻驻扎在高处的敌人;在水上与敌作战,不应逆着水流;在草地荒原中作战,不要进入杂草丛生的地方;在开阔的地方作战,不要放过势单力薄的敌人;在道路上与敌人相遇,不要放过孤军深入的敌人。这五个方面,就是用兵打仗中借着有利地形为辅,以取得作战胜利的有利因素。

行军作战,要取得成功,在于善加运用各种有利的优势,而招致失败在于泄露作战部署。饥饿是因为运输给养道路遥远,士兵自己汲井打水是干渴的表现,劳顿了就会产生烦扰,闲逸了是由于生活平静,长时间不做战士兵就会心生疑惑,贪图小便宜就会产生混乱,后退是由于士兵被处以刑罚,英勇作战是由于给予奖赏,被迫作战的军队必定是弱军,军队强大是由于用势,陷于困境是由于被敌人包围,恐惧是由于首先到达阵地,夜间呼叫是由于惊恐,军队混乱是由于将帅无能,迷失方向是由于找不到道路,穷困是由于陷入绝地,失去军心是由于对待士卒过于残暴,而成功在于事先预谋。

因此,挥舞战旗是为了使全军井然有序,鸣金击鼓是为了形成一种宏大的气势,设立斧钺、严正军纪是为了让全军上下齐心,申明教令是为了统一全军的思想,实施奖赏是为了激发将士战斗的勇气,实施刑罚是为了避免奸伪。白天作战听不到号令,就利用旌旗来指挥部队行动;夜晚战斗看不见信号,就用火光和鼓声来指挥战斗;如果不听命行事,就用军纪迫使他们服从。

不了解各种地形的利弊,就不清楚各种随机应变的道理。如果能了解大自然的变化、地理形势的各种状况和士兵的所思所想,就能够获得成功。了解敌军的情况必知如何制服敌人,不了解敌人的情况将不知道如何战胜敌人,一旦不了解敌军情况,必然屡战屡败。所以军队在进攻之前,必须先探知敌军主将的作战方针。

担任间谍的人,必须是部队的亲信、主帅所器重的人。没有聪明智慧的人不能任用,

不是仁义贤能的人不能驱使。善用间谍,便能探知敌方的各种情况,则人民无忧,国家可长保太平。所以,如果想使军队在作战中获胜,必须预先做好准备,万不得已的时候才用武力。部队驻扎时要井井有条,才能确保安全;行军打仗时要纪律严明,才能保持军容威武。不要存着侥幸之心以为敌人不会前来冒犯,而应倚仗我军准备充分,使敌人不敢进犯。作战时,要以近待远,以逸待劳,以饱待饥,以实待虚,以生待死,以众待寡,以旺待衰,以伏待来。整齐的战旗,威武的鼓声,一方面与敌人正面刀枪相接,另一方面挥兵从敌后拼杀,并严守险阻,扎好营寨,汇集各种有利条件,转化各种不利因素,这就是治军的所有道理了。

赏 罚

【原文】 **赏罚之政,谓赏善罚恶也。赏以兴功,罚以禁奸,赏不可不平,罚不可不均,赏赐知其所施,则勇士知其所死;刑罚知其所加,则邪恶知其所谓。故赏不可虚施,罚不可妄加,赏虚施则劳臣[①]怨,罚妄加则直士恨,是以羊子羹有不均之害,楚王有信谗之败。**

夫将专持生杀之威,必生可杀,必杀可生,忿怒不详,赏罚不明,教令不常,以私为公,此国之五危也。赏罚不明,教令不从。必杀可生,众奸不禁;必生可杀,士卒散亡;忿怒不详,威武不行;赏罚不明,下不劝功[②];政教不当,法令不从;以私为公,人有二心。故众奸不禁,则不可久;士卒散亡,其众必寡;威武不行,见敌不起。下不劝功,上无强辅,法令不从,事乱不理;人有二心,其国危殆。

故防奸以政,救奢[③]以俭,忠直可使理狱,廉平[④]可使赏罚。赏罚不曲,则人死服。路有饥人,厩有肥马,可谓亡人而自存,薄人而自厚。故人君先募而后赏,先令而后诛,则人亲附,畏有爱之,不令而行。赏罚不正,则忠臣死于非罪,而邪臣起于非功。赏赐不避怨仇,则齐桓得管仲之力;诛罚不避亲戚,则周公有杀弟之名。书云:"无偏无党,王道荡荡;无党无偏,王道平平。"此之谓也。

【注释】 ①劳臣:有功之人。②劝功:努力杀敌立功。③救奢:杜绝奢侈浪费。④廉平:廉洁公正的人。

【译文】 赏和罚的道理,在于奖善惩恶。奖赏的目的是为了鼓励臣民建功立业,处罚是为了杜绝邪恶。奖赏必须公平,处罚必须公正。明了受到赏赐的原因,臣民就能明白死的价值。而清楚受到处罚的原因,奸邪的人就会畏惧而不敢胡乱行事。因此,奖励不能没有凭据,处罚不能任意施行。如果把奖赏给予无功之人,则有功的人就会心怀不满;刑罚任意使用,正直的人就会内心不平。所以,有国君因羊肉羹分配不公而亡国(《战国策》记载:战国时代中山国国君设宴赏赐国内名士,以羊肉羹款待众人,名士司马子期因未受赏而怀恨在心,便游说楚国攻打中山国)。而楚王因偏听谗言,最后导致灭国。

将帅操纵着全军的生杀大权,如果滥用使忠良蒙冤、无辜受死,而犯死罪的恶人却存活,或喜怒无常、好恶随性、赏罚不公正严明、朝令夕改、假公济私,这是危害国家的五种

祸患。赏罚不公正严明，则会有人不服从朝廷的法令；处死未犯死罪的人，则奸伪并起而无法禁止；姑息犯死罪的人，则士兵逃散；喜怒无常，则威信不得树立；奖罚不严明，部属则不奋力杀敌立功；教育失当，则士兵不遵法令；假公济私，则士卒心生叛变。所以奸邪不能杜绝，国家就不能长保太平；士卒逃散，军队力量就会越来越薄弱；威信不能树立，士兵杀敌就不会拼命；部下不奋力杀敌立功，将帅就失去了强有力的辅佐；法令不得施行，那么混乱的局面就无法治理；士兵有叛变之心，国家就岌岌可危了。

所以杜绝奸邪需要有清明的政治，防止奢侈浪费就要提倡节约，忠诚正直的人可以让他处治狱讼，廉洁公正的人可以让他处理赏罚。在进行赏罚时公平无偏，那么人们就会心甘情愿地听从。大街上有饥饿的人，而马棚里却养着肥马，这可以说是不顾及他人的生命只求自存，苛刻别人而善待自己。所以国君要先募集财物而后实行奖赏，先公布法令而后施行诛罚。那么人人都愿意归顺、尊敬和爱戴他，即使不用命令，众人也会听命于他。如果赏罚不公正，忠臣就会无辜而被诛杀，奸臣就会无功而被重用。赏赐不回避怨仇，所以齐桓公才得到了管仲的鼎力辅助；诛罚不回避亲戚，所以周公才有大公无私、杀死亲兄弟的好名声。《尚书》上说："无偏无私，王道就会开阔坦荡；无私无偏，王道就会平整修远！"说的正是这个道理。

喜　怒

【原文】 **喜怒之政，谓喜不应喜无喜之事，怒不应怒无怒之物，喜怒之间，必明其类[①]。怒不犯无罪之人，喜不从可戮之士[②]，喜怒之际，不可不详。喜不可纵有罪，怒不可戮无辜，喜怒之事，不可妄行。行其私而废其功，将不可发私怒，而兴战必用众心，苟合以私忿而合战，则用众必败。怒不可以复悦，喜不可以复怒，故以文为先，以武为后，先胜则必后负，先怒则必后悔，一朝之忿，而亡其身。故君子威而不猛，忿而不怒，忧而不惧，悦而不喜。可忿之事，然后加之威武，威武加则刑罚施，刑罚施则众奸塞[③]。不加威武，则刑罚不中[④]，刑罚不中，则众恶不理，其国亡。**

【注释】 ①类：界限。②可戮之士：指罪大恶极、可杀之人。③众奸塞：杜绝了一切奸伪罪恶。④不中：不能产生作用。

【译文】 喜悦和发怒之道，在于不该为不值得喜悦的事情而喜悦，不该为不值得发怒的事情而发怒。喜悦和发怒之间，它们的界限必须划清。发怒时不累及无辜的人，高兴时不放过有罪的人。喜悦或发怒的时候，应该清醒审慎。高兴的时候不能纵容有罪的人，发怒的时候不能错杀无辜的人。喜悦和发怒这两种情绪，不能没有原因。如果仅凭自己的情绪而任意行动，必然会毁掉事业。将帅不能因一己之怒而发动战争，必须使众人的想法一致才能取胜。如果因为一个人的私愤而与敌交战，则一定招致失败。一个人愤怒时不能立即转为喜悦，喜悦时也不能立即转为愤怒。因此，必须以政治外交策略为先，以武力对抗为后。如果以武力为先，即使最初获得胜利，最终也会失败，而首先发怒

的人，事后必定反悔，因为一时之愤，却导致自己灭亡是不值得的。所以君子应该威严但不凶恶，虽然心中生气却不发怒，尽管心里担忧但不害怕，即使心中高兴也不狂喜。令人生气的事情发生之后，如果能用权威手段加以处置，便能有利于施加刑罚，进而使邪恶不再产生。如不采取权威手段，则刑罚不能发挥应有的作用，那么一切邪恶将无法杜绝，国家必会走向灭亡。

治　乱

【原文】 治乱之政，谓省官并职[①]，去文就质也。夫绵绵不绝，必有乱结；纤纤[②]不伐，必成妖孽。夫三纲[③]不正，六纪不理，则大乱生矣。故治国者，圆不失规，方不失矩，本不失末，为政不失其道，万事可成，其功可保。夫三军之乱，纷纷扰扰，各惟其理。明君治其纲纪，政治当有先后，先理纲，后理纪；先理令，后理罚；先理近，后理远；先理内，后理外；先理本，后理末；先理强，后理弱；先理大，后理小；先理身，后理人。是以理纲则纪张，理令则罚行，理近则远安，理内则外端，理本则末通，理强则弱伸，理大则小行，理上则下正，理身则人敬，此乃治国之道也。

【注释】 ①省官并职：裁减冗员、精简机构。②纤纤：微小的错误。③三纲：指君臣、父子、夫妇的关系。

【译文】 治理乱世的宗旨，是要减少冗员、精简机构，除掉不必要的表面形式而讲求实质。如果遇事优柔寡断，必然被事物所困；对微小的错误不改正，必然会酿成大祸。治理国家，如果不遵守三纲，不整顿六纪，那么自然会导致更大的祸乱。

所以治理国家的人，就好比画圆形不能不用规，画方形不能不用矩，治理本业不能不治末业，从事政治不能放弃原则，若能如此，则各种事业都能成功，各种功业也能保持长久。军队里的变故，纷纷扰扰，错乱不堪，肯定有其原因。如果是杰出的君主整顿纲纪，其方法应当有主有次，先治理三纲，然后整顿六纪；先申明法令，然后付诸实施；先治理眼前紧要的，再治理将来的事；先安定内部，然后再应付外面的事务；先治理根本，然后治理其他细枝末节；先对付强敌，然后歼灭次要对手；先处理大的方面，然后再处理小的方面；先要把自己的各方面处理妥当，然后才去治理别人。所以三纲得到治理，六纪自然清明；法令得到了申明，处罚就可实施；眼前的问题得到了良好的解决，就为长远问题的解决打下了基础；内部得到了治理，对外出必然顺利；根本得到治理，其他细节处理起来就没有阻力；强敌被打败了，弱敌自然会归顺；大的方面得到了整治，小的方面治理起来自然顺利；对上级官员的整治落实了，那么下级官员就能作风正派；自身行为端正，别人就会敬重你，这就是治理国家的原则。

教　令

【原文】 教令之政，谓上为下教也。非法不言，非道不行，上之所为，人之所瞻[①]也。

夫释己教人[2]，是谓逆政，正己教人，是谓顺政。故人君先正其身，然后乃行其令。身不正则令不从，令不从则生变乱。故为君之道，以教令为先，诛罚为后，不教而战，是谓弃之。先习士卒用兵之道，其法有五：一曰，使目习其旌旗指麾之变，纵横之术；二曰，使耳习闻金鼓之声，动静行止；三曰，使心习刑罚之严，爵赏之利；四曰，使手习五兵[3]之便，斗战之备；五曰，使足习周旋走趋之列，进退之宜；故号为五教。教令军阵，各有其道。左教青龙，右教白虎，前教朱雀，后教玄武，中央轩辕[4]。大将军之所处，左矛右戟，前盾后弩，中央旗鼓。旗动俱起，闻鼓则进，闻金则止，随其指挥，五阵乃理。正阵之法，旗鼓为之主：一鼓，举其青旗，则为直阵；二鼓，举其赤旗，则为锐阵；三鼓，举其黄旗，则为方阵；四鼓，举其白旗，则为圆阵；五鼓，举其黑旗，则为曲阵。直阵者，木阵也；锐阵者，火阵也；方阵者，土阵也；圆阵者，金阵也；曲阵者，水阵也。此五行之阵，辗转相生，行对相胜，相生为救，相胜为战，相生为助，相胜为敌。凡结五阵之法，五五[5]相保，五人为一长，五长为一师，五师为一枝，五枝为一火，五火为一撞，五撞为一军，则军士具矣。夫兵利之所便，务知节度。短者持矛戟，长者持弓弩，壮者持旌旗，勇者持金鼓，弱者给粮牧[6]，智者为谋主。乡里相比[7]，五五相保，一鼓整行，二鼓习阵，三鼓起食[8]，四鼓严办，五鼓就行。闻鼓听金，然后举旗，出兵以次第，一鸣鼓三通，旌旗发扬，举兵先攻者赏，却退者斩，此教令也。

【注释】 ①瞻：关注。②释己教人：放纵自我约束而施政令于人。③五兵：戈、殳、戟、酋矛、夷矛五种兵器。在此泛指各种武器。④左教青龙……轩辕：皆为星宿名，为古代战法的名称。⑤五五：队伍与队伍之间。⑥粮牧：供应粮草。⑦相比：互相支援。⑧起食：开饭用餐。

【译文】 教令的原则，在于上对下进行指导，与法规不符的就不谈论，不合乎道义的事就不去做。上级的行为处事，是百姓所关注的。如果对自己放纵却去教导别人，这是违逆施政；必须先规范自己的行为再去教育别人，这是顺应施政。所以一国之君，首先要端正自己的德行，然后才能向下级发号施令，如果自己不以身作则，则会有人不服从他的命令，而命令如果得不到服从，混乱的局面一定会产生。因此身为一国之君，应该考虑教导在先，施行处罚在后，如果不经教练就让部下参加战争，无异于抛弃他们。用兵打仗的方针，首先要对士兵进行训练，其中有五项法则：第一，要让士兵熟悉战旗指挥的变化，纵横穿插的方法；第二，要让士兵熟悉各种锣声和鼓声，知道听到何种声音应该采取何种行动，何种声音应该停止；第三，要让士兵清楚刑罚的威严、奖赏的好处；第四，要让士兵熟练使用各种武器，充分做好战斗的各种准备；第五，要让士兵熟悉转身、回旋、快跑、慢走的各种行列，知道何时应该前行，何时应该后退。这些称作五教。而教练军队布阵，也有各种方法。左军教部队布置青龙阵，右军教部队排列白虎阵，前军教部队布设朱雀阵，后军教部队摆列玄武阵，中军教部队布列轩辕阵。军中主帅的位置也有讲究，左边排列持矛的士兵，右边布置拿戟的兵，前面布置拿盾的士兵，后面布置拿弓弩的士兵，中央排列战旗、摆设战鼓。看到战旗挥舞，全军就立即开始行动；听到战鼓响起，全军便向前冲锋；

听到锣声响起，全军就立即停止进攻，听从将帅的调遣，五阵就能井然有序。布好军阵的方法，要以旗鼓为主导。听到第一阵鼓声，举起青旗，士兵就摆出直阵；听到第二阵鼓声，举起红旗，士兵就摆出锐阵；听到第三阵鼓声，举起黄旗，士兵就摆出方阵；听到第四阵鼓声，举起白旗，士兵就摆出圆阵；第五阵鼓声响起，举起黑旗，士兵就摆出曲阵。直阵就是木阵，锐阵就是火阵，方阵就是土阵，圆阵就是金阵，曲阵就是水阵，这就叫作五行阵法。它们相互转化，互为依存，互相对应，互为胜负。互为依存的就叫作“救”“助”；互为胜负的就称作“战”“敌”。一般布置五阵的办法，以五为一个单位，互相保护。五个人成为一个长，五长成为一师，五师成为一枝，五枝成为一火，五火成为一撞，五撞成为一军，如此一来，军队的组织编制就完备了。行军打仗要想充分发挥威力，必须善于指挥调度，个子矮的士兵使用矛戟之类的武器，个子高的士兵使用弓箭之类的短兵器，身强体壮的人护卫旌旗，勇敢的人敲击锣鼓，身体瘦弱的人从事粮草的给养，聪明的人出谋策划，乡里互相支援，队伍之间互相保护。一鼓敲过，整顿好队伍；二鼓过后演习军阵；三鼓响过之后吃饭用餐；四鼓敲后申明军纪；五鼓敲后全军出发。先听锣鼓声，然后举起各色旗帜。用兵出战，依照顺序行动。鼓声响过三遍之后，旌旗飘扬，对于高举武器向前进攻的士兵应该给予奖赏，对于后退逃跑的士兵应该立即处斩，这就是教令。

斩断

【原文】 斩断[①]之政，谓不从教令之法也。其法有七：一曰轻，二曰慢，三曰盗，四曰欺，五曰背，六曰乱，七曰误，此治军之禁也。当断不断，必受其乱。故设斧钺之威，以待不从者诛之。军法异等，过轻罚重，令不可犯，犯令者斩。

期会[②]不到，闻鼓不行，悉宽自留，避回自止，初近后远，唤名不应，车甲不具，兵器不备，此为轻军，轻军者斩。受令不传，传令不审，迷惑吏士，金鼓不闻，旌旗不睹，此谓慢军，慢军者斩。食不廪粮[③]，军不省兵，赋赐不均，阿私所亲，取非其物，借贷不还，夺人头首[④]，以获其功，此谓盗军，盗军者斩。变改姓名，衣服不鲜，旌旗裂坏，金鼓不具，兵刃不磨，器杖不坚，矢不著羽，弓弩无弦，法令不行，此为欺军，欺军者斩。闻鼓不进，闻金不止，按旗不伏，举旗不起，指挥不随，避前向后，纵发乱行，折其弓弩之势，却退不斗，宜左或右，扶伤举死，自托而归，此谓背军，背军者斩。出军行将，士卒争先，纷纷扰扰，车骑相连，咽塞路道，后不得先，呼唤喧哗，无所听闻，失乱行次，兵刃中伤，长短不理，上下纵横，此谓乱军，乱军者斩。屯营所止，问其乡里，亲近相随，共食相保，不得越次[⑤]，强入他伍，干误次第，不可呵止，度营出入，不由门户，不自启白，奸邪所起，知者不告，罪同一等，合人饮酒，阿私取受，大言警语，疑惑吏士，此谓误军，误军者斩。斩断之后，此万事乃理也。

【注释】 ①斩断：坚决予以惩处。②期会：约期集合。③食不廪粮：对军粮的多寡不加管制。④夺人头首：古代以获敌头首多少奖励战功，此句意为冒名领功。⑤越次：超出范围。

【译文】 处罚的原则，在于对不服从教令的人实行制裁。违背军纪的行为主要有七种：第一为轻，第二为慢，第三为盗，第四为欺，第五为背，第六为乱，第七为误，这些都是行军打仗时必须禁止的。应当机立断的事不立做决断，必然会带来祸害。所以军队中设有斧钺等刑具以示军纪的威严，用来处置那些不服从命令的士兵，凡有违令者立即诛杀。军中的法令有不同的等级，有罪的士兵罪过虽轻也要从重处罚。军令不可违抗，违抗的就要处斩。

约定期限集合却不能按时到达，听到战鼓之声响却按兵不动，趁松缓之际自行滞留，为逃避战斗自行停止，先略微脱队而后越离越远，喊其名置之不理，战车、铠甲及各种武器不准备好，这叫蔑视军令，蔑视军令者处斩；接受了命令却不往下转达，或传令模糊使将士产生疑惑，不听锣鼓的号令，不看旌旗的指向，这叫作轻怠军令，轻怠军令者处斩；吃饭不节俭粮食，将军不爱惜士兵，授赏赐不公正，偏爱自己亲近的人，占有别人的东西，借别人的东西不归还，抢走别人在战场上取得的敌人首级，冒充自己的功劳，这叫偷盗军队，偷盗军队者处斩；任意更改自己的姓名，衣着不整齐鲜明，旌旗损坏，锣鼓不齐备，武器的锋刀不磨锐利，器械不坚固，箭杆上没有羽毛，弓弩上没有弦，不执行军法法令，这叫作欺骗军队，欺骗军队者斩首；听到进军的鼓声响起却不进攻，听到后退的锣声又不停止，令旗下指不卧倒，令旗上扬不起身，不听从指挥，躲在队伍后面畏缩不前，横行乱窜，损坏弓弩使它失去作用，后退脱逃没有斗志，不执行军队号令，假托救死扶伤而逃回，这叫作背叛军队，背叛军队者斩首；出征打仗，士兵争先恐后，战车、战马推挤成一团，道路为之阻塞，使得后面的队伍无法前进，而呼唤声嘈杂喧闹，什么也听不清楚，队伍次序杂乱无章，兵刃相互碰撞，长短参差不齐、纵横交错，这叫作扰乱军阵，扰乱军阵者斩首；部队停止前进驻屯扎营，在探访乡里情况的时候，大家互助相倚靠，供给饭食，相互担保不能超过范围。若强行进入其他队伍扰乱秩序，对其呵斥仍不停止。或出入军营，不经过寨门，又不自动坦白。而祸乱产生之后，知情不报与犯案者同罪。此外聚众酗酒，偏袒贿赂的人，假传消息，使将士心中迷惑，这叫作贻误军心，贻误军心者处斩。斩断的政策如得以执行，则各种事情都能治理得有条不紊了。

思 虑

【原文】 思虑之政，谓思近虑远也。夫人无远虑，必有近忧，故君子思不出其位[①]。思者，正谋[②]也，虑者，思事之计也。非其位不谋其政，非其事不虑其计。大事起于难，小事起于易。故欲思其利，必虑其害，欲思其成，必虑其败。是以九重[③]之台，虽高必坏。故仰高者不可忽其下，瞻前者不可忽其后。是以秦穆公伐郑，二子[④]知其害；吴王受越女，子胥知其败；虞受晋璧马，宫之奇知其害；宋襄公练兵车，目夷知其负。凡此之智，思虑之至，可谓明矣。夫随覆陈[⑤]之轨，追陷溺[⑥]之后，以赴其前，何及之有？故秦承霸业，不及尧、舜之道。夫危生于安，亡生于存，乱生于治。君子视微知著[⑦]，见始知终，祸无从起，此

思虑之政也。

【注释】 ①不出其位：不超出自己的权力范围。②正谋：正确的谋略。③九重：九层。④二子：指百里奚、蹇叔二人。⑤覆陈：败军。轨，足迹。⑥陷溺：覆没危险的军队。⑦著：大的问题。

【译文】 思虑的原则，在于不仅要想到眼前，还要考虑到将来。一个人如果没有长远的打算，一定会有近期的忧虑，所以君子思考问题，从来不超过他的职权范围。所谓"思"，是寻求正确的策谋，而"虑"，是思考一件事成功的计谋。不在这个职位就不去干预其政事，不是自己分内的事就不去考虑其计策。做大事起初都比较困难，而做小事则比较容易。所以，如果想获得好处，一定要想到它的害处；想获得成功，一定要考虑到失败的可能性。九层的楼台再高，也必定有倒塌的时候。所以仰头看高处时不能不留意脚下，注视前方时不能不留意身后。因此，秦穆公讨伐郑国，百里奚和蹇叔两人早已预知一定会失败；吴王夫差接受越王勾践送来的西施，伍子胥就断言吴王必会因此而灭亡；虞君收下晋王送的玉马，宫之奇即知道这样做的危害；宋襄公训练军队，目夷也预言他的失败。能如此明智，都是缜密思考的结果，也都称得上高明。重蹈败军的覆辙，陷入覆没危险的军队的后尘，而仍向前冲者，怎么来得及避免失败呢？所以，秦朝继承霸业，比不上尧舜的治国之道。危险总是产生于安全之中，死亡起始于生存的时候，而祸乱孕育于和平治理之下。君子如果能从微小的事情中看出大问题，且在事情发生之初就能推测结果，则祸患便无从产生，这就是思虑的道理。

阴 察

【原文】 阴察[①]之政，譬喻物类，以觉悟其意也。外伤则内孤，上惑则下疑；疑则亲者不用，惑则视者失度；失度则乱谋，乱谋则国危，国危则不安。是以思者虑远，远虑者安，无虑者危。富者得志，贫者失时，甚爱[②]太费，多藏厚亡，竭财相买，无功自专[③]，忧事众者烦，烦生于怠。船漏则水入，囊穿则内空，山小无兽，水浅无鱼，树弱无巢，墙坏屋倾，堤决水漾，疾走者仆，安行者迟，乘危者浅[④]，履冰者惧，涉泉者溺，遇水者渡，无楫者不济，失侣者远顾，赏罚者省功，不诚者失信。唇亡齿寒，毛落皮单。阿私乱言，偏听者生患。善谋者胜，恶谋者分[⑤]，善之劝恶，如春雨泽。麒麟易乘，驽骀[⑥]难习。不视者盲，不听者聋。根伤则叶枯，叶枯则花落，花落则实亡。柱细则屋倾，本细则末挠，下小则上崩。不辨黑白，弃土取石，虎羊同群。衣破者补，带短者续。弄刀者伤手，打跳者伤足。洗不必江河，要之却垢；马不必骐骥，要之疾足；贤不必圣人，要之智通。总之，有五德：一曰禁暴[⑦]止兵，二曰赏贤罚罪，三曰安仁[⑧]和众，四曰保大定功[⑨]，五曰丰挠拒谗，此之谓五德。

【注释】 ①阴察：暗中访察。②甚爱：过分吝惜钱财。③自专：自主支配。④浅：恐惧。⑤分：失败。⑥驽骀：劣马，喻才能平庸之辈。⑦禁暴：禁绝非正义战争。⑧安仁：施行仁政。⑨保大定功：确保江山稳固，不受外敌侵扰。

【译文】 所谓暗中察访，就是要透过比较各种事物来悟出一些道理。外表悲戚则内心一定孤苦，上位者迷惑则下位者必然彷徨，心中有疑虑则忠诚之人得不到任用。心中有疑虑就不能明察秋毫，不能明察秋毫就会扰乱谋略，谋略被扰乱了，国家就会出现危险，国家出现危险，社会就不安定。所以思考问题要从长计议，才能使社会安定，如不深思远虑，必会招致危险。富有的人能实现志向，贫困的人往往容易错失良机；过分吝啬钱财反而会造成更大的浪费，而过分积累财物反而会失去；用尽钱财购得物品反而无力自主支配，担忧的事情太多就会产生烦恼，而烦恼产生就会懈怠。船底有了破洞，水就会涌进船中；口袋有了破洞，里面的物品就会漏空；山太小动物无法生活，水太浅鱼儿无法生存，树枝太细鸟儿无法在上面筑巢，墙壁不结实房屋会倒塌，河堤一决口洪水会泛滥，跑得太快容易摔跤，稳步行走速度会变慢，站在危险的地方或冰面上心中会害怕，涉足深涧的人容易被淹死，遇到江流就会无法渡江。没有船只难以渡江，失去伴侣总会苦苦思念，赏罚必须明察功过，不诚实的人总是不讲信用。失去了嘴唇，牙齿就会寒冷；毛发脱落，皮肤就会单薄。偏听偏信、心存私心的人就会产生祸患。有谋略的人能够成功，不善谋划的人会失败。用善行规劝邪恶，如同春雨滋润大地。良马易于驾驭，劣马难以控制。有眼不能看的是瞎子，有耳却听不到声音的是聋子。树根枯死，树叶就会凋落；树叶凋落，花朵就会凋零；花朵凋零，就结不出果实。梁柱太细，房屋容易垮塌；树干太细，树梢就会扭曲；不能辨别黑白，就会弃沃土留石头，而把老虎和绵羊视为同类。衣服破了要缝补，带短了要接长。玩弄刀子容易伤手，蹦蹦跳跳容易伤脚。洗刷东西不一定要在江河，只要除掉污垢即可；马匹不一定非要骏马，只要跑得快就行了；贤人不一定非和圣人一样，只要有才能就行。总之，要有五种德行：一是禁止不合乎正义的战争；二是奖励贤才、惩治罪恶；三是施行仁政、团结民众；四是确保江山稳固，不受外敌侵扰；五是防止听信谗言，这些都是所说的五种德行。

刘伯温兵法

【导语】

刘伯温(公元1311年~1375年),名基,字伯温,元朝人。

传说中,刘伯温是一位可与诸葛亮媲美的人物。他辅佐明朝皇帝朱元璋推翻元朝统治,是明朝的开国功臣,也是中国历史上杰出的政治家和军事谋略家。他的军事造诣极深,从青年时代起,便已是一位兵学爱好者与研究者了。

刘伯温一生的经历是曲折而复杂的。他的前半生坎坷崎岖,而后半生其文韬武略绽放出绚烂的光彩。元朝圣顺四年(公元1333年)中进士,做过小官,为官正直清廉。曾反对元末农民起义,效忠于元朝,却未受元朝廷的信任和重用,一再遭受排斥与打击。元末的社会黑暗和腐败统治终令他心生不满,曾多次弃官归田。后来受到反元义军席卷全国的浩大声势所影响,终于觉醒与元朝廷彻底决裂,毅然加入灭元大军朱元璋的队伍。此时他已经50岁了。

刘伯温像

朱元璋即帝位后,刘伯温被任为御史中丞;洪武三年,又被授予开国翊运守正文臣、资善大夫、上护军,封诚意伯。在任御史中丞兼太史令时,他主张实行严格的法治,止滥杀、肃纲纪,从军事、民政到赋税都制定出一套法规和制度。由于他“性刚嫉恶,与物多忤”,所以招致一些朝臣的攻击。丞相胡惟庸谗毁他有称帝之野心,后来连朱元璋也对他心生猜疑,甚至褫夺其俸禄,他因此忧愤成疾,抑郁而终,享年65岁。

刘伯温一生著述甚多,传世的有《翊运集》《郁离子》《覆瓿集》《写情集》《春秋明经》《犁眉公集》等。永乐二年,工景汇辑刻成《诚意伯文集》。但有关他的兵书则只发现《百战奇略》。

《百战奇略》的成书时间,大约是刘伯温隐居于青田时。全书收集了从先秦到五代1600多年间散见于史籍中的重要军事资料,按作战双方的军事、政治、经济、自然诸条件,划分为两两相对的问题,然后分别论述。每题均先解题,继而阐明其谋略思想。同时,多引用《孙子兵书》《司马法》《李卫公问对》《三略》《六韬》等兵书上的精辟警语。其中引用最多的是《孙子兵书》,达60多条。正文之后,又选择古代战例与每题论点相合者加以印证,前后照应,相得益彰。因此,虽说书中内容多系辑录而成,但经过作者精心选择和重新建构后面貌一新。加以作者有自己的独到见解,使本书形成一部别具特色的军事理论著作。书中所选战例故事性强,阐述生动活泼,堪称一部军事故事集。

计　战

【原文】 凡用兵之道，以计[1]为首。未战之时，先料将之贤愚，敌之强弱，兵之众寡，地之险易，粮之虚实。计料已审，然后出兵，无有不胜。法[2]曰："料敌制胜，计险厄远近，上将之道也。"

汉末，刘先主[3]在新野，三往求计于诸葛亮[4]。亮曰："自董卓[5]以来，豪杰并起，跨州连郡者不可胜数。曹操[6]比于袁绍[7]，则名微而众寡，然操遂能克绍，以弱为强者，非惟天时，抑亦人谋也。今操已拥百万之众，挟天子[8]以令诸侯，此诚不可与争锋。孙权[9]据有江东[10]，已历三世，国险而民附，贤能为之辅，此可以为而不可图也。荆州[11]北据汉沔[12]，利尽南海，东连吴、会，西通巴、蜀，此用武之国，而其主不能守。此殆[13]天所以资将军，将军岂有意乎？益州[14]险塞，沃野千里，天府之土，高祖因之以成帝业。刘璋[15]暗弱，张鲁[16]在北，民阜国富，不知存恤，智能之上，思得明君。将军既帝室之胄[17]，信义著于四海，总览[18]英雄，思贤如渴，若跨有荆、益，保其岩阻[19]，西和诸戎[20]，南抚夷粤[21]，外结好孙权，内修政治；天下有变，则命一上将将荆州之军以向宛、洛，将军身率益州之众出于秦州[22]，百姓孰敢不箪食壶浆[23]以迎将军者乎？诚如是，霸业可成，汉室可兴矣。"先主曰："善"。后果如其计。

【注释】 ①计：计算。指敌我双方利用各种基本条件的计算，做出战略决策。②法：兵法。本书中的法，都指古代兵书，大部分引自《孙子兵书》。③刘先主：即三国时蜀帝刘备，字玄德，涿郡涿州市（今河北涿县）人，东汉景帝之子中山靖王刘胜之后。谥昭烈皇帝，史称先主。④诸葛亮：三国时著名的政治家、军事家。琅琊都（今山东沂南）人，字孔明。东汉末，隐居邓县隆中（今湖北襄阳西），人称"卧龙"，后应刘备之请出仕，辅佐其建立蜀汉政权，官至丞相，封武乡侯。本篇所引自诸葛亮和刘备讨论天下大势的"隆中对"，出自《三国志·蜀书·诸葛亮传》。⑤董卓：陇西临洮人（今甘肃岷县），字仲颖。本为凉州豪强。汉灵帝时，任并州牧。公元 189 年，率兵入洛阳，废少帝，立献帝，专断国政，为所欲为。后迁都长安，引起袁绍、曹操等人反抗。后为王允所杀。⑥曹操：三国时著名的政治家、军事家、诗人。沛国谯县（今安徽亳县）人，字孟德，小名阿瞒。东汉末，在镇压黄巾起义中起家。建安元年，他迎献帝都许（今河南许昌东）。官渡之战大破袁绍后，逐步统一了中国北部。由于实行屯田制度，兴修水利，抑制豪强，加强集权等措施，使其所统治地区的社会经济得到恢复和发展。其子曹丕称帝后，追尊他为武帝。⑦袁绍：汝南汝阳（今河南商水西南）人，字本初。东汉末年军阀。最初为司隶校尉，各州郡起兵讨伐董卓时被推为盟主，割据幽、冀、青、并四州，成为当时最有势力的军阀。建安五年（公元 200 年）在官渡之战中被曹操打败。⑧天子：古称统治天下的帝王。这里指汉献帝刘协。⑨孙权：三国时吴国的建立者。吴郡富春（今浙江富阳）人，字仲谋。东汉末，继其兄孙策据有江东六郡，曾与刘备联合，先后于赤壁、江陵大败曹操和刘备，后称帝，国号吴，都于建业（今江苏南京）。⑩江东：长江在芜湖、南京间作西南南、东北北流向，习惯上称自此

以下的长江南岸地区为江东。⑪荆州：汉武帝时所置十三刺史部之一。辖境约当今湖北、湖南两省及河南、贵州、广东、广西的一部。东汉时，治所在汉寿(今湖南常德东北)。⑫汉沔：即今之汉水，汉水有二源，北源称沔水，西源称汉水，两源在陕西南部合流后称汉水或沔水，今通称汉水。⑬殆：大概、恐怕、也许。⑭益州：汉武帝时所置十三刺史部之一。约当今四川全境以及云南、甘肃、湖北、贵州部分地区。⑮刘璋：汉光武帝刘秀之子中山王刘焉之后代，汉末江夏竟陵(今湖北省潜江西北)人，字季玉，继其父为益州牧，据有今四川地区。后刘备率军入川，刘璋出降。⑯张鲁：东汉末年农民宗教组织"五斗米道"(又称天师道)的首领。沛国丰县(今江苏省丰县)人，字公祺。献帝初，任益州牧刘焉的督义司马，率徒众攻取汉中，建立政权，统治约30年。建安二十年(公元215年)，曹操进攻汉中，他退入巴中(今四川巴中市)，不久降曹。⑰胄：古时称帝王或贵族之后裔为胄。⑱览：通"揽"，围抱，引申为招引。⑲岩阻：险要。⑳戎：古代中原人对西北少数民族的泛称之一。㉑粤：古代对长江中下游以南地区少数民族的总称。㉒秦州：古地区名。泛指今陕西、甘肃秦岭以北平原地区，因战国时地属秦国而得名。㉓箪食壶浆：语出《孟子·梁惠王下》，用竹篮盛着食物，用壶盛着酒。意指百姓慰劳他们所拥护的军队。箪，用竹或苇编制的食器。

【译文】 用兵作战的原则，首重事前的划谋。未战之前，要先清楚了解敌军将领才能的高下、战斗力的强弱、兵力的多少、地势是否险要、粮草是否充足。如果能详察敌我双方的情况，出兵必能胜敌。兵书上说："分析了解敌情才能制胜。而掌握地势险易、路途远近，这些都是统帅的责任。"

东汉末年，刘备在新野，三次前去向诸葛亮请教统一全国的谋略。诸葛亮说："自董卓把持政权以来，豪杰四起割据称霸，跨州连郡割据一方者多不胜数。相较于袁绍，曹操名望小、兵力少，但他却能打败袁绍，由弱变强，这不只是掌握天时，还在于发挥人的智谋。如今曹操已拥兵百万，控制了皇帝并假借他的名义向诸侯发布命令，实在难以和他较量啊！孙权占据江东，已历经孙坚及其子孙策、孙权三代了，那里地势险要、城池坚固、百姓归附，又有贤能之士辅佐。因此，只可与其结盟互相支援，不可与之为敌。荆州北面靠汉水、沔水，南方可以尽量利用南海郡的物资，东连吴郡相会稽郡，西通巴郡和蜀郡，是一战略要地。然而荆州牧刘表却守不住，这大概是上天要送给将军的，将军难道没有占领它的打算吗？益州地势险要、沃野千里，是天然富饶之地，汉高祖靠它成就了帝业。然而占领它的益州牧刘璋昏庸无能，北边还有张鲁政权的威胁。这两处虽然人口众多、物产丰富，却不知道对民众加以安抚，那里有才能的人，都企盼着英明的君主。将军是皇室的后代，信义显扬四海，广结天下英雄，求贤的心情如饥似渴，如果能够占据荆、益二州，守住险要的地方，西面与各少数民族友好，南方安抚夷、粤，对外与孙权结盟，对内改革政治，一旦时局发生有利于将军的变化，就命令一员将领，率领荆州的军队，向南阳与洛阳进攻，将军则亲自率益州军队进入秦川，老百姓哪个敢不担着酒和食物来迎接将军呢？果真能这样，那统一的大业就可以成功，汉朝就可以复兴了。"刘备说："太好了！"后来，果

然按照诸葛亮的计谋采取行动。

谋 战

【原文】 凡敌始有谋,我从而攻之,使彼计衰而屈服。法曰:“上兵伐谋。”

春秋[1]时,晋平公欲伐齐,使范昭往观齐国之政。齐景公觞[2]之。酒酣,范昭请君之樽酌[3]。公曰:“寡人之樽进客。”范昭已饮,晏子[4]撤樽,更为酌。范昭佯醉,不悦而起舞,谓太师[5]曰:“能为我奏成周之乐[6]乎?吾为舞之。”太师曰:“瞑臣[7]不习。”范昭出。景公曰:“晋,大国也。来观吾政,今子怒大国之使者,将奈何?”晏子曰:“观范昭非陋于礼者,且欲惭吾国,臣故不从也。”太师曰:“夫成周之乐,天于之乐也,惟人主舞之。今范昭人臣,而欲舞天子之乐,臣故不为也。”范昭归报晋平公曰:“齐未可伐,臣欲辱其君,晏子知之;臣欲犯其礼,太师识之。”仲尼闻之曰:“不越樽俎[8]之间,而折冲[9]千里之外,晏予之谓也。”

【注释】 ①春秋:时代名。因鲁国编年史《春秋》而得名。一般以周平王元年(公元前770年)至周敬王四十四年(公元前476年)为春秋时代。②觞:古代盛酒器。这里作动词,以酒招待的意思。③樽酌:樽,本作尊,酒杯也。酌,斟酒、饮酒的意思。④晏子:即晏婴。春秋时齐国大夫。夷维(今山东高密)人,字平仲。历仕灵公、庄公、景公三世,对齐国政治、外交多有建树,为当时著名的政治家和外交家。战国时人搜集其言行编辑而成《晏子春秋》传世。⑤太师:同“大师”,古代乐官名。⑥成周之乐:成周,古地名,周敬王时徙都于此,位于今河南洛阳东北。因成周系周天子所在地,故成周常为周天子之代称。成周之乐,谓周天子的乐曲。⑦瞑臣:谓眼睛失明之臣。春秋时晋国著名乐师师旷生而目盲,善辩音律。齐国乐官太师以“瞑臣”自称,乃自谦之意,未必也是盲人。⑧樽俎:盛酒肉的器具,这里意指筵席。俎,古代祭祀时用以载牲的礼器。⑨折冲:指抵御敌人。

【译文】 大凡作战,必须制定计谋,按照计划进攻敌人,逼敌走投无路,迫使其投降。兵书上说:“最佳的战法是施用计谋战胜敌方。”

春秋时,晋平公想讨伐齐国,于是派大夫范昭到齐国刺探敌情。齐景公设宴招待范昭。酒酣耳热之际,范昭请求用齐景公的酒樽斟酒。齐景公说:“用我的酒樽给客人斟酒!”范昭喝完酒,正欲用景公的酒樽斟酒,晏子却上前撤换酒樽,改用别的酒器为范昭斟酒。范昭又佯装喝醉,借机起舞,并对太师说:“我想听一曲周天子之乐,可否为我演奏,我想随乐而舞。”太师答说:“我不熟悉这些曲子。”范昭离席后,齐景公说:“晋国是个大国,派人探察我国的政局,今天你们激怒了大国的使者,可怎么得了?”晏子说:“依臣看范昭不是不懂礼仪的人,他是故意羞辱我国,所以我不依从他。”太师也说:“成周之乐是天子之乐,只有君王才能随成周之乐而舞。范昭是臣子,却要舞天子之乐,所以我没为他演奏。”范昭回国后向晋平公报告:“齐国不能攻打。我想羞辱他们的国君,立刻被晏子看

穿;我想破坏它的礼仪,又被太师识破了。"

孔子听了之后说:"不逾越酒席之间的礼节,而能阻止千里之外的战斗,说的就是晏子啊!"

间　战

【原文】 **凡欲征伐,先用间谍觇[①]敌之众寡、虚实、动静,然后兴师,则大功可立,战无不胜。法曰:"无所不用间也。"**

周将韦叔裕,字孝宽,以德行守镇玉壁[②]。孝宽善于抚御,能得人心,所遣间谍入齐者,皆为尽力。亦有齐[③]人得孝宽金货者,遥通书疏[④]。故齐动静,朝廷皆知之。齐相斛律光[⑤],字明月,贤而有勇,孝宽深忌之。参军[⑥]曲严颇知卜筮[⑦],谓孝宽曰:"来年东朝[⑧]必大相杀戮。"孝宽因令严作谣歌曰:"百升飞上天,明月照长安[⑨]。"百升,斛[⑩]也。文言:"高山不推自溃,槲木不扶自立[⑪]。"令谍者多斋[⑫]此文遗之于邺。祖孝征与光有隙,既闻,更润色之[⑬],明月卒以此诛。周武帝[⑭]闻光死,赦其境内,后大举兵,遂灭齐。

【注释】 ①觇:窥看,引申为侦察之意。②玉璧:北周的军事重镇,故址在今山西稷山西南。③齐:即北齐,北朝之一。公元550年高欢之子高洋代东魏自立为帝,改国号为齐,史称北齐。④书疏:即"书翰",书劄之类。这里指情报。⑤斛律光:北齐朔州(今山西朔县)人,字明月,高车族。出生将门,善骑射,既贤良又勇敢,官至左丞相。后因周将韦叔裕施离间计,为齐后主疑忌所杀。⑥参军:古代军官名。汉末曹操以丞相总揽军政大权,其僚属往往用参丞相军事的名义。此后,迄至南北朝,凡诸王及将军成立府署,都置参军作为重要幕僚参谋军事。⑦卜筮:古时以龟甲占卜吉凶的称卜,以蓍草占卜吉凶的称筮。⑧东朝:指北齐。因北齐位于北周之东,故称之。⑨百升飞上天,明月照长安:意思谓斛律光将称帝,并将归顺北周。⑩斛:量器名。汉至南宋以前,以10斗为1斛,现1斛是5斗。⑪高山不推自溃,槲木不扶自立:谓北齐主溃败在即,斛律光将取而代之。因北齐主姓高,故"高山"是影射北齐主;"槲"与"斛"同音,是影射斛律光。⑫斋:携带。⑬既闻,更润色之:祖孝征与斛律光有矛盾,听到北齐参军曲严所编谣言后,他立即向齐后主汇报,并添油加醋地加上这两句:"盲老翁背上下大斧,多事老母不得语。"并解释"盲老翁"指他本人,"多事老母"指齐后主的乳母、女侍中陆令萱。这两句话的意思是:祖孝征被大斧砍倒,陆令萱也无法说话了。言外之意是:齐后主左右无人,斛律光只好当即帝位。⑭周武帝:即宇文邕,宇文泰第四子,字弥罗突。在位18年。公元577年,周武帝乘北齐衰落,出兵一举灭齐,统一了黄河流域,为隋统一全国奠定了基础。

【译文】 凡想出兵进攻敌人,务必先派遣间谍窥探敌兵的多寡、虚实、动静,才能出兵制胜。兵书上说:"战争没有不用间谍的啊!"

南北朝时,北周的将领韦叔裕,字孝宽,平时很讲信义,凭借品行节操镇守玉壁城。他善于抚慰和管理百姓,深得士兵的拥戴。凡派到北齐的间谍,都能为他尽力。而他用重金贿赂的北齐人,也常从遥远的齐国送来书信情报。所以北齐的动静,北周朝廷都知

道。北齐的丞相斛律光,字明月,贤德而勇敢,连韦孝宽都惧怕他。参军曲严,懂得卜筮之道。他对韦孝宽说:“明年齐国必有大的内乱。”韦孝宽于是命曲严作歌谣说:“百升飞上天,明月照长安。”“百升”就是一斛,暗指斛律光。歌谣又说:“高山不推自溃,槲木不扶自立。”韦孝宽并命令间谍带着许多写有这些歌谣的文字在北齐首都邺城散发。北齐谋臣祖孝征与斛律光不和,看到这些文字,又加油添醋加以夸张传播,斛律光终于因此被诛杀。北周武帝听说斛律光死了,高兴得在全国大赦。后来大举进攻北齐,很快就灭掉了齐国。

选 战

【原文】 凡与敌战,须要选拣勇将、锐卒,使为先锋,一则壮其志,一则挫敌威。法曰:“兵无选锋者北。”

建安十二年,袁尚、熙奔上谷郡。乌桓[①]数入塞为害,曹操征之。夏五月,至无终;秋七月,大水,傍海道路不适。田畴[②]请为向导,公从之。率兵出卢龙塞[③],水潦,道不通,乃堑山堙谷[④]五百余里,经白檀,历平刚、鲜卑庭,东陷柳城。未至二百里,虏方知之。尚、熙与蹋顿[⑤]、辽西单于[⑥]楼班、右北平单于能臣抵之等,将数万骑逆军。八月,登白狼山,卒[⑦]与虏遇,众甚盛。公辎重[⑧]在后,被甲者少,左右皆惧。公登高,望虏阵不整,乃纵兵击之,使张辽[⑨]为先锋,虏众大溃,斩蹋顿及名王以下,胡、汉降者二十余万口。

【注释】 ①乌桓:古族名。亦作“乌丸”,属东胡族一支。秦末,东胡被匈奴击败后,部分迁乌恒山,因以为名。②田畴:东汉无终人,字子泰,好读书,善击剑。曹操北征乌桓,他随军任司空户曹掾。③卢龙塞:古代关塞名,在今河北喜峰口一带。古有塞道,自今蓟州区东北经遵化,循滦河河谷出塞,折东趋大浚河流域,是从河北平原通向东北的一条交通要道。④堑山堙谷:开山填谷。堑,开凿。堙,填塞也。⑤蹋顿:东汉末辽西郡乌桓族首领。汉献帝初平年间(公元190~193年),他合并上谷、右北平、辽东三郡乌桓,组成联盟,曾帮助袁绍破公孙瓒,被绍封为乌桓单于。⑥单于:即匈奴、鲜卑等族最高首领的称号。⑦卒:同“猝”,突然的意思。⑧辎重:军用器械、粮草、营帐、服装等的总称。⑨张辽:曹操的大将。雁门马邑(今山西朔县)人,字文远。先从吕布,后归曹操。作战勇敢,数有战功。官至征东将军,封晋阳侯。

【译文】 与敌人作战,务必挑选勇敢的将领和精锐的士兵,以组成先锋部队。这样不仅可以壮大自己军队的士气,而且能够挫败敌人的威风。兵书上说:“军队没有精选的先锋,必败无疑。”

东汉建安十二年(公元207年),袁尚、袁熙被曹操打败后逃奔上谷郡。当时北方的乌桓人经常入侵汉朝境内危害百姓,曹操决定征讨他们,而在夏季5月到达无终县。秋季7月的时候,雨大成涝,沿海道路泥泞,车马行进困难,当地人田畴请求做向道,曹操答应了。曹操率领军队出了边塞卢龙。由于雨大,道路不通,曾挖山填谷修了500多里路。他们穿过白檀县,经过平刚和鲜卑的境地向东,攻陷了柳城。当曹操的军队到达离柳城只有200里的地方,敌人才知道他们到来。袁尚、袁熙以及乌桓首领蹋顿、辽西单于楼班、右北平单于能臣抵之等,急忙率领数万人马迎击曹操的军队。当曹军8月登上白狼山时,与敌人相遇,敌人兵多,而曹军的军用器械、粮草都还在后面,穿甲衣的军士也很少,左右将士都十分恐惧。曹操登上高峰远望,见敌军阵形混乱,于是下令部队出击,命张辽为先锋,大溃敌军。这次战役中,蹋顿及其属下的首领被斩,乌桓部族有20多万人降汉。

步 战

【原文】 凡步兵与车骑战者,必依丘陵、险阻、林木而战则胜。若遇平易[①]之道,须用拒马枪[②]为方阵,步兵在内。马军、步兵中分为驻队、战队。驻队守阵,战队出战;战队守阵,驻队出战。敌攻我一面,则我两哨出兵,从旁以掩之;敌攻我两面,我分兵从后以持之;敌攻我四面,我为圆阵,分兵四出以奋击之。敌若败走,以骑兵追之,步兵随其后,乃必胜之方。法曰:"步兵车骑战者,必依丘陵、险阻,如无险阻,令我士卒为行马、蒺藜[③]。"

《五代史》[④]:晋将周德成为卢龙节度使[⑤],恃勇不修边备,遂失榆关[⑥]之险。契丹[⑦]每趋牧[⑧]于营、平之间,陷新州,德威复取不克,奔归幽州。契丹围之二百日,城中危困。李嗣源[⑨]闻之,约李存审[⑩],步骑七万,会于易州救之。乃自易州北行,逾大房岭,循涧而东。嗣源以养子从珂,将三千骑为先锋,追至山口,契丹以万骑遮其前,将士失色。嗣源以百骑先进,免胄[⑪]扬鞭,胡语谓契丹曰:"汝无故犯我疆场,晋王[⑫]命我将百万骑众,直抵西楼,灭汝种族。"因跃马奋挝[⑬],三入其阵,斩契丹酋长一人。后军齐进,契丹兵却,晋兵始得出。李存审命步兵伐木为鹿角阵[⑭],人持一枝以成寨。契丹环寨而过,寨中发万弩[⑮]齐射之,流矢蔽日,契丹人马死伤塞路。将至幽州,契丹列阵待之。存审命步兵阵于后,戒勿先动,令羸兵[⑯]曳柴、燃草而进,烟尘蔽天,契丹莫测其多少;因鼓入战,存审乃趋后阵,起而乘之,契丹大败,席卷其众,自北山口遁去。俘斩万计,遂解幽州之围。

【注释】 ①平易:谓平坦开阔。②拒马枪:古代作战时所使用的一种能够移动的障碍物,系以木材做成人字架,将枪头穿在横木上,使枪尖向外,设于要害处,主要用以防御敌骑兵突击,故名拒马枪。③行马、蒺藜:均是古代作战中的防御工具。④五代史:即记载后梁、后唐、后晋、后汉、后周五个朝代的史书。有新、旧五代史:《新五代史》,又名《五代史记》,宋欧阳修撰;《旧五代史》,原名《五代史》,宋薛居正等撰。⑤节度使:唐代官职。唐睿宗景云年间始置,五代因之。节度使总揽一区的军、政、财大权,所辖区内各州刺史均为其下属。⑥榆关:亦称"渝关",即今山海关。⑦契丹:中国古族名兼国名,源于东胡。北魏以来,在今东北辽河上游一带游牧。唐以其地置松漠都督府,并任契丹首领为都督。唐末,为剌部首领阿保机统一契丹各部,建立辽朝(公元916~1125年),与五代和宋并立。⑧趋牧:谓割草放牧。⑨李嗣源:五代后唐皇帝明宗。沙陀族人,本名邈佶烈,后为李克用收为养子,赐名李嗣源。曾任番汉内外马步军总管。同光四年(公元926年),唐庄宗李存勖在兵变中被杀,李嗣源入洛阳称帝,改名亶。⑩李存审:后唐名将,本

姓符，晋王李克用收为养子，赐姓李。从李存勖破后梁军，与周德威齐名。官至宣武节度使。⑪胄：古代士卒作战时所戴的头盔。⑫晋王：这里指李存勖，沙陀族首领李克用之子。唐僖宗中和二年后，李克用因助唐镇压黄巢起义，被封为晋王。后梁开平二年，李克用病死，李存勖即王位；龙德三年（公元932年）称帝，国号大唐，史称后唐。⑬挝：意指击、打。⑭鹿角阵：即以形似鹿角的树枝设置的阵地，以阻挡敌人前进。⑮弩：即用机栝发箭的弓。⑯羸兵：老弱残兵。羸，瘦也、弱也。

【译文】 凡步兵与战车、骑兵打仗，必须要凭借有山林、草木之险的地形，才能获取胜利。如果碰上平坦的地势，就要用拒马枪列成方阵，让步兵驻守在阵内。自己军队的马军和步兵要分为驻守部队和作战部队。驻队守阵，战队出击；战队守阵，驻队出击。敌人从一方进攻，我方就从两侧出兵包抄；敌人从两侧进攻，我军就分兵从后面击扰他们；敌人从四面进攻，我军就设圆阵，分兵四面奋力攻打。一旦敌人败退了，我军就派骑兵追赶，并让步兵紧跟其后，这是必胜之法。兵书上说："步兵与成队车马的军队作战，必须依靠山林险要的地形。如果没有险要的地形，就要让士卒做行马、设蒺藜，阻截敌军车马。"

五代时期，晋王的部将周德威任卢龙节度使时，轻敌不修筑边备，因而失去了险要的榆关。当时北方的契丹民族，经常在营州、平州之间放牧，并趁机攻陷了新州。周德威再来夺取，没有攻下，就带领人马逃到幽州。契丹兵紧追不舍，围城200天，情势非常危急。晋王李克用的义子李嗣源闻讯，便约请李存审率领步兵、骑兵7万人，在易州会合，前往援救。他们到抵易州后，又向北走，越过了大房岭，沿着山涧东进。李嗣源派他的养子李从珂为先锋，带3000骑兵来到山口。这时契丹已派上万骑兵堵在山口，晋军将士大惊失色。李嗣源派100名骑兵先行，自己则甩掉头盔，高举马鞭，用北方民族语言对契丹部队喝道："你们无故侵犯我国边境，晋王命令我统率百万骑兵抵抗，要一直打到你们的西楼，灭掉你们的族类。"他跃马扬鞭，三次闯入敌阵，斩了一名契丹的酋长。这时嗣源身后的晋军一齐向前，契丹兵被打退了，晋军才得以从山口冲出。李存审又命令他的步兵伐树设鹿角阵，让每个人都拿一根树棍围成寨墙。当契丹兵绕寨而过时，寨中上万张弓齐射，飞出的箭多到可以遮蔽太阳，契丹死伤的人马堵塞了道路。当晋军到了幽州城下时，契丹已摆开阵势迎战。李存审命令步兵在后面布阵，指示他们不得先动。又命令一些老弱残兵拖着点燃的柴草前进，致使烟尘遮天蔽日。契丹不知道晋军有多少人马，便擂鼓进击，这时李存审催促后阵的士兵趁机而起。结果契丹兵大败，从北山口席卷而逃。这一仗，晋军杀死契丹兵上万人，解除了幽州之围。

骑　战

【原文】 凡骑兵与步兵战者，若遇山林、险阻、陂泽之地[①]，疾行急去，是必败之地，勿得与战。欲战者，须得平易之地，进退无碍，战则必胜。法曰："易地则用骑。"

《五代史》：唐庄宗[②]救赵，与梁军相拒于柏乡五里，营于野河北。晋兵少，梁将王景仁所将兵虽多，而精锐者亦少。晋军望之色动。周德威勉其众曰："此汴、宋佣贩[③]耳。"退而

告之。庄宗曰:“吾提孤兵出千里,利在速战,今不乘势而急击之,使敌知我众寡,则计无所施矣。”德威曰:“不然,赵人皆(长于)守城而不能野战;今吾之取胜,利在骑兵,平原旷野,骑兵之所长也。今吾军于河上,迫近营门,非吾用长之地也。”庄宗不悦,退卧帐中,诸将无敢入见者。德威乃谓监军④张承业⑤曰:“王怒老将不速战者,非怯也。且吾兵少而临贼营门,所恃者一水隔耳。使梁得舟筏渡河,吾无类⑥矣。不如退军鄗邑,诱敌出营,扰而劳之,可以策胜也。”承业入言曰:“德威老将知兵,愿无忽其言。”庄宗遽起曰:“吾方思之尔。”已而,德威获梁游兵⑦,问景仁何为,曰:“治舟数百,将以为浮梁。”德威乃与俱见。庄宗笑曰:“果如公所料。”乃退军鄗邑。德威乃遣骑三百扣梁营挑战,自以劲兵三千继之。景仁怒,悉以其军出,与德威转斗数十里,至于鄗南,两军皆阵。梁军横贯六、七里。庄宗策马登高,望而喜曰:“平原浅草,可前可却,真吾制胜之地也。”乃使人告德威曰:“吾当与战。”德威谏曰:“梁军轻出而远来,与吾转战,其来既速,必不暇斋粮糗⑧;纵其能斋,有不暇食⑨。不及日午,人马饥渴,其军必退,退而击之,必获胜焉。”至申时⑩,梁军中尘起,德威鼓噪而进,梁军大败。

【注释】①陂泽之地:谓山坡、沼泽之地。②唐庄宗:即后唐皇帝李存勖。李存勖率兵救赵是在后梁开平四年(公元910年),此时,李存勖尚未称帝,仍为晋王。③佣贩:即雇佣来的商贩。④监军:古代军中官名,多为作战中临时差遣。唐代后期在各镇及出征军中,皇帝派宦官为监军,往往与统帅分庭抗礼、贻误战事。明代监军多以御史担任。清代废止。⑤张承业:唐僖宗时宦官,本姓康,为内常侍张泰养子,改姓张。唐昭宗时被派往晋王李克用处任河东监军。李克用病死后,仍为李存勖的监军。⑥无类:无一幸免。⑦游兵:即担任巡哨、侦察及袭击敌人等任务的军队。⑧粮糗:糗,炒熟的米、麦等食物。粮糗,即干粮。⑨不暇食:谓顾不上吃饭。⑩申时:指15~17时之间。

【译文】骑兵与步兵交锋,假如遇到山林险阻和临近沼泽的地形,必须尽快离开,因为这是必败之地,不能在此与敌军交战。与敌军交锋,必须选择平坦而进退自如的地形,才能获取胜利。兵书上说:“平坦之地用骑兵。”

五代时,唐庄宗李存勖领兵救赵,与后梁的军队在距离柏乡5里的地方对峙,驻扎在野河之北。晋军兵少,而梁将王景仁所统率的军队虽多,但精兵少。晋军看到对方兵多,有些害怕。晋将周德威勉励他的士兵说:“他们这些人都是汴宋来的受雇者,容易打败!”周德威又退回到军帐中将情况禀告唐庄宗。庄宗说:“率领没有援兵的军队来到千里之外,利于速战。现在如不乘势攻击后梁的军队,等敌人知道我方兵力少时就无计可施了。”周德威说:“情况不像您说的那样,赵王的军队能守城而不能在野外作战。我们要取胜,有利的条件是骑兵。因为骑兵只有在旷野上作战,才能发挥它的长处。如今我们的军队驻扎在野河上游,临近敌人的军营,短兵相接,这不是我们的长处。”唐庄宗不悦,回到后账就躺下休息了,众将没有敢入账请见的。周德威没有办法,就对监军张承业说:“晋王生气了,我不主张速战,不是胆怯。我军兵少又临近敌人营门,所依恃的仅仅是一水之隔;假如后梁军队得到舟筏渡河,我们就将无一幸免了。不如退兵到鄗邑,引诱敌人

出营，袭扰他们使之疲劳，届时就可用计取胜了。”张承业进入后账对唐庄宗说：“周德威是员老将，深知兵法，请您考虑他的计策。”庄宗立刻起身说道：“我正在思考这件事呢。”不久，周德威虏获了后梁的散兵，审问王景仁有何行动。后梁的士兵说：“他造了数百艘船只，想用来搭浮桥。”周德威于是带后梁的士兵一起去见唐庄宗。庄宗笑着说：“果然如你所料。”于是下令退军到鄗邑。周德威派300骑兵到后梁军营前叫战，自己则带领3000名战斗力十足的士兵跟在后面。王景仁听说晋军挑战，勃然大怒，命军队全部出战。周德威与王景仁交战十余里，来到鄗邑的南面，两军都摆开了阵势，后梁的军队横贯六七里。唐庄宗策马到高处察看，高兴地说：“这样开阔的平原，草又矮，可以前进，也可以后退，正是克敌制胜的地方啊！”于是派人告诉周德威说他要亲自出战。周德威又进谏：“后梁军队轻装而出，从远地与我军辗转交战，既然他们来得这么快，必定没有带干粮，纵然能带上，也没时间吃。不到中午，他们的人马就会又饥又渴，到时必然退兵。等他们撤退时再攻击他们，一定可以获得胜利。”到了午后未申时分，后梁军中因军马撤退而尘烟大起。德威立刻命令士兵们击鼓向前进攻，大败后梁军队。

舟　战

【原文】 **凡与敌战于江湖之间，必有舟楫[①]，须居上风、上流。上风者，顺风，用火以焚之；上流者，随势[②]，使战舰以冲之，则战无不胜。法曰：“欲战者，无迎水流。”**

春秋，吴子伐楚。楚令尹[③]卜战，不吉。司马子鱼[④]曰：“我得上流，何故不吉？”遂战，吴师败绩。

【注释】 ①舟楫：船只。楫，划船的桨。②随势：顺着水流的方向。③令尹：官名。春秋战国时期楚国所设，为楚之最高官职，掌军政大权。这里是指阳丐，亦即楚公子子瑕。④司马子鱼：司马，官名，西周始置，主管军政和军赋。春秋、战国时仍沿用未变。子鱼，即楚公子子鲂。

【译文】 凡是与敌人在江河湖泊上作战，一定要利用舟船，占据上风和上游。占上风时顺风，可以借风势用火焚烧敌船；居上游时顺势，能用大战船冲击敌船，这样部署一定能战无不胜。兵书上说：“想要与敌人交战，不要迎着水流。”

春秋时，吴王阖闾伐楚，楚国令尹阳丐占卜预测这一战对楚国不利。司马子鱼说：“我军占据长江上游，为什么不吉利呢？”于是两军交战，楚军用大战船冲击吴军的战船，吴军势弱，难以抵挡，大败。

车　战

【原文】 **凡与步、骑战于平原旷野，必须用偏箱[①]、鹿角车[②]为方阵，以战则胜。所谓一则治力，一则前拒，一则整束部伍也。法曰：“广地则用车军。”**

晋凉州刺史杨欣失羌戎[③]之和，为虏所没。河西断绝，帝每有西顾之忧，临朝而叹曰：“谁能为我通凉州讨此虏者乎？”朝臣莫对。司马督马隆进曰：“陛下若能任臣，臣能平

之。"帝曰:"若能灭贼,何为不任,顾卿方略如何耳!"隆曰:"陛下若能任臣,当听臣自任。"帝曰:"云何?"对曰:"臣请募勇士三千人,无问所从来,率之鼓行而西,禀陛下威德,丑类何足灭者!"帝许之,乃以隆为武威太守④。隆募腰开弩三十六钧⑤,立标陈试⑥,自旦至日申,得三千五百人。隆曰:"足矣。"隆于是率其众西渡温水。虏木机能⑦等以众万骑,或乘险以遏隆前,或设伏以截隆后。隆依八阵图⑧作偏箱车,地广用鹿角车,路狭则为木屋⑨施于车上,且战且前,弓矢所及,应弦而倒。转战千里,杀伤以千数。隆到武威,虏人猝跋韩且万能等率万余众归,隆前后诛杀及降附者数万。又率善戎没骨能等与木机能等战,斩之,凉州遂平。

【注释】 ①偏箱:亦作扁箱车,是置有木箱的战车,木箱用来置放兵器。作战时,车与车相连,前后相接,连成方阵,可用于平原旷野上作战。②鹿角车:绑上削尖的树枝的战车,尖端朝外,以防敌人接近。③羌戎:古族名。羌,主要分布在今甘、青、川一带。戎,旧时中原人对西北少数民族的泛称。④太守:官名。本为战国时郡守的尊称,汉景帝时改郡守为太守,为一郡行政最高长官。历代沿置不变。⑤钧:中国古代重量单位之一,一钧为30斤。⑥陈试:选拔考核的意思。⑦木机能:当时羌族一个部落首领。⑧八阵图:古代作战的一种阵法。八阵,军队的八种形式,相传为黄帝所作,用来破蚩尤的军队。⑨木屋:用木料制成,四面开孔,置于车上,既便于观察敌情,又可抵御矢石击伤。

【译文】 与敌人的步骑兵在平原旷野上作战,必须用偏箱车和鹿角车组成方阵,依靠这样的方阵,战斗一定胜利。设置方阵,一来能够增强部队战斗力,二来可以用来阻止敌人接近,再者可以整顿秩序、维持军容。兵书上说:"在宽阔的地带作战要用战车。"

西晋时,凉州刺史杨欣与西部少数民族羌族不和,凉州被羌人占领,使中原与河西的联系断绝,晋武帝司马炎常为此事忧虑。一次临朝议政,他叹息说道:"谁能为我打开通往凉州的道路,讨平这些敌人?"在朝的大臣没有一个应答。这时司马督马隆上前奏道:"陛下如果能任用我,定能讨平凉州的叛乱。"晋武帝说:"你若能灭掉敌人,怎能不任用呢!但你用什么办法呢?"马隆回答:"陛下如果能任用我,应当听由我自己想办法。"晋武帝问:"你说的是什么意思?"马隆说:"我请陛下允许我招募3000名勇士,但不要管他们是怎么招来的。我率领这些勇士组成的队伍西进,凭借陛下的威风道德,何愁敌人不被消灭呢!"晋武帝答应了他的要求,任命他为武陵太守。于是,马隆开始招募能拉开36钧弓的勇士,并立起靶标让他们试射。从早上到中午,共招募了3500人。马隆说:"足够了!"于是马隆率领招募的勇士西渡温水。羌族首领木机能等带领1万骑兵,有的依据险要的地势在马隆军前堵截,有的设埋伏在马隆军后袭击。马隆依据八阵图作偏箱车,在地势开阔的地方用鹿角车,在道路狭隘的地方造木屋放在车上,一边战斗一边前进,弓箭所射达之地敌人应弦倒下。马隆率领这支车队转战千里,杀伤敌人数以千计。当马隆来到武威后,羌族首领猝跋韩且万能等率领万余人前来归降。马隆前后诛杀及降服的敌军竟达数万人。他又带领善戎、没骨能等,与木机能大战,将之斩杀,终于平定凉州。

信　战

【原文】 凡与敌战,士卒蹈万死一生之地,而无悔惧之心者,皆信令使然也。士好信以任诚,则下用情而无疑,故战无不胜。法曰:“信则不欺。”

三国魏明帝自征蜀,归长安,遣司马懿督张郃诸军。雍、凉劲卒三十万,潜军密进,窥向剑阁。蜀相诸葛亮时在祁山,旌旗利器,守在险要。十二更下,在者八万。时魏军始阵,幡兵适交[①],参佐[②]咸以贼[③]众强盛,非力不制,宜权停下兵一月,以并声势。亮曰:“吾统武行师,以大信为本,得原失信,古人所惜。去者速装以待期,妻子鹄立而计日,虽临征难,义所不废。”皆催令去。于是,去者皆悦,愿留一战;往者奋勇,思致死命。相谓曰:“诸葛亮公之恩,死犹未报也。”临战之日,莫不拔剑争先,以一当十,杀张郃,却司马懿,一战大克,信之由也。

【注释】 ①幡兵适交:替代的士兵刚刚交接。②参佐:僚属、部下。③贼:指魏兵。这里所引史实见(三国志·蜀书·诸葛亮传),所以这样称魏兵。

【译文】 与敌交战,士兵们踏上九死一生之地,而没有后悔惧怕的心理,这都是诚信使然。将领讲信义并且以诚相待,士兵们就会毫不疑惑地誓死效命,因此才能战无不胜。兵书上说:“主将诚信不欺,士兵就会真心效力。”

三国时期,魏明帝亲自率军征讨蜀国。他从洛阳驾临长安,派遣大将军司马懿督统张郃诸军。原来驻扎在雍州、凉州的30万精兵秘密向剑阁进军,当时蜀国丞相诸葛亮的军队正在祁山,蜀军旌旗招展、兵器锐利,防守在险要关口。蜀军换防之际,守在阵地上的只有8万人。当魏军开始布阵时,蜀军替换的士兵刚刚交接。诸葛亮的部将都认为敌兵既多又强盛,没有强而有力的军队是不能战胜敌人的,应该让换防的士兵延迟一个月再撤换,合并两部分士兵以壮声势。诸葛亮说:“我统率部队打仗,一向讲求信用。如果为了眼前的利益而失去信义,是古人最痛惜的事。应该撤离的士兵们都整装待发,他们的妻子儿女正引颈企盼,计算着他们回来的日子。即使我军面临困难,我也不能够不讲信用。”说完便下令催促那些应该换防的士兵全部离开。这样一来,应该离去的士兵都很感动,愿意留下来参战,阵地上参战的将士也都鼓足勇气,一心打算拼死效力。他们互相鼓励说:“诸葛亮先生的恩德就是战死也报答不完!”交战的时候,将士们没有不争先杀敌的。他们以一当十,斩杀张郃、击退司马懿。这一仗之所以大获全胜,就是因为讲信义的缘故。

教　战

【原文】 凡欲兴师,必先教战。三军[①]之士,素习离、合、聚、散之法,备谙[②]坐、作、进、退之令,使之遇敌,视旌麾[③]以应变,听金鼓[④]而进退。如此,则战无不胜。法曰:“以不教民战,是谓弃之。”

战国时,魏将吴起[⑤]曰:“夫人常死其所不能,败其所不便。故用兵之法,教戒为先。

一人学战，教成十人；十人学战，教成百人；百人学战，教成千人；千人学战，教成万人；万人学战，教成三军。以近待速，以逸待劳，以饱待饥。圆而方之，坐而起之，行而止之，左而右之，前而后之，分而合之，结而解之。每变教习，乃授其兵，定谓将事。"

【注释】 ①三军：春秋时期，大国多设三军，如晋国设上、中、下三军，以中军之将为三军之统帅。楚国则设左、中、右三军。这里的"三军"，是全军的统称。②备谙：完全熟悉。③旌麾：古代用羽毛装饰的军旗，主将用以指挥军队作战。④金鼓：古代作战用以发出信号的器具。金，类似钟或锣一类的器具；鸣金，是停止和后退的信号。击鼓，是进攻的信号。⑤吴起：战国初期著名军事家，卫国左氏（今山东曹县北）人。善用兵，有谋略。初为鲁将，继为魏将，屡建战功，为魏文侯所重，曾任西河守。文侯死后，遭陷害而逃奔楚国，任令尹，辅佐楚悼王实行变法，促进楚国富强。悼王死后，为旧贵族所杀。他继承和发展了《孙子兵书》，著有《吴子》留传后世。

【译文】 出兵作战之前，必须先训练军队，使兵将学会打仗。平时要教三军士兵练习离合聚散的战法，熟记部队起坐进退的号令，一旦与敌交战，才能根据旗帜的变化采取行动，听鸣金击鼓而知进退，如此必获全胜。

兵书上说："用未经训练的百姓去作战，等于让他们去送死。"

战国时，魏将吴起说："人们经常死于他不能胜任的事，败于他不熟悉的事。用兵之法，应以教练和训诫为先。一人学习战法，教会十人；十人学习战法，教会百人；百人学习战法，教会千人；千人学习战法，教会万人；万人学习战法，教会全军。军队作战，要以近待远、以逸待劳、以饱待饥。训练军队，要教士兵懂得圆阵如何变成方阵，坐时如何起立，行进时如何停止，左阵如何变成右阵，前队如何变成后队，分散时如何集合，集合后如何解散。每种变化都学会了，才能发给士兵兵器。必须精通这些，才能称得上是将军。"

众 战

【原文】 凡战，若我众敌寡，不可战于险阻之间，须要平易宽广之地。闻鼓则进，闻金则止，无有不胜。法曰："用众进止。"

晋太元时，秦苻坚[1]进屯寿阳，列阵淝水，与晋将谢玄[2]相拒。玄使谓苻坚曰："君远涉吾境，而临水为阵，是不欲速战。请君少却，令将士得周旋，仆[3]与君缓辔[4]而观之，不亦乐乎?"坚众皆曰："宜阻淝水，莫令得上。我众彼寡，势必万全。"坚曰："但却军，令得通，而我以铁骑数十万向水，逼而杀之。"副亦以为然。遂麾[5]兵使却，众因乱而不能止。于是，玄与谢琰[6]、桓伊[7]等，以精锐八千渡淝水，右军拒张蚝，小退，玄、琰仍进兵，大战淝水南，坚众大溃。

【注释】 ①苻坚：十六国时前秦皇帝，氐族，略阳临渭（今甘肃秦安东南）人。他在司徒王猛的辅佐下，先后攻灭北燕、前凉、代国，统一了北方大部分地区，并夺取了东晋的益州。但由于连年用兵，人民负担沉重，加深了境内的阶级矛盾。淝水之战失败后，为羌族首领姚苌所擒杀。②谢玄：东晋名将，宰相谢安之侄。曾受命组织北府兵以御前秦。

淝水之战后他率军收复了徐、兖、青、豫等州。③仆:自谦辞。④缓辔:放松缆绳,骑马慢行。辔,驾驭牲口的缆绳。⑤麾:通"挥",谓指挥。⑥谢琰:东晋陈郡阳夏《河南太康》人,字瑗度。谢安之子。淝水之战时,任辅国将军,因与从兄谢玄等作战有功,被封为望蔡公。⑦桓伊:东晋谯国铚县(安徽宿县西)人,字叔夏。初任淮南太守,后迁豫州刺史。淝水之战后,因功升任为江州、荆州十郡、豫州四郡都督。

【译文】 与敌作战,如我众敌寡,则不能在险阻的地形进行战争,而必须在平坦宽阔的地方进行战事。军队听到鼓声就前进,听到鸣金就收兵,那么战斗没有不胜的。兵法上说:指挥军队打仗,要能控制部队的进退。

东晋孝武帝太元年间,前秦苻坚的军队进兵驻守寿阳,沿淝水沿岸列阵,与东晋将领谢玄相对抗。谢玄派使者对苻坚说:"您长途跋涉来到我国境内,临水列阵,是不想速战啊!请您稍稍退却,让两军将士们有一块能够周旋交战的地方,我和您从容地观阵,不也是乐事吗?"苻坚的将领们说:"应该把淝水当作屏障,不让他们上岸。我军兵多,对方兵少,可保必胜。"苻坚说:"只稍微后退一点,不等他们完全过河,我们便用数万铁骑兵杀向淝水,消灭他们。"苻融也认为他说得对。于是苻坚指挥军队退却,军队因退却造成混乱,无法停止。谢玄与谢琰、桓伊等人趁这个机会,带领8000精锐士兵渡过淝水;谢石的兵马进攻张蚝,小有退却,而谢玄、谢琰仍旧进兵,大战于淝水南岸,苻坚的军队溃败。

寡 战

【原文】 凡战,若以寡敌众,必以日暮,或伏于深草,或邀于隘路[①],战则必胜。法曰:"用少者务隘。"

《北史》[②]:西魏大统三年,东魏将高欢[③]渡河逼华州,刺史王罴[④]严守。乃涉洛,军于许原西,西魏遣将宇文泰[⑤]拒之。泰至渭南,即遣人造浮桥于渭南。军士斋三日粮,轻骑渡渭,辎重自渭南夹渭而西,十月壬辰,至沙苑,拒齐[⑥]六十余里。高欢率兵来会。候骑[⑦]告齐兵至,泰召诸将议。李弼曰:"彼众我寡,不可争也。宜至此东十里,有渭曲可据以待之。"遂迫至渭曲,背水东西为阵。李弼为右拒,赵贵为左拒。命将士皆偃[⑧]戈于葭芦之中,闻鼓声而起。日晡,齐军至,望见军少,争进,卒乱而不成列。兵将交,泰鸣鼓,士卒皆起。于谨等以大军与之合战,李弼等率铁骑横击之,绝其军为二,遂大破之。

【注释】 ①邀于隘路:将敌人引向险隘之处加以拦击。②《北史》:记载我国南北朝时期北朝的北魏、东魏、西魏、北齐、北周等朝的历史。本篇战例出自《北史·周太祖本纪》。③高欢:东魏大臣。曾以大丞相控制北魏政权。公元534年逼走魏孝武帝,另立孝静帝,史称东魏。高欢专权16年。④王罴:北周霸城人,北魏孝文帝时曾任殿州将军、雍州别驾,西魏文帝时为华州刺史。原本作"王霸",误,据《北史·周太祖本纪》校正。⑤宇文泰:一名黑獭,鲜卑族,代郡武川(今内蒙古)人。曾为大丞相,专权西魏。死后其子宇文觉代魏称帝,改国号为周,史称北周,追尊宇文泰为文帝。⑥齐:指齐兵,即高欢的军队。高欢之子高洋于公元550年废东魏孝静帝,自称皇帝,改国号为齐。故称高欢的

部队为齐兵。⑦候骑：探马，担任侦察任务的骑兵。⑧偃：这里指把兵器放在地上。

【译文】 打仗时，如果以少对多，一定要选在黄昏夜晚的时候，或者让士兵埋伏在草丛中，或者将敌人诱引到地势险要之处，这样必能取胜。兵书上说："用较少的兵力作战，务必选择险要地势。"

《北史》记载：西魏文帝大统三年，东魏将领高欢渡过黄河逼近华州。华州刺史王罴防守严密。于是高欢率领军队转而渡洛水，驻扎在许原西面，西魏派宇文泰前来抵御他们。宇文泰的军队来到渭河南岸，立即派人从渭河南架浮桥，士兵携带3天的军粮，轻装渡过渭河，粮草军械则从渭河沿河西运。同年10月9日，宇文泰来到沙苑，离高欢的军队仅60多里。高欢带兵前来会战。探马来报齐军进逼的消息后，宇文泰就召集众将商议对策。将领李弼说："敌众我寡，不能作战。应该把军队带到我军阵地东面10里的地方，那里有渭曲可以据险待敌。"于是宇文泰把军队带到紧靠渭曲的地方，背靠渭水东西布阵。派李弼在右面抗敌，赵贵在左面抗敌。下令将士将武器掩藏在芦苇中，等听到鼓声再冲出战斗。申时（午后3~5点），高欢的军队到了，他们见宇文泰只有少数人马，便争先恐后往前，兵卒散乱不成队伍。两兵快要交战时，宇文泰下令击鼓，埋伏的西魏士兵冲出战斗。这时西魏将领于谨等人也领兵前来助战，李弼等人用铁甲骑兵拦击，将敌军一分为二，终于大败高欢的军队。

爱　战

【原文】 凡与敌战，士卒宁进死，而不肯退生者，皆将恩惠使然也。三军知在上之人爱我如子之至[①]，则我之爱上也如父之极。故陷危亡之地，而无不愿死以报上之德。法曰："视民如爱子，故可与之俱死。"

战国魏将吴起为西河守，与士卒最下者同衣食。卧不设席，行不乘骑，亲裹赢粮[②]，与士卒分劳苦。卒有病疽[③]者，起为吮之。卒母闻而哭之。或曰："子，卒也，而将军自吮其疽，何哭为？"母曰："非然也。往年吴公吮其父，其父战不旋踵[④]，遂死于敌；吴公今又吮其子，妾不知其死所矣，是以哭之。"文侯以吴起用兵廉平，得士卒心，使守西河，与诸侯大战七十六，全胜六十四。

【注释】 ①爱我如子之至：意指将领爱护兵士就像爱他的儿子那样无微不至。②亲裹赢粮：亲自捆绑、背负粮食。赢，满也。③病疽：毒疮。④旋踵：战斗中不退后一步。踵，脚后跟。

【译文】 凡是与敌人作战，士兵宁可冒死前进也不愿求生后退，这都是将领的恩惠使他们这样的。军队中的兵士知道将领爱护自己像爱他的孩子那样无微不至，那么士兵爱戴将领也会像爱自己的父亲那样爱到极点。这样，当军队处于危险境地的时候，没有一个士兵不愿以死报答将领的恩德。兵书上说："对待士兵像对待自己的孩子，士兵一定会同他生死与共。"

魏国将领吴起做西河太守时，总是和最下级的士兵穿一样的衣服、吃一样的饭。睡

的时候不设席褥，行军时不骑马。他亲自挑粮食，与士兵分担劳苦。士兵当中有人生了毒疮，他就用嘴替他吸毒脓。这位士兵的母亲听到这件事后便哭了，有人问她："你的儿子不过是个兵士，将军亲自为他吸毒疮，你为什么还哭呢？"士兵的母亲回答说："并不是你说的这样。过去吴公替孩子的父亲吮吸毒疮，他父亲打仗时绝不后退半步，最后战死。现在吴公又为他儿子吸毒疮，我不知道我的儿子会死在什么地方，所以才哭啊！"魏文侯因为吴起带兵廉洁公平，很得士兵拥护，就派他守卫西河。他和诸侯各国大战 76 次，有 64 次都获得了全胜。

威 战

【原文】 凡与敌战，士卒前进而不敢退后，是畏我而不畏敌也。若敢退而不敢进者，定畏敌而不畏我也。将使士卒赴汤蹈火而不违者，是威严使然也。法曰："威克厥爱允济。"

春秋齐景公时，晋伐阿、鄄，而燕侵河上，齐师败绩。晏婴乃荐田穰苴[①]，曰："穰苴虽田氏庶孽[②]，然其人文能附众，武能威敌，愿君试之。"景公乃召穰苴，与语兵事，大悦之，以为将军，将兵捍燕、晋之师。穰苴曰："臣素卑贱，君擢之闾伍之中，加之大夫[③]之上，士卒未附，百姓不亲，人微权轻，愿得君之宠臣，国之所尊，以监军，乃可。"于是，景公许之，使庄贾往。穰苴既辞，与庄贾约：旦日日中[④]会军门。穰苴先驰至军中，立表[⑤]下漏[⑥]待贾。贾素骄贵，以为将己之军而己为监，不甚急，亲戚左右送之，留饮。日申而贾不至。穰苴则仆表决漏入，行军，勒兵[⑦]，申明约束，既定。夕时，贾乃至。穰苴曰："何为后期？"贾对曰："不佞[⑧]，大夫亲戚送之，故留。"穰苴曰："将受命之日，则忘其家，临阵约束，则忘其亲，援桴鼓[⑨]之急则忘其身。今敌国深侵，邦内骚动，士卒暴露于境，君寝不安席，食不甘味，百姓之命皆垂于君，何谓相送乎？"召军正[⑩]问曰："军法期而后至者云何？"对曰："当斩。"贾惧，使人驰报景公，请救。既往，未及返，于是遂斩庄贾以徇[⑪]三军。三军皆震栗。久之，景公遣使持节[⑫]救贾，驰入军中。穰苴曰："将在外，君命有所不受。"问军正曰："军中不驰，今使者云何？"对曰："当斩。"使者大惧。穰苴曰："君之使不可杀之。"乃杀其仆、车之左驸[⑬]、马之左骖[⑭]，以徇三军。遣使者还报，然后行事。士卒次舍[⑮]、井灶、饮食、问疾、医药，身自拊循[⑯]之。悉取将军之资粮，以享士卒，平分粮食。最比其羸弱者，三日而后勒兵。病者皆求行，争奋出为之赴战。晋师闻之，为罢去；燕师闻之，渡河而解。于是，穰苴乃率众追击之，遂取所亡邦内故境，率兵而归。

【注释】 ①田穰苴：春秋时齐国人，本姓田，为大司马，故又称司马穰苴。善于治军，深通兵法。②庶孽：即庶子，旧时指妾所生之子。③大夫：古代统治阶级，在国君之下有卿、大夫、士三级。因此，大夫为一般任官职者之称。秦汉以后，中央要职有御史大夫，备顾问者有谏议大夫、中大夫、光禄大夫等，至唐宋尚存御史大夫、谏议大夫，明以后废。④旦日日中：即明日中午。⑤表：古代测日影时所立的标杆。⑥漏：是古代计时的漏壶。⑦勒兵：统率部队。⑧不佞：犹言不才，自谦之词。⑨援桴鼓：谓拿起鼓槌敲鼓。援，拿起。桴，即鼓槌。⑩军正：军中执法之官。⑪徇：示众。⑫持节：节，符节，即古代使者所持以作凭证之物。⑬左驸：即车之左面的夹车木。驸，通"辅"，夹车木。⑭左骖：即左面驾车的马。一车驾三马为骖。⑮次舍：即宿营。古代行军停驻一地谓之"次"。⑯拊循：安抚、抚慰。拊，同"抚"。

【译文】 凡与敌军交战，士兵们奋勇前进而不敢后退，是畏惧将帅的威严而不是畏惧敌人；如果胆怯后退而不敢前进，是畏惧敌人而不是畏惧将帅。为将者能使士兵赴汤蹈火而不违抗命令，是威严的作用。兵书上说："能用威严战胜自己的私爱，就一定会成功。"

春秋齐景公时，晋国征伐齐国的阿城和鄄城，燕国也乘隙侵犯齐国的河上地区，齐军败。齐国的相国晏婴向齐景公推荐田穰苴带兵打仗，他说："穰苴虽然是田氏妾妃所生，但他懂兵法，文能使众人信服归附，武能使敌人惧怕，希望君王能试用他。"齐景公于是召见穰苴谈论兵事，相谈甚欢，遂任命他为将军，统率齐兵抵抗燕、晋的军队。穰苴说："臣的地位卑贱，陛下把我从平民百姓提拔起来，官职超过诸大夫，士兵们未必亲附，百姓也不一定信任我。位低权轻必不能服众，请陛下指派您所宠幸且在国内有声望的大臣作为我的监军，那样才行。"齐景公答应他的要求，遂派大夫庄贾前往监军。田穰苴辞别景公，与庄贾相约，翌日中午在军队营门相会。第二天，穰苴先乘车到军中，叫军士立起标杆、设壶滴漏，看日影计时，等待庄贾。庄贾一向骄贵，认为统率自己的军队，而自己又做监军，所以不太着急，亲戚和原来下属官员又为他饯行，留他饮酒。时间到了中午，庄贾还没来到营门。于是穰苴拔掉计时的立木，砍掉计时的滴壶，进入营门，集合兵士申明法纪。安排完毕，已到傍晚时分，这时庄贾才缓缓来到。穰苴问他："为什么迟到？"庄贾回答："因亲戚和旧属为我饯行，留下饮酒，所以来晚了。"穰苴说："将帅接受君王命令的那天起，就要忘掉自己的家庭；临敌征战受条令规章约束，就应忘掉自己的亲人；操起鼓槌击鼓作战的时候，就应忘掉自己。现在敌国入侵已深入境内，国内百姓骚动不安，士兵们奋死困守在边疆，君王为此寝不安席、食不甘味，人们的性命都掌握在您的手里，还谈什么饯行呢？"于是穰苴招来军中执法官员，问道："军法上迟到的定什么罪？"执法官答道："应当斩首。"庄贾害怕，派人急驰向景公报告，请求相救。派出的人离去后，还未返回，穰苴就斩了庄贾，以此宣示警告三军，三军都震惊战栗。过了一段时间，景公派人拿着符节来救庄贾，车马直接驶入军中。穰苴说："将领在外，君王的命令有的可以不接受。"他又问执法官说："军营中是不允许车马擅入的，如今对国君派的使者该怎么办？"执法官说："应当斩首。"使者十分害怕。穰苴说："国君的使者不可杀。"于是杀了使者的仆人，砍掉使者乘车的左边夹木，杀了左边拉车的马，以此宣示警告三军。让使者回去向景公禀告此事，又继续办理军务。对士兵驻地房舍、挖井炊灶、饮食起居、看病和医药等事情，穰苴都亲自检查慰问。他还把自己的官俸粮饷全部拿出来，供士兵们共同享用，自己与士兵平分粮食。又淘汰身体虚弱的士兵，三天后才带兵出发。那些生病的士兵都请求一同出征，个个奋勇争先参战。听到这个消息，晋军赶紧休战退兵，而燕军也渡黄河北去，解除

对齐国的围困。穰苴于是率领士兵追击,收复了过去被晋国侵占的土地,胜利而归。

赏 战

【原文】 凡高城深池,矢石繁下[①],士卒争先登;白刃始合,士卒争先赴者,必诱之以重赏,则敌无不克焉。法曰:"重赏之下,必有勇夫[②]。"

汉末大将曹操,每攻城破邑,得靡丽[③]之物,则悉以赏有功者。若勋劳宜赏,不吝千金。无功妄施,分毫不与。故能每战必胜。

【注释】 ①繁下:众多而急切地落下。②重赏之下,必有勇夫:原文见黄石公《三略·上略》云:"香饵之下,必有死鱼。重赏之下,必有勇夫。"③靡丽:亦作"丽靡",意谓华丽美好。

【译文】 对敌作战,敌方城墙高、护城河深,城上的箭矢密集射下,士兵却争先恐后地登城;两军短兵相接,士兵却奋不顾身争先向前冲,必定用重赏以诱之,那敌人没有不被攻破的。兵书上说:"重赏之下,必有勇夫。"

东汉末年,曹操每当攻破敌方城池的时候,得到的所有华丽物品,全都用来奖赏有功劳的将士。如果将士有特殊功劳应当赏赐,他绝不吝惜千金财物;如果将士没有功劳,他连分毫也不给予;所以曹操每次战斗都能取得胜利。

罚 战

【原文】 凡战,使士卒遇敌敢进而不敢退,退一寸者,必惩之以重刑,故可以取胜也。法曰:"罚不迁列[①]。"

隋大将杨素[②],御戎[③]严整,有犯军令者,立斩之,无所宽贷。每将对敌,辄求人过失而斩之,多者百余人,少者不下十数人。流血盈前,言笑自若。及其对阵,先令三百人赴敌,陷降则已,如不能陷阵而还者,无问多少,悉斩之。又令二三百人复进,还如向者。将士股栗[④],有必死之心,由是战无不胜。

【注释】 ①罚不迁列:施用刑罚队伍便不散乱。原文见《司马法·天子之义第一》。②杨素:隋朝大将。弘农华阴(今陕西华阴)人,字处道,士族出身。初事北周武帝,官至车骑大将军。后从隋文帝,因灭陈有功,官至上柱国,封越国公。他与晋王杨广交厚,曾参与杨广谋篡活动。广即帝位后,改封其楚国公,官至司徒。③御戎:本指掌驭兵车,引申为治军或统率军旅。④股栗:意谓两腿发抖,形容过度恐惧。

【译文】 作战时进攻敌人,务必使士卒奋勇前进而不敢后退,如退一步,则惩以重罚,如此才有战胜敌人的可能。兵书上说:"施用刑罚,队伍就不会散乱。"

隋朝时,大将杨素带兵执法严酷。有违犯军令者立即斩首,丝毫不得宽恕。每次与敌作战,他总会处决有过失的士卒,多则斩杀百余人,少则不下十余人。鲜血流遍帐前,他却谈笑自若,像没发生事情似的。与敌人对阵时,他都先命令300人向敌人进攻,能冲破敌人阵地的防线则罢,如果不能攻破敌人阵地而退回来,则一律斩首。然后又命令二、

三百人再次进攻，处罚也一如前次。为此，将士们每每惊恐得大腿直打哆嗦，而抱着必死的决心出战，所以战无不胜。

主 战

【原文】 凡战，若彼为客[①]我为主、不可轻战。为吾兵安，士卒顾家，当集人聚谷，保城备险，绝其粮道。彼挑战不得，转输[②]不至，俟其困敝而击之，必胜。法曰："自战其地为散地[③]。"

《晋书》：后魏武帝亲征后燕慕容德[④]于邺城，前军大败绩[⑤]。德又欲攻之，别驾[⑥]韩卓进曰："古人先决胜庙堂[⑦]，然后攻战。今魏不宜击者四，燕不宜动者三。"德曰："何故？"卓曰："魏垂军[⑧]远入，利在野战，一不可击也。深入近畿[⑨]，致其死地，二不可击也。前锋既败，后阵必固，三不可击也。彼众我寡，四不可击也。官军自战其地，一不宜动。动而不胜，众心难固，二不宜动。城隍[⑩]未修，敌来无备，三不宜动。此皆兵家所忌，不如深沟高垒，以逸待劳。彼千里馈粮[⑪]，野无所掠，久则三军靡费，则士卒多毙，师老衅生，起而图之，可以捷也。"德曰："卓别驾之言，真良、平[⑫]策也。"

【注释】 ①若彼为客、我为主：这里所说的"主"与"客"，是中国古代常用的军事术语，一般指在本国作战的军队为主军，出国作战的军队为客军。②转输：转运输送物资，即指后勤保障。③散地：指在本国境内作战的地区。由于官兵思乡恋土，易于逃散，故称这种作战地区为"散地"。原文见《孙子兵书·九地篇》。④慕容德：十六国时期，南燕的建立者；鲜卑族人，慕容垂之弟。慕容垂建立后燕，封他为范阳王。后北魏攻占河北，后燕被截成南北两部。慕容德率众南迁至滑台（今河南滑县东南）称王；其后又东取广固（今山东益都东北），占有今山东一带称帝，史称南燕。⑤前军大败绩：指北魏将拓跋章所率攻邺部队被后燕军击败事。⑥别驾：官名，汉置。为刺史的佐吏。刺史出巡时，别驾乘驿车随行，故名。魏晋以后承汉制，每州均在刺史之下设别驾，总理众务，职权甚重。⑦庙堂：古代帝王祭祀和商议军国大事的地方。出战之前，必先议决于庙堂之上，然后攻战。因之又称谋划战事谓"庙算"。⑧垂军：犹悬军，指远离本土而深入敌境作战的军队。⑨近畿：指京都附近地区。⑩城隍：护城壕。⑪馈粮：运送粮食。馈，送也。⑫良、平：即张良、陈平，皆为西汉刘邦的重要谋臣。

【译文】 凡对敌作战，假如敌军来犯，我方守城防御，务必不能轻易与敌交战。倘若我方军心稳固，士兵们决心保卫家园，就应当集合众将士占据险要地势防御敌人、保卫城池、断绝敌人的粮道。等到敌人欲战不能，粮草军资又接济不上，而且疲惫不堪时再进攻他们，如此作战没有不胜利的。兵书上说："在自己的土地上作战，士兵容易因恋家而走散，此即所谓的'散地'；在'散地'上作战，不可轻易出战。"

《晋书》记载：后魏的武帝亲自率领大军到邺地征伐南燕慕容德一役，魏的先锋部队大败。慕容德想乘胜追击，别驾韩卓进谏："古人征战，都先在朝廷谋划决议，然后再出兵攻战。现在我们对来犯的魏军不能轻易攻击，理由有四个；而燕国军队不应轻易行动，理

由也有三个。”慕容德问:“有什么理由呢?”韩卓说:“魏军远道而来,在旷野上作战对他们有利,这是不可轻易攻击的第一个理由;魏军深入我国境内,置于必死之地,一定拼死作战,这是不可轻易攻击的第二个理由;魏军的前锋已经被打败了,它的后军会因为有准备而巩固,这是不可轻易攻击的第三个理由;对方兵多,我们兵少,这是不可轻易攻击的第四个理由。而我国军队在自己的土地上作战,士兵容易逃散,这是我军不应轻易出击的第一个原因;假如我军行动了却没有取胜,军心就会动摇,这是我军不应轻易出击的第二个原因;我国的城池尚未修妥,对敌军来犯没有做好防御准备,这是我军不应轻易出击的第三个原因。这些,都是打仗时应该避免的。与其轻易出击,不如挖深沟、筑高墙,以逸待劳。敌军务必从千里之外运来粮食,因为城外旷野空无一物,没有什么可以掠夺的,时间一久,相信敌军的粮草必然大为耗损,将士死伤众多。再者敌人在外时间长了,弱点就会逐渐暴露出来,那时我军再寻找机会一举进攻,便可以取胜。”慕容德听了韩卓的话相当高兴,赞叹地说:“韩别驾说得有理,像是张良、陈平为刘邦定的计策,真是好计策啊!”

客 战

【原文】 凡战,若彼为主、我为客,惟务深入。深入,则为主者不能胜也。谓客在重地[①],主在散地故耳。法曰:“深入则专。”

汉韩信[②]、张耳[③]以兵数万,欲东下井陉击赵。赵王及成安君陈余[④]聚兵井陉口,众号二十万。广武君李左车说成安君曰:“闻汉韩信涉西河[⑤],虏魏豹[⑥],擒夏悦,新喋血阏与。今乃辅以张耳,议欲以下赵。此乘胜而去国远斗,其锋不可当。臣闻千里馈粮,士有饥色,樵苏后爨[⑦],师不宿饱。今井陉之道,车不得方轨[⑧],骑不得成列,其势粮食必在其后。愿足下假臣奇兵三万人,从间道[⑨]绝其辎重;足下深沟高垒勿与战。彼前不能进,退不能还,野无所掠,不十日,两将之头可悬麾下[⑩]。愿君留意,否则,必为所擒。”成安君自以为义兵,不听,果被杀。

【注释】 ①重地:指深入敌境,远离城邑的地区。②韩信:汉初名将,淮阴(今江苏清江西南)人。初从项羽,后归刘邦,被任为大将。楚汉战争中,刘邦采纳其策,攻占了关中。后破赵取齐,被封为齐王;不久率军与刘邦会合击灭项羽于垓下(今安徽灵璧南)。汉朝建立后,改封其为楚王。被告谋反,终为吕后所杀。③张耳:汉初诸侯王,大梁(今河南开封)人。战国末为魏国外黄(今河南民权西北)令,秦末陈胜起义时,他与陈余从武臣北定赵地,武臣为赵王,他为丞相。陈胜起义失败后,他受项羽分封为常山王。后因与陈余有隙,弃项羽而投刘邦,又改立赵王。④陈余:秦末大梁人。陈胜起义后,他与张耳从武臣占据赵地。武臣被杀后,他与张耳共立旧贵族赵歇为王。后迫走张耳,自为代王。在韩信破赵之战中,不听李左车之策,兵败被杀。⑤西河:指黄河。⑥魏豹:汉初诸侯王。战国时期魏国贵族。陈胜起义时立其兄咎为魏王。秦将章邯攻魏,咎被迫自杀,豹逃至楚,借兵攻下魏地20余城,自立为魏王。项羽大封诸侯,改封西魏王。后为韩信所虏杀。

⑦樵苏后爨：打柴割草然后烧火煮饭。樵苏，打柴割草。爨，烧火煮饭。⑧方轨：两车并行谓之方轨。⑨间道：偏僻小路。⑩麾下：古代主将用以指挥军队的旗帜，因此，称将军为麾下。这里指军旗之下。

【译文】 敌我交战，倘若敌方在本土作战，应处在守御的地位；假如我方进入敌方作战，则务必深入敌境。逼近敌军，能使守卫者失去优势，原因是我方士卒处于难返之地，只能拼死作战，而敌方处在防御地位，将士有轻敌心理。兵书上说："深入敌境，军心越稳固，力量越集中，战斗力越强。"

汉时，韩信、张耳率领数万军队，想向东经过井陉山攻打赵国。赵王和成安君陈余聚集军队守卫在井陉山口，守军号称20万。广武君李左车向成安君陈余建议："听说韩信渡过了西河，俘获了魏王豹，擒拿了夏悦，鲜血流遍阏与，现在又有张耳辅佐他，准备进攻赵国。他们的军队是乘胜离开自己的国土到远方战斗，锋芒所向锐不可当。我听说，千里之外运送粮食，士卒就会有饥饿之色；现在打柴割草做饭，士卒常常吃不饱。而井陉山路狭窄，战车不能并行、战马不能成列，看样子他们的粮食必定在后面。希望您能援拨精锐部队3万人，从小路断绝敌人的军资粮草；并命令部下挖深沟、筑高垒，不与敌人交战。这样一来，将使敌人处于前不能战、退不能还的困境，再加上城外又没有可以掠夺的东西，用不着十天，韩信、张耳两将的头颅就会悬挂在您的旗杆下了。希望您能考虑我的计策。否则，必定被他们擒获。"成安君陈余认为仁义之师不应当用诈谋奇策，遂没有听从李左车的建议，后来果然战败被杀。

强 战

【原文】 凡与敌战，若我众强，可伪示怯弱以诱之，敌必轻来与我战，吾以锐卒击之，其军必败。法曰："能而示之不能。"

战国，赵将李牧[①]，常居代雁门[②]，备匈奴[③]，以便宜置吏，市租[④]皆输入幕府[⑤]，为士卒费。日击数牛享士，习骑射，谨烽火[⑥]，多间谍，厚遇战士，约曰："匈奴入盗，急入收保，有敢扑虏者斩。"匈奴每入盗，辄入收保，不与战。如定数岁，无所亡失。然匈奴以李牧为怯，虽赵边兵亦以为吾将怯。赵王让[⑦]李牧，李牧如故。赵王召之，使人代牧将。岁余，匈奴来，每出战，数不利，失亡多，边不得田畜。于是，复请牧。牧称疾，杜门不出。赵王乃复强起使将兵。牧曰："若用臣，臣如前，乃敢奉命。"王许之，李牧遂往，至，如故约。匈奴来无所得，终以为怯。边士日得赏赐不用，皆愿一战。于是乃具选车，得一千三百乘[⑧]，选骑得一万三千匹，百金之士[⑨]五万人，控弦者[⑩]十万人，悉勒兵习战，大纵畜牧，人民满野。匈奴来，佯败不胜，以数个人委之[⑪]。单于闻之，大卒众来入。李牧多为奇阵，张左右翼以击之，大破之，杀匈奴十余万骑。单于奔走，其后十余岁，匈奴不敢犯赵边。

【注释】 ①李牧：战国末赵国名将。长期驻守赵国北部边境，甚得军心，曾率军打败东胡、林胡、匈奴。赵王迁三年（公元前233年），因击败秦军有功，被封武安君。后因赵王中秦国反间计被杀。②雁门：郡名。战国赵武灵王置。辖境相当于今山西河曲、五寨、

甯武等县以北，恒山以西，内蒙古黄旗海、岱海以南地区。③匈奴：中国古族名，亦称胡。战国时游牧于燕、赵、秦以北地区。④市租：谓收取租税。⑤幕府：古代将帅出征，所设府署以账幕搭设而成，故称将帅之府署属“幕府”。⑥烽火：古代边防报警设施。当敌人入侵时，即在边境所筑的高墙“烽火墙”上烧柴或烧狼粪传报敌情。⑦让：责备。⑧乘：古代车单位，一车四马为一乘。⑨百金之士：指能够冲锋陷阵可以得到重金之赏的勇士。⑩控弦者：指会拉弓射箭的士卒。⑪委之：即弃之。

【译文】 与敌人交战，如果我方兵多强盛，可以故意显示怯弱，用以引诱敌人前来作战，再用精锐的兵力去迎击，如此敌军必败。兵书上说：“实能取胜却故意示弱。”

战国时，赵将李牧长期驻守雁门，防备匈奴进犯。他根据实际情况自行设置官吏，收取的租税都送交军府，作为士卒的费用，一天内还杀几头牛犒赏士卒。他要求将士练习骑马射箭，注意烽火报警信号，并多派间谍搜集情报，对待将士也特别优厚。后来还与将士约定：“当匈奴前来侵略时，必须立刻收兵回城防御，有违令擒捉匈奴兵者，一律处斩。”因此，每当匈奴来犯，赵国士兵都退到城内防守，不与敌交战。这种情况持续了数年，赵国边境上没有什么损失。但匈奴却认为李牧胆怯，就连赵国戍边的士兵也认为自己的将领胆怯。赵王因此责备李牧，李牧却依然故我。赵王于是便召回李牧，另派人接替李牧为将。新任将领到任一年多，匈奴来犯他便出战，因而多次失利，损失甚巨，也影响边境百姓不能耕田放牧。赵王只好再一次召请李牧出任边将。李牧宣称有病，闭门不出。赵王于是强令李牧出任将军，领兵守卫边境。李牧说：“如果任用我，必须允许我像以前那样处理守边事务，那我才敢接受王上的命令。”赵王一口答应。于是李牧前往北部边境，到达后仍像以前那样约束部队。匈奴来犯，毫无所获，还是认为李牧胆怯。守边的兵士每天都得到赏赐，李牧不让他们出战，但他们极欲与匈奴决战。于是李牧开始展开战前准备：挑选战车，得到1300乘；挑选坐骑，得马1.3万匹；选得精兵5万人、弓箭手10万人，让他们全部参加训练、学习战法。然后让百姓出城放牧，边民布满山野。匈奴兵来后，李牧假装战败，数千人被俘虏。匈奴首领单于闻讯，立即率领大军前来劫掠。不料李牧设置奇特的兵阵，指挥左右两翼军队包抄攻击，匈奴军队大败。这一仗，斩杀匈奴10多万骑兵，单于也逃走了。此后10多年，匈奴再也不敢侵犯赵国边境了。

弱　战

【原文】 **凡战，若敌众我寡，敌强我弱，须多设旌旗，倍增火灶，示强于敌，使彼莫能测我众寡，强弱之势，则敌必不轻与我战。我可速去，则全军远①害。法曰：“强弱，形也。”**

后汉，羌胡反，寇武都。邓太后②以虞诩有将帅之略，迁武都太守。羌乃率众数千，遮诩于陈仓、崤谷③。诩即停军不进，而宣言上书请兵，须到当发。羌闻之，乃分抄傍悬。诩因其兵散，日夜倍道兼行，日行百余里。令吏士各作两灶，日增倍之，羌不敢逼。或曰：“孙膑减灶，而君增之，兵法曰行不过三十里，而今日且行百里，何也？”诩曰：“虏众多，吾兵少，虏见吾灶日增灶，必谓郡兵来迎，众多行速，必惮④追我。孙膑见⑤弱，吾今示强，势

有不同故也。”

【注释】 ①远:避免。②邓太后:东汉和帝刘肇的皇后。和帝死后,她先后立殇帝刘隆、安帝刘祜,临朝执政十余年之久。③崤谷:即散关,亦称大散关。位于陕西宝鸡西南大散岭上,是从陈仓出陕西进入四川的交通要道,历来为兵家必争之地。④惮:害怕。⑤见:同“现”。

【译文】 与敌人作战,如果敌强我弱、敌众我寡,就应当增设旗帜,倍增炊灶的数量,向敌显示自己的军容强大,使对方无法估计我方兵力的虚实强弱,这样敌人必定不敢轻易与我交战。此时,我方趁机迅速撤退,就能避免灾祸。兵书上说:“力量的强弱,可以根据形势伪装。”

东汉安帝时,西部少数民族羌族反叛,侵犯武都。执掌朝政的邓太后认为虞诩有将帅的才略,便升迁他为提武都太守。羌人知道后,便率领几千人在陈仓和崤山峡谷地带阻截虞诩。虞诩获悉立刻停止向武都进兵,并刻意散布已经向皇帝上书请求援兵,要等救兵来了再向西进攻的消息。羌人听到这个消息后信以为真,便不再集中兵力拦截,竟分散到附近的州县进行抢夺。虞诩趁敌人分散了兵力,加快速度日夜兼程,一天走了100多里。他还下令官兵每人做两个灶,以后每天增加一倍。羌人以为汉兵增多,都不敢进逼。有人问虞诩:“孙膑用兵,采用减灶的计策欺骗魏军,而你却逐日增加。兵法上说:每天行军不要超过30里,而我们现今每天却走了将近百里,这是为什么呢?”虞诩回答:“敌人数量比我们多,命令军士增灶,是为了让敌人误以为是各州郡的部队来增援我们,我军兵士众多,行军速度又快,敌人一定不敢追赶我们。孙膑向敌人显示自己兵弱,我则是故意向敌人显示强大,这是因为作战形势不同的缘故啊。”

骄　战

【原文】 凡敌人强盛,未能必取,须当卑词厚礼,以骄其志,候其有衅隙可乘,一举可破。法曰:“卑而骄之。”

蜀将关羽[①]北伐,擒魏将于禁[②],围曹仁[③]于樊。吴将吕蒙[④]在陆口称疾,诣建业,陆逊[⑤]往见之,谓曰:“关羽接境,如何远下,后不堪忧也!”蒙曰:“诚如来言,然我病笃[⑥]。”逊曰:“羽矜其骄气,凌轹[⑦]于人。始有大功,意骄志逸。又相闻病,必益无备。今出其不意,自可擒制。下见至尊[⑧],宜好为计。”蒙曰:“羽素勇猛,既难与敌,且已据荆州,恩信大布,兼始有功,胆气益壮,未易图也。”蒙至都,权问:“卿病,谁可代者?”蒙对曰:“陆逊虑思深长,才堪负重,观其规虑[⑨],终可大任。而未有远名,非羽所忌,无复是过。若用之,当令外自韬隐[⑩],内察形便,然后可克。”权乃召逊,拜偏将军都督代蒙。逊至陆口,书与羽曰:“前承观衅而动,以律行师,小举大克,亦何巍巍!敌国败绩,利在同盟,闻庆抚节[⑪],想遂席卷,共奖王纲。某不敏,受任来西,延慕光尘,思禀良规[⑫]。”又曰:“于禁等见获,遐迩欣叹,以为将军之勋足以长世,虽昔晋文城濮之师[⑬],淮阴拔赵之略[⑭],蔑以尚之[⑮]。闻徐晃[⑯]等步骑驻旌,窥望麾葆[⑰]。操猾虏也,忿不思难,恐潜增众以逞其心。虽云师老,犹有骁悍。

且战捷之后,常苦轻敌,古术军胜弥警,愿将军广为方针,以全独克。仆书生疏漏,忝所不堪,嘉邻威德,乐自倾尽,虽未合策,犹可怀也。”羽览书,有谦下自托之意,遂大安,无复所嫌。逊具启状,陈其可擒之要。权乃潜军而上,使逊与吕蒙为前部,至即克公安、南郡。

【注释】 ①关羽:三国蜀汉大将,河东解县(今山西临猗西南)人,字云长。东汉末,从刘备起兵于涿郡。建安十九年镇守荆州;二十四年,率军北进,围攻曹操部曹仁于樊城,大破于禁所领七军。不久,因后备空虚,兵败被俘杀。②于禁:三国魏钜平(今山东泰安南)人,字文则。初从济北鲍信镇压黄巾起义,后归曹操,官至虎威将军,封益寿亭侯。建安二十四年,奉命率军赴樊城援救曹仁,兵败投降关羽。后孙权军袭占荆州,他被放还魏,惭恨而死。③曹仁:曹操堂弟,字子孝。东汉末,随曹操起兵,官至征南将军,屯兵江陵,以抗东吴。曹丕称帝后,他任大将军。④吕蒙:三国东吴名将。汝南富陂(今安徽阜南东南)人,字子明。从孙权征战有功,任横野中郎将。赤壁之战后,任偏将军;袭取荆州后,任南郡太守,封孱陵侯,不久病死。⑤陆逊:东吴名将。吴县华亭(今上海松江)人,字伯言。孙策之婿,出身士族家庭。善谋略。为吕蒙所荐,任偏将军,代蒙屯陆口。袭取荆州后,升任大都督,掌东吴兵权,与吕蒙合谋击败关羽,夺得荆州,官至丞相。⑥病笃:谓病重。⑦凌轹:亦作“陵轹”,盛气凌人也。⑧至尊:至高无上的地位。古代多指皇帝,故用作皇帝的代称。这里指孙权。⑨规虑:谓器识。⑩韬隐:谓隐藏才能行迹。⑪闻庆抚节:即可纪念庆贺的事情,这里指关羽围曹仁于樊、败于禁七军。抚节,即手持节钺。⑫延慕光尘,思禀良规:此为陆逊对关羽的赞美之词。⑬晋文城濮之师:即指春秋时期晋楚城濮之战。周襄王二十年(公元前632年),晋文公率军与楚将子玉军在城濮(今山东范县西)交战,晋军大胜,从此确定了晋国的霸主地位。⑭淮阴拔赵之略:汉高帝三年(公元前204年)10月,韩信率兵在井陉口大败赵军,占领赵地。⑮蔑以尚之:意谓无人能及。此语仍是陆逊对关羽的恭维之词。蔑,无、没有。尚,超过。⑯徐晃:三国魏名将。河东杨县(今山西洪洞县东南)人,字公明。先从车骑将军杨奉镇压黄巾起义,后归曹操,任右将军,封阳平侯。⑰麾葆:即古代将帅指挥军队作战的旗帜。这里指代关羽。

【译文】 凡是遇到敌人强盛、我方不能获胜的情况,可以采取卑辞厚礼的策略,使敌人骄傲和松懈。等到敌方出现破绽、我方有机可乘的时候再出击,便能一举破敌。兵书上说:“对强敌可使用谦卑的态度使其骄傲。”

公元219年,蜀将关羽受命北伐,擒获了魏将于禁,并将曹仁围困在樊城。驻守在陆口的吴将吕蒙宣称有病,前往建业,陆逊闻讯前去探望他。陆逊说:“关羽已经来到我国边境,如果长驱直入,后果实在令人忧虑!”吕蒙说:“情况正像您说的那样,然而我病得很重啊!”陆逊说:“关羽以为自己的功劳盖世,骄矜自负,盛气凌人。最近又有您病重的传闻,关羽一定更加不防备。现在如果出其不意地进攻,肯定能战胜他。若是您拜见吴王,应当好好地商议一下计策。”吕蒙说:“关羽素来勇猛,我国本来就难以与他为敌。况且他已占据了荆州,向百姓广施恩惠和信义;再加上他刚刚战胜了曹操的军队,锐气更加豪壮,不容易对付啊!”吕蒙到了国都,孙权问:“你养病谁能代你防守陆口?”吕蒙回答:“陆逊为人深谋远虑，才能可以肩负重任。从他对国家大事的筹划来看，相信可以授予要职担当大任。而且他现在声誉未显，非关羽所嫉妒的人，没有比他更合适的人了。如果任用他，应当隐藏实际的意图，而在暗中查探敌情，必然可以战胜关羽。"孙权听了吕蒙的话，召见陆逊，任他为偏将军，代替吕蒙都督诸军。

陆逊来到陆口，致书关羽，信中说："您以前看准敌人的破绽，乘机进攻，并以法制整治军队，运用小谋略就取得大胜利，多么了不起啊！敌国军队溃败，我们同盟国也受利。敝国想乘您席卷之势，共同奖励王霸事业。陆逊不才，受命西来驻防，有幸借重您的威德，还望您不吝赐教！"信中又说："于禁等人被您擒获，远近欢欣鼓舞，都认为将军此次战功，足以久传万世。就是当年晋文公在城濮大败楚军的业绩、淮阴侯韩信率军东下井陉大败赵军的谋略，都无法和您此次战役的成功相比。听传闻，徐晃等人的军队广张旌旗，虎视眈眈。曹操是个狡猾的敌人，对于您给他的打击，一定愤恨交加，甚至不计万难，已经暗地增兵，以逞其能。虽然说曹操的军队长时间驻扎在外，锐气已经减弱，但还是十分骁勇强悍。一般战斗大捷之后，往往容易轻敌，所以古代的将军获胜后反而加强警戒，也希望将军能更加周严思虑，巩固已取得的胜利。我陆逊是一个浅陋的书生，有愧于吴王给我这样高的职务。所幸有您这样一位有威德的将军在附近，衷心愿意和您交往。虽然我的话不一定合乎将军的心意，但我的心情是诚恳的。"关羽看完陆逊的来信后，便轻视陆逊并显现自我得意之态，心里的疑忌也不复存在了。陆逊将所掌握的情况呈报吴王，陈述可以擒获关羽的主要理由。于是孙权秘密地派军队沿江而上，命陆逊与吕蒙为先锋，军队到达后就攻克了公安、南郡。

交 战

【原文】 凡与敌战，傍与邻国，当卑词厚赂以结之，引为己援。若我攻敌人之前，彼倚其后，则敌人必败。法曰："衢地则合交。"

三国蜀将关羽，围魏曹仁于樊，魏遣左将军于禁等救之。会汉水暴起，羽以舟兵虏禁等步骑三万送江陵。是时，汉帝都许昌，魏武①以为近敌，欲徙河北，以避其锋。司马懿谏曰："禁等为水所没，非战守之所失，于国家人计未有损失，而便迁都，既示敌以弱，又淮、沔之人俱不安矣。孙权、刘备，外亲而内疏。羽今得意，权必不愿也。可谕权，令犄其后，则樊围自解。"魏武从之，遣使结权，遂遣吕蒙西袭公安、南郡，拔之，羽果弃樊而去。

【注释】 ①魏武：即曹操。曹操死后，其子曹丕代称帝，是为文帝，国号魏。他追尊曹操为武皇帝，故史称曹操为魏武帝。

【译文】 凡与敌人作战，应当用谦虚的语言和丰厚的礼物与邻国交好，使他们成为自己的助力。假若我军攻打敌人的正面，与我交好的诸侯国能够派兵从敌后夹击，那么敌人必败无疑。兵书上说："在与周围几个诸侯国临界的地方交战，就要结交诸侯国。"

三国时，蜀将关羽将魏将曹仁围困在樊城。魏王派左将军于禁等将领前来援救曹仁，恰逢汉水暴涨，关羽遂用水军俘虏于禁等魏军将领以及3万步兵骑兵，将他们解送到

江陵。当时,东汉皇帝的都城在许昌,曹操认为离敌人太近,想把都城迁到黄河以北,以躲避关羽的锋芒。谋臣司马懿进谏说:“于禁等人因汉水暴涨而全军覆没,不是由于作战攻守不力而失败,对国家大局没有什么损失。如果轻易迁都,就是向敌人示弱,还会使淮水、汉水流域的人民惶恐不安。孙权和刘备虽然结盟,表面好像很亲近,其实互相疑忌,关羽现在得胜,孙权一定不高兴。可以通知孙权,在关羽军队背后攻击,那樊城之围自然就会解了。”曹操听从了他的意见,派使臣结交孙权。孙权便派遣吕蒙西袭公安、南郡,攻下了这两个地方,关羽果然放弃樊城退走了。

形　战

【原文】　凡与敌战,若彼众多,则设虚形以分其势,彼不敢不分兵以备我。敌势既分,其兵必寡;我专为一,其卒自众。以众击寡,无有不胜。法曰:“形人而我无形。”

汉末,建安五年,曹操与袁绍相拒于官渡[①]。绍遣郭图[②]、淳于琼、颜良,攻曹将东郡太守刘延于白马,绍率兵至黎阳[③],将渡河。夏四月,曹操北救延。荀攸[④]说操曰:“今兵少不可敌,若分其势乃可。公到延津,若将渡河向其后,绍必西应之。然后轻兵袭白马,掩其不备,颜良可擒也。”操从之。绍闻兵渡,即分兵西应之。操乃率军兼行趋白马,未至十余里,良大惊,迎战。操使张辽、关羽前登,击破之,斩良,遂解白马之围。

【注释】　①官渡:古地名。在今河南中牟东北。东汉建安五年,曹操以劣势兵力歼灭袁绍主力于此,为统一北方奠定了基础。今尚存土垒遗迹,称中牟台,又名曹公台。②郭图:东汉颍川(今河南禹县)人,字公则。为袁绍谋士,曾劝绍乘汉献帝东迁,将其挟持于邺,不为绍从。③黎阳:古津渡名。故址在今河南浚县东的黄河北岸,与白马津相对。④荀攸:东汉颍川颍阴(今河南许昌)人,字公达。东汉末,曾任黄门侍郎,后为曹操军师,从征屡献计谋,被任为尚书令。后随曹操攻孙权,病死于途中。

【译文】　与敌人作战,如果敌人兵多,就要虚张声势制造假象,分散他们的兵力,使他们不得不分散兵力来防备我。敌人的兵力分散,防守一个地方的兵力必然减少。如此一来,我军兵力集中,以众击寡,没有不战胜的。兵书上说:“诱使敌人暴露形迹,却不要暴露自己的形迹。”

东汉末,建安五年,曹操与袁绍的军队在官渡互相对峙。袁绍派谋士郭图和大将淳于琼、颜良到白马攻打曹操的将领——东郡太守刘延。袁绍亲自领兵到黎阳,准备渡黄河。同年夏四月,曹操想北上援救刘延。荀攸向曹操献计说:“如今我们的兵少,难以抵挡袁绍的军队,只有分散他的兵力后才能战胜。主上带兵到延津口,摆出将要渡黄河、从后面进攻袁绍军队的姿态,袁绍必然分兵向西应战。此时我军乘其不备,再派轻骑袭击袁绍围困白马的军队,就可以擒获颜良了。”于是曹操听从荀攸的计策。袁绍听说曹操的军队将要渡河,果然立即分兵向西迎战。曹操于是领军日夜兼程前往白马。颜良在离白马十多里处发现了曹军,大吃一惊,急忙赶来迎战。曹操派大将张辽、关羽为先锋,大败颜良的军队,并斩杀颜良,解除了白马之围。

势 战

【原文】 凡战，所谓势者，乘势也。因敌有破灭之势，则我从而迫之，其军必溃。法曰："因势破之。"

晋武帝[①]密有灭吴之计，而朝议多违，惟羊祜[②]、杜预[③]、张华[④]与帝意合。祜病，举预自代。及祜卒，拜预镇南大将军，都督荆州诸事。既至镇，缮兵甲，耀威武，遂拣精锐，拟破吴。西陵都督张政，乃启请伐吴之期。帝报待明年方欲大举。预上表曰："凡事当以利害相较，今此举十有八九之利，而其害一二，止于无功耳。朝臣言破败之形，亦不可得，直是计不出己，功不在身，各耻其前言之失，故守之耳。昔汉宣帝议赵充国所上事[⑤]，较之后，责诸议者，皆叩头而谢，以塞异端也。自秋以来，讨贼之形颇露之。若今中止，孙皓[⑥]怖而生计，或徙都武昌，更添修江南诸城，远其居人，城不可攻，野无所掠，积大船于夏口，则明年之计或无所及矣。"时帝与张华围棋，而预表适至。华推枰[⑦]敛手曰："陛下圣明神武，国富兵强，吴王淫虐，诛杀贤能，当今讨之，可不劳而定。"帝乃许之。预陈兵江陵，遣周旨、伍巢等率兵泛舟夜渡，以袭乐乡，多张旗帜，起火巴山，出于要害之地，以夺贼心。遂虏吴都督孙歆。既平上流，于是湘江以南，至于交、广，吴之州郡，望风归附，预仗节宣诏而绥抚之。时诸将会议，或曰："百年之寇，未能尽克。今入暑，水潦方降，疾疫将起，宜伺来冬，更为入举。"预曰："昔乐毅借济西一战[⑧]，以并强齐。今兵威已振，譬如破竹，数节之后，皆迎刃而解，无复著手处也。"遂指授群帅，迳造[⑨]秣陵[⑩]，所过城邑，莫不束手，遂平孙皓。

【注释】 ①晋武帝：即司马炎。咸熙二年（公元265年），他取代曹魏称帝，改国号为晋，史称西晋。②羊祜：西晋大臣。泰水南城（今山东费县西南）人，字叔子。晋武帝时任尚书左仆射，曾参与谋划灭吴。③杜预：西晋大将，著名学者。京兆杜陵（今陕西西安东南）人，字元凯。晋武帝时，为羊祜所举，祜卒后，代镇襄阳，任镇南大将军，都督荆州诸军事。因灭吴有功，封当阳县侯。博学多才，尤善谋略，时有"杜武库"之称。著有《春秋左氏经传集解》等，并为《孙子兵书》做注解。④张华：西晋大臣。范阳方城（今河北固安南）人，字茂先，西晋初任中书令，力排异议，坚定了武帝司马炎灭吴之心。灭吴后，受封广武县侯。⑤赵充国所上事：赵充国，西汉大将。陇西上络（今甘肃天水西南）人，字翁孙。熟悉匈奴和羌族情况。武帝、昭帝时，率军反击匈奴贵族袭扰，勇敢善战，因功著任后将军。宣帝神爵元年（公元前61年），在与羌族先零部贵族斗争中，曾多次上书提出屯垦戍边的建议，所谓"赵充国所上事"即指此。⑥孙皓：三国时吴国皇帝。魏咸熙元年（公元264年）即帝位，对内专横暴虐、奢侈荒淫。晋咸宁五年，晋武帝六路出兵攻吴，翌年三月，晋军攻入吴都建业（今南京），孙皓投降称臣。⑦枰：棋盘。⑧乐毅借济西一战：周赧王三十一年（公元前284年），燕将乐毅统率燕、秦、楚、韩、赵、魏六国军队攻打齐国，于济西（古济水之西，今山东高唐、聊城一带），大败齐军，并乘胜追击，攻占了齐都临淄。⑨迳造：谓直往。⑩秣陵：晋以建业为秣陵，即东吴首都，今江苏南京。

【译文】 作战要审时度势。所说的势,指的是利用有利的情势。只要敌方出现动摇失败的情势,我方就乘机攻击,敌军一定溃败。兵法上说:“依赖有利的情势击破敌人。”

晋武帝有消灭吴国的计划,但朝中大臣们却与他意见相左,只有羊祜、杜预、张华与武帝的想法谋合。羊祜病重后,曾举荐杜预替代自己。羊祜死后,武帝任命杜预为镇南大将军,都督荆州诸军事务。杜预一到任,即修缮兵器和铠甲,壮大军队的声威,挑选精锐的士兵,准备攻打吴国西陵都督张政。就绪后,便上奏请示伐吴的日期。武帝批示待来年再考虑大举攻吴的大事。杜预上表:“凡事都应权衡利害。现在攻吴,十之八九对我有利,十之一二仅限于无功罢了,没有大害。从前朝臣议论破灭吴国的计策,是无法实现的。这一次因为伐吴策略不是他们所谋划,胜利了功劳自不在他们,而他们又不愿意承认自己以前的意见错误,所以力主防守。汉宣帝时,赵充国上表也遭到非议,但事情奏效后,汉宣帝责备那些持不同意见的人后,他们都叩头谢罪,因而杜绝了异端邪说。自入秋以来,我国要征伐吴国的事已张扬出去,如果现在中止了伐吴的计划,那孙皓会因恐惧而想出对策,或许会迁都武昌,整修加固江南诸城,并将城里的居民疏散到远方。届时我军攻城不下,又得不到粮草,而孙皓如果再将大船集结在夏口,我军势将进退不得。由此来看,明年实施攻吴的计划,恐怕要落空了。”武帝收到杜预上表时,正与张华下围棋。张华推开了棋盘,拱手对武帝说:“陛下圣明威武,国富兵强。而吴王荒淫残暴,诛杀贤能之人,现在讨伐他,可轻而易举获胜。”于是武帝同意杜预的奏章。杜预立即陈兵江陵,派周旨、伍巢等将领带奇兵乘船夜渡长江,袭击乐乡,同时命晋军多树立旗帜,火烧大巴山(在今湖北松滋西南15里),从要害之地出击,扰乱敌人军心,还俘获了吴国都督孙歆,平定长江上游地区,以及湘江以南直至交州、广州等地,吴国的州郡都望风归降,杜预派人拿着节仗宣读晋帝的诏书予以安抚。此时晋军诸将众会讨论此事,有人说:“吴国是盘踞100多年的敌国,恐怕无法全部攻克。现在正值酷暑,雨水连绵,疾病和瘟疫将起,应当等到冬季再大举进攻。”杜预则认为:“从前乐毅凭借济西一战吞并了强大的齐国。现在我国的兵威已经大振,势如破竹。”于是命令众将直接攻打吴国首都秣陵,所经过的城镇,敌军无人能抵,最后终于平定了孙吴。

昼 战

【原文】 凡与敌昼战,须多设旌旗,以为疑兵[①],使敌莫能测其众寡,则胜。法曰:“昼战多旌旗。”

春秋,晋侯伐齐。齐侯登山以望晋师。晋人使斥[②]山泽之险,虽所不至,必旆而疏陈之[③]。使乘车者左实右伪,以旆先,舆曳柴而从之[④]。齐侯见之,畏其众也,遂逃归。

【注释】 ①疑兵:即以伪装布设的兵阵,用以诱敌就范。②斥:谓侦察、探测。③必旆而疏陈之:山泽险要之地,虽然军队无法到达,也要树起大旗,在稀疏之地布设假目标以为疑兵。旆,大旗也。④舆曳柴而从之:用车拖着树枝跟在大旗之后,以迷惑敌人。舆,本谓车箱,这里指车。曳,牵引、拖。

【译文】 与敌人在白天作战时，必须多设旌旗、壮大军容，以此作为疑兵，使敌人无法度测我军多少，那战斗一定会胜利。兵法说："白天作战要多设置旌旗。"

春秋时，晋平公讨伐齐国。齐侯灵公登上巫山，窥望晋军情况。晋军派士兵到山林沼泽等险峻之地侦察，虽然队伍不到，也虚设旌旗，做出摆开战阵的样子。又命令战车部队在战车上左侧站真人，右侧立假人，旌旗在前，战车拖着柴草树枝跟在后面。旌旗沙尘蔽空，好像有无数兵马。齐侯见了，害怕晋兵人多势众，就率领部队逃了回去。

夜 战

【原文】 凡与敌夜战，须多用火鼓，所以变乱敌之耳目，使其不知所以备我之计，则胜。法曰："夜战多火鼓。"

春秋，越伐吴。吴人御之笠泽，夹水而阵。越为左右两军，乘夜或左或右，鼓噪而进；吴兵分御之。越为中军潜涉①，当吴中军而鼓之，吴师大乱，遂败之。

【注释】 ①潜涉：偷渡。

【译文】 与敌人夜间作战，必须多用火光和鼓声来扰乱敌人的视听，使他们不知用什么方法防御我军，就一定会胜利。兵书上说："夜战多用火光和鼓声。"

春秋时，越王勾践讨伐吴国。吴王夫差派军队在笠泽抵御越军，军队在长江两岸设阵。越军派出左、右两军，到了夜晚，两军轮番鼓噪前进，吴军只得分兵抵御他们。越军的中军则偷偷地渡江，向吴军的中军擂鼓冲杀，吴军大乱，终于被越军打败。

备 战

【原文】 凡出师征讨，行则备其邀截，止则御其掩袭，营则防其偷盗，风则恐其火攻。若此设备，有胜而无败。法曰："有备不败。"

三国，魏大将军吴鳞征南，兵到精湖，魏将满宠率诸军在前，与敌夹水相对。宠谓诸将曰："今夕风甚猛，敌必来烧营，宜为之备。"诸将皆警。夜半，敌果遣十部来烧营，宠掩击破之。

【注释】 ①满宠：三国魏将。山阳昌邑（今山东巨野南）人，字伯甯。从曹操征战功著，官至奋威将军。曹丕即位后，率军南征破吴有功，拜伏波将军，晋封南乡侯。

【译文】 出兵征伐敌人，行军时要防备被敌人拦腰截击，驻扎时要防备敌人突然袭击，安营扎寨后要防备敌人偷营劫寨，有大风时则要防备敌人用火攻。如能处处做好防备，便只有胜利而没有失败。兵书上说："有了防备，就能立于不败之地。"

三国时魏国大将吴鳞南征吴国，来到精湖。魏将满宠率领众将前锋，与吴军隔水对峙。满宠对众将说："今天晚上风很大，敌人必定用火烧我们的营寨，应当严加防备。"因此全军处于戒备状态。到了半夜，吴军果然派十个分队前来烧营，满宠率领魏军突然发动攻击，把吴军打得大败。

粮　战

【原文】　凡与敌垒相对持，两兵胜负未决，有粮则胜。若我之粮道，必须严加守护，恐为敌人所抄。若敌人饷道，可分遣锐兵以绝之。敌既无粮，其兵必走，击之则胜。法曰："军无粮食则亡。"

汉末，曹操与袁绍相持于官渡。袁遣军粮使淳于琼等五人将兵万余人送之，宿绍营北四十里。绍谋臣许攸[1]贪财，绍不能足，奔归操。因说操曰："今袁绍有辎重万余乘，而乏严备，今以轻兵袭之，燔[2]其积聚，不过三日，袁氏自败矣。"左右（疑之），荀攸、贾诩[3]劝操乃留曹洪[4]守，自将步骑五千人，皆用袁军旗帜，衔枚[5]缚马口，夜从间道出，人皆束薪[6]，所历道有问者，语之曰："袁公恐曹操抄掠后军，遣军以益备。"闻者信以为然，皆自若。既至，围屯，大放火，营中大乱，大败之，绍弃甲而遁。

【注释】　①许攸：南阳（今河南南阳）人，字子远。初随袁绍，官渡之战时，弃绍投操，并献计烧袁军乌巢（今河南延津东南）粮囤之策，为操采纳，曹操官渡之战因而获胜。其后，许攸因恃功自傲被杀。②燔：焚烧。③贾诩：武威姑臧（今甘肃武威）人，字文和。董卓入洛阳，诩任讨虏校尉。卓败，先后依附李傕、段煨，后归附曹操，封都亭侯。曹丕即位后，官至太尉。④曹洪：曹操堂弟，字子廉。东汉末，从曹操起兵征战，官至都护将军。曹丕时，任骠骑将军，封野王侯。⑤衔枚：枚，一种形如筷子，两端有带，可系在颈上的一种装具。古时行军，常令士卒衔在口中，以防喧哗。⑥束薪：背一捆柴草。

【译文】　与敌人交战对垒，胜负未定时，谁有粮食就能获得胜利。对于我军运粮的道路，务必严加守护，以防被敌人截断；对敌人的粮饷，要派精锐的士兵去截断它。敌人没有粮食，军队必定撤走，这时发动攻击一定获胜。兵书上说："军队没有粮食就会灭亡。"

东汉末年，曹操与袁绍对峙于官渡。袁绍派淳于琼等 5 人做军粮使，领兵万余人护送军粮，在离袁绍军营北 40 里的地方宿营。袁绍有一个谋臣叫许攸，为人贪财，因不被袁绍重用，就投奔曹操。许攸向曹操献计道："如今袁绍有军用粮草器物万余车，但防守不严。如果用轻装部队袭击他们，焚烧他们积囤的粮草器物，过不了三天，袁绍就会不攻自败。"于是曹操听从荀攸、贾诩的建议，留下曹洪守营，自己亲率步兵骑兵 5000 人，全部换上袁军的旗帜，人衔枚、马缚口，趁夜晚从小路进军，每人都背一捆柴。路上碰到有人查问，便对他们说："袁公怕曹操抄掠后军，特派军队加强防守。"听者信以为真，泰然处之。曹操到了袁绍囤粮的地方，立即放火。袁军营中惊慌混乱，被打得大败，袁绍只得弃甲而逃。

导　战

【原文】　凡与敌战，山川之夷险，道路之迂直，必用乡人引而导之，乃知其利，而战则胜。法曰："不用乡导[1]者，不能得地利。"

汉武帝时，匈奴比岁[2]入寇，所杀掠甚。元朔五年春，令卫青[3]将三万骑出塞，匈奴右贤王[4]以为汉兵不能至此，遂醉卧帐中。汉兵夜至，围右贤王，虏大惊，独与其爱妾一人、骑兵数百，溃围夜逃此去。汉遣轻骑校尉[5]郭成等追四百里，弗及，得虏稗将十余人，男女万五千余口，畜马数百万。于是，青率兵而还。至塞，天子使使者持大将军印，即军中拜青为大将军，诸将皆以兵属，立号而归。皆用校尉。张骞[6]以尝使大夏，留匈奴久，导军，善知水草处，军得以无饥渴。

【注释】 ①乡导：熟悉当地地形的人。②比岁：连年。③卫青：西汉名将。河东平阳（今山西临汾西南）人，字仲卿。汉武帝卫皇后之弟。本为平阳公主家骑，因其姊子得选入宫，为汉武帝所重用，官至大将军，封长平侯。多次率军击败匈奴贵族对汉朝北部边境的攻掠，战功卓著。④右贤王：本谓"右屠耆王"，匈奴官名。冒顿单于时，除自领中部外，又设左、右屠耆王，分领东西二部，由单于子弟担任。"屠耆"，匈奴语，意谓汉语"贤"，故汉族称其左、右屠耆王为左、右贤王。⑤轻骑校尉：统率骑兵的武官。⑥张骞：西汉杰出的外交家。汉中城固（今陕西城固）人。官至大行（掌礼宾），封博望侯。曾奉汉武帝之命两次出使西域，为加强中原和西域少数民族的联系，对发展与中亚各国友好往来、促进经济文化交流贡献良多。

【译文】 进入敌境作战，遇到山川险要、道路迂回的情况，必须用当地人做向导引路，才能知道什么地理条件对我军有利，如何作战才能取胜。兵书上说："不用熟悉地形的人为向导，就不能得到地利。"

西汉武帝时，北方的匈奴连年入侵，杀人掠物，不计其数。元朔五年春，武帝命大将卫青率领3万兵马出边塞御敌。匈奴右贤王认为汉兵不会到达这里，醉卧帐中。不料汉军夜间赶到，将他们包围起来，右贤王大吃一惊，只带爱妾一人、骑兵数百人，突破包围，连夜向北逃去。汉军派轻骑校尉郭成等人追杀了400多里，没有追上。这一仗虏获了匈奴副将数十人、男女5000多人、牲畜几百万匹。战争结束后，卫青领兵而回。到边塞时，汉武帝派使者带着大将军印，在军中拜卫青为大将军，各将领都被委派军权，回朝后都被任命为校尉。张骞曾出使大夏国，途中被匈奴扣留很久，这次随卫青出征匈奴，以匈奴人为向导，这些向导熟知塞外地理条件，以及水草分布的情况，才使汉军没有遭受饥渴之苦。

知　战

【原文】 凡兴兵伐敌，所战之地，必预知之。师至之日，能使敌人如期而来，与战则胜。知战地，知战日，则所备者专[1]，所守者固。法曰："知战之地，知战之日，则可千里而会战。"

战国，魏与赵攻韩[2]，韩告急于齐。齐用田忌[3]将而往，直走大梁。魏将庞涓[4]闻之，去韩而归魏。孙膑谓田忌曰："彼三晋[5]之兵，素悍勇而轻齐，齐号为怯，善战者因其势而利导之。兵法：'百里而趋利者，蹶[6]上将；五十里而趋利者，军半至。'使齐军入魏地为十

万灶，明日为五万灶，又明日为三万灶。”涓追三日，大喜曰：“我固知齐军怯，入吾地三日，士卒亡者过半矣。”乃弃其步军，与精锐骑兵，倍道兼行[7]逐之。孙膑度其行，暮当至马陵，道狭而旁多阻隘，可伏兵。乃斫大木，白而书之曰：“庞涓死此树下。”于是，令齐军善射者万弩，夹道而伏砍木下。涓追至，见白书，乃钻火烛之，读其书未毕，齐军万弩齐发，魏军大乱。涓自知智穷，兵败，乃自刎。

【注释】 ①所备者专：指有充分准备。②魏与赵攻韩：公元前340年，魏与赵进攻韩国，韩向齐求救，齐派田忌和军师孙膑救援，为马陵之战的直接起因。③田忌：一作“田期”“田思期”，战国初齐将。曾率兵先后于桂陵、马陵大败魏军。④庞涓：战国时魏将。早年与孙膑同学兵法。魏惠王时任将军，罗织孙膑罪行，施以膑刑（削掉膝盖骨）。后率兵攻韩，为孙膑所破，自杀而死。⑤三晋：春秋末年，晋国的韩、魏、赵三家分晋，成为韩、魏、赵三国，故称三家为三晋。这里是指魏与赵。⑥蹶：挫败。⑦倍道兼行：兼程赶路。

【译文】 举兵攻讨敌人，必先得知战场的一切情况。在军队到达的那天，让敌人也如期到来，在这种情况下和敌人作战，一定会取得胜利。因为得知与敌人交战的地点和时间，准备工作必定齐全，而防守必然坚固。兵书上说：“知道战斗的地点和时间，就可以在千里之外与敌人会战。”

战国时，魏国与赵国联合进攻韩国，韩国向齐国告急求救。齐国派大将田忌领兵前往救援，齐军直奔魏国都城大梁。魏将庞涓得知，赶紧离开韩国，领兵回到魏国。田忌的军师孙膑建议：“三晋之兵向来强悍猛勇，看不起齐国，认为齐军很胆小。善于作战的将领应该因势利导夺取胜利。《孙子兵书》说：‘每天赶100里路去争利，可能令主将挫败；赶50里去争利，可能只有一半的部队到达。’按这个道理，让齐军进入魏国之后，第一天可设10万个灶，第二天减少为5万个灶，第三天减为2万个灶。”田忌采纳了这个建议。庞涓率领军队追赶齐军，一连走了三天，看到齐军的炊灶逐渐减少，高兴地说：“我早就知道齐军胆小，才进入我国三天，兵力就减少了一半多。”于是丢下步兵，只带精锐部队，加倍兼程追赶齐军。孙膑推算庞涓的行军路线及速度，料定庞涓当夜会到达马陵。马陵道路狭窄，两旁都是险阻之地，可以埋伏人马。于是派人砍去一棵大树的树皮，在上面写下：“庞涓死在这棵树下”。再命令齐军善于射箭的上万名弓弩手埋伏在路的两旁。当晚庞涓到达马陵，看见大树露白的地方写着字，便令人点上火把照看，还没等他看完上面的字，埋伏在两旁的齐军万箭齐发，魏军乱成一团。庞涓知道自己走投无路，便拔剑自杀而死。

斥　战

【原文】 凡行兵之法，斥堠[1]为先。平易用骑，险阻用步。每五人为甲，人持一白旗，远则军前后左右，接续候望。若见贼兵，以次递转告主将，令众预为之备。法曰：“以虞待不虞者胜。”

汉宣帝时，先零诸羌叛，犯边塞，攻城邑，杀长吏。时后将军赵充国，年七十余，上老

之,使问谁可将者,充国曰:“百闻不如一见,兵难预度。臣愿驰至金城,图上方略[2]。然羌戎小夷,逆天背叛,灭亡不久,愿陛下属之老臣,勿以为忧。”上笑曰:“诺。”充国至金城,须兵满万骑,欲渡河,恐为虏所遮,即夜遣三校[3],衔枚先渡,渡辄营阵,会明,遂以次尽渡。虏数十百骑来,出入军傍。充国曰:“吾士马新至,困倦不可驰逐。此皆骁骑难制,又恐为其诱兵也。击虏以殄灭[4]为期,小利不足贪。”令军中勿击。遣骑候望,四望狭中,亡虏。夜半,兵至洛都,召诸校司马,谓曰:“吾知虏戎不能为矣。使虏发数千人守杜四望狭中,兵众岂得入来!”充国常以远斥堠为务,行必为战备,止必坚营壁,尤能持重,爱士卒,先计而后战。遂平先零。

【注释】 ①斥堠:侦察、候望;亦指侦察敌情的士兵。②图上方略:谓根据当场情况,制定作战方案上报。③三校:校,古代军队编制单位。汉武帝时设八校:中垒、屯骑、步兵、越骑、长水、胡骑、射声、虎贲,每校兵数不等,少者700人,多者1200人。统带一校的军官称校尉。三校,也可理解为三支部队。④殄灭:灭绝、消灭。

【译文】 行军作战的原则,必须先进行侦探。在平坦的地方用骑兵,险阻崎岖不平的地方用步兵。侦探每5人为一甲,每人拿一面白旗。由近到远,以前后左右各军轮流执行侦测的工作。一旦发现敌人的兵马,便依次层层转递消息禀告主将,使全军早有防备。兵书上说:“以万全的准备来巩固军队,而乘敌不意、攻其不备,必能稳操胜算。”

西汉宣帝时,羌族先零人起兵叛乱,侵犯边疆,攻陷城池,杀死官吏。当时西汉名将赵充国年逾70,汉宣帝认为他年事已高,便询问有谁可代他领兵西征。赵充国回答说:“百闻不如一见,兵家战事很难预先猜测。老臣愿意领兵急驰至金城,实地考察后再上奏破敌策略。羌族是一个小小的外族,如今违背天意背叛朝廷,不久必然灭亡,请陛下将征西重任交给我,不要为此事忧虑。”汉宣帝笑着说:“好吧。”赵充国来到金城,带领骑兵万人出征。想渡过黄河,又怕被羌人阻遏截击,便在夜里派出三支军队衔枚先渡河,渡河后立即安营立寨。等到天亮后,汉军依照次序全部渡过河去。他们发现有几百名羌族骑兵在附近出没。赵充国对自己的将士说:“我们的兵马刚到,都疲乏了,不能出营交战追赶他们。这些羌人骁勇善战,很难对付,恐怕是敌人的诱兵之计。我们的目的是全歼羌人,不应贪图小利。”他命令军队不要出击。同时派出侦骑兵侦察敌情,发现四望峡中没有羌兵。半夜时,汉军来到洛都。赵充国召集众属将,对他们说:“我知道羌人不会有什么作为了。倘若他们派数千人守卫在四望山,在狭路上多派军马守卫,我们还能来到这里吗?”赵充国领兵打仗,总是视远处侦探为首要大事。行军时必定做好随时战斗的准备,驻扎时必定加强防守军营,尤其不轻易让士兵作无谓的牺牲,而且均先订好策略才作战。最后,终于平定了先零的叛乱。

泽 战

【原文】 凡出军行师,或遇阻泽[1]、圮毁[2]之地,宜倍道兼行速过,不可稽留也。若不得已,与不能出其地,道远日暮,宿师于其中,必就地形之环龟[3],都中高[4]四下为圆营,四

面受敌。一则防水潦之厄，一则备四围之寇。法曰："历沛[⑤]圮，坚环龟。"

唐甘露元年：突厥[⑥]阿史德温傅反，诏吏部尚书右卫大将军裴行俭[⑦]为定襄道行军大总管讨之。军次单于[⑧]界北，暮已，立营，堑壕既周，行俭更命徙营高岗。吏曰："吏士安堵，不可扰。"不听，徙之。比夜，风雨雷霆暴至，前设营所，水深丈余，莫不骇叹，因问何以知风雨也，行俭笑曰："自今但依我节制，毋问我所由知也。"

【注释】 ①阻泽：即沼泽之地。②圮毁：被水冲毁、坍塌之地。③环龟：即四周低中间高，形似龟背之地。④都中高：意指居于四周低、中间高之地。⑤沛：有水草的低洼地。⑥突厥：我国古代北方地区的一个游牧民族，兴于金山（今阿尔泰山）南部，初属柔然统治，6 世纪中叶，击败柔然，建政权于今鄂尔浑河流域，占有东至辽河，西抵里海（一说至咸海），南到阿姆河南，北越贝加尔湖的辽阔地区。隋初，分裂为东突厥和西突厥。⑦裴行俭：唐朝名将。绛州闻喜（今山西闻喜）人，字守约。曾任吏部侍郎、礼部尚书、检校右卫大将军、定襄道行军大总管等职。善用兵，因战功卓著，晋封闻喜县公。⑧单于：这里指"单于都护府"。唐高宗麟德元年（公元 664 年）改云中都护府置，治云中古城（今内蒙古和林格尔西北），统漠南突厥部落诸州事，辖境相当今内蒙古阴山、河套一带。

【译文】 军队行军作战，假如遇到沼泽地和被大水冲毁坍塌的地方，应日夜兼程地赶路，迅速通过，不可拖延滞留。倘若实在走不出这样的地形，或天色已晚，必须驻留扎营，就必须就地形四面屯守，选择地势较高之处设置圆形营寨，使前后左右四面都能受制约。这样安营的目的，一则防备大水的危害，一则防备四周来犯的敌人。兵书上说："处沼泽地，要坚持四周低、中间高，形似龟背之地的营垒。"

唐朝甘露元年，突厥族阿史德温傅叛乱。朝廷诏令礼部尚书右卫大将军裴行俭为定襄道行军大总管，领兵讨伐。行俭的军队驻留在单于都护府的边界，到了晚上，营寨已立，营外的沟堑也已挖好。而行俭却变更命令将军营迁徙到高冈上。有将官说："将士们已经安居，不可再调动他们。"裴行俭不听，坚持让军队移营。到了夜里，突然风雨雷霆大作，先前设置军营的地方，水深一丈多，众将士莫不惊叹。有人问裴行俭怎么知道当天晚上会有风雨，裴行俭笑说："从今以后，只管听从我的调遣，不要问我是怎么知道的。"

争 战

【原文】 凡与敌战，若有形势便利之处，宜争先据之，以战则胜。若敌人先至，我不可攻，候其有变则击之，乃利。法曰："争地勿攻。"

三国，魏青龙二年，蜀将诸葛亮出斜谷[①]，并田[②]于阑坑。是时，魏将司马懿屯渭南，郭淮[③]策亮必争此原，宜先据之，议者多谓不然。淮曰："若亮跨渭登原，连兵北山，隔绝陇道，摇荡民心，此非国之利也。"懿善之，淮遂屯北原。堑垒未成，蜀兵大至，淮遂逆击之。后数日，亮盛兵西行，淮将皆以为欲攻西围[④]，淮独以亮见形于西，欲使兵众应之，必攻东耳。其夜，果攻阳遂，有备不败。

【注释】 ①斜谷：山谷。位今陕西眉县西南终南山，南北走向，南口叫褒，北口叫斜，

故又称褒斜道。②并田：在此做动词，意谓屯田。③郭淮：三国魏将。阳曲（今山西太原）人，字伯济。魏文帝时，任雍州刺史，封射阳亭侯。明帝时，任征西将军，都督雍凉诸事，长期驻守关右，后升任车骑将军，封阳曲侯。④西围：魏军营垒之称。

【译文】 与敌人交锋，倘若遇到对自己军队有利的地形，应当抢先占据它，如此必能稳操胜算。倘若敌人抢先一步占据了有利的地形，我军就不要急于进攻，应待敌人内部发生变化，再出兵进攻才能获得胜利。兵书上说："兵家必争之地，如果敌人先占领，就不要再去攻打。"

三国时，魏国青龙二年，蜀将诸葛亮领兵出斜谷攻魏。当时，魏国大将军司马懿正领兵驻扎在渭水南岸。魏将郭淮预料诸葛亮必然争夺北原，故主张魏军应抢先占领。但共同议事的人都不以为然，郭淮分辩道："如果诸葛亮的军队跨过渭水，占领了北原，将出现祁山南北部是蜀军的局面，我们通往陇西的道路便会隔绝。那样，肯定会全国民心动摇，对国家不利。"司马懿认同他的话，于是派郭淮屯兵北原。郭淮到达北原后，还没等营垒沟堑修成，诸葛亮的大军便蜂拥而至，郭淮立即率兵迎击。过了几天，诸葛亮的军队浩浩荡荡地向西进攻，郭淮的部将都以为诸葛亮要去攻西围，唯独郭淮认为这是诸葛亮的计策，故意做出向西进军的姿态，诱使魏军前去应付，真正的目的是攻打东面的阳遂。当天夜里，诸葛亮果然攻打阳遂，由于早有准备，魏军才没有吃败仗。

地 战

【原文】 凡与敌战，三军必要得其地利，则可以寡敌众，以弱胜强。所谓知敌之可击，知吾卒之可以击，而不知地利，胜之半也。此言既知彼又知己，但不得地利之助，则亦不能全胜。法曰："天时[①]不如地利。"

晋安帝讨南燕[②]，慕容超[③]召群臣议拒晋师。公孙五楼曰："晋师劲果，所利在速战，初锋勇锐，不可击也。宜据大岘，使不得入，旷日延时，沮其锐气。可徐拣精兵二千骑，循海而南，绝其粮道；别遣段晖率诸州之军，缘山东下。腹背击之，此上策也。各命守宰依险自固，较[④]其资储之外，余悉焚荡，芟除[⑤]粟苗，使敌来无所资，坚壁清野，以待其衅，中策也。纵贼入岘，出城迎我，下策也。"超曰："京都富盛，户口众多，非可以一时入守。青苗布野，非可卒芟。设使芟苗守城，以全性命，朕所不能。据五洲[⑥]之强，带山河之固，战车万乘，铁马万群，纵令过岘，至于平地，徐以精兵蹂之，必成擒也。"慕容镇[⑦]曰："若如圣旨，必须平原十里而军，军垒成，用马为便，宜出岘，逆战而不胜，犹可退守。不宜纵敌入岘，自贻窘逼。昔成安君不守井陉之险，终屈于韩信；诸葛瞻不守马阁之险，卒擒于邓艾[⑧]。臣以天时不如地利也，阻守大岘，策之上也。"超又不从。而摄莒、梁父二戍，修城隍[⑨]，拣士马，蓄锐以待之。其夏，晋师已次东莞，超遣其左军段晖等步骑五万，进据临衢。俄而，晋师渡岘，慕容超惧，率兵四万就段晖等。于临衢战败，超奔广固，数日而拔，燕地悉平。

【注释】 ①天时：指天候、节气等自然条件。②南燕：十六国之一。东晋隆安元年，北魏拓跋皂率兵击败后燕，燕相慕容德率众从邺（今河北临漳西南）迁至滑台（今河南滑

县)称燕王,后又迁至广固称帝,占有今山东和河南一部分,史称其国为南燕。③慕容超:慕容德之侄。晋义熙元年(公元405年)即帝位。他不恤政事,信用奸佞,不得民心。义熙六年二月,被东晋刘裕军所俘,送至建康(今南京)斩首,在位仅6年。④较:通"校",查对、计点。⑤芟除:引申为铲除、除去。芟,除草。⑥五洲:南燕分其境为幽、并、青、徐、衮五洲。⑦慕容镇:南燕将,曾任车骑将军。慕容超称帝后,加任其为开府仪同三司、尚书令。⑧邓艾:三国魏将。义阳棘阳(今河南新野东北)人,字士载。初为司马懿掾属、尚书郎,曾建议屯田两淮,广开漕渠,并著有《济河论》加以阐述。后任镇西将军,与蜀将姜维相拒。⑨隍:谓无水的护城壕。

【译文】 与敌军作战,三军必须占据有利的地形,才能够以少胜多、以弱胜强。常言道:知道敌人的战斗力,也知道我军的战斗力,但不知道地形对我是否有利,取胜的概率只有一半。此说意谓:虽然知己知彼,但若得不到地利之助,也不能取得全胜。兵书上说:"占天时不如占地利。"

公元409年,东晋刘裕讨伐南燕。南燕王慕容超召集群臣议论抵御晋军的策略。大将公孙五楼说:"晋军强劲凶猛,利在速战。他们刚刚出师,勇锐难当,不可迎击。我军应据守大岘山,使敌军不能攻打进来。这样拖延时间,就可以逐渐消磨敌军锐气。我军可充分利用这段时间,挑选2000骑精兵,沿山路向南,截断晋军的粮道;另派大将段晖统率诸州的军队,顺大岘山东下,对晋军形成腹背夹击之势,这是上策;或者命令守卫者凭险固守,查对军资仓储,除军需外,剩余的全部焚烧销毁,割掉粮谷禾苗,使晋军来到后得不到粮草。这样坚壁清野后,等待敌军出现破绽再出击,这是中策;放敌军进入岘山,我军出城迎战,那是下策。"慕容超却说:"我国京都富裕昌盛,户口众多,不可能迅速把他们迁到固守的城内;青苗遍布四野,一时也难以全都铲除;若是芟除青苗,死守城池,借以保全性命,我无法这么做。我国有五洲土地,周围有险固的山河作屏障,战车万辆,装甲骑兵无数,纵然放晋军过岘山,到了平原地带,我们再用精兵攻击,他们一定会被我们擒获。"谋臣慕容镇见慕容超不用公孙五楼之策,便又进言:"诚如陛下所言,必须在距大岘山10里的平原上安营立寨。军营建成,用骑兵最方便。所以我军应出大岘山迎战敌军。如果战事不顺利,还可退守。但不应放敌人进入大岘山,使自己陷入被动。当年成安君陈余不坚守险固的井陉口,终于被韩信打败;诸葛瞻不在险峻的马阁坚守,最后被邓艾擒获。臣认为天时不如地利,扼守大岘山是诸策中的上策。"慕容超还是不听。他命令莒、梁父的驻军修筑护城壕,挑选、训练士兵和战马,养精蓄锐,等待晋军。那年夏天,晋军攻破东面,慕容超派他的左军段晖等统率5万步骑,进据临衢。不久,晋军渡过了大岘山。慕容超害怕,率4万兵马支援段晖,在临衢战败,慕容超只得逃奔广固,没几天,广固也被晋军攻下,南燕的土地全被晋军占领了。

山 战

【原文】 凡与敌战,或居山林,或在平陆,须居高阜。恃于形势,顺于击刺,便于奔

冲，以战则胜。法曰："山上之战，不仰其高。"

战国，秦伐韩，韩求救于赵。王①召廉颇②而问曰："可救否？"曰："道远路狭，难救。"又召乐乘③而问曰："可救否？"乐乘对如颇言。又召赵奢④问，奢曰："道远路狭，譬如两鼠斗于穴中，将勇者胜。"王乃令奢将，救之。兵去赵国都三十里，垒，不进，而令军中曰："有以军事谏者死。"秦军武安，有一人谏，奢立斩之。坚壁，留二十八日不行，复益增垒。秦间来入，赵奢善食而遣之。间以报秦将，秦将大喜，曰："夫去国三十里，而军不行，乃增垒，非救赵地也。"赵奢既遣秦间，乃卷甲而趋之，二日一夜至。秦闻之，悉甲而至。军士许历请入谏，赵奢内⑤之。许历曰："秦人不意赵师至此，其来气盛，将军必厚集其阵以待之。不然，必败。"奢曰："请受教。"历曰："请受刑。"奢曰："须后令⑥至邯郸。"历复请曰："先据北山者胜，后至者败。"赵奢曰："诺。"即发万人趋之。秦兵后至，争山不得上，奢纵兵击之，大破秦军，遂解其围。

【注释】 ①王：指赵惠文王，名何，赵武灵王庶子。②廉颇：赵国名将。赵惠文王拜其为上卿。作战勇敢，屡败齐、魏等国。赵孝成王时，任相国，封信平君。③乐乘：战国赵将。本燕国将领乐毅之后，因燕王不听其计，出兵攻赵失败被俘而留赵，被封为武襄君。④赵奢：战国赵将。初任田部吏，主治国赋。后任将军，善用兵，因率军救韩大破秦军有功，被封为马服君。⑤内：同"纳"，使进入。⑥须后令：谓待后令。后令是对前令"有以军事谏者死"而言。赵奢率军离开邯郸30里止军不进，乃是用以麻痹秦军的一种计谋，因恐人谏而破坏此谋，故出前令。现在即将交战，须得谋策，不能再用前令，故云"须后令"。赵奢采纳许历的建议打败秦军，回到邯郸后，不但未治其罪，相反地，赵惠文王还将许历晋升为国尉。须，待也。

【译文】 与敌人交战，无论是在山地、森林、平原还是陆地，都必须占据高点。占据了高点，可以利用地形和地势顺势向下出击，便于冲锋，作战一定胜利。兵书上说："在山区战斗，要占据最高的地势。"

战国时，秦国征讨韩国的阏与，韩国向赵国求救。赵王召见大将廉颇，问他："可以救吗？"廉颇回答："路程遥远，道路狭隘，不易援救。"赵王又召乐乘，问道："可以救吗？"乐乘的回答和廉颇一样。赵王又召大将赵奢相问，赵奢说："道路遥远险隘，就像两只老鼠在洞穴中打架一样，哪个勇敢，哪个就能获胜。"于是，赵王下令赵奢领兵救韩。赵奢带军队在离赵国都城邯郸30里的地方停下来，修筑营垒，不再前进，并在军中下达命令："有敢为战事进谏的，处死刑。"这时秦军担心赵国救韩，为了牵制赵国兵力，便派兵驻扎在武安。赵奢军中有一人进谏，赵奢立即将他斩首。赵奢坚守营垒28天不往前走，还增筑营垒。秦国派来刺探军情的间谍，赵奢用美食款待他们，再送他们回去。间谍把赵军的情况通报秦将，秦将喜出望外地说："赵军离开都城30里就停止不走，还增筑营垒，显然是不敢救阏与了，阏与不再是赵地。"赵奢送走秦军间谍后，立即指挥军队卷起盔甲，轻装迅速向阏与前进，本来需时两天的路程一夜的时间就赶到了。秦军知道这个消息后，全副武装迎战。有个名叫许历的下级军官请求赵奢允许他进谏，赵奢让他进入军帐中。许历

说:"秦军没有料到我军来得这么快,秦军士气很旺盛,将军您要严阵以待,不然肯定吃败仗。"赵奢说:"听你的指教。"许历说:"请按您的军令将我处刑。"赵奢说:"到邯郸以后等待命令吧!"许历又说:"秦赵两军,先占据阏与北面小山的获胜,后到的必失败。"赵奢说:"就听你的!"随即派一万人急奔山头。秦兵后到,赵奢指挥军队居高临下,攻击秦军,秦军大败。韩国阏与之围终得以解除。

谷 战

【原文】 **凡行军越过山险而阵,必依附山谷,一则利水草,一则附险固,以战则胜。法曰:"绝山依谷。"**

后汉将马援[①]为陇西太守,参狼羌[②]与塞外诸种为寇,杀长吏。援将四千余人,击之,至氐道县。羌在山上,援军据便地[③],夺其水草,不与战,羌遂穷困。豪[④]帅数十万户亡出塞外,诸种万余人悉降。羌不知依谷之利,而取败焉。

【注释】 ①马援:东汉将领。茂陵(今陕西兴平东北)人,字文渊。王莽时为新城大尹(太守),莽败,依附于割据陇西的隗嚣。后归刘秀,曾参加攻灭隗嚣、击败先零羌等战争。官至伏波将军,封新息侯。②参狼羌:汉代时羌族的一种,主要分布于武都郡(今甘肃武都地区),故又称武都羌。③便地:谓有利地形。④豪:参狼羌的首领。

【译文】 部队行军越过险要的山区安营扎寨时,营寨必须依附山谷。一来可得水草之利,二来有山险可依,这样交战一定胜利。兵书上说:"通过山地,要靠近山谷。"

后汉时,将军马援为陇西太守。参狼羌与塞外一些少数民族入侵,杀地方长官。马援率领四千人马到氐道县进攻。羌人驻扎在山上,马援的军队占据了水草丰茂的地方,断绝羌人所需的水草,不与羌人作战,就使羌人陷入困境。参狼羌及部族数十万户只得逃往塞外,其余少数民族有万余人投降。这是因为羌人不知道依附山谷的有利条件,才会失败。

攻 战

【原文】 **凡战,所谓攻者,知彼者也。知彼有可破之理,则出兵以攻之,无不胜。法曰:"可胜者,攻也。"**

三国魏曹公遣朱光为庐江太守,屯皖,大开稻田,又令间人[①]招诱鄱阳贼帅,使作内应。吴将吕蒙曰:"野田肥,若一收熟,彼众必增,如是数岁,操难制矣。宜早除之。"乃具陈其状。于是,孙权亲征,一朝夜[②]至,问诸将计策,诸将皆劝作高垒。蒙曰:"治垒必历日乃成,彼城备已修,外救必至,不可图也。且乘雨水以入,若淹留[③]经日[④],必须尽还,还道艰难。蒙窃[⑤]危之。余观此城,不甚固。以三军锐气,四面攻之,不移时可拔,及水未涨而归,全胜之术也。"吴主权从之。蒙乃荐甘宁[⑥]为外城都督,率兵攻其前,蒙以精锐继之。侵晨[⑦]进攻,蒙手执枹鼓[⑧],士卒皆腾踊[⑨]自升,食时破之。既而张辽至夹石,闻城已拔,乃退。权加蒙功,即拜庐江太守。

【注释】 ①间人：即间谍。②朝夜：犹昼夜。③淹留：淹留，亦作“奄留”，谓停留、久留。④经日：谓一日或数日，这里指数日。⑤窃：犹私，这里用作表示个人意见的谦辞。⑥甘宁：巴郡临江（今四川忠县）人，字兴霸。初附刘表，后归孙权。作战勇敢，为孙权所重，官至西陵太守、折冲将军。⑦侵晨：谓天刚亮。⑧袍鼓：谓以槌击鼓。⑨腾踊：谓跳跃。

【译文】 两军交战，向敌军展开攻势的一方，都是由于了解敌方的情况。了解敌方可被我攻破的条件，再出兵进攻，没有不胜的。兵书上说：“可以获得胜利，才能发动进攻。”

三国时，魏曹操派遣朱光做庐江太守，驻扎在皖县。朱光大面积种植稻田，又命间谍招诱鄱阳一带因作战失败归回乡里的人，为魏军做内应。吴国将领吕蒙说：“皖地肥沃，如果稻谷收成好，魏军粮草充足了，兵马一定会增加。这样数年之后，曹操的军队就难以对付了，应当早一点除掉他们。”他具体地向孙权陈述了双方军队的情况。于是，孙权亲征皖县，一天一夜就到了。孙权向诸将询问计策，诸将都劝孙权修筑壁垒，围困皖县。修筑壁垒需用几天时间才能建成，吕蒙说：“魏军也在城内做了防守准备，其他地方的魏军也一定会来救援，这样一来，这座县城就不能攻下了。况且我们是乘雨水之季入城，如果停留数日，上涨的江水必将退尽，那时回军的道路就会很艰难，我觉得太危险了。我看这座城不甚坚固，凭我军的锐气四面攻城，用不了多久就可以攻取，还能趁着江水未涨之机回军，这是全胜之策。”孙权听从了吕蒙的计策。吕蒙推荐甘宁做登城都督，领兵打头阵，自己则带领精军锐队继后。天刚亮时开始进攻，吕蒙亲自用鼓槌击鼓，士兵们都争先恐后向城里进攻，到了早饭时间，城就被攻下了。不久，魏将张辽领兵来到夹石，听说皖城已破，就退了回去。孙权嘉勉吕蒙的功劳，当即拜他为庐江太守。

守 战

【原文】 凡战，所谓守者，知己者也。知己有未可胜之理，我且固守，待敌可破之时，则出兵以攻之，无有不胜。法曰：“知不可胜，则守。”

汉景帝[①]时，吴楚七国反[②]，以周亚夫[③]为太尉，东击吴楚七国。因自请于上曰：“楚兵剽轻[④]，难以争锋，愿以梁委之，绝其食道，乃可制也。”上许之。亚夫至，会兵荥阳。吴方攻梁，梁急，请救于亚夫。亚夫率兵东北走昌邑，坚壁而守。梁王使使请亚夫，亚夫守便宜，不往救。梁上书于景帝，帝诏亚夫救梁，亚夫不奉诏。坚壁不出，而使弓高侯[⑤]等将轻骑，绝吴楚兵后食道。吴楚兵乏粮，饥欲退，数挑战，终不出。夜，亚夫军中惊乱，自相攻击，至于帐下，亚夫坚卧不起。顷之，自定。吴奔壁东南陬[⑥]，亚夫使备西北。已而，吴兵果奔西北，不得入。吴楚兵饥，乃引兵退。亚夫出精兵追击，大破之。吴王濞弃其军，与壮士数千人亡走，保于江南丹徒。汉兵因乘胜追击，尽获之，降其郡县。亚夫下令曰：“有得吴王者，赏千金。”月余，越人斩首以告。凡相攻守三月，而吴楚悉平。

【注释】 ①汉景帝：即西汉皇帝刘启。他在位时，继续推行文帝的“与民休息”政

策，并进行“削藩”，平定了吴、楚等7诸侯国的叛乱。旧史家将他与文帝并提，称为“文景之治”。②吴楚七国反：指汉景帝前元三年（公元前154年），吴王刘濞联合楚王刘戊、赵王刘遂、胶东王刘雄渠、胶西王刘卯、济南王刘辟光、淄川王刘贤等，以诛晁错为名，发动叛乱。后为中央政府先后平定。③周亚夫：西汉名将。汉初大将周勃之子。初封条侯，文帝时，他受命驻军细柳（今陕西咸阳西南），在防御匈奴贵族进攻的斗争中，军功卓著，治军严整。景帝时，因率军平定吴楚7国叛乱有功，升任丞相。④剽轻：谓勇猛轻捷。⑤弓高侯：即韩王信之子颓当。汉文帝十四年（公元前166年），颓当自匈奴归汉，被封为弓高侯。弓高，县名，在今河北阜城南。⑥陬：角落也。

【译文】 战争中所说的防御，是出于了解自己的情况。知道自己的力量一时不能战胜对方，就应当固守，等到有了打败对方的时机，再出兵进攻，如此没有不胜的。兵书上说：“知道自己不能取胜就要防守。”

西汉景帝三年，吴楚等7国叛乱。汉景帝派太尉周亚夫率军东进，攻打吴楚等7国叛军。行前，周亚夫向汉景帝请求说：“楚兵剽悍轻捷，难与他们正面交锋。我想暂时把梁国舍弃给他们，然后断绝他们的粮道，这样才能战胜敌人。”景帝答应了。周亚夫领兵启程后，聚兵荥阳。这时吴楚联军正攻打梁国，梁国危急，请求周亚夫援救。周亚夫坚持原定作战方略，领兵向东北进发。在昌邑深沟高垒进行防守。梁孝王几次派使者请周亚夫援救，周亚夫自作主张，不发兵相救。梁孝王为此事上书景帝，景帝下诏命周亚夫救援梁国。周亚夫没有执行诏命，仍坚守营垒不出战，派弓高侯等将率领轻骑，绕到吴楚联军的后面，断绝其粮道。吴楚军中缺粮，意欲撤退。他们多次挑战，周亚夫命令军队不得出战。一天夜晚，周亚夫军队中惊慌骚乱，士兵们自相攻击，竟至周亚夫帐下，周亚夫镇定自如，高卧不起，不一会变乱就自行平定了。吴楚联军又采用“声东击西”的办法，做出直奔周亚夫军营东南角的样子。周亚夫识破了敌人的用心，命令加强军营西北部的守备。不久，吴楚军队果然来攻军营的西北角，但未能攻入。吴楚因军中缺粮，只好撤兵退却。周亚夫派精兵追击，大败敌军。吴王刘濞舍弃了他的大队人马，只带数千壮士逃走，逃到江南的丹徒进行防守。汉兵乘胜追击，俘虏了吴国全军，降服吴国所属的郡县。周亚夫下令道：“能抓到吴王的人赏千金。”仅一个多月的时间，越人来报已将吴王斩首。周亚夫与吴楚军队之间攻守7个月，吴楚的叛乱全部被平定。

先　战

【原文】 凡与敌战，若敌人初来，阵势未定，行阵未整，先以兵急击之，则胜。法曰：“先人有夺人之心。”

春秋，宋襄公[①]及楚人战于泓，宋人既成列，楚人未既济。司马子鱼[②]曰：“彼众我寡，及其未既济，请急击之。”公弗许。既济未成列，子鱼复请，公复未之许。及成列而战，宋师败绩。

【注释】 ①宋襄公：春秋时宋国国君，名兹父。齐桓公死后，他与楚争夺霸主，一度

为楚所拘。其后，与楚军战于泓水，因其空讲"仁义"，不听劝谏，结果被楚军打败受伤，不久因伤重而亡。②司马子鱼：司马，官名，掌管军政和军赋。西周始置，春秋、战国时沿用。子鱼，人名，即宋襄公庶兄公子目夷，与《舟战》战例中的"司马子鱼"非一人。

【译文】 与敌人交战，倘能趁敌人刚刚到达，阵势还没摆好，队伍尚未及整顿之际发动进攻，必获全胜。兵书上说："先发兵攻打敌人，有威慑敌人心理的作用。"

春秋时，宋襄公率领军队与楚国军队在泓水交战。宋兵已经摆好阵势，楚兵还未全部渡过泓水。司马子鱼进谏说："楚军兵多，我军兵少，趁他们没有全部过河时，请主上下令快速攻击。"宋襄公不同意。当楚兵已经过河，但尚未摆好阵势之际，子鱼又请出击，宋襄公还是不同意。等到楚兵排好阵势，两军交战，宋兵果然被打败。

后 战

【原文】 凡战，若敌人行阵整而且锐，未可与战，宜坚壁待之，候其阵久气衰，起而击之，无有不胜。法曰："后于人以待其衰。"

唐武德中，太宗围王世充[①]于东都，窦建德[②]悉众来救。太宗守武牢[③]以拒之。建德阵汜水东，弥亘数里，诸将皆有惧色。太宗将数骑登高以观之，谓诸将曰："贼起山东，未见大敌。今渡险而嚣，是军无政令；逼城而阵者，有轻我之心也。我按兵不动，待彼气衰，阵久卒饥，必将自退，退而击之，何往不克！"建德列阵，自辰至午时[④]，卒饥倦，皆列坐，又争饮水。太宗令宇文士及[⑤]率三百骑，经贼阵之西，驰而南。诫曰："贼若不动，尔宜引归；如觉其动，宜率东出。"士及才过，贼众果动。太宗曰："可击矣。"乃命骑将建旗列阵，自武牢乘高入南山，循谷而东，以掩贼背。建德遽率其阵，却止东原，未及整列，太宗轻骑击之，所向披靡。程咬金[⑥]等众骑缠幡[⑦]而入，直突出贼阵后，齐张旗帜，表里俱备[⑧]，贼众大溃，生擒建德。

【注释】 ①王世充：新封（今陕西临潼东北）人，字行满。隋炀帝时，曾任江都郡丞、通守等职，镇压过农民起义军。大业十四年（公元618年），炀帝死后，他在洛阳拥立越王杨侗为帝；次年，废杨侗，自称皇帝，国号郑。唐武德四年（公元621年），为李世民所败，降唐。②窦建德：隋末河北农民起义军首领。大业七年（公元611年）率众起义，投高士达任军司马。高阵亡后，他继为领袖，称将军，拥众十余万。大业十三年，在河间之战中，歼灭隋将薛世雄部三万余人，声势大振。次年，称夏王，建都乐寿（今河北献县），国号夏，据有今河北大部地区。③武牢：即虎牢。因唐讳虎，故改虎牢为武牢。故址在今河南荥阳市汜水镇。该处地势险要，向为军事要地。④自辰至午时：即从7～13时，亦即上午时间。⑤宇文士及：武川（今河南南阳北）人，字仁人。隋炀帝之婿。炀帝死后，他归附李渊父子，因从讨王世充等有功，晋封郢国公，官拜中书令。⑥程咬金：唐初大将，后改名知节。济州东阿（今山东东阿）人。隋末从李密参加瓦岗军，任内军骠骑。密败，归王世充；后归唐任秦王府左三统军，后任左领军大将军，封卢国公。⑦缠幡：谓扎束旗帜，以壮兵势。缠，扎束。幡，旗帜。⑧表里俱备：谓内外齐击。

【译文】 遇到敌军队伍整齐、士气旺盛的时候，不可与之交战，应当坚守营垒等待时机。等到敌人因长时间列阵，士气减弱，再奋力攻击，必可获胜。兵书上说："两军交战，待敌士气衰退后再进攻，较为有利。"

唐朝武德三年(公元620年)，李世民在东都围困王世充。窦建德率领军队相救，李世民带兵驻守武牢阻拦。窦建德在汜水东岸列阵，绵延数里，唐军众将见了都面有惧色。李世民带领几名随骑登高远望敌营，对众将说："窦建德从山东起兵，没遇过强敌。现在他们渡过险地而士兵鼓噪，这说明没有严明的号令；而他们近城列阵，说明有轻视我军的心理。我们按兵不动，等待他们士气衰退、士兵饥饿，必定自行撤退，届时我们再出击，必能获胜。"窦建德的军队列阵，从清晨到中午，士兵们因饥饿疲倦都坐了下来，又互相争夺饮水。李世民看到这种情形，便命宇文士及带领300骑兵，绕过窦建德军队阵地西侧向南急驰。行前，李世民告诫宇文士及说："你们经过敌阵时，如果敌人没有动静，就要停止前进，迅速退回来。如果发现敌人行动了，就带领骑兵转而向东。"宇文士及刚从敌人阵地西侧经过，敌兵果然惊动了。李世民说："可以出击！"立即命令随从骑兵树起大旗，摆开阵势，从武牢山上顺山脊行进至南山，然后顺着山谷向东，袭击敌军背后。窦建德急忙带军撤退，在东部高地停下来，还没整顿好队形，李世民就率轻骑部队冲杀过来了，所向披靡！这时程咬金等人率领的骑兵也卷起旗帜冲进敌阵，直冲向敌军后阵，张开旗帜，里外夹攻，敌军大败，活捉了窦建德。

奇 战

【原文】 凡战，所谓奇者，攻其无备，出其不意也。交战之际，惊前掩后，冲东击西，使敌莫知所备，如此则胜。法曰："敌虚[①]则我必为奇。"

三国，魏景元四年，诏诸军征蜀。大将军司马文王[②]指授节度[③]使，邓艾与蜀将姜维相缀连[④]。雍州刺史诸葛绪邀[⑤]维，令不得归。艾遣天水太守王颀等直攻维营，陇西太守牵弘邀其前，金城太守杨欣诣甘松。维闻钟会诸军已入汉中，退还。欣等蹑[⑥]于强川口，大战，维败走。闻雍州已塞道，屯桥头，从孔函谷入北道，欲出雍州后。诸葛绪闻之，却还三十里。维入北道三十里，闻绪军却还，从桥头过，绪趣截维，较一日不及。维遂东还守俞阁。钟会攻维未能克。

艾上言："今敌摧折，宜遂从阴平由邪径[⑦]经汉德阳亭趣涪，去俞阁西百里，去成都三百余里。奇兵冲其腹心，俞阁之守必还，赴涪，则会方轨[⑧]而进；剑阁之军不还，则应涪之兵寡矣。军志[⑨]曰：'攻其无备，出其不意。'今掩其空虚，破之必矣。"艾自阴平道行无人之地七百余里。凿山通道，造作桥阁[⑩]。山高谷深，而甚艰难；粮运将匮，频至危殆。艾以毡自裹，推转而下。将士皆攀木缘崖，鱼贯而进。先登至江油，蜀守将马邈降。蜀卫将军诸葛瞻自涪还绵竹，列阵待艾。艾遣其子惠唐亭侯忠等出其右，司马子綦等出其左，忠、綦战不利，并退还，曰："贼未可胜。"艾怒曰："存亡之分，在此一举，何不可之有？"乃叱忠、綦等，将斩之。忠、綦驰还，更战，大破，斩瞻，进军到雒。刘禅[⑪]遣使请降，遂灭蜀。

【注释】 ①虚:指敌人有弱点。②司马文王:司马文王即司马昭,司马懿之子。带兵灭蜀后自称晋公,后改晋王。他死后不久,儿子司马炎代魏称帝,建立晋朝,追尊司马昭为文王。③指授节度:统领指挥。④缀连:接触、牵制。⑤邀:拦截。⑥蹑:跟踪追击。⑦邪径:险僻小路。⑧方轨:两车并行。指钟会、邓艾两军同时进兵。⑨军志:为我国迄今为止发现最早的一部兵书,早已散佚。⑩桥阁:指栈道和桥梁。⑪刘禅:蜀后主。字公嗣,小字阿斗。刘备之子。昏庸无能,炎同元年魏军逼近成都,他出降,后被封为安乐公。

【译文】 两军对阵,所说的“奇”就是指趁敌人毫无防备的时候攻打,出乎他们意料。交战时声东击西、前后惊扰敌人,使对方不知如何防备,这样才能取胜。兵书上说:“发现敌人有弱点,就要采取出奇制胜的方法战胜敌人。”

三国时,魏景四年,元帝曹奂下令诸将征伐蜀国,指派大将军司马昭做总指挥。司马昭命征西将军邓艾继续牵制姜维;命雍州刺史诸葛绪拦截姜维的部队,使他不能归蜀。邓艾又派天水太守王颀等直接攻打姜维的营地,陇西太守牵弘在姜维的军前截击,金城太守杨欣前往甘松,防止姜维从西部逃走。姜维听说钟会等人的军队已经进入汉中,意图领兵撤退。杨欣等人跟踪追击到强川口,两军大战,姜维败走。姜维又得知雍州刺史诸葛绪已屯兵桥头,堵住了退路,便想从孔函谷进入北道,从雍州军队后面回府。诸葛绪得知姜维的打算,立即退兵30里。姜维进入北道30里之后,听到诸葛绪返回拦截,差一天没赶上,于是行军向东,退回俞阁据守。进入汉中的钟会攻打姜维,未能取胜。

邓艾上书说:“现在敌人受挫,应该从阴平走小路出击汉中、德阳亭。那里距离俞阁西100里,离成都300里,我军以奇兵冲击蜀国的腹地,守在俞阁的姜维一定来救涪关,钟会的大军就可以同时进军;如果姜维不来救援,那么援救涪关的兵力就少了,很容易攻破。兵书上说:‘攻其不意,出其不备’就是这个道理。我军若是乘敌人空虚时进攻,必然能战胜对方。”

邓艾亲自率领军队从阴平出发,走了700里的无人之地。一路上凿山开路、修筑栈道桥梁,军队才得以通行。由于山高谷深,前进艰难,粮食又很缺乏,几次陷入困境。邓艾为了鼓舞军队的士气,亲自用毡毯把自己裹起来,让士兵推着滚下山。魏军将士攀越树木,爬过山崖,一个接一个登上了山。到了江油,蜀军守将马邈投降。蜀国护卫将军诸葛瞻得到情报后,从涪关退到绵竹,摆开阵势等待邓艾。邓艾派他的儿子惠唐亭侯邓忠从右侧出击,派司马子綦从左侧出击。邓忠、司马子綦出战,未能取胜,他们一同退回军营,对邓艾说:“打不过敌人。”邓艾大怒:“生死存亡在此一举,还说什么不能取胜!”叱骂两人之后要将他们斩首。邓忠、司马子綦立即返回阵地,奋勇再战,终于大败诸葛瞻。邓艾斩了诸葛瞻,进军到雒。刘禅派人请求投降,于是灭了蜀国。

正 战

【原文】 凡与敌战,若道路不能通,粮饷不能进,惟计不能诱,利害不能惑,须用正兵[①]。正兵者,拣士卒,利器械,明赏罚,信[②]号令,且战且前,则胜矣。法曰:“非正兵,安

能致远。”

宋檀道济[③]为高祖北伐，前锋至洛阳，凡拔城破垒，俘四千余人。议者谓应戮以为京观。道济曰：“伐罪吊民，正在今日。王师以正为律，何必杀人。”皆释而遣之，于是戎夷感悦，相率归之者众。

【注释】①正兵：指经过选拔，装备精良、训练有素，采取“且战且前”、步步推进的正规作战部队。②信：通伸，申明也。③檀道济：南朝末人，晋末从武帝攻后秦、陷洛阳，又从文帝攻北魏，屡建奇功。后因功高震主，为文帝所忌杀。

【译文】与敌军交战，假如道路不通，粮饷又接济不上，用计谋不能引诱敌人出战或移营，用利害又不能迷惑敌人，那就必须用正规的、正面迎敌的战法。即挑选精锐的士兵，准备锋利的武器，赏罚严明，申明号令。作战时稳扎稳打，步步为营地向敌人逼近，才能取得胜利。兵书上针对这种情况说：“不用正规战法，岂能远征！”

南朝宋时期，檀道济奉高祖之命出兵北伐，部队先锋攻至洛阳，攻克城池堡垒，俘虏了 4000 余人。此时有人提议应该将俘虏斩首示众。道济反对说：“现在正是讨伐有罪以慰百姓的绝佳时机！天子的军队以仁义为依归，何必杀人？”于是将所有战俘释放遣回，西方的戎族和东方的夷族为此深受感召而心悦诚服，都争相率众归降。

虚　战

【原文】凡与敌战，若我势虚，当伪示以实形，使敌莫能测其虚实所在，必不敢轻与我战，则我可以全师保军。法曰：“敌不敢与我战者，乖其所之也。”

三国，蜀将诸葛亮在阳平道[①]，魏延[②]诸将并兵东下，亮惟留万余守城。魏司马懿卒二十万众拒亮，与延军错道径前，当亮军六十里，堠[③]还，白懿云：“亮城中兵少力弱。”亮亦知懿军垂至[④]，恐与己相逼，欲赴延军，相去又远，势不能及，将士失色，莫知其计。亮意气自若，敕命军中皆偃旗息鼓[⑤]，不得妄出；又令人开四门，扫地却洒。懿尝谓亮持重，而复见以弱势，疑其有伏兵。于是率众北趋山。明日食时，亮与参佐[⑥]拊手[⑦]笑曰：“司马必谓吾怯，将有强伏，循山走矣。”堠还白，如亮言。懿后知之，深以为恨。

【注释】①阳平道：即阳平关，故址在今陕西勉县西。为汉中盆地西边门户，当川陕交通要冲。②魏延：三国时蜀将。义阳(今河南桐柏东)人，字文长。初以部曲随刘备入蜀，以勇著称，屡有军功，累官至征西大将军，封都亭侯、西郑侯等。诸葛亮死后，与杨仪争权，兵败被杀。③堠：即侦堠，侦察兵。④垂至：谓将要来到。⑤偃旗息鼓：放倒旗帜，停止敲鼓。意指隐蔽行踪，秘密活动。⑥参佐：谓僚属、部下。⑦拊手：谓拍手、鼓掌。

【译文】与敌军作战，倘若自己的势力虚弱，应故意伪装成有实力的样子，使敌人不能探测虚实，不敢轻易与我军交战，如此我军就可以保全。兵书上说：“敌人想与我交战又不能交战，那是因为利用敌人弱点的缘故。”

三国时，蜀国诸葛亮领兵伐魏，兵屯阳平。他派魏延等众将向东进军，只留下 1 万多军队守城。魏国司马懿率领了 20 万军队前来迎战诸葛亮，与魏延的军队错开了道路，很

快来到距诸葛亮的军队只有60里远的地方。魏军侦探向司马懿报告说:"诸葛亮城中兵少势弱。"这时诸葛亮也知道了司马懿的军队马上就要来到,担心与自己交战。他想调回魏延的军队反攻司马懿,但距离太远,肯定来不及。蜀军将士个个大惊失色,不知道如何是好。诸葛亮此刻镇定自若,命令士兵放倒旗帜、停止敲鼓,不得随便出城;又命令士兵大开四面城门,在门前扫地洒水。司马懿曾经对人说过:"诸葛亮谨慎持重。"现在突然见到蜀军表现出弱势,遂怀疑城内有伏兵,于是率领军队向北离去。第二天吃饭时,诸葛亮对部下拍手大笑说:"司马懿一定认为我故意表示怯弱,设有伏兵,才会顺着北山退走了!"这时蜀军探子回报,事情发展正如诸葛亮所料想的一样。司马懿后来知道了真实情况,十分后悔。

实　战

【原文】　凡与敌战,若敌人势实,我当严兵以备之,则敌人必不轻动。法曰:"实而备之。"

三国蜀先主为汉中王,拜关羽为前将军,假节钺[①],屯江陵。是岁,羽留兵屯公安、南郡,以备吴,而率兵攻魏将曹仁于樊。曹公遣于禁等救仁。秋,大雨,汉水泛滥,禁所督七军皆没,禁降羽,庞德[②]被诛。梁、郏、陆浑群盗或遥受羽印号,为支党。羽威震华夏[③]。

【注释】　①假节钺:假,授予。节钺,俯仗器具,指符节和斧钺。古代以节钺授予将军,作为加重权力的标志。②庞德:南安狟道(今甘肃陇西东南)人,字令明。初随马腾、马超,后归曹操,官至立义将军。③华夏:中国之古称。初指我国中原地区,后泛指整个中国。

【译文】　与敌交战,如果敌人势力强盛,我方应当整肃部队防范他们进攻,敌人就不敢轻举妄动。兵书上说:"充实自己的实力以防备敌人攻击。"

三国时,蜀国先主刘备为汉中王,拜关羽为前将军,授予他符节、斧钺,驻军在江陵。那一年,关羽留下一部分部队驻扎在公安、南郡,防备吴国的进攻,自己则率领一部分部队到樊城去攻打魏将曹仁。曹操派遣于禁等人去救曹仁,正好遇上秋天下大雨,汉水泛滥暴涨,于禁所统领的七军全部被水淹没。于禁投降关羽,庞德被擒杀。梁县、郏县、陆浑县等地有一些人接受了关羽对他们的印命和指挥,成为关羽的势力。从此关羽的军威震动了整个中原。

轻　战

【原文】　凡与敌战,必须料敌[①],详审而后出兵。若不计而进,不谋而战,则必为敌人所败矣。法曰:"勇者必轻合[②],轻合而不知利。"

春秋晋文公与楚战,知楚将子玉刚仇褊急,文公遂执其使宛春以挠之。子玉怒,遂乘晋军,楚军大败。

【注释】　①料敌:探察研判敌情。探察敌将的才能、敌军的部署、兵力的强弱以及采

行的战略等。②轻合：轻取冒进。

【译文】 与敌交战，一定要先探察敌情，详细考察研究判断之后才可出兵。如果不衡量彼此情况，未经事先谋划就交战，必为敌人所败。兵书上说："只凭血气之勇作战必定鲁莽行事，轻率与敌人交战，如此胜负难以预料。"

春秋时，晋文公与楚国交战，知道楚将子玉性格刚直偏激，便故意捉住楚军派来的使者宛春，以挑逗、激怒子玉。子玉发怒，便进攻晋军，结果楚军大败。

重 战

【原文】 凡与敌战，须备持重，见利则动，不见利则止，慎不可轻举也。若此，则必不陷于死地[①]。法曰："不动如山。"

春秋晋将栾书[②]伐楚，将战，楚晨压晋军而陈，军吏患之，裨将范丐趋进曰："塞井夷灶，阵于军中，而疏行首。"书曰："楚师轻挑，吾持重固垒以待之，三日必退，退而击之，必获全胜。"终败楚师。

【注释】 ①死地：意指地形复杂的危亡境地。与《孙子兵书·九地篇》所提出的"死地"概念不尽相同。②栾书：即栾武子，春秋晋国宗室，卒谥"武子"。景公时，曾于安革打败齐军。后晋厉公无道，书与荀偃使人杀厉公，改子悼公。

【译文】 与敌作战，务必慎重。有胜利的把握再出击，没有胜利的把握就按兵不动，千万不可轻举妄动。如此，就不会陷入全军覆没的危险境地。兵书上说："军队不轻举妄动，就会稳如大山。"

春秋时，晋国将领乐武子带兵征伐楚国，战争一触即发。然而，楚军却在清晨时分迫近晋军并摆好阵式，晋军上下忧心不已。此时偏将范丐立刻进言："不如填井减灶，在军队中排好阵形，同时疏散前军。"乐武子说："楚军轻举妄动，我军应该固守城垒，以待敌之虚。三天后敌军一定退兵，我们再乘机发动攻势，必能大获全胜。"后来，楚军果然败北。

利 战

【原文】 凡与敌战，其将愚而不知变，可诱之以利。彼贪利而不知害，可设伏兵以击之，其军可败。法曰："利而诱之。"

春秋，楚伐绞[①]，莫敖[②]屈瑕曰："绞小而轻，轻则寡谋。请无捍采樵者[③]以诱之。"从之。绞获三十人。明日，绞人争出，趋楚徒于山中。楚人坐其北门，而伏山下，大败之。

【注释】 ①绞：绞国，春秋时诸侯国之一，位于今湖北郧阳区西北。楚伐绞之战发生在周桓王二十年（公元前700年）。②莫敖：楚国的官名，春秋初掌管全国军政大权。周桓王二十一年（公元前699年），因莫敖屈瑕率兵攻罗，兵败自杀，此后莫敖地位逐渐下降，终为令尹代替而执掌全国大权。③请无捍采樵者：古代行军作战中，必设采樵（打柴）之役徒，而采樵之时又必派兵卒保卫之。屈瑕提出的"请无捍采樵者"，乃是诱敌之计，就是用不拿武器、徒手，不设保卫的采樵之人来引诱绞人上当。

【译文】 与敌人交战,倘若敌方将领愚蠢而不知权变,就可用小利诱之;他们因贪小利便不顾忌后果,我方再埋伏兵袭击,必定可击败敌军。兵书上说:“对于喜欢小利的敌人,要用利诱手段。”

春秋时期,楚国讨伐绞国。楚国的莫敖屈瑕说:“绞国小而浮躁,浮躁就少于谋略,请派一些士兵到山上假装砍柴而不保护他们,用来引诱绞国出兵。”楚王听从了他的计策。绞国就这样抓走了30名在山上砍柴的楚兵。第二天,绞国人争着到楚国士兵砍柴的山上去捉俘虏。楚国人守住了绞国的北门,又在山下设下埋伏,大败绞国。

害 战

【原文】 凡与敌各守疆界,若敌人寇抄我境,以扰边民,可于要害处设伏兵,或筑障塞以邀之,敌必不敢轻来。法曰:“能使敌人不得至者,害之也。”

唐时,朔方总管沙吒忠义为突厥所败,诏张仁愿[①]摄御史大夫代之。既至,贼已出。率兵蹑击[②],夜掩其营,破之。始,朔方军与突厥以河为界,北崖有拂云祠,突厥每犯边,必先谒祠祷祀,然后引兵渡而南。时,默啜[③]悉兵西击突厥施[④]沙葛,张仁愿请乘虚取漠南[⑤],河北筑三受降城[⑥],绝虏南寇路。谕议:唐休景[⑦]以为西汉以来,皆北守河,今筑城虏腹中,终为所有。仁愿固请,中宗许之。表留岁满以助其功。咸阳人二百逃归,但仁愿擒之,尽斩城下,军中股慄。役者尽力,六旬[⑧]而三城就。以拂云为中城,南直朔方;西城南直灵武;东城南直榆林。三垒相距,各四百余里。其北皆大碛[⑨]也。斥地[⑩]三百里远,又于牛头朝那山北,置烽堠[⑪]千八百所。自是突厥不敢逾山牧马,朔方复无寇。岁省费亿计,减镇兵数万。

【注释】 ①张仁愿:唐将。华州下络(今陕西华县西北)人。初为洛州长史,后为朔方军大总管。因与突厥作战有功,官至左卫大将军、同中书门下三品,封韩国公。②蹑击:跟踪追击。③默啜:或作墨啜。东突厥可汗,亦即阿波干可汗,名环。骨咄禄之弟。唐武后至玄宗间,屡扰唐朝边境,四出扩张,大掠西北各族,拓地万余里,有兵40万,成为颉利可汗之后最强盛的时代。后被部下杀死。④突厥施:古族名,原属西突厥。唐武后时渐强,迁牙帐(即官署)于碎叶川(今吉尔吉斯共和国楚河流域)为“大牙”,以伊丽水(即今新疆伊犁河流域)的牙帐为“小牙”。唐代宗后,则隶属葛逻禄。⑤漠南:指蒙古高原大沙漠以南地区,自汉代以后常称之为漠南,亦作“幕南”,今内蒙古地区即属漠南。⑥三受降城:即东、中、西三受降城。东受降城,位今内蒙古托克托东南;中受降城,位今内蒙古包头市西之黄河北岸;西受降城,位今内蒙古乌拉特中联合旗西南之黄河北。⑦唐休景:京兆始平(今陕西兴平东南)人。唐武后时,任西州都督、凉州都督、右肃政御史大夫等职。唐中宗时,任辅国大将军、同中书门下三品,封宋国公。⑧六旬:一旬十日,六旬即六十日。⑨碛:与大漠同,即大沙漠。⑩斥地:即拓地,扩充地区。⑪烽堠:即烽火台,古代边防用烽燧报警而建筑的高土台。

【译文】 敌我双方各自把守边界,倘若敌方进犯我边界、掠扰我边民,可在要害之地

埋下伏兵,或者修筑障碍拦击敌人,敌人就不敢再轻易进犯。兵书上说:“若要使敌人不敢向我进犯,必须占据要害之处,增设防备设施。”

唐朝时,朔方军总管沙吒忠义被突厥军队打败,皇帝任命张仁愿代理御史大夫讨伐突厥。张仁愿率领部队到边关时,敌人已经走了,他便领兵跟踪追击,半夜时攻破敌人营地,大败敌军。从前,朔方军与突厥部队以黄河为界,黄河北岸有座拂云祠,突厥将领每次进犯唐朝边境时,一定都会先到拂云祠祈求神明保佑,然后才率军向南进攻。张仁愿到此时,突厥可汗默啜领兵向西攻打其他部落,张仁愿向皇帝请求允许他率兵趁敌人内部空虚之时夺取蒙古高原大沙漠以南一带土地,在黄河以北修筑三座受降城,断绝敌人向南进军的道路。唐休景认为,自西汉以来,汉人都是在黄河南岸防守,现在到敌人腹地去修受降城,最终还被敌人占有。张仁愿坚持请求在黄河北岸筑城,中宗答应了。张仁愿上表要求把到期该回乡的士兵留下来帮助修城。有200个咸阳人逃跑回家,张仁愿捉住他们,全部在城下斩首。因此,全军震慑,修城的人非常卖力,60天3座城便修好了。把拂云城当作中受降城,向南直通朔方镇,西受降城直通灵武镇,东受降城直通榆林镇。3座受降城各距400里,而北面是大沙漠。此外,另开拓荒地300里远,又在牛头朝那山北,设置边防哨所1800个。从此以后,突厥兵再也不敢越山南侵,朔方一带再无敌寇侵扰,每年节省了上亿军费,削减了几万镇守边疆士卒。

安战

【原文】 凡敌人速来气锐,利于速战;我深沟高垒,安守勿应,以待其敝。若彼以事挠我,求战,亦不可动。法曰:“安则静”。

三国,蜀将诸葛亮卒众十余万出斜谷,垒于渭水之南。魏遣大将司马懿拒之,诸将欲往渭北以待之,懿曰:“百姓积聚[①]皆在渭南,此必争之地也。”遂率军而济,背水为垒[②]。因谓诸将曰:“亮若勇者,当出武功,依山而东。若西上五丈原,则诸军无事矣。”亮果上五丈原。会有长星坠亮之垒,懿知其必败。时期廷以亮率军速入,利在急战,每命懿持重,以俟其变。亮数挑战,懿不出。因遗懿以巾帼[③]妇人之饰,懿终不出。懿弟孚[④]书问军事,懿复曰:“亮志大而不见机,多谋少决,好兵而无权,虽持兵十万,已堕吾昼中,破之必矣。”与之对垒百余日,会亮病卒,诸将烧营遁走,百姓奔告,懿出兵追之。亮长史杨仪[⑤]反旗鸣鼓,若将向懿者。懿以归师不之迫,于是杨仪结阵而去。经日,行其营垒,观其遗事,获其图书[⑥]、粮食甚众。懿审其必死,曰:“天下奇才也!”辛毗[⑦]以为尚未可知。懿曰:“军家所重,军书密计、兵马粮食,今皆弃之,岂有人损其五脏而可以生乎?宜急追之。”关中多蒺藜[⑧],懿使军士二千人著软材平底木屐前行,蒺藜著屐。然后马步俱进,追到赤岸,乃知亮已死。时百姓为之谚曰:“死诸葛走生仲达。”懿笑曰:“吾能料生,不能料死故也。”

【注释】 ①百姓积聚:意指人口集中、物产丰富。百姓,这里指人力。积聚,指物力。②背水为垒:指靠渭水扎营。③巾帼:古代妇女的头巾和发饰,后为妇女的代称。④孚:即司马懿之弟司马孚,字叔达,与其兄懿同佐魏明帝曹睿,官至尚书令。⑤杨仪:襄阳(今

湖北襄樊)人,字威公。诸葛亮以其为长史,协助处理军务和筹划粮秣。亮死后,自恃诛杀魏延功大,因职低不满,与尚书令蒋琬争权,而获罪入狱自杀。⑥图书:指作战地图和文书。⑦辛毗:三国魏将。阳翟(河南禹县)人,字佐治。初从袁绍,后归曹操,任丞相长史。魏文帝时,任侍中;明帝时,封颖乡侯。⑧蒺藜:一种带刺的草本植物,部队经此丛生之地,会影响行军作战。

【译文】 敌人养精蓄锐从远道来攻打我军,此时速战对斗志旺盛的敌军有利。面对这样的敌人,我方应当深沟高垒,安稳地坚守阵地,不要急于应战,以待敌方锐气消磨。如果他们制造事端挑衅,激怒我方应战,我方也应不为所动。兵书上说:“安守营垒就能从容自如。”

三国时期,蜀国诸葛亮率领10多万兵马从斜谷出兵攻打魏国,在渭水南岸扎营。魏国派大将司马懿率兵抵抗。魏国一些将军想到渭水北面等待蜀军,司马懿说:“人力和军资都在渭河南岸,这是兵家必夺之地。”于是率领部队渡过渭水,背着渭水建了营寨。他对部下将领们说:“如果诸葛亮是有勇气的人,应当从武功出兵,顺着山势向东进军。如果向西到五丈原,我们就没有危险了。”诸葛亮果然西上五丈原。这时正好一颗星坠落在诸葛亮军营中,司马懿预料他们必败。当时魏明帝因诸葛亮率领部队远道而来,利在速战,因而经常下令司马懿谨慎稳重,等待蜀军发生变化再出击。诸葛亮屡次向司马懿挑战,司马懿都不出战。诸葛亮便派人给司马懿送去妇人衣饰,嘲笑司马懿像妇人一样怯懦,司马懿还是不出战。司马懿的弟弟司马孚来信询问军情,司马懿回复说:“诸葛亮志向远大却抓不住机会,多于谋划而少于决断,喜欢用兵而不知权变,虽然拥有10多万军队,但已逃不出我的谋划,打败他们是迟早的事。”司马懿与诸葛亮对垒百余日,后来诸葛亮病逝,蜀军将领烧了营垒逃跑,老百姓向司马懿报告此事,司马懿出兵追击蜀军。诸葛亮手下长史杨仪见司马懿来追,急忙调过旗帜,擂响战鼓,做出要向司马懿反击的样子。司马懿因为他们是撤退的部队,按“归师勿遏”的兵法,没有上前迎战。于是杨仪从容撤退。第二天,司马懿进军经过蜀军驻扎的旧营,察看蜀军留下来的东西,得到蜀军许多地图、文件、粮食。司马懿认定诸葛亮一定死了,说:“诸葛亮真是天下少有的人才呀!”辛毗认为还不一定。司马懿说:“军人所看重的军书、密计、兵马、粮食,现在全都遗弃了,难道一个人的五脏都损坏了,还能够活下来吗?应马上追击他们。”关中地区道路有许多蒺藜,司马懿命2000士兵穿上软木平底木鞋在前边开路,使蒺藜全扎在木鞋上。然后,骑兵步兵同时进军,追到赤水岸边,才知道诸葛亮确实死了。当时老百姓做民谣唱道:“死诸葛亮吓跑活司马懿。”司马懿听后笑着说:“这是我只能预测活人,不能预测死人的缘故呀。”

危战

【原文】 凡与敌战,若陷在危亡之地,当激励将士决死而战,不可怀生[①],则胜。法曰:“兵士甚陷,则不惧。”

后汉将吴汉[2]讨公孙述，进入犍为界，诸县皆城守。汉攻广都，拔之。遣轻骑烧成都市桥，武阳以东诸小城皆降。帝戒汉曰："都城十万余众，不可轻也。但坚据广都，待其来攻，勿与争锋。若不敢来，公须转营迫之，须其力疲，乃可击也。"汉不听。乘利遂自将步骑二万余人，进逼成都，去城十余里，阻江北为营。作浮桥，使别将刘尚将万余人屯于江南，相去二十余里。帝大惊，责汉曰："比敕公千条万端，何意临事悖乱？既轻敌深入，又与尚别营，事有缓急，不复相及。若贼兵出缀公，以大众攻尚，尚破，公即破矣。幸无他者，急率兵还广都。"

诏书未到，述果遣其将谢丰、袁吉将众十万余出攻汉，使别将万余人劫刘尚，令不得相救。汉与大战一日，兵败，走入壁。丰围之。汉召诸将励之曰："吾与诸将逾险阻，转战千里，所在斩获，遂深入敌地。今至城下，而与尚二处受围，势既不接，其祸难量，欲潜师[3]就尚于江南御之。若能同心协力，人自为战，大功可立；如其不然，败必无余。成败之机，在此一举。"诸将皆曰："诺。"于是飨士秣马[4]，闭营三日不出。乃多立幡旗，使烟火不绝。夜衔枚引兵，与尚合军。丰等不觉，明日乃分兵拒江北，自将兵攻江南。汉悉兵迎战，自旦至晡[5]，遂大败之。斩谢丰、袁吉。于是率兵还广都，留刘尚拒述。且状以闻，而深自谴责。帝报曰："公还广都，甚得其宜。述必不敢略尚而击公。若先攻尚，公从广都五十里悉步骑赴之，适当值其危困，破之必矣。"于是，汉与述战于广都、成都之间，八战八克，遂军于郭中[6]。述自将数万人出城大战，汉使护军高午、唐邯将锐卒数万击之，述兵败走，高午奔阵，刺述杀之。旦日城降，斩述首传送洛阳，蜀遂平。

【注释】 ①不可怀生：不能使他们怀有侥幸生还的希望。②吴汉：字子颜。建武十一年奉光武帝旨讨伐公孙述。公孙述，字子阳，曾为蜀郡太守。后起兵，建都成都称帝。③潜师：暗中率领部队。④飨士秣马：犒劳士兵，喂好战马。飨，用酒肉款待。秣，喂养也。⑤自旦至晡：从早上一直到黄昏。旦，早上。晡，黄昏。⑥郭中：外城。

【译文】 与敌人交战时，倘若我方陷入危亡的境地，应当激励将士拼死作战，不能使他们怀有侥幸生还的希望，这样就能取胜。兵书上说："让士兵明白自己陷入十分危险的境地后，他们就不知道畏惧了。"

东汉将领吴汉征讨公孙述。他带领部队进入犍为郡时，见郡内各县据城防守。吴汉进攻广都并攻下它，又派轻骑去成都烧了市桥，于是武阳以东各小县都投降了。光武帝告诫他说："敌人在成都城内驻有10万士兵，不可轻视。你只要坚守广都城，等待公孙述来攻打，不要与他争胜。如果他们不敢来，你应该转移营地接近他们，待他们疲惫时才可以进攻。"吴汉不听光武帝的话，乘胜亲自带领步兵、骑兵2万人向成都逼近。在离成都10余里的地方，依靠岷江天险在江北安下营寨，又在江上架起浮桥，另派将领刘尚带10万人在江南岸扎营，两座营地相距20多里。光武帝知道后大吃一惊，他写诏书责备吴汉说："我再三告诫，你岂能擅自妄为？你已经轻敌深入，又与刘尚分立两营，如果出现危急情况，谁也救不了谁。假如敌人派一小部分兵力牵制住你，再用大部分兵力进攻刘尚，刘尚一旦失败，你马上会被攻破。现在幸好还没有出现意外，你赶快领兵后退回广都。"

这份诏书还没有送到，公孙述果然派他的部将谢丰、袁吉带领1万大军出城进攻吴汉，又命令另一个部将率领1万多人袭击刘尚的兵营，使他们之间无法相互援助。吴汉与谢丰大战一天，被谢丰打败逃回营中。谢丰的部队包围了他。吴汉召集部将激励他们说："我与各位将军越过千难万险，转战千里，所向披靡，才深入到敌人腹地。现在已到了敌人都城之下，而我们和刘尚两处都被包围，不能互相支援，后果将不堪设想。我准备暗中率领部队到刘尚营中与他们会合，共同抵御敌人。如果大家能齐心协力，人人奋力作战，便能建立大功；如果不能这样，那我们肯定会被打败。成功的关键就在这一次行动。"众将齐声说："好。"吴汉便犒劳士兵，喂饱战马，关闭营门三天不出战。又在军营里面插上许多旗帜，使营内烟火不断。到了深夜，命令士兵衔枚牵马，偷偷前去和刘尚的部队会合。谢丰等人毫无察觉。第二天，谢丰派部分军队前去阻挡江北敌人，自己率领一部分人马攻打江南刘尚的军营。吴汉带领全军迎战，从早上一直打到黄昏，把敌人打得大败，斩了谢丰、袁吉。吴汉又率领部队回到广都，留下刘尚阻挡公孙述，并写奏章向光武帝报告作战情况，同时痛责自己的过失。光武帝批示："你退回广都，这是得当的做法，公孙述必然不敢丢开刘尚向你进攻。如果他们先攻打刘尚，你从50里远的广都带领全部步兵骑兵赶到那里，正是他们最疲惫困顿的时候，他们肯定会战败。"

吴汉就和公孙述战于广都、成都之间，八战八胜，并率军进驻到成都的外城。公孙述亲自带领数万人出城与吴汉作战。吴汉命令护军高午、唐邯带领精锐士兵几万人迎击敌人。公孙述败走，高午冲入敌营刺死公孙述。第二天早上，成都城投降。吴汉砍下公孙述的头颅送到洛阳，终于平定蜀地。

死　战

【原文】 凡敌人强盛，吾士卒疑惑，未肯用命，须置之死地[①]，告令三军，亦不获已[②]。杀牛燔车，以享战士。烧弃粮食，填夷井灶，焚舟破釜，绝去其生虑，则必胜。法曰："必死则生。"

秦将章邯[③]已破楚将项梁[④]军，以为楚地兵不足忧，乃渡河击赵，大破之。当此时，赵歇为王，陈余为将，张耳为相，兵败，皆走入巨鹿城。章邯令王离、涉闲围巨鹿，章邯军其南，筑甬道[⑤]而输之粟。楚怀王以宋义[⑥]为上将，项羽[⑦]为次将，范增[⑧]为裨将，救赵。诸别将皆属焉。宋义行至安阳，留四十余日不进，遣其子宋襄相齐，自送之无盐，饮酒高会[⑨]。项羽曰："今国兵新破，王坐不安席，扫境内而专诸将军，国家安危，在此一举。今不恤士卒而徇其私，非社稷[⑩]之臣。"项羽晨朝宋仪，即其帐中，斩之，下令军中曰："宋义与齐谋反，楚王阴令羽诛之。"是时，诸将皆慑服，莫敢支吾[⑪]，皆曰："首立楚者，将军家也。今将军诛叛乱。"即共立羽为假上将军[⑫]，使人追宋义子襄，及之齐，杀之。使桓楚报命于楚怀王，因命项羽为上将军。当阳君、蒲将军皆属焉。项羽以杀宋义，威震楚国，名闻诸侯。乃遣当阳君、蒲将军率二万众渡河救巨鹿。战少利，陈余复请兵，项羽乃悉兵渡河，沉舟，破釜甑[⑬]，烧庐舍，持三日粮，以示士卒必死，无还心。于是至，则围王离，与秦军遇，九战

绝其甬道，大破之，杀苏角，虏王离。当是时，楚兵冠诸侯。诸侯皆从壁上观。楚战士无不以一当十。楚兵呼声动天地，诸侯人人惴恐。于是，大破秦军。

【注释】 ①死地：致死无生还之境地。②亦不获已：意思是说明这是不得已的做法。③章邯：秦将，官至少府。秦末，镇压过陈胜、项梁领导的农民起义军。后在巨鹿兵败投降项羽，被封为雍王。楚汉战争中，被韩信所杀。④项梁：秦末农民起义领袖之一。下相（今江苏宿迁西南）人。楚国贵族出身，楚将项燕之子。后在定陶（今山东定陶北）与秦军作战中战死。⑤甬道：谓两旁筑有墙垣的通道，以保证运输的安全。⑥宋义：故楚令尹。秦末农民起义爆发后，从项梁起义。后楚怀王熊心以其为上将军，号卿子冠军。率军北上救赵滞留安阳不进，为项羽所杀。⑦项羽：秦末农民起义领袖。名籍，字羽。胆识超人，于安阳杀死滞留不进的宋义，率军北进于巨鹿打败秦军主力。秦亡后，自立为西楚霸王。后在楚汉战争中，于垓下被刘邦击败，突围至乌江，自刎而死。⑧范增：项羽谋士。参加秦末农民起义时，年已70，初从项梁，后佐项羽，颇有谋略，被项羽尊为亚父。后因刘邦施反间计，为项羽所疑而忿离死于归乡途中。⑨饮酒高会：谓举行盛大酒宴。⑩社稷：古代帝王、诸侯所祭祀的土神和谷神，后作国家的代称。⑪支吾：抵触、抗拒。⑫假上将军：因尚未得到正式任命而暂署上将军之职，故称“假上将军”。⑬釜甑：均为炊具。釜，一种敛口、圆底，或有两耳的锅，有金属制和陶制两种。甑，类似现代的蒸锅，底部有许多透蒸汽的孔格。

【译文】 两军交战，如果敌军强盛，而我军士兵心中怀疑是否能取胜，不肯奋力作战，则将处于必死的境地。此时必须明白告诫全军：不打胜仗就没有生路。然后杀牛，把战车当柴烧煮肉，以此来犒赏将领和士兵。还烧毁并丢掉粮草，填平水井炉灶，焚弃战船，砸碎饭锅，断绝士卒生还的希望，如此就一定能取胜。兵书上说：“置之死地而后生。”

秦朝大将章邯打败项梁的部队后，认为楚军不必忧虑，便渡过黄河进攻赵国，大败赵国。当时赵王为赵歇，陈余为将军，张耳为国相。兵败后，他们逃到巨鹿城。章邯和秦将王离、涉闲包围了巨鹿。章邯的部队驻扎在城南，修筑甬道运送粮食。楚怀王任命宋义为上将，项羽为次将，范增为副将前往救赵。所有救赵的别将都听从宋义指挥。宋义行军至安阳，40余天不前进，还派他的儿子宋襄到齐国去做国相，亲自送到无盐，在那里摆酒席，大宴宾客。项羽说：“现在楚军刚刚打了败仗，怀王整天忧虑不安，把全国所有的兵力都交给你，国家的安危，取决于此次的军事行动。而你不体恤士卒，却为自己谋私，实非栋梁之臣！”第二天早晨，项羽去朝见，便在宋义军帐中杀了他，并向部下下达命令说：“宋义与齐国勾结谋反，楚王密令我杀死他。”这时，诸侯都被他镇服了，没人敢有异议，都说：“最先扶起楚王的，是将军。现在您又诛平了叛乱。”当即拥立项羽为代理上将军，派人追杀宋义的儿子宋襄，又派人向楚怀王报告，楚怀王任命项羽为上将军，当阳君、蒲将军归他统领。项羽因为杀了宋义，声威震动楚国，各国诸侯都知道了他的名字。于是项羽派当阳君、蒲将军率领2万余人渡河去救巨鹿，未能取胜。陈余又请项羽增兵。项羽率领全部人马渡河，渡河之后，命令部队把船沉入河底，捣坏锅盆，烧毁帐篷，只带3天的

粮食，并向士兵表明，如不能取胜便战死，绝不生还。到了巨鹿，项羽军队包围了王离，断绝了他们的甬道，打败了他们，杀死了秦将苏角，俘虏了王离。当时，救赵的楚兵无不以一当十，呼喊之声，震天动地，一起救赵的其他诸侯，人人惊服，于是大破秦军。

生 战

【原文】 凡与敌战，若地利已得，士卒已阵，法令已行，奇兵已设，要当割弃性命而战，则胜。若为将临阵畏怯，欲要生，反为所杀。法曰："幸生则死[①]。"

春秋时，楚子伐郑，晋师救之，与战于敖鄗之间，晋赵婴齐使其徒先具舟于河，欲败而先济[②]，故将士懈，士不可胜。

【注释】 ①幸生则死：想要侥幸求生反而必死。②济：这里指渡河逃跑。

【译文】 与敌军交战，我军已占据有利地形，部队已摆好阵势，军令已颁布，奇兵也已埋伏妥当，最重要的是不惧生死去战斗，就能取胜。如果将领在阵前畏缩胆怯，企图侥幸活命，反而会被敌人杀死。兵书上说："作战时想侥幸求生的人，必定被杀死。"

春秋时，楚庄王讨伐郑国，晋军前去援助，与楚军战于敖、鄗山之间。晋国大夫赵婴齐派人先在黄河上准备了船只，若失败就先渡河逃跑，因而将士懈怠，终致失败。

饥 战

【原文】 凡兴兵征讨，深入敌地，刍粮乏阙[①]，必须分兵抄掠，据其仓廪，夺其蓄积，以继军饷，则胜。法曰："因粮于敌，故军食可足也。"

《北史》：北周[②]将贺若敦[③]率兵渡江取陈，湘州陈将侯瑱[④]讨之。秋水泛滥，江路遂断，粮援既绝，人怀危惧。敦于是分兵抄掠，以充资费。恐瑱等知其粮少，乃于营内多聚土，覆之以米。召侧近村人，佯有访问，随即遣之。瑱等闻之，以粮为实。敦又增修营垒，造庐舍，示以持久。湘、罗之间，遂废农业。瑱等无如之何。初，土人乘轻船[⑤]，载米粟及笼鸡鸭，以饷瑱军。敦患之，乃伪为土人船，伏兵甲于中。瑱兵望见，谓饷船至，逆水争取，敦甲士遂擒之。又敦军数有叛者，乘马投瑱，填辄纳之。敦乃取一马，牵以趋船，令船中人以鞭鞭之。如是者再，马畏船不敢上。后伏兵于江岸，使人乘畏船马，诈投瑱军，瑱即遣兵迎接，争来牵马。马既畏船不上，伏兵发，尽杀之。后实有馈饷及亡奔瑱者，犹恐敦设诚诈，兵不敢受。相持岁余，瑱不能制。

【注释】 ①刍粮乏阙：粮草缺乏。刍，喂牲口的草。阙，通"缺"。②北周：北朝之一。公元557年，宇文泰之子宇文觉代西魏称帝，国号周，建都长安(今陕西西安)，史称北周。公元577年灭北齐，统一了中国北方。公元581年为隋所代。共历五帝，祚二十五年。③贺若敦：北周将领。河南洛阳(今河南洛阳东北)人。善骑射，多计谋，累官骠骑大将军、开府仪同三司，晋爵为公。后恃功怀怨而自杀。④侯瑱：陈朝将领，字伯玉，作战勇敢。在梁朝时，因平定侯景叛乱有功，曾任豫州刺史。陈文帝时，官至太尉。⑤轻船：轻型小船。

【译文】 出兵征讨敌人,深入敌人腹地,粮草必然不足,所以要将部队分成几路掠夺粮食,占据敌人粮仓,夺取敌人积蓄的粮食,用以接济我方军饷,就一定能取胜。兵书上说:“从敌人那里就地补给粮食,军粮就可充足。”

据《北史》记载:北周将领贺若敦率领军队过江围攻陈国,驻军湘州的陈国将军侯瑱率军阻击他们。此时正值秋水泛滥之际,水路交通断绝,粮食不足,众人因而感到恐惧。贺若敦便分派出几个部队四出掠夺,用以供应部队支出。他怕侯瑱等人知道自己粮少,就在军营内堆积土山,把粮食覆盖在上面,又召集附近村子的百姓到军营中,假装有事询问,让他们看看“粮山”之后,又打发他们走。侯瑱听到这个消息,以为贺若敦军营中粮食确实很多。贺若敦又增修了一些工事,修造屋舍,表示要长期驻扎。湘州、罗田一带百姓由于害怕打仗,农业生产都废弃了,侯瑱一点办法也没有。当双方交战之初,当地一些百姓乘着小船,装上粮食和鸡鸭笼子送给侯瑱部队。贺若敦对此也很担心,就安排假扮当地百姓的船只,在船中埋伏了士兵,向侯瑱军营驶去。侯瑱的士兵见了,以为又是老百姓送粮来了,便逆水争着来接船,全被贺若敦船中的士兵擒获。贺若敦的士兵常有叛变者骑马归降侯瑱,侯瑱便收留他们。贺若敦于是命人牵一匹马上船,同时叫船上的人用鞭子抽打马,几次训练下来,马儿因惧怕被打而不敢上船。后来贺若敦在江岸设了伏兵,派人骑上这匹怕上船的马假装向侯瑱投降。侯瑱派兵出来迎接。这些士兵都争着上岸牵马,但马儿因害怕被打而不敢上船。与此同时,埋伏的士兵冲出,将侯瑱的兵士全部杀死。后来再有真的送食物的船及向侯瑱投降的兵士,侯瑱因怕是贺若敦派来的诈兵,均不敢接收。双方相持一年多,侯瑱始终不能取胜。

饱　战

【原文】 凡敌人远来,粮食不继。敌饥我饱,可坚壁不战,持久以敝之,绝其粮道。彼退走,密遣奇兵,邀其归路,纵兵追击,破之必矣。法曰:“以饱待饥。”

唐武德初,刘武周[①]据太原,使其将宋金刚[②]屯于河东。太宗往征之,谓诸将曰:“金刚垂军千里入吾地,精兵骁将皆在于此。武周自据太原,专寄金刚以为捍蔽[③]。金刚虽众,内实空虚,掳掠为资,意在速战。我当坚营待其饥,未宜速战。”于是,遣刘江等绝其粮道,其众遂馁,金刚乃遁。

【注释】 ①刘武周:唐初地方割据者。河间景城(今河北沧州西)人,后徙居马邑郡(今山西朔县)。隋炀帝时,任鹰扬府校尉。隋末,乘乱杀马邑太守王仁恭,自称太守,遣使北附突厥,被立为定杨可汗,不久称帝。唐初,与宋金刚等率兵南下,入据太原,以拒唐军。后被李世民击败,北走突厥被杀。②宋金刚:原为隋末河北农民起义力量之一,活动于易州(今河北易县)。后被窦建德所败,归附刘武周,为刘武周妹夫,号称宋王,谋与武周入图晋阳,南下与唐争天下。后为唐军击败,与武周同逃突厥被杀。③捍蔽:屏障。

【译文】 敌军如果远道来攻,粮食必然供给不足。敌人缺粮,我军粮食充足,就可以坚守自己的营垒不出战,用时间来拖垮敌人,还要设法断绝他们的粮食来源。等敌人撤

退时，可先派伏兵阻挡其退兵之路，然后命令部队追击他们，这样一定能攻破敌军。兵书上说："储备充足的粮食，再去对付缺粮的敌人。"

唐朝武德初年，刘武周占据了太原，派遣他的部将宋金刚驻军于黄河东岸。唐太宗亲自率军讨伐。李世民对将领们说："宋金刚从千里之外率军深入到我方境内，精锐的士兵、勇猛的将领全部集中在这里；刘武周自己据守太原，把宋金刚当成唯一的屏障。宋金刚驻兵虽多，但缺乏粮食，只靠掠夺的财物维持部队生存，他们希望速战。这种情况下，速战对我方不利，我军应当坚守营垒，等待其粮食吃光后，再与他们交战。"于是，太宗派遣刘洪等人去断绝了宋金刚的粮道。宋金刚见部队缺粮，便率众逃逸。

劳　战

【原文】　凡与敌战，若便利之地，敌先结阵而据之，我后去趋战，则我劳而为敌所胜。法曰："后处战地而趋战者劳。"

晋，司空刘琨①遣将军姬澹②率兵十余万讨石勒③。勒将拒之，或谏曰："澹兵马精盛，其锋不可当，且深沟高垒，以挫其锐，攻守势异，必获万全。"勒曰："澹军远来，体疲力竭，犬马乌合，号令不齐，一战可擒也，何强之有！援又垂至，胡可舍去？大军一动，岂易中还④！若澹乘我之退，顾身无暇，焉得深沟高垒乎！此谓不战而自取灭亡之道。"遂斩谏者，以孔苌为前锋都督，令三军后出者斩。设疑兵于山上，分为二伏。勒率兵与澹战，伪收众而北。澹纵兵追之，伏发夹攻，澹大败而退。

【注释】　①刘琨：晋将。中山魏昌（今河北定州市南）人，字越石。西晋惠帝时，因平定东平王司马楙有功，封广封侯，官至加威将军。湣帝即位后，官拜司空，任大将军，都督并、冀、幽三州诸军事。后为石勒所败，并被杀。②姬澹：亦作"箕澹"。北魏代县（今河北蔚县东北）人，字世雅。官信义将军。③石勒：十六国时后赵建立者。羯族，上党武乡（今山西榆社北）人，字世龙。青年时为奴，后与汲桑等人聚众起义。投前汉刘渊为大将。晋元帝大兴二年（公元319年）自称赵王，建立政权，史称后赵。其后灭前赵，称帝，建都襄国（今河北邢台），不久病死。④岂易中还：意谓怎么容易中途退还。

【译文】　与敌交战时，如果敌军先占据有利的地形，并已列好阵势；我军后到与他们交战，将因劳顿而被敌方战胜。兵书上说："居后赶到交战地点与敌军作战的部队常因劳顿易败。"

晋朝时，司空刘琨派遣将军姬澹率领十余万人征讨石勒，石勒领兵抵抗。有人进谏："姬澹部队精锐而强盛，难以与之抗衡。我军应挖深沟、筑高墙，坚守营寨里面，以此摧毁他们的锐气，使双方攻守的形势转变，一定能获得全胜。"石勒说："姬澹的部队从远处而来，精疲力尽，是一群乌合之众。他们号令不一致。我们可以一战取胜，他们有什么强盛的地方？我方援军将至，怎能舍弃这个机会离开呢？如果姬澹乘我军后退之际进攻，我们自顾不暇，又怎么能去挖深沟、垒高墙呢？这是人们所说的不打仗就自取灭亡的道理啊！"于是杀了进谏的人，命孔苌为前锋都督，下令谁在进攻时落后就斩首，并在山上设疑

兵,派两支部队埋伏。石勒亲自率领部队与姬澹作战,交战中假装兵败率众后退。姬澹命令全军追击。石勒的伏兵冲出来,前后夹击,姬澹大败而退。

佚 战

【原文】 **凡与敌战,不可持己胜而放佚[①],当益加严厉以待敌,佚而犹劳。法曰:“有备无患。”**

【注释】 ①放佚:谓放荡安闲,这里作放松警惕解。佚,通逸。

【译文】 与敌人交战,不可依恃自己取胜就骄傲自满而松懈怠惰,应当更加约束警戒,防御敌人的攻击。兵书上说:“做好充分准备才能不遭到意外的失败。”

胜 战

【原文】 **凡与敌战,若我胜彼负,不可骄惰,当日夜严备以待之。敌人虽来,有备无害。法曰:“即胜若否。”**

秦二世[①]时,项梁使沛公[②]、项羽别攻城阳,屠之。西破秦军濮阳东。秦收兵入濮阳。沛公、项羽乃攻定陶,因西略地至雍丘,大破秦军,斩李由,还收外黄。项梁益轻秦,有骄色。宋义进谏于梁曰:“战胜而将骄卒惰者败。今君稍惰矣,而秦兵日益,臣为君畏之。”梁弗听。而使宋义于齐。义道遇齐使者高陵君显[③],曰:“公将见武信君[④]乎?”曰:“然。”曰:“今武信君必败。公徐行则免死,疾行则及祸。”秦果悉兵益章邯,击楚军,大败之,项梁死。

【注释】 ①秦二世:秦始皇次子,名胡亥,秦朝第二代皇帝。公元前210年即帝位,至前207年秦亡,在位共3年。②沛公:即刘邦。沛县(今江苏沛县)人。初时起兵于沛,故称沛公。③高陵君显:显,人名,封于高陵,故称高陵君。高陵,在今山东胶南西南。④武信君:项梁自号。

【译文】 与敌作战,如果我方取胜敌方失败,千万不能骄傲懈怠,应当日夜严守,防备敌人再次进攻。如此一来,即使敌人来攻,我方将因有所防备而不受威胁。兵书上说:“胜利之后要像没打胜仗时去防备敌人。”

秦二世时,项梁派沛公刘邦、项羽分别去攻打城阳,屠杀民众;再向西进军,在濮阳东打败了秦军,迫使秦军收兵退入濮阳城。刘邦、项羽又去攻打定陶,没有攻下,便向西进攻到雍邱,大败秦军,杀死李由,回军时又攻下了外黄。项梁这时更加轻视秦军,面有骄色。宋义向项梁进谏说:“胜利后,将军骄傲、士兵懈怠的部队必定失败。现在您日渐怠惰,而秦兵却日益增加,我很替您担忧。”项梁不听从宋义的建议,反而派他出使齐国。宋义在半路上遇见了齐国使者高陵君,对他说:“您想去见武信君项梁吗?”高陵君回答:“是。”宋义说:“从现在的形势看,武信君必败,您慢点走可以免死,走快了就要遇上杀身之祸。”后来秦王朝果然把所有部队都派遣来增援章邯,大败楚军,项梁战死。

败 战

【原文】 凡与敌战，若彼胜我负，未可畏怯。须思害中之利，当整砺[1]器械，激扬[2]士卒，候彼懈怠而击之，则胜。法曰："因害而患可解也[3]。"

晋末，河间王颙[4]在关中，遣张方讨长沙王。方率众自函谷入屯河南，惠帝遣左将军皇甫商拒之。方潜军破商，遂入洛阳。商奉帝命讨方于城内，方军望见乘兴，于是稍怯，方止之不可得，众遂大败，杀伤满街巷。方退壁于十三里桥，人情挫衄[5]，无复固志[6]，多劝方夜遁。方曰："兵之利钝[7]是常事，贵因败以为成耳。我更前作垒，出其不意，此兵法之奇也。"乃夜潜进，逼洛阳城七里。商既新捷，不以为意。忽闻方垒成，乃出战，遂大败而退。

【注释】 ①砺：磨刀使锐利。②激扬：激励。③因害而患可解也：在不利情况下寻找有利因素，就可以解除祸患。④河间王颙：即司马颙，司马孚(司马懿弟)之孙，字文载，封河间王。太安二年(公元 303 年)，为争夺政权，派张方率军攻入洛阳。⑤挫衄：损伤。⑥固志：指获胜的信心。⑦利钝：成败。

【译文】 与敌人交战，倘若敌方取胜我方失利，千万不能胆怯畏惧，应当思考在不利情况下寻找有利条件，整顿军备、修理器械，激励士兵斗志，等待敌人斗志松懈时再进攻，就有取胜的可能。兵书上说："寻找不利形势下的有利因素，就可以转败为胜。"

晋代末年，河间王司马颙在关中驻军，派张方去征讨长沙王。张方率领部队从函谷关东出，驻扎在河南，晋惠帝派皇甫商迎战。张方袭击皇甫商，占据了洛阳城。皇甫商奉旨进攻洛阳城中的张方。张方的部队看见皇帝的车驾，心里有些害怕，纷纷逃窜，张方无法制止，溃不成军，满街都是死伤的士兵。张方只好将部队撤退到十三里桥处驻扎。逃跑的许多人都受了伤，也失去了取胜的信心，不少人都劝张方连夜逃走。张方说："胜败是兵家的常事，要紧的是能转败为胜。我们再前进扎营，出其不意地攻击敌人，这正是用兵的奇法。"于是张方乘夜回军前进，在逼近洛阳七里远的地方驻扎下来。皇甫商刚取得胜利，没有把对方放在眼里。忽然听说张方军队已然扎营备战，便慌忙出城迎战，结果战败，只好退走了。

进 战

【原文】 凡与敌战，若审知敌人有可胜之理，则宜速进兵以捣之，无有不胜。法曰："见可则进。"

唐李靖[1]为定襄道行军总管，击破突厥，颉利可汗[2]走保铁山，遣使入朝谢罪，请举国归附。以靖往迎之。颉利虽外请朝谒，而内怀迟疑。靖揣知其意。时诏鸿胪卿[3]唐俭德等慰谕之。靖谓副将张公谨曰："诏使到彼，虏必自安。若万骑斋二十日粮，自白道[4]袭之，必得所欲。"公谨曰："上已与约降，行人在彼，奈何?"靖曰："机不可失，韩信所以破齐也[5]。如唐俭德辈何足惜哉。"督兵疾进，行至阴山，遇其斥堠千余，皆俘以随军。颉利见

使者，大悦，不虞官兵。李靖前锋乘雾而行，去其牙帐[6]七里，虏始觉，列兵未及阵，靖纵兵击之，斩首万余级，俘男女十余万，擒其子叠罗施，杀义成公主。颉利亡去，为大同道行军副总管张宝相擒以献。于是，斥地自阴山北至大漠矣。

【注释】 ①李靖：唐初名将。京兆三原（今陕西三原东北）人。本名药师。精兵法，善谋略。隋末任马邑郡丞。唐高祖时，任行军总管。太宗时，任兵部尚书、尚书右仆射等职，先后率军击败东突厥、吐谷浑，封卫国公。有《李卫公兵法》残文传世。②颉利可汗：东突厥最高统治者。名咄苾，为民可汗少子。在位期间，屡扰唐朝边境，贞观四年（公元630年），被唐将俘送长安（今陕西西安）。③鸿胪卿：鸿胪寺主官，主要执掌祭祀礼仪。④白道：阴山山路，在今内蒙古呼和浩特西北。田路上有一段土色灰白，故名之。⑤韩信所以破齐也：即汉高祖三年，刘邦派郦食其说齐归汉，齐王为之所动，撤除屯守历城防御汉军进攻的重兵。这时，韩信听从辩士蒯彻的建议，乘齐无备一举袭破历城，进至临淄，齐王败走高密。⑥牙帐：即颉利可汗官署处所。

【译文】 与敌人作战，假如发现有战胜敌人的机会时，尽快发兵攻打，必然胜券在握。兵书上说："见到有利战机就要及时进攻。"

唐朝时，李靖任定襄道行军总管，打败了东突厥后，东突厥颉利可汗逃到铁山据守，派遣使者到唐朝请罪，全国归附大唐。唐太宗派李靖前去接收。颉利可汗在表面上要求投降，内心却犹疑不决。李靖看出了他的心思，当时太宗又派遣鸿胪卿唐俭德等人对颉利可汗进行安抚。李靖对副使张公谨说："皇帝派的使者到了那里，颉利可汗一定会安心。如果我们充足准备20天的粮食，派1万骑兵，从白道袭击他们，一定能取得胜利。"张公谨回答说："皇帝已接受了他们的投降，况且我们的使者也在那里，我们一行动，敌人加害于他们怎么办?"李靖说："有利战机不可错失，这是韩信能打败齐国的主要原因。像唐俭德这些人有什么可惜的呢?"于是便督促士兵急速进军。当部队来到阴山时，遇上1000多个突厥巡逻士兵，全部被俘虏并随部队一起前进。颉利可汗见到使者后，心中十分高兴，便不再担心唐朝部队的进攻。李靖的先锋部队乘着大雾前进，到离颉利可汗军帐7里远时，颉利可汗才发觉。他的部队未列好阵势，李靖便下令唐军大举进攻。这次战斗共斩敌人首级1万余颗，俘虏10余万男女，并擒获颉利可汗的儿子叠罗施，杀死义成公主。颉利可汗逃跑后，被大同道行军副总管张宝相虏获献给朝廷。从此，开拓了从阴山向北一直到大沙漠一带的大片土地。

退 战

【原文】 凡与敌战，若敌众我寡，地形不利，力不可争，当急退以避之，可以全军。法曰"知难而退。"

三国，魏将曹爽[1]伐蜀，司马懿同行出骆谷[2]，次于兴势。蜀将王平乘夜袭击，懿令坚卧不动，平退。懿谓诸将曰："费祎[3]据险拒守，进不获战，攻之不可，宜急旋军，以为后图。"爽等遂退。祎果驰兵趋三岭[4]争险，爽等潜师[5]越险，乃得退。

【注释】 ①曹爽:曹操之侄孙,字昭伯。魏明帝时,官至武卫将军。明帝病重之时,拜其为大将军,假节钺,都督中外诸军事,录尚书事,与司马懿受诏同辅齐王曹芳。后因与司马懿争权被杀。②骆谷:在今陕西周至县西南,谷长四百余里,地势险要,是关中通往汉中的交通要道。③费祎:蜀将,字文伟。蜀后主时,任黄门侍郎。为诸葛亮所重,拜其为参军、司马。亮卒,祎为后军师。蒋琬秉政后,祎任大将军,录尚书事。④三岭:即沈岭、衙岭及分水岭,均在今陕西周王西南之骆谷中。⑤潜师:秘密调动部队。

【译文】 与敌人作战,如果敌方兵多于我,地理形势不利于我,武力不能取胜,就应当尽速撤退,以躲避敌人,保全整个部队。兵书上说:"意识到难以取胜就赶快撤退。"

三国时,魏国将领曹爽率兵进攻蜀国,司马懿与曹爽一起从骆谷进攻蜀地汉中,在兴势驻军。蜀将王平夜间率兵袭击魏军,司马懿命令魏军留守营中不准出动。王平部队撤离后,司马懿对部下说:"费祎占据险要之地把住关口,我们出战不一定有交战机会,所以不要急于向他们进攻,应当先撤下队伍,再想方法进攻。"于是曹爽等人便领兵向后撤退。费祎听到这个消息后,果然率兵飞快地抢占了骆谷附近三岭的险要地形。曹爽撤退时,悄悄越过这些地方,终于成功撤退。

挑　战

【原文】 凡与敌战,营垒相远,势力相均,可轻骑挑攻之,伏兵以待之,其军可破。若敌用此谋,我不可以全气[①]击之。法曰:"远而挑战,欲人之进也。"

十六国[②],姚襄[③]据黄洛,苻生[④]遣将苻黄眉[⑤]、邓羌[⑥]等率步骑讨襄。襄深沟高垒,固守不战。邓羌曰:"襄性刚愎,易以挠动,若长驱一行,直压其垒,襄必忿而出战,可一战而擒也。"黄眉从之,遣羌率骑三千,军于垒门。襄怒,尽锐出战。羌伪不胜,率骑而退,襄追之于三原。羌回拒襄,而黄眉至,大战,斩之,俘其众。

【注释】 ①全气:尽全军之士气而作战。②十六国:西晋末年,各少数民族的上层人物乘各族人民起义之际,纷纷起兵先后建立之政权。主要有成汉、二赵(前、后)、三秦(前、后、西)、四燕(前、后、南、北)、五凉(前、后、南、北、西)和夏十六国,史称"十六国"时期。③姚襄:羌族首领。南安赤亭(今甘肃陇西)人,字景国。姚弋仲之第五子。晋穆帝永和八年(公元352年),其父死,他率众归东晋,驻谯城(今河南夏邑北)。次年叛晋,进屯盱眙(今江苏盱眙北),自称大将军、大单于。后移驻许昌(今河南许昌东),欲谋取关中。被前秦苻黄眉所杀。④苻生:前秦苻健的第三个儿子,字子长。东晋永和十一年(公元355年),健死,苻生即帝位,改元寿光。在位两年,为苻坚所杀。⑤苻黄眉:前秦苻健之兄的儿子。最初仕健为卫大将军。苻生即位后,受封广平王。后因谋杀苻生事泄被杀。⑥邓羌:前秦将领,苻生时任建节将军;苻坚时,官至车骑将军、并州刺史。

【译文】 与敌人交战,倘若敌我双方军营相距较远,又势均力敌,可派轻骑兵前往向敌人挑战,并在路上预设伏兵,等敌人来战时袭击他们,就可以破敌。倘若敌人用这种战术对付我军,我军不可用全部兵力出击。兵书上说:"从远方来挑战,是想引诱对方进攻,

以便寻找时机取胜。”

十六国时期，姚襄占据黄洛镇，苻生派将军苻黄眉、邓羌等人率领步、骑兵讨伐。姚襄筑深沟高垒，坚守不战。邓羌对苻黄眉说：“姚襄生性主观自负，容易被挑动，如果我们派一支部队直攻姚襄军营前，姚襄一定大怒出战，届时可一举擒住他。”苻黄眉听从这个建议，派邓羌率领3000骑兵，在姚襄军营前驻扎。姚襄一见果然大怒，率领全部精锐部队出来迎战。邓羌假装被打败，领着骑兵向后撤退。姚襄追到三原，邓羌调头与姚襄交战，苻黄眉也率兵赶到，与邓羌一起大战姚襄。最后杀死了姚襄，俘虏其兵士。

致　战

【原文】　凡致敌来战，则彼势常虚；不能赴战，则我势常实。多方以致敌之来，我据便地而待之，无有不胜。法曰：“致人而不致于人。”

后汉建武五年，光武诏耿弇[①]，悉收集降附，结部曲[②]，置将吏。弇率骑都尉刘歆、泰山太守陈俊将兵而东。张步[③]闻之，使其将费邑军历下，又令兵屯祝阿；别于泰山、钟城列营数十以待之。弇渡河先击祝阿，拔之，故开围一角令其众得奔归钟城。人闻祝阿已溃，大恐，遂空壁亡去。费邑分兵，遣其弟费敢守巨里城。弇进兵先胁巨里，严令军中趣修攻具。后三日悉力攻巨里城。阴纵生口亡归，以弇期告邑。邑至日果自将精兵来救。弇谓诸将曰：“吾所以修攻具者，欲诱致之耳。野兵不进，何以城为！”则分兵守巨里，自帅精锐上冈阪[④]，乘高合战，大破之，斩邑。既而取首级以示巨里，城中惧，费敢亡归张步。弇悉收其积聚，纵兵攻诸未下者，平四十余营，遂定济南。

【注释】　①耿弇：东汉初将领。扶风茂陵（今陕西兴平东北）人，字伯昭。更始间，率上谷郡兵归刘秀，任大将军。因战功进建威大将军，封好田寺侯。建武五年率军击灭齐地割据势力张步。②部曲：本为古代军队编制之称，后又为家仆之称。这里指军队。③张步：东汉初地方割据势力。琅邪不其（今山东即墨西南）人，字文公。刘秀兵起，张步亦乘机拥众据齐地，自立为五威将军。刘秀建立东汉政权后，曾派使持节授步为东莱太守，但步杀使自立齐王，成为东汉初期盘踞山东济南一带的地方割据势力。建武五年为耿弇击败投降，后欲叛被杀。④冈阪：在这里作山顶或至高点解。山脊为冈，山坡为阪。

【译文】　诱使敌人前来作战，设计对其不利的情势，使敌无法立即摆好阵式作战。我军则处于有利的形势，已做好万全准备应战，并优先取得绝佳的地势，必然可以大获全胜。兵书上说：“主动引敌出战，不要被动地去应战。”

后汉建武四年，光武帝下令耿弇率领骑都尉刘歆、泰山太守陈俊等人领兵向东讨伐张步。张步听到消息后，派遣将领费邑率兵到历下驻军防守，又命令部分军队到祝阿驻扎，并从泰山郡到钟城驻扎数十座军营等待耿弇到来。耿弇渡过黄河后攻下了祝阿。在围攻祝阿时，故意留下一个缺口，让祝阿城里的敌人逃走。钟城人听说祝阿城已被攻下，非常恐慌，便丢下空城全部逃跑了。费邑分出一部分兵力给弟弟费敢，让他守巨里城。耿弇部队围住巨里，命令军中修理攻城用具，扬言三天后全力攻城，暗中却把俘虏放回去，让俘虏把耿弇攻城的日期向费邑禀报。到了第三天，费邑果然率精兵来救巨里。耿弇对众将领说："我之所以下令修攻城器械，是想引诱敌人交战，现在有众多敌兵驻在野外，不去消灭他们，还攻城干什么呢？"于是派一部分兵力围住巨里，牵制敌人；自己率领精锐部队登上山坡，利用高地与敌人会战，大败敌军，杀了费邑。然后砍下费邑的头，拿给巨里城的敌人看。城里的敌人十分恐惧，费敢奔投张步。耿弇收聚了巨里城里全部钱粮，然后对还没攻下来的城邑大举进攻，削平了敌人40多座军营，济南终于平定。

远 战

【原文】 凡与敌阻水相拒，我欲远渡，可多设舟楫，示之若近济，则敌必并众应之，我出其空虚以济。如无舟楫，可用竹木、蒲苇[1]、罂缶[2]、瓮[3]囊、枪杆之属，缀为排筏，皆可济渡。法曰："远而示之近。"

汉初，魏王豹[4]初降汉，复以亲疾请归，至国，即绝其河关，反与楚约和。汉王遣郦生往说豹，不听。汉以韩信为左丞相击豹，豹陈兵蒲阪，塞临晋，信乃益为疑兵，陈船欲渡临晋[5]；而引兵从夏阳，以木罂渡军，袭安邑。魏王豹惊，卒兵迎战，信遂虏豹，定魏。

【注释】 ①蒲苇：蒲，指菖蒲，生长在水边，叶子长而宽。苇，指芦苇。②罂缶：均为小口大腹的陶制容器。在无船渡河的情况下，可以将其与竹木、蒲苇连缀一起，作为渡河用的飘浮工具。③瓮：也是一种如罂状的盛器。④魏王豹：即魏豹，魏国贵族子弟，被楚怀王立为魏王。后从项羽入关，被徙至河东郡（治安邑），封为西魏王。刘邦定三秦，豹叛楚归汉；不久又叛汉归楚。汉高祖八月为韩信击败被俘，后在荥阳被杀。⑤临晋：即临晋关，一名蒲关，亦名河关，又名临津关。在今山西永济市西、陕西朝邑县东的黄河西岸。宋时改为大庆关。

【译文】 凡与敌军隔河相对抗，我方想从远处偷渡，可以多准备船只，让敌人以为我们要从近处渡河，敌人必定集合全军来阻击，我军可乘机从敌军防守空虚的远处渡过河去。如果没有船只，可用竹子、树木、蒲草、芦苇、罂缶、瓮囊、枪杆等物，连缀一起组成排筏渡河。兵书上说："想从远处渡河，就要装出从近处渡河以迷惑敌人。"

汉朝初年，西魏王魏豹投降于汉王刘邦，不久又以母亲有病为借口请求回归封地。到了封地，他马上关闭河关，反而与楚国签订和约。汉王派使者去说服魏豹作汉臣，魏豹不听。汉王任命韩信为左丞相讨伐魏豹。魏豹把大量兵力驻守在蒲阪，把通往临津关的道路封锁；韩信多设疑兵，排列许多船只，做出要从临津关强渡黄河的样子，实际上却率领部队从夏阳乘木罂渡河，偷袭安邑。魏王豹大吃一惊，急忙率领部队阻击韩信。后来韩信俘虏了魏豹，平定河东郡。

近 战

【原文】 凡与敌夹水为阵，我欲攻近，反示以远，须多设疑兵，上下远渡[1]，敌必分兵来应，我可以潜师近袭之，其军可破。法曰："近而示之远。"

春秋,越人伐吴,吴人御之笠泽[②],夹水而阵。越人为左右阵,夜鼓噪而进,(吴帅分以御之。越子以三军潜涉,当)吴中兵而鼓之。吴军大败,遂至灭亡。

【注释】 ①上下远渡:从河的上游和下游同时渡河。②笠泽:地名.在今太湖附近。

【译文】 与敌人隔河列阵,我方如想从近处进攻敌人,就应示敌从远处攻击。还应多设疑兵,从河的上游和下游同时渡河,必会使敌人分散兵力阻击我军,我军可暗中从近处渡河袭击,敌军必然可破。兵书上说:"想从近处进攻,就要做出从远处进攻的样子以迷惑敌人。"

春秋时期,越国人征伐吴国,吴国人在笠泽(今太湖附近)与越军隔水列阵。越军的左、右两队,趁夜鸣鼓喧嚣,佯示要渡河发动攻击,吴军将领分兵抵抗。越兵则另遣主力部队偷偷渡河直袭吴国中军。吴军大败,以至灭亡。

水 战

【原文】 凡与敌战,或岸边为阵,或水中泊舟,皆谓之水战。若近水为阵者,须去水稍远,一则诱敌使渡,一则示敌无疑。我欲必战,勿近水迎战,恐其不得渡。我欲不战,则拒水阻之,使敌不得济。若敌率兵渡水来战,可于水边,伺其半济而击之,则利。法曰:"涉水半渡可击。"

汉,郦生说齐下之,齐王日与生纵酒为乐,而罢守备。蒯通[①]说信,遂渡河,袭破齐。齐王以郦生卖己,烹之而走高密,请救于楚。楚遣龙且将兵救齐。或曰:"汉兵远斗穷寇,战锋不可当也。齐楚自居其地,战,兵易败散。不如深壁。令齐王使其信臣招所亡城,城人闻王在楚求救,必反汉。汉二千里客居齐,齐城皆反之,其势无所得食,可毋战而降也。"龙且曰:"吾知韩信为人,易与耳。寄食于漂母,无资身之策;受辱于胯下,无兼人之勇,不足畏也。今君救齐不战而降之,有何功?若战而胜,齐半可得。何为而止?"遂进兵与汉军夹潍水而陈。信夜使人囊沙壅水[②]上流,引兵半渡,击龙且,佯不胜,还走。龙且喜曰:"吾固知信怯。"遂追之。信使人决壅囊,水大至,龙且军大半不得渡,即急击杀龙且,水东军散走,齐王广亡去,信追北至城阳,虏广。楚卒皆降,遂平齐。

【注释】 ①蒯通:本名为彻,因与汉武帝刘彻同讳,后为史家改书为"通"。蒯通,范阳(今河北徐水北固城)人,汉初重要谋士和说客。②壅水:谓堆土阻塞水流。

【译文】 凡与敌人交战,在河岸列阵,或在水上攻打,都叫作水战。在河边设阵应离河岸远一些列阵,一方面引诱敌人渡水进攻,另一方面敌人不会怀疑有伏兵。我方与敌人交战,不可在河边迎敌,因为敌人不敢渡河。如果不想交战,就应占据河边有利地势阻挡,使敌人无法渡河。如果敌人渡河交战,可在河边待敌渡河过半再袭击他们,如此我军即可获胜。兵书上说:"敌人涉水渡河过半时,可以袭击他们。"

汉时,郦食其已说服齐王田广归降刘邦,齐王每日与郦生饮酒取乐,撤除对汉兵的防备。这时,蒯通说服韩信继续攻齐。韩信率兵渡过黄河攻入齐国境内。齐王田广认为是郦食其出卖了自己,于是将他放到油锅里炸死后逃到高密向楚王项羽求救。楚王派龙且

领兵救齐。楚军中有人对龙且说:“汉兵远离国土,一定会全力作战,锐不可当。齐楚二军在自己国土打仗,士兵容易走散,不如深沟高垒,坚守不战。再叫齐王派他的亲信臣子去招抚已经失陷的城邑中的人,那里的百姓听说齐王还活着,楚兵又来救援,必然反汉。汉兵到两千里远的齐国作战,齐国各个城邑反叛他们,汉兵势必无法得到粮食,不用战斗就可以降服他们。”龙且说:“我早就知道韩信容易对付,曾向洗衣服的老太太要过饭,说明他没有养活自己的本领;曾经从淮阴屠中少年的胯下钻过,说明他没有超乎常人的勇敢,不值得惧怕。况且我来救齐,不经过战斗就使韩信投降,有什么功劳?倘若经过交战而胜,我还可以得到半个齐国作为封地,为什么要停止进攻呢?”于是两军交战。龙且与韩信隔潍水列阵。半夜时,韩信派人准备1万多个沙包将潍水上游堵住,率领一半部队渡河袭击龙且。交战时假装不能取胜,且战且走。龙且十分高兴,说:“我本来就知道韩信怯战!”于是渡河追击韩信。韩信立即撤去上游堵水的沙袋,让大水冲下来。这时龙且的军队还有一大半没渡过河来,韩信立刻向楚军反击,杀死龙且。留在潍水东岸的士兵都逃散了,齐王田广也逃跑。韩信追敌军到城阳,俘虏了田广。楚国士兵全部投降,遂平定了齐地。

火　战

【原文】　凡战,若敌人近居草莽,营舍茅竹,积刍聚粮,天时燥旱,因风纵火以焚之,选精兵以击之,其军可破。法曰:“行火必有因。”

汉灵帝中平元年,皇甫嵩①讨黄巾②,汉将朱俊③与贼波才④战,败。贼遂围嵩于长社。贼依草结营,会大风,嵩敕军士束炬⑤乘城,使锐卒间出围外,纵火大呼,城上举燎应之。嵩因鼓而奔其阵,贼惊乱奔走。会帝遣曹操将兵适至,合战,大破之,斩首数万级。

【注释】　①皇甫嵩:东汉安定朝那(今甘肃平凉西北)人,字义真。汉灵帝时为北地太守。黄巾起义爆发时,任左中郎将,后官至太尉,封槐里侯。②黄巾:东汉末年农民起义军,以黄巾裹头,故称“黄巾军”。③朱俊:东汉会稽上虞(今浙江上虞)人,字公伟。曾任刺史、谏议大夫等职。后因镇压黄巾起义,被封为西乡侯,官至河南尹、中郎将。④波才:黄巾起义军将领。东汉中平元年在颍川(今河南禹县)起义,大败汉军右中郎将朱俊,后因缺乏作战经验,为皇甫嵩所败而牺牲。⑤炬:即用苇秆扎成的火炬。

【译文】　与敌人作战,倘若敌方在杂草丛生的田野地带驻军,用茅草、竹木作营房,囤积粮草,应趁天气干旱时借助风力火攻他们,再派出精锐士兵进攻,就可以打败敌军。兵书上说:“作战时放火烧敌军要借助一定条件。”

汉灵帝中平元年,皇甫嵩去征讨黄巾军。汉廷另一大将朱俊与黄巾军波才的部队交战,被打得大败,波才将皇甫嵩包围在长社。当时波才部队在靠近草木的地方安营,正值刮大风,皇甫嵩于是命令士兵带着草捆登上长社城墙,又派一些精壮士兵寻机冲出包围,于波才军营外放火,并大声呼喊,率领士兵冲向敌阵,波才的士兵惊慌失措,到处逃窜。这时正好汉灵帝派曹操率领部队支援,两军会合出战,大破波才军,歼敌1万多人。

缓 战

【原文】 凡攻城之法,最为下策,不得已而为之。所谓三月修器械,三月成距堙者,六月也。谓戒为己者,忿躁不待攻具而令士卒蚁附,恐伤人之多故也。若彼城高池深,多人而少粮,外无救援,可羁縻[1]取之,则利。法曰:"其徐如林。"

十六国,前燕将慕容恪[2]击段宠[3]于广固,围之。诸将请恪急攻,恪曰:"军势有宜缓以克敌。若彼我势均,外有强援,恐有腹背之患,则攻之不得不速。若我强彼弱,外无救援,当羁縻守之,以待其敝。兵法:十围五攻,正谓此也。宠党尚众,未有离心。今凭阻坚城,上下戮力。尽锐攻之,数旬可拔,然杀吾士卒必多矣。当持久以取耳。"乃为壁垒以守之,终克广固。

【注释】 ①羁縻:犹言束缚、牵制,这里作围困解。②慕容恪:鲜卑人,字玄恭。从父征伐,镇守辽东。后辅兄为隽乃炜,封太原王,累官大司马,总摄朝政,量才授任,颇有政绩。③段龛:辽西鲜卑人,段兰之子。晋穆帝永和七年,龛以青州归降东晋,被授任镇北将军,封齐公,镇守广固。后为前燕将慕容恪所攻,被执遇害。

【译文】 用攻城的方法去应对敌人是最下策,是在万不得已时才使用的方法。这是因为修造器械、堆筑距堙等耗时费力,倘若急躁而不待攻具造成,就命士兵攻城,恐将伤亡惨重的缘故。假如敌人死守坚固的城池,兵多粮少,外无援兵,可采取拖延战术围困他们,这样就可以取胜。兵书上说:"采取缓战围困敌人时,部队行列仍需整齐密集如树林。"

十六国时,前燕将军慕容恪在广固讨伐段龛,将段龛围在城里。慕容恪部下将领请求下令攻城,慕容恪说:"打仗的形势有放慢攻城以获胜的。如果敌我双方实力相当,敌人有强大援助,我方恐有腹背受敌的危险,那就必须尽速攻城。如果我方实力胜敌,敌人没有外援,就应牵制他们,等待敌军出现弱点。兵书上说:'包围敌人十次,通常只能进攻五次',说的正是这种情况。目前段龛的兵多,没有叛离之心,又占据险要地势和坚固城池,上下齐心合力。我们用全部精兵攻打他们,几十天时间才能把城攻下来,但那样我方士兵死伤一定很多。所以应当以持久战来取胜。"慕容恪于是下令修筑营垒做好长期围困的准备,最后终于攻下了广固城。

速 战

【原文】 凡攻城围邑,若敌粮多人少,外有救援,须速攻之,则胜。法曰:"兵贵神速。"

三国蜀将孟达[1]降魏,遂领新城太守,未几,复连吴附蜀,以叛魏。司马懿潜军进讨,诸将言达与蜀交结,宜观望而后可。懿曰:"达无信义,此其相疑之时,当及其未定,促[2]而决之。"乃倍道兼行,至新城下。吴、蜀各遣将救达,懿乃分兵拒之。初,达与诸葛亮书曰:"宛去洛八百里,去吴一千二百里,闻吾举事,表上天子,比相往返时,一月间也,则吾城已固。诸将足办，吾所在深险，司马公必不自来。诸将来，吾无患矣。”及兵到，达又告亮曰：“吾举事八日，而兵至城下，何其神速也。”上庸城三面阻水，达于外为木栅以自固。懿渡水，破其栅，直造城下。旬有六日，李辅等斩达首，开门以降。

【注释】 ①孟达：字子度，一字子敬。初事刘璋，后归刘备，为宜都太守。后叛蜀降魏，被任为新城太守。蜀建兴五年（公元227年），诸葛亮伐魏，曾致书诱达为援，为魏所疑，达惧，复叛魏，不久为司马懿所杀。②促：通趋，急速也。

【译文】 作战时围困敌人城池，如果城内敌人粮多兵少，外部又有救援部队，应快速进攻，方能取胜。兵书上说：“用兵贵在行动快速。”

三国时期，蜀国将领孟达投降了魏国，被任命为新城太守。不久，他又联合东吴归附蜀国，背叛了魏。司马懿便暗中领兵前去征讨。司马懿部进谏，孟达与蜀国刚刚接触，应当观看情况再行动。司马懿说：“孟达不讲信义，现在正是他们相互猜疑的时候。像河水涨潮一样，在水还没有漫到堤上的时候就要把堤决开，如此便可以免受大水之害。”于是魏军日夜兼程，很快到达新城之下。这时，吴蜀双方都派兵救孟达，司马懿便分兵去抵挡他们。当初孟达在写给诸葛亮的信中曾说：“宛城距洛阳800里，距东吴1200里。听说我起兵，司马懿向天子报告，等皇帝批回来，要一个月时间，那时我的城池已修护巩固。诸将协助我，我所守的地方又十分险要，想必司马懿不会亲自前来。其他将领来，我没有什么可担忧的。”等到司马懿的部队来到城下，孟达又写信给诸葛亮：“我起事才八天，魏军便来到我城下了，想不到这么快！”上庸城三面被水包围，孟达在城外设置木栅栏加强防守。司马懿部队渡河破坏栅栏，一直攻到城下。又过了十来天，孟达部将李辅等人杀了孟达，打开城门向司马懿投降。

整 战

【原文】 凡与敌战，若敌人行阵整齐，士卒安静，未可轻战，伺其变动以击之，则利。法曰：“无邀正正之旗。”

三国，魏司马懿征公孙渊[①]。懿泛舟潜济辽水，作围，弃城而向襄平。诸将曰：“不攻城而作围，非所以示众。”懿曰：“贼坚营高垒，欲以老吾军也。攻之，正堕其计。贼大众在此，其巢穴空虚。我直指襄平，必人怀内惧。惧而求战，破之必矣。”遂整阵而过。贼见兵出其后，果邀之。乃纵兵逆击，大破之。

【注释】 ①公孙渊：三国时襄平（今辽宁辽阳）人。魏明帝时，任辽东太守、大司马，封乐浪公。景初元年叛魏自立为燕王。次年，被司马懿所杀。

【译文】 凡与敌人作战，如果敌方行列整齐，士兵安静，就不要轻易进攻，要等待他们出现混乱时再攻打，这样才有利。兵书上说：“不要拦击军容严整的部队。”

三国时，魏国大将军司马懿受命征讨公孙渊。司马懿率领部队乘船偷偷地渡过辽河，在辽隧围住公孙渊军。后来又放弃对公孙渊军的包围，率领军队去进攻襄平。司马懿的将领说：“不去攻城只是包围，不足以显示军威。”司马懿说：“贼兵城池坚固，坚守不

战，是想把我们的部队拖垮。如若攻城，正好中了他们的奸计。现在敌人大部分兵力都集中在这里，而老巢却很空虚。我军直指襄平，他们内心一定十分害怕。心中害怕就会出城与我们作战，这样一定能打败他们。”于是率领严整的部队，越过敌城奔向襄平。公孙渊军见魏军进攻自己的后方，果然仓皇赶来拦击。司马懿率兵大举反击，大败公孙渊部队。

乱　战

【原文】　凡与敌战，若敌人行阵不整，士卒喧哗，宜急出兵以击之，则利。法曰：“乱而取之。”

唐段志玄从刘文静拒屈突通于潼关，文静为通将桑显和所败，军营已溃，志玄率二十骑赴之，击杀数十人而还；还为流矢中足，虑众心动，忍而不言，更入贼阵者再三[①]。显和军乱，志玄无势因而复振，通兵大败。

【注释】　①更入贼阵者再三：还一再冲进敌阵杀敌。

【译文】　与敌人作战，见敌方行列凌乱，士兵吵嚷不休，应当急速出兵突击，如此就一定能取胜。兵书上说：“敌人混乱之际，就是进攻的大好时机。”

唐时，段志玄随刘文静到潼关去讨伐来犯的屈突通军，激战之中，敌将桑显和大败唐军，段志玄率领20名骑兵赴战，杀敌数10人后返营。和敌人交战之时，段志玄的脚为流矢所伤，他担心为此影响军心，所以忍痛不说，还一再冲进敌阵杀敌。几回合下来，通军的阵形便开始混乱，终为士气复振的唐军所败。

分　战

【原文】　凡与敌战，若我众敌寡，当择平易宽广之地以胜之。若五倍于敌，则三术为正，二术为奇；三倍于敌，二术为正，一术为奇。所谓一以当其前，一以攻其后。法曰：“分不分为縻军[①]。”

梁将陈霸先[②]、王僧辩[③]讨侯景[④]军于张公洲。高旗巨舰，截江蔽空，乘潮顺流。景登石头[⑤]望之，不悦。曰：“彼军士有如是之气，不可易也。”帅铁骑万人，鸣鼓而前。霸先谓僧辩曰：“善用兵者，如常山之蛇[⑥]，首尾相应。贼今送死，欲为一战。我众彼寡，宜分其势。”僧辩从之，以劲弩当其前，轻锐蹂其后，大阵冲其中。景遂大溃，弃城而走。

【注释】　①縻军：庞大而无法分成独立作战之小部队的军队。②陈霸先：即陈武帝，南朝陈的建立者。梁时曾任太守、刺史等职。梁元帝承圣元年（公元552年），起兵与王僧辩讨平侯景叛乱后，镇守京口（今江苏镇江），不久杀辩，迎梁敬帝重定，自为相国，封陈王。后代梁称帝，国号陈。③王僧辩：南朝梁将。太原祁（今山西祁县）人，字君才。侯景叛乱时，受诏入朝，以大都督讨景，与陈霸先破景于石头城，累功任太尉，封永宁郡公。后因从北齐主高洋谋立贞阳侯萧渊明为帝，被陈霸先袭杀。④侯景：怀朔镇（今内蒙古包头东北）人，字万景。先属北魏尔朱荣，继归东魏高欢，拥众10万，镇守河南。梁中大同二年(公元547年)降梁,封河南王。次年,勾结梁宗室萧正德举兵叛乱,攻入建安(今南京),自立为汉帝。后被陈霸先、王僧辩等消灭。⑤石头:即石头城,又名石首城,故址在今南京市清凉山。该城背山面江,南临淮口,当交通要冲,六朝时为建康的军事重镇。⑥常山之蛇:这里比喻用兵的灵活机动、部队的协调统一。

【译文】 与敌人交锋时,假如我方兵力多于敌人,应该选择平坦宽阔之地为战场,以战胜敌人。假如我方兵力是敌人的5倍,就要用3倍的兵力正面进攻敌人,用2倍的兵力以特殊战术与敌交战。如果我方兵力是敌人的3倍,就要用2倍的兵力正面进攻敌人,而用和敌人相当的兵力以特殊战术与敌交战。此即所谓,用一部分兵力去阻挡敌人前部,用一部分兵力去进攻敌人后部。兵书上说:"应把部队分开时却不分开,就会影响部队的战斗力。"

南北朝时,梁将陈霸先、王僧辩前往张公洲去讨伐叛乱的侯景部队。陈、王部队的巨大船舰堵截了长江,高悬的战旗遮蔽了天空。船队随着潮水顺流而下。侯景登上建康城城楼,看到这个场面,很不高兴地说:"他们部队有这般气势,我们可不能轻视!"于是率领1万多精壮骑兵,敲着战鼓冲向敌阵。陈霸先对王僧辩说:善于用兵的人,应把部队指挥得像常山的蛇一样,首尾能互相配合。敌人现在与我们决战,我方人多,敌方人少,应把部队分开,分头去袭击他们。"王僧辩同意他的意见。陈霸先便命令一部分士兵用强劲的弓箭射侯景前军,阻挡他们前进,同时命令轻便精锐的骑兵反复冲击侯景后军,而主要兵力冲击侯景部队的中间部分。于是侯景大败,弃城逃走了。

合　战

【原文】 凡兵散则势弱,聚则势强,兵家之常情也。若我兵分屯数处,敌若以众攻我,当合军[①]以击之。法曰:"聚不聚为孤旅。"

开元时,吐蕃入寇,报新城之役,晨压官军,众寡不敌,王忠嗣策马而进,左右驰突,如此无不辟易[②],出而复合,杀数百人,贼众遂乱。三军翼而击之,吐蕃大败。

【注释】 ①合军:集合、统整部队。②辟易:退避、骇退。

【译文】 军队兵力分散力量就薄弱,兵力集中力量就强大,这是兵家所知的道理。假如我方有数处驻军驻守,敌人集中全力向我发动进攻,应该聚集各处驻军联合反击他们。兵书上说:"军队应当聚合却无法聚集,就要成为孤军。"

唐开元时,吐蕃为报新城之仇而侵边。吐蕃大军压境,唐军将士皆惊恐失措。此时唐将王忠嗣策马冲向敌阵,左右两翼的兵力也联合起来援救,气势如虹,贼众莫不退避。但见唐军分而复合,严整有序,杀敌数百人,一时之间敌军阵脚大乱。唐军继而又兵分三路,分别狙击贼众据点,大败吐蕃。

怒　战

【原文】 凡与敌战,须激励士卒,使忿怒而后出战。法曰:"杀敌者,怒也。"

汉，光武建武四年，诏将军王霸、马武讨周建于垂惠。苏茂将兵四千余救建。先遣精骑遮击[①]马武军粮，武往救之。建于城中出兵夹击武。武恃霸援，战不甚力，为茂、建所败。过霸营，大呼求救。霸曰："贼兵势盛，出必两败，努力而已。"乃闭营坚壁。军吏皆争之。霸曰："茂兵精锐，其众又多，吾吏士心恐，而与吾相恃，两军不一，败道也。今闭营坚守，示不相援，彼必乘势轻进。武恨无救，则其战当自倍。如此，茂众疲劳。吾乘其敝，乃可克也。"茂、建果悉兵出攻武，合战良久。霸军中壮士数十人，断发请战。霸乃开营后，大吡，出精骑袭其后。茂、建前后受敌，遂败走之。

【注释】 ①遮击：拦击。

【译文】 与敌人交战，应当激励士兵，激起他们仇敌之心后再作战。兵书上说："战士努力杀敌，是因为他们被激怒了。"

东汉建武四年，光武帝命令王霸、马武到垂惠去讨伐周建。苏茂带领4000多名士兵前去救援周建。他先派精锐骑兵拦击马武的军粮。马武前去抢救，周建又从城里派兵与苏茂一起夹击马武。马武仗着有王霸军队的援助，所以并不尽力作战，遂被苏茂、周建打败。他退兵经过王霸军营前大呼求救，王霸说："贼兵势力强大，如果出营迎战，我们会被打败。你还是拼命作战吧！"于是关上营门，坚守营中不出战。这时王霸军中的官兵都急着要去救马武，王霸说："苏茂、周建的军士都是精兵锐卒，人数众多，而我方官兵心中恐惧，在这种情况下两军对峙，我方军队没有汇集一起，这是自取灭亡的做法。现在我们关闭营门坚守，表示不去援助马武，苏茂等人一定乘胜轻率进攻；马武心中怨恨我们不去援救，打起仗来一定会全力以赴，这样苏茂的军队就会疲劳。我军乘他们疲惫之时再出击，一定可以打败他们。"苏茂、周建果然率领全部兵力攻打马武，双方长时间会战。这时王霸军中有几十名壮士断发表示置生死于度外，坚决请求出战。王霸这才下令打开营门，全军出击，派精锐骑兵袭击苏茂、周建军队的后部，苏茂、周建前后受到夹击，于是大败而逃。

气　战

【原文】 夫将之所以战者，兵也；兵之所以战者，气也；气之所以盛者，鼓也。能作士卒之气，则不可太频，太频则气易衰；不可太远，太远则力易竭。须度[①]敌人之至六七十步之内，乃可以鼓，令士卒进战。彼衰我盛，败之必矣。法曰："气实[②]则斗，气夺则走。"

春秋，齐师伐鲁。庄公将战，曹刿[③]请从，公与之同乘，战于长勺。公将鼓之，刿曰："未可。"齐人三鼓。刿曰："可矣。"鼓之，齐师败绩。公问其故？刿对曰："夫战，勇气也。一鼓作气，再而衰，三而竭。彼竭我盈，是以败之。"

【注释】 ①度：距离。②气实：士气高昂。③曹刿：春秋时鲁国谋士。齐鲁长勺之战，他辅佐鲁庄公战胜齐军。

【译文】 将领交战所信赖的是士兵，士兵战斗所凭借的是气势，士兵气势高昂所凭借的是战鼓。敲击战鼓能振作士兵的斗志，但战鼓不可击得太频繁，频繁击鼓容易使士兵斗志衰落；击鼓时也不可距离敌人太远，太远也容易使士兵斗志过早消尽。应该距敌60~70步内的距离，敲击战鼓，号令军队前进与敌作战。待敌人士气衰减，我军士气正旺，一定能战败他们。兵书上说："士气高涨时与敌人作战，士气衰减时就赶快撤退。"

春秋时期，齐国进攻鲁国。鲁庄公与齐国决战，曹刿请求庄公允许他随行。庄公与他同乘一辆战车，出战于长勺。作战开始，庄公正要击战鼓进攻，曹刿阻止他说："现在还不行。"等到齐人已击过三遍战鼓了，曹刿这才说："我们可以击鼓了。"鲁庄公敲起战鼓，大败齐国军队。战后庄公问曹刿为什么在敌人击三遍鼓后我方才击鼓。曹刿回答说："战斗所凭借的是士兵的勇气，击一次鼓士兵的斗志便振奋起来，再击一次鼓那斗志就衰减了，击三次鼓士气就消减光了。敌兵斗志衰竭，我方斗志正高昂，所以攻破了他们。"

逐　战

【原文】　凡追奔逐北[①]，须审真伪。若旗齐鼓应，号令如一，纷纷纭纭[②]，虽退走，非败也，必有奇也，须当虑之。若旗参差而不齐，鼓大小而不应，号令喧嚣而不一，此真败却也，可以力逐。法曰："凡从勿怠，敌人或止于路，则虑之。"

唐武德元年，太宗征薛仁杲[③]，其将宗罗侯拒之，大破于浅水原。太宗帅骑追之，直趋高无围之。仁杲将多临阵来降，复还取马，太宗纵遣之。须臾，各乘马至。太宗具知仁杲虚实，乃进兵合围。纵辩士[④]喻以祸福，仁杲遂降。诸将皆贺，因问曰："大王破敌，乃舍步兵，又无攻具，径薄城下，咸疑不克，而卒下之，何也？"太宗曰："此权道[⑤]也，且罗侯所将，皆陇外人，吾虽破之，然斩获不多。若缓之，则皆入城，仁杲收而抚之，未易克也；迫之，则兵散陇外，高无自虚，仁杲破胆，不暇为谋，所以惧而降也。"

【注释】　①追奔逐北：追击驱逐败逃的敌人。北，败逃。②纷纷纭纭：意指敌人众多。③薛仁杲：唐初割据陇西自称秦帝的薛举之子，勇力善射，性悍好杀，即父位称帝。武德元年，兵败降唐，后被杀。④辩士：谓能言善辩之士。⑤权道：谓临机应变之法。

【译文】　凡是追击战败逃跑的敌人，应仔细观察他们是真败还是假败。假如敌人军旗整齐、战鼓互相呼应、全军号令一致，虽然队伍交错行动，但整齐有序，虽是向后撤退，但并不是因为被打败而逃走，而是采用计谋策略，我方必须详细分析后再采取行动。如果他们旗帜杂乱不齐，鼓声时大时小，无法互相应和，号令混乱不一致，这是真的失败而怯战，我方可全力追击。兵书上说："追击逃跑的敌人要保持警戒，发现敌人在半途中停下来，就应设法探知其意图。"

唐朝武德元年，唐太宗率兵征讨薛仁杲。薛仁杲部将宗罗侯率兵相阻，被唐太宗在浅水原打得大败。唐太宗亲自带兵追击，一直追到高无，将薛仁杲部队团团围住。薛仁杲的部将，有不少人在阵前向唐军投降。然后，又要求回去取战马，太宗把他们全打发回去。不一会儿，这些人都骑着马回到唐营。唐太宗从中了解到薛仁杲部队的虚实，便增兵加强对高无城的包围，又派善于辞令的说客向薛仁杲说明利害关系，于是薛仁杲便投降了。太宗部下众将都来祝贺，并问道："大王攻破了高无城，没用步兵，又不用攻城器

械，一直进攻到敌人城下。当时大家怀疑不能取胜，而最终还是把城攻了下来，这是什么原因呢?”太宗回答说:“只是随机应变。宗罗侯率领的部队，都是陇外人，我虽然打败他们，但是斩杀和俘虏的人并不多。如果我们进攻得慢些，他们就会全部跑到高无城里，薛仁杲便会收拢和安抚他们，那就不容易攻下高无城了。但我们紧追不舍，这些败兵就会向陇外逃窜，致使高无城里空虚。薛仁杲见状必然胆战心惊，没有时间考虑我们的策略，就害怕得向我们投降了。”

归 战

【原文】 凡与敌相攻，若敌无故退归，必须审察，若力疲粮竭，可选轻锐蹑之[1]。若是归师，则不可遏也。法曰:“归师勿遏。”

汉献帝建安三年，曹操围张绣[2]于穰。刘表[3]遣兵救之，绣欲安众守险，以绝军后。操军不得进，前后受敌，夜乃凿险伪遁，伏兵以待。绣悉兵来追，操纵奇兵夹攻，大败之。谓荀彧[4]曰:“虏遏吾归师，而与吾死地，吾是以胜矣。”

【注释】 ①蹑之:意指跟踪追击溃逃之敌。②张绣:东汉时武威祖厉(今甘肃靖远西南)人。董卓部将张济之侄。济死，他继领其众，屯据宛城(今河南南阳)，后降曹操，不久复叛。建安三年五月，被曹操打败;次年，曹操征袁绍时，他再度降操，任扬武将军。后从攻乌桓死于途中。③刘表:东汉末山阳高平(今山东角鱼口东北)人，字景升。东汉远支皇族。初平元年(公元190年)，任荆州刺史，据有今湖南、湖北地区。后为荆州牧。表病死后，其子刘琮降归曹操。④荀彧:曹操谋士。颍川颍阴(今河南许昌)人，字文若。出身士族，初附袁绍，后归曹操。曾建议迎献帝都许昌，为曹操采纳，不久任尚书令，参与军国大事。后因反对曹操称魏公而失宠，被迫自杀。

【译文】 在与敌军交战过程中，假如发现敌军在没有任何原因的情况下撤退，必须详察分析原因。假如是因为部队军力衰竭或是因粮食断绝而撤军，我方可以挑选轻便精壮士兵去追击。假如敌军是全军撤离回国，就不能去拦击。兵书上说:“撤退回国的部队不要予以正面拦击。”

汉献帝建安三年，曹操在穰城围住了张绣，刘表派兵赶来救援，断绝了曹操部队后退之路。张绣在前方稳守险要地势不出战，曹操部队无法前进，前后受到敌军夹击。于是曹操令士兵于夜间在险要地段凿开一条地道，假装逃走，并在半路设伏兵，等待张绣来攻。张绣果然率领全军追击，曹操命伏兵起而夹击，大败张绣。战后曹操对荀彧说:“敌人拦击我们后撤的部队，把我们置于进退不得的死地，我们是靠这点取胜的。”

不 战

【原文】 凡战，若敌众我寡，敌强我弱，兵势不利;彼或远来，粮饷不绝，皆不可与战，宜坚壁持久以敝之，则敌可破。法曰:“不战在我[1]。”

唐武德中，太宗率兵渡河东讨刘武周。江夏王李道宗[2]，时年十七，从军，与太宗登玉

壁城观贼阵。顾谓道宗曰:“贼恃其众,来邀我战,汝谓如何?”对曰:“群贼锋不可当,易以计屈,难以力争。今深沟高垒,以挫其锋。乌合之徒,莫能持久,粮运将竭,当自离散,可不战而擒也。”太宗曰:“汝见识与我相合。”果后食尽,夜遁,追入介州,一战败之。

【注释】 ①不战在我:战与不战决定在我,表示处于主动地位。②李道宗:唐宗室。武德元年(公元618年)封略阳郡公。拜为灵州总管。贞观初,升任礼部尚书,改封江夏王。

【译文】 交战时,如果敌众我寡、敌强我弱,则战争形势对我不利;或者敌人虽从远方来,但粮饷却源源不断,都不可与他们交战。应该长时间坚守军营拖垮对方,方可打败敌军。兵书上说:“战与不战,皆操之在我。”

唐朝武德年间,唐太宗率领部队渡过黄河向东讨伐刘武周。江夏王李道宗当时年仅17岁,随同部队出征。他与太宗一起登上玉壁城城楼观察刘武周部队军营。太宗回头对道宗说:“贼兵仗恃他们人多,邀我军出战,你说该怎么办?”道宗回答:“敌人军势正旺,锋芒不可阻挡,应用计谋消磨他们的锐气,难以用兵硬拼作战。我军现在深沟高垒,坚守不战,坐待敌人兵疲。贼兵是一群乌合之众,不能长时间坚持。等到粮食运输断绝,他们会自行混乱离散,那时,不用交战就可擒住他们了。”太宗说:“你的看法和我相同。”后来刘武周的部队果然军粮用尽,想趁着天黑逃走。太宗率兵追到介州,两军打了一仗,刘武周部队败逃。

必 战

【原文】 凡兴师深入敌境,若彼坚壁不与我战,欲老我师,当攻其君主,捣其巢穴,截其归路,断其粮草。彼必不得已而须战,我以锐卒击之,可败。法曰:“我欲战,敌虽深沟高垒,不得不与我战者,攻其所必救也。”

三国,魏明帝景初二年,召司马懿于长安,使将兵往辽东讨公孙渊。帝曰:“四千里征伐,虽云用奇,亦当任力,不当稍计,役费。度渊以何计得策?”懿曰:“弃城预走,上计也;拒大军,其次也;坐守襄平,此成擒耳。”曰:“三者何出?”懿曰:“唯明君,能量彼我,预有所弃,此非渊所及也。”曰:“往还几日?”对曰:“往百日,还百日,攻百日,以六十日为休息,一年足矣。”遂进兵。渊遣将帅步骑数万,屯辽隧,围堑二十余里。诸将欲击之,懿曰:“此欲老吾兵,攻之,正堕其计。此王邑所以耻过昆阳也[①]。彼大众在此,巢穴空虚,直抵襄平,出其不意,破之必矣。”乃多张旗帜,欲出其南,贼尽锐赴之。懿潜济以其北,弃贼直趋襄平;贼将战败,懿围襄平。诸将请攻之,懿不听。陈圭[②]曰:“昔攻上庸,旬日之半,破坚城,斩孟达。今日远来,而更安缓,愚窃惑之。”懿曰:“达众少而食支一年;吾将士四倍于达,而粮不淹月[③],以一月较一年,安可不速?以四击一,正令失半而克,犹当为之,是以不计死伤,而计粮也。况贼众我寡,贼饥我饱,而雨水乃尔,攻具不设,促之何为?自发京师,不忧贼攻,但忧贼走。今贼粮垂尽,而围落未合,掠其牛马,抄其樵采,此故驱之走也。夫兵者诡道,善因事变。贼凭恃其众,故虽饥困,不肯束手,当示无能以安之。若求小利

而惊之，非计也。”既而雨霁[4]，造攻具攻之，矢石如雨，粮尽窘急，人相食，乃使其将王建、柳甫请解围，当君臣面缚。懿皆斩之。渊突围而走，懿复追及梁水上，杀之，辽地悉平。

【注释】 ①此王邑所以耻过昆阳也：更始元年（公元23年），义军攻打宛城（今河南南阳），王莽派大司空王邑会同严尤等率军42万去救宛城。义军根据刘秀建议，采取坚守昆阳（今河南叶县），迟滞、消耗南下之王邑军，掩护主力攻取宛城，然后伺机内外夹击歼灭敌人的作战方针。王邑凭借其优势兵力，拒绝严尤“及进大兵”先取宛城的建议，指挥数10万大军强攻昆阳，结果在义军内外夹击之下，几乎全军覆没，仅王邑、严尤等少数人逃回洛阳。②陈圭：三国下坯（今江苏睢宁西北）人，字汉瑜。初随陶谦，后从吕布，与其子陈登合谋离间吕布与袁术的关系，并建议吕布派其子赴许昌见曹操，因陈说吕布之短，劝操速加攻灭。吕布被诛后，陈圭与父归附曹操。③淹月：滞留一月，或经历一月。④霁：雨止。

【译文】 率领部队深入敌人境内作战，假如敌人坚守营垒不与我方交战，想拖垮我方，我方应把部队分成几部分向他们进攻。有的摧毁他们的大本营，有的截住他们回归的道路，有的截断他们的粮草供应。在这种情况下，他们不得已必然与我方交战。那时，我方再用精锐士卒进攻他们，就可以打败敌人。兵书上说：“我方想与敌人作战，敌人虽然躲在坚固的深沟高垒中，然而不得不与我方交战，是因为我方攻击了他们的要害。”

三国时，魏明帝景初二年，明帝把司马懿从宛城招来长安，命他率兵到辽东郡去征讨公孙渊。明帝说：“到4000多里远的地方去征战，虽然说以奇兵取胜，也要花费许多气力，如果计策不当，要花费很多钱财。你估计公孙渊会采用什么样的对策？”司马懿说：“放弃襄平城逃跑，是上策；抵挡大军入境，是中策；坐守襄平城等待我们进攻，被我们活捉，则是下策。”明帝说：“公孙渊会用这3种计策中的哪一种？”司马懿说：“只有聪明人，才能衡量敌我双方不同形势，事先决策放弃襄平，但这不是公孙渊所虑之事。”明帝说：“来回需要多少日子？”司马懿回答：“去100天，回来100天，攻战100天，60天休息，1年时间足够了。”于是进兵辽东。公孙渊派部下率领几万步骑兵驻扎在辽隧，并在军营周围挖了20余里长的防护壕。司马懿的部将们想去攻打他们。司马懿说：“这是想把我们部队拖垮。我们如果进攻，正中了他们诡计。这也是王邑耻于放弃昆阳坚持硬攻而失败的原因。如今公孙渊部队驻扎在此，老巢正空虚，如果我军一直攻到襄平，敌军意想不到，攻破他们自足必然的。”于是司马懿部队多打旗帜，使敌人误认为要从营南进攻。公孙渊果然把精锐部队带到营南迎战。司马懿偷偷绕过敌军，直奔襄平。他的部队打败了襄平守将后，便围住襄平城。魏将请求攻城，司马懿没答应。陈圭说：“当初我们攻打上庸城，10天之内，就硬攻破了坚固的城池，杀死孟达；现在我们从远处赶来，却安安稳稳、慢慢吞吞的，我有点不明白。”司马懿说：“那次战役孟达兵少，而粮食却可吃一年；我军将士是孟达的4倍，粮食却支撑不了1个月。用1个月与1年相比，怎么能不速攻呢？用4倍于敌的力量向他们进攻，纵使兵力损失一半而克敌，也应当进攻。那时不计较杀死多少敌人而是计较粮食可撑多少时间。而现在是敌众我寡，贼饥我饱，雨水又大，我们也没有准备好攻城器械,为什么要急忙进攻?从京师出发,一路上我们并不担心贼兵向我们进攻,只害怕贼兵逃跑。如今贼兵粮食快消耗尽了,而我们对他们的包围还没聚合;我们抢夺他们的牛马,抄掠他们的柴草,是故意驱赶他们逃跑啊!兵不厌诈,我们的策略要善于根据敌情变化而变化。贼兵凭恃人多,所以现在他们虽然饥饿困顿,但并不肯投降,我们应当向他们表示我们没有能力攻城,从而使他们安心。如果贪求眼前小利而惊扰他们,那是下策。"不久雨停了,魏军修造好攻城器械,攻打襄平,城上的箭和石块像雨点似的落下来。城里粮食很快吃光了,饿得人吃人。公孙渊于是派王建、柳甫为使者到司马懿军中来请求撤除包围,并说要君臣自缚前来请罪。司马懿没答应,斩了王建、柳甫。公孙渊突围逃走,司马懿又派兵追到梁水边上,杀死他,于是平定了辽东郡。

避　战

【原文】 **凡战,若敌强我弱,敌初来气锐,且当避之。伺其疲敝而击之,则胜。法曰:"避其锐气,击其惰归。"**

汉灵帝中平五年,凉州贼王国[①]围陈仓[②],以皇甫嵩讨之。董卓请速进,嵩曰:"百战百胜,不如不战而屈之。是以善用兵者,先为不可胜,以待敌之可胜。陈仓虽小,城固备未易拔。王国虽强,攻陈仓不下,其众必疲,疲而击之,全胜之道也。"围攻之,终不拔,其众疲敝解去。嵩进兵追击之。卓曰:"穷寇勿迫,归师勿遏。"嵩曰:"不然。"乃独追击而破之。卓由是有惭色。

【注释】 ①王国:东汉汉阳(今甘肃天水西北)人。汉灵帝中平三年(公元186年)起兵反汉,自号"合众将军",为韩遂、马腾等人共推为主。后在围攻陈仓之战中兵败逃亡。②陈仓:古县名,秦置。在今陕西宝鸡东,当关中、汉中之冲,向为兵家必争之地。

【译文】 与强敌交战,倘若敌人刚出师,锐气旺盛,我方实力比不上对方,难以与他们对敌,就应避开敌方锋芒,等到敌方疲劳困顿时再寻找机会攻击他们,这样就可取胜。兵书上说:"避开敌人锐气,等他们松懈和退归时再攻击他们。"

汉灵帝中平五年,凉州王国包围了陈仓,汉灵帝命皇甫嵩去征讨。董卓请求极速进兵。皇甫嵩说:"百战百胜,不如不用交战就使敌人屈服。所以善用兵的人,先做好不能取胜的准备,然后再寻找战胜敌人的机会。陈仓城虽小,但防备严密,不容易攻下。王国围住陈仓,强攻不下,他的士兵一定疲劳,疲劳之后再进攻他们,这才是取得全胜的方法。"王国围攻陈仓,始终攻打不下,他的士兵果然因疲惫不堪而解除了包围。皇甫嵩便率兵追击。董卓说:"按兵法说,不要追击走投无路的敌人,不要去阻击往回撤退的部队。"皇甫嵩说:"不尽然。"于是独自率兵追赶,大破王国,董卓因此感到惭愧。

围　战

【原文】 **凡围战之道,围其四面,须开一角,以示生路。使敌战不坚,则城可拔,军可破。法曰:"围师必缺。"**

汉末,曹操围壶关[①],攻之不拔,操曰:“城拔皆坑之。”连月不下。曹仁言于曹操曰:“围城必示活门,所以开其生路也。今公告之必死,使人人自为守。且城固而粮多,攻之则士卒伤,守之则延日久。今顿兵坚城下,攻必死之虏,非良策。”操从仁言,乃拔其城。

【注释】 ①壶关:亦名壶口关,在今山西长治东南,因壶口山而得名。曹操围壶关之战,发生在汉献帝建安十一年(公元206年)。

【译文】 战争中包围坚守城池的敌军时,要在包围城邑的四面,预留一角,使敌人有后路可退。这样会使敌人斗志不坚,被围之城就可以攻破,敌军就可以打败。兵书上说:“围困敌军一定要留有缺口。”

东汉末年,曹操围住壶关,没有攻下。曹操下令说:“将来攻下壶关,把全城人都活埋了。”一连几天还是攻不下来。曹仁对曹操说:“围住敌人城池一定要留下一个缺口,给城里人留下一条生路。现在您下令说攻破壶关要活埋城里的人,使城里每个人都拼死守城。况且这座城城墙坚固,粮食又多,硬攻会有很多士兵死伤,包围也要拖延很长的时间。我们在这座坚固的城下滞留、强攻拼命死守的敌人,这策略不好。”曹操接受了他的意见,留出活门,最后才攻下了壶关。

声　战

【原文】 凡战,所谓声者,张虚声[①]也。声东而击西,声彼而击此,使敌人不知其所备,则我所攻者,乃敌人所不守也。法曰:“善攻者,敌不知其所守。”

后汉,建武五年,耿弇与张涉相拒。涉使其弟兰将精兵二万守西安,诸郡太守合万余人守临淄,相去四十余里。弇进兵画中,居二城之间。弇视西安城小而坚,且兰兵又精;临淄虽大,而易攻,乃敕诸将会,俟五日攻西安。兰闻之,日夜为备。至期,弇敕诸将夜半皆蓐食[②],会明至临淄。护军荀梁等争之,以为宜速攻西安。弇曰:“西安闻吾欲攻之,日夜备守;临淄出其不意,至必惊扰,攻之,则一日可拔。拔临淄,则西安孤。张兰与涉隔绝,必复亡去,所谓击一而得二者也。若先攻西安,不卒[③]下,顿兵坚城,死伤必多。纵能拔之,兰帅兵奔还临淄,并兵合势。观人虚实,吾深入敌地,后无转输[④],旬日之间,不战而困。诸君之言,未见其宜。”遂攻临淄,半日拔之。入据其城,张兰闻之,果将兵亡去。

【注释】 ①虚声:不实的消息。②蓐食:谓丰厚的饮食。这里指战前令士卒饱餐。③卒:同“猝”,这里作“马上”或“立即”解。④转输:谓转运输送物资。这里指后勤供应。

【译文】 两军交战,所谓声战,就是虚张声势。声东而击西,声彼而击此,使敌人不知从哪里防备。这样一来,我们所要进攻的地方,正是敌人忽略而未及防备之处。兵书上说:“善于向敌人进攻的将领,会让敌人不知道应该防守哪些地方。”

后汉时,建武五年,耿弇与张涉两军对峙。张涉令其弟张兰率领精壮士兵2万守西安,同时命齐地诸郡太守合兵1万余人守临淄,两军相距40余里。耿弇率兵进驻画中,居于临淄、西安二城之间。耿弇察看地形、分析敌情,见西安城虽小但却坚固,张兰士兵精锐;临淄虽大,但却容易攻打。于是召集诸将,下令5天后进攻西安。张兰听到这个消息

后日夜不停地进行防御工事。到了预定的时间，耿弇命令部下饱餐，等到天亮，已经率领部队来到临淄。护军荀梁等人与耿弇争论说，应该马上进攻西安。耿弇说："西安城里的人听说我们想攻打他们，日夜防备守护。现在如果我们转攻临淄，临淄守敌肯定惊扰混乱，一天内必可攻下。攻下临淄以后，西安就会孤立。张兰因与张涉之间交通断绝，一定会逃走，这就是所谓的一举两得。反之，如果进攻西安，肯定久攻不下，且在这座坚固的城下用兵，我方士兵死伤一定很多。即使能攻下来，张兰也会率领部队逃回临淄，集结两处兵力。作战要观察分析敌我双方长短，我们部队深入敌境，后方无法按时转运输入粮草，10天之内，即使不交战我们也会陷入困境。你们的提议，不利现况。"于是率兵进攻临淄，半天就攻下来，轻而易举便进驻临淄城里。张兰听到战报，果然率兵逃走。

和 战

【原文】 凡与敌战，必先遣使约和。敌虽许诺，言语不一。因其懈怠，选锐卒击之，其军可败。法曰："无约而请和者，谋也。"

秦末，天下兵起，沛公西入武关，欲以二万人击蛲关[1]，张良曰："秦兵尚强，未可轻。闻其将多屠、贾子[2]，易以利动。愿且留壁。"使人先行，为五万人具食，且日益张旗帜为疑兵，而使郦生、陆贾[3]啖[4]以利。秦将果欲连和，沛公欲听之。良曰："此独其将欲叛，恐士卒不从，不如因其懈怠击之。"沛公乃引兵出击秦军，大破之。

【注释】 ①蛲关：关隘名。故址在今陕西商县西北，因临尧山而得名。自古为关中平原通往南阳盆地的交通要道。②贾子：即商人子弟。贾，昔指设肆售货的商人。③陆贾：汉初政论家。楚人。从刘邦定天下，常使诸侯为说客。官至太中大夫。著作有《新语》等。④啖：意谓引诱、利诱。

【译文】 与敌人交战，战前可先派使者与敌方讲和。敌人虽然答应，但他们内部意见不一致。此时，我们乘敌斗志松懈之际，挑选精壮士兵发起攻击，必可打败敌人。兵书上说："请求停战但没有签订相约，是一种计谋。"

秦朝末年，天下纷纷起兵反秦。沛公刘邦率兵向西，攻下武关后，想用2万人去攻蛲关。张良说："秦兵强盛，不应轻敌。我听说秦军将领大多是好利之徒，容易用钱财收买，希望主上留下来坚守营垒。"刘邦留下来之后，派一部分部队继续前进。为预防发生特殊情况，并准备足够5万人的粮食，部队行军每天还增加旗帜来扰乱敌人耳目。同时派郦生、陆贾用钱财去引诱秦军将领，秦军一些将领果然同意联汉反秦。刘邦本欲听信，张良却说："这只是那些将军想叛秦，恐怕士兵不一定依从。我们应当利用秦军斗志松懈的机会向他们进攻。"沛公便趁机率兵攻打秦军，秦军溃败。

受 战

【原文】 凡战，若敌众我寡，暴来围我，须相察众寡、虚实之形，不可轻易遁去，恐为尾击[1]。当圆阵外向，受敌之围，虽有缺处，我自塞之，以坚士卒心，四面奋击，必获其利。

法曰:“敌若众,则相众而受敌。”

《北史》:魏晋泰元年,高欢讨信都校尉[2]尔朱兆[3]。孝武帝永熙元年春,拔邺。尔朱光[4]自长安,兆自并州,度律[5]自洛阳,中远[6]自东郡,同会于邺,众二十万,夹洹水而军。欢出顿紫陌,马不满二千,步不满三万,乃于韩陵为圆阵,连牛驴以塞归路,将士皆为必死。选精锐步骑从中出,四面击之,大破兆等。

【注释】 ①尾击:被敌人从后追击。②校尉:古代军职之称,略次于将军。西汉始置,为专掌特种军队的将领。唐以后则用为低级武职之号。③尔朱兆:鲜卑族。北魏秀容部首领尔朱荣的从子,曾任平远将军。荣死后,他据晋阳叛魏进攻洛阳,俘虏了孝庄帝。后为高欢击败自杀。④尔朱光:尔朱荣从祖兄之子,官至左卫将军。高欢起兵进攻尔朱兆,他自长安率兵赴援尔朱兆,为欢所杀。⑤度律:即尔朱度律,尔朱荣从父之弟。与尔朱兆攻入洛阳后,兆还晋阳,度律留镇洛阳,为高欢所追杀。⑥中远:即尔朱中远。尔朱荣的从弟。孝庄帝时,任清河太守。尔朱兆进攻洛阳时,他率兵配合,后为高欢所败,逃往南朝梁,死于江南。

【译文】 作战时,如果敌方人多,我方人少,敌人突然包围我们,我方应当详细察看敌人的兵力及虚实情况,不可轻易退走,以防被敌人尾随追击。应当把队伍摆成圆形阵势面向敌人,来迎战敌人的包围。如果敌人留有缺处,我方应自行堵塞,用以坚定士卒必战求生之心,从四面反击敌人,一定能取得胜利。兵书上说:“如果敌方人多,就要四面对敌作战。”

南北朝时,北魏永熙元年,高欢出兵征讨尔朱兆。这年春天,高欢攻下了邺城。这时尔朱光从长安,尔朱兆从晋阳,尔朱度律从洛阳,尔朱中远从东郡带兵来邺城与高欢会战,共20余万人夹洹水摆开阵势。高欢驻兵在紫陌,骑兵不足2000,步兵不足3万,在韩陵下结成圆阵。高欢令人把牛、驴连在一起堵塞在退路上,将领、士兵都认为此战必死。高欢挑选了一些精壮的步兵和骑兵,从圆阵中冲出,攻击四面的敌人,把尔朱兆等人打得大败。

降　战

【原文】 凡战,若敌人来降,必要察其真伪。远明斥堠[1],日夜设备,不可怠忽。严令偏稗[2],整兵以待之,则胜,不然则败。法曰:“受降如受敌。”

后汉,建安二年,曹操讨张绣于宛,降之。既而悔恨复叛,袭击曹操军。杀曹操长史[3]及子昂,操中流矢[4]。师迁舞阴,绣将骑来,操击破之,绣奔穰与刘表合。操谓诸将曰:“吾降绣,失在不便取质[5],以致于此。诸卿观之,自今以后,不复败矣。”

【注释】 ①斥堠:处在前线探视侦察敌情的士兵。②偏裨:部下。③长吏:旧称地位较高的官员。④流矢:乱箭。⑤质:人质。

【译文】 两军交战,敌人前来投降时,一定要考察其真伪。在远处安排侦察人员,日夜防备敌人,不能有一点怠慢疏忽。同时命令部下严阵以待,防止敌人进攻,这样就能取

胜,反之必然失败。兵书上说:“对待前来投降的敌人,要像对待前来交战的敌人一样谨慎。”

东汉建安二年,曹操到宛城去讨伐张绣。张绣投降曹操,后来又反悔叛变。他袭击曹操的部队,杀死长吏和曹操的长子曹昂。曹操也中了乱箭,于是曹军退到了舞阴。张绣带领骑兵来追,为曹操所败,张绣只好投奔刘表。曹操对部下说:“我收降张绣,错在没有以他的妻子为人质,才出现了这样的情形。诸位为证,从今以后,我再也不会打这样的败仗了。”

天　战

【原文】　凡欲兴师动众,伐罪吊民[①],必任天时。非孤虚向背也。乃君暗政乱,兵骄民困,放逐贤人,诛杀无辜,旱蝗水雹,敌国有此,举兵攻之,无有不胜。法曰:“顺天时而制征讨。”

东齐,后主纬[②],隆化三年,擢用邪佞陆令萱[③]、和士开[④]、高阿那肱,穆提婆、韩长鸾[⑤]等,宰制天下,陈德信、郑长颙、何洪珍参预机权。各领亲党,升擢非次。官由财进,狱以赂成,乱政害人。使旱蝗、水潦、寇盗并起;又猜嫌诸王,皆无罪受损。丞相斛律光及弟荆山公羡,并无罪受诛。渐见伏溺之萌,俄观土崩之势。周武帝乘此一举而灭之。

【注释】　①伐罪吊民:讨伐罪魁祸首,拯救受难百姓。②后主纬:公元550年,高欢之子高洋代东魏称帝,改国号为齐,史称北齐,又称东齐。后主纬,即高纬,武成帝高湛之子。后为北周所灭。③陆令萱:北齐天统间左丞相穆提婆之母。因其为齐后主乳母,而得胡太后所溺爱,被封为郡君,号称“太姬”。自此独擅威福于宫中,卖官鬻爵,聚敛无厌,致使朝政日非,民怨沸腾。④和士开:北魏中书舍人和安之子,北齐武成帝高湛之幸臣。齐后主时,官至尚书令,封淮阳王。⑤韩长鸾:北齐后主时,官至领军大将军,袭父爵高密郡公。时与高阿那肱、穆提婆均为齐后主所宠,号称“三贵”。

【译文】　凡是想出兵征伐有罪的统治者,拯救受罪的老百姓,一定要顺应天时。倘若敌国出现国君昏庸、政治混乱、军队骄横、百姓贫困,贤能的大臣遭到放逐,无辜者被任意诛杀,或出现旱灾、虫灾、水灾、雹灾等情况,出兵攻打他们,必获全胜。兵书上说:“顺应天时去讨伐敌人,就可以制胜。”

东齐隆化元年,后主高纬临朝,提拔重用奸佞邪恶小人,诸如陆令萱、和士开、高阿那肱、穆提婆、韩长鸾等,任由他们主宰统治天下;又让宦官陈德言、郑长颙、何洪珍等人参与朝廷机要大政。他们在朝廷培植亲信党羽,不按正常次序提拔官员。法律废弛,用钱买官位,案情靠钱定案,朝政昏暗,百姓受难。于是水旱灾害不断,盗贼横行。当权者猜忌诸王,许多亲王无罪受害。丞相斛律光及其弟荆山公斛律羡也都无罪被杀。眼看东齐出现土崩瓦解的现象,周武帝乘此机会一举将它消灭。

人　战

【原文】　凡战,所谓人者,惟人士而破妖祥[①]也。行军之际,或枭[②]集牙旗[③],或杯酒

变血,或麾竿毁折,惟主将决之。若以顺讨逆,以直伐曲,以贤击愚,皆无疑也。法曰:“禁邪去疑,至死无所之。”

唐武德六年,辅公祐[④]反,诏赵郡王李孝恭[⑤]等讨之。将发,与将士宴集,命取水,水变为血,在座皆失色。孝恭自若,曰:“毋疑,此乃公祐授首[⑥]之征也。”饮而尽之,众心为安。先是,贼将拒险邀战,孝恭坚壁不动,以奇兵绝其粮道,贼饥,夜薄[⑦]李孝恭,孝恭坚卧不动。明日,以羸兵[⑧]扣贼营挑战,别选骑以待。俄而羸却,贼追北且嚣,遇祖尚[⑨],薄战,遂败。赵郡王乘胜破其别阵,辅公祐穷走,追骑生擒之。

【注释】①妖祥:本谓吉凶的征兆,这里指妖灾怪异等不吉利的现象。②枭:鸟名,俗称猫头鹰。旧传枭食其母,故常以喻恶人或不祥之兆。③牙旗:古代将帅之旗,因旗杆以象牙装饰,故名。④辅公祐:隋末农民起义军首领之一。隋大业九年(公元613年)与杜伏威一道起义。唐朝建立后,伏威归唐,公祐则据丹阳(今江苏扬州)称帝,国号宋。不久,被唐将李孝恭所擒杀。⑤李孝恭:唐宗室。曾任山南道招慰大使、扬州大都督等职。因辅佐李渊父子定天下有功,武德三年(公元620年),受封赵郡王。贞观初年,改封河间王,官至礼部尚书。⑥授首:被杀。⑦薄:逼近、靠近。⑧羸兵:谓老弱残兵。羸,瘦、弱。⑨祖尚:即卢祖尚。光州乐安(今河南光山西北)之富户。隋末,趁农民起义之机,据扬州起事称刺史,后以州归附唐朝,官至交州刺史。

【译文】战争中所凭借的靠人力,是要靠人破除迷信。行军作战的时候,有时恶鸟落于牙旗上面,有时杯中的酒变成血,有时主将旗杆折毁,遇到这类情况时主将要做出决断。如果是正义之师讨伐反叛、惩罚邪恶势力,用贤能的人为将去讨伐愚佞之辈,便没有什么可忌讳的。兵书上说:“除去邪佞和疑惑,军士就会放心地去拼死战斗。”

唐朝武德六年时,辅公祐反叛,皇帝命赵郡王李孝恭等人去讨伐。部队将要出发,将士们聚餐,孝恭命令人去取水,水取来后变成了血,在座的将士皆大惊失色。李孝恭从容镇静地说:“不用疑虑,这是辅公祐将要被杀头的征兆。”说完一饮而尽,众人这才心安。两军对垒,辅公祐的将领依据险要地势向唐朝部队求战,李孝恭坚守于营垒之中不出兵,并另派一支部队断绝了敌人的粮道。辅公祐的士兵缺粮,夜间来攻打李孝恭军营,李孝恭安卧在营中不动。第二天,李孝恭派一些老弱残兵到敌营前挑战,另外又挑选一些骑兵做好战斗准备。不一会儿,老弱残兵从阵地上退了下来,辅公祐的士兵追来,遇见祖尚的部队,双方开战,辅公祐的士兵被打得大败。赵郡王李孝恭并乘胜攻破辅公祐别处的军营,辅公祐大败而逃,没多久就被唐朝骑兵活捉了。

难 战

【原文】凡为将之道,要在甘苦共众[①]。如遇危险之地,不可舍众而自全,不可临难而苟免[②]。护卫周旋[③],同其生死。如此,则三军之士,岂忘己哉?法曰:“见危难,毋忘其众。”

魏,曹操征孙权还,张辽、乐进、李典将七千余人屯合肥。操征张鲁,教[④]与护军薛悌书，题其函曰："敌至乃发。"俄而，权帅众围合肥，乃发此教曰："若孙权至者，张、李将军出战，乐将军守城护军，勿与战。"诸将皆疑。辽曰："公远征在外，敌至此，破我必矣，是以指教。及其未合，逆击之，持其盛势，以安众心，然后可守也。胜负之机，在此一举，诸君何疑？李典意与辽同。于是，辽夜募敢从得八百人。椎牛享士，明日大战。平旦，辽披甲出战，先登陷阵，杀数十人，斩二将，大呼自名[⑤]冲击突至权麾下。权大惊。众不知所以，走登高，权以长戟自守。辽叱权下战，权不敢动。乃聚兵围辽数重。辽左右突围，直前急击，围解，辽将麾下数十人得出。余众呼号曰："将军其舍我耶？"辽复还入围，援出余众，权军无敢当者。自旦至日中，吴人夺气[⑥]。辽修守备，众乃安心悦服。权攻合肥，旬日，城不得拔，乃退。辽帅诸将追击，几复获权。

【注释】 ①甘苦共众：与部属同甘共苦。②苟免：苟且偷生。③护卫周旋：左右护卫随侍在侧，负责保护将领的安全。④教：古代王公大臣向下属发布的指示。⑤呼自名：呼喊自己的名字。⑥吴人夺气：吴国军队丧失了志气。

【译文】 身为将领，重要的是要与部下同甘共苦。倘若遇到危险，不能舍弃大家而保全自己；不能在面临艰难时苟且偷生。要设法保护部下与敌人周旋，与士兵同生死、共患难。如果能够这样，三军将士岂会忘记将军呢？兵书上说："遇到困难危险时不要忘了部下。"

三国时，魏主曹操东征孙权归来，命令张辽、乐进、李典率领7000士兵驻守合肥，自己带兵去征张鲁。临走时，曹操给护军薛悌一封教令，封皮上写着："敌人到时再打开。"曹操走后不久，孙权便率领部队包围了合肥。曹营将领打开这封教令，上面写着："如果孙权领兵前来，张辽、李典两位将军出战，乐进守合肥保护军营，不要与敌人交战。"将军们都很疑惑。张辽说："曹公出征远方，等赶回来救援，敌人早就已经攻下合肥了，所以才用教令来指导我们。现在趁敌人还没与我军交战，应该主动反击，挫败敌人的锐气，稳住我方军心，这样才可以守住合肥。胜败关键，在此一举，各位还有什么疑虑的呢？"李典的想法也和张辽一致。于是张辽连夜招募800名敢死队员，夜间杀牛犒赏壮士，准备明天大战。翌日天一亮，张辽便披甲上阵，身先士卒冲向敌阵，杀死数10名敌人，连斩两员大将，又大声呼喊着自己的名字，一直冲到孙权旗下。孙权一看大惊失色，东吴将领也不知所措，都向高处逃去。孙权站在高地上用长戟保护自己。张辽大声喝骂孙权，叫他下来。孙权动也不敢动，调来将士把张辽团团围住。张辽左右突围，向前猛冲，突破敌人的包围圈，带领几十名部下脱身而出。这时，还没有突围的战士们大声喊道："将军难道要舍弃我们吗？"张辽听见后又冲回包围圈，救出其余这些人，孙权的队伍中没人敢抵挡。从早上一直战到中午，吴国军队都丧失了志气。张辽领兵回城之后，修整护城设备，大家这才安下心来，对张辽也心悦诚服。孙权进攻合肥，打了10来天都没攻下，只好退兵。张辽又率领将士追击，差一点就捉住了孙权。

易　战

【原文】 凡攻战之法，从易者[①]始。敌若屯备数处，必有强弱众寡。我可远其强而攻

其弱，避其众而击其寡，则无不胜。法曰："善战者，胜于易胜者也。"

《北史》：周武帝伐齐之河阳[2]，宇文弼[3]曰："河阳，要冲，精兵所聚，尽力攻围，恐难得志，彼汾之曲[4]，城小山平，攻之易拔。"武帝不纳，终无成功。

【注释】 ①易者：较易攻克的军队。②河阳：故址在今河南孟州市西。北齐时在此筑南城、北城、中为单城三城，成为军事重镇。③宇文弼：鲜卑族，洛阳（今河南洛阳）人，字公辅。博学多才。北周时任内史都上士。隋代周后，任尚书左承一、礼部尚书等职。④汾之曲：即汾水之弯曲处。这里指晋州（今山西临汾）一带。汾，即汾水。

【译文】 攻城作战应选择敌人兵力最少、最容易取胜的环节去攻打。如果敌人分别在几处驻军，必定有强、弱、多、寡的区别。我方可以避开敌方兵力较强的地方，进攻敌方兵力较弱的地方；或避开敌方人多的地方，进攻敌方兵力少的地方，这样就没有不能取得胜利的状况。兵书上说："善于作战的将军会选择敌人最易攻打的地方进攻。"

据《北史》记载：周武帝到河阳去讨伐北齐。宇文弼说："河阳处于交通要道，齐国精兵全都集中在这里，即使我们全力攻打，恐怕也难以达成目的。不如去攻河曲，那里城小，山势也不高，容易攻取。"但周武帝未采纳宇文弼的意见，所以始终未能攻下河阳。

离 战

【原文】 凡与敌战，可密候邻国君臣交接有隙，乃遣谍者以间之。彼若猜贰[1]，我以精兵乘之，必得所欲。法曰："亲而离之。"

战国周赧王三十一年[2]，燕上将乐毅[3]并将秦、魏、韩、赵之师伐齐，破之，湣王[4]出奔于莒。燕军闻齐王在莒，合兵攻之。楚将淖齿将分齐地，因为齐相欲与燕将分齐地，乃执湣王数其罪而诛之。复坚守莒城、即墨，以拒燕兵，数年不下，乐毅并围之，即墨大夫战死，城中推田单[5]为将军。顷之，昭王薨[6]，惠王立。为太子时与毅有隙。田单闻之，乃纵反间，曰："乐毅与燕新王有隙，畏诛，欲连兵王齐，齐人未附，故且缓攻即墨，以待其事。齐人惟恐他将来，即墨残矣。"燕王以为然。乃使骑劫代毅。毅遂奔赵。燕将士由是不和。单乃诈以卒为神师而祀之。列火牛阵[7]，大破燕军，复齐七十余城，迎襄王[8]自莒入临淄。

【注释】 ①猜贰：犹猜疑、互不信任。②周赧王三十一年：即公元前284年。周赧王，周显王之孙，名延，公元前314年即位。此时周已分裂为东、西周，赧王虽名为周天子，实为战国七雄所挟制。至公元前256年周为秦所灭，在位59年。③乐毅：战国时燕国大将。燕昭王时，任上将军。因率军伐齐有功，封昌国君。④湣王：即齐尽王，又作齐闵王、齐湣王。田氏，名地，齐宣王之子。在位40年。曾与秦昭王并称东、西帝。⑤田单：战国齐将。齐湣王时，为临淄市掾。齐襄王时，因在即墨防御战中破燕有功，被封为安平君。⑥薨：谓死。周代，天子死称崩；诸侯死称薨。唐代，二品以上官员死称薨，五品以上官员死称卒，六品以下至平民死称死。⑦火牛阵：即战国齐将田单在即墨之战击败燕军围攻时所采用的一种战术。他将千余头牛，披上画以五彩龙纹的外衣，在牛角上缚以尖

刀,牛尾捆上浸泡油脂的苇草,趁夜暗点燃苇草,令牛猛冲燕军营阵,并以5000士卒随牛后冲杀,结果大败燕军,收复失地。⑧襄王:即齐襄王。齐湣王之子,名法章。尽王被楚将淖齿杀死后,法章隐藏姓名,在莒太守家作佣人,后淖齿离开莒地,法章自言为湣王子,因而被莒人共立为王。

【译文】 与敌人交锋,应当密切注意敌国君臣之间的矛盾,并派间谍去离间他们。敌国君臣如果互相猜疑,我方应派精锐兵力趁机进攻,一定能达到目的。兵书上说:"敌人君臣之间的关系密切,要设法离间他们。"

战国周赧王三十一年,燕昭王派上将军乐毅率领燕国和秦、魏、韩、赵等国军队去讨伐齐国,攻破了齐国国都临淄。齐湣王逃到莒城。燕国军队听说齐王逃到莒,便集合众兵向莒进攻。楚将淖齿想与燕将平分齐国土地,便先去捉齐湣王,数说他的罪过并杀了他。齐国将士坚守莒城和即墨,与燕国军队对抗。燕国军队用几个月时间却没把这两座城攻下,乐毅就对莒和即墨进行围困。这时,齐国即墨大夫战死,城中人推举田单为将军。不久,燕昭王死了,燕惠王继位。燕惠王与乐毅不和。田单听说这件事后,就派间谍去离间说:"乐毅与燕国新国王不和,害怕被新王诛杀,想依靠各国兵力在齐为王。齐人现在还没归附他,所以他现在缓攻即墨,以等齐国士人归附他。齐国人只怕其他将军再来,那时即墨就要被攻破了。"燕王信以为真,就派骑劫去替代乐毅。乐毅于是逃往赵国。燕国将士之间从此不和。田单又让一个士卒伪装成神师,向他行祀礼。然后摆起火牛阵,大破燕军,接连收复齐国失去的70余座城池,把齐襄王从莒城迎到临淄来。

饵 战

【原文】 凡战,所谓饵者,非谓兵者置毒于饮食,但以利诱之,皆为饵兵也。如交锋之际,或乘牛马,或委财物,或舍辎重,切不可取之,取之必败。法曰:"饵兵勿食。"

汉献帝建安五年,袁绍遣兵攻白马,操击破之。斩其将颜良,遂解白马之围,徙其民而西。绍渡河追之,军至延津南。操勒[①]兵驻营南坡下,令骑解鞍放马。是时,白马辎重就道。诸将以为敌骑多,不如还保营。荀攸曰:"此所谓饵兵,如之何去之!"绍骑将文丑与刘备将五、六千骑前后至。诸将曰:"可上马。"操曰:"未也。"有顷[②],骑至稍多,或分趣辎重。操曰:"可矣!"乃皆上马,纵击,大破之。

【注释】 ①勒:勒令,命令。②有顷:又过了一会儿。

【译文】 在战争中所说的饵兵,不是指打仗时把毒药放在饮食中让敌人中毒,凡是用财利引诱敌人上当的方式,皆谓之饵兵。比如在两军交锋时,有时敌人故意放出牛马,有时丢下一些财物,有时舍弃钱物粮草,这些东西万万不可拾取,取了一定失败。兵书上说:"敌人用来作诱饵的东西不要拾取。"

汉献帝建安五年,袁绍派兵进攻白马,曹操打败他们,杀死了袁绍部将颜良,解除了白马之围,接着率领当地百姓向西撤退。袁绍领兵追击他们,一直追到延津南。曹操命士兵在南山坡下安营扎寨,并命骑兵解开马鞍放马。当时,曹操军队运输补给的车队正

在白马。曹操部下都认为敌人骑兵众多，不如撤回军营保住营寨。荀攸说："我们是作诱饵来引诱敌人的，怎么能撤走呢！"这时，袁绍的将领文丑和刘备率领五、六千名骑兵一前一后赶到。将领们说："可以上马攻击敌人。"曹操说："还不到时候。"又过了一会儿，敌人骑兵逐渐多了。又有人报告说："敌兵分头去抢辎重了！"曹操说："可以出击了。"于是，全部骑兵上马反击，大败袁军。

疑 战

【原文】 凡与敌对垒，我欲袭敌，须丛聚草木，多张旗帜，以为人屯[①]使敌备东而我击其西，则必胜。或我欲退，伪为虚阵[②]，设留而退，敌必不敢追我。法曰："众草多障者，疑也。"

《北史》：周武帝东讨，以宇文宪[③]为前锋。守雀鼠谷，帝亲临围晋州，齐主闻晋州被围，亦自来援，时陈王纯[④]屯千里径[⑤]，大将军永昌公椿[⑥]屯鸡栖原，大将军宇文盛[⑦]守汾水关，并受宪节度。宪密谓椿曰："兵者，诡道。汝今为营，不须张幕，可伐柏为庵，示有所处。兵去之后，贼犹至疑。"时齐主分兵向千里径，又遣众出水关，自帅大军与椿对。椿告齐兵急，宪自往救之。会军败，齐追逐还师，夜引还。齐人果以柏庵[⑧]为帐幕之备，遂不敢进。翌日始悟。

【注释】 ①人屯：有大队人马驻防。②虚阵：虚无的阵形，用以欺敌。③宇文宪：周文帝宇文泰之第五子，武帝宇文邕之弟。因累战功封齐王。④陈王纯：即陈惑王宇文纯，宇文泰之第九子。官至上柱国。⑤千里径：地名，在平阳（晋州治所，今山西临汾）北，是通往太原的要隘之一。⑥永昌公椿：即宇文椿，宇文泰之侄孙，封永昌公。周武帝时，任大将军；宣帝时，任大司寇。⑦宇文盛：宇文泰之第十子。周武帝时，封越国王，授任相州总管。周静帝时为太保，后为隋文帝杨坚所杀。⑧庵：草房。

【译文】 凡是与敌军对垒，我军计划袭击敌军，应多堆聚草和树枝、多悬挂旗帜，造成有军队驻扎在该处的假象，使敌人于此守备而我方从别处进攻，如此就一定能取胜。如果我方想撤退，就把伪装的军营留在那里，部队悄悄退走，敌人一定不敢来追。兵书上说："堆积许多草木作障碍，是故设疑阵。"

南北朝时期，周武帝讨伐北齐时，任命宇文宪为前锋，驻守雀鼠谷。当时，陈惑王宇文纯在千里径驻军，大将军永昌公宇文椿驻军在鸡栖原，大将军宇文盛守汾水关，都受宇文宪指挥。宇文宪私下对宇文椿说："用兵打仗，要讲求诡诈。你这次安营，不要使用帐幕，可以砍些柏树搭成小草屋，向敌人显示我方要在这里长久驻军的假象。等我们部队从这里撤走之后，敌兵经过仍会疑心这里仍有我军。"当时齐后主高纬分派部分兵力向千里径进攻，又派遣部分军队攻打汾水关，自己则率领大部分军队与宇文椿对垒。宇文椿向宇文宪报告北齐兵急攻，宇文宪亲自领兵营救，正遇上打了败仗被齐兵追赶的宇文椿的军队，连夜带领他们回到自己的驻地。北齐的士兵果然以为柏树搭的小草屋是周兵驻扎的营地，便不敢进军，直到隔天才明白是怎么一回事。

穷　战

【原文】 凡战，如我众敌寡，彼必畏我军势，不战而遁，切勿追之，盖物极则返[1]也。宜整兵缓追，则胜。法曰："穷寇勿追[2]。"

汉，赵充国讨先零羌，羌见充国兵至，羌虏在所久屯聚，懈驰，望见大军，弃辎重，渡湟水，道隘狭，充国徐行驱之。或曰："逐利行迟[3]。"充国曰："此穷寇不可追也，缓之则走不顾，急之则还死战。"诸校[4]曰："善。"虏赴水溺死者数百，余皆奔溃。

【注释】 ①返：同"反"。②穷寇勿追：对于穷途末路的敌人，不要追逼得太急。③逐利行迟：追逐敌人利于迅速行动，而现在行动太迟缓。④校：校尉。

【译文】 在打仗中，倘若我方兵力多于敌人，对方一定惧怕我军，不敢应战便逃跑。对这类敌人，不要急着追赶他们，因为物极必反。应该率领队伍慢慢追赶，这样就能取胜。兵书上说："对于穷途末路的敌人，不要追逼得太急。"

汉朝时，赵充国讨伐先零羌，部队到了敌兵驻扎的地方。羌人长期住在这里，士兵都麻痹松懈，看见汉朝的军队到来，便丢下军备物资，渡过湟水，向狭窄险要的地方逃跑。赵充国带领部队缓缓前进追赶他们。有人对赵充国说："追赶敌人应该行动迅速，现在行动太迟缓了。"他回答说："这是一些走投无路的敌人，不能追得太急，慢慢追赶他们就不会回头与我们作战，若是追急了，他们就会调过头来和我军拼死作战。"校尉们说："对。"羌人渡河时淹死了几百人，其余的都溃散了。

风　战

【原文】 凡与敌战，若遇风顺，致势而击之；或遇风逆，出不意而捣之，则无有不胜。法曰："风顺致势[1]而从之，风逆坚阵以待之。"

《五代史》：晋都排阵招讨使杜重威等，与契丹战于阳城，为虏所困，而军中无水，穿井辄崩；又东北风大起，虏顺风纵火，扬尘以助其势。军士皆愤怒大呼曰："都招讨何以用兵，令士卒枉死？"诸将请战，杜重威曰："俟风少缓，徐观可否。"李守贞[2]曰："风沙之内，彼众我寡，莫测多少，但力战者胜，此正风力助我也。"即呼曰："诸军齐击贼！"张彦泽召诸将问计，或曰："虏得风势，宜待风回。"彦泽亦以为然。右厢副使乐元福[3]谓曰："今军饥渴已甚，待风回，吾属为虏矣。且敌谓我不能逆风以战，宜出其不意，急击之。此诡道也。"符彦卿等乃将精骑，奋力击之，逐北二十余里，契丹主奚军走十余里，追兵击之，得一橐驼[4]，乘之遁去，晋军乃定。

【注释】 ①致势：随顺情势的有利之处。②李守贞：五代后晋将领，曾任同平章事、节度使等职，后降契丹。③乐元福：五代晋阳(今山西太原南)人。后唐时任都指挥使，后晋时任刺史，后汉、后周时，任节度使。④橐驼：即骆驼。

【译文】 与敌人交锋，倘若遇到顺风，要顺着风势去进攻敌人；倘若遇到逆风，要出其不意去袭击敌人，如此没有不胜的。兵书上说："顺风时要利用风势去进攻敌人，逆风

时要坚守阵地等待时机反击敌人。”

据《五代史》记载：后晋都排阵招讨使杜重威等人与契丹在阳城作战，被契丹军包围了。当时军营中没有水，凿井就崩塌，恰逢大刮东北风，敌人顺风放火，又扬起沙尘以张声势。后晋士兵都愤怒大叫说：“都招讨怎么这样用兵？叫我们士卒白白送死！”诸将都要求出战，杜重威说：“等风势缓和些，再看看可不可以出兵。”李守贞说：“在大风沙中，虽然敌众我寡，但双方谁也弄不清对方到底有多少人，在这种情况下，谁努力作战谁就能取胜。这正是风力帮助我们啊！”于是他高呼：“大家一齐向贼兵进攻！”张彦泽召集将领们商量对策，有人说：“敌人占上风，应该等风转向后再作战。”张彦泽也表认同。马军右厢副排阵使乐元福说：“现在我军士兵又饥又渴，等风向转变时，我们大概全被敌人俘虏了。我想敌人一定认为我军不能逆风作战。应该出其不意，快速向他们进攻，这是奇计。”符彦卿等于是率领精锐骑兵，全力向敌人反攻，追赶败逃的敌人20余里。契丹首领乘着奚车跑了10余里，后晋部队在后面追击。他弄到一头骆驼，骑着它逃跑了，后晋军心才安定下来。

雪　战

【原文】 凡与敌人相攻，若雨雪不止，视敌无备，可潜兵击之，其势可破。法曰：“攻其所不戒。”

唐遣唐邓节度使李愬[①]讨吴元济[②]。先是愬遣将将二千余骑巡逻，遇贼将丁士良，与战，擒之。士良，元济骁将，常为东边患。众请刳[③]其心，愬许之。士良无惧色，遂命解其缚，士良请尽死以报其德，愬署为捉生将[④]。士良言于愬曰：“吴秀琳据文城栅，为贼左臂，官军不敢近者，有陈光洽为之主谋也。然光洽勇而轻，好自出战，请为擒之，则秀琳自降矣。”铁文及光洽被执，秀琳果降。延光洽问计，光洽答曰：“将军必欲破贼，非得李祐[⑤]不可。”祐，贼健将也，有勇略，守兴桥栅，每战常轻官军。时祐率众割麦于野。愬遣史用诚以壮士三百伏林中，秀琳擒之以归。将士争请杀之，愬独待以客礼，时复与语，诸将不悦。愬力不能独完，乃械祐送之京师。先密奏曰：“若杀祐，则无成功。”诏以祐还愬，愬见祐大喜，署为兵马使，令佩刀出入帐中，始定破蔡之计。令祐以突骑三千为前锋，李忠义副之，愬以监军将三千为中军，李进诚以三千殿为后军。令曰：“但东行六十里。”夜至张柴村，尽杀其戍卒，敕士少休。令士卒食乾糗[⑥]，整羁靮[⑦]、鞍铠[⑧]、弓刃。时大雪，旗旆[⑨]折裂，人马冻死者相望，人人自谓必死。诸校请所之，愬曰：“入蔡州取吴元济。”众皆失色，相泣曰：“果落李祐奸计。”然畏愬，莫敢违。夜半，雪愈盛。分轻兵断贼郎山之援；又断洄曲及诸道桥梁，行七十里至悬瓠城[⑩]。城旁皆鹅鹜池[⑪]，愬击之以乱声。初，蔡人拒命，官军三十余年[⑫]不能至其城下，故蔡人皆不为备。祐等攀城先登，众从之。杀守门者，而留击柝者[⑬]，纳其众城中。鸡鸣雪止，遂执元济，槛送京师，而淮西[⑭]悉平矣。

【注释】 ①李愬：唐洮州临潭（今甘肃临潭）人，字元直。唐宪宗时，任节度使。因讨割据淮西的吴元济有功，晋封凉国公。②吴元济：唐沧州清池（今河北沧州东南）人，淮

西节度使吴少阳之子。其父死,因其袭位未准,遂割据蔡州对抗唐廷。后为唐将李愬乘虚袭破所俘。③刳:剖开而挖空。④捉生将:唐、五代时武官称号,因能活捉敌人而名。⑤李祐:字庆之。初为吴元济部将。后被唐将李愬所俘降,任神武将军、右龙武统军、尚书右仆射等职。⑥乾糗:即干粮。⑦羁靮:马络头。⑧鞍铠:即马鞍和铠甲。⑨旆:古代旌旗末端状如燕尾的下垂饰物。这里泛指旌旗。⑩悬瓠城:古城名,又作"悬壶"。在今河南汝南,唐代为蔡州州治。因城北汝水屈曲如垂瓠(瓠,通"壶")而得名。⑪鹅骛池:即悬瓠池。骛,家鸭。故鹅骛池俗称"鹅鸭池"。⑫三十余年:从唐德宗贞元二年(公元786年)吴少诚据蔡州起,王宪宗元和十二年(公元817年)吴元济被平定止,吴氏割据蔡州达三十二年。⑬击柝者:即打更人。柝,旧时巡夜用的报更木梆。⑭淮西:唐代方镇名,全称淮南西道。唐肃宗初年置,辖蔡、陈、许、光、申等五州。

【译文】 进攻敌人,假如下雪不止,敌人没有防备,可派兵进袭,这样就能攻破敌军。兵书上说:"要在敌人没有戒备时向他们进攻。"

唐朝派遣唐邓节度使李愬前去讨伐吴元济。李愬先派将领率领2000余名骑兵去巡逻,遇见敌将丁士良,双方交战,唐军活捉了丁士良。丁士良是吴元济的一员勇将,曾在李愬东部边界为患。李愬部下要挖出丁士良的心,李愬答应了。行刑时,丁士良面无惧色,李愬便命人为他松绑,并且饶恕了他。丁士良深受感动,表示要拼死报答恩德,于是李愬留下他,封他为捉生将。丁士良向李愬建议:"吴秀琳据守在文城栅,他像吴元济的左臂一样,唐朝官军之所以不敢靠近他,那是因为有陈光洽替他出主意。陈光洽虽然勇猛但是轻率,喜欢亲自出战,请允许我去把他擒来,那么吴秀琳自然投降。"于是铁文及陈光洽真被他活捉过来,吴秀琳果然投降。李愬向陈光洽请教攻打吴元济的办法,陈光洽回答:"将军您想攻破贼人,非得李祐帮助不可!"李祐是吴元济的猛将,有勇气也有谋略,驻守兴桥栅,打仗时总是轻视官军。当时李愬正率领士卒在野外割麦子。李愬派史用诚率领300名壮士埋伏于树林中,吴秀琳活捉了李祐。李愬的官兵都争着要杀李祐,李愬却用待客之礼接待李祐,并不时地与他交谈。李愬部下诸将领心中很不高兴。李愬眼看保全不了李祐,便将李祐戴上刑具押送京师。李愬提前向皇帝密奏说:"如果杀了李祐,就无法取得蔡州。"于是皇帝下诏把李祐交给李愬处理。李愬看到诏书后十分高兴,任命李祐为六院兵马使,并允许他带刀出入自己的军帐。这时才确定了攻打蔡州的策略。李愬命李祐率领3000名突击人员为前锋,李忠义为副将;李愬自己率领3000名壮士作为监军居中;李进诚率领3000士卒充当后军在后边压阵。李愬下令:"早晨起来向东进军。"从文城栅出发,走了60里,晚上到了张柴村,把村中的敌兵全部杀死。命令士兵稍做休息,吃些干粮,整理马笼头、马鞍、铠甲、弓箭和刀剑等。当时正下大雪,旌旗都被风撕裂了,冻死的人马随处可见,人人都认为不是战死也被冻死。部下将领问李愬部队要到什么地方去,李愬说:"到蔡州活捉吴元济。"众人听后脸色都变了,流着眼泪互相议论:"果然中了李祐的圈套。"然而大家都怕李愬,没人敢违抗命令。半夜时雪下得更大了,李愬派部分军队去堵截朗山敌人的援军,又断绝了洄曲和通往蔡州各条道路上的桥梁,前进

了70里到达了悬瓠城。城外是一片鹅鸭池塘，李愬命士兵惊打池中的鹅鸭，让鹅鸭的叫声掩盖部队的行军声。当初蔡州抗拒朝廷到现在已30多年，官军没到过蔡州城下，所以蔡州人都没有作防备。李祐等将领率先攀上城墙登上城楼，众兵卒随后跟上。登城之后，杀死守城门的敌兵，仅留下打更人让他继续打更以麻痹城里的人，并打开城门放李愬部队进入城中。天亮时，雪停了，李愬军队活捉了吴元济，用囚车押送京城，淮西从此平定。

养　战

【原文】　凡与敌战，若我军曾经挫衄[①]，须审察士卒之气。气盛则激励再战，气衰则且养锐，待其可用而使之。法曰："谨养勿劳，并气积力。"

秦始皇问李信[②]曰："吾欲取荆[③]，度用几何人？"对曰："不过二十万人。"及问王翦[④]，曰："非六十万不可。"王曰："王将军老矣，何怯也！"乃命信及蒙恬[⑤]将二十万人伐荆。翦不用，遂谢病归频阳。信与蒙恬攻楚，大破之，乃引兵西，与蒙恬会城父。荆人因随之，三日不顿舍，大败信军，入两壁[⑥]，杀七都尉[⑦]，信奔还。王怒，自至频阳，见王翦，强起之。对曰："老臣悖乱，大王必不得已用臣，非六十万人不可。"王从之。翦遂将兵，王送至灞上。荆人闻之，悉兵以御翦。翦坚壁不战，曰休士卒洗沐，而善饮食抚循之，与士卒同甘苦。久之，问："军中戏乎？"对曰："方投石[⑧]超距[⑨]"翦曰："可用矣。"荆人既不得战，乃引而东。翦追击，大破之。至蕲[⑩]南，杀其将军项燕[⑪]，荆兵遂败走，翦乘胜略定城邑。

【注释】　①挫衄：失败。衄，损伤。②李信：秦将。曾率兵击败燕军，俘燕太子丹。③荆：古代楚国的别称，因其原建国于荆山（今湖北南漳西）一带，故名。另一说秦称楚为荆，是因避庄襄王之讳子楚。④王翦：秦将，频阳人。曾先后率兵攻破赵国、燕国和攻灭楚国，因功晋封武成侯。⑤蒙恬：秦国名将。其先祖本齐国人，自祖父蒙骜起世代为秦名将。秦统16国后，他率兵击退匈奴进犯，并奉命修筑长城，守边多年，使匈奴不敢再犯。后为秦二世所迫而自杀。⑥两壁：壁，即壁垒，这里指李信军的两个营垒。⑦都尉：古代军中要职，战国始置。是比将军略低的武官，相当于参谋武官。⑧投石：以木机投掷石块，或以手飞石，远者为胜。这里指军事训练。⑨超距：犹跳跃。这里指跳越障碍的训练。⑩蕲：古地名。故址在今江苏宿县南。⑪项燕：战国楚名将。为秦将王翦所围而自杀。

【译文】　在战争中，如果我方部队曾被敌人打败，应该细心观察士卒的斗志。斗志高昂就应激励他们再战，斗志衰减就应令他们休养生息以蓄养士气，等斗志高昂时再使他们战斗。兵书上说："要让士卒休养，不使他们过度劳累，应积存力量，以提高斗志。"

秦始皇问李信说："我想攻取楚国，你估计得用多少人？"李信回答说："不超过20万人。"等问到王翦时，王翦回答："非60万人不可。"秦王说："将军老了！怎么这么胆小呀？"便命李信及蒙恬率领20万人去攻打楚国。不用王翦，于是王翦便称病回到老家频阳。李信与蒙恬率兵进攻楚国，把楚军打得大败。李信领兵向西到城父与蒙恬会合。楚

人紧紧跟在后面追击，三天三夜没停顿，大败李信，攻入李信蒙恬两座军营当中，杀死7名都尉，李信逃回秦国。秦王大怒，亲自到频阳，强令王翦为将。王翦回答说："臣年老糊涂，大王如果一定要用我为将的话，非60万军队不可。"秦王答应了他的要求。王翦率兵出征，秦王亲自送他到灞上。楚人听说这件事后，便集中全国兵力来抵抗。王翦坚守在军营中不出战，每日让士卒休息，令士卒洗澡，供给他们好的饮食，安抚他们，按他们的意愿办事，与士卒同甘共苦。过了很长时间，王翦问部将说："部队中做游戏吗？"有个部将回答说："正在掷石块看谁掷得远。"王翦说："这些士卒可以使用了！"楚国部队见无法与秦兵交战，便向东撤离，王翦乘机追击，大破楚军。攻到蕲水之南，杀死楚国大将项燕，楚兵大败而逃，王翦乘胜追击，占领许多城邑。

畏　战

【原文】　凡与敌战，军中有畏怯者，鼓之不进，未闻金先退，须择而杀之，以戒其众。若三军之上，人人皆惧，则不可加诛戮，重壮军威。须假之以颜色，示以不畏，说以利害，喻以不死，则众心自安。法曰："执戮禁畏，大畏则勿杀戮，示之以颜色，告之以所生。"

《南史》[①]：陈武帝[②]讨王僧辩，先召文章与谋。时僧辩婿杜宠[③]据吴兴，兵甚众，武帝密令文帝速还长城，王栅备之。宠遣将杜泰乘虚掩至，将士相视失色，帝言笑自若，部分[④]益明，于是众心乃定。

【注释】　①《南史》：记载南北朝时期南朝宋、齐、梁、陈四朝代的历史书，唐李延寿撰，80卷。②陈武帝：即陈霸先。陈武帝讨王僧辩之战，发生在梁敬帝绍泰元年（公元555年）。③杜宠：南朝梁将，王僧辩之婿。曾任扬州刺史等职，后为陈茜所杀。④部分：部署、安排。

【译文】　凡是与敌交战，部队里有贪生怕死的、听到鼓声裹足不前的、钲声未响就急着撤退的，对情节严重者必须严格执行军法，以达到杀一儆百之效。假如全军人人皆惧战，则不可妄加杀戮。必须和颜悦色开导，告以求生之道，讲明利害关系，明确政策，这样，军心自然安定。兵书上说："执法的目的是防止畏缩惧战，假若人人惧怕执法就起不了作用，必须晓以大义，告知不会战死的方法，才能稳固军心。"

《南史》记载：武帝陈霸先进攻王僧辩，先召见文帝一起商定国家大计。当时王僧辩女婿杜宠据守吴兴，兵力强盛。陈霸先密令文帝返回长安，设置木栅防范。不料，杜宠派部将杜泰乘虚偷袭，陈国将士大惊失色，可是文帝却像平时一样谈笑自如，部署兵力严加防守，于是大家的情绪便迅速地安定下来了。

书　战

【原文】　凡与敌对垒，不可令军士通家书，亲戚往来，恐言语不一，众心疑惑。法曰："信问通，则心有所恐；亲戚往来，则心有所恋。"

蜀将关羽屯江陵，吴以吕蒙代鲁肃[①]屯陆口。蒙初至，外倍修恩德，与羽厚结好。后

蒙[2]袭收公安、南郡，而蜀将皆降于蒙。蒙入据城，得羽及将士家属，皆抚慰，令军卒不得干历[3]人家，有所取求。蒙麾下士，与蒙同汝南人，取民一笠[4]，以覆官铠，虽公，蒙犹以为犯军令，不可以乡里故，废法，乃泣而斩之。于是，军中震剽，道不拾遗。蒙旦暮使亲近存恤耆老[5]，问所不足，疾病者给医药，饥寒者与衣粮。羽还，在道路，每使人相问，蒙辄厚遇之。周游城中，家家致问。羽人还，私相参问，咸贺家门无恙，相待过于平时，故羽士卒皆无斗志。会权又至，羽西走漳乡，众皆降，羽被杀。

【注释】 ①鲁肃：三国时吴国名将，临淮东城（今安徽定远东南）人，字子敬。出身士族。赤壁之战，与周瑜坚决主战，为孙权所采纳，因而取得赤壁之战的胜利。瑜死后，肃任奋武校尉，后改任横江将军，督领全军，并继续推行联刘抗曹政策。②蒙：即吕蒙，字子明。少依孙策部将邓当，邓死，代领其部属，从孙权攻占各地，任横野中郎将，后随周瑜等大破曹操于赤壁。③干历：侵犯、扰乱。④笠：即笠盖，一种以竹篾编成的笠形遮雨覆盖物。⑤耆老：泛指老年人。

【译文】 与敌交战，应禁止士兵与家人通信，或与亲戚往来探望，唯恐说法不一，致使众兵心生疑惑。兵法上说："作战时允许士兵书信往返，则心中惧战；亲友来往探望，会因心生眷恋，不肯奋力作战。"

蜀将关羽驻军于江陵时，吴国派吕蒙代替鲁肃驻军于陆口。吕蒙刚到陆口时，表面上与关羽友好，暗中却用兵攻取了公安和南郡，守卫两地的蜀将都投降吕蒙。吕蒙进驻荆州城，俘获关羽及其部下将士家属，加以安抚及照顾，并下令吴军官兵不得干扰居民、不得求取其财物。当时吕蒙部下一个士兵，与吕蒙都是汝南人，他拿百姓家一顶斗笠用来遮盖公家的铠甲，虽然是为公，吕蒙认为他触犯了军令，不因为是同乡而徇私，于是流着泪斩了他。这样一来，军中士兵十分恐惧，从此以后连丢在路上的东西都没有人敢拾取。吕蒙整天不断地派亲信去慰问、救济城中的老年人，问他们还缺少什么。生病的给予治病送药，饥寒的给予衣服和食物。关羽部队回荆州走在路上时，派人到城中探问，吕蒙都热情接待，让他们到城里到处走动，到每个战士家中去探问。关羽派的使者回去后，士兵们私下都来询问消息，他们都祝贺那些士兵们家中平安无事，还说吕蒙对他们比关羽好，所以关羽的士兵都丧失斗志。恰巧这时孙权又率兵到南郡，关羽战败，向西逃走，其余百姓全部投降孙权，关羽被杀。

变　战

【原文】 凡兵家之法，要在应变[1]。好古知兵，举动必先料敌。敌无变动，则待之；乘其有变，随而应之，乃利。法曰："能因敌变化而取胜者，谓之神。"

五代，梁末，魏博兵乱[2]，贺德伦降晋[3]。庄宗[4]入魏，梁将刘鄩[5]乃军于莘县，增垒竣池[6]，自莘及河，筑甬道[7]输饷。梁帝诏鄩出战。曰："晋兵未易击，俟进彼取，苟得机便[8]，岂敢坐滋患害？"帝遣使问鄩决胜之策，对曰："臣无奇谋，但人给十斛粮，尽乃破敌。"帝怒曰："将军留米将疗饥耶？"又遣中使督战。鄩谓诸校曰："大将专征，君命有所不受，临敌

制变，安可预谋？今揣彼自气盛，难可轻克，诸君以为如何？”众皆欲战，刘默然。乃复召诸将列军门，人给河水一杯，因命饮之，众未测其意，或饮或辞。鄩曰：“一杯之难若是，滔滔河流可既胜乎？”众皆失色。时庄宗以兵压鄩营，亦不出。帝又数遣人促之，鄩以万人薄其营，俘获甚众。少顷，晋兵继至，鄩退；复战于故元城，庄宗与李嗣源、李存审夹击，鄩兵大败。

【注释】 ①应变：适应战争局势而变化。②魏博兵乱：魏博，即魏博镇，治魏州（在今河北大名北），唐朝在此设节度使，五代因之。后梁大将杨师厚雄踞魏博。乾化三年，梁末帝朱友贞为削弱魏博镇势力，乘杨师厚病死之机，将该镇一分为二，以平卢节度使贺德伦为天雄军节度使坐镇魏州，以宣徽使张筠为昭德节度使坐镇相州（今河南安阳）。此举激起魏博镇兵强烈反对而酿成兵变。兵变者挟持刚到任的贺德伦投降了晋。③晋：这里指唐朝末年的封建军事割据势力之一，五代后唐的前身。唐僖宗年间，沙陀族首领李克用因助唐镇压黄巢起义，被任为河东（治晋阳，在今山西太原南）节度使，封晋王。后其子李存勖即王位，仍称晋。④庄宗：即李存勖的帝号，而其此时尚未称帝。⑤刘鄩：五代后梁大将。密州安丘（今山东安丘）人。曾任左龙武统军、镇南军节度使等职。后因在魏州之战失败，被梁末帝朱友贞所杀。⑥增垒竣池：增设营垒，疏通护城河。这里指整修城防。⑦甬道：即两旁筑有墙垣的通道。⑧机便：指有利时机。

【译文】 兵家的用兵策略，最重要的就是随机应变，用兵的关键在于了解敌我双方的真实情况。在采取军事行动之前，必须先准确估计敌方情况，敌方如无变化，要耐心等待战机；一旦敌方情况发生变化，要立即采取应变措施，方能取胜。兵书上说：“能根据敌方变化而采取正确措施取得胜利的将领，才称得上用兵如神。”

五代梁朝末年，魏州发生兵乱，贺得伦投降了晋王。晋王李存勖率领部队赶到魏州。梁将刘鄩驻军在莘县，增修营垒，深挖护城河，又从莘县到黄河边上修了一条甬道输送粮食。梁末帝下诏使刘鄩出战，刘鄩说：“晋军不容易攻打，我军应等候有利时机再进攻。假如有适当时机，我怎能坐失良机，养病贻患呢？”梁末帝又派使者向刘鄩询问取胜的策略。刘鄩回答说：“我没有什么特殊的谋略，只要给每个士卒十斛粮食，保证可打败敌军。”梁末帝大怒：“你要这么多米是怕将来挨饿吗？”又派人到刘鄩军中督战。刘鄩对手下将领说：“大将出征，皇帝的命令有的可以不接受。与敌交战，根据敌情变化策略，一些事情怎能事先预料？现在我揣测敌军士气正旺，难以轻易攻克，你们看该怎么办？”众将都跃跃欲试，刘鄩却默不作声。后来又把众将集合至军营前，每人给一杯黄河水，命令他们喝下去。众人不知他的意图，有人喝下去，有人推辞。刘鄩说：“一杯河水难于下咽到这种地步，滔滔的黄河水能喝尽吗？”众人听后都大惊失色。当时李存勖的部队挑战刘鄩的军队，刘鄩不出战。梁末帝又屡次派人催促他出兵，刘鄩派1万人进攻晋兵，俘虏了许多晋兵。不久，后晋军相继到来，刘鄩撤退到元城附近与后晋军交战，李存勖与李存审联合夹击刘鄩，梁兵大败。

好 战

【原文】 夫兵者,凶器也;战者,逆德[①]也。实不获已而用之。不可以国之大、民之众,尽锐征伐,争讨不止。终至败亡,悔无所追。然兵犹火也,弗戢[②]将有自焚之患。黩武穷兵[③],祸不旋踵[④]。法曰:"国虽大,好战必亡。"

隋之炀帝,国非不大,民非不众,嗜武好战,日寻干戈,征伐不休。及事变,兵败辽城[⑤],祸起萧墙[⑥],岂不为后世笑乎?吁,为人君者,可不慎哉!

【注释】 ①逆德:违背道德。②戢:收敛。③黩武穷兵:即穷兵黩武,好战不止,滥用兵力。④祸不旋踵:很短的时间,灾祸就接二连三的到来。旋踵,转足之间,形容非常迅速。⑤事变,兵败辽城:隋大业七年以后,隋炀帝三次入侵高丽,在现在的辽宁被打败。这里的"辽城"并非实指。⑥萧墙:门屏也,古代宫室用来分隔内外的当门小墙。《论语·季氏》有"吾恐季孙之忧,不在颛臾而在萧墙之内",后世常用"萧墙之患"比喻内部潜藏的祸害。这里是指隋大业十四年,宇文化及发动兵变,将隋炀帝杀死一事。

【译文】 武器是杀人的凶器,战争是违反道德的行为。只有在迫不得已的情况下才能使用它。不能凭借国家大、百姓多,就用全部兵力进攻别国,征战不休。这样最终会导致灭亡,到那时后悔也来不及了。发动战争就像玩火一样,如果不及时收敛,就会有烧死自己的危险。一味好战不止,灾祸将会很快降临。兵书上说:"国家虽然很大,但喜好战争必然灭亡。"

隋朝炀帝时,国土版图不能说不大,百姓不能说不多,但他喜欢发动战争,日夜征战不停。等到战争形势发生变化,隋军在辽城被打得大败,导致宫廷发生政变,这事怎能不被后世耻笑呢?身为国君的人,用兵难道能不慎重吗?

忘 战

【原文】 凡安不忘危,治不忘乱,圣人之深戒也。天下无事,不可废武;虑有弗周,无以捍御。必须内修文德,外严武备,怀柔远人[①],戒不虞[②]也。四时讲武之礼,所以示国不忘战,不忘战者,教民不离乎习兵也。法曰:"天下虽平,忘战必倾。"

唐玄宗[③]时,承平[④]日久,毁戈牧马,罢将销兵,国不知备,民不知战。乃安史之乱[⑤],仓卒变生于不图,文士不足以为将,市人不足以为战。而神器几危[⑥],旧物[⑦]几失。吁,战岂可忘哉!

【注释】 ①怀柔远人:怀柔,招来安抚。远人,边远地区的人。②戒不虞:防备出现意外。③唐玄宗:唐明皇李隆基。他在位前期励精图治,出现了历史上著名的"开元盛世"。后期日渐荒淫,致使朝政腐败,终于酿成"安史之乱",唐朝从此一蹶不振。④承平:太平之治相承。⑤安史之乱:公元755年冬,统制平卢、范阳、河东的三镇节度使安禄山在范阳起兵叛乱,次年称帝。后来部将史思明杀死其子安庆绪继续叛乱。直至公元763年叛乱方被平息。⑥神器几危:国家差点灭亡。神器,国家政权。几,几乎。⑦旧物:指

国家的土地。

【译文】 和平时期不忘战争的危险，太平时期居安思危，这是圣人深深引以为戒的事情。所以天下太平的时候，不能荒废军备。假如平时对国家安危考虑不周，出现动乱就无法应付。所以平时对内要施行仁德，对外要做好战争的准备。对边远地区应该实行怀柔政策使其归附，以防止意外出现。一年四季进行阅兵讲武的仪礼，就是表示国家不忘战争的危险。既然不忘战争，就要教诲百姓练兵习武。兵书上说："即使天下太平，但忘记有战争的危险，那么国家就会倾覆。"

唐玄宗即位时，天下太平的日子已经很久了。当时刀枪入库，马放南山，军队也被解散，国家没有战备，百姓不知道作战。等到突然爆发安史之乱，文官不能充当将军，百姓不会使用武器，国家几乎灭亡，大片土地也遭沦丧。唉，难道可以忘记战争吗？

戚继光兵法

【导语】

战争是一种社会历史现象。我国历史上抵御外侮、反抗压迫的许多气势恢宏的战争和战役，表现了历史的智慧，也留下不少值得后人记取的经验。在明朝后期的抗倭斗争中，戚继光的名字不得不提，他不仅是抵御倭寇的民族英雄，也是一位才华卓著的军事家。在我们敬仰他的同时，更应该研究他所留下的思想精华，并于现时代发扬光大。这是于己于人都有百利而无一害之事，也是对他最好的纪念。

戚继光像

戚继光(1528～1587 年)，明山东蓬莱人，字元敬，号南塘，晚号孟诸。嘉靖三十四年(1555 年)调任浙江都司佥事，赴浙御倭寇，守宁波、绍兴、台州，后改守台州、金华、严州。嘉靖三十七年(1558 年)招募金华等地农民、矿工三千余人，严加训练，建“戚家军”。分为水师、步兵、骑队等，备有火器，纪律严明，战斗力强，嘉靖四十年(1561 年)破倭于台州。次年援闽，连破横屿、兴化诸倭。嘉靖四十二年(1563 年)再度入闽，获平海卫大捷，歼倭寇两千余人。因功迁都督同知、福建总兵官。后赴粤，助俞大猷抗倭。隆庆元年(1567 年)被张居正调往北京，镇守蓟州，屡败蒙古诸部，进左都督。

戚继光不但战功显赫，而且文武兼备，才华卓著。他在抗倭、镇北之余，还大量写作，主要的军事著作有《纪效新书》《纪兵实纪》等。

《纪效新书》十八卷，在继承、借鉴古代阵法、战法的基础上，针对当时的敌情(倭寇)、地形(江南水网地带)、火器等特点，创造性地制定出以十二人为基础的“鸳鸯阵”与“三才阵”。已接近于近代散兵群、散兵行的形式，鲜明地标志着冷兵器与火器并用时代的特点。

在战法上，也有了开进、展开、野战进攻、合围、逐次抵抗(交互掩护撤退)等近代战法和行军、宿营、侦察、警戒等各种战斗勤务，以及物资保障等。所有这些，都在前代兵法基础上有所创新。特别是他的军事训练思想，有着超越时代的永恒价值。

本卷节选《纪效新书》中主要章节，以及戚继光的其他作品，并配以古今中外实战战例，为读者详细讲解戚继光之治军及用兵思想；再辅以生动的案例，为读者活用这些思想做一个提示。

第一章　旷世兵书——《纪效新书》

卷一·束伍[①]篇

【原文】　治众如治寡，分数是也。分数者，治兵之纲也。束伍者，分数之目也，故以束伍为第一。由此而十万一法，百阵一化[②]，咸基[③]于此。

【注释】　①束伍：编制军队。②化：简化。③咸：都。

【译文】　治理众人的道理和治理几个人的道理是一致的，都在于训练。练兵是治军的纲领，而编制军队又是练兵的首要前提，所以要以编制军队为第一要务。这样即使十万之众也是遵循一种制度，一百种阵法也可简化为一种，这都是基于军队的编制。

原选兵

【原文】　兵之贵[①]选，尚矣，而时有不同，选难拘一。若草昧之初，招徕之势，如春秋战国用武日久，则自是一样选法。方今天下承平，编民忘战，车书混同，卒然之变，自是一样选法。大端创立之选，势在广揽、分拣，等率均有所用。天下一家，边腹[②]之变，将有章程，兵有额[③]数，饷有限给，其法惟在精。

【注释】　①贵：重视②边腹：边疆或内地。③额：名额。

【译文】　选兵历来为人们所重视。但不同的时代，选兵的标准是不同的，并没有一个固定不变的准则。例如在战争频繁的春秋战国时代，选兵是一种准则。但是当今天下太平已久，老百姓都忘记了怎样打仗，突然之间要应对战争，选兵就应该遵循另外一种准则。一般来说，在创立之时，选兵应该广泛招揽、分别选用，各类人才总有用武之地。国家统一，而边疆或者内地发生战事，因为将领有制度约束，士兵有名额限制，军饷的供给也是有限，这个时候选兵就应该遵循“精”的原则。

原授器

【原文】　选兵既得其道[①]矣，其法不过相貌精健，而四十上下皆健也，二十以上皆健也，所用之器，必长短相杂，刺卫兼合。而我之选士，若无分辨，一概给之，则如藤牌宜于少壮便健，狼筅长牌宜于健大雄伟，长枪短兵宜于精敏有杀气之人，皆当因其材力而授习不同。苟一概给之，则年近四旬，筋力已成，岂能以圆径二尺之牌、而跪伏委曲、蛇行龟息、以蔽堂堂七尺之躯；伸缩进退出没、以纵横于锋镝[②]耶？若狼筅长牌等，授之以少年健儿，则筋力未成，岂能负[③]大执重，若老成之立于前行，以为三军之领袖翼蔽也哉？

【注释】　①道：方法。②锋镝：刀枪剑影。③负：背负。

【译文】　挑选士兵已经获得了方法，不外是相貌精练，身体矫健，而从40岁上下到

20岁以上的，都有健壮之士，他们所用的兵器，有长有短，可用于刺杀的，又可用于防卫的。我现在挑选的士兵，就不能不根据材力的不同加以区别，然后再授予兵器，比如藤牌适合于年少健壮的人，狼筅长牌适合于高大健壮的人，各种长短兵器则适合精敏有杀气的人。如果不加区别就随意授予兵器，那么年近四十、腿脚已经僵直之人，又怎么能够手持直径二尺的盾牌，弯腰、屏住呼吸、蜿蜒前进以保护七尺高的身躯呢？又怎么能够进退自如，出没无常，驰骋于刀枪剑影之中呢？如果把狼筅长牌授予年少健壮的人，他们由于筋力尚未形成，又怎么能够背负大而重的兵器，象老兵一样站立在队伍的前面，作为防护三军的主力呢？

原束伍

【原文】 夫营阵之法，全在编派伍什队哨之际。计算之定，若无预于营阵。然伍什队哨之法则或为八阵，或九军、七军、十二辰，古人各色阵法皆在于编伍时已定，一加旌旗立表，则虽畎亩[①]之夫，十万之众一鼓而就列者，人见其教成之易，而知其功出于编伍者，鲜[②]矣！故营阵以伍法队哨为首，乃以束伍贯诸篇，庶使知次第也。

【注释】 ①畎亩：耕田。②鲜：很少。

【译文】 行军打仗的关键就在于如何编制军队。编制军队的方法有八阵、九军、七军、十二辰等。古人在编制军队的时候已经确定好了各种阵法，只要旌旗一挥，即使是耕田的农夫，而且有十万之众，也会听着战鼓声响而马上列好队形。人们表面上只是看到训练士兵好像很容易，却很少有人能够知道这实际上是出自编制军队的人的功劳。所以，训练军队要以编制军队为首要任务。以“束伍”作为此书的开篇，就是为了让士兵们知道军队的秩序。

卷二·紧要操敌号令简明条款

【原文】 斗众如斗寡，形名是也，故万人一心，形名之效。苟[①]士不悉吾令，而徒以手足为强者，又其次也。教梃之夫，可斗名艺，形名定也。束伍既明，即当练习吾令，故以号令篇第二。

窃观古今名将用兵，未有无节制号令，不用金鼓旗幡，而浪战百胜者。凡旗帜，各兵认定各总哨颜色，但本总旗立起，即便收拾听令。若旗左点则即左行，右点即右行，前点即前行，后点即后行，随旗所指而往。本总旗收卷在地，即各听令立定；如旗不起，脚下即是信地，虽天神来叫移动，也不许依从擅动。

凡新兵初集[②]，束伍既完，即摘出此卷，每兵即与一本，使之诵熟，以知号令，方可言场操[③]也。

【注释】 ①苟：假如。②集：集结。③操：操练。

【译文】 与众人作战如同与几个人作战，都应该听从一样的号令，这样，即使上万人

也可以同心应战。倘若士兵们不知道我的号令，而只是凭借拳脚逞强，这是不行的。队伍既然已经编制完毕，就应该练习如何听从我的号令，所以我把“号令”作为第二篇来讲。

纵观古今名将用兵，他们没有哪个号令不一，不用金鼓旗幡就可以百战百胜的。对于旗帜，每一个士兵都应该地认清楚自己所在营哨的旗帜。只要看见本营哨的旗帜竖立起来，就要马上收拾自己的装备听候命令。如果军旗向左挥动就要立即向左前进，向右挥动就要向右前进，向前挥动就要向前前进，向后挥动就要向后撤退。如果本大营的军旗收了起来，就应该停下来听从命令。如果大旗没有竖起，就是天神下令移动，也不许擅自移动。

一般新兵集结，编制完毕，就要拿出这一卷，授予每一个士兵，让他们认真背诵，以便熟知号令，这样才可以进行下一步的操练。

卷三·临阵连坐军法篇

【原文】 旗鼓既习，斯谓之名，一众人之目矣，而心则未也，于是申之以连坐赏罚以威其心，故军法篇为第三。

凡战间贼[①]遗财宝、金银、布帛、器械之类，此诱我兵争财，彼得乘机冲杀，往往坠此套中。今后临阵，遇有财帛，如违令图财，致兵陷没，或贼冲突得脱，抢财物之兵不分首从[②]，总哨官俱以军法斩。

凡临阵退缩，许甲长割兵耳，队长割甲长耳，哨官哨长割队长耳，把总割哨官哨长耳。回兵，查无耳者，斩。若各故纵，明视退缩，不肯割耳者，罪坐不肯割耳之人，退缩之犯不究。

凡伏兵，遇贼不起及起早者，领伏兵队长通斩，各兵扣工食给恤，仍通捆打。如正兵见奇兵、伏兵已起，不即回应者，同例。凡每甲，一人当先，八人不救，致令阵亡者，八人俱斩。

凡当先者，一甲被围，二甲不救；一队被围，本哨各队不救；一哨被围，别哨不救，致令陷失者，俱军法斩其哨队甲长。凡阵亡一人，本甲无贼级者，各扣工食一月，给亡者之家优恤[③]。

【注释】 ①贼：敌人。②首从：带头的和跟随的。③优恤：优厚的抚恤。

【译文】 士兵们通过演练号令统一了行动，但是纪律还没有得到训练。接下来就要宣布军纪以及违令者将要收到的处分，使士兵们严格遵守军纪而不敢违抗，所以将军法作为第三篇。

战斗之中，敌人往往会抛撒金银财宝、布帛兵器，这是在引诱我军士兵争夺钱财，敌人好乘机向我军冲杀。今后如果在战争中遇到敌人抛撒财物，有人胆敢违令贪图钱财，而导致战败，或者使敌人得以逃脱，凡是抢夺财物的士兵，不管是带头的还是跟随的，总哨官都要依照军法斩首。

凡是临阵退缩的，允许甲长割后退士兵的耳朵，队长割后退甲长的耳朵，哨官割队长的耳朵，把总割哨长的耳朵。收兵回营之后，检查出没有耳朵的人，予以斩首。如果有人纵容属下，眼见有人退缩而不肯割人耳朵，那么就要连坐并罚，但是退缩的人不予追究。

如果伏击敌人，而遇到敌人的时候没有及时冲杀的或者过早冲杀的，领兵的队长就要依照军纪斩首，士兵则要扣其口粮，并要捆绑起来鞭打。如果大队人马看到奇兵和伏兵已经开始冲杀，而不立即响应的，如同上述惩罚。每一队士兵，如果一个士兵奋勇冲杀，而其他人不去相救致使阵亡，那么全队都要予以斩首。

凡是冲锋在前的人，一甲被围困，而二甲不去营救；一队被围困，而本哨各队不去营救，致使被围者阵亡，依照军纪要将哨队甲长斩首。凡是阵亡一人而本甲没有斩杀一个敌人，那么每一个士兵都要扣罚一个月的口粮，对于阵亡者的家属要予以优厚的抚恤。

卷四·论兵紧要禁令篇

【原文】 **号令既繁[1]，人无所措[2]，故复分此别卷，其可以少从缓也，以次旗鼓号令之馀，故以禁令篇为第四。**

【注释】 ①繁：多。②无所措：不知所措。

【译文】 号令太多了，人们反而不知所措，所以在这里挑出其中重要的示予大家。因此，将“禁令”作为第四篇。

不许说话

【原文】 **凡军中要紧的第一件，只是不许喧哗说话。凡欲动止进退，自有旗帜金鼓。若无令许说话，但开口者，都要著实重处；夜间尤是切禁[1]，千万千万。**

【注释】 ①切禁：严禁。

【译文】 军队之中，最重要的事情就是不许喧哗说话。军队前进后退自有旗帜金鼓来指挥。如果没有命令允许开口说话，说话的人一定要严加惩处。尤其是在夜间，一定要严禁说话，切记切记。

军法无情

【原文】 **凡古人驭[1]军，曾有兵因天雨取民间一笠以遮铠（即甲也）者，亦斩首示众。况砍伐人树株，作践人田产，烧毁人房屋，奸淫作盗，割取亡兵的死头，杀被掳的男子，污被掳的妇人，甚至妄杀平民假充贼级，天理不容，王法不宥[2]者，有犯，决以军法从事抵命。此谆谆真正化诲，你若不听，军法无情，慎[3]之慎之！**

【注释】 ①驭：治理，统率。②宥：饶恕。③慎：谨慎，小心。

【译文】 古人治军，曾经有因为下雨天士兵拿百姓斗笠遮蔽铠甲而被斩首示众的事情。何况砍伐百姓树木，糟蹋百姓田产，烧毁百姓房屋，奸淫妇女，偷盗财物，割取阵亡将

士的首级，杀戮俘获的男子，侮辱俘获的妇女，甚至妄杀无辜百姓冒充敌人首级，这真是天理不容，王法难恕。如果犯有这样的罪行，一定要依照军法严厉惩处。我现在对你们谆谆告诫，谁如果不听，军法无情，可要小心啊！

卷五·教官兵法令禁约篇

【原文】 此篇之中，亦有兵士当知者。但士卒者，愚人也，繁以号令而无所遵，不如无令而气壮，故明以教官兵之法为第五。

俗谚有军中立草为标[1]，况朝廷堂堂名分？凡有属下者，既知恶属下抗违不能行事，即知己身不可又效属下之人复抗在上头目，决恃不得乡曲故交，军机乃国家重务，情难掩法。敢有亲识相容、故违明抗，容者、犯者通以军法重治。[2]

【注释】 ①标：标准。②重治：严厉惩罚。

【译文】 军队之中也会有一些士兵是有知识的，但是大部分却都是不识字的粗俗之人，号令太多，他们就不知如何遵从，所以还不如不用号令，而使他们士气昂扬就好。所用我将第五篇用作阐明“教官兵之法”。

俗话说：“军营之中立一根草就可以作为标准，更何况还有堂堂朝廷的名分”。凡是有属下的军官都非常不满士兵违抗命令不听从指挥，既然这样就不应该仿效自己下属的做法违抗上级的指令。绝对不能凭借同乡故人的关系徇情枉法。要知道军事问题对国家至关重要，人情是不能掩盖军法的。如果有谁胆敢凭借亲戚关系纵容违抗军令，无论是纵容者还是违令者通通要以军法严惩。

卷六·比较武艺赏罚篇

【原文】 号令既明，刑赏以悉[1]，坐作进退，当与攻杀击刺同教[2]矣。而比较不可无法，不知较艺之习而任比较之责，则花法入而正法昧矣，故为比较篇为第六。

【注释】 ①悉：熟悉。②教：教授。

【译文】 号令已经明确，赏罚也已经熟悉，接下来就应该教授士兵攻杀刺击的本领。相互较量要依从一定的原则，不知道较量武艺的原则，而负责士兵的武艺比试，那么士兵学到的只是图有其表的武艺，而真正的本领却没有学到。所以这里将“比较”作为第六篇。

武艺

【原文】 凡比较[1]武艺，务要俱照示学习实敌本事，直可对搏打者，不许仍学习花枪等法，徒支虚架，以图人前美观。

【注释】 ①比较：比试。

【译文】 凡是比试武艺，一定要学习那些在实战中可以用到的，可以直接相互搏击对打的，不许学习那些徒有其表，只能供人欣赏的武艺。

赏罚

【原文】 各总哨队伍官长，俱以分数施行赏罚，一分[①]以上责成各伍长，二分以上责成各教师队长，三分以上责成哨官，四分以上责成把总。

【注释】 ①一分：第一等级。

【译文】 各个哨队的军官要按等级不同实施赏罚，第一等级要责成各个伍长，第二等级责成各教师队长，第三等级以上责成哨官，第四等级以上责成把总。

卷七·行营野营军令禁约篇

【原文】 凡操中法令旗鼓既习[①]，将来必试敌而调发，所不免[②]也，故即以行营篇为第七。

【注释】 ①既习：已经学习。②免：避免

【译文】 操练中的旗鼓法令现在已经都学习过了，将来上了战场遇到敌人还是要慢慢磨合的，这是不可避免的，所以我将行营篇作为第七篇。

扎野营说

【原文】 野外屯扎，对垒列营，画地以守于前，樵苏以继于后，夜防警袭，昼结行阵，其役也劳[①]，其事也险[②]。使吾气常锐，战守兼举，吁，岂易易哉！

在野宿，亦与在城相同，比在城更加谨慎。第一肃静为主，凡有平时喧嚷者，捆打四十，连坐。遇传号令、下营阵止起之际，耳只听金鼓号头，眼只看旗帜，决不许口发一言，但有喧嚷出声者，拿治如前临阵割耳，回兵查，若因而误[③]事者，斩首示众。

【注释】 ①劳：劳累。②险：凶险。③误：耽误。

【译文】 野外扎营，夜晚要防备敌人偷袭，白天要结好阵列，这是非常劳累的事情，也是非常凶险的事情。要使我军势气总是锋锐，进攻防守都可以从容应对，难道是很容易的吗？

野外宿营，与在城中一样，只是要更加谨慎。最重要的事情是要肃静，凡敢有喧哗者，要捆绑起来鞭打四十。遇到号令，耳朵要听清楚金鼓号令，眼睛要看清楚旗帜，绝对不允许发出声音，一旦有谁敢喧哗，就要拿到军前割掉他的耳朵。如果因此而耽误了大事，就要斩首示众。

卷八·操练营阵旗鼓篇

【原文】 号令既习，刑赏俱明[①]，于是列于场肆[②]而教以坐作进退之法，为营阵之

制[③],以施于用,故以操练篇为第八。

【注释】 ①明:明确。②场肆:兵场。③制:制度。

【译文】 号令已经知晓,赏罚也已经明确,接下来就要将士兵们陈列于兵场,教授他们进退的方法,结营布阵的制度,以及如何在实际中运用。所以,将操练作为第八篇。

战胜追贼防伏之法

【原文】 夫倭性人自为战,善於抄[①]出我后,及虽大败,随奔随伏[②],甚至一二人经过尺木斗壑亦藏之,往往坠其计中。辛酉之役,一月十捷,我兵损不及六七人,议者谓非兵之巧,乃贼之拙,此倭不如别倭之有伏也。殊不知将前法已曾教熟于平时,故如花街之捷,战追四十里而保全胜者,非贼之无伏,我有搜守之法而伏无所用也。

其法:如贼徒一战而败,贼遂奔北,我兵追上,凡遇林木人家、过溪转角之处,每量林木屋垣湾曲大小,即留一队或一哨守其必出之口,而他兵一面径跑追上。每遇一处,即留一处。又或村落极大者,即通行围止,听人进搜,无贼高声为号,又复前追。其麦田茂草之地,又皆可伏之所,我兵每一哨内即留一队,分投下路星散麦田草中搜打喊叫。故每战多於麦田中搜获生擒,此非避[③]我者,正贼之伏[④]也。

【注释】 ①抄:抄袭。②伏:伏击。③避:躲避。④伏:仗击。

【译文】 倭寇善于打仗,善于抄袭我军后路,当他们被打败的时候,一边撤退,一边却又伺机埋伏,甚至一两个人在经过树木和沟壑的时候都会隐藏起来,伺机反扑,我军往往中计。辛酉之役,我军一月之内打了十次胜仗,兵力损失不到六七个人。有人说这并非我军用兵巧妙而是这群倭寇太笨了,他们不如其他的倭寇那样善于伏击。这些人不知道,战前我早就已经制定出了一套对付倭寇这个诡计的办法。所以花街大战,我军追击倭寇四十里而获得大胜,并非倭寇没有设伏,而是我军搜守有方,倭寇的诡计才没能得逞。

具体的方法:如果倭寇刚一交战就败退,我军追击,凡是遇到有树林的地方,溪水拐角的地方,根据情况留守一部分兵力守住伏兵的出口,而其他人则继续追击。每遇到一处,就留守一部分兵力。如果遇到大的村庄,马上包围搜捕,若是没有倭寇就高声呼叫告知,于是继续追击。在麦田和杂草茂盛的地方,或者可以设伏的地方都要留守一部分兵力搜捕。所以每次战斗中往往会在麦田中搜获很多隐藏的倭寇,这些倭寇不是为了躲避我军的追击而是为了伺机伏击我军。

交锋之法

【原文】 兵在各伍牌后遮[①]严缓步前行,执牌在前,只管低头前进;筅枪伸出牌之两边,身出牌之后,紧护牌而进。听擂鼓、吹天鹅声喇叭,交战。执牌者专以前进为务,不许出头看贼,伍下恃赖牌遮其身,只以筅枪出牌之前戳杀为务。如不上前,队长牌兵之责。

如队长牌兵被害，伍下偿命。

其两翼之兵先大张其势，望外开行，俟将战，急於贼之两边，各令一半自外围戳而来，各令一半伏住；俟贼到正面，兵俱将牌立定不动，两奇兵急合，贼必分兵迎我两来。奇兵俟贼四顾夺气，正面兵即拥牌夹战。如胜负未分，前力已竭，又即点鼓，第二层由前层空内间出，如图接应对敌。

闻金得胜而止，依退法退回。知贼已无别伏，方才打得胜[2]回营。

【注释】 ①遮：隐蔽。②得胜：得胜鼓。

【译文】 士兵们在各个小队的盾牌之后隐蔽身体，缓步前进。手执盾牌的士兵在最前面只管低着头向前走；狼筅长枪在盾牌的两旁伸出，身子隐蔽在盾牌的后面，紧紧跟着盾牌前进。听到擂鼓，和天鹅声响的喇叭，就与敌人交战。执牌者的职责在于前进，不许探出头来看敌人，其余的士兵依靠着盾牌护身，只管用狼筅长枪绞杀敌人。如果队伍不前进就是队长和执牌者的责任，如果队长和执牌者被杀害，其余的士兵就要偿命。

我军两翼的兵力向外展开前进。临战之时，火速从侧翼包围敌人。用一半的兵力狙击，另一半则稳住阵脚。等敌人攻击我正面军队的时候，士兵们应该用盾牌坚守阵地。此时，我军两翼的兵力作为奇兵开始进攻敌人侧翼，敌人就会分兵抵抗。我军奇兵四面围攻敌军，打击他们的势气；而正面军队则拥牌坚守，挫敌锐气。如果此时胜负还没有决出，就马上击鼓，由第二防线的士兵出击应对。

直到听见鸣金获胜的号令才能停止，并且要依照撤退的步骤撤退。确定敌人没有其他埋伏之后，再击打得胜鼓回营。

卷九·出征起程在途行营篇

【原文】 前哨有五方旗一副、高招一副，有事方开。见林木，开青旗；阻水泽[1]，开黑旗；遇兵马，开白旗；山险，开黄旗；烟火，开红旗，过所见之物，即卷其高招。如道可一路行，立一面；二路行，立二面；三路行，立三面；四路行，立四面；抬营行，立五面。后部挨队递[2]相传开。

凡塘报哨见贼，急则磨红旗，缓则磨黄旗，众则磨青旗，少则磨白旗，无路可行则磨黑旗。一层既磨，各层照前一时俱磨，一层退至一层，如贼不来，复又立定。如贼再追，一层又退二层，只退至营前。断不许见贼磨旗之后，不论贼之追不追来，一齐拥众径回，如此军法示众。

如贼自塘马腰内突出，与我兵忽遇，不及下营者，即下急营，我兵即时於所行之地立定，近贼者不必抽间队，尽数备敌，先铳平列打贼，次挨牌短兵出战。其无贼处，一面照操拨人应援，一面安立钉牌拒马，为一字阵。别部应发援兵者，或包水港沟渠，若贼可望见者，止守营，不许遣接奇兵，恐贼乘之；如贼不见之处，虽有险隘沟渠，正我兵出奇必胜之利，亦须相险设智，别渡[3]精锐一二百人，绕出不意，必可取胜。此上策也。

【注释】 ①泽:沼泽。②递:传递。③别渡:另外派遣。

【译文】 前面的部队有五种颜色的军旗,一般只举一幅旗。行军途中遇到树林,就把青色的军旗高举;遇到沼泽,就把黑色的军旗高举;遇到其他军队,就把白旗高举;遇到山势险要的地方,就把黄旗高举;遇到烟火,就把红色的旗高举。一旦走过,就把相应的军旗收起来。如果道路只可以行军一列,就举一面旗帜;如果可以行军两列,就举两面旗帜;可行军三列,就举三面旗帜;可行军四列,就举四面旗帜;拔营行军的时候,就举五面旗帜。后面的部队依次传递。

如果前方哨兵发现敌人,形势危急,就挥动红旗;形势不甚危急,就挥动黄旗;敌人人数众多,就挥动青旗;人数不多,就挥动白旗;前方无路可行,就挥动黑旗。前面的士兵挥动军旗,后面的就跟着依次挥动。如果敌人没有来进攻,停止摇动军旗。如果敌人进攻我军,我军应该后退有序,层层撤退。绝对不允许遇见敌人,挥动军旗之后,不论敌人是否进攻,一窝蜂地后撤,否则军法严惩。

如果敌人忽然从半道杀出,于我军相遇。来不及列阵抵抗的,就地迎战。我军就地稳住阵脚,与敌人接近的部队,不必调集后面部队,应该先以鸟铳射杀敌人,等到敌人冲到我军藤牌兵前面的时候,短兵出击与敌肉搏。没有收到敌人攻击的部队,一方面应立即发兵支援,另一方面在阵前抛撒竹钉防止敌人奇兵来袭。其他前来支援的部队,如果敌人可以观察到,就应该坚守阵营,不能出击,防止敌人乘虚而入。那些敌人观察不到的地方,虽然地势险峻,却是我军出奇兵取胜的时候。根据地势,派遣精兵一二百人,绕道敌人后方,出其不意,一定可以获得胜利。这是用兵的上上之策。

卷十·长兵短用说篇

【原文】 器械不利[①],以卒予敌;手无搏杀之方,徒驱之以刑,是鱼肉乎吾士也。器习利而无号令金鼓以一其心,虽有艺,与徒手[②]同也。三军既熟悉吾令,则当精乎艺。艺与法令当并行而不悖者,故以长短兵说为第十。

夫长器必短用,何则?长枪架手易老,若不知短用之法,一发不中,或中不在吃紧处,被他短兵一入,收退不及,便为长所误,即与赤手同矣,须是兼身步齐进。其单手一枪,此谓之孤注,此杨家枪之弊也,学者为所误甚多。

其短用法,须手步俱要合一,一发不中,缓则用步法退出,急则用手法缩出枪捍。彼器不得交在我枪身内,彼自不敢轻进;我手中枪就退至一尺馀,尚可戳人,与短兵功用同矣,此用长以短之秘也。

至若[③]弓箭火器,皆长兵也,力可至百步者,五十步而后发;力可至五十步者,二十五步而后发,此亦长兵短用之法也。长则谓之势险,短则谓之节短,万殊一理[④]。

【注释】 ①利:精良。②徒手:空手。③至若:至于。④理:道理。

【译文】 兵器装备如果不够精良,那是将自己的士兵送给敌人去杀戮;没有搏杀的

本领，只是用刑法逼迫士兵冲锋，那是让士兵等着被敌人绞杀。武器精良，搏杀技术精湛，但是却没有以金鼓来统一队伍的号令，虽然手握兵器，实际上与空手是一样的。三军将士已经将我的号令熟记于心，那么武艺也要精湛才行，武艺和法令是要并举的，彼此并不矛盾。所以我将长短兵器作为第十篇。

那么将长兵器作短兵器用是怎么回事呢？手握长枪容易劳累，如果不知道它的短用方法，那么一枪刺出去却没有击中，或者没刺在要害部位，这时就很容易被敌人的短兵器乘虚而入，而长枪又一时收不回来，士兵就会被长枪所连累，变得与徒手一样。手里只拿一杆单枪很是冒险，这是杨家枪法的弊病所在，很多学习的人因此深受其弊。

长兵器的短用方法，一定要手和步法紧密配合，一枪未中，情形不甚危急，可以通过步法后退；如果情形危急，就要用手及时缩回枪杆。敌人的兵器不能够突破我长枪的攻击范围，他们就不敢轻易冒进。我手中的长枪后退一尺，也可以攻击敌人，这样就与短兵器的用处相同了。这就是长枪短用的秘诀。

至于弓箭、火器都属于长兵器，可以射击百步远的，在距离五十步的时候就射击；可以射击五十步远的，在距离二十五步的时候就射击；这也是长兵器短用的秘诀。长兵器有远距离作战的优势，短兵器有近距离作战的优势，二者看似不同，其中的道理却是相通的。

卷十一·藤牌总说篇

【原文】 **千古有圆长二色，其来尚矣，主卫[①]而不主刺。**

国初，木加以革，重而不利步。以藤为牌，近出福建，铳子虽不能隔，而矢石枪刀皆可蔽，所以代甲胄之用，在南方田塍泥雨中，颇称极便。其体须轻坚密，务使遮蔽一身上下四旁，无所不备。用牌之间，复有所谓标者，所以夺人之目，而为我之疑兵所赖以胜人者也。

牌无标，能御而不能杀。将欲进步，然后起标，勿轻发以败其事。腰刀用於发标之后以杀敌，非长利轻泛，则不能接远。

其习牌[②]之人，又须胆勇、气力轻足、便捷少年，然后可授之以此，置於行伍之先，为众人之藩蔽，卫以长短之器，为彼之应援。以之临敌，其众可合而不可离，可用而不可疲，进退左右，无所不利，此藤牌之功用[③]也。

【注释】 ①卫：防御。②牌：藤牌。③功用：功劳用途。

【译文】 盾牌自古以来有长圆两种，它是用来防御的而不是用来进攻的。

明朝初期，盾牌是用木头加皮革做的，非常沉重，不利于行军。近来福建有用藤条做成的盾牌，虽然不能抵挡鸟铳，但是弓箭、石头、长枪、大刀却都可以防御。在南方的田塍泥雨中很是方便。藤牌轻且坚密可以用来防御全身。在藤牌之中还有标枪从中配合，这也是我军取胜的一个因素。

只有藤牌而没有长枪，就只能防御，而不能进攻。藤牌手将要前进的时候，标枪收起，不要轻易投掷以免坏事。腰刀在标枪之后，也是用来杀敌的，但是由于不是长兵器不能够远距离作战。

执藤牌的士兵，一定要有勇气，气力十足，身手敏捷。他们在队伍的最前沿保护整个队伍免受攻击。后面的士兵以长短兵器作为他们的支援。在打仗的时候，藤牌手士兵一定要紧密聚集而不能彼此分开。他们保障队伍顺利地进退左右，这正是他们的功劳。

卷十二·短兵长用说篇

【原文】 **夫钗钯棍枪偃月刀钩镰，皆短兵也。短兵利[①]在速进，一入长兵之内，则惟我短兵纵横，长兵如赤手同矣。藤牌、腰刀，本短中之短也，而必用标枪，亦即短兵长用之法也。夫藤牌用标，非取以杀人，盖彼以枪器持定，我牌无故不得进，故用标一掷，彼以顾标而动，我则乘势而入；彼若不为标所动，则必为标所伤，我亦有隙[②]可入。短兵长用之法，千古奇秘，匪欺人也。**

【注释】 ①利：优势。②隙：机会。

【译文】 钗钯棍枪偃月刀钩镰，这些都是短兵器。短兵器的优势在于迅速地推进。一旦近距离接近长兵器，短兵器就可以任意挥砍。而持长兵器的敌人就如同赤手空拳一般。藤牌和腰刀是短兵器中的短兵器，需要与标枪配合，这也是短兵器常用的方法。我军藤牌和标枪相互配合，并不是为了击杀敌人，而是因为敌人用长枪阻止了我军前进，这时我军投掷标枪，敌军就会因为应付标枪而队形大乱，我军就可乘机冲杀。如果敌军队伍没有混乱，那么也将被我军的标枪杀伤一部分，我军也会有机会杀入敌军阵营。这就是短兵器长用真正的方法。

卷十三·射法篇

【原文】 **《列女传》云：怒气[①]开弓，息气[②]放箭。盖怒气开弓，则力雄而引满；息气放箭，则心定而虑周。量力调弓，量弓制矢，此为至要也。故荀子曰：弓矢不调，羿不能以必中。孟子谓羿之教人射，必至於彀。学者亦必至於彀[③]，射家要法。**

【注释】 ①怒气：深呼吸。②息气：呼气。③彀：靶心。

【译文】 《烈女传》记载：怒气开弓，息气放箭。大概是因为深呼吸之后拉弓，就会积聚很大的力气将弓拉满；呼出空气之后放箭，人的心理就会因为平静而各方面考虑周全。根据力气来调节弓箭，根据弓来制作箭镞，这是至关重要的。所以荀子曾说：后羿如果没有将弓箭调节好，就不能够射中。孟子说后羿教人射箭，一定要射中车轮的正中，即射中靶心。学习射箭就一定要努力射中靶心，这就是射箭的要领所在。

养马

【原文】 **凡马，须要平日适饲养，时调[①]度，踪蹲听令，进止触物不惊，驰道不削，前两**

脚从耳下齐出，后两脚向前倍之，则疾且稳，而人可用器矣。故马者，人之命。塞马惯战，数倍中国居常调度之功也。

【注释】 ①调：调教。

【译文】 战马一定要平时饲养好，时时加以调教，使战马听从指挥，不会被什么东西惊吓到。奔跑的时候，两脚从耳朵下方一起跃出，后脚向前跟进，这样才会又快又稳，士兵也才可以驾驭。所以，战马的好坏往往关系到士兵的生命安危。塞外的战马习惯于征战，远胜于内地，就是因为它们平时训练的好。

卷十四·拳经捷要篇

【原文】 此艺不甚预于兵，能有馀力，则亦武门所当习。但众之不能强者，亦听其所便耳。于是以此为诸篇之末第十四。

拳法似无预於大战之技，然活动手足，惯勤肢体，此为初学入艺之门也。故存於后，以备一家。学拳要身法活便，手法便利，脚法轻固，进退得宜，腿可飞腾，而其妙也，颠起倒插；而其猛也，披劈横拳；而其快[①]也，活捉朝天；而其柔也，知当斜闪。

故择其拳之善者三十二势，势势相承[②]，遇敌制胜，变化无穷，微妙莫测。窈焉冥焉，人不得而窥[③]者，谓之神。俗云：拳打不知，是迅雷不及掩耳。所谓不招不架，只是一下；犯了招架，就有十下。博记广学，多算而胜。

【注释】 ①快：迅捷。②承：连贯。③窥：察觉。

【译文】 拳脚之术对于行军打仗并没有太大的益处，但是如果有余力的话，也是行伍之人应该学习的。然而终究很难借此提升军队整体的战斗力，士兵们可以根据自己的情况练习，不必强求。所以将这一篇作为最后一篇。（注：《纪效新书》原本十四篇，后又增加了四篇。）

拳脚之术似乎与战争全局并没有太大的关系，但是由于它可以活动手足，锻炼身体，所以可以作为新兵的入门训练。学习拳法，身体要灵活，手法麻利，脚法轻盈，这样才能进退自如得当，双腿飞腾。武艺的妙处在于颠起倒插；它的威猛在于披劈横拳；它的迅捷在于活捉朝天；它的柔性在于知当斜闪。

所以挑选拳法中的精华三十二势，每一个招式相接连贯，遇到敌人的时候施展起来可以变化无穷，而其中的微妙不是寻常人可以察觉的。俗话说：拳头打过来却不知道，那是出拳人挥打地极快。拳脚之术要多多学习，打仗的时候取胜的机会才会更大一些。

卷十五·布城诸器图说篇

【原文】 夫南方田水界地雨湿，不可用车，我兵卒然遇敌，缓急无家可依，贼皆洞见，知我无拒御之备，是敢尽力向我，一遇奔溃，全军退走。

其布城之法，不惟缓急可恃，且足张疑[①]，使贼忽然举目无中生有，眼前皆是遮映造

次，便不得知我立此主何意，且不得便知我布裹虚实。外既立有拒马蒺藜以为御，而复有布城遮映，至有误为真城者，缓急之间便不敢轻易近我营垒。如果贼人嘹料其情，我已备之久矣。鸟铳俱向城而伏。贼如来敌，必须先取去我蒺藜拒马。攻取之间，彼外不能视内，而我可由布城视外，便打铳戳枪射弩，无不便宜。一丝之限，足类金汤。如贼亦打铳，我则将各兵棉被再搭一床於布城上，又可御[②]铅子矣。

【注释】 ①张疑：迷惑。②御：抵御。

【译文】 南方到处是水田，土湿路泥，不适合兵车行走。我军突然与敌军遭遇，没有兵车掩护，敌人就可以观察到我军的所有情况，一旦知道我军没有防御工事，就会全力进攻我军，我军往往很难抵挡以致溃败。

布阵的方法关键在于如何充分迷惑敌人，使敌人不知我军虚实，不知道我军的部署意图。在营垒前面竖立抵御骑兵的蒺藜，然后用布帛包裹遮挡，让敌人以为这是一座城堡，不敢轻易进攻我军营垒。等到敌人已经探察清楚我军情况的时候，我军早已经做好了战斗的准备。士兵们手持鸟铳埋伏在城堡上。敌人如果来攻打的时候，首先要清除抵御骑兵的蒺藜。开战的时候，敌人不能看见我军的内部情况，而我军却可以从布城看到敌人的动向，用鸟铳、弓箭射击敌人，非常地便利，如同坚固的城堡一样。如果敌人也使用鸟铳向我军射击，我军士兵就把棉被和木床搭在布城上抵御敌人的子弹。

卷十六·旌旗金鼓图说篇

【原文】 名将所先，旗鼓而已。近见东南人不知兵旗，无法制，率如儿戏。或轻难视远，或重难执驰，方色混杂，不可辨认。而临阵分合，更与旗无干[①]，听兵用手逼唇为哨声，却以旌旗为摆队之具，金鼓为饮宴之文。至有大将名胄，而亦乌合纵横，一听兵士纷沓[②]，一队数色，一阵数令，以胜负付之自然，以进退付之无可奈何，吁，可胜叹哉！予故不得已而绘此烦文，以取讥罪，谅之谅之。

【注释】 ①干：旗杆。②纷沓：杂乱。

【译文】 名将用兵，以军旗和战鼓为先。现在，东南人不知道军旗和战鼓，行军打仗也没有统一的制度，就如同儿戏一般。有的军旗轻小，远处就看不到了；有的则很重，士兵很难拿着奔跑，各种颜色的军旗相互混杂，很难分辨。临时集结的军队，甚至军旗都没有杆子，士兵们打口哨作为信号。这些人把军旗作为摆队的道具，将战鼓作为喝酒用餐时的娱乐。就算有所谓的大将，如此的乌合之众，步调杂乱，军服颜色各异，号令繁杂，进退不能听从号令，不用打仗就可以预见胜负结果了。唉，这怎么可能打胜仗呢！所以我不得不冒着讥讽的罪名写下这一篇文章，还请大家谅解。

卷十七·守哨篇

【原文】 守[①]是攻之策，自古名将必先斥堠[②]。但此等事不过卫所之行移，非教战士

之技，不能编次诸篇之间，故为附卷。

为军务事照得风汛迫临，海警叵测[③]。捍御之方，惟在战守。操练标下官兵临机调发外，但查各卫所城守无法，每遇寇至，则仓惶失措，或致掩袭不备，甚者守御无法，无警之时昼夜耗人精力，及至五更，往往倦怠失事。是皆已往之咎，而事豫则立，正宜先机分布。

夫守城之法，惟蓄养精力有馀，而贼来贵在远知预备。其远知预备之责，又在陆路。但伏路官军，亦多因袭旧套，虚应故事，缓急之间，全无实赖，均合示授方略号令，以严责成。

【注释】 ①守：防守。②斥堠：考虑。③叵测：难预测。

【译文】 防守是为了进攻，自古以来名将作战必定首先要考虑。但是这样的事情本来不过是卫兵的调防而已，并不是训练士兵的战术，不能都编写在正文之中，所以将这一篇作为附录篇章。

守卫的职责就是要探察敌人何时来临，海警通常是很难预测的，防御的办法只能是随时准备战斗。除了主力部队临时随机调动外，城内各卫所要做好守备，但他们却没有章法可言。每每遇到倭寇来侵犯，就张皇失措，导致敌人偷袭时毫无防备。有的甚至不知如何守卫，没有敌情的时候也白天晚上地调遣人马，以至士兵劳累，等到五更天的时候，往往极度疲劳以至于出现纰漏。这些都是以往常犯的过失，所谓凡事预则立，我们应当依据情况，提前调整好部署。

守卫城池的办法在于：养精蓄锐，以逸待劳，当敌人还在远处的时候就事先得到了情报，做好了防范的准备。打探敌情的责任在于哨兵。但是这些人又只是依照老办法道听途说，关键时候，这些消息根本靠不住。所以要统一向他们颁布方略号令，让他们严格执行自己的任务。

卷十八·治水兵篇

【原文】 夫福船高大如城，非人力可驱，全仗风势；倭舟自来矮小，如我之小苍船，故福船乘风下压，如车碾螳螂，斗船力而不斗人力，是以每每取胜。

夫海沧[①]稍小福船耳，吃水七八尺，风小亦可动，但其力功皆非福船比。设[②]贼舟大而相并我舟，非人力十分胆勇死斗，不可胜之。

夫苍船最小，旧时太平县地方捕鱼者多用之，海洋中遇贼战胜，遂以著名。若使径逼贼舟，两艘相联，以短兵斗力，我兵决非长策，多见误事。但若贼舟甚小，一入里海，其我大福、海沧不能人，必用苍船以追之。三色之中，又此为利近者。

大端[③]天若风动势顺，则沧不如福，苍不如沧；若风小势逆，则福不如沧，沧不如苍[④]。

【注释】 ①沧：沧船。②设：假设，假如。③大端：一般情况。④苍：苍船。

【译文】 福船，如同城楼一样高大，不是凭借人力可以驱动的，它完全以风为动力。倭寇的船一般很小，同我军的小苍船一样，所以我军的福船乘着风势向其冲撞，那就如同

车轮碾压螳螂一样,这时比拼的是船的威力而不是人的气力,所以我军往往取胜。

海沧船要比福船稍小,吃水七八尺深,风小的时候也可以驱动,但是它的力量无法同福船相比。如果倭寇的船也很大与我沧船不相上下,那么我军就要凭借奋勇拼杀才能取胜,苍船最小,以前是太平县渔民捕鱼用的小船,由于在海上击败过倭寇,所以很有名。如果以苍船逼近敌人短兵相接,就要比拼双方的力气,这不是我军的长处,往往会遭遇失败。但是倭寇的船很小,一旦进入内河,我军的大福船和沧船就都没有办法了,这时只能用苍船追击。这三种船中只有苍船适合于近距离作战。

一般而言,如果风大又是顺风,那么沧船不如福船,苍船不如沧船;如果风小又是逆风,那么福船就不如沧船了,沧船不如苍船。

战船器用说

【原文】 夫水战於舟,火攻为第一筹[①]固然也。其火器之属,种目最多,然可以应急用者甚少,何则?两船相近,立见胜负,其诸器或有宜於用,而制度繁巧、一时仓忙不能如式掷放,致屡发而无用。今屡试屡摘,合以众情共爱而数用无异者,止有二种,一远一近,至矣足矣!愈淫巧[②]繁多,愈无实用[③],记之记之!

【注释】 ①筹:筹划,选择。②淫巧:精巧。③实用:实际用途。

【译文】 水上作战,火攻虽然是第一选择,火器的种类也很多,但是真正战时可以使用的却没有多少。为什么呢?因为敌我双方的战船一旦相互靠近,胜负很快就会在短时间内决出。而火器有的或许适合使用,但是操作麻烦,一时间根本来不及投掷、射击,以至于每次使用都没有好的效果。经过多次的筛选,适合于水战的火器只有两种(飞炮和鸟铳),一个用来远攻,一个用来近战,这两个就足够了。那些操作复杂的火器,越是精巧复杂,越是没有什么实战用途,一定要记住!

第二章　大战之道——戚继光兵书补遗

算定之战

【原文】 大战之道[①]有三:有算定之战,有舍命之战,有糊涂之战。何谓算定之战?得算多,得算少是也。何谓舍命之战?但云我破[②]着一腔血报朝廷,贼来只是向前便了,却将行伍等项,平日通不知整饬是也。何谓糊涂之战?不知彼、不知己是也。

【注释】 ①道:方法,战法。②破:凭借。

【译文】 战争的打法可分为三类:算定之战,舍命之战,糊涂之战。什么叫作算定之战呢?它指的是战前就计划好了战斗的具体策略。什么是舍命之战呢?它指的是仅凭着一腔热血去报效朝廷。敌人来了,只管往前直冲,却不知道如何派兵布阵、整饬军队。

什么是糊涂之战呢？它指的是既不知道敌情究竟如何，也不知道己方实力怎样。

灵活用兵

【原文】 **善用兵者，因敌情转化，因变用权，因人异施，因情措法[1]，其形莫窥[2]。**

【注释】 ①法：策略，方法。②窥：固守，遵循。

【译文】 善于用兵的人，会根据敌情做出部署，会根据变化而运用权力，会根据人物采取措施，会根据情况而施加策略，而并不遵循某个固定的模式。

攻守皆备

【原文】 **御戎之策，惟战守两端[1]。自古防寇，未有专[2]言战，而不言守[3]者；亦未有专言守，而不言战者，二事难以偏举。**

【注释】 ①两端：两个方面。②专：注重。③守：防守。

【译文】 抵御敌人的策略，在于进攻和防守两个方面。自古以来，没有只注重进攻，而不讲究防守的；也没有只注重防守，而不讲究进攻的。进攻和防守，二者不能偏执一方。

集中兵力

【原文】 **十指分凿[1]，不如合拳独进。尝见两广用兵，每贼满一二万，必用汉土兵二十万。贼虽甚寡，而我兵必甚众；贼虽甚弱，而我兵甚精，故每战必克[2]。**

【注释】 ①凿：用力敲打。②克：胜利克敌。

【译文】 十根指头分别用力，不如合成一个拳头力大。以前见过两广发生的战事，每次敌人有一二万人的时候，我方一定会动用汉军和当地土著士兵共计二十万。敌军人数少，而我军人数多；敌军实力弱，而我军实力强，那么每次作战就会取得胜利。

曾国藩兵法

【导语】

曾国藩(1811~1872年),字伯涵,号涤生。原名子诚,中进士之后,主考官穆彰阿改为“国藩”,死后被追赠为太傅,谥文正,故又有曾文正公之称。

曾国藩的军事思想大致可归纳如下:

首先,他十分注意精兵整军。他认为“兵贵精,不贵多”,主张大量裁减兵员,精简军备。他看到当时的八旗与雇佣兵已经腐败到无可救药的地步,认为即使“孔子复生,三年不能改其恶习”,所以他坚决主张建立新军,通过严格训练,使之成为能“赴火同行,蹈汤同往”的主力军。

曾国藩像

其次,因他以儒臣身份从戎为将,曾国藩主张“以礼治兵”。他认为“带勇之人,用威莫如仁,用威莫如礼”,又认为“攻守之要,在人而不在兵”。他认为制胜的关键在于士兵的斗志和将领的谋略。

再者,在选择将领的标准上,曾国藩不仅主张要具有“勤、恕、廉、明”等品德,而且主张“取人之士,以有操守而无官气,多条理而少大言为要”。他强调将领要有知行合一的精神,而不是仅会坐镇指挥,强调要抓住关键及机会而不是空谈议论说大话。这就是他所强调的“身、心、眼、手、口”五到,这在我国军事思想史上不仅具有创新意义,对旧式军队官僚的毛病也是一剂良方。他将军事训练归结为“操、演、巡、点”四个方面,是这个理论主张的实际总结。

另外,在战略上,他主张扼守要地,巩固后方,积极进攻,各个击破。在太平军占领江南大部分地方后,他提出以湖北、湖南为基地,扼据长江中下游,然后进取江西、安徽,最后夺取江浙战略要地。在具体战术上则主张集中兵力、以攻为守,并预留后路。这些战略主张事后证明的确具有远见。在安庆之战后,太平军日益由主动变为被动,而清军反由被动变为主动,这其中除了太平军内部的矛盾之外,还与曾国藩的战略主张有很大的关系。

卷上　曾国藩疏奏、书信兵法思想

议汰兵疏[①]

【原文】　奏:为简练军实[②],以裕国用事,臣窃维天下之大患,盖有二端:一曰国用不

足,一曰兵伍不精。兵伍之情状各省不一:漳泉[③]悍卒[④],以千百械斗为常;黔蜀冗兵[⑤],以勾结盗贼为业。其他吸食鸦片,聚开赌场,各省皆然。大抵无事则游手恣睢[⑥],有事则雇无赖之人代充,见贼则望风奔溃,贼去则杀民以邀功。

奏章屡陈,谕旨屡饬[⑦],不能稍变锢习[⑧]。

【注释】 ①议汰兵疏:议论关于裁减绿营兵的奏章。②简练军实:精省军队,减少开支。③漳泉:漳州、泉州,都在今福建省。④悍卒:凶悍的士兵。⑤冗兵:闲散混杂的队伍。⑥恣睢:游手好闲,惹是生非。⑦谕旨屡饬:圣旨多次下达进行告诫。⑧锢习:根深蒂固的恶习。

【译文】 臣下启奏:关于精减军队用度,用来充实国家开支的问题,臣私下认为国家最大的祸患,大概有两个方面:一是国库开支不足,二是军队不精干。现在各省的军队情形不一:漳州、泉州等地的士兵大多很凶悍,成百上千的人械斗是常有的事;贵州、四川等地的闲散混杂士兵则常常勾结土匪强盗。其他像吸食鸦片、聚众赌博等等情形,大致各省也都是如此。军队中的士兵大都无事时游手好闲,惹是生非;有事之时就雇用无赖之徒滥竽充数,见了敌人望风而逃,敌人走了就杀害百姓邀功请赏。各地的奏章屡屡陈述,皇上圣旨也屡次告诫,但上述根深蒂固的恶习仍然难以改变。

财用之不足

【原文】 至于财用之不足,内外臣工[①]人人忧虑。自庚子以至甲辰[②]五年之间,一耗于夷务[③],再耗于库案[④],三耗于河决[⑤],固已不胜其浩繁[⑥]矣。乙巳[⑦]之后,秦豫[⑧]两年之旱,东南六省之水,计每岁欠收,恒在千万以外。又发帑数百万,以振救之,天下财产安得不绌[⑨]?

【注释】 ①臣工:朝廷大臣。②庚子、甲辰:指庚子年和甲辰年,分别为1840年和1844年。③耗于夷务:指鸦片战争失败后订立《南京条约》等一系列不平等条约所支付的赔款。④库案:国库贪污案件。⑤耗于河决:指用于防洪的开支。⑥浩繁:开支巨大。⑦乙巳:即乙巳年(1845年)。⑧秦豫:陕西、河南。⑨绌:穷尽。

【译文】 至于财政费用不足,朝廷内外大臣都很忧虑。从庚子年到甲辰年五年之间,国家财政一是消耗于外族事务,二是消耗于国库的贪污,三是消耗于治理洪水。开支本来就不胜其烦。乙巳年之后,陕西、河南又连续两年大旱,东南六省又遭水患。总计每年歉收都在千万之上;再内支出国库银钱几百万救灾,财政怎能不穷尽呢?

国家岁入之数与岁出之数而通筹之

【原文】 宣宗成皇帝[①]每与臣下言及开捐[②]一事,未尝不咨嗟太息,憾宦途之滥杂,悔取财之非计[③]也!臣尝即:国家岁入之数与岁出之数而通筹[④]之,一岁[⑤]本可余二三百万,然水旱偏灾尧汤不免。以去年之丰稔[⑥],而江浙以大风而灾,广西以兵事而缓[⑦],计额

内之歉收已不下百余万。设更有额外之浮出[⑧]，其将何以待之？今虽捐例暂停，而不别求一久远之策，恐将来仍不免于开捐。以天下之大，而无三年之蓄，汲汲乎惟朝夕之图而贻君父之忧，此亦为臣子者所深耻也。当此之时，欲于岁入常额之外，别求生财之道，则搜括一分，民受一分之害，诚不可以妄议矣。至于岁出之数，兵饷为一大宗。臣尝考：本朝绿营[⑨]之兵制，窃见乾隆四十七年增兵之案，实为兵饷赢绌[⑩]一大转关，请即为我皇上陈之。

【注释】 ①宣宗成皇帝：即道光皇帝。②开捐：指出钱买官。清中叶以前为临时捐纳。鸦片战争以后为弥补巨大的财政亏空，将捐款作为正式的财政收入，规定京官从郎中以下、外官自道台以下都可以按规定价格购买。③取财之非计：不是国家生财的正道。④通筹：通盘筹算，整体考虑。⑤岁：年。⑥丰稔：丰年。⑦以兵士而缓：因为战事而缓收赋税。⑧额外之浮出：发生突然的事变。⑨绿营：始于明代的一种兵制。清人入关以后，规定各省汉族兵用绿旗，称绿营兵或绿旗兵。有马兵、步兵、水师。⑩赢绌：增减。

【译文】 道光皇帝每次和我谈起开捐买官一事时，常常叹息不已，感叹这不是国家取财的正道，官员良莠不齐，官场因此而混乱。我考虑到，国家每年的收入和支出如果能通盘筹算，本来可以剩余200—300万，但水旱灾害就算是唐尧商汤之类的圣王也不能避免的。以去年为例，江浙因大风而成灾，广西因战事而减税，就算是丰收年，总计因天灾减少的收入已不下百万；如果再有意外事情发生，还有什么办法应付呢？现在虽然开捐的事暂停，但如果不另谋长久之计，充实国库，恐怕将来仍免不了重新开捐。国家这么大，如果没有3年的积蓄可预备急用，只顾眼前打算，却将国君的忧虑置之脑后，这是做臣子深以为耻的事。当前若想在每年国库正常收入之外再谋求生财之道，多取一分，百姓就会多受一分祸害，确实不能恣意妄为。说到每年的支出，军饷是一项大开支。我曾考察过我朝的绿营兵制，偶然见到乾隆四十七年关于增兵的方案，实在是军饷增减的关键，请允许我为皇上详细陈述这件事。

空名坐粮

【原文】 自康熙以来，武官即有空名坐粮[①]，雍正八年因定为例：提督空名粮八十份，总兵[②]六十份，副将而下以次而减，下至千总[③]五份，把总[④]四份，各有名粮。又修制军械，有所谓公费银者；红白各事[⑤]，各有所谓赏恤银者，亦皆取给于名粮故。自雍正至乾隆四十五年以前，绿营兵数虽名为六十四万，而其实缺额常六七万。至四十六年增兵之议起，武职坐粮另行添设，养廉[⑥]、公费赏恤另行开销正项。向之所谓空名者，悉令挑补实额，一举而添兵六万有奇[⑦]，于是费银每年二百余万。此臣所谓饷项赢绌一大转关者也。是时，海内殷实，兵革不作，普免天下钱粮已经四次，而户部尚余银七千八百万。

【注释】 ①坐粮：领粮饷，不劳而获。②总兵：又称总镇，为绿营兵之高级武官，权职仅次于提督。③千总：清代绿营兵制，属下级武职，居守备之下。④把总：明代为京营兵

三大营的领兵官之一;清代绿营兵制,营以下为汛,置把总分领,位在千总之下。又京师巡捕五营亦置把总。⑤红白各事:即婚丧嫁娶。⑥养廉:清代官吏的固定薪俸之外,按职务等级每年另给的银钱。雍正以后数额固定,与正俸没有什么区别。⑦奇:剩余、多余。

【译文】 自康熙皇帝以后,武官就有立空名吃粮饷的陋习。雍正八年,因袭前朝习惯而成为常例。提督吃空名粮饷的份额为 80 份,总兵 60 份,副将以下依次减少,下至千总 5 份,把总 4 份。总之,都有空名粮饷可吃。另外制造修理兵器,有所谓公费银粮;婚丧嫁娶有所谓奖赏和抚恤金,这些都是靠空名粮饷发给。从雍正到乾隆四十五年以前,绿营兵的数量虽然号称 64 万,但实际上缺额 6—7 万。从乾隆四十六年起,有了增加绿营兵数量的动议以后,武官吃空的粮饷又另外添设,养廉、公费、奖赏和抚恤都作为正项另行开销。过去领粮饷的空名额,命令全部挑选兵丁补充,成为实额。这一下又增加兵员 6 万多人,于是每年花费银钱 200 多万。这就是我所说的军饷增减的一大转折点。当时国内富裕充足,没有战争,普遍免除百姓钱粮已有 4 次,而户部还有剩余的银两 7800 万。

抽裁冗兵

【原文】 高宗[①]规模巨集远,不惜散财,以增兵力。其时,大学士阿桂即上疏陈论[②],以为国家经费骤加不觉其多,岁支则难为继。此项新添兵饷岁近三百万,统计二十余年,即须用七千万,请毋庸概增[③],旋以廷臣议驳[④]。卒[⑤]从增设至嘉庆十九年。

仁宗睹帑藏之大绌[⑥],思阿桂之远虑,慨增兵之仍无实效,特诏裁汰。于是各省次第裁兵一万四千有奇。宣宗[⑦]即位又诏抽裁冗兵,于是又裁二千有奇。乾隆之增兵一举而加六万五千,嘉庆、道光之减兵两次仅一万六千。国家经费耗之如彼,其多且易也;节之如此,其少且难也!

【注释】 ①高宗:指乾隆皇帝。②陈论:陈述评论。③毋庸概增:不要过分增加。④议驳:议论后予以驳回。⑤卒:最后。⑥大绌:指银钱耗费过多。绌:不足,减损。⑦宣宗:道光皇帝。

【译文】 乾隆皇帝的谋划规模宏大,不惜耗费巨资以增加兵力。当时大学士阿桂就上疏陈述评议过此事。他认为国家的用度猛然增加一些并不会让人觉得太多,但每年支出就很难继续下去。比如这一项兵饷开支每年接近 300 万,如果统计二十几年,就需要 7000 万。阿桂大学士上书恳请不要这样过分慷慨地增加兵饷,但不久朝廷大臣议论后,驳回了他的奏议。于是此项粮饷一直增加到嘉庆十九年。

嘉庆皇帝见国库银钱消耗太多,便想到阿桂的深谋远虑,感慨增加兵员之后仍然没有效益,特此下令裁减。于是各省相继裁减兵员 1.4 万人。道光皇帝即位后又下诏裁减冗杂的兵员,于是又裁减 2000 多人。乾隆皇帝增兵,一下子就增加了 6.5 万人,而嘉庆、道光两次裁减兵员才 1.6 万人。国家耗费经费是这样多且容易,而节约一些却这样少而且困难啊!

当量为简汰

【原文】 臣今冒昧之见:欲请汰兵五万,仍复乾隆四十六年以前之旧。

骤而裁之,或恐生变。惟缺出而不募补,则可徐徐行之而万无一失。医者之治疮疤甚者,必剜其腐肉而生其新肉。今日之劣弁羸兵[1],盖亦当量[2]为简汰,以剜其腐者;痛加训练,以生其新者。不循此二道,则武备之弛殆[3],不知所底止。自古开国之初恒[4]兵少,而国强其后,兵愈多而力愈弱,饷愈多则国愈贫。北宋中叶兵常百二十万,南渡以后养兵百六十万,而车益不兢[5]。明代养兵至百三十万,末年又加练兵十八万,而孱弱日甚。我朝神武开国,本不藉[6]绿营之力,康熙以后绿营屡立战功,然如三藩准部[7]之大动,回疆金川之殊烈[8],皆在四十六年以前。至四十七年增兵以后,如川楚之师、英夷之役[9],兵力反远逊于前。则兵贵精而不贵多,尤为明效大验也。八旗[10]劲旅亘古无敌,然其额数常不过二十五万。以强半翊卫[11]京师,以少半[12]驻防天下,而山海要隘往往布满。国初至今未尝增加,今即汰绿营五万,尚存汉兵五十余万,视八旗且将两倍。权衡乎本末[13],较量乎古今,诚不知其不可也。近者广西军兴纷纷征调外兵,该省兵二万三千,士兵一万四千,闻竟无一人足用者。粤省如此,他省可知,言念及此,可胜长虑。

【注释】 ①劣弁羸兵:品格低劣、身体病弱的士兵。弁:武官称弁,清代专指管理杂务的武官。羸:瘦弱。②量:考虑、斟酌。③弛殆:废弛危险。④恒:常。⑤军益不兢:军队战斗力日益下降。⑥藉:借。⑦三藩准部:清封明代降将耿仲明为靖南王、尚可喜为平南王、吴三桂为平西王,称为三藩。后因反清皆为清政府平定。准部,指蒙古准噶尔头目噶尔丹等人勾结沙俄叛乱。后经康熙、乾隆多次出兵才平息叛乱。⑧回疆、金川之殊烈:回疆:指新疆(南疆)布拉敦兄弟(皆回族首领,故曰“回疆”)叛乱自立为国(又称“大小和卓叛乱”),后被清军讨平。金川:指乾隆时大金川土司莎罗奔入侵小金川,后为清军征讨。殊烈:特殊的功勋。烈:功业。⑨川楚之师,英夷之役:川楚之师指白莲教支派混元教在湖北、四川等地起义,后被清兵镇压。英夷之役指鸦片战争中清军与英军的战斗。⑩八旗:满族首领努尔哈赤于明万历年间首创,初期兼有军、政、农(牧)三能,后为专门的兵籍编制。以旗色为标志,分正黄、正白、正红、正蓝,后增镶黄、镶白、镶红、镶蓝,所以称八旗。后又有汉军八旗。⑪强半翊卫:强半,大半。翊卫,辅助守卫。⑫少半:小半。⑬本末:这里指全局与局部,即裁员的利弊。

【译文】 现在臣下冒昧建议:请裁减兵员5万,仍然恢复乾隆四十六年以前的状况。然而,突然一下子大幅裁员,会担心生出变故,因此实行兵员空缺后不征集补充的办法,就可以慢慢实行而万无一失。医生治脓疮,必须先挖掉腐烂的皮肉,敷药之后,再让新肉生长。那些品格低劣、体格瘦弱的士兵应该裁减,这些都是腐肉;而让新肉生长的办法就是加强训练。如果不从这两方面下手,那么军务废弛腐败还不知要到什么程度为止。自古以来,各朝建立之初,都是军队很少,但国家却很强盛。然而到后来却是军队越多,力

量越弱;粮饷越多,国家越穷。北宋中期军队的兵员常常保持在125万人,南渡以后增加到160万人,但战斗力却日益下降。明朝养兵多至130万,后期又增加18万,而明军的实力却越来越弱。大清开国建业本来就没有靠绿营兵的力量,康熙以后绿营兵虽然屡次立功,但在平定三藩和准噶尔叛乱中立功的,以及在南疆和大小金川建立特殊功勋的,都是乾隆四十六年以前的军队。到次年增加兵员以后,像湖北、四川与白莲教作战的军队,像中英战争中与英军作战的部队,战斗力反而远不如从前。如此看来,兵贵精而不贵多的道理十分明显。无敌天下的八旗军,人数经常保持在25万之内。用其中一大半守卫京城,一小半驻防全国,整个国家的山河要塞都被八旗军驻防。从开国到现在,即使没有增加兵力,现在裁减5万绿营兵,也还有汉兵50多万,和八旗军相比仍有两倍之多。权衡全局利益与局部利益,对比古代与现在,确实找不出不能裁减兵员的理由。最近广西绿营兵有纷纷征集外地兵的做法。该省军队编制2.3万人,而外地士兵就有1.4万,听说竟没有一个能用。广西如此,其他省份也就可想而知了。讲到这里就应该为长远的利益考虑。

裁汰之法

【原文】 **臣闻各省之兵,稍有名者,如湖南之镇筸[①]、江南之寿春[②]、浙江之处州[③],天下不过数镇。裁汰之法:或精强之镇不动,而多裁劣营;或边要之区不动,而多裁腹地;或营制太破归而并之;或泛防太散撤而聚之,是正在兵部之精审,督抚之体察,未可卤莽以从事耳。诚使行臣之说,缺出不补,不过六年,五万可以裁军。以一马二步[④]计之,每年可省饷银一百二十万,十年以外于经费大有裨益[⑤]。此项银两不轻动用,督抚岁终奏解户部,另行封存,专备救荒之款,永塞开捐之路。养兵,为民也;备荒亦为民也;塞捐以清仕途,尤爱民之大者也。一分一毫,天子无所私利于其间,岂非三代公心,贤于后世搜刮之术万万者哉!**

【注释】 ①镇筸:地名,即今湖南凤凰县。②寿春:今安徽寿县。③处州:今浙江丽水。④一马二步:指一名马兵、二名步兵的费用。⑤裨益:增益补缺。裨:增加。

【译文】 我听说,各省绿营兵中稍有名气的不多,比如湖南镇筸兵、江南寿春兵、浙江处州兵等,全国也不过这几个地方。裁减的方法就可以不动精干的军营而裁减低劣的军营,也可以不动边防和要塞地方的军队而多裁减内地的军队,可以将营防设施太破旧的军队合并,也可将太分散的军队合并。总之,要靠兵部官员精心审定,各省提督、巡抚认真考察,不能鲁莽行事。如果认真照这个建议实行,兵员出缺后不补,用不了6年时间,5万军队就可以裁减完毕。以一名马兵、二名步兵所需的费用计算,每年可以节约粮饷120万。实行10年对国家经费开支一定大有好处。这项节省下来的银两不能轻易动用。提督、巡抚每年年终将款项押送户部,户部单独封存起来,作为救灾的储备款。这样就能从此堵住开捐买官的路子。养兵是为了百姓,备蓄也是为了百姓,而堵塞开捐之路

以使官场清廉,尤其是爱民的最好办法。皇帝在此没有一分的私利可图,夏商周三代圣君的公益之心不足比后代那些搜刮百姓的办法要贤明万万倍吗?

练之道

【原文】 若夫训练之道,则无视乎皇上精神之所属。臣考本朝以来,大阅之典举行凡二十余次。或于南苑,或于西厂,或于卢沟桥、玉泉山。天弧[①]亲御,外藩从观,军容一肃,藩邪破胆。自嘉庆十七年至今,不举大阅者四十年矣。凡兵以劳而强,以逸而弱。承平日久,京营之兵既不经战阵之事,又不见银蒐狩[②]之典,筋力日懈,势所必然。伏求皇上于二一年之后行人阅之礼,明降谕旨,早示定期。练习三年,京营必大有起色。外者营武,势难遽遍[③],求皇上先注意数处,物色将才,分布天下要害之地。但使七十一镇之中,有十余镇可为腹心,五十余万之中,有十余万可为长城[④],则缓急[⑤]之际,隐然[⑥]可恃。天子之精神一振,山泽之猛士云兴,在我皇上加意而已。昔宋臣庞籍[⑦]汰庆历兵八万,遂以大苏边储。明臣戚继光[⑧]练金华兵三千人,遂以荡平倭寇[⑨]。臣书生愚见,以为今日论兵,正宜法此二事。谨抄录乾隆增兵,嘉庆、道光减兵三案进呈。伏乞饬下九卿科道[⑩]详议。斯[⑪]道甚大,臣鲜阅历,不胜悚惶待命之至。谨奏。

【注释】 ①天弧:天子。②蒐狩:本意为打猎,尤其是大规模的围猎,后常用于指军队检阅或作战。③遽遍:短时间普遍做到。④长城:这里代指中坚力量。⑤缓急:指突然发生的事变。⑥隐然:无形之中。⑦庞籍:北宋大臣。单州成武(今山东)人。曾为延州知府,有力抗过西夏的侵扰。后为宰相,实行裁兵措施。⑧戚继光:字元敬,号南塘。山东登州(今山东蓬莱)人。明代著名将领。他募金华矿工3000人加以训练,成为战胜日本海盗的戚家军骨干。⑨倭寇:日本海盗。⑩九卿科道:清代以都察院、大理寺、太常侍,光禄寺、鸿胪寺、太仆寺、通政司、宗人府、銮仪卫为九卿。这里指有关部门官员。⑪斯:追。

【译文】 至于说到训练的道理,那全靠皇上御驾观看,以提高军队的士气及评估训练的成果。据臣下的考察,大清立国以来,已经进行20多次大规模的阅兵典礼。有的在南苑,有的在西厂,或是在卢沟桥,或是在玉泉山举行。检阅时天子亲自御驾观看,外地藩镇都随同前往。整肃的军容,使外邦藩镇们震慑。但自从嘉庆十七年到现在,已有40多年没有进行过这样大规模的阅兵典礼了。大凡军队以劳动而强大,因安逸而弱小。太平时间长了,京城军营的官兵既没有经历打仗的阵势,又没有见过阅兵的仪式,意志体力都日益松懈。请求皇上3年之后举行一次盛大的阅兵典礼,请明传圣旨,及早规定日期。训练2年,京城的军队必然大有起色。至于外省军队,势必难于短时期内普遍做到,请皇上先注意从各地物色将才,将他们分派到全国的要塞地方。只要在全国71个镇中选10多个镇作为心腹,在50多万军队中选出10多万作为中坚力量,那么,在突然发生事变的时候,无形中就有了依靠。皇上精神振奋了,天下猛士必然会云集而至,这只要皇上重视

就行了。北宋大臣庞籍裁减庆历年间8万兵,边关却治理得井井有条。明代名将戚继光训练3000金华兵,便可以扫平倭寇。依我一介书生之愚见,现在谈论军事正适合效法上述二人的做法。因此,我很恭敬地抄录乾隆皇帝增兵和嘉庆、道光皇帝裁兵的三个方案呈上。请求皇帝命令各部大臣详细评议这件事。这事关系重大,本人阅历又浅,只能惶恐地等待皇上圣裁。谨此专呈这份奏书。

论兵

【原文】 安庆之围[①]也,林翼[②]计曰:"用兵之道,全军为上,得地次之。"[③]今日战功破敌为人,复城镇为下。古之围者必四面无敌,又兵法十则围之[④]。若我兵困于一隅,贼必以弱者居守,而旁轶横扰[⑤],乘我于不及之地[⑥],此危道也。然不围城则无以致贼而求战,故分三军,一军围,二军战。

【注释】 ①安庆之围:清军将领曾国藩、胡林翼奉兵合力围攻太平军占领的安庆,采取围而不攻、静待时机的策略,使太平军将领陈玉成的速战速决战术屡屡受挫,最后城陷军灭。②林翼:胡林翼(1821—1861年),字贶生,号润芝。道光十六年进士。后充江南副考官,并任湖北巡抚。攻克武昌后赐头品顶戴。死后谥文忠。③用兵之道,全军为上,得地次之:用兵的原则是,能使敌人全军降服是上策,而占领土地则差一些。④十则围之:十倍于敌人就可以包围他。⑤旁轶横扰:从旁包围,左右夹击。⑥不及之地:来不及防守的地方。

【译文】 在讨论包围安庆的时候,胡林翼一献计说:"用兵的原则,是以战胜敌军为上策,占领土地则次之。"现在评论战功应该以歼灭敌人为最大功劳,而以收复城镇为次。古时候的包围战,都是四面没有敌人的。兵法上说,有十倍于敌人的兵力就包围它。如果我军被围困在一个角落,敌人肯定以次要力量防守,而以兵力从旁包抄形成左右夹击之势,将我军置于死地,这是最危险的了。但如果不包围安庆城就不能调动敌人与我们作战。所以应该将兵力分为三部分,用三分之一的兵力包围安庆城,用三分之二的兵力进攻敌人。

统领湘勇张道运兰禀职营与吉中各军击贼获胜由[①]

【原文】 各营稳扎稳打,自然立于不败之地。与悍贼[②]交手,总以能看出他的破绽为第一义。若在贼者全无破绽,而我昧焉[③]以往,则在我者必有破绽被贼窥出矣!该道[④]身经数百战,于此等尚宜留心细察也。

【注释】 ①统领湘勇张道运兰禀职营与吉中各军击贼获胜由:张运兰为曾国藩副将,领过湘军骨干老湘营,为镇压太平军的骨干分子之一。同治三年死于赴福建任按察使的途中。张运兰统领老湘营和吉中各营在吉安附近与太平军作战,是清咸丰六年至八

年间的事情。②悍贼:指敌军强悍,不易打败。③昧焉:冒冒失失,糊里糊涂。④道:即张运兰。

【译文】 各营军队稳扎稳打,自然能使自己立于不败之地。与强悍的敌人交战,第一要紧的是要看出他的破绽。如果敌人完全没有破绽显露,而我们还冒冒失失地前去交战,那么,我们必定会有破绽被敌人看出。张运兰虽然身经百战,但对于这一点还是应该细心审察。

统领湘勇张道运兰禀
牛角岭与贼苦战失隘旋后由

【原文】 兵法最忌形见势绌[①]四字。常宜隐隐约约、虚虚实实,使贼不能尽窥我之底蕴[②]。若人数单薄,尤宜知此诀。若常扎一处,人力太单,日久则形见矣。我之形既尽被贼党觑[③]破,则势绌矣。此大忌也。必须变动不测,时进时退,时虚时实,时示怯弱,时示强壮。有神龙矫变[④]之状。老湘营昔日之妙处,全在乎此。此次以三百人扎牛角岭,已是太呆,正蹈形见势绌之弊,除夕曾函止之。十一日五旗失隘[⑤]后,再以第三旗扎此,则更呆矣。仰[⑥]即熟思审度。不可扎则竟撤之,聚合一处,俟[⑦]贼至则并力决战,得一胜而锐气全复矣。如虑贼抄我军后路,即退保乐平,亦无不可,不必定有进而兵退也。凡交战,胜负决于须臾之顷。彼此在八里以外,即已不能相救应,若雨雪泥泞,则四里以外,已不能相救应矣。又将卒之精神心血,只有此数,若刻刻兢业[⑧]、夜夜提防,不过旬日,即有疲倦不继之势。既疲而用之,则有暮气,必不得力。譬如水以屡没而浑浊,必须澄定片时,乃能再见清水也。本部堂前此之不欲扎牛角岭者,正恐其不能救应,恐其太疲而浑浊耳。他处可以类推。

【注释】 ①绌:不够、不足。②底蕴:详细的内容。③觑:窥伺。④矫变:强壮、勇武而富于变化。⑤隘:险要的地方。⑥仰:古代公文中上级命令下级的惯用语,有切望的意思。⑦俟:等待。⑧兢业:小心谨慎,认真负责。

【译文】 兵法上最忌讳作战前让敌人看出我军的形迹和破绽。应该隐隐约约、虚虚实实,使敌人看不清我军底细。假如我军数量少,尤其应懂得这个诀窍。假如部队长期驻扎在一处,人数又少,时间长久就会被敌人看出形迹。我们的"形"既然被敌人看破,那么胜负之情势就会一面倒。这是兵法上的大忌!军队部署应该经常变化,使敌不测。时进时退,时虚时实,有时显示怯懦,有时显示强壮,像神龙一样多变。老湘营过去的妙处全在于这一点。这次将300人驻扎牛角岭之阵法太呆板了,正是犯了形现势穷的毛病,我在除夕之时曾去制止过。11日第五旗失利后,再将第三旗驻扎在这里就更呆板了。希望将领们能深思熟虑、审时度势。如果不能驻扎就撤在一起,等敌人到了再并力决战,只要取得一次胜利,就可以完全恢复部队的锐气。如果顾虑敌人包抄我军后路,那么退守乐平也无不可,大可不必有进无退。与敌交战,总是在短时间内便决定了胜败。彼此距离在八里以外，就不能互相救应。如果是雨雪天气，道路泥泞，那么，彼此距离四里以外便无法互相救应了。另外，官兵的精力也是有一定限度的。如果时时刻刻兢兢业业，日日夜夜谨慎防备，不过10余天，便会出现疲倦不支的情形。兵员疲劳之后，就会暮气沉沉，必然不得力。例如水，因为多次汲取便会浑浊，必须沉淀一段时间才能再见到清水。前次我不想驻扎牛角岭的原因，正是怕他们不能互相救应，怕他们太疲倦而像水浑浊了一样。其他事情亦可以类推。

吴延华禀奉委管带新立之湖北标新仁营勇由[1]

【原文】 该员既奉委带新仁营，仰既悉心训练[2]，杀贼立功，以副委任[3]。为将之道，谋勇不可强几[4]，廉明二字，则可学而几也。弁勇之于本管将领，他事尚不深求，惟银钱之洁否，保举[5]之当否，则众目眈眈[6]，以此相伺；众口啧啧[7]，以此相讥。惟自处于廉，公私出入款项，使阖营[8]共见共闻，清洁之行[9]，已早有以服弁勇之心。而于小款小赏，又常常从宽，使在下者恒得沾润膏泽，则惠足使人[10]矣。明之一字，第一在临阵之际，看明某弁系冲锋陷阵，某弁系随后助势，某弁迴合力堵，某弁见危先避。一一看明，而又证之以平日办事之勤惰虚实，逐细考核。久之虽一勇一夫之长短贤否，皆得以识其大略，则渐几于明矣。得廉明二字为之基，则智、信、仁、勇诸美德，可以积累而渐臻。若不从此二字下手，则诸德亦茫无把握。

【注释】 ①吴廷华禀奉委管带新立之湖北抚标新仁营勇由：其意是关于吴廷华奉命新组建的湖北抚标新仁营管带一事的批复。抚标：清代称巡抚直接管辖的绿营兵为抚标。②仰既悉心训练：希望尽心尽力地训练军队。仰：希望。③以副委任：所尽的责任符合担当的职务。④强几：勉强求得。⑤保举：推荐用人。⑥眈眈：瞪大眼睛监视。⑦啧啧：咂嘴的声音，这里表示交头接耳的议论。⑧阖营：全营。⑨清洁之行：清明廉洁的行为。⑩惠足使人：恩惠足以驱使别人。

【译文】 该员既然奉命管理新仁营，希望能全心全意、尽心尽力地训练军队，杀敌立功，才能不负所托。做将领的原则，谋略武勇虽不可强求，但“廉明”二字则是可以透过学习能办到的。士兵对于自己的将领其他方面没有过多的要求，但对他在金钱方面是不是清白、推荐用人方面是否公正，则是众目睽睽地加以关注，交头接耳地不断私下议论。所以为官的清明廉洁、个人的公私款项让全营士兵都看得清清楚楚、行事光明磊落，才能让士兵心服口服。而对于小的款项和奖赏要常常从宽处理，使下属都能得到一些好处，那么这些士兵就会知恩图报，任随驱使。而“明”字的体现就是，在临阵的时候要看清楚：哪个士兵能冲锋陷阵，哪个是随后助阵；哪个士兵勇于围追堵截，哪个又会临阵逃脱。把这些情况都看清楚，又用平时的表现情形加以印证，这样逐人逐事细致考察，时间长了，对每个人的优缺点有大致的了解，这样就接近“明”了。有了“廉明”两个字作基础，智、信、

仁、勇这些美好的品德可以透过锻炼积累而获得。如果不从这两个字着手,那么其他品德根本就不必谈了。

四川试用知府冯卓怀禀本调大营差委自川启程日期由

【原文】 该守已于七月初八日,自万县启行,八月内,即由长沙驰赴大营。阅禀至为忻慰。皖南军事吏事,均有乏才之患。该守如回,籍时[①]物色贤能之上,即邀同来营,相助为理[②],多多益善。取人之式[③],以有操守而无官气,多条理而少大言为要。办事之法,以"五到"为要。五到者:身到、心到、眼到、手到、口到也。身到者,如作吏则亲验命盗案[④],亲巡乡里;治军则亲巡营垒,亲探贼地是也。心到者,凡事苦心剖析,大条理、小条理[⑤]、始条理、终条理,理其绪而分之,又比其类而合之[⑥]也。眼到者,著意看人,认真看公牍也。手到者,于人之长短,事之关键,随笔写记,以备遗忘也。口到者,使人之事,既有公文,又苦口叮嘱也。

该守[⑦]前在四川,循绩[⑧]大著,以该守已试之效[⑨],参以本部堂[⑩]之所论,用以访求人才,当可拔十得五。《中庸》[⑪]所谓取人以身,朱子[⑫]所谓以类求之,胥于是[⑬]乎在。仰即博采[⑭]速来,无稍延缓。

【注释】 ①籍时:借此机会。②理:治理军务。③式:标准。④亲验命盗案:亲自审验命案、盗窃案等重大案件。⑤大条理、小条理:全部和局部。理其绪而分之,理出头绪加以分解。⑥比其类而合之:按照类别加以综合分析。⑦该守:即指四川知府冯卓怀。⑧循绩:政绩。⑨已试之效:已经取得的政绩。⑩本部堂:指曾国藩。曾国藩曾任兵部等部的侍郎之职,清代各部尚书、侍郎称为部堂,故有此称。⑪中庸:《礼记》中的一篇,因其以不偏不倚的中庸之道为最高道德标准,故为宋代理学家推重。⑫朱子:朱熹(公元1130—1200年),宋代著名理学家。字元晦。徽州婺源人。朱熹阐发二程(程颢、程颐)的学说,集理学之大成,后世将之并称程朱。⑬胥于是:道理都在这里。⑭博采:指广招人才。

【译文】 试用知府冯卓怀已于7月初八从万县启程,8月就可以从长沙赶到大营来。获此消息后我很高兴。安徽在军界和政界一直缺乏人才。该知府回来时,可借此机会物色一些有才德的人,邀请他们到军营管理军务,人越多越好。选人的标准应该具有德行而没有官气,最重要的是要通达事理少说大话。办事的方法以"五到"为要。五到是身到、心到、眼到、手到、口到。身到是:如果身为官吏,要亲自审理验证命案和盗窃案等重大案件,亲自到乡里巡视;如果是军官要亲自巡视营房,亲自探察敌军驻地的地形。心到是:凡事都要用心分析,事情的全局与局部、开头与结尾既能理出头绪加以分析,又能分门别类地加以综合。眼到是:既要认真批阅公文,又注意观察人。手到是:对于他人的优缺点、事情的关键,能随时记下来,以防遗忘。口到是:命人办事,既要有书面公文,又要

苦口婆心地交代清楚。

这位知府在四川政绩卓著。以他试用时期取得的政绩，再参考我的论述，用来访求人才，就可以选十得五。《中庸》说看人要观察他的行为，朱熹说用物以类聚的观念寻找人才，道理都是一样，我希望该知府能尽速广招人才，不可延迟。

督带常胜军吴道煦禀进剿九洑州请预定派何营含攻先赐咨行等情由

【原文】 据禀均悉：三该军但[①]有文书期会，永无到防之日。何必预为裁定[②]？何必专文密订？何必早定派营，守九洑州、七里州等处？无论中国、外国，无论古人、今人，无论大官、小官，有才、无才，危急之际[③]、言而无信，便一钱不值矣。

【注释】 ①但：只。②裁定：判断、决定。③际：时刻。

【译文】 我根据禀报了解：这支军队接到公文通知的派遣命令后，从没有一次按时到达防区。既然如此，何必要预先谋定军事行动呢？何必要用专门文书密封呢？何必要早早指定派哪支军队防守九洑州、七里州等地呢？无论是在中国还是在外国，无论是古人还是现代人，无论是大官还是小官，有才能还是没有才能，在危险的时候，说话而不守信用，无论有多周严的战略、多精良的士兵，都变得一文不值了。

覆林秀山

【原文】 接到惠函并地图，练勇说籍悉一切[①]。地图莫精于康熙内府图[②]，其准望勾弦[③]，皆命星官[④]亲至各处，按诸天度测量里差[⑤]。乾隆内府图，又拓而大之，亦甚精当。盖出齐次风宗伯[⑥]之手。近时阳湖董孝廉方正[⑦]，依此二图定为一本。李申耆先生付诸剞劂[⑧]，外间传本万善于此。洪稚存太史图，纸幅太隘[⑨]，考安亦粗，即东西易位，在所不免，未可以据以为行军指南也。

【注释】 ①练勇说籍悉一切：关于你训练士兵的意见我都了解。勇：指士兵。悉：了解。②内府图：内府刻印的地图。内府为皇帝仓库，后通称皇宫的物品为内府之物。③准望勾弦：指地图坐标。④星官：掌管天文地理的官员。⑤按诸天度测量里差：按地球经纬度测量土地距离。⑥齐次风宗伯：即礼部尚书齐次风。宗伯本为古代六卿之一，所掌典礼同于后代礼部所掌之职，故后世称礼部尚书为宗伯或大宗伯。⑦董孝廉方正：即孝廉董方正。孝廉本为汉代选举官吏的两种科目名称，后来俗称举人为孝廉。⑧付诸剞劂：用雕版印刷书借。剞劂：刻刀。剞为曲刀，劂为曲凿。因版刻要先用刀刻字，故泛称书籍雕版为剞劂。⑨隘：指纸张太小。

【译文】 收到你寄来的信件和地图，获悉关于你训练部队的所有意见。目前的地图没有比康熙内府刻印的地图更精确的。那份地图的地理坐标，都是皇帝命令专管天文地理的官员，亲自到各地按照经纬度测量之后，再修正误差才绘制出来的。乾隆时内务府

又将地图按比例进行了放大，也很精确。这些地图都是礼部尚书齐次风亲手绘制的。近代阳湖举人董方正，以此二图为版本绘为一本，由李申耆先生雕版印刷。社会上流传的地图都没有这个完善。洪稚存的翰林院太史图，因为纸幅太小，而且没有认真考核，甚至连东西移位的地方也无法避免，不能作为行军指南。

与张石卿制军

【原文】 奉惠书，未即笺复[①]。比闻简调山东，自以密迩畿辅[②]，重资鸿筹，作镇海岱[③]。惟两湖吏治方就整饬[④]，军政亦有起色，遽尔[⑤]移节东征。不独文武方振之纲，莫为赓续[⑥]，即南北绅庶，亦若失所依倚。

弟自今岁以来，所办之事，强半皆冒侵官越俎[⑦]之嫌，只以时事孔[⑧]艰，苟利于国，或益于民，即不惜攘臂[⑨]为之，冀[⑩]以补疮痍[⑪]之万一，而扶正气于将歇。拣勇之举，亦非有他，只以近日官兵在乡，不无骚扰，而去岁丁勇有奸淫掳掠之事，民间倡道谣言，反谓兵勇不如贼匪之安静。国藩痛恨斯言，恐民心一去，不可挽回，誓欲练成一旅，秋毫无犯，以挽民心而塞民口。

每逢三八[⑫]操演，集诸勇而教之，反复开说至千百语。但[⑬]令其无扰百姓。自四月以后，闲令塔将[⑭]传唤营官，一同操演，亦不过令弁委前来，听我教语。每次与诸弁兵讲说至一时数刻[⑮]之久，虽不敢云"说法点顽石之头"，亦诚欲以苦口滴杜鹃之血。练者其名，训者其实，听者甚逸，讲者甚劳。今各弁固在，具有天良，可覆按而一一询也。国藩之为此，盖欲感动一二[⑯]，冀其不扰百姓，以雪兵勇不如贼匪之耻，而稍变武弁漫无纪律之态。

迨六月初提军[⑰]到省，谓防堵不宜操兵，盛暑不宜过劳，遂切责[⑱]塔将，而右护[⑲]清将。而中丞[⑳]亦疑弟子宜干预兵事。会弟与老兄有举塔劾清[㉑]之折，同时并发，而尊处又有礼斥塔将何不操练。提军遂疑兄与弟并力排之，皆挟私见而非公忠也。岂其然哉！岂其然哉！嗣后兵勇相争，弟虽常持正义，而每抑勇而伸兵，自谓寸心无私，可见谅于人人。逮初六日，兵哗之变出，论者或谓是有指嗾[㉒]，或谓早伏阴机[㉓]，何不预为之所。君子直道而行，岂肯以机械崄巇与人相竞御哉[㉔]！惟弟本以乡绅，半涉官事，全恃虚声以弹压匪徒。一有挫损，则宵小[㉕]得以窥伺，而终恐难一律以抽掣[㉖]。

【注释】 ①笺复：回信。②密迩畿辅：靠近京城。③重资鸿筹，作镇海岱：钱多粮足，地理位置十分重要。筹本，计算工具，这里代指粮物。海岱，东海泰山之间，地理位置十分重要。④整饬：整顿。⑤遽尔：突然。⑥赓续：持续。⑦越俎：即越俎代庖的略语，原意是说祭祀官代替厨师，比喻超越职权。⑧孔：很。⑨攘臂：振臂。⑩冀：希望。⑪疮痍：创伤，比喻民间疾苦。⑫每逢三八：指每十天中的第三天和第八天。⑬但：只。⑭塔将：指塔齐布将军。⑮一时数刻：一、两个小时。古代将白昼分为十二个时辰，故每一时辰为两个小时。⑯一二：这里代指军中一些人。⑰提军：指鲍起豹提军。⑱切责：严厉斥责。⑲右护：袒护。⑳中丞：指中丞骆秉章。㉑举塔劾清：推荐塔齐布，弹劾德清。㉒指嗾：指使

教唆。㉓阴机：阴谋。㉔以机械崄巇与人相竞御：用阴险欺诈的态度和手段待人，使人互相防备。机械，指巧诈。

(25)宵小：小人。宵，通"小"。

(26)抽掣：掣肘，干扰。

【译文】 收到来信还未及时回复。听说你调到山东，靠近京城，钱多粮足，地理位置十分重要。只是你刚刚完成整治湖南、湖北官吏的任务，军政的整顿才有些起色，突然带兵东征，不仅刚振兴的军政难以继续，就是四乡绅士民众也仿佛失去依靠。

自今年以来，我办的几件事，大多数是冒着侵犯其他官员的利益和职权的嫌疑。由于局势十分艰难，只要有利于国民，即使招致责难也要做，这是为了挽救社稷日渐衰颓的正气，为国家尽点力。我在这段时间训练湖南士兵并没有别的目的，只因最近一些官兵常常在乡下扰民，去年湘勇也曾发生过奸淫抢劫的事情。民间谣言四起，说官军反不如土匪，使他们的生活不得安宁。我痛恨这些谣言，也怕民心一旦离散便难以挽回，因此决心要练一支对百姓秋毫无犯的部队，以挽救民心，堵塞谣言。

所以每十天中的第三天以及第八天，我便要把部队集中起来进行训练、教育。反复向官兵说明纪律的重要，严令他们不得侵扰百姓。4月份以后，有时也叫塔齐布将军传令军官一起操练，让他们听听我的训话。我每次都向他们讲解一两个小时，虽不敢说我的教育肯定能扭转他们的思想，但我诚心诚意想借着苦口婆心的劝说感化他们。操练名义上是军事训练，实际上是思想教育。听得人很轻松，讲得人却很累。那些受过教育的士兵现在都在，他们接受我的教育之后，个个禀性良善，不信的话可以一个一个去调查。我这样做得目的是为了让他们受些感化，以后不再侵扰百姓，使官兵不如土匪的耻辱得到洗雪，稍稍改变士兵毫无纪律的现状。

到6月初，鲍起豹提军到省，认为不该这样练兵，他说酷暑盛夏练兵容易使士兵过于疲劳，并严厉指责塔齐布将军参与这件事，袒护不参加操练的清军将领。骆秉章中不信任我，认为我不该干涉军队的事。正好又遇上我和你同时向皇上进呈推荐塔齐布，弹劾德清的奏折，接着你又发函批评塔齐布将军不操练，于是鲍起豹便怀疑我们两人合作排挤他。这种人不从国家利益出发，而是抱着私人成见处事，真是岂有此理。此后凡是清兵和乡勇发生纠纷，我虽然有主持公道之心，却常是压制乡勇而偏袒清兵，但我自认为并没有一点私心，只是迫于时势，怕被别人排挤，不得不如此处置。到了初六这天，长沙发生兵变，到处议论纷纷，有人说兵变有人唆使，有人说这是预先策划好的阴谋。既然如此，为什么不早做预防？大凡正人君子都应光明正大，岂能勾心斗角相互防范呢？我只是一名士绅，半途奉命从政，全靠一点虚名镇压叛匪。一旦遇到挫折，无耻小人就暗中窥伺，唯恐天下不乱，一律采取扯后腿拆台的态度。

与文任吾

【原文】 国藩回籍，侍养数日，已于廿七日驰抵衡城。窃念今日大局，若非练兵万

人，合成一心，断[1]无以制此贼之死命。近时所调之兵，天涯一百，海角五十，卒与卒不习，将与将不和，此营既败，彼营掉臂[2]而不顾，哆口[3]而微笑。各营习见夫[4]危急之际，无人救应，谁肯向前独履[5]危地，出万死之域，以博他人之一微笑。以是相率为巧，近营则避匿不出，临阵则狂奔不止，以期于终身不见贼面而后快。言念及此，可为浩叹[6]，此贼有平时哉。

鄙意欲练勇万人，呼吸相顾，痛痒相关，赴火同行，蹈汤同往，胜则举杯酒以让功，败则出死力以相救。贼有誓不相弃之死党，吾官兵亦有誓不相弃之死党。庶[7]可血战一、二次，渐新吾民之耳目，而夺逆贼之魂魄。自出省以来，日夜思维，目今之急，无逾于此，惟饷需不赀[8]，省中库存无几，不得不籍吾乡殷实之家，捐赀[9]佐饷，助我一臂之力，而壮众士之行。务折阁下转告寿珊、仙舸诸君，不惜齿牙余芬，道达区区[10]之意。于贵邑义士君子之前，求将夏间允捐之数，即日催齐于九月间解到衡州，至幸至祷。吾乡夙称仁里，有屈原贾生之遗风，岂乏高义薄云天、忠肝贯金石之人。倘[11]不以国藩为浮伪，而慨然佽助[12]，则国藩所祷祀求之，而不可得焉者也。所有捐输[13]，议叙开一简明章程，以期人人一见然，务恳广为传播，如收有数千或一万之数，望阁下约诸友亲解来衡，以叙私悃[14]，日内仍当遣一委员到贵邑，以便帮催此事。原以义声动人，如或吝于佽助，即亦不敢相强，惟阁下善为裁酌。

【注释】 ①断：副词，绝对，一定。②掉臂：甩着臂膊走，形容不顾而去。③哆口：纷纷指责。④夫：语气词。⑤履：踩踏。⑥浩叹：大声叹息。⑦庶：幸，希冀之词。⑧不赀：不可计量。⑨赀："资"的异体字。⑩区区：自称的谦辞。⑪倘：同"倘"，倘若。⑫佽助：帮助。⑬捐输：捐献财物。⑭悃：欢乐。

【译文】 我回家乡，休养了几日，已于27日赶到衡州。我私下考虑当前的局势，若不训练上万人的军队，上下同心，绝不能将此叛贼置于死地。近期调来的部队，天涯100，海角50，士兵与士兵之间彼此不熟悉，军官与军官之间亦不和谐。这支营队打了败仗，其他营队则旁观不予支援，甚至在一旁张口嘲笑。各个营队已形成恶习，在危急关头互不救应。这样，谁肯奋勇向前，单独深入危险之地出生入死，最终却取得他人的嘲笑呢？所以军队争相投机取巧，当敌人进攻到营地时则躲藏起来不出战，临阵打仗时逃脱唯恐不速，都期望一辈子见不到贼影才痛快。说到这里，实在令人叹息。正因为这样，叛贼才有平时这样的猖狂。

我的意见是招募万名士兵加以训练，使他们同生死、共患难、赴汤蹈火，在所不辞。打了胜仗大家都能举杯庆贺互让功劳，打了败仗大家都能拼死挽回劣势。叛贼有誓不相弃的死党，我们官军也应有誓不相弃的死党。到那时，就可以与叛军血战一、二次，逐渐使人民的耳目为之一新，而使叛贼胆战心惊、丧魂失魄。自从离开省城以来，我日夜都在思考，当前最急迫的事便是军饷的缺乏。省城库存不多，不得不向家乡的富裕人家多方筹集，以助我一臂之力，并支援出征的将士南下。请您一定转告寿珊、仙舸诸君，不惜多

费口舌，转达我的微薄谢意。在贵处义士君子面前，请求将他们在夏季答应的那一部分捐款，尽快如数催齐，于9月份押送到衡州，真诚地感谢和为您祈祷。咱家乡历来是礼仪之邦，有屈原和贾生的遗风，哪能缺少义气高于云天，忠肝能穿金石之人。但假如他们不认为我是虚伪之人而愿意给予慷慨帮助，那则是我祈祷恳求而不容易得到的结果。有关捐赠，准备拟定一份简明章程，以便人们看后一目了然。诚恳地请求人们广为传之。如能收到数千或一万之资，希望阁下约好诸位朋友亲自押解到衡州来，并叙我们的欢乐。日内我仍将派一委员到您那里，帮您催办这件事。但要以仁义打动人心，如果他们吝啬资财不愿对我资助，切不可强迫。请阁下酌情裁处。

覆江岷樵[①]中丞

【原文】 来示，论兵勇短长，最为切当。仆于二月间，复魁太守书有云："岳王复生，或可换孱兵之筋骨，孔子复生，难遽变营伍之习气。"虽语涉谐谑[②]，实痛切之言也。今欲图谋大局，万众一心，自须别开生面，斩新日月，专用新招之勇，求忠义之士将之，不杂入营稍久之兵，不用守备以上之将。国藩之意，盖与阁下若符契耳。添勇六千之说，昨因令弟达川，带勇一千进省，即令其先将此勇赶紧赴皖，以备阁下爪牙之需。其余五千，须俟船炮办齐，水陆并进，乃可有济。省申诸友及璞山[③]之意，皆欲急急成军以出。国藩思此次由楚省召勇东下，一以为四省合防之计，一以助阁下澄清之用，必须选百练之卒，备精坚之械，舟师则船炮并当，陆路则将卒并愤，作三年不归之想，为百战艰难之行，岂可儿戏成军！仓卒一出，人尽乌合，器多苦窳[④]。船不满二百，炮不满五百，如大海簸豆，黑子著面，纵能迅达皖省：究竟于事何补。是以鄙人愚见，总须备战舰二百号，又辅以民船，载货者七八百，大小炮千余位，水勇四千，陆勇六十，夹江而下，明年成行，与麾下相遇于九江、小孤之间，万始略成气候。否则名为大兴义旅，实等矮人观场，不值方家[⑤]一哂[⑥]耳！明知阁下盼望此勇甚切，然速而无益，不如迟而有备。且阁下初到庐江，办宜将吏治民事，略为整顿，即陆路堵御，本境剿匪，有随身带往之勇，有达川绩往之勇，有李少荃[⑦]旧练之勇，亦尚足资捍卫。想卓裁定，以为然也。

【注释】 ①江岷樵：名忠源，湖南新宁人，湘军将领。因镇压太平军有功，后外迁至知府、湘北巡抚等职。太平军攻克安徽庐州时投水自尽。②谐谑：滑稽而略带戏弄之意。③璞山：即王鑫，璞山为其表字。曾国藩在整治团练之事时，曾协助共理。④苦窳：粗劣。⑤方家：原指深于道术之人，后指精通某种学问和艺术的专家。⑥哂：讥笑。⑦李少荃：即李鸿章，少荃为其字。安徽合肥人，道光进士，授翰林院编修。曾为曾国藩幕僚。

【译文】 来信说到官兵与湘勇的优点和缺点，甚为精辟恰当。我于二月间，给魁荫亭太守的信中说："岳飞如复生，或许可以使这些软弱散漫的士兵脱胎换骨，但假如孔子再生，却难以迅速改变军队中的恶习。"虽然这些话说得有些戏谑，但实在是切中时弊的肺腑之言。目前要谋划大局，必须万众一心，才能别开生面，改换天地；只使用新招收的乡勇，选拔忠义的绅士、文生作为他们的统帅，纯洁队伍，不混杂入伍稍久的士兵，也不使用过去守备以上的军官。我的想法和阁下的意见完全相符合！需要增加6000湘军的事情，昨天因为令弟达川带兵1000员进省，当时即已命令他将这支部队迅速带赴安徽，以满足您的急需。其余5000，须等船炮办齐，水陆并进，才能对您有所支援。省内诸位朋友和王鑫的意思，都是想赶紧编组军队出师。我认为此次从湖南招募楚勇东下，一方面是为了4省的共同防御，另一方面也为帮助阁下清剿逆贼，因此，必须挑选训练有素的士兵，配备优良的武器装备，水师要船炮齐备，陆军则须将士斗志昂扬，做好3年不归的心理准备和经历数百次艰难战斗的物资准备，岂能像儿戏一样随便组建军队，仓促出兵呢？如若士兵都是乌合之众，武器装备少又粗糙，船不足200，炮不够500，那么只能是沧海一粟，大面积上的一个黑点，不值得注意，即使能迅速到达安徽，对战事又有什么帮助呢？按照我粗浅的意见，总得准备战舰200艘，还要有民船和载货船七、八百艘辅助，大小炮千余门，水兵4000，陆军6000，沿江而下。明年办完启程，与您在九江和小孤山之间会师，那时才有可能成大气候。否则，看起来像大兴仁义之师，实际等于矮人看戏，不值得行家一笑！明知您急切地盼望湘军增援，但仓促出师又没有好处，不如延迟一段时日，等准备充分之后再出师。况且您初到庐江，也应该将官吏和民事稍微整顿一下，即使是陆地上需要防御逆贼、境内需要剿匪，您有随身带去的部队，又有达川随后带去的湘勇，还有李鸿章过去训练的部卒，依靠这些部队也足以保卫庐江了。我想让您裁决，也会做出相同决定的。

兴王璞山

【原文】 仆于十六日到家，身染小恙，比已全愈。每念天下大局，极可伤痛。桂东之役，三厅兵寻杀湘勇于市，足下所亲见也。江西之行，镇筸[①]兵杀湘勇于三江口，伤重者十余人。七月十三、八月初六，省城两次兵噪，执旗吹号，出队开仗，皆以兵勇不和之故。七月二十四，临庄诸君遇难，亦以镇筸云贵兵见贼逃溃，危败不救遂致，斯痛！盖近世之兵，孱怯极矣。而偏善妒功忌能，懦于御贼，而勇于扰民。仁心以媚，杀己之逆贼，而狠心以仇胜己之兵勇。其仇勇也，又更胜于仇兵。曩[②]者己酉新宁李沅发[③]之变，乡勇一跃登城，将攻破矣，诸兵以鸟枪击勇坠死，遂不能入。近者兵丁杀害壮勇之案，尤曾见叠出，且无论其公相仇杀，即各勇与贼事殷之际，而各兵一不相救，此区区之勇，欲求成功，其可得邪。不特勇也，即兵与兵相遇，岂闻有此营已败而彼营冒险往救者乎？岂闻有此军饿死而彼军肯分一粒往哺者乎？仆之愚见以为，今日将欲灭贼，必先诸将一心，万众一气，而后可以言战。而以今日营伍之习气，与今日调遣之成法，虽圣者不能使之一心一气，自非别树一帜，改弦更张，断不能办此贼也。鄙意欲练乡勇万人，概求吾党质直[④]而晓军事之君子将之。以忠义之气为主，而辅之以训练之勤，相激相劘[⑤]，以庶几于所谓诸将一心，万众一气者，或可驰驱中原，渐望澄清。

【注释】 ①镇筸:地名,在今湖南省凤凰县南。②曩:以往,从前。③李沅发:太平军毕再浩的旧部,后投降清罩,一八四九年在湖南新宁再次起义。④质直:正直,质朴而率直。⑤劘:磨。

【译文】 我于十六日到家,身体患了点小病,现今已经痊愈。每当想起天下大事,就十分痛心。在桂东打仗时,三厅兵在街上寻杀湘军的情形,您是亲眼看到的。在江西打仗时,镇筸兵在三江口杀伤湘军,重伤者就有10多人。7月13日、8月6日,省城发生两次士兵哗变,竟然执旗吹号,列队打仗,都是因为官兵和湘军不团结的缘故。7月24日临庄众人遇难,也是因为镇筸、云南、贵州等官兵,见了敌人就逃,看到我军危急而不救援所造成的惨痛结果!现在的官兵,懦弱胆小极了,但偏偏善于妒功嫉能,与敌人作战胆怯,骚扰百姓却那样勇敢。残杀异己比杀敌还狠,仁义之心早已泯灭。没有哪种仇恨胜过仇恨自己的官兵和乡勇,而且对乡勇的仇恨比对官兵更厉害。如过去的己酉年(即1849年),李沅发在新宁县叛乱,乡勇们奋力登城攻战,城将要被攻破时,官兵反而用鸟枪向攻城的乡勇射击,不少乡勇坠城而死,无法接近城池。官兵残杀乡勇的事件,层出不穷。无论是各军共同对敌,或各种军队与太平军激烈战斗的时候,各路官军对乡勇从不救应。这样的军队,要想靠他们取得成功,怎么可能呢?不单单对乡勇的态度是这样,就是官兵与官兵之间也是如此。难道谁曾听说过这一营战败了而另外一个营冒险前往救援的?谁曾听说过这支军队快饿死了,而另一支军队肯从自己的粮食中分出一粒米给对方吃的?可以说,从来就没有。因此,以我之浅见,要消灭太平军,首先要各将领同心同德,士兵们万众一心,然后才能谈到打仗的问题。根据现在部队所存在的邪气恶习和部队调动的办法,即使是圣人也难以指挥。要让官兵上下一心,非要独树一帜,改变旧的制度和办法不可,如不这样,绝不能消灭叛贼。我的意思是需要训练乡勇万人,一概从我们的士绅、文生中选拔,让品德高尚又通晓军事的人去统率,灌输部众忠君报国的思想,同时辅以艰苦严格的军事训练,相互激励和磨炼,即所谓诸将同力、万众一心。这样的军队才有希望驰骋中原,荡平敌寇。

兴魁荫亭[①]太守

【原文】 国藩以前月下旬,于寓中设审案局,十日内已戮五人。世风既薄,人人各挟[②]不靖[③]之志,平居造作谣言。幸四方有事而欲为乱,稍待之以宽仁,愈嚣然自肆,白昼劫掠都市,视官长蔑如也。不治以严刑峻法,则鼠子[④]纷起,将来无复措手之处,是以,壹意残忍,冀回颓风于万一。书生岂解好杀,要以时事所迫,非是则无以锄强暴,而安我孱弱之民。盖与阁下为政,夙心颇相契合也。前信已封未发,适接来书,盖多至论。就现在之额兵练之,而化为有用,诚为善策。然习气太盛,安能更铸其面目,而荡涤其肠胃?恐岳王复生,半年可以教成其武艺;孔子复生,三年不能变革其恶习。故鄙见,窃谓现在之兵,不可练之而为劲卒。新募之勇,却可练之,便补额兵。救荒之说,自是敝邑与贵治急

务,然公帑既难于四颁,而民间又无可多捐,虽有善者,亦不过补救十一。侦探本当今第一急务,张制军北去时,曾与弟约,每日一信,今去已久,仅接二书。下游消息,亦未细叙。初六得江西信,知粤匪于十一破九江,十七陷安徽,廿五又去安庆,而东下矣。湖南去贼日远,籍可少息。

【注释】 ①魁荫亭:即咸丰时湖南宝庆知府魁联。②挟:心里怀着怨恨。③不靖:不安定。④鼠子:鄙视他人的言词,犹如说"鼠辈"。

【译文】 我上个月下旬在寓所设立了审案局,10天内杀了5个人。由于社会风气的刻薄,世人又各自抱着不可告人的目的,对我凭空捏造了许多谣言。恰好此时各处闹事,贫农会党又欲叛乱,对他们稍加宽仁,他们的气焰则更加嚣张,竟蔑视长官,肆无忌惮于光天化日之下在城市里劫掠。对这些人不使用严刑峻法痛加诛戮,则将会有更多和他们一样的人出现,将来就无从下手处置他们了。所以,我坚持对他们实行残酷镇压,以达到扭转一点社会颓风败俗的目的。并不是我这个书生爱开杀戒,完全是形势所迫,不这样做就不能够铲除强暴,安定懦弱的庶民百姓。我与您同时从政,夙愿是相同的。前一封信写好了,但尚未寄出,刚好又收到您的来信,就多谈一些。如果就以现在国家的军队,经过训练把他们变成素质良好而有用的兵勇,那是最好不过的办法。然而,他们的腐败习气已经过于严重,岂能重新改变他们的面貌,从本质上洗刷他们内在的污浊呢?岳飞若能复生,用半年的时间或许能把这支军队的武艺训练好;但若使孔子复生,花费3年的时间也改变不了他们的恶习。所以,以我之见,现有的士兵因陋习已根深蒂固,是无法训练成有战斗力的军队,而新招收的兵勇却可以练好以代替现有的武备。关于救荒的问题,是我这里和你那里的当务之急,但公款既难于四处颁用,而民间又无法征收捐税,虽有善良的人给予捐款,也只能补救极小部分。搜集军情本来应是当前的第一要紧大事,张制军在北去时曾和我约定,每天通一封信,现在已经过去了很长时间,仅接到他的两封来信。关于长江下游的情况也写得不详细。本月初六我收到从江西来的一封信,获悉太平军于11日攻破九江,17日安徽失陷,25日占领安庆后东下。太平军离湘南越来越远,借此机会正可以稍做休息。

与储石友[①]

【原文】 弟移驻衡城,公私平顺。每念天下大局,不堪再有失坏。意欲练勇六千,概求吾党忠义朴诚之士统领,而一归江岷樵调度,以为澄清海宇之具,而纾君父宵肝[②]之忧。昨阁下禀来,即令魏崇德归湘,补招一百,合成一营,茶陵安仁之事,经塔副将[③]一战成功。其善后事宜,搜捕余匪:妥抚难民,请阁下与周守备妥为办理。诸勇在外,须约束严明,秋毫无犯,至要,至要。待安仁一案办理完毕之后,即与周守备,带勇同来衡城,商议一切。在外无事,每日仍须认真训练。将来到衡,恐为日不多即须东征,不得多加操练之功也。

【注释】 ①储石友:名玫躬,字石友,咸丰四年进攻宁乡时兵败被杀。②宵肝:古代用以形容帝王勤于政事。③塔副将：即塔齐布，字智宁，满州镶黄旗人，清军参将，屠杀太平军的刽子手。

【译文】 弟自从移防衡州以来，公事私事都很顺心。每当思虑到天下的大局时，我认为无论如何都不能再让国家的领土丧失了。我的意思是要训练湘勇6000人，一律选拔绅士中有忠肝义胆、诚实正直的人去奉领，统一归江忠源指挥，作为扫除天下叛贼的工具，以解除皇上为国家安宁日夜操劳的忧虑。昨天收到阁下的来信，便立即命令魏崇德回湘乡，补招100名乡勇，编为一个营。茶陵安仁的事情，经过塔齐布副将军指挥，一战取得成功。有关善后事宜，如搜捕残余的土匪、安抚群众百姓，请您和周守备妥善地办理。军队在外，要严加约束，做到纪律严明、秋毫无犯，这是最重要的。等安仁一案办好之后，您立即和周守备共同把军队带到衡州来，以便商议一切有关事宜。在外无事时，每天仍然需要抓紧时间认真训练军队。将来到衡州，恐怕没有多少日子就要东征，那就没有更多的时间、工夫来训练军队了。

卷下　曾国藩治兵语录

尊贤使能

【原文】 拣选将材，必求智略深远之人，又须号令严明，能耐劳苦，三者兼全，乃为上选。

求人自辅[①]，时时不可忘此意。人才至难[②]，往时在余幕府[③]者，余亦平等相看，不甚钦敬，洎[④]今思之，何可多得？弟当常以求才为危，共闾冗[⑤]者，虽至亲密友，不宜久留，恐贤者不愿共事一方也。

取人之式，以有操守而无官气，多条理而少大言为要。办事之法，以五到为要。五到者，身到、心到、眼到、手到、口到也。身到者，如作吏则亲验命盗案，亲巡乡里[⑥]，治军则亲巡营垒，亲探贼地是也。心到者，凡事苦心剖析。大条理、小条理、始条理、终条理，理其绪而分之，又比其类而合之也。眼到者，注意看人，认真看公牍[⑦]也。手到者，于人之长短，事之关键，随笔写记，以备遗忘也。口到者，使人之事既有公文，又苦口叮嘱也。

第一戒个骄字，心根之际若有丝毫骄矜，则在下之营官必傲，士卒必惰[⑧]，打仗必不得力矣。第二守个廉字，名位日尊，岂有怕穷之理？常使在下之将官多占些便益，士卒多沾些恩泽，则人人悦服。切不可处处打算，惹人谈论。得了名，就顾不了利。莫作名利双收之望，但重名扬万古之志。

【注释】 ①辅：辅助、帮助。②至难：特别困难。③幕府：古代军队中将帅办公的地方。④洎：到，及。⑤闾冗：重要。⑥乡里：乡下。⑦公牍：公文。⑧惰：怠惰、散漫。

【译文】 挑选将才，要找具有深远智慧谋略的人，而且要号令严明，能耐劳苦，这三

个条件都具备，就是最好的人选。

要求别人辅佐自己，时时刻刻不能忘记这些道理。获得人才是非常困难的，过去有些人做我的幕僚，我只是平等对待，对他们不是很钦敬，今天看来，这些人是多么地不可多得。你应该常常把寻求人才作为重要的任务，至于那些无能之辈，即使是至亲密友，也不应久留，这主要是担心有才的人不愿与他们共事。

择取人才的方式，以有节操而没有官气、条理清晰而又不说大话为关键。办事的关键是要做到"五到"，即身到、心到、眼到、手到、口到。所谓身到，就是作为官吏对命案、盗案必须亲自勘验，并亲自到乡村巡视；作为将官就必须亲自巡视营地，亲自察看敌情。心到，就是凡事都要仔细分析它的大条理、小条理、起初的条理和结束时的条理，既要理清它的头绪而与其他事做一区别分析，又要归纳它的特点，类比近似的事理。眼到，就是要专心地观察人、认真地读公文。手到，就是对人的才能长短、事情的关键所在，动作笔记，以防止遗忘。口到，就是在命令人做事时虽然已有公文，仍要苦口叮嘱。

为人将领第一要戒"骄"字，心里如果有丝毫骄矜之气，那么他手下的营官必然傲气十足，士兵怠惰，打仗不肯出力。第二要守"廉"，自己的地位一天比一天高，哪还有怕穷困的道理？要经常让自己的手下将官多获利，德泽也要施于众将士，如此就会人人心悦诚服，千万不要处处为自己打算，引发人们的议论。既然有了名，就无法再去顾及利，不要有名利双收的奢望，但必须有名传万古的志向。

礼贤下士

【原文】 窃[①]疑古人论将，神明变幻，不可方物[②]。几于百长并集，一短难容。恐亦史册追崇之词，初非预定之品，要以衡[③]材不拘一格[④]，论事不求苛细。无因寸朽而弃连抱[⑤]，无施数罟以失巨鳞[⑥]，斯先哲[⑦]之恒言，虽愚蒙[⑧]而可勉。

【注释】 ①窃：私下。②方物：想象。③衡：衡量。④格：标准。⑤连抱：数人联手才能抱住，比喻树木粗大。⑥数罟以失巨鳞：数，密的意思。罟，渔网。巨鳞，大鱼。⑦先哲：古代贤德之人。⑧愚蒙：愚昧而幼稚。

【译文】 我私下怀疑古人评论将才的做法，它们往往神明变幻，不可想象。几乎要把所有的优点都集中在一人身上，一点短处都不能容忍。恐怕这是史书上的溢美之词，并非是选拔将才之初定下的标准。其实，选拔将才最主要的是不拘一格，评论事体不能过于苛求。不能因为一点点短处就不用极有才干的人，不能因为织有细密的渔网就漏掉了大鱼。这是从前圣贤常常说的话，即使是愚昧不开窍的人，也可以经过劝道而醒悟。

知人善任

【原文】 今日所当讲求，尤在用人一端。人材有转移[①]之道，有培养之方，有考察之法。人材以陶冶[②]而成，不可眼孔太高，动[③]谓无人可用。

求人之道，须如白圭[4]之治生，如鹰隼[5]之击物，不得不休[6]。又如蚨[7]之有母，雉之有媒，以类相求，以气相引。庶几得一而可及其余。

人非大贤，亦断难出此两失之外。吾欲以“劳苦忍辱”四字教人，故且戒官气而姑用乡气之人。必取遇事体察，身到心到口到眼到者。赵广汉[8]好用新进少年，刘晏[9]好用士人理财，窃愿师之。为政之道，得人治事，二者并重，得人不外四事，曰广收、慎用、勤教、严绳[10]，治事不外四端，曰经分论合[11]、详思约守[12]。

专从危难之际，默察朴拙[13]之人，则几矣。

人才非困厄[14]则不能激，非危心深虑则不能达。

天下无现成之人才，亦无生知之卓识，大抵皆由勉强磨炼[15]而出耳。《淮南子》曰：“功可强成，名可强立。”董子曰：“强勉学问，则闻见博，强勉行道，则德日进。”《中庸》所谓：“人一己百，人十己千。”即强勉功夫也。今世人皆思见用于世，而乏才用之具。诚能考信于载籍[16]，问途于已经，苦思以成其通，躬行[17]以试其藏，勉之又勉，则识可渐通，才亦渐立；才识足以济世，何患世莫己知[18]哉？

【注释】 ①转移：指潜移默化。②陶冶：引申为培育造就人才的意思。铸冶、熔铸。③动：动辄。④白圭：周代人，善观时变，有治国之才。曾对人说，他治理生产、管理国家大事就像伊公、吕望，用兵则如孙子、吴子一般。⑤隼：又叫鹘，飞得很快，善于袭击其他鸟类和小动物，属性凶猛。⑥休：停止。⑦蚨：一种昆虫，似蝉但略大，每产子必依单间。《搜神记》云：“南方有虫，名青蚨，大如蚕子。取其子，母即飞来。以母血涂钱八十一文，以子血涂钱八十一文，每市物，或先用母钱，或先用子钱，皆复飞归，轮转无已。”⑧赵广汉：汉朝蠡吾人，字子都，汉宣帝时曾任颍川太守，不畏权贵，颇受世人称誉。⑨刘晏：唐代治国理财的行家，官至宰相。⑩绳：纠正、约束、制裁。⑪经分论合：指办事要有条理，不要杂乱无章。⑫详思约守：指临事要三思而行，要深思熟虑。⑬朴拙：比喻一言行直率，毫不掩饰，不为世俗所欢迎的人。⑭厄：阻塞、不通。⑮磨炼：磨砺，在艰难困苦的环境中锻炼自己。⑯载籍：古代典籍。⑰躬行：亲身实践。⑱莫己知：即莫知己，没有人知道自己。

【译文】 今天应当讲究与追求的，尤其是在用人方面。人才有潜移默化的方法，有培养之途，也有考察之法。人才是锻炼出来的，眼光不要太高，动辄就说没有可用的人才。

求人才的方法，要像白圭治理生产和管理政务那样能善观时变，要像鹰隼袭击猎物那样，不得到绝不罢休。又要像青蚨之有母、野鸡之有媒，以类相求，同气相引，这样，就可以由得到一个人才而得到其他许多人才。

若不是非常贤能的人，是很难避免这两种缺点的，我打算用“劳苦忍辱”这四个字教人，所以尽可能不用具有官气之人而用较有乡土气的人。务必要找到那种遇事亲自体察、身到、心到、口到、眼到的人。赵广汉喜欢用初出茅庐的年轻人，刘晏喜欢用读书人来

理财,我愿意向他们学习。

为政之道,必须并重搜罗人才和治理好事务这两者。搜罗人才须注意四个方面:一是广泛搜罗;二是必须谨慎;三是要经常加以教育;四是对他们的过错要严加责罚。处理事务也要注意四个方面:一是经分;二是论合;三是详思;四是约守。

在特别危难时,暗中观察朴实无华、不善言辞的人,这种方法是最好的。

人才若不是处于艰苦的环境中,便不会奋发有为;没有经历必须危心深虑之事,就不能显达。

天下没有现成的人才,也没有生来就具有远见卓识的人。人才大多是在艰难困苦中努力磨炼出来的。《淮南子》说:"功劳可透过努力来建立,名声可透过努力来获取。"董仲舒说:"努力地做学问,知识就会广博;努力按理行事,道德修养便会天天进步。"《中庸》说:"别人花一分工夫,你要花上百分,别人花十分工夫,你要花上千分。"就是要人多多努力。现在的人都企盼为世所用,却缺乏拯救社会的才略。如果真正能从古代典籍中加以考证,再向那些过来人学习,苦苦思索以求融会贯通,并亲身去实践,以验证其效果,不断努力,那么就可以慢慢通达识变,才识就得以逐渐地培养起来。才识若足能有益于社会,又何必担心世上的人不知道你呢?

尚志崇仁

【原文】 君子有高世独立之志,而不与人以易窥[①],有藐万乘[②]却[③]三军之气,而未尝轻于一发。

君子欲有所树立,必自不妄[④]求人知始。

古人患难忧虞[⑤]之际,正是德业长进之时,其功在于胸怀坦夷[⑥],其效在于身体康健。圣贤之所以为圣贤,佛家之所以成佛,所争皆在大难磨折之日,将此心放得实,养得灵[⑦],有活泼泼之胸襟,有坦荡荡之意境,则身体虽有外感[⑧],必不至于内伤。

【注释】 ①窥:看,看出。②藐万乘:轻视帝王。③却:打退。④妄:狂乱,随便。⑤虞:担心,忧虑。⑥坦夷:平坦,无挂碍。⑦灵:机敏。⑧外感:外来影响,指外界的干扰压迫等。

【译文】 真正的君子有独立远大的志向,但不轻易让人看出;有蔑视帝王、退却三军的气概,但不轻易显示。

君子如果要想有所建树,必须暗自努力,不故意张扬,也不轻易求人。

古代的人在身处患难之际,正是品德事业进步的时候,艰难的环境反而锻炼了他们宽广的胸怀,困苦的磨炼反而强健了他们的肌体。圣贤之所以能成为圣贤,佛家之所以能够成佛,关键就在于他们遇到巨大磨难的时候,能排除一切干扰,锻炼自己的思想,使之更为敏锐清晰,他们有乐观坦荡的胸怀,有包容万物的意境,所以虽有外在的干扰压迫,但绝不损伤他们高洁的心灵。

勇于创新

【原文】 大抵人材约有两种，一种官气较多，一种乡气较多。官气多者，好讲资格，好问样子。办事无惊世骇俗之象，言语无此妨彼碍[①]之弊。其失也，奄奄无气，凡遇一事，但凭书办[②]家人之口说出，凭文书写出，不能身到心到口到眼到，尤不能苦下身段，去事上体察一番。

乡气多者，好逞才能，好出新样，行事则知己不知人，言语则顾前不顾后，其失也，一事未成，物议先腾[③]，两者之失，厥咎[④]惟均。

【注释】 ①此妨彼碍：指说话做事不偏激，不引人议论。②书办：管文书的通称。③物议先腾：众人的讥议。④咎：过错。

【译文】 大凡人才有两种：一种官气较多，一种乡土气较多。官气较多的人，喜欢讲资格，摆架子。办事没有惊世骇俗的现象，说话也不出格、循规蹈矩，不足之处是太过文弱，没有朝气。遇事但由身边的人传达自己的意思，或者写在书信中，不能做到身到、心到、口到、眼到。尤其是不能不辞辛劳，亲自去实践体察一番。

乡土气多的人，好表现自己，好逞能，好出新花样。做事不替别人着想，言语间不知轻重，只知顾前不知顾后，这是其短处。事还没办成，就引起人家非议。如此看来，官气较多与乡土气较多的这两种人的不足之处都差不多。

德才兼备

【原文】 带兵之人，第一要才堪[①]治民，第二要不怕死，第三要不汲汲[②]名利，第四要耐受辛苦。治兵之才，不外公、明、勤。不公不明，则兵不悦服，不勤，则营务巨细，皆废弛不治，故第一要务在此。不怕死，则临阵当先，士卒乃可效命，故次之。为名利而出者，保举稍迟则怨，稍不如意则怨，与同辈争薪水，与士卒争毫釐，故又次之。身体羸弱者，过劳则病，精神短乏者，久用则散，故又次之。

四者似过于求备，而苟阙[③]其一，则万不可以带兵。故吾谓带兵之人，须智深勇沈之士，文经武纬[④]之才。数月以来，梦想以求之，焚香以祷之，盖无须臾或忘诸怀。大抵有忠义血性，则四者相从以俱至，无忠义血性，则貌似四者，终不可恃。

带兵之道，勤恕廉明，缺一不可。

余谓德与才，不可偏重，譬之于水，德在润[⑤]下，才即其载物溉田之用，譬之于木，德在曲直[⑥]，才即其舟楫栋梁之用。德若水之源，才即其波澜；德若木之根，才即其枝叶。德而无才以辅之，则近于愚人；才而无德以主之，则近于小人。世人多不甘以愚人自居，故自命每愿为有才者；世人多不欲与小人为缘，故观人每好取有德者，大较然[⑦]也。二者既不可兼，与其无德而近于小人，毋宁无才而近于愚人。自修[⑧]之方[⑨]，观人之本，皆以此为冲可矣。

【注释】 ①堪:可以,能够。②汲汲:喻指心情急切,努力追求。③阙:空虚。④文经武纬:直线为经,横线为纬。这里意指具有文韬武略的治世之才。⑤润:浸润,滋润,不干枯。⑥曲直:有理和无理,分清是非。⑦大较然:大致这样。⑧自修:自我修养。⑨方:方法。

【译文】 带兵的人,第一要有治理百姓的才能,第二要不怕死,第三要不急于求得名利,第四要不怕辛苦。治兵的才能,不外乎公、明、勤这三个方面,如果办事不公正、赏罚不明,士兵就不会心悦诚服;如果不勤于职责,军营里的大小事务便会堆积如山,难以治理而出现混乱。所以,最重要的就是要公正、勤快。另外,领兵作战的将领若是不怕死,与敌人对阵时,才会身先士卒,士兵才能为你效命。这是第二重要之事。带兵之人,如果为了自己的名利,那么保举功劳时稍不及时、官场稍不如意,便有怨恨之心,与同僚比薪水高低、与士卒斤斤计较,这是较下等的带兵之人。如果身体不健康,稍有操劳,便精神疲惫,稍微操练过度,就精疲力竭,这是更下等。

上面所说的四个条件,看来似乎过于求全责备,但如果缺乏其中一点,千万不能让他带兵。我认为带兵的人,必须足智勇兼备,有文韬武略的人。几个月来,我不仅梦中在求,还焚香祷告,没有一刻忘记过。如果有了忠义血性,则上述四个条件便会相继而来;没有忠义血性,即使表面上看来已具备了这四个条件,最终仍是不可依赖的。

带兵的道理,"勤、恕、廉、明"这四个方面,缺一不可。

我认为才与德,两者缺一不可。用水来比喻,它的品德是滋润万物,它的才是浮载物品、灌溉田地;用木头来比喻,曲正是它的品德,作为舟楫和栋梁之用就是它的才。如果德是水的根源,那么才就是水的波澜;如果德是树木的根,那么才就是树木的枝叶。一个人有德而无才,便为愚人;一个人有才而没有德,则为奸狡小人。世上的人大多不承认自己愚笨,所以常常自称愿意成为行才的人。世上的人大多不希望自己成为小人,所以常常以德取人。大致情况就是这样。既然德与才不可兼得,那么与其没有品德而归于小人,还不如没有才能而归为愚人。自我修养的方法、识人的办法,都可以从此入手。

能征善战

【原文】 治军之道,总以能战为第一义,倘围攻半岁,一旦被贼冲突,不克抵御或致小挫,则令望堕于一朝。故探骊之法,以善战为得珠[①]。能爱民为第二义,能和协[②]上下官绅为第三义。愿吾弟兢兢业业,日慎一日,到底不懈,则不特为兄补救前非,亦可为吾父增光于泉壤[③]矣。精神愈用而愈出,不可因身体素弱,过于保惜;智慧愈因而愈明,不可因境遇偶指拂[④],遽尔[⑤]摧沮。

【注释】 ①探骊之法,以善战为得珠:据《庄子·列御寇》载,骊龙之珠,价值千金,想要获得它,必须潜入九重深渊,值骊龙睡熟时于其颔下摘取。这里比喻要想取得战争的胜利,就必须冒险犯难,以深入探求。②和协:和谐、协调。③泉壤:即九泉之下,指人

死后埋葬的地方，古人挖墓坑汲水，故称之。④拂：拂逆、违背。⑤遽尔：立即、马上。

【译文】 治军以能战为最重要，倘若攻城攻了半年，不小心与敌人冲突，结果竟无法御敌或受了小小的挫折，自己的名望就会毁于一旦，所以善战就是要探源得珠，冒险深入敌境以求取胜利。第二重要是能爱民。第三重要是能让上下官绅和睦相处。希望你兢兢业业，一天比一天谨慎，始终不懈，这样，不但是为我补救以前的过失，也可以为先父在九泉之下争光。精神是越用越多的，不能因为向来身体瘦弱，就过分注重保养；智慧在越困苦的情况下就越明达，不能因为偶遭拂逆，就心情沮丧。

赤胆忠心

【原文】 无兵不足深忧，无饷不足痛哭。独举目斯[①]世，求一攘[②]利不先、赴义恐后、忠愤耿耿者，不可亟得；或仅得之，而又屈居卑下，往往抑郁不伸[③]，以挫[④]以去以死，而贪饕[⑤]退缩者，果脓首[⑥]而上腾，而富贵，而名誉，而老健不死，此其可为浩叹者也。

今日百废莫举[⑦]，千疮并溃[⑧]，无可收拾。独赖此耿耿精忠之守衰，与斯民相对于骨岳血渊[⑨]之中，冀其塞绝横流之人欲，以挽回厌乱之天心，庶几万一有补。不然，但就时局而论之，则滔滔者吾不知其所底也！

【注释】 ①斯：这、此。②攘：夺。③伸：伸展、舒心，引申为得志。④挫：挫折，不得志，遭受屈辱，怀才不遇。⑤饕：古代传说中一种凶恶贪食的怪兽，这里比喻凶恶贪婪之人。⑥脓首：马昂首疾驰。⑦举：兴起。⑧千疮并溃：指千疮百孔，满目疮痍，局势险恶。⑨骨岳血渊：比喻因战乱而死的人很多，骨积成山，血流成河。

【译文】 没有兵士不值得忧虑，没有军饷也不值得痛哭。只是我举目望这世界，想找一个见利不争先，赴义唯恐落后，忠心赤胆的人，却不能很快找到；即使能幸运找到一个，却又屈困居于下层，郁郁不得志，最终因为遭受挫折而离去，并因此抑郁而终。而贪婪退缩的人，却能飞黄腾达，享受荣华富贵和美名，并且健康长寿，这真是令人深感叹息的事情。

目前百废待兴，局势险恶，难以整顿、收拾。只有依赖自己的耿耿忠心，发动广大民众直接面对这骨山血渊、尸横遍野的惨况，期望着以此塞绝横流的人欲，挽回厌倦混乱的天心，或许还有弥补的可能性。否则的话，仅就现在的局势而论，还不知要乱到什么时候才是尽头呢！

以和为贵

【原文】 祸机之发，莫烈于猜忌，此古今之通病。败国亡家丧身，皆猜忌之所致。诗称：不忮不求[①]，何用不臧？忮求二端，盖妾妇穿窬[②]兼而有之者也。

凡两军相处，统将有一分龃龉[③]，则营哨必有三分，兵夫必有六七分。故欲求和衷共济，自统将先办一副平怒之心始。人之好名，谁不如我？同打仗不可讥人之退缩，同行路

不可疑人之骚扰。处处严于治己，而薄于责人，则唇舌自省矣。

日中则昃[4]，月盈则亏，故古诗花未全花月未圆之句，君子以为知道。故余治兵以来，每介疑胜疑败之际，战兢恐惧，上下悚惧者，其后常得大胜。当志得意满之候，各路云集，狃[5]于屡胜，将卒矜慢[6]，其后常有意外之失。

【注释】 ①不忮不求：忮，忌恨、陷害。求，贪。②穿窬：指穿壁越墙进入别人家里窃取财物。③龃龉：本义指牙齿参差不齐，比喻为意见不合。④昃：太阳偏西。⑤狃：因袭、拘泥，习以为常，习惯而不以为意。⑥矜慢：骄傲、自满、怠慢。

【译文】 祸机的引发，没有比猜忌更严重的，这是从古到今的通病。败国亡家丧身，都是由猜忌所引起的。《诗经》中说："不猜忌不贪婪，有什么事做不好呢？"猜忌和贪婪，同时具备了妾妇和盗贼都有的特点。

两军相处，若是统帅有一分不合，那么营官和哨官之间必定有三分不合，士兵与夫役之间则必定有六、七分不合。所以要和衷共济，统帅必须先有平和宽恕之心。人都喜欢好名声，世界上又有谁例外？所以一起打仗，不可讥笑别人退缩；一起走路，不可怀疑别人会骚扰自己。处处严于约束自己，宽以待人，就不会有口舌之争了。

太阳升至正中，就会向西偏，月亮圆满了，就会开始亏缺，因此君子认为古诗中"花未全开月未圆"一句，包含了丰富的哲理性。所以，自从我治军以来，每当对胜败狐疑不定、战战兢兢，全军上下不安的时候，后来常常获得大胜。而当我志得意满之时，各路大军云集，对打胜仗已习以为常，将士们都骄傲自满，结果往往遭到意外的失败。

虚怀若谷

【原文】 胸怀广大，须从平淡二字用功，凡人我[1]之际，须看得平[2]；功名之际，须看得淡，庶几[3]胸怀日阔。

做好人，做好官，做名将，俱要好师，好友，好榜样。

【注释】 ①人我：人与人之间，与人交往。②平：心平气和。③庶几：这样。

【译文】 胸襟宽阔广大，必须从平淡这两个字下功夫。与人交往，要有平常之心；对于功名，要看得淡。这样，胸怀就会日渐开阔。

做好人、做好官、做名将，都要有好的老师、好的朋友与好的榜样。

以勤为先

【原文】 练兵之道，必须官弁昼夜从事，乃可渐几于熟，如鸡伏卵，如鉴炼丹，未可须臾稍离。

天下事未有不由艰苦中得来，而可大可久者也。

百种弊端，皆由懒生。懒则弛缓，弛缓则治人不严，而趣功不敏。一处弛则百处懒矣。

治军之道，以勤字为先。身勤则强，逸则病；家勤则兴，懒则衰；国勤则治，怠则乱；军勤则胜，惰则败。惰者暮气[①]也，常常提其朝气为要。

治军以勤字为先，由阅历[②]而知其不可易。未有平日不早起，而临敌忽能早起者；未有平日不习劳，而临敌忽能习劳者；未有平日不能忍饥耐寒，而临敌忽能忍饥耐寒者。吾辈当共习勤劳，始之以愧厉[③]，继之以痛惩[④]。

自古圣贤豪杰，文人才士。其志事不同，而其豁达光明之胸，大略相同。吾辈既办军务，系处功利场中，宜刻刻勤劳，如农之力穑[⑤]，如贾[⑥]之趋利，如篙工[⑦]之下滩，早作夜思，以术有济。而治事之外，此中却须有一假冲融气象，二者并进，则勤劳而以恬淡出之，最有意味。

用兵最戒骄气惰气。做人之道，亦惟骄惰二字误之最甚。扶危救难之英雄，以心力劳苦为第一义。

带兵之道，廉、明、勤三个字，缺一不可。廉则银钱为苟，自有以服兵勇之心；明则是非清，赏罚公道；勤则营务整顿，在下之人自不懒惰弛怠。此三者，明字不可强而至，廉字、勤字则勉强做得到。

【注释】 ①暮气：本指日暮之气，引申为精力衰退、疲惫不堪，振作不起来。②阅历：亲身经历。自己亲眼所见、亲耳所听或亲自做过，由此而积累的知识。③愧厉：惭愧、惕厉、警惕、戒惧。④痛惩：严加惩戒。⑤穑：收获谷物，这里指农活。⑥贾：商人。⑦篙工：船工。

【译文】 训练军队的方法，必须是官兵昼夜苦练，战术才能越来越熟练，就像母鸡孵小鸡，炉火炼金丹一样，一刻也不能停歇。

天下的事情，没有不经过艰难困苦，就能壮大长久的。

所有的弊端，都是从懒惰产生的。懒惰，就会迟缓；迟缓，治人就不严，处事就不迅速。一个地方迟缓，就会处处懒惰。

治理军队的原则，首先是要勤劳。身体勤劳，就会强健，贪图安逸则会生病；全家勤劳则家业兴盛，懒惰则衰败；全国勤劳则天下大治，懈怠便会大乱；全军勤劳则能打败敌人获取胜利，懒惰便会失败。懒惰，会让士兵变得暮气沉沉，应当常常以鼓舞军队的朝气为重要任务。

治军以“勤”字为先，从我的经历中就可以证明这个真理。没有平时不早起而临敌时忽然能早起的人；没有平时不习惯劳苦而临敌时忽然能习惯劳苦的人；没有平时不能忍饥耐寒，而临敌时忽然能够忍饥耐寒的人。我们都应当习惯勤劳，开始时要使不勤劳的人惭愧并惕厉之，继而对这种人要痛加惩戒。

圣贤豪杰、文人才士，他们的志向不同，但豁达光明的心胸却相同。我们既然办理军务，就是处在功利场中，应当时时勤劳，就如农民忙于收割庄稼，商人忙于买卖赚钱，船工忙于撑船下河滩。白天做事，晚上反省，以追求事业成功。在处理具体军事事务以外，更

应在其中辅以谦冲自牧的气象，如果治事与谦冲两者同时并进，那么勤劳中透着恬淡，这是最具意味的。

用兵最忌讳的是骄气和懒惰，“骄惰”这两个字所造成的危害也最大。作为挽救危局的英雄，应该把习于劳苦视为首要任务。

带兵之道，廉、明、勤这三个字，缺一不可。廉洁，就不会贪图银钱，士兵们自然心服；见识高明，就不会混淆是非，实施赏罚也会正直公道；勤劳则军务整肃，士兵自然不敢懒惰误事。这三个字中，明不能强求，廉和勤则是可以靠个人努力而达到的。

诚以待人

【原文】 **古来名将，得[1]士卒之心，盖有在于钱财之外者。后世将弁[2]，专持粮[3]重饷[4]优，为牢笼[5]兵心之具，其本为已浅矣，是以金多则奋勇蚁附，利尽则冷落兽散。**

军中须得好统领营官。统领营官，须得真心实肠，是第一义。算路程之远近，算粮仗之缺乏，算彼己之强弱，是第二义。二者微有把握，此外良法虽多，调度虽善，有效有不效，尽人事以听天命而已。

【注释】 ①得：获得、得到。②将弁：指将领。弁，古代军队中的低级军官，这里指将领。③粮：粮草。④饷：军饷，军中所发薪金。⑤牢笼：笼络。

【译文】 自古以来的名将，能够得到士卒衷心拥戴，主要原因并不在于依靠钱财。后世一些将领，专门依靠丰厚的钱粮来笼络士兵，这样军心不巩固，所以钱多时人人奋勇，犹如蚂蚁一般地涌来归附于你，等到了无利可图时就会作鸟兽散。

军中必须有好的统领和营官，作为统领营官，最重要的是要有诚恳待人之心。计算路程的远近、粮食和器械的多寡、敌我的强弱，这些东西是第二重要的。这两点倘若没有什么把握，即使有许多好的办法、好的调度，也无法掌握战争成败的关键，只能略尽人事，听天命而已。

以仁为本

【原文】 **带兵之道，用恩莫如用仁，用威莫如用礼。仁者，所谓欲立立人，欲达[1]达人是也。待弁兵如待子弟之心，当望其发达，望其成立，则人知恩矣。礼者，所谓无众寡无大小无敢慢[2]，泰而不骄也。正其衣冠[3]，尊其瞻视，俨然人望而畏之，威而不猛也。持之以敬，临之以庄[4]，无形无声之际，常有凛然难犯之象，则人知威矣。守斯二者，虽蛮陌[5]之邦行矣。何兵之不可治哉！**

吾辈带兵，如父兄之带子弟一般，无银钱，无保举，尚是小事，切不可使之困扰民[6]而坏[7]品行，因嫖赌洋烟[8]而坏身体。个个学好，人人成材，则兵勇感恩，兵勇之父母亦感恩矣。

爱民为治兵第一要义，须日日三令五申，视为性命根本之事，毋视为要结粉饰[9]之文。

【注释】 ①达：显贵。②慢：轻慢、怠慢。③正其衣冠：使衣服帽子端正整齐。④庄：庄重、严肃。⑤蛮陌：古代称南方的少数民族地区。⑥扰民：扰乱、搅扰百姓。⑦坏：败坏。⑧洋烟：即鸦片烟。⑨粉饰：本义为女子化妆；这里指表面虽然好看，但却无实质效用。

【译文】 带兵之道，用施恩的方法不如用仁的方法，用立威的方法不如用礼的方法。仁就是自己想要建树，让别人也建树；自己想要发达，也让别人发达；对待部下，就像是对待自己的子弟一样，一心希望他们能够发达，能够建功立业，这样，他们就知道感恩戴德了。礼就是无论人多人少，无论职位、年龄的大小，不敢有所怠慢，安泰但不骄横；衣冠整齐，举止严肃，令人望而生畏，威严但不凶暴。做事恭谨有礼，对待部下庄重，在不知不觉之中，常常保持凛然难犯的样子，这样，部属就能感觉你的威严。如果能够做到这两点，即使是蛮夷之国都能归顺，还会有什么军队不能治好呢！

带兵就像父亲带儿子、兄长带弟弟一样，没有钱财，没有得到保举，都是小事，千万不能纵容他们扰乱百姓、破坏品行，因为嫖娼、赌博、吸食鸦片烟而损坏身体。如果他们个个好学向上，人人都成材，那么不仅他们感恩戴德，他们的父母也会感恩不尽。

爱护百姓是治兵的第一关键，必须每天三令五申，看作是军队的生命和根本，不可将之视为只是一种表面好看的文饰。

推心置腹

【原文】 鄙意用兵之道，最重自立，不贵求人，驭将之道，最贵推诚，不贵权术。我湘淮各军，若果纪律严明，节概凛然，华尔[①]亦必阴相许可。凡附强不附弱，人与万物之情一也，中国与外夷之情一也。以自立为体，以推诚为用，当可渐为我用。纵不能倾情倾意，为我效死，亦必无先亲后疏之弊，若无自立推诚二者为本，而徒以智术笼络，即驾驭同里[②]将弁且不能久，况异国之人乎？

用兵久则骄惰自生，骄惰则未有不败者。勤字所以医惰，慎字所以医骄，二字之先，须有一诚字以立之本。立意要将此事知得透，辨得穿。精诚所至，金石亦开，鬼神亦避，此在己之诚也。

人之性也直，与武员之交接，尤贵乎直。文员之心，多曲多歪，多不坦白，往往与武员不相水乳，必尽去歪曲私衷，事事推心置腹，使武人粗人，坦然无疑，此接物之诚也。以诚为之本，以勤字慎字为之用，庶几免于大戾[③]，免于大败。

军营宜多用朴实少心窍[④]之人，则风气易于纯正。今大难之起，无一兵足供一割之用，实以官气太重，心窍太多，漓朴散醇[⑤]，真意荡然，湘军之兴，尽官气重心窍多者，在所必斥。历岁稍久，亦未免沾染习气，应切戒之。

将领之浮滑者，一遇危机之际，其神情之飞越，足以摇撼军心；其言语之圆滑，足以淆乱是非。故楚军历不喜用善说话之将。

今日所说之话,明日勿因小利害而变。

军事是极质[6]之事,二十三史,除班马[7]而外,皆文人以意为之,不知甲仗为何物,战阵为何事,浮词伪语,随意编造,断不可信。

凡正话实话,多说几句,久之人自能共亮其心。即直话亦不妨多说,但不可以讦[8]为直,尤不可背后攻人之短。驭将之道,最贵推诚,不贵权术。

【注释】 ①华尔:人名。清咸丰时太平军声势甚张,苏松太道吴煦募兵士练洋枪,用美国人华尔领之,号洋枪队。后华尔死,英人戈登继统,其众改称常胜军。②同里:同乡。③戾:罪过。④心窍:心眼、心计。⑤漓朴散醇:指心机太重缺少淳朴厚道。⑥质:朴质。⑦班马:汉代史学家班固、司马迁。⑧讦:斥责别人的过失,揭发别人的隐私。

【译文】 我认为用兵之道,最重要的是自立,而不是依靠别人。驾驭将官的方法,最重要的是推诚,而不是耍权术。湘淮各军,如果真的纪律严明、气节凛然,美国人华尔的心中也必会赞许。依附强大而不依附弱小,这在人与万物都是一样的,中国与外国也是一样的。以自立为根本、以诚恳为待人之道,渐渐地就能使他人为我所用。即使不能让他们全心全意为我效死力,也必然不会有先亲近而后疏远的弊病。如果不以自立和推诚这两条为根本,而光用智谋和权术去笼络别人,即使是驾驭来自同乡的将官也无法长久,何况再去驾驭外国人呢?

用兵的时间久了自然会产生骄惰之心,产生骄惰之心,没有不失败的。"勤"字就是用来医治怠惰的,"慎"字就是用来医治骄傲自满的。不过,在这两个字的前面,还须有一个"诚"字作为根本。一定要下定决心,把这事了解透彻,看得彻底。精诚所至,金石为开,鬼神也会回避,其关键在于自己要立诚意。

人之情性本来就是直爽的,与武官交往,更要重视直爽。文官的心,曲折隐晦,大多不坦白,因此,往往与武官不能水乳交融。必须去除私心,与人坦然相对,事事推心置腹,使性格质朴粗犷的武官心中不生疑虑,这就是待人接物的诚意。以诚为根本,辅以勤、慎二字施行运用,大约就可以避免犯下大的过错和大的失败。

军营中应当多用朴实无华、没有心计的人,这样风气就容易纯正。如今,国家有了大难,却无一兵一卒可以供调遣使用,这实在是因为官气太重、心计太多,淳朴之心荡然无存,真心实意缺失不存。湘军组建起来之后,凡是官气重、心计多的人,一律不用。但是,随着时间的推移,也难免沾染上不良习气,一定要严加防范。

将领若是轻浮圆滑,一遇到危险的时候,就会神情慌张、动摇军心;而他们狡猾的言辞又足以混淆是非,所以楚军历来不喜欢任用能言善辩的将领。

今天说的话,不可明天就为了小小的利害冲突而变卦。

军事是非常实在的事情,二十三史中,除了班固与司马迁所著者以外,其余的著作都是文人凭主观想象撰写的,他们不知道兵器是什么东西,也不知道打仗是怎么一回事,只会以浮华的辞藻、不实在的语言随意编造,根本不值得相信。

凡是正话和实话，多说几句，久而久之，人们自然都能理解你的心意，即便直话也不妨多说几句，但千万个可以将攻讦别人的语言当作直话，尤其不可以在背后攻击别人的短处。驾驭将领的办法，最重要的是展现诚心，而不是玩弄权术。

赏罚分明

【原文】 凡善将兵者，日日申诫[1]将领。训练士卒，遇有战阵小挫，则于其将领，责之戒之，甚者或杀之。或且边泣且教，终日絮聒不休。正所以爱其部曲，保其本营之门面声名也。不善将兵者，不责本营之将弁而妒他军之胜矣，不求部下之自强而但恭敬上司、应酬朋辈以要求名誉，则计更左[2]矣。

古人用兵，先明功罪赏罚。

救浮笔者莫如质，积玩[3]之后，振之以猛。

医者之治瘠痈[4]，甚者必剜其腐肉，而生其新肉。今日之劣弁羸兵[5]，盖亦当为简汰[6]，以剜其腐肉者，痛加训练，以生其新者。不循此二道，则武备之弛，殆不知所底止。

太史公所谓循吏[7]者，法立令行，能识大体而已。后世专尚慈惠，或以煦煦[8]为仁者当之，失循吏之义矣。为将之道，亦以法立令行，整齐严肃为先，不贵煦妪也。

立法不难，行法为难，凡立一法，总须实实行之，且常常行之。

九弟[9]临别，深言御下宜严，治事宜速。余亦深知驭车驭吏，皆莫先于严。特恐明不傍烛[10]，则严不中礼耳。

吕蒙诛取铠之人[11]，魏绛戮乱行之仆[12]。古人处此，岂以为名，非是无以警众耳。

近年驭将，失之宽厚，又与诸将相距遥远，危险之际，弊端百出，然后知古人所云“作事威克厥爱，虽少必济[13]，反是乃败道耳。

大君以生杀予夺之权，授之将帅，犹东家之钱银货物，授之店中众伙。若保举太滥，视大君之名器[14]，不甚爱惜。犹之贱售浪费，视东家之货财，不甚爱惜也。介之推[15]曰：“窃人之财，犹谓之盗，况贪天之功，以为己功乎？”余则略改之曰：“窃人之财，犹谓之盗，况假人君之名器，以市[16]一己之私恩乎？”余忝[17]居高位，惟此事不能力挽颓风，深为愧惭。

窃观自古人乱之世：必先变乱是非，而后政治颠倒，灾害从之。屈原之所以愤激沉世而不悔者，亦以当日是非淆乱为至痛。故曰：“兰芷[18]变而不芳，荃蕙[19]化而为茅[20]。”又曰：“固时俗之从流[21]，又孰能无变化？”伤是非之日移日淆，而几不能自主也。后世如汉晋唐宋之末造[22]，亦由朝廷之是非先紊[23]，而后小人得志，君子有遑遑[24]无依之象。推而至于一省之中，一军之内，亦必其是非不揆[25]于正，而后其政绩少有可观。

当罚之任，视乎权位。有得行有不得行。至于维持是非之公，则吾辈皆有不可辞之责，顾亭林[26]先生所谓匹夫，与有责焉者也。

【注释】 ①申诫：告诫。②更左：更差。③积玩：积累，久而久之。这里指积累成为恶习而不在意。④瘠痈：已经腐烂化脓的毒疮。⑤劣弁羸兵：军队中的老弱病残兵。

⑥汰:淘汰。⑦循吏:好的官吏。⑧煦煦:恩惠的样子。⑨九弟:指曾国荃。⑩傍烛:看得非常清楚。⑪吕蒙诛取铠之人:吕蒙,三国时期东吴大将。他占据荆州时,下令军中不准骚扰百姓。他的一个同乡却不顾命令,取了老百姓的一顶斗笠遮盖铠甲。为了严肃军纪,吕蒙不顾同乡之情,毅然挥泪斩之。⑫魏绛戮乱行之仆:魏绛,春秋时晋大夫,任中军司马,行使军法。晋侯的弟弟杨千乘坐战车在军营中乱行,魏绛不畏权势,下令杀了驾车的人。⑬威克厥爱,虽少必济:意指树立的威信胜过纵容、溺爱士兵,人数虽少,也能战胜敌人。⑭名器:本指钟鼎宝器,这里指权位、名号。⑮介之推:春秋时人,随同晋文公重耳流亡十九年,晋文公饿了,无处找寻食物,介之推就将自己屁股上的肉割来煮汤奉上。后来晋文公归国,行赏时忘了介之推,介之推与其母亲隐居于山中。晋文公请他不出,遂放火烧山。他坚持不出,终被烧死。⑯市:换取、谋取。⑰忝:辱、有愧于;常用作谦辞。⑱兰芷:都是香草名。⑲荃蕙:香草名奇香袭人。⑳茅:恶草,喻指不肖、品德不好。㉑从流:喻指趋炎附势;随从上面的变化,如流水一样。㉒末造:指各朝代的末年、末代。㉓紊:乱。㉔遑遑:心神不定的样子。㉕揆:准则。㉖顾亭林:即顾炎武,亭林是其号。明末著名的思想家。

【译文】 凡是善于带兵打仗的人,会天天告诫将领。训练士兵,遇到战阵上有小的挫折,对领兵之将,要斥责并警告、训诫他,甚至杀掉他。或者边哭泣边教训,整天喋喋不休。这么做,正是为了爱惜部下,保护自己队伍的门面和名声。不善于带兵的人,不责备带队的将士,而去妒忌别的队伍超过自己,不要求部下自强,而只是一味地恭维上司,与朋友们过多应酬,以求得名誉,这样的想法、作为就差得更远了。

古人用兵,首先明白确定立功有赏、有罪受罚的原则。

挽救浮华之弊的最好措施,便是质朴,长期的恶习积存之后,必须采取刚猛、强硬的措施予以纠正。

医生在治疗毒疮时,遇到已经化脓溃烂的地方,必须把腐肉割去,以便能让新肉生长。今天的老弱残兵,也应当进行淘汰,好比割去腐肉一样;然后进行严格的训练,以促使新的力量产生。如果不采取这两种办法,武备的松弛,就不知道要到什么地步了。

太史公司马迁所说的循吏(即良吏),只不过就是法立令行,能顾全大局而已。后世专门崇尚仁慈恩惠,或者把施舍小恩小惠的人当作良吏,这就失去良吏的本义。为将之道,也要以法立令行、整齐严肃为首要任务,而不看重小恩小惠的施予。

方法不难,难的是依法行事。只要订立一项法令,一定要实实在在执行,而且必须持之以恒。

九弟临别,强调驾驭部下应当严,理事应当快。我也深知驭军驭吏,最重要的莫过于严。我担心的只是自己的见识有限,以致严得不合情理,不合法度。

吕蒙杀了用斗笠遮盖铠甲的人,魏绛处死驾车乱于军的人。古人这样做难道是为了沽名钓誉吗?只是假如不这样处置,就无法警示部下。

近些年来，我管理部将太宽厚了，又与诸将相隔遥远，当面临危险时，弊端百出。现在我才明白古人所说的"办事威严才能成功，溺爱则会招致失败；如果威严，则人数虽少，也能取胜"的道理，反之，如果光讲慈爱，只会招致失败。

君主把生杀的大权，交给将帅，好比东家把自己的财产交给店中的伙计。如果保举将帅过滥，就会不爱惜君主给予的名号和权位。这就好比店中的伙计把财货贱卖浪费一样，也是不爱惜东家的财货。介之推说："窃取别人的钱财，就称为盗贼，何况是贪天之功呢？"我则把这句话稍加改变："窃取别人的财物，尚且被称为盗贼，何况是假借君主所给的权位、名号，来谋取一己的私恩呢？"我身居高位，却不能改善此种不良风气，实在是非常惭愧。

据我观察，自古以来大乱的时代，必定是先混淆是非，然后政治颠倒，灾害也就随之产生。屈原之所以激愤投江而不后悔，也是因为对当时的是非颠倒感到万分痛心。所以说："兰芷已变得不芳香了。荃蕙竟变成茅草！"又说："随时俗而从流，又怎么能没有变化呢？"屈原悲伤是非越来越混淆，几乎到了无法自立的地步。后世如汉、晋、唐、宋的末年，也是因为朝廷先混淆是非、颠倒黑白，然后小人才能得志，使君子有惶惶不安、无所依托之感。由此推想到一省之中、一军之内，也必定因为是非不正，然后才使其政绩没有什么可值得赞赏的。

赏罚这种事，要看自己权力地位的大小高低，有的行得通，有的行不通。至于维护是非的公正，则是我们大家不可推卸的责任，这就是顾亭林先生所说的匹夫有责。

破釜沉舟

【原文】 **兵者阴事也。哀戚[①]之意，如临亲丧；肃敬之心，如承大祭；庶为近之。今以羊牛犬豕而就屠烹，见其悲啼于割剥之顷，宛转于刀俎之间，仁者将有所不忍，况以人命为浪博轻掷之物，无论其败丧也？即使幸胜，而死伤相望、断头洞胸、折臂失足、血肉狼藉日陈吾前，衣矜之不遑，喜于何有？故军中不宜有欢欣之象。有欢欣之象者，无论或为和悦[②]，或为骄盈，终归于败而已矣。田单[③]之在即墨，将军有必死之心，士卒无生还之气，此所以破燕也。及其攻狄也，黄金横带而骋乎淄渑之间，有生之乐，无死之心，鲁仲连[④]策其必不胜，兵事之宜惨戚，不宜欢欣，亦明矣。嘉庆季年，名将杨遇春屡立战功，他语人曰："吾每临阵，行间觉有热风吹拂面上者，是日必败；行间若吹冷风，身体似不禁寒者，是日必胜。"斯亦肃杀之义也。**

田单攻狄，鲁仲连策其不能下，已而果三月不下。田单问之仲连，曰："将军之在即墨，坐则织黄，立则仗锸，为士卒倡[⑤]。将军有死之心，士卒无生之气，闻君言，莫不挥涕奋臂而欲战，此所以破燕也。当今，将军东有夜邑之举，西有淄上之娱，黄金横带而骋乎淄渑之间，有生之乐，无死之心，所以不胜也。"

余尝深信仲连此语，以为不刊之论。同治三年，辽宁克复后，余见湘军将士骄盈娱

乐，虑其不可复用，全行遣撤归农。到四年五月，余奉命至山东、河南剿捻，湘军从者极少，专用安徽之淮勇。余见淮军将士，虽有振奋之气，亦乏忧危之怀，窃用为虑，恐其不能平贼。《庄子》云："两军相对哀者胜矣。"仲连所言以忧勤而胜，以娱乐而不胜，亦即孟子"生于忧患死于安乐"之指也。其后，余因疾病疏[⑥]请退休，遂解兵柄[⑦]，而合肥李相国，卒用淮军削平捻匪，盖淮军之气尚锐。忧危以感士卒之情，振奋以作三军之气，二者皆可以致胜，在主帅相对而善用之已矣。余专主忧勤之说，殆知其一而不知其二也。聊志[⑧]于此，以识吾见理之偏，亦见古人格言至论不可举一概百，言各有所当也。

攻城攻垒，总以敌人出来接仗，击败之后，乃可乘势攻之。若敌人静守不出，无隙可乘，则攻坚徒[⑨]损精锐……用兵人人料必胜者，中即伏败机，人人料必挫者，中即伏生机。庄子云："两军相对，哀者胜矣。"

【注释】 ①哀戚：悲伤、肃杀。②和悦：和蔼。③田单：战国时期齐国的大将。燕攻齐，连下70余城，只有田单所守的即墨城没被攻破。后来田单用计大败燕军，并收复70余城。④鲁仲连：战国时期齐国隐士，不愿为官，喜欢为人排解危难。⑤倡：榜样。⑥疏：上疏，即上呈皇帝的报告。⑦兵柄：兵权。⑧志：记。⑨徒：白白地。

【译文】 用兵，是阴杀之事。悲伤哀痛，如同亲生父母去世；严肃恭敬，又如同面临大祭，这才符合用兵之道。现在如果把牛、羊、狗、猪赶到屠宰烹煮的地方，听到他们将被杀时的悲啼，看到他们在刀与案板之间的挣扎，有仁爱之心的人尚且于心不忍，何况是把人的生命当作可轻易抛弃的东西，不管他是因失败而丧生？即使侥幸获胜，但士卒死伤累累、断头洞胸、四肢不全、血肉模糊、狼藉一片的惨景每天横陈于我的眼前，悲哀同情还来不及，又有什么可高兴的呢？所以，军队中不应该有欢乐欣喜。有欢乐欣喜，则无论是因为和乐喜悦，或者是因为骄傲自满，最终都会导致失败。田单防守即墨城的时候，将士都有拼死一战的决心，所以能够攻破燕国。后来，攻打狄国时，田单身佩黄金横带而驰骋于淄渑之间，将士有求生的欲望，却没有死战的决心，所以，鲁仲连预测田单一定会失败。用兵应该有凄惨悲戚的心情，不应欢乐欣喜的道理是很明显的。嘉庆末年，名将杨遇春屡立战功。他曾对人说："我每到作战时，行军中感到有热风拂面，这一天肯定打败仗；如果行军中感觉到有冷风，身体好像承受不了寒冷，这一天必定打胜仗。"这也是用兵主肃杀的意思。

田单攻打狄国时，鲁仲连预料他无法成功，后来果然3个月没能攻下城池。田单向鲁仲连询问原因，鲁仲连说："将军在即墨的时候，坐下纺织草筐，站起来手拿铁锹，作为士卒的榜样。你有拼死的决心，士兵有视死如归的勇气，一听到你的号令，没有人不挥臂流泪准备作战的，这就是你能打败燕国的原因。现在，你东有夜邑的进奉，西有淄上的欢娱，佩黄金横带驰骋在淄渑之间，只感到有生的快乐，却没有拼死作战的决心，所以你无法取胜。"

我也曾经十分相信鲁仲连的这番话，认为是千真万确，不可更改的道理。同治三年，

收复辽宁之后，我看到湘军将士骄傲自满，纵情逸乐，担心他们不能再用来打仗，就遣送他们全部回乡。到了同治四年五月，我奉命到山东、河南清剿捻军，跟随我的湘军极少，只好专用安徽的淮军。我见淮军虽然士气振奋，却缺乏忧患意识，暗暗担忧，恐怕淮军不能平定捻军。《庄子》说："两军相对哀者胜。"鲁仲连所说的因为忧勤而取胜，因为娱乐而失败，也就是孟子所说"生于忧患死于安乐"的意思。之后我因为身体有病，上疏请求退休，于是解除兵权。然而，合肥的李相国，最终指挥淮军平定了捻军，这是因为淮军士气还很旺盛。以忧患意识来激发士卒的士气，以昂扬的斗志振作三军士气，这两种方法都可以取胜，只在于主帅审时度势，善加运用罢了。我只主张忧勤这一说法，大概是只知其一而不知其二。姑且记在这里，用来提醒我见解的偏颇，也可以反映古人的格言至论也不能举一概百，每一种说法都是针对具体情况而言的。

进攻敌人的城池和营垒，总要等敌人出来应战，把他们击败之后，才可以乘势进攻。如果敌人静守不出，无机可乘，那么，进行攻坚战就是白白地损耗我军精锐……。打仗时，人人都料定必胜，其中暗伏着失败的可能；人人都料定必受挫折，其中潜伏着胜利的机会。所以庄子说："两军相对，哀者胜。"

制敌贵诈

【原文】 凡出队有宜速者，有宜迟者，宜速者我去寻敌，先发制人者也。宜迟者，敌来寻我，以主待客者也。主气常静，客气常动，客气先盛而后衰，主气先微而后壮。故善用兵者，每喜为主，不喜作客。休祁诸军[①]，但知先发制人一层，不知以主待客一层，加之探报不实，地势不审，敌情不明，徒能先发而不能制人。应研究此两层，或我寻敌，先发制人；或敌寻我，以主待客，总须审定乃行，切不可于两层一无所见，贸然出队。

师行所至之处，必须多问多思，思之于己，问之于人，皆好谋之实迹也。昔王璞山带兵，有名将风，每与敌遇，将接仗之前一夕，传各营官齐集，与之畅论敌情地势，袖中出地图十余张，每人分给一张，令诸将各抒己见，如何进兵，如何分支，某营埋伏，某营并不接仗，待事单后，专派追剿。诸将一一说毕，璞山乃将自己主意说出。每人发一传单，即议定主意也。次日战罢，有与初议不符者，虽有功亦必加罚。其平日无事，每三日必传各营官熟论战守之法。

一曰：扎营宜深沟高垒，虽仅一宿，亦须为坚不可拔之计，但使能守我营垒，安如泰山，纵不能进攻，亦无损于大局。一曰：哨探严明，离敌既近，时时作敌来扑营之想，敌来之路，应敌之路，埋伏之路，胜仗追击之路，一一探明，切勿孟浪[②]。一曰：痛除客气，未经战阵之兵，每好言战，带兵者亦然，若稍有阅历，但觉我军处处瑕隙，无一可恃，不轻言战矣。

用兵以渡水为最难，不特渡长江大河为难，即偶渡渐[③]车之水，丈二之沟，亦须再三审慎，恐其半渡而击，背水无归，败兵争舟，人马践溺，种种皆兵家所忌。

隘路打胜仗，全在头敌，若头敌站脚不住，后面虽有好乎，亦被挤退。

凡用兵之道，本强而故示敌以弱者，多胜；本弱而故示敌以强者，多败。敌加于我，审量④而后应之者，多胜；漫无审量，轻以兵加于敌者，多败。

打仗之道，在围城之外，节太短，势太促，无埋伏，无变化，只有队伍整齐，站得坚稳而已。欲灵机应变，出奇制胜，必须离城甚远，乃可随时制宜。凡平原旷野开仗与深山穷谷开仗，其道迥别。

凡与贼相持日久，最戒浪战⑤。兵勇以浪战而玩，玩则疲，贼匪以浪战而猾，猾则巧；以我之疲战贼之巧，终不免有受害之一日。故余昔在营中诫诸将曰："宁可数月不开一仗，不可开仗而毫无安排算计。"

能战虽失算亦胜，不能战虽胜算亦败。

悬军⑥深入而无后继，是用兵大忌。

危急之际，尤以全军保全士气为主。孤军无助，粮饷不继，奔走疲惫，皆散乱必败之道。

凡善弈者，每于棋危劫急之时，一面自救，一面破敌，往往因病成妍⑦，转败为功，善用兵者亦然。

凡危急之时，只有在己者靠得住，其在人者皆不可靠。恃之以守，恐其临危而先乱，恃之以战，恐其猛进而骤退。

凡用兵须蓄不竭之气，留有余之力。

【注释】 ①休祁诸军：防守休宁、祁门二县的军队。②孟浪：鲁莽。③渐：沾湿、浸渍。④审量：审时度势、周密思考。⑤浪战：轻率出战。⑥悬军：无后援的孤军。⑦妍：美好。

【译文】 出兵作战，有时应当迅速，有时应当缓慢。应当迅速时，就是我军主动挑战敌人作战，先发制人；应当缓慢时，则是指敌人寻我作战，我军以主待客。主气常静，客气常动，客气是先盛而后衰，主气是先弱而后壮。所以，善于用兵的人，总是喜欢做主，不喜欢做客。休、祁各军，只知道先发制人，而不知以主待客，再加上所得到的情报不确实，地形、地势不清楚，对敌情也不够了解，因此只能先发起攻击而不能制约敌人，应当仔细研究这两层内容，或者我方寻敌作战，先发制人；或者敌方寻我作战，我军以主待客。总要考虑成熟以后再行动，切不可对这两层内容毫无把握就贸然出兵。

行军所到之处，一定要多询问、多思考。独立思考、广泛询问别人，都是精于谋略的实际表现。过去王璞山带兵，有名将之风。每当与敌军遭遇，在交战的前一天晚上，他都要传令各营的长官集合，与他们畅谈敌情地势，还从衣袖中拿出十多张地图，分给每人一张，让他们各抒己见，诸如如何进兵、如何分派兵力，某营埋伏、某营并不参战，等到战斗结束后专门负责追剿敌人。等大家都说完，璞山再将自己的意见说出来，每人发一份传单，上面写的就是已经议定的主意。第二天战斗结束后，如果发现谁的所作所为与当初

议定的意见不相符合,即使有功也必然受到处罚。平日无事时,璞山第二天必传召营官仔细讨论战守的方法。

一是扎营应当深沟高垒。即使只住一宿,也必须把营寨建得坚不可摧,只要能把营寨守得安如泰山,即使不能进攻,也无损于大局。一是哨探必须严明。既然离敌军很近,就要时刻提防敌人前来偷袭,对敌人来袭的道路、我军阻击敌人的道路、可以设埋伏的道路,以及打胜仗后追击敌人的道路,都要很快侦察清楚,千万不能粗心大意。一是要清除"客气",即那种侃侃而谈,华而不实的作风。没有经历过战斗的士兵,经常喜欢主战,带兵的将领也是如此。如果稍微经历过战争的磨炼之后,就会觉得我军处处都有弱点,没有哪一个地方可以依恃,于是就不敢轻易地主战了。

用兵作战时以渡河为最难,不仅是横渡长江、黄河时为难,即使是偶尔渡越能淹没车辆的河或者阔不过一丈二尺的小沟,也必须再三考虑,唯恐在渡过一半时被敌军偷袭,背水作战,没有退路,败兵争夺舟船、人马相互践踏溺水,凡此种种,都是兵家所忌讳的。

在狭窄的险路上打胜仗,关键在于要打垮敌人的先锋部队,如果敌人的先锋部队被打垮,即使后面有精兵强将,也会被挤退。

凡用兵之道,实力很强却让敌人感到弱小者,常常获胜;实力很弱却让敌人觉得强大者,常常失败。当敌方进攻时,我方审时度势后再应敌的话,则常常获胜;若是不加思索而轻率进攻敌人的话,便要经常遭遇失败了。

作战之道,如果被包围在城池外面,距离城池太近,形势过于急促,没有埋伏,又没有变化,就只有让队伍整顿整齐、驻扎牢固。想要随机应变、出奇制胜,必须要离城较远,才能因地因时制宜。在平原旷野之处作战与在深山穷谷之中作战,运用的方法是截然不同的。

凡是与敌人相持日久,最要戒备的是轻率出战。兵勇因为轻率出战而不认真作战,不认真就会疲乏;敌人因为我军轻率出战而变得狡猾,狡猾就会巧妙。疲乏的我军与巧妙的敌人作战,最终有受害的一天。所以过去我在营中经常告诫诸将:"宁可几个月不打仗,也不可毫无安排算计地展开战斗。"

善于作战的人,即使失算也能获胜;不善于作战的人,即使算计得再好,也会遭到失败。

孤军深入而没有后援,是用兵的大忌。

在形势危急的时候,最重要的事是使军队保持士气。孤军无援、粮饷不继、奔走疲惫,都是致使军心散乱的必败之道。

凡是善于下棋的人,每当遇到棋势危险又急迫的时候,若能一面寻求自救,一面考虑破敌的方法,往往会转败为胜。擅长用兵的人也是如此。

凡危急的时候,只能依靠自己的力量,其他人都是靠不住的。依靠别人据守,恐怕面临危急的时候,他们先慌乱起来;依靠他们去作战,恐怕他们不是冒失猛进,就是慌乱地

退兵。

凡是用兵打仗，都应当尽力保持士气不衰，留有余力。

奇正相生

【原文】 凡用兵，主客奇正，夫人而能之，未必果能知之也。守城者为主，攻者为客；中途相遇，先至战地者为主，后至者为客；两军相持，先呐喊放枪者为客，后呐喊放枪者为主，两人持矛相格斗，先动手戳第一下者为客，后动手格开而即戳者为主。中间排队迎敌为正兵，左右两旁抄出为奇兵屯宿重兵，坚扎老营与贼相持者为正兵，分出游兵，飘忽无常、伺隙狙击者为奇兵；意有专向，吾所恃以御寇者为正兵，多张疑阵，示人以不可测者为奇兵；旌旗鲜明，使敌不敢犯者为正兵，羸马疲卒，偃旗息鼓，本强而故示以弱者为奇兵；建旗鸣鼓，屹然不轻动者为正兵，佯败佯退，设伏而诱敌者为奇兵。忽主、忽客，忽正、忽奇，变动无定时，转移无定势，能一一区而别之，则于用兵之道思过半矣。

练兵如八股[①]家之揣摩[②]，只要有百篇烂熟之文，则布局立意，常有数径可寻，而腔调亦左右逢源。凡读文太多，而实无心得者，必不能文者也。用兵亦宜有简练之营，有纯熟之将领。阵法不可贪而无实。

此时自治毫无把握，遽求成效，则气浮而乏[③]，弟内不可不察。进兵须由自己作主，不可因别人之言而受其牵连。非特[④]进兵为然，即寻常出队开仗亦不可受其牵制。应战时，虽他营不愿而我营亦必接战；不应战时，虽他营催促，我亦且持重不进[⑤]。若彼此皆牵率出队，视用兵为应酬之言文，则不复能出奇制胜矣。

打仗不慌不忙，先求稳当，次求变化；办事无声无息，既要精到，又要简捷。

俭以养廉，直而能耐。

兵者，不得已而用之。常存一不敢为先之念；须人打第一下，我打第二下。

战阵之事，须半静半动：动如水，静如山。

军事不可无悍鸷[⑥]之气，而骄气即与此之相连。不可无安详之气，而惰气即与之相连。有二气之利，而无其害，有道君子，尚难养得恰好，况我勇乎？

久战之道，最忌势穷力竭四字。力则指将士之精力言之，势则指大局大计及粮饷之接济，人才之继否言之。贼以坚忍死拒，我亦当以坚忍胜之。惟有休养士气，观衅而动，不必过求速效，徒伤精锐，迨瓜熟蒂落，自可应乎奏功也。

夫战勇气也，再而衰，三而竭，国藩于此数语，常常体念。大约用兵无他妙巧，常存有余不尽之气而已。孙仲谋[⑦]之攻合肥，受创于张辽[⑧]；诸葛武侯[⑨]之攻陈仓，受创于郝昭[⑩]，皆初气过锐，渐就衰竭之故。惟荀罃[⑪]之破拔偪，气已竭而复振；陆抗之拔西陵，预料城之不能遽下，而蓄养锐气，先备外援，以待内之自毙。此善于用气者也。

【注释】 ①八股：明清科举制度的考试文体，段落有严格规定，每篇由破题、承题、起讲、入手、起股、中股、后股、束股等组成。从起股到束股的四个部分，其中有两股相互排

比，共为八股。内容空泛，形式死板。②揣摩：反复琢磨、思考。③乏：困乏。④非特：不但、不仅。⑤进：进军。⑥悍鸷：剽悍锐利，快疾，如迅雷不及掩耳。⑦孙仲谋：即三国时期吴王孙权。⑧张辽：三国时曹操手下大将。⑨诸葛武侯：诸葛亮，三国时蜀国丞相。⑩郝昭：三国时期魏国的将领。⑪荀罃：春秋时期晋国著名将领。其部下荀偃等率军攻打逼阳，久攻不克，请求班师。荀偃不同意，并限令他们七日之内攻下逼阳，不然按军法论处。于是荀偃等将领身先士卒，冒着矢石率军攻城，最终克之。

【译文】 凡用兵打仗，历来就有主军和客军，战术则有奇正之分。对此，人们虽然能够谈论它，却不一定能够真正明白其中的道理。守城的军队是主，攻城的军队是客；驻守营垒的军队是主，进攻营垒的军队是客；两军中途相遇，先到作战阵地的军队是主，后到的军队是客；两军对垒，先呐喊放枪的军队为客军，后呐喊放枪的军队为主军；两人持矛相斗，先动手刺对方的人是客，后动手格开对方的矛再刺中对方的人是主。中间列阵迎敌的军队叫正兵，从左右两侧进攻的军队叫奇兵；屯宿重兵、坚扎军营与敌人相持的军队为正兵，分出机动部队，飘忽不定，伺机狙击敌人的叫奇兵；目标清楚，自己有所凭借抵御敌人的叫作正兵，多布疑兵，让敌人无法弄清底细的叫作奇兵；旌旗鲜明，使敌人不敢侵犯的叫作正兵，羸马疲卒、偃旗息鼓，其实强大却故意显露弱势的叫作奇兵；树起大旗、擂响战鼓，屹然立于阵前不动的叫作正兵，佯装败退、设下伏兵，引诱敌人中计的叫作奇兵。忽为主军，忽又为客军，这些变化都能一一加以区别，那么对于用兵之道就掌握大半了。

练兵就像八股专家一样应反复琢磨，只要烂熟百篇文章，那么结构、立意，常有熟路可循，具体操作时也会左右逢源。凡是读书太多，实际上无心得的人，肯定是不能作文的人。用兵也应该有简练的军营，有纯熟的将领，阵法不可贪多却无实际之用途。

这种时候自己处理自己的事务都还毫无把握，立刻追求成效，就会志气浮动而困乏，你心中不可不明白这一点。进兵必须自己做主，不可因别人的言论而受到牵制。不但进兵这样，连平常开仗也不能受人牵制。应战时，别的军营即使不愿出战，我的军营一定要接战；不应战时，即使其他军营催促，我营也应暂且坚持不进兵。如果彼此都是互相应付出兵，把用兵看成写应酬文章，那就无法出奇制胜了。

打仗要不慌不忙，先要保证安全，然后再寻求变化。不露声色地去办事，既要精确，又要快捷。

带兵的人，要以勤俭来养廉洁，必须正直，能忍耐。

军队是不得已时才动用的。心里要常常想着不敢先动：必须敌人先打第一下，我才打第二下。

打仗时，必须做到半动半静：动时如流动的水，静时如肃穆的山。

打仗时不能没有剽悍锐利的气概，但由此容易产生骄气；不能没有安详的气度，但懒惰也随之产生。必须保存上述两种气的好处而没有其害处，即使是有操守的君子，也很难做得恰到好处，更何况是普通的士兵呢？

打持久战最忌讳的就是“势穷力竭”。力，是指将士的精力；势，则是指大局、大计划、粮饷的补充，以及人才的后继。敌人靠坚忍之气拼死抵抗，我军也只有靠坚忍之气来战胜敌人。只有充分休养士兵，相对而动，不必急于求胜，白白消耗精锐，等到时机成熟，就能轻易地获得胜利。

打仗靠的是勇气，一鼓作气，再而衰，三而竭，对这几句话，我经常细细体会。大约用兵并没有什么其他的奥秘，只不过是保存那用之不竭的勇气而已。孙权攻打合肥时，受挫于魏将张辽；诸葛亮打陈仓时，受创于魏将郝昭。这是由于起初气势太盛，后来慢慢衰竭造成的。只有荀罃攻克翟阳时，原本竭尽的士气又再次振作；陆抗攻打西陵时，便料到一时难以攻破城池，因而养精蓄锐，先安排好外援，等待城中敌人力竭自亡。这都是善于利用士气的人啊！